王培林 著

U0792856

說文篆楷通檢

鳳凰出版社

圖書在版編目（CIP）數據

說文篆楷通檢 / 王培林著. -- 南京 : 鳳凰出版社, 2024. 9. -- ISBN 978-7-5506-4248-5

Ⅰ. Z89：H123

中國國家版本館CIP數據核字第2024LW3612號

書　　名	說文篆楷通檢
著　　者	王培林
責任編輯	王　劍
裝幀設計	姜　嵩
责任监制	程明嬌
出版發行	鳳凰出版社(原江蘇古籍出版社) 發行部電話025-83223462
出版社地址	江蘇省南京市中央路165號,郵編:210009
照　　排	南京凱建文化發展有限公司
印　　刷	金壇古籍印刷廠有限公司 江蘇省金壇市晨風路186號,郵編:213200
開　　本	889毫米×1194毫米　1/16
印　　張	42.5
字　　數	685千字
版　　次	2024年9月第1版
印　　次	2024年9月第1次印刷
標準書號	ISBN 978-7-5506-4248-5
定　　價	350.00圓

(本書凡印裝錯誤可向承印廠調換,電話:0519-82338389)

言恭達先生爲本書原書名題簽

目　錄

序

第一次見到他，是我的一位老同學帶著來到我的寒齋。他給我的印象是樸實、謙恭、平和，甚至帶幾分木訥，幾分執拗，但卻不失隱藏在他外表內的睿智與靈聰。他對我從事和研究的篆書書法藝術產生了極大的興趣，他的目光幾乎是癡迷與貪婪，又似乎在搜索什麽……

——這便是二十年前的一幕。

像接待過好多青年朋友一样，由於平常，對這一幕我並没留下多少印記，倒是他那好奇的目光，多少年來一直深深地鑲嵌在我的腦海裏……

再過了兩年，我突然接到他的電話，他萌發了給篆書編碼的念頭和計劃。我真爲他的大膽創建所震驚，爲他的癡迷精神所感動。人類只有光榮和夢想。超越夢想，擁抱明天，成了多少仁人志士的心聲，也成了培林的誓言。

二十年過去了，這位畢業於南京大學哲學系的“弄潮兒”，敢爲天下先，肩負文以載道的使命，走進了藝術與文字的傳統經典大堂。咀嚼經典，探索經典，面對篆字檢索這個大難題，在科學與人文的交融中耐得寂寞，嚴謹治學，上下求索，遍嘗了多少苦澀與艱辛！奮鬥是一種體驗，體驗是一種過程，一種經歷，一種挑戰自我、完善自我的光榮！

童年時代追慕成功者的足迹成了他編撰《篆楷通檢》的原始動力，而面對藝術與文字的哲學思考則是他啓迪自我、昇揚理性的基奠。

人的知識是有限的，而藝術开拓的思維是無盡的。

科學追求真，人文追求善，科學與人文相融産生了美。真善美的統一是演繹創新的靈魂。

面前這部《篆楷通檢》，使用簡易，精确便捷，爲整理編排篆書提供了一種嶄新的科學方法，填補了空白，並爲建立篆字信息計算機處理系統奠定了基礎，爲廣大古文字研究學者和藝術工作者奉獻了科學實用的檢索工具，誠屬可喜可賀！是爲序。

言恭達

2000 年秋於抱雲堂

前　言

東漢許慎撰《説文解字》首創漢字分部編排系統，具有分部檢字功能，至今延用不衰。

但是，許君並非爲解决檢字問題而撰《説文》，故《説文》的檢字功能並不完備。《説文》中的重文，包括小篆或文、古文、籀文等，有許多字的構形與字頭並不屬於同一部首，如：、、、、（录）等，卽使查遍相關各部，皆不見其字。如雨部、巫部無字；虫部無字；尸部、二部無字；見部、寸部無字；彑部無（录）字。這是因爲：和是靈和玭的或文，在玉部；爲古文仁，在人部；爲古文得，在彳部；（录）爲籀文彪，在鬼部。所以，這一類字用分部檢字法是無法從《説文》中檢索到的。

不僅小篆或文、古文、籀文和篆體異形字、隸定訛字、異體字等，大多無從檢索，而且，若不精通《説文》，很多規範篆字也難於按部檢索。例如，篆體（幻）字，若不知（予）倒寫爲（幻），怎么可能會從《説文·予部》去查找此篆？再如，楷體“失”字，從形體來看，根本看不出該字从手。故有“偏旁奥秘，不可意知”一説。卽使精通《説文》者，如宋代徐鉉，奉詔校定《説文》時，有感於檢篆之難而慨歎：“尋求一字，往往終卷。”

清代段玉裁著《説文解字注》（以下簡稱“段注本”），亦被檢字難所困。許多“段改篆”因檢索不便而未能一以貫之。在其著作中，篆體字符的構形，往往前後不一，大量字符應改未改，留下了永久的遺憾。如：9706 庚（四位數碼是《説文》字頭序號，以下同），《説文》（大徐本，以下簡稱“鉉本”）作，段氏改作，並曰：“小徐駁李陽冰説‘从干，象人兩手把干立’不可从。今各本篆皆從陽冰，非也。”但段注本中仍有許多字从，如：2431鱅、4393穅、4393 穅重文康、4551㝩、5559歋、8506 續的重文賡、9339鏞和 7610鱅等。0711 尚，鉉本篆作，段本改爲，但有些从尚之篆卻依舊作从之形，如：2009敞、3612樘、9009堂、9347鏜等。4879 帚，鉉本作，下部“冂内巾”誤作，與（帶）字下部的“重巾”雷同，段氏更正作；但是，段注本中有些字仍作从，如：6170騷、7054寑、9705䢜等。之所以如此，主要是檢篆太難，難免漏改。所以，即使專家、學者，檢索篆字，亦非易事。

《說文解字》所說之文、所解之字是小篆文字。但是，歷來各版《說文》所附《檢字》，均僅有據楷索篆，卻未見據篆索楷者。

2004年，南方日報出版社出版的《說文解字全文檢索》，號稱“能檢索出用户所需求的有關《說文解字》大徐本的任何知識信息”（引自《說文檢字全文檢索》第1頁“說明”），但此書及所附光盤根本不能就所見之篆文、古文和籀文進行檢索。

從楷體字入手學習小篆，似乎是學習篆書、研讀《說文》的捷徑，但大量事實證明，這是誤導學子，捨本逐末。《說文》中的許多字，若回避篆體，僅就楷體研讀，是很難讀通、讀懂的。如2064教，楷體左部作孝，於是多家注釋的《說文》皆云：教“从孝”。可是，篆文“教”字左部是（孓）而非（孝）。又如1260廷，鉉本說解爲“从廴，壬聲”，就楷體字形而言似乎不誤，只是聲符壬（rén）與廷（tíng）音並不相近。難道古時“廷”真的讀壬（rén）聲嗎？非也。篆文（廷）从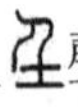聲，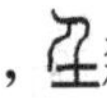隸定當作壬（tǐng），在“廷”字中訛變为壬（rén）；再如，8515（綷），楷體“綷”字右部“幸”作爲單字，亦作卒，於是鉉本說解曰：綷“从糸，卒聲”，似乎無誤，《說文解字全文檢索》等照抄此說。但是，此字篆體作，聲符是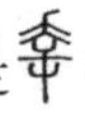（㚔幸 xìng）而非（卒 niè）。時人注釋《說文》，只看楷體，不問篆體，人云亦云，以譌傳譌。可見，若回避篆文，就不可能發現和糾正諸如“教从孝”“廷从壬聲”“綷从卒聲”之類的謬誤。

所以，學習篆書，不可不讀《說文》，而研讀《說文》，不可脱離篆體。然而，如何就篆體進行檢字，歷來是個難題。

早年，筆者學篆，曾被“檢篆難”所困，在言恭達老師的啓發和鼓勵下，傾畢生精力，爲檢篆之需而設計篆字編碼，爲編碼之需而尋求基準字形，爲校正字形而闖入文字學殿堂。對傳承至今的《說文》篆字，系統審查篆體構形，處處計較點畫得失，弄得滿紙都是“這兒不妥”“那也不當”，似乎有意挑剌。但這既非初衷，亦非目的。“自信發凡起例，多爲後世開山。”創製編碼，解放篆字，激活《說文》，方便後學，告慰先賢，方合本意。

本書正文楷體字頭之後常有小字，如65115湅煉炼，“煉”字有本篆（煉74010），爲什麼還要羅列於“湅”的釋文之後？對此，本書的用意首先是解惑，如古籍中湅字通煉，故釋文湅字之後備小字“煉炼”，儘可能爲讀者讀懂古籍提供一些方便；其次是規範，當今篆書，凡書中的小字釋文須慎用，大多可讀不可用。

本書主體部分是《小篆五碼檢字》，以《説文》小篆形體爲研究對象，根據小篆字形結構的特點，確立以小篆外部四角折畫和小篆内部筆畫交叉點爲主要編碼要素，以小篆横畫及總筆畫（綫條）數爲輔助要素，進行編碼，首創“小篆五碼檢字法”，實現據篆檢楷、篆楷通檢的目的。詳見《小篆五碼檢字法》。

本書的《古文五碼檢字》和《籀文五碼檢字》亦以小篆五碼檢字法爲檢索方法。

古籍引用《説文》，時曰“《説文》某部某字”。爲便於讀者查驗，本書特製《説文部首索引》和《説文分部檢字》，與《小篆五碼檢字》交叉使用，相互呼應，融爲一體。

本書楷體檢字有《楷體筆畫檢字》和《楷體音序檢字》，使用方法詳見其欄眉《説明》。

本書側重參考段玉裁《説文解字注》，並將其改動的、形體結構與《説文》（中華本）不一的、因而編碼不一的篆字命名爲“段改篆”，集中收編於《段改篆檢索》，附於書末，以輔助檢篆，供研究者參考。

本書具有技術性、藝術性和學術性相統一的特色：

（一）技術性。本書採用篆楷雙碼通檢，具有一定的技術含量。篆字五碼和《説文》字頭四碼（序號）配合應用，相互聯繫，相互對應，既精準地標注篆字出處，又極大地方便讀者篆楷雙檢、互釋，並爲大量的説文學著作提供了科學的、簡便的、統一的檢字系統。

説文學著作汗牛充棟，丁福保編纂的《説文解字詁林》匯集了182種注釋和研究《説文》的著作，“聚數百人腹笥淵博之學説於一端”，集許學之大成，爲學者提供了極大的便利。惜其檢字，尤其是檢篆，有待完善。愚以爲，《説文》字序有一定的學術講究，不可隨便移動、增減或打亂。因此，各家注釋的《説文》其字序大同小異。本書的檢字系統以中華本（鉉本）爲藍本，總體可適用於各家注釋的《説文》。例如，欲使段注本的字頭序號與鉉本一致，只需將段氏所移動和增減的字頭標記“◀或▶”和“＋或－”，如段本在6168騤字下增補了“驧”字，可標注“+6169驧”，段氏將原文6169騭移到了6190騫字之下，則在原處標注“騭▶6190”，在6190騫字下標記“◀6169.1騭”即可；凡删除的字頭，原位保留其序號，如段本删除了鉉本的新附字，只要原位保留新附字的序號，則二書的字頭序號依然一致，本書的篆楷檢字系統就可順利應用於段注本。如此，《説文》的楷體檢字以“序號”替代頁碼，結合篆體五碼檢字，可爲編排、整理、研讀和查檢各家注釋的《説文》提供統一的、精準的檢字系統。

（二）藝術性。篆字編碼檢索，起因於篆書藝術。青年時代，筆者愛好書法藝術。在拜見言恭達老師時，被他從事和研究的篆書書法藝術深深地吸引。於是，決心跟從言師學習篆書。但是，許多篆字不認識，又没有檢篆釋楷的字典可用，只能自己動手給篆字編碼以解決檢索問題。因此，無意間闖入了文字學殿堂，於是發現了一系列問題，與編碼有關的就是篆體結構問題。流傳至今的《説文》篆字，許多字形已被後人改寫了。以對隸楷字形結構的理解來抄寫小篆，弄得似是而非。要使編碼精準，對此必須校正、重寫，所學篆書就學有所用了。當然，與言老師的篆書相比，還談不上藝術性。

（三）學術性。本書是在修改和充實筆者《小篆通檢》的過程中形成的。爲了完善《小篆通檢》，筆者系統研究了小篆、隸楷和簡化字的相互關係，先後出版了專著《檢篆釋疑》（江蘇人民出版社 2010 年 6 月）和《説文檢字》（鳳凰出版社 2013 年 9 月），本書就是吸收、濃縮和充實上述成果的產物。例如，本書所校正的中華本 795 個篆字，大多在上述著作中已述及。

篆楷通檢，不僅必須解決篆楷雙檢的技術問題，而且必然涉及論證、考證篆體字形結構的變化以及字義的變遷等學術問題。否則，篆楷字形雖對應，字義卻往往風馬牛不相及。比如，簡體字“前後”對應篆文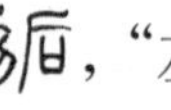，“左右”對應，“温暖”對應，“私幸”對應，“戀愛”對應，還有如古籍《鬼谷子》《抱朴子》，釋爲《》《》等等，此類誤釋問題，僅憑檢字技術，根本無法解決。有鑒於此，筆者從典籍和碑帖中選擇常見的、易誤的、存疑的或有出入的相關字，撰成《疑難字探索》，附於書末，欲彌補正文之不足。

本書雖然可以基本滿足篆楷雙檢、互釋的需要，但是，從小篆到隸楷、從繁體到簡體，經歷了兩千多年的演變，中間有許多古今字、假借字、分化字、合併字、廢棄字、新造字、正俗字、簡化字和訛變字等等，故篆楷通檢、互釋，仍非易事。

王培林

癸卯中秋於常熟香山苑

凡　例

一、本書收列的篆字

1.《説文解字》（1963年中華書局影印版，本書簡稱“中華本”，與段本比較時簡稱“鉉本”）之小篆字頭和重文（包括小篆或文、古文和籀文等）。凡《説文》小篆字頭（包括徐鉉新附字）和或文，收録於《小篆五碼檢字》中，並分别注明其在《説文》中的序號（序號是指《説文》字頭的序號，以四位數號碼表示，始於一0001終於亥9833）；凡《説文》中的古文和籀文收録於《説文分部檢字》中，並分别編製《古文五碼檢字》和《籀文五碼檢字》。

2.《説文解字》徐鉉等所附“篆文筆迹相承小異”12字（標記：筆迹小異）。

3.《説文解字》徐鉉等新附字共406字（標記：新附字）。

4.段玉裁《説文解字注》（上海古籍出版社1981年版，以下簡稱“段本”）所補篆文29字（標記：段補篆）。

5.鄭珍《説文逸字》所考訂163字（標記：鄭補逸字）。其中，新附字和段補篆已有的字不再重複收列。

6.本書作者增録的小篆系統中不可或缺的字，如：“求云兆𠂉”等（根據原文性質標記爲“古文”或“籀文”等）。

7.晚近出土的秦漢篆字，擇其後世沿用而《説文》未載者，如“劉茀佘剶槑頎嫜”諸字（標記：考古出土）。

8.後人所造的、見之於典籍的俗篆，爲方便讀者見篆識楷，擇要收録，共1471字。

二、本書收列的篆體字形

1.以《説文》鉉本篆文的字形結構爲基準。

2.《説文》鉉本字形有出入者，參考段本字形校正。

3.段本字形前後不一，或段改字存疑及不可取者，則依據《檢篆釋疑》和《説文檢字》等所考證的字形處理，亦可參考本書附録《疑難字探索》，正文不再詳述。

《説文》鉉本中的訛變之篆，如01316、11412、21410、60512、61409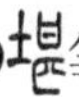等，一併編碼收録；段本中的篆字，凡其改動的、編碼有出入的，一併

收録，並集中編製《段改篆檢索》，附於本書正文之後。

俗篆字形，照原文字形編碼收録，僅供見篆識楷時參考。

三、鉉篆和段篆及異形篆、訛篆、俗篆等在編排上的區别

1.凡正篆，釋文之下注拼音。

2.凡用以校正鉉本篆體的段改篆，視爲正篆；凡字形與鉉篆不一，且疑有出入的，如段改篆02107 圉，不注拼音，引見鉉篆，如“鉉篆 02209 圉”。

3.凡鉉本中的異形篆或訛篆，均不注拼音，注“見……某”，引見正篆。如01409，注“見 01510 暗”。楷體釋文不重複録入《楷體筆畫檢字》和《楷體音序檢字》。

4.凡俗篆，釋文用五號小字，注拼音，但不校訂篆文字形，保留原形。

5.凡一字二形或多形之篆，附注“同……某”。如“00007 圅函 hán”附注“同 02207 圅”；再如“81003 大”，附注：“以古文作篆文”，“同 80004 大”（以籀文作篆文）。楷體釋文不一者，一併録入《楷體筆畫檢字》和《楷體音序檢字》。

四、本書的篆楷通檢功能

凡欲據篆檢楷者，按照《小篆五碼檢字法》確定篆字編碼，如“”字編碼爲 84211，從本書正文 8 部查得釋文爲“篆”；反之，凡欲據楷檢篆者，可依據《楷體筆畫檢字》《楷體音序檢字》或《説文分部檢字》檢索篆字。

據篆檢楷與據楷檢篆，從篆到楷和從楷到篆，融會貫通，雙向互檢，此即所謂篆楷通檢。

五、本書篆書的來源

本書所列篆書（篆字書體），除了古文、籀文和段篆從段本複製而得，其他均由筆者參照篆文原形，以毛筆手書，照相剪貼而來。

六、小篆五碼檢字法

小篆編碼方案，經筆者四十多年艱難探索，多次試用，不斷改進，先後應用於《小篆通檢》（江蘇美術出版社 2001 年 7 月）、《檢篆釋疑》（江蘇人民出版社 2010 年 6 月）和《説文檢字》（鳳凰出版社 2013 年 9 月）等，今由責任編輯王劍先生審改、命名，正式定名“小篆五碼檢字”。詳見《小篆五碼檢字法》。

小篆五碼檢字法

篆字檢索，包括“據篆索楷”和“據楷索篆”兩個方面。“據楷索篆”易，“據篆索楷”難。《小篆五碼檢字法》即爲“據篆索楷”而作，見篆取碼，檢碼得楷，方便簡單。

依據小篆字形的特點，選取小篆綫條的“折、叉、横”三個基本要素，並按照這三個要素給篆字編碼。以“折、叉、横”確定前三位碼，附加篆字綫條數目作爲第四、第五位碼，故名“小篆五碼檢字法”。

一、確定五位號碼

本書的小篆編碼以五位數確定號碼。

如：02207；61205；72004；82004。

（一）五碼的取碼範例

以02207爲例，取碼依據是：

第一位0，字對角是折。

第二位2，字綫條之間有兩個交叉點。

第三位2，字有兩根横綫。

第四、五兩位07，字共有七根綫條。

（二）首碼的取碼規則

首碼由0–9十個號碼構成。根據小篆的外形特徵，將篆字分爲兩大類：

角部有折的字和無折的字。

凡角部有折的字，優先從0–5中取首碼；

凡角部無折的字，從6–9中取首碼。

（1）0–5的取碼規則

首碼0　凡**對角有折**的字首碼優先記0。有二種基本情形：

左上與右下對角爲折，如**00204**（）；

右上與左下對角爲折，如**01104**（）。

其他如：**00102**、**01408**、**02410**、**02103**。只要有一組對角爲折，即記0。

首碼1、2、3、4　僅**一個角有折**的字，從左上起，按順時針方向，首碼分别取：

1：左上的折記1。如：**11002**（）。

2：右上的折記2。如：**21002**（）。

3：右下的折記3。如：**32110**（）。

4：左下的折記4。如：**41413**（）。

首碼5　僅同邊有雙折的字記5。有四種情形：**50204**（）、**50003**（）、

55412（）、50107（）。

（2）6–9 的取碼規則

首碼 6　除上述字形外，凡四角有獨立“横畫”爲外形特徵的字，記 6，包括十六種情形。

例字：**60101**，**60203**，**61104**，**62206**，**62106**，**62207**，**60116**，**61210**，**61514**，**61512**，**61408**，**62307**，**61512**，**65714**，**61508**，**62611**。只要有這十六種情形之一的，首碼記 6。

換言之，**凡角部無折而有横的，首碼記 6**。

首碼 7　除上述字形外，凡以（艸）字頭爲特徵的字，首碼記 7。字形上部有、和的亦記 7。

例字：**72004**、**71002**、**76216**、**76008**、**75306**、**71102**、**75305**。

首碼 8　除上述字形外，凡以（竹）字頭爲特徵的字，首碼記 8。字形上部有、、和的亦記 8。

例字：**82004**、**81002**、**89411**、**80005**、**81003**、**85009**。

首碼 9　其餘篆形，一律記 9。如：**90004**、**90006**、**90110**、**92213**。

（3）首碼的優先順序

“折、横、艸、竹”是確定首碼的基本要素，也是確定首碼的優先順序：

有折，首取折，選擇 0–5。其中的先後順序是：如“”，對角有折，首碼優先記 0。此篆四角均有折，但不符合“**僅一個角有折**”和“**僅同邊有雙折**”的規則，因而不得從 1–5 中取碼；

無折，次取横，記作 6；

無折亦無横，則取艸，記作 7；

無折、無横亦無艸，則取竹，記作 8；

無折、横、艸、竹，記作 9。

例如：字，左上有横、左下有折、右上爲字頭。依據上述規則，左下有折，首碼優先記 4。首碼只有一位，故左上横和右上艸不再作爲取首碼的依據。

首码取碼口訣：**折歸 0–5 横取 6，7 艸 8 竹餘作 9。**

（三）第二、三、四、五位碼的構成

第二位以筆畫（綫條）交叉點的數目爲碼，第三位以横綫條的數目爲碼，第四和第五位以構成一個篆字的綫條總數爲碼，從而構成五位數號碼。

二、據碼索字

對於規範的小篆，五碼既定，即可檢字。

例 1：，此篆對角有折，首碼爲 0；無叉，二碼爲 0；無横，三碼爲 0；共有兩條綫，四碼和五碼爲 02。查 00002，檢得釋文是“回”。

例 2：，此篆左下角是折，首碼爲 4；此篆的綫條之間有四個交叉點，二碼爲4；有二條橫綫，三碼爲2；共有九條綫構成，第四、五碼爲09。五碼爲44209，檢得釋文爲“萅(春)”。

例3：，此篆角部無折，上部類（艸），首碼爲7；此篆的綫條之間有兩個交叉點，二碼爲2；有二條橫綫，三碼爲2；此篆總筆畫（綫條）數爲十二，第四、五碼爲12。查72212，檢得釋文是“燕”。

三、取碼需注意的問題

（一）空角取碼問題

取首碼時，遇篆字角部空缺，如何取碼?

本《檢字法》以空角下面或上面的折或橫取首碼。

例如：（甲），左上、左下和右上、右下爲空角，則以空角之下和空角之上的折取碼，首碼取0；（己），左下爲空角，則以左下空角之上的折與對角折取碼，首碼爲0；（貞），左上爲空角，則以左上空角之下的折取碼，首碼爲1；（心），左上、右上、左下均爲空角，則以左下空角之上和右上空角之下的折作爲對角，取首碼爲0。

再如：（卜），左部是空白（捨棄），右部上下爲空角，則以右部空角之下（或之上）的橫取碼，首碼爲6。

（二）交叉點記碼問題

第二位碼，以綫條交叉點的數目爲碼，無論交叉點有多少，只能占一位碼。凡交叉點的數目超過9的，均記作9。

所謂交叉點，指綫條自然相交形成的交叉點，如；也指兩根綫條在第三根綫條上對接而形成的“交叉點”（是視覺效果上的交叉點），如（注：篆書第2、第3筆在第1筆上對接所形成的交叉點。對接無痕是篆書的基本要求，故此儘管由三筆寫成，卻視爲只有二條綫構成）。

（三）橫綫記碼問題

第三位碼，以橫綫條的數目爲碼，無論橫綫條有多少，只能占一位碼，數目超過9的，均記作9。

所謂橫綫條，是指不帶折的橫綫條，含近似水平的綫條。特别注意：此處，作爲取第三位碼依據之橫綫，不同於作爲取首碼6依據的橫綫。取首碼6所依據的是不與其他綫條相交叉的、不帶折的橫綫，而此處所依據的横綫包括與其他綫條交叉的不帶折的橫綫條。例如：71102、75305、75306等，首碼不作6，第三位碼作1、3、3。

（四）綫條數目問題

第四和第五位碼以小篆綫條的總數爲碼。綫條數目9以内的，第四位記0；超9的，有多少記多少。

篆字綫條，凡視覺效果爲一條綫的，無論是一筆寫成的還是由數筆對接而成的，均視爲一條綫。如：00001，00001，60203。

小篆首碼取碼原理

<table>
<tr><th>字形特徵</th><th>首位取碼</th><th>例　　字</th><th>取碼規則</th></tr>
<tr><td rowspan="6">折</td><td>0</td><td></td><td>凡對角有折的，取0。</td></tr>
<tr><td>1</td><td>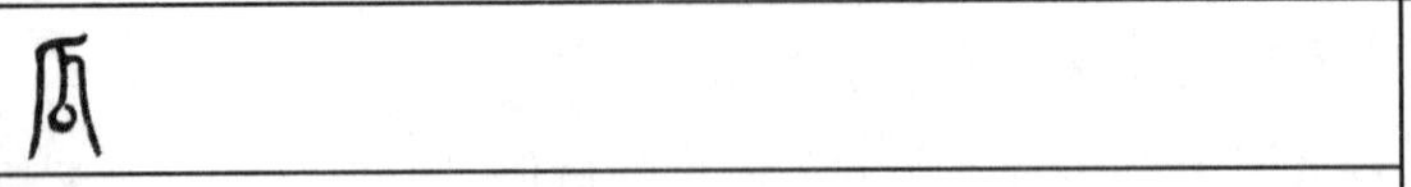</td><td rowspan="4">僅一角有折的，從左上角開始，依照順時針方向，四個角分別取：1、2、3、4。</td></tr>
<tr><td>2</td><td>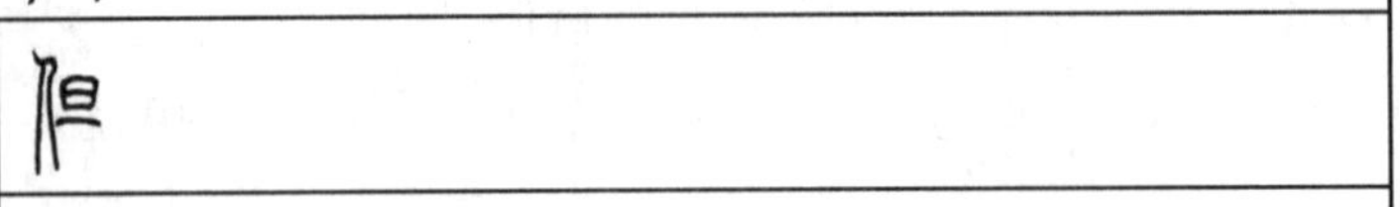</td></tr>
<tr><td>3</td><td>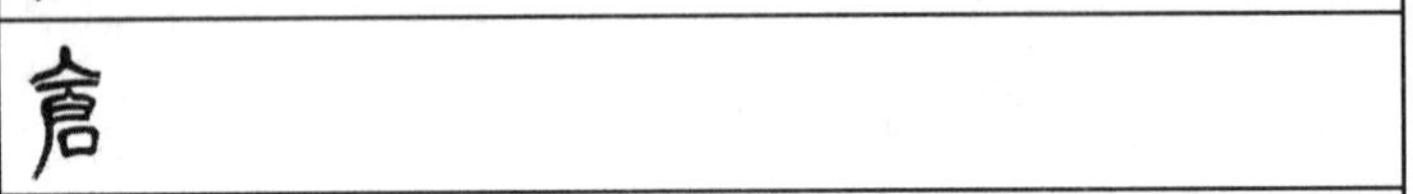</td></tr>
<tr><td>4</td><td>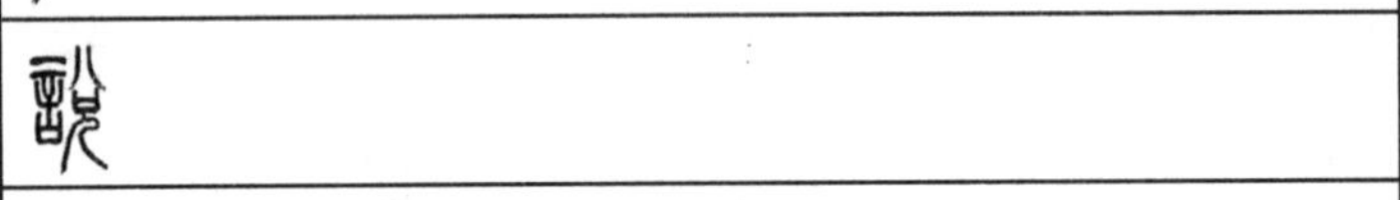</td></tr>
<tr><td>5</td><td>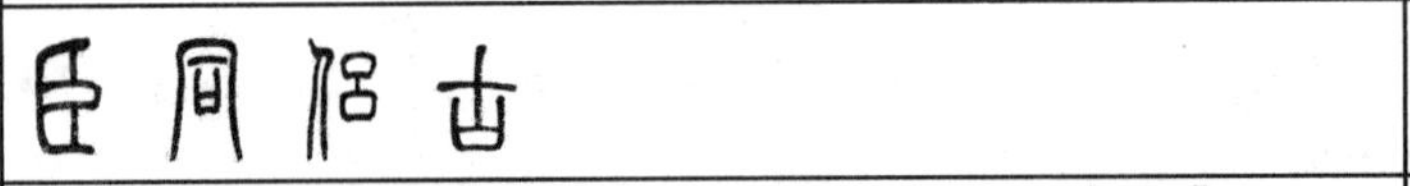</td><td>同邊雙折的，取5。</td></tr>
<tr><td>橫</td><td>6</td><td></td><td>角部無折、有橫（橫畫不與其他綫條交叉）的，取6。</td></tr>
<tr><td>艸</td><td>7</td><td>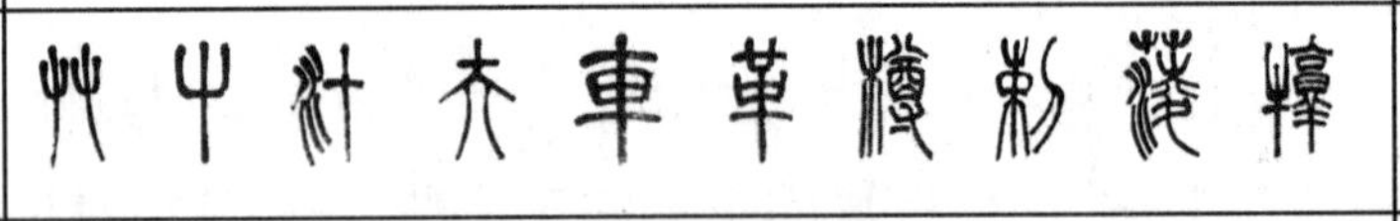</td><td>除以上字形外，凡有艸、廿、木、十或中字頭的，取7。</td></tr>
<tr><td>竹</td><td>8</td><td>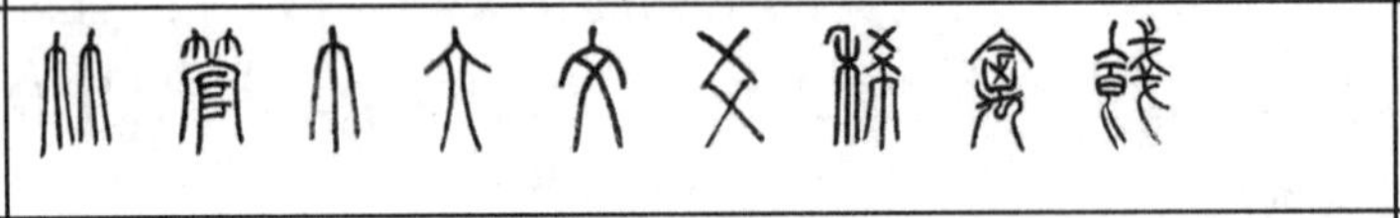</td><td>除以上字形外，凡有竹字頭或巾、乂、人、入字頭的，取8。</td></tr>
<tr><td>其他</td><td>9</td><td>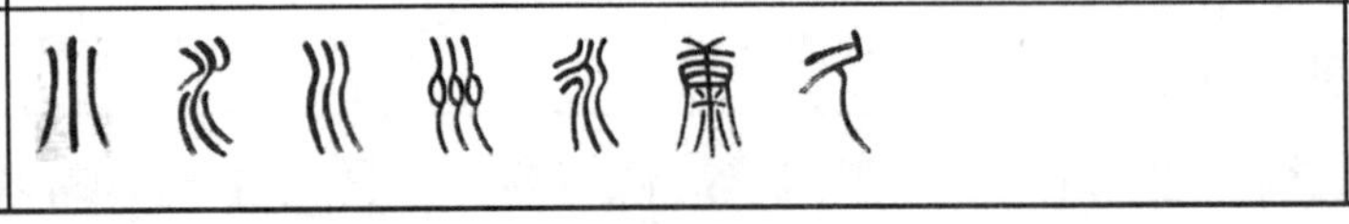</td><td>除以上字形外，其餘字形一律取9。</td></tr>
<tr><td colspan="4">《小篆五碼檢字》首碼取碼口訣：
折歸0–5橫取6，7艸8竹餘作9。</td></tr>
</table>

2至5碼口訣：

二碼看交叉，三碼數横畫，四碼五碼總筆畫。

小篆五碼檢字

說明：

1.凡據篆索楷，適用本《檢字》。

2.五位數碼是篆字編碼；五位數碼的下面是小篆。

3.五位數碼右邊第一字是篆字的釋文（隸定字）。其他楷字爲別體字、古今字、通假字或簡化字，古文和籀文的隸定字列於最後，字號均是五號字。錄自《四體大字典》的俗篆，釋文亦用小字。

4.楷字之下是拼音。多音字的首音爲本義音。

5.篆字右邊、拼音之下的楷字及四位數碼是該字在《說文》中的楷字字頭及序號，據此序號可从本書《說文分部檢字》或《說文解字》（中華本，自標序號）中查考有关文字信息。

[0]

00001 囗 1 wéi 2 guó 囗 3890

00001 厶 1 sī 2 某 mǒu 厶 5814

00001 丿 piě 丿 8318

00001 乀 fú 乀 8321

00001 己 己 jǐ 己 9701

00001 了 1 liǎo 2 le 了 9732

00001 㠯 以 yǐ 㠯 9749

00001 巳 sì 巳 9748

00001 已 yǐ

00001 凹 āo

00001 凸 tū

00002 幺 么 yāo 幺 2488

00002 回 囬 囘 廻 逥 huí 回 3896

00002 勹 bāo 勹 5771

00002 马 巳 hàn 马4324

00002 卪 卩 jié 卩 5748 用爲構字部件 隸作 卩巳㔾巴

00002 丂 zòu 丂 5760

00002 石 1 shí 2 dàn 石 5980

00002 虫 huǐ 虫 8741

00002 孑 jié 孑 9733

00002 孓 孑 jué 孓 9734

00002 丩 jiū 丩 1454

00003 囚 qiú 囚 3910

00003 吕 吕 膂 lǚ 吕 4610

00003 包 bāo 包 5786

00003 四 兕 亖 sì 四 9671

00003 疋 1 shū 2 雅 yǎ 3 匹 pǐ 疋 1417

00003 邑 yì 邑4166

00003 邑 yì 邑 3986

00003 𠷎 疇 嚋 㬢 chóu 疇 9128

00003 以 㠯 yǐ 筆迹小異 同 00001 㠯

00003 厽 lěi 厽 9668

00004 幽 yōu 幽2491

00004 囧 冏 jiǒng 囧 4306

00004 勽 𢘽 bào 勽 5779

00004 配 𢀜 yí 配 7788

00004 虯 虬 qiú 虯 8853

00004 蚰 昆 kūn 蚰 8901

00004 屺 qǐ 屺 5835

00004 卂 jǐ 卂 5828

00004 心 xīn 心 6670

00004 足 zú 足 1325

00004 邵 qǐ 邵 4079

00004 卯 𠨘 卯 zhuàn 卯 5759

00004 蚚 qí 蚚 8782

00004 它 1 他牠 tā 2 蛇虵 shé 它 8948

00005 啚 啚 1 bǐ 2 tú 啚 3328

00005 圓 xuán 圓 3893

00005 囮 䌛 é 囮 3915

00005 臼
jiù
臼 4499

00005 匃 匄丐
gài
匃 8374

00005 仚 仙
xiān
仚 5166

00005 岊 𡵂㞰
jié
岊5869

00005 庖
páo
庖 5903

00005 忌
jì
忌 6837

00005 蚣 蜙
1 sōng
2 gōng
蚣 8819

00005 企 𠈌
qǐ
企 4930

00005 蚼 蠁
xiǎng
蠁 8749

00005 蚍
qū
蚍 8769

00006 圖 图
tú
圖 3897

00006 胞
bāo
胞 5787

00006 朏 朏
fěi
朏 4293

00006 肱
xián
肱 2668

00006 邙
máng
邙 4026

00006 郇
bāo
郇4090

00006 邖
shān
邖 4159

00006 臥 卧
wò
臥 5222

00006 磊 礌
礌磥
lěi
磊 6028

00006 蜎
yuān
蜎 8863

00006 蟲 虫
chóng
蟲 8926

00006 蛇 它
1 虵 shé
2 yí
它 8948

00006 跖
zhí
跖 1329

00006 蚧
jiè

00006 蜀 蠋
shǔ
蜀 8783
蠋今讀 zhú

00007 朙 明
míng
朙 4304

00007 跀 趴
yuè
跀 1403

00007 罥
juàn
罥2208

00007 邸
chén
邸 4102

00007 臽
xiàn
臽 4504

00007 蛫
guǐ
蛫 8875

00007 圅
hán
筆迹小異
同 01208 圅

00008 近 岓
jìn
近 1179

00008 跎
tuó
跎 1414
新附字

00008 鄙
bǐ
鄙 3992

00008 舀 抗䑛
yǎo
舀 4503

00008 怨 㤪
yuàn
怨 6842

00008 忽
hū
忽 6809

00008 忿 恝
1 xiè
2 jiá
忿6808

00008 蝑
xū
蝑 8820

00008 蜿
wān

00008 廻
huí

00009 豽
nà
豽 6091

00009 跽
jì
跽 1332

00009 跪
guì
跪 1331

00009 䑛 舀
yǎo
舀 4503

00009 蜭
hàn
蜭 8772

00009 蜺
ní
蜺 8825

00009 蠿
yōu
蠿8865

00009 鮑
bào

00010 迎
yíng
迎 1124

00010 從
1 从 cóng
2 蹤踪 zōng
從 5203

00010 迻
yí
迻 1135

00010 脂
xiàn
脂 2713

00010 䜌 繼
jì
段補篆
8505+䜌
反䜌爲䜌

00010 躅
zhú
躅 1366

00011 郭 䣄
guō
郭 4133

00011 蝩 蝅
zhōng
蝅8906

00012 澀 澁澀
sè
澀 1076

00012 蹈
dǎo
蹈 1354

00012 逸
yì
逸 6263

00012 惢
1 suǒ
2 蕊蘂
橤蕊 ruǐ
惢 6946

00012 蜙
zōng
蜙 8748

00013 態态儱
tài
態 6799

00014 逻
tà
逻 1115

00014 蹨蹨躖
duàn
蹨 1338

00014 慫慫怂
sǒng
慫6806

00014 蠿
zhuó
蠿 8909

00015 蟉
liú
蟉 8866

00015 鄞
yín
鄞4158

00016 巉
chán

00102 日
rì
日 4170

00102 白帛
bái
白 4907
古文帛

00103 白
同00102 白

00103 台
1 yí
2 臺 tái
3 tāi
台 0867

00103 吖
吖 0917
見 50204 吖

00103 耴耴
zhé
耴7755

00103 瓦
wǎ
瓦 8409

00103 户
hù
户 7682

00103 巴
bā
巴 9704

00103 曶
曶 3030
見 00104 曶

00104 曶忽
hū
曶 3030
鉉篆 00103 曶

00104 旬旬
xún
旬 5778

00104 耴
耴7755
段改篆
鉉篆 00103 耴

00104 甲命
jiǎ
甲 9692

00104 听
1 yǐn
2 tīng
听 0850

00104 叫
jiào
叫 0923

00104 昕
xīn
昕 4239

00104 風风凬
1 fēng
2 fěng
風 8932

00104 句
1 勾 gōu
2 jù
句 1450
段篆 50104句

00104 卣
yǒu
王同愈曰
卣篆作卣
見 00107卣

00104 虯
qiū

00105 旱旱
hòu
旱 3320

00105 吮
shǔn
吮 0807

00105 咆
páo
咆 0944

00105 呬
xì
呬 0823

00105 昆
chǎn

00105 厄昃
昗厄
zè
昃 4200

00105 昵暱
暱 4232
見 50206 昵

00105 叩
kǒu
叩4014

00105 咄
pò

00105 贻
yí
鄭補逸字

00105 乎
乎 3049
段改篆
鉉篆 90105 乎

00106 囹
líng
囹 3908

00106 蚼蚼
gǒu
蚼 8883

00106 哆
duō
哆 0791

00106 聉
wà
聉 7777

00106 朗
wà
朗 7781

00106 吻脗脗
wěn
吻 0783

00106 昒曶
hū
昒 4174
段篆作曶

00106 胎
tāi
胎 2587

00106 厚垕
hòu
厚 3322

00106 邰
tái
邰 4001

00106 䜣
䜣 9431
段改篆
鉉篆 20106䜣

00106 卲
shào
卲 5753

00106 蚼
蠁 8749
見 00005 蚼

00106 蛁
diāo
蛁 8750

00106 趵
bào

00107 飑飆飇
biāo
飆 8935

00107 疇疇
chóu
疇 2221

00107 朐
chǔn
朐2727
新附字

00107 邵
shào
邵 4033

00107 郇
xún
郇 4050

00107 恥耻
chǐ
恥 6920

00107 晚
wǎn
晚 4201

00107 卣𠧪
1 tiáo
2 卣 yǒu
卣4331

00107 峋
xún
峋 5873
新附字

00107 怠
dài
怠 6803

00107 蝸蜗
wō
蝸 8859

00107 岣
gǒu

00107 匊週
zhōu
匊5781
周而復始
字篆作匊

00108 噣
zhòu
噣 0781

00108 跔
jū
跔 1397

00108 皆
jiē
皆 2218

00108 卻却
què
卻 5757

00108 螟
míng
螟 8763

00108 跼
jú

00109 迫
pò
迫 1181

00109 啗
dàn
啗 0811

00109 郤
xì
郤 4038

00109 弦
xián
弦6780

00109 躊
chóu

00110 㠀島岛
dǎo
㠀 5822

00110 㕣
yè
㕣5937

00110 蝎蠍
1 hé
2 xiē
蝎 8780

00110 碣䂕
jié
碣 5986

00110 碏
tà
碏 6021

00110 貂
diāo
貂 6094

00110 蝌蛐
jué
蝌8808

00110 踼
tī

00111 過过
guò
過 1109

00111 腊
jiē
腊2640

00111 蹼巽
xuǎn
巽4796

00111 厝
cuò
厝 5965

00111 䧹
yì
䧹8468

00111 嵱
yǒng

00111 蝹蝹
yūn

00112 鄫
zēng
鄫 4129

00112 碏
què
碏 6030
新附字

00112 蜡
1 qù
2 zhà
蜡 8838

00112 颮
hū
颮 8939

00112 斮
zhuó
斮 9437

00112 習習习
xí
習 2231

00112 翛
xiāo

00113 選選选
xuǎn
選 1142

00113 蹭
cèng
蹭 1411
新附字

00113 翎
líng
翎 2268
新附字

00114 踖
jí
踖 1335

00114 鴿鸽
qiān

00115 嚵
chán
嚵 0809

00115 嘐
xiāo
嘐 0891

00115 齗龂
yín
齗 1278

00115 魯鲁
lǔ
魯 2219

00116 寍
níng
寍8911

00116 蹀
dié

00117 齘
xiè
齘 1282

00117 飂
1 liáo
2 liù
飂 8938

00117 䎖
zēng

00117 齪齪
chuò

00117 踀齪
chuò

00118 齨
jiù
齨 1313

00119 䶤
huá
䶤 1318

00119 齭
chǔ

00120 齯
ní
齯 1295

00120 䶢
xiàn

00203 目
mù
目 2088

00204 旳的
dì
旳 4180

00204 后
hòu
后 5741

00204 司伺
sī
司 5743

00204 勻匀
yún
勻 5776

00204 囩
yún
囩 3894

00205 启啓
啟啓
qǐ
启 0869

00205 咍
hāi
咍 0966
新附字

00205 䀒督
chōu
督 2182

00205 旨旨
zhǐ
旨 3057

00205 昈
hù
昈 4242
新附字

00205 百首
shǒu
百5665

00205 归抑
yì
归5762

00205 𠂤堆
duī
𠂤9567

00205 旬
xuàn
旬 2146

00205 昌菖昌
chāng
昌 4218

00205 曲
1 qū
2 qǔ
曲 8401

00205 蚶
hān

00205 蛆
nà

00206 呷
xiā
呷 0858

00206 是是
shì
是 1088

00206 面面
miàn
面 5667

00206 邯
hán
邯 4048

00206 早
zǎo
早 4173

00206 昫
xù
昫 4188

00206 皅
pā
皅 4914

00206 砧
zhēn
砧 6033
新附字

00206 蛅
zhān
蛅 8805

00206 䫻
yù
䫻 8941

00206 瓵
yí
瓵 8415

00206 卵
luǎn
卵 8966

00206 昭
zhāo
昭 4178

00207 昒曶
mèi
昒 2129

00207 匌
gé
匌 5782

00207 眢
yuān
眢 2144

00207 睊
juàn
睊 2158

00207 蜆蚬
xiàn
蜆 8806

00207 𢘅怛
dá
怛 6864

00207 𩗗
yù

00207 圓圆元
yuán
圓 3895

00207 眵
chī
眵 2172

00207 匉
pēng

00207 砰
pēng

00208 舶
bó

00208 𣥢跟
gēn
跟 1327

00208 睌
miǎn
睌 2119

00208 眕
zhěn
眕 2130

00208 脂
zhī
脂 2695

00208 郃
hé
郃 4013

00208 郋
xí
郋 4063

00208 晹
yì
晹 4187

00208 卓卓
zhuó
卓 5200

00208 脜
róu
脜 5666

00208 黽黽
黾黿
1 měng
2 mǐn
黽8952

00208 蝒
mián
蝒 8796

00208 𧈧
dì

00208 跕
tiē

00208 瓴
líng
瓴 8421

00208 唧
jī

00208 㝁㝁
恂㥚
xún
㝁3047

00209 迡
遲 1147
見 40310迡

00209 跟跟
gēn
跟 1327

00209 跲
jiá
跲 1379

00209 䟺
bèi
䟺 1377

00209 鳴鸣
míng
鳴 2471

00209 舩船
chuán
船 5414

00209 覗
shī
覗 5491

00209 瞑
míng

00209 䝤
táo

00210 踶
dì
踶 1361

00210 迥
dòng
迥 1164

00210 睨
nì
睨 2121

00210 暍
yē
暍 4223

00210 蠅蝇
yíng
蠅 8961

00210 斲斲
luǒ
斲9439

00210 照
zhào
照 6464

00210 崵
1 yáng
2 dàng
崵 5833

00210 啣
jué
谷 1443

00210 蹌
蹌 1344
見 00211 蹌

00211 蹌蹡跄
qiàng
蹌 1344
段改篆

00211 嗢嗢
wà
嗢 0881

00211 鴝
qú
鴝 2454
段篆 20211 鴝

00211 退
bài
退 1169

00211 踼
táng
踼 1385

00211 鄳
méng
鄳 4076

00211 鴨鸭
yā
鴨 2476
新附字

00211 郎郎
láng
郎 4120

00211 㥑憂忧
yōu
㥑 6901
段篆 10211㥑

00211 貊
mò

00211 䲔
zhèng

00212 廥
kuài
廥 5910

00212 踔
chuō
踔 1358

00212 郋
xī
郋 4062

00212 䳒
táo

00212 甑甑
zèng
甑 8413

00213 逭爟踠
huàn
逭 1170

00213 躓踬
zhì
躓 1378

00213 鴿鸽
yù
鴿 2455

00213 膾鱠脍
kuài
膾 2705

00213 鄶郐
kuài
鄶 4108

00213 䍧
tāo
䍧8403

00213 逿
dàng

00214 遅
chì
遅 2234

00214 鶡鹖
hé
鶡 2460

00214 䖹蜜
1 mì
2 䖹 mǐn
䖹8916

00215 蹋踏
tà
蹋 1352

00215 矚瞩
zhǔ

00216 齝
chī
齝 1308

00216 膾
kuài
膾 2583

00217 遢
tà

00217 鶅鹊
許書作雔
見 03416雔

00218 齭
chǔ
齭 1312

00220 鄩鄩
tuán
鄩5675

00306 琱冊
dān
琱 7758

00306 晶
jīng
晶 4286

00306 眙
1 chì
2 yí
眙 2197

00307 唱
chàng
唱 0844

00307 哯
xiàn
哯 0882

00307 晛
xiàn
晛 4189

00307 岨
1 qū
2 砠 jū
岨 5838

00307 聑
diān
聑 7756

00307 𨸏 阜[illegible]
fù
𨸏 9570

00307 殆
dài
殆 2539

00307 眴 旬
xuàn
旬 2146

00307 唄呗
bài

00307 暄
xuān

00308 貽贻
yí
貽 3981
新附字

00308 颭飐
zhǎn
颭 8947
新附字

00308 殉
xùn

00308 晼
wǎn

00309 喅
yù
喅 0865

00309 晹
shì
晹 2157

00309 暘旸
yáng
暘 4185

00309 皛
xiào
皛 4917

00309 聊
liáo
聊 7762
段篆从丣
見 00410 聊

00309 [illegible]
guān

00309 晼
wǎn

00310 𨑨 遽
cú
𨑨 1105

00310 瞑眠
mián
瞑 2169

00310 鳭
diāo
鳭 2156

00311 颺飏
yáng
颺 8942

00311 嚔
zhì
嚔 0832

00311 螾
螾 8746
見 00513 螾

00312 鴿鸽
gē
鴿 2372

00312 鴲
zhī
鴲 2399

00312 臨临
lín
臨 5224

00313 鼂鼌
鼂晁
1 cháo
2 zhāo
鼂 8964

00313 蠙
bīn
玭 0192
玭从虫賓

00313 [illegible]
yóu
[illegible] 5476

00313 鶗
tí

00314 陷
xiàn
陷 9595

00314 贈赠
zèng
贈 3938

00314 [illegible]㬉
㬉 4195
段改篆
鉉篆 50314 㬉

00315 鵫
zhuó

00316 [illegible]
xiàn

00318 齦龈
1 kěn
2 yín
齦 1300

00406 咀
jǔ
咀 0802

00406 䀠
jù
䀠 2207

00407 眮
tóng
眮 2115

00408 眼
yǎn
眼 2089

00408 睍
xiàn
睍 2108

00408 [illegible]
hān

00409 睼
tiàn
睼 2160

00409 貼贴
tiē
貼 3980
新附字

00409 覘觇
chān
覘 5470

00409 [illegible]
tiǎn
[illegible] 5668

00409 [illegible] 紜纭
yún
[illegible] 3917

00409 [illegible]
mín

00409 睆
huǎn
睅 2099
睅或从完

00410 瞲
jué
瞲 2159

00410 胂
shèn
胂 2612

00410 甌
甌 8417
見 00511 甌

00410 聊
liú
聊 7762
段改篆
鉉篆 00309 聊

00411 靦覥
1 tiǎn
2 腼 miǎn
靦 5668

00411 [illegible]
tí
[illegible] 5462

00411 鼂鼂
鼂晁
1 cháo
2 zhāo
鼂 8964

00412 瞯瞷
xián
瞯 2177

00412 覞
dān
覞5467

00412 鼠
shǔ
鼠 6359

00413 ⿰目𡿺⿰目甾
qǐ
⿰目𡿺 5674

00414 鼫
shí
鼫 6366

00415 階堦阶
jiē
階 9644

00416 瞷
jiān
瞷2152

00416 𡋲
chén
𡋲 3261

00416 鼧
rǒng
鼧6375

00416 鼧
tuó

00508 ⿱冃寸
xǔ

00511 阽
diàn
阽 9642

00511 甌瓯
ōu
甌 8417

00512 陌
1 mò
2 百 bǎi

00513 螾蚓
yǐn
螾 8746

00513 書
眘9623
見 30715書

00514 矉
pín
矉 2143

00514 鼩
zhuó
鼩 6374

00514 瞶
瞶 7776
見 50716 瞶

00516 鼩
qú
鼩 6370

00516 貂
diāo

00609 冒
mào
冒2122

00614 陰阴
yīn
陰 9574

00714 瞚瞬
shùn
瞚 2196

01002 子学巽
zǐ
子 9717

01002 乜
1 miē
2 niè

01003 厷肱厶
gōng
厷 1897

01003 囟
niè
囟 3907

01003 囟囟
𦙍出
xìn
囟 6665

01003 孕
孕 9718
段改篆
鉉篆 51004 孕

01004 因囙
yīn
因 3906

01004 勼
jiū
勼 5777

01005 孚采
1 孵 fū
2 fú
孚 1873

01005 匈胷
肙胸
xiōng
匈 5780

01006 臤
1 qiān
2 xián
臤 1941

01006 囿圞
yòu
囿 3903

01007 絀绌
chù
絀 8574

01007 起迟
qǐ
起 1016

01007 胠
qū
胠 2616

01007 思
1 sī
2 鰓鰓
顋腮 sāi
思 6668

01007 殴㲉
chóu
㲉1955

01007 蛕蛔
huí
蛕 8754

01007 蜉
fú
蠹8923

01007 園园
yuán
園 3904

01007 䟜
nà

01008 急
jí
急 6775

01008 赳
jiū
赳 0984

01008 赾
qǐn
赾 1030

01008 蹋
tā
蹋 1376

01008 跛
bǒ
跛 1391

01008 脬
pāo
脬 2601

01008 恩
ēn
恩 6716

01008 蚤蠡蛷
qiú
蠡8922

01008 𡿺腦脑
nǎo
𡿺 5198

01008 硻礰鏗
磬硜
铿硁
kēng
硻 6001

01009 園
園 3904
段改篆
鉉篆 01007 園

01009 螕
1 bī
2 pí
螕 8785

01010 趍
1 chí
2 qū
趍 1028

01010 蝨蠡蛷
qiú
蠡8922

01010 圜
1 yuán
2 huán
圜 3891

01011 趁趂
1 zhēn
2 chèn
趁 0990

01011 蠉
xuān
蠉 8841

01011 翃
hóng

01012 𧾌
zhú
𧾌 0999

01012 𧼮
wǔ
𧼮 1009

01012 逑
qiú
逑 1168

01012 蝟彙猬
wèi
蝟 6072

01013 𧖥蚍
pí
𧖥 8928

01014 繼
jì
段改篆
參見 00010 𢇍

01014 黜
chù
段改篆
鉉篆 11014

01015 還还
1 huán
2 hái
還 1141

01103 田
tián
田 9125

01104 右佑
yòu
右 0873
右 1896

01104 虴
zhé
新附字

01104 加
段改篆
鉉篆 01206 加

01105 取
qǔ
取 1918

01105 甸
diàn
甸 9135

01105 吰
hóng

01106 咽
1 yān
2 yàn
3 yè
咽 0788

01106 吺
dōu
吺 0895

01106 蝨虱
shī
蝨 8905

01106 𤳳疇
畤𠷎
chóu
疇 9128

01106 圂
hùn
圂 3914

01106 耾
hóng

01106 吸
xī
吸 0826

01107 㞐
見 11107 㞐

01107 紭紘
hóng
紘 8596

01107 畍界
jiè
畍 9140

01107 咎
jiù
咎 5150

01107 紿绐
dài
紿 8501

01107 𠷎𠷎
chóu
𠷎 0878

01107 蚹
fù

01108 迅
xùn
迅 1121

01108 郰鄹
zōu
郰 4116

01108 紹绍綤
shào
紹 8508

01108 絢绚
xuàn
絢 8564

01108 匊掬
jū
匊 5775

01108 蜱螷
pí
螷 8914

01108 眕
zhěn
眕 9143

01109 郚
shū
郚 4155

01109 怤
fū
怤 6687

01109 鹵卤滷
lǔ
鹵 7676

01109 畹
wǎn
畹 9138

01109 繈繦
鏹襁镪
qiǎng
繈 8499

01109 䟣
chù

01109 跗
fū

01110 螷蠯
pí
螷 8858

01110 綌绤
xì
綌 8698

01110 蜢
měng
蜢 8898
新附字

01110 慁
hùn
慁 6895

01110 螷蜱
pí
螷 8914

01110 𧍝
jú
𧍝 8869

01111 述逑
shù
述 1106

01111 𢗋
qiú
𢗋 6879

01111 盤
bān
盤 8815

01111 𧽘
xián
𧽘 0994

01112 喟嘳
kuì
喟 0829

01112 䋷
kāi
䋷 8481

01112 颸飔
sī
颸 8945
新附字

01112 颼 颼飕
sōu
颼 8946
新附字

01112 踘
jū

01112 蹜
sù
縮之俗字

01113 繒 缯綷
zēng
繒 8548

01113 磐 蹣蹒
pán

01114 颹
wèi
颹 8940

01114 蠵
xī
蠵 8872

01114 㱿
què

01116 瞗
liú
瞗 9129

01116 緁 缉
qiè
緁 8637

01204 吒
1 咤詫诧
zhà
2 zhā
吒 0908

01205 固
gù
固 3911

01205 𠯑 舌𠯑
guā
舌 0941

01205 昏
hūn
昏 4202

01205 昬
同 01205 昏
段注云凡昏聲
之字皆不从民

01205 居
hù
居 5959

01206 眩
xuàn
眩 2091

01206 蚤 蚤蝨
zǎo
蝨8904

01206 加
jiā
加 9196

01206 蛄
gū
蛄 8789

01207 胡
hú
胡 2667

01207 畐
fú
畐 5774

01207 紺 绀
gàn
紺 8584

01207 蝠
fú
蝠 8887

01208 唉
āi
唉 0854

01208 腒
腒 2683
見 01309 腒

01208 圅 肣函
hán
圅 4325
俗作 10107 肣

01208 蛸
shěng
蛸8836

01208 蝦
1 há
2 xiā
蝦 8870

01208 蝨 蚤蚤
zǎo
蝨8904

01208 脗 吻脗
wěn
段改篆
鉉篆 53208脗

01208 蜓
蜓 8760
見 01209 蜓

01209 胯
段改篆
鉉篆 11209 胯

01209 睍
xiàn
睍 2098

01209 晷
guǐ
晷 4199

01209 給 给
1 jǐ
2 gěi
給 8542

01209 䬢
xuè
䬢8934

01209 踞
踞 1387
居 5378
見 01310 踞

01209 蟁 蟁蚊
wén
蟁 8918

01209 蟀 蟀
shuài
蟀8795

01209 蜓
1 diàn
2 tíng
鉉篆作

01210 喉 喉
hóu
喉 0785

01210 趜
qióng
趜 1014

01210 蹍
xiā
蹍 1401

01210 緬 缅
miǎn
緬 8478

01211 豥
gāi
豥 1967

01211 瞍 瞍
sǒu
瞍2191

01211 髺
guā
髺 2570

01211 郇
郇 4118
見 01413 郇

01212 趧
tí
趧 1060

01212 遐
xiá
遐 1214
新附字

01212 矏 矏
biǎn
矏2090

01212 鵅
luò
鵅 2400

01212 匓 匓
jiù
匓5783

01212 繛 䋐绰
1 chuò
2 chāo
繛 8735

01213 覃 覃
1 tán
2 qín
覃3321

01214 覃 覃覃
1 tán
2 qín
覃3321

01214 繪 绘
huì
繪 8565

01214 黚
qián
黚 6522

01214 躍
躍 1371
見 51215 躍

01215 縋缒
zhuì
縋 8655

01215 點点
diǎn
點 6521

01215 鵴
jú

01216 遐
jiù
遐1097

01216 蟫
yín
蟫 8770

01216 磹
diàn

01217 鄿
tán
鄿4136

01217 鰮
wēn

01221 黵
wèi
黵 6510

01306 盾
dùn
盾 2212

01307 圄
yǔ
圄 3909

01307 硈
qià
硈 5999

01307 蛣
jié
蛣 8768

01307 昀
yún

01308 訪
réng
訪 1517

01308 記记
jì
記 1564

01308 暇
xiá
暇 4215

01308 聒聒
guō
聒 7768

01308 郜
jí

01308 圁
yín

01309 訢
xīn
訢 1541

01309 腯
tú
腯 2665

01309 訇訇
hōng
訇 1630

01309 訆
jiào
訆 1651

01309 郚
wú
郚 4127

01309 腒
jū
腒 2683

01310 踞
jù
蹲踞字篆
作 31306 居

01310 暢暢
chàng
暢 9153

01310 趄
1 jū
2 qiè
趄 1043

01310 䍃謠谣
yáo
䍃 1539

01310 詾訩
táo
詾 1624

01311 舓舐
舐䑛
shì
舓 1439

01311 詑
tuó
詑 1592
通訑 yí

01311 誃
1 yí
2 chí
誃 1613

01311 誀
zhǐ
誀1678

01311 訧 眢
yuǎn
眢1695

01311 鴣鸪
gū
鴣 2475
新附字

01311 毆
毆 1957
見 01412 毆

01311 粵粤
yuè
段改篆
鉉篆 51311 粵

01312 記
jì
記 1523

01312 診诊
zhěn
診 1702

01312 鶻
mín
鶻2396

01312 詭佹诡
guǐ
詭 1692

01312 鴰鸹
guā
鴰 2436

01312 督
pán
督2137

01313 魯
xiě
魯6260

01313 諝谞
xū
諝 1532

01313 舘館馆
guǎn

01314 諂谄
chǎn
讇 1588

01314 懇恳
kěn
懇 6938
新附字

01314 螱螱
wèi
8925+螱
段補篆

01314 慰
wèi
段改篆
鉉篆 21213 慰

01314 誽
nì
誽 1634

01315 蹚蹡
qiāng
蹚1337

01315 詡诩
xǔ
詡 1554

01315 謲
càn
謲 1600

01315 膽胆
dǎn
膽 2599

01316 鼙
pí
鼙 3260

01316 曆
曆 5671
見 01417 曆
新附字

01320 謬谬
miù
謬 1659

01320 讒谗
chán
讒 1682

01321 譅
tà
譅 1626

01321 䲜
yín

01407 瞂
wò
瞂2194

01408 殆
1 kū
2 辜 gū
殆 2550

01408 晤焐
wù
晤 4179

01408 睅
hàn
睅 2099

01408 記
段改篆
鉉篆 01308 記

01408 訮
段改篆
鉉篆 01308 訮

01409 暗
暗 4205
見 01510 暗

01409 訢
段改篆
鉉篆 01309 訢

01409 殙殙
hūn
段改篆
鉉篆 53409 殙

01409 訇
段改篆
鉉篆 01409 訇

01409 訆
段改篆
鉉篆 01309 訆

01410 詒诒
1 dài
2 yí
詒 1599

01410 嘬
1 chuài
2 zuō

01410 詧
段改篆
鉉篆 01310 詧

01410 詖
段改篆
鉉篆 01310 詖

01411 諷讽
fěng
諷 1487

01411 詢询
xún
詢 1719
新附字
鄭補逸字

01411 詬詬
gòu
詬 1712

01411 紳绅
shēn
紳 8602

01411 噉啖
dàn
啖 0889
啖一曰噉

01411 詑
段改篆
鉉篆 01311 詑

01411 誃
段改篆
鉉篆 01311 誃

01411 詎
段改篆
鉉篆 01311詎

01411 訦
段改篆
鉉篆 01311 訦

01412 毆歐殴
ōu
毆 1957
段改篆

01412誼誼谊
yì
誼1553

01412 話
huà
話 1648

01412廇廇
liù
廇5898

01412 䴥
jiá

01412 誋
段改篆
鉉篆 01312 誋

01412 詭
段改篆
鉉篆 01312 詭

01412 訡
段改篆
鉉篆 01312 訡

01413 郾
yǎn
郾 4118

01413 瞭
qì
瞭2132

01413 諝
段改篆
鉉篆 01313 諝

01414 譔撰
zhuàn
譔 1493

01414 諹
yáng

01414 諂
段改篆
鉉篆 01314 諂

01414 誽
段改篆
鉉篆 01314 誽

01415 聸
dān
聸 7759

01415 謬
段改篆
鉉篆 01315 謬

01415 䐴
段改篆
鉉篆 01315 䐴

01415 詡
段改篆
鉉篆 01315 詡

01417 靨靨
yè
靨 5671
新附字

01417 瞫
shěn
瞫 2167

01419 謵
xí
謵 1669

01419 賵
dàn

01420 矊
wà
矊7778

01420 謬
段改篆
鉉篆 01320 謬

01420 讒
段改篆
鉉篆 01320 讒

01421 縺
縺 8729
見 01725 縺
新附字

01421 譅
段改篆
鉉篆 01321 譅

01509 豊
qū
豊 8402

01510 暗闇晻
àn
暗 4205

01510 詒
段改篆
鉉篆 01410 詒

01511 詷侗
tóng
詷 1557

01511 詞词
cí
詞 5744

01511 諷
段改篆
鉉篆 01411 諷

01511 詾訩
段改篆
鉉篆 01411 詾

01512 詪
hěn
詪 1644

01512 瞦
xī
瞦 2095

01512 諠
xuān

01512 韽
àn

01512 詗
段改篆
鉉篆 01412 詗

01512 詑
段改篆
鉉篆 01412詑

01513 諟
shì
諟 1511

01514 詗
詗 1648
見 01412 詗

01515 瞻
zhān
瞻 2149

01515 譝
shéng
鄭補逸字

01516 譋讕谰
lán
譋 1701

01516 惸
qióng
惸 6885

01517 鶹鶹鹠
liú
鶹2391

01517 贍赡
shàn
贍 3985
新附字

01518 鷁
段改篆
鉉篆 02517鷁

01519 響响
xiǎng
響 1732

01519 謵
段改篆
鉉篆 01419 謵

01520 讇
chǎn
讇 1588

01610 暬
wò
暬 2162

01610 暗
段改篆
鉉篆 01409 暗

01611 詛诅
zǔ
詛 1611

01611 詷
段改篆
鉉篆 01511 詷

01612 詪
段改篆
鉉篆 01512 詪

01613 諟
段改篆
鉉篆 01513 諟

01614 韻韵
yùn
韻 1737
新附字

01615 瞻
段改篆
鉉篆 01515 瞻

01616 譋讕
段改篆
鉉篆 01516 譋

01618 鼮
tíng

01618 響
段改篆
鉉篆 01518 響

01619 𪕰
hú
𪕰6378

01619 鼳
jú

01620 讇
段改篆
鉉篆 01520 讇

01623 譶
譶1672
見 01724譶

01711 詛
段改篆
鉉篆 01611 詛

01713 瞤
shùn
瞤 2142

01717 譻
yīng
譻 1471

01717 諣
guà
諣 1603

01718 鼯
wú

01724 譶
tà
譶1672

01725 繾缱
qiǎn
繾 8729

01812 曇昙
tán
曇 4252
新附字

01815 蠕
líng
蠕8811

01816 酃
líng
酃 4093

01817 譻
段改篆
鉉篆 01717 譻

01817 諣
段改篆
鉉篆 01717諣

01818 讀
段改篆
鉉篆 41920 讀

01824 譶
段改篆
鉉篆 01623譶

02003 予
1 yǔ
2 yú
予 2500

02003 幻
huàn
幻 2502

02004 丮丮
jǐ
丮 1876

02004 㞐
jú
㞐1883

02004 囷
qūn
囷 3901

02004 困梱
睏朱
kùn
困 3913

02004 囱囪
1 窗窓牎
chuāng
2 囱 cōng
囱 6545

02005 序叙敘
xù
序 5907

02005 西卥卤
xī
西 7674

02007 蜥
xī
蜥 8758

02007 𢘃懋
mào
懋 6756

02007 蛧魍
wǎng
蛧 8878

02007 蟊蟊
máo
蟊8910

02007 細细
xì
細 8517

02007 䟽
shū
䟽1418

02008 芻刍
chú
芻 0611

02008 蜙蚣
sōng
蜙 8819

02008 踂
kǔn
踂 1398

02008 悤忽匆
cōng
悤 6546

02008 絪
yīn

02009 悊哲
zhé
哲 0837
悊 6704

02009 踽偊
jǔ
踽 1336

42009 蠡
lí
蠡4032

02009 䨱復復
複复
fù
復5784

02009 峻
jùn
㕙5846

02009 蝣
yóu
鄭補逸字

02010 崛
崛 5849
見 52111 崛

02010 悊哲
段改篆
鉉篆 02009 悊

02011 逌
yòu
逌 1008

02011 逝
shì
逝 1104

02011 踦
kuí
踦 1394

02011 鄹邹
zōu
鄹 4113

02011 罞
mù

02012 趣
qǐn
趣0997

02012 蹴蹵
cù
蹴 1349

02012 逡
qūn
逡 1160
借爲踆 cūn

02012 復復復
複复
fù
復5784

02012 麼麽么
1 mó
2 me
麼 2490
新附字

02012 逝
段改篆
鉉篆 02011 逝

02015 還
xuān
還1022

02103 民𠈍
mín
民 8316

02103 由甴
fú
由 5811

02103 由
yóu
鄭補逸字

02105 甹甹
yóu
甹 4326

02105 蚰
yóu

02106 邮
yóu
邮 4018
邮遞字篆
見 21214 郵

02106 岫峀宙
xiù
岫 5845

02106 氓
1 méng
2 máng
氓 8317

02106 蚌鰐
鱷鰐
è
蚌8877

02106 庌序
斥斥
chì
庌 5938

02106 配
pèi
配 9783

02106 匋陶
táo
匋 3272

02107 岳
yóu
岳 3283

02107 庮
yǒu
庮 5933

02107 朔
shuò
朔 4292

02107 卸
xiè
卸 5758

02107 螽螽
zhōng
螽8906

02107 蟁䖟蚊
wén
蟁 8918

02107 哂
shěn

02107 圉
段改篆
鉉篆 02209 圉

02107 晢晰
xī

02108 哲悊
段改篆
鉉篆 52107 哲

02108 晳
xī
晳 4910

02108 䀠
jǔ
䀠 7769

02108 晙
jùn
晙 4244
新附字

02108 晢晰
zhé
同 52107 哲

02108 冢塚
zhǒng
冢 5785

02108 䨱復
復5784
見 02009䨱

02109 迪
dí
迪 1131

02109 蝤
1 qiú
2 yóu
蝤 8778

02109 𥃩
juān
𥃩 9766

02109 鄐
chù
鄐 4035

02109 蹼
巽4796
見 00111 蹼

02110 觙 觙
jí
觙 1881

02110 殹
殹 1960
見 02211 殹

02110 噈 歡
zú
歡5518

02110 復
復5784
見 02012復

02111 愬 訴诉
sù
訴 1680

02111 趣
段改篆
鉉篆 42111 趣

02111 踃
yáo
踃 1375

02111 聯 聮
聯联
聯联
lián
聯 7761

02111 喚 唤
huàn
喚 0965
新附字

02111 醑
xǔ
鄭補逸字

02112 聰 聪
cōng
聰 7764

02112 蹷
jué
蹷 8885

02112 蟣 虮
jǐ
蟣 8765

02112 鄦
chóu
鄦4084

02112 醫
yī

02112 縮 蹜缩
1 suō
2 sù
縮 8521

02112 嶧
段改篆
鉉篆 02214 嶧

02113 遙 遥
yáo
遥 1221
新附字

02113 慇
yīn
慇 6873

02113 遡 溯溯
sù溯 7248
鉉本溯或从朔
段本溯或从辵
朔朔亦聲

02113 鶿 鹚鹚
cí
鶿 2423

02113 鷀
从茲聲
段改篆
鉉篆 02113 鷀

02114 趜
jú
趜 1041

02114 蠏 蟹蟹
xiè
蠏 8874

02115 鄗
gé
鄗4077

02118 齲 龋齲
qǔ
龋 1324

02118 醪
láo
醪 9769

02120 蠮
yē

02121 齺
zōu
齺 1285

02205 甹
甹 3038
同 52205 甹

02206 畕
jiāng
畕 9154

02207 喔
喔 0948
見 42308 喔

02207 國 国国
guó
國 3899

02207 硞
què
硞 5996

02207 廼
廼 5933
見 02107 廼

02208 覒
mào
覒 5489

02208 酌
zhuó
酌 9786

02208 廂 厢
xiāng
廂 5943
新附字

02208 郜
gào
郜 4105

02208 舳
1 zhú
2 zhòu
舳 5416

02209 畏 㟪
wèi
畏 5812

02209 嗂
yáo
嗂 0868

02209 叙 敢
敢設
gǎn
叙2514

02209 酗 酗
xù
酗 9803

02209 酩
mǐng
酩 9826
新附字

02209 絬
xiè
絬 8642
段篆作絬

02209 蛩
qióng
蛩 8884

02209 蟈 蝈
guō
蟈 8876

02209 睃
suō

02209 圉
圉 6614
見 03208 圉

02210 埱
chù
埱1070

02210 想
xiǎng
想 6731

02210 噭 噭
jiāo
噭 0852
鉉篆 02212噭

02210 醻 酬酧
chóu
醻 9790
鉉篆作醻

02210 醟
yìn

02210 暧 暖
ài

02210 綺
段篆
鉉篆 12210 綺

02211 惄
nì
惄 6769

02211 踧
1 dí
2 cù
踧 1333

02211 殹
yì
殹 1960

02211 磻
1 bō
2 pán
磻 6022

02211 蟠
pán
蟠 8817

02211 赹
qióng

02211 飖䬙
yáo

02212 嚛
hù
嚛 0817

02212 嘄
嘄 0852
見 02210 嘄
段篆亦作嘄

02212 鄱
pó
鄱 4092

02212 嘰叽
jī
嘰 0812

02212 眑舅
jiù
舅 9163

02213 瞝
lì

02213 鬐
tiáo
鬐 5738
新附字

02213 磿
gān
磿3024
段改爲厯

02213 嗀嗀壳
què
嗀 6681

02213 踏
tà
踏1374

02213 蹯
fán
見 52209 番
50215蹞

02214 趨
mán
趨 1039

02214 鷂鹞
yào
鷂 2445

02214 醞醞酝
yùn
醞 9762

02214 嶧
嶧 5824
見 03213 嶧

02216 繙燔膰
fán
繙 6551

02216 擥擥擥
攬揽
lǎn
擥 7833

02217 翻飜
fān
翻 2267
新附字

02218 齷
wò

02224 ⿱聯齒
lián
⿱聯齒1310

02307 眸
móu
眸 2205
新附字

02307 晧皓
hào
晧 4193

02308 聘
pìn
聘 7772

02308 覭覭覭
mí
段改篆
鉉篆 51409覭

02308 皓暠
hào
鉉段篆从日
見 02307 晧

02309 結结
1 jié
2 jiē
結 8533

02309 蛹
yǒng
蛹 8752

02309 酌
yìn
酌9789

02309 啾
jì
啾0939

02310 嗥嗥獆
háo
嗥 0945

02310 暤
hào
鉉篆訛作暤

02310 訥呐讷
nè
訥 1580

02310 訧
yóu
訧 1704

02310 邼
kuāng
邼 4041

02311 踊踴
yǒng
踊 1345

02311 詖诐
bì
詖 1498

02311 設设
shè
設 1558

02311 醍
1 tǐ
2 tí
醍 9829
新附字

02311 鄂鄂愕
è
鄂 4078

02311 颶飓
jù

02312 訩訩
說訩
xiōng
訩 1673

02312 敃岷岷
岐峄敃
mín
敃5827

02312 鵠鹄
1 hú
2 gǔ
鵠 2404

02312 詧
chá
詧 1515

02312 皤顠
pó
皤 4911

02313 通
1 tōng
2 tòng
通 1133

02313 醡
zhà

02313 詼诙
huī
另見 23309 悝

02314 嶷
yì
嶷 0799

02315 諰葸
xǐ
諰 1562

02315 謏謏
xiǎo
謏1723
新附字

02315 醩鼀
cù
鼀 8956

02316 譞
xuān
譞 1560

02316 黠
xiá
黠 6527

02316 圝 圝囮
é
囮 3915
鉉篆 03113 圝
段篆 02416 圝

02317 謂谓
wèi
謂 1475

02318 趨趨
xún
趨1001
段改趨爲趨

02318 趫
jú
趫1031

02318 醂
làn
醂9778

02319 曄
段篆
鉉篆 52319 曄

02319 蹶蹶
jué
蹶 1368

02323 黵
dǎn
黵 6532

02409 訊讯訙
xùn
訊 1514

02409 託托
tuō
託 1563

02410 討讨
tǎo
討 1706

02410 嘏
1 gǔ
2 jiǎ
嘏 1458

02410 督
dū
督 2164

02410 訦
段改篆
鉉篆 02310 訦

02410 訥
段改篆
鉉篆 02310 訥

02411 睟
zǎi
睟 7775

02411 詫诧
chà

02411 詖
段改篆
鉉篆 02311 詖

02411 設
段改篆
鉉篆 02311 設

02412 蛢
píng
蛢 8801

02412 訹
xù
訹 1591

02412 詾
段改篆
鉉篆 02311 詾

02413 誒诶
xī
誒 1618

02413 瞶
mǎi
瞶 2151

02413 陶
táo
陶 9640

02413 陰
yīn
鄭補逸字
段補篆作陋
見 52312 陋

02414 蹢
1 dí
2 躑躅 zhí
蹢 1365

02414 跰
pián

02414 醫
yì
鄭補逸字

02414 諰
段改篆
鉉篆 02314 諰

02416 迸
bèng
迸 1216
新附字

02416 圝
段改篆
从口繇聲
鉉篆 03113 圝

02417 謂
段改篆
鉉篆 02317 謂

02418 駿
jùn

02419 黯
àn
黯 6511

02419 趨趨
xún
趨1001
段改篆

02509 訊
段改篆
鉉篆 02409 訊

02509 託
段改篆
鉉篆 02409 託

02510 討
段改篆
鉉篆02410討

02510 甥舅
段改篆
鉉篆02212甥

02512 陪
kū
陪 9633

02512 諊
jù

02512 訹
段改篆
鉉篆 01412 訹

02513 誒
段改篆
鉉篆 02413 誒

02514 罌罌
罌甇
yīng
罌 3273

02514 鍛
duàn
鍛 8967

02515 謾谩
mán
謾 1593

02515 鼬
yòu
鼬 6373

02517 鸐
dí
鸐2459

02517 譫
tiàn

02518 諲諲
wàng
諲1691

02519 鼨鼨
zhōng
鼨 6367

02523 齵
pián

02614 醻
醻 9790
見 02210 醻

02615 謾
段改篆
鉉篆 02515 謾

02616 譀譀
hàn
譀 1639

02618 諲
段改篆
鉉篆 02518諲

02619 譞
xuàn
譞 1697

02621 鼶
fán
鼶6360

02716 譀
段改篆
鉉篆 02616 譀

02719 譢
段改篆
鉉篆 02619 譢

02720 隓
duò
隓5857

02822 隳
huī
隳 1671

02922 譼
段改篆
鉉篆 02822 譼

03004 奴
sì

03005 蚜
yī
蚜8818

03005 妬妒
dù
段改篆
鉉篆 03106 妒

03006 孨
zhuǎn
孨 9735

03007 紓纾
shū
紓 8512

03007 姼𡛖
shí
姼 8117

03008 綑
kǔn

03009 毬
qiú
毬 5372
新附字

03009 堅
段改篆
鉉篆 53009 堅

03010 趣
yǔn
趣 1003

03011 毸
sāi

03012 趁
cūn
趁 1047

03012 縐绉皺
zhòu
縐 8699

03012 皺皱
zhòu

03014 趨趋
qū
趨 0979

03103 毌
guàn
毌 4321

03105 如
rú
如 8203

03105 吚
yī
段改篆
鉉篆 50204 吚

03106 妒妬
dù
妒 8232
段篆 03005妬

03106 始
shǐ
始 8142

03107 姰
jūn
姰 8216

03107 紬䌷
1 chóu
2 chōu
紬 8559

03107 魄
guī
魄 8753

03108 娹
xián
娹 8270

03108 孴
nǐ
孴 9737

03109 舒
shū
舒 2501

03109 郾
郾 4059
見 03210 郾

03109 晙
jùn
晙 9147

03109 酘
dòu

03110 迢
dì
迢 1207

03110 蟜
yù
蟜8802

03110 酭
yòu

03110 綯绹
táo

03110 蝨
蝘 8759
見 53211蝨

03111 嫍
tà
嫍 8209

03111 緧
qiū
緧 8668

03111 鄀
ruò

03112 擘
段改篆
鉉篆 53112 擘

03113 靡
靡 7846
見 03214 靡

03113 貓猫
1 māo
2 máo
貓 6101
新附字

03113 圈
1 juàn
2 quān
3 juān
圈 3902

03113 圞
囮 3915
見 02316圞

03113 醙
sōu
鄭補逸字

03113 蠠
nì

03114 遹
yù
遹 1156

03114 縌
nì
縌 8607

03116 趡
jī
趡 1036

03116 趮躁跞
lì
趮 1053

03206 嘼兽
1 畜 chù
2 獸 shòu
嘼 9690

03206 妘嬶䢵
yún
妘 8077

03207 姑
chān
姑 8176

03207 姤
gòu
姤 8313
新附字

03208 魄
1 pò
2 bó
3 tuò
魄 5794

03208 圉
yǔ
圉 6614

03208 姶
è
姶 8137

03208 緇缁
zī
鉉篆 04312 緇
段篆 03211 緇

03208 酎
zhòu
酎 9772

03208 娼
chāng

03208 魄 愧媿
kuì
鄭補逸字

03209 媚 媚
mèi
媚 8143

03210 郾
yǎn
段改篆

03210 噊
yù
噊 0909

03210 緗 缃
xiāng
緗 8723
新附字

03211 婥
1 nào
2 chuò
婥 8301

03211 畿
jī
畿 9136

03211 圛
yì
圛 3898

03211 緇
段改篆
鉉篆 04312 緇

03213 嶧 峄
yì
嶧 5824

03213 歸
歸 1072
見 03315 歸

03213 鶠
鶠 2398
見 03314 鶠

03213 嬒
huì
嬒 8291

03213 繙
fān
繙 8520

03214 噢
ō

03214 跨
段改篆
跨1388
鉉篆 53214 跨

03214 擪
yè
擪 7846

03224 䆎
段改篆
鉉篆 53322 䆎

03216 曙
shǔ
曙 4250
新附字
許作睹

03221 鷸
yù
鷸 2419

03308 魂
hún
魂 5793
徐鍇 段君
皆作 63308 䰟

03308 圃
pǔ
圃 3905

03308 蜼
wèi
蜼 8882
俗作狖 yòu

03309 匍
pú
匍 5773

03309 暤
暤 4194
見 02310 暤

03310 䁙
yǎn
䁙 2161

03311 雌
cí
雌 2305

03311 蠲
juǎn
蠲8924

03311 嘶
sī

03311 瞎
xiā

03311 瞲
xuè

03312 進 进
jìn
進 1112

03312 誓
shì
誓 1527

03312 雝 雍
yōng
雝 2291

03312 醐
hú
醐 9825
新附字

03312 醿
méng
醿9759

03312 𡾋 畾
lěi

03313 𧼮
yǒng
𧼮1057

03313 逋 逋
bū
逋 1172

03313 嶕 礁
jiāo

03314 鶠
yǎn
鶠 2398

03314 遦 慣惯
guàn
遦 1110

03314 誳
詘 1694
見 53415 誳

03314 髺
kuò
髺 5718

03314 罰
《三體石經》
仿隸之篆
許書 53314 罰

03315 醢 醢
hǎi
醢 9815

03315 歸 归埽
1 guī
2 kuì
歸 1072

03315 謅 诌
zhōu

03316 蠗
zhuó
蠗 8881

03317 蠻 蛮
mán
蠻 8888

03318 躍 跃
yuè
躍 1347

03318 巒 峦
luán
巒 5843

03319 醰
tán
醰 9781

03319 戀
liàn
見 56318 孌
戀篆作孌

03408 唯
wéi
唯 0843

03408 售
shòu
售 0961
新附字

03409 哺
bǔ
哺 0815

03410 䛆
zhòu
䛆 1612

03410 雖虽
suī
雖 8756

03412 噍嚼
jiào
噍 0806

03413 詾詾
táo
詾 1624

03413 誓
段改篆
鉉篆 03312 誓

03414 訴訴诉
sù
訴 1680

03414 對對对
duì
對1744

03414 髻
jì
髻 5739
新附字

03414 謠謡谣
yáo
鄭補逸字

03416 雚鸛鹳
què
雚 2479

03416 曜
yào

03417 譏讥
jī
譏 1605

03417 彎弯
wān
彎 8449

03418 戀
段改篆
鉉篆 03318 戀

03509 睢
suī
睢 2145

03510 訕
段改篆
鉉篆 03410 訕

03512 魋
shén
魋 5792

03512 譔
段改篆
鉉篆 01414 譔

03513 醻
fǔ
醻 5669

03513 瞧
qiáo

03513 詾
段改篆
鉉篆 03413 詾

03514 訴謭
段改篆
鉉篆 03414訴

03515 嚶嘤
yīng
嚶 0951

03515 鷕鷕
yǎo
鷕 2465

03515 暹
xiān

03516 譯
段改篆
鉉篆 03518 譯

03516 膳饍
shàn
膳 2661

03516 醮嫶憔
qiáo
醮 5670

03517 謷
jiào
謷 1583

03517 譏
段改篆
鉉篆 03417 譏

03517 轡
段改篆
鉉篆 53417 轡

03518 譯
譯 1715
見 04517 譯

03518 轡
mǎn
轡 2103

03519 譺
ài
譺 1602

03614 誦诵
sòng
誦 1488

03614 諄
諄 1500
見 43715 諄

03616 謷
段改篆
鉉篆 03516 謷

03616 膳
段改篆
鉉篆 03516 膳

03618 轡
段改篆
鉉篆 03518 轡

03619 譺
段改篆
鉉篆 03519 譺

03714 誰
段改篆
鉉篆 03614 誰

03716 躍
qú
躍 1334

03718 雛
zhuī

04005 好
1 hǎo
2 hào
好 8149

04007 砮
nǔ
砮 5984

04007 姻婣
yīn
姻 8088

04007 蚺蚺
rán
蚺 8744

04007 患
段改篆
鉉篆 44209 患

04008 蟊蟊
máo
蟊8927

04008 蝚
róu
蝚 8767

04009 磿
lì
磿 6002

04009 怒
nù
怒 6843

04009 嫋惱恼
nǎo
嫋 8303

04010 蹂内
róu
内 9683

04013 逮
1 dǎi
2 dài
逮 1146

04013 摩
1 mó
2 mā
摩 7971

04107 呶
náo
呶 0905

04107 蜾蠃
guǒ
蠃8809

04108 聃聃
dān
聃 7758

04109 踝
huái
踝 1328

04109 曆历
lì
曆 4253
新附字

04109 矗
矗非从弓
聿象形
見 04008矗

04109 愚
愚 6792
見 05109 愚

04111 遇
遇 1126
見 05111 遇

04111 婼
chā
婼 8273

04111 緢
miáo
緢 8518

04111 綽
xìng
綽 8515

04111 酸酸
suān
酸 9809

04112 匒
段改篆
鉉篆 04214匒

04112 蛰
段改篆
鉉篆 04214 蛰

04113 遲
遲 1147
見 44214 遲

04114 趫
jú
趫 1038

04114 楚
段改篆
鉉篆05215楚

04114 埶
段改篆
鉉篆04216埶

04207 喁
喁 0956
見 05207 喁

04207 姑
gū
姑 8104

04208 姡
huá
姡 8185

04208 婟
hù
婟 8238

04208 圍围
wéi
圍 3912

04209 駟驷
sì
駟 6161

04209 媘
shěng
媘8249

04210 厤厤
gān
段改篆
鉉篆 02213厤

04211 駒
gé
駒6176

04213 擊擊擊
qiào
擊8011

04213 韣
dú
韣 3374

04214 駋
tāo
駋6166

04214 匒
匒5772
見 05213匒

04214 蛰
蛰 8867
見 05213 蛰

04215 醫
醫 9805
見 04316 醫

04215 擊
段改篆
鉉篆 54215 擊

04216 趩
chì
趩 1026

04216 楚
楚 1363
見 05215 楚

04216 埶
埶 6916
見 05215 埶

04217 嫥
niǎn
嫥 8277

04218 齵
齵 1286
見 05218 齵

04221 麾麾
huī
麾8047

04224 趯
yì
趯1024

04308 駉驲
rì
駉 6205

04308 姞
jí
姞 8073

04309 雄
xióng
雄 2304

04309 駘骀
1 tái
2 dài
駘 6201

04310 駋
zhāo

04311 趕
hái
趕1017

04312 趡
cuǐ
趡 1054

04312 緇
緇 8587
見 03208 緇

04313 鄑
zī
鄑 4104

04314 骼
xié
骼6163

04314 晢
段改篆
鉉篆 05313晢

04315 甈甈
qì
甈 8428

04316 醫毉医
yī
醫 9805

04316 韞韫
yùn

04317 騽
xí
騽 6134

04317 孿孪
luán
孿 9722
僆 liǎn
篆作孿

04319 趞
xiàn
趞1005

04320 趯
1 yuè
2 tì
趯 0987

04410 蛢
píng
同 02412 蛢

04411 雒
luò
雒 2273

04411 醒擤
xǐng
醒 9828
新附字

04411 駬
mò
鄭補逸字

04411 揅研
yán
7971+揅
段補篆
鉉篆 12408 研

04413 誓誓嘶
xī
誓1703

04414 迸
迸 1216
見 02416 迸

04415 譎谲
jué
譎 1664

04415 謖谡
sù

04415 甈
瓶 8428
見 04315甈

04418 懟怼
duì
懟 6852

04512 嚗
bó
嚗 0813

04513 騂驪
驪 6116
段改篆
鉉篆 05616 驪

04513 斮
段改篆
斮1703
鉉篆 04413斮

04514 缾瓶
píng
缾 3276

04515 諲
yīn

04515 譎
譎 1664
段改篆
鉉篆 04415 譎

04517 譯译
yì
譯 1715

04517 繕缮
shàn
繕 8641

04523 髆
bó
髆1320

04613 誰谁
1 shuí
2 shéi
誰 1699

04614 餠
píng
餠8407

04614 誧
bū
誧 1561

04616 讄讄
lěi
讄 1708

04617 譙谯
1 qiào
2 qiáo
譙 1687

04714 誧
誧 1561
段改篆
鉉篆 04614 誧

04716 讄
讄 1708
段改篆
鉉篆 04616 讄

04718 譙
譙 1687
段改篆
鉉篆 04618 譙

04718 趯
qú
趯1010

04718 躩
jué
躩 1389

04823 鄯
shàn
鄯 3998

04825 戆
戆 6793
段改篆
鉉篆 44825 戆

04923 鄯
鄯 3998
段改篆
鉉篆 04823 鄯

05006 厤厲厲
lì
段改篆
厲 5955
鉉篆 17009 厲

05008 厲厲
厲 5955
段改篆
鉉篆 17011厲

05007 蠆蠆
蠆蚕
chài
蠆8777

05009 蠆蠆
蠆蚕
chài
蠆8777

05010 巏巏巏
段改篆
鉉篆 5850巏

05011 嫋
chú
嫋 8095

05013 孎
孎 8198
見 15114 孎

05013 邁
邁 1095
段改篆
鉉篆 07016邁

05014 嬙嫱
qiáng
嬙 8307
新附字

05106 妯
zhóu
妯 8247

05108 挐
rú
挐 8038
段注挐與拏二
篆互譌遂對調

05108 嵎
yú
嵎 5825

05109 愚
yú
愚 6792

05109 睬
róu
睬 9131

05110 媢
xù
媢 8146

05110 媱
yáo
媱 8170

05111 遇
yù
遇 1126

05207 喁
yóng
喁 0956

05208 團团
tuán
團 3892

05208 娉
段改篆
鉉篆 55208 娉

05210 醜丑
chǒu
醜 5806
丑之本字篆
見 22003 丑

05210 駰骃
yīn
駰 6120

05210 甜
tān

05212 媕
ǎn
媕 8255

05213 醵
jú
醵 9820

05213 匊鞠
jū
匊5772

05213 蟄蛰
zhé
蟄 8867

05215 墊
dié
墊 1363

05215 慹
zhí
慹 6916

05218 齵
óu
齵 1286

05307 軍军
jūn
軍 9522

05308 野壄
埜壄
yě
野 9124

05309 蟖
1 jiàn
2 蟖 chán
蟖 8873

05310 鄆郓
yùn
鄆 4029

05310 醜
醜 5806
見 05210 醜

05311 慙慚慚
cán
慙 6923

05312 詽詽喃
nán
詽1625

05313 運运
yùn
運 1137

05313 㬪
xiè
㬪4233

05314 雛鶵雏
chú
雛 2283

05314 縉缙
jìn
縉 8577

05315 翬翚
huī
翬 2251

05315 醳
yì

05318 孿孪
luán
孿 7960

05409 暉晖
huī
暉 4196

05409 喗
yǔn
喗 0790

05409 暫暂
zàn
暫 4216

05409 暈晕
1 yùn
2 yūn
暈 4247
新附字

05411 嗺
jí
嗺 0804

05412 課课
kè
課 1536

05412 酺
pú
酺 9798
段篆作𨢬

05412 詽
段改篆
鉉篆15312詽

05413 輵
xiá
輵 3376

05413 嫡
dí
嫡 8197

05413 櫑櫑
léi
櫑 3695

05413 騇
shè

05414 鶤鵾鹍
kūn
鶤 2386

05415 醮醮
jiào
醮 9787

05416 罋甕
甕瓮
wèng
罋3277

05420 齳
yǔn
齳 1292

05420 驔
diàn
驔 6132

05510 睴
gùn
睴 2102

05512 鼯
wú

05512 課
段改篆
鉉篆 15412 課

05515 雗鶴
鹌鵪
ān
雗 2299

05517 謦
段改篆
鉉篆 05519 謦

05519 讕調谰
lán
讕 1701

05519 謦
謦 1596
見 06518 謦

05616 騮騮骝
liú
騮 6116
段改作駵

05619 讕
段改篆
鉉篆 05519 讕

05620 讄讄
lěi
讄 1708

05720 讄讄
段改篆
讄1708
鉉篆 05620讄

05717 隸
dài

05719 鼲
hún
鼲 6377

05720 趯
jué
趯1034

05723 隸逮
dài

06003 弗
fú
弗 8320

06006 𩙿颫
dié
𩙿 4527

06006 郙鄁
bì

06007 趶
fú
趶1372

06007 艴
bó
艴 5764

06008 拏
段改篆
鉉篆 05108 拏

06013 崩崩陠
bēng
崩5863

06105 咈
fú
咈 0885

06105 昲
fèi

06110 媌
miáo
媌 8156

06110 婞倖
xìng
婞 8251

06110 逮
yù

06113 蟰
xiāo
蟰 8835

06114 建
jiān
建1202

06206 曹
fèi
曹2200

06213 嘯啸
xiào
嘯 0866

06214 騶驺
zōu
騶 6203

06310 毄毄
jī
毄 1951

06310 蝩
chóng

06311 堹
zhǒng
堹 1064

06311 皸皸
jūn
皸 1983
新附字

06311 緷
yùn
緷 8495

06312 踵
zhǒng
踵 1357

06312 駣
táo
駣 6218

06313 趣
jiàn
趣1059

06314 慗
qì
慗6917

06321 邏逻
luó
邏 1218
新附字

06410 毴
rǒng
毴5362

06414 駥
róng
駥 6222
新附字

06515 鍛緞缎
duàn
鍛3377

06516 嫸
zhǎn
嫸 8253

06518 讋
zhé
讋 1596

06716 孀
shuāng

07007 紼綍绋
fú
紼 8715

07010 蠇蠣蛎
lì
蠇 8861

07013 蠤
lì
蠤5850

07014 邁迈
mài
邁 1095

07016 邁邁迈
mài
邁 1095

07110 噧
xiè
噧 0902

07417 譖
jiàn
譖 9822

07718 讙
tuí
讙1649

07819 讙
段改篆
鉉篆 07718讙

07918 贊
fèi

08112 髴佛
fú
髴 5726

08315 譪
mài
譪 1642

08414 鼙
qì
鼙 3289

08415 譪
段改篆
鉉篆 08315 譪

08617 䪙
pò
段改篆
鉉篆 49617 䪙

08620 戁
nǎn
戁 6690

08623 韏韏拳
jiū
韏3381

08721 戁
戁 6690
見 08620 戁

09413 趩
趩 1058
見 09414 趩

09414 趩蹕
蹕禪
bì
段改篆

09512 醰
醰9819
見 09513醰

09513 醰
mì
醰9819

09514 韗韗
yùn
韗 1788

09614 韠
韠 3368
見 09615 韠

09615 韠
bì
韠 3368

09620 鞠
jú
鞠 6196

[1]

10001 厂厈
1 hǎn
2 ān 同庵
厂 5947

10001 𠂆
yì
𠂆 8322

10002 刀舠
dāo
刀 2732
假作刁 diāo

10002 匕
bǐ取飯匕
匕 5193
从反人有别
于 40002七

10002 广
1 yǎn
2 ān
广 5892

10003 爪
1 zhǎo
2 zhuǎ
爪 1872

10003 刃刄刅
rèn
刃 2800

10003 瓜
guā
瓜 4525

10003 戹厄
1 ě
2 è
戹 5754

10003 仄庂仄
zè
仄 5969

10004 办刅
刅創瘡
chuāng
办 2801

10004 比
bǐ
比 5205

10004 庀
pǐ

10005 刖
yuè
刖 2778

10005 𠛰別别
bié
𠛰2557

10005 矻
kū

10006 庇
bì
庇 5926

10006 肙
yuān
肙 2769

10006 瓜
yǔ
瓜 4531

10006 胍
gū

10007 胞脆脃
cuì
胞 2707

10007 砅濿
lì
砅 7255

10007 肶膍
pí
膍 2669

10007 庣
tiāo
鄭補逸字

10007 朓
段改篆
鉉篆 10008 朓

10008 朓
tiào
从肉
朓 2658

10008 朓
tiǎo
从月
朓 4296

10008 庢
chǐ
庢 5917

10008 㕟
yì
㕟5962

10008 𠂢衇
脉衈
1 mài
2 mò
衇7460

10008 𦙍骴胔
zì
骴 2581
骴或从肉

10008 剜
wān
剜 2797

10008 硟
段改篆
鉉篆 10008 硟

10008 硟
硟 6013
見 10009 硟

10009 硟
chàn
鉉篆作[illegible]

10009 奚
xī
奚 6637

10009 胻
héng
胻 2629

10009 脡
脡 2687
見 10010 脡

10010 脡
shān
脡 2687
段改脡爲脠

10010 豼貔
pí
貔 6085

10010 肕
rùn
肕 2728

10011 歜
chù
歜 5534

10011 歄
wā
歄 5549

10011 欣
yí
欣5567

10011 骴肶
髊胔
cī
骴 2581
胔zì 篆作骴

10011 [illegible]
yàn
段改篆
鉉篆作[illegible]

10012 膎
xié
膎 2676

10012 骱
héng

10012 骯
kuāng

10014 磙
huái

10015 廖
liào
廖 5946

10018 膠寥
liáo
膠 5940

10024 歜鰥
kūn
鰥5542

10104 外夗
wài
外 4314

10104 戹
è
戹 7687

10104 卮巵
zhī
卮 5745

10105 舟
zhōu
舟 5412

10105 原𠫐
厵源
yuán
厵7456

10106 肩肩
jiān
肩2614

10106 肩肩 jiān 肩2614

10106 胴 zhèn 胴 2655

10106 扈扈屿 hù 扈 4007

10106 庌 yǎ 庌 5900

10106 应 lā 应 5961

10106 砭 biān 砭 6025

10106 硊砈 ě

10107 胑肢 zhī 胑 2632

10107 胙 zuò 胙 2659

10107 胹 ér 胹 2689

10107 肣 1 qín 2 圅 hán 圅 4325

10107 舠航 wù 舠5418 舠非舠 見 10002 舠

10107 扆 yǐ 扆 7689

10107 庨 yí

10107 脭 zhēng

10108 剔 tī 剔 2795

10108 彤 chēn 彤 5415

10108 豹 豹 6082 見 20108 豹

10109 脫脱 tuō 脫 2642

10109 愿 yuàn 愿 6699

10109 扆 段改篆 鉉篆 10107 扆

10110 既既 jì 既 3182

10110 鴈 yàn 鴈 2413

10110 碝瑌 ruǎn 碝 5983

10111 腝臑 1 ní 2 ruǎn 腝 2686

10111 褧絅 jiǒng 褧 5254

10111 貈 hé 貈 6092

10111 扇搧煽傓 1 shàn 2 shān 扇 7684

10111 扊 yǎn

10113 褧 段改篆 鉉篆 10111 褧

10115 豯豀溪 xī 豯 7463

10116 膌瘠瘠 jí 膌 2645

10117 豷豷 yì 豷6368

10204 歺歹 卢戸 1 è 2 dǎi 歺 2520

10206 砢 1 kē 2 luǒ 砢 6027

10206 辰辰 chén 辰 9746

10206 肛 gāng

10207 則劃 鼎剽则 zé 則 2744

10207 頁页 yè 頁 5572

10207 扃 jiōng 扃 7691 从古文冋

10207 砰 pēng

10208 脰 dòu 脰 2593

10208 豈岂 1 愷 kǎi 2 qǐ 豈 3077

10208 庚 庚 5911 見 10410 庚

10208 蜃蜄 shèn 蜃 8856

10209 廁厕厕 cè 廁 5913

10209 脣唇顧 chún 脣 2592

10209 頃顷 1 qīng 2 qǐng 頃 5197

10209 碩硕 shuò 碩 5601

10209 厞 fèi 厞 5971

10209 貆 huán 貆 6096

10209 蜃 蜃 8856 見 10208 蜃

10210 胲 hǎi 胲 2633

10210 膻 1 dàn 2 shān 膻 2638

10210 剴剀 kǎi 剴 2737

10210 硠 láng 硠 5997

10210 磑硙 1 wèi 2 ái 磑 6019

10210 磌 tián

10211 㥯 段改篆 鉉篆 00211㥯

10211 腓 féi 腓 2630

10211 腈
suò
腈 2696

10211 膹
chēn
膹 2715

10211 廎 高廎
qǐng
高 3304

10211 貯 贮
zhù
貯 3948

10211 朖 朗
lǎng
朗 4295

10211 欥
shèn
欥 5541

10211 颲
liè
颲 8944

10213 骸
hái
骸 2574

10213 顝
kū
顝 5605

10213 廊
láng
廊 5942

10213 頌 颎
jiǒng
頌 6405

10213 磴
dèng

10213 貇 皃
mào
皃 5440

10213 膈
膈 2699
膈从弱
弱非从弜
見 50011 膈

10214 頛 颖
yǐng
頛 7025

10216 貐
yǔ
貐 6087

10218 顯
yuàn
顯5578

10306 庖
jū
庖 5936

10306 歹 朽
xiǔ
歹 2538

10307 貞 贞鼎
zhēn
貞 2069

10308 唇
1 zhēn
2 脣 chún
唇 0911

10308 扃
扃 7691
見 10207 扃

10309 師 师
獅寨
shī
師 3846

10309 貶 贬
biǎn
貶 3966

10309 貺 贶
kuàng
貺 3977
新附字
許篆 90109 況

10309 舸
gě
舸 5424

10310 脛 胫踁
jìng
脛 2628

10310 睿 濬濬
jùn
睿 7468

10310 阯 址
zhǐ
阯 9611

10310 阠
dīng
阠 9636

10310 阬
阬 9607
見 10412 阬

10310 碩
段改篆
鉉篆 10209 碩

10311 阤
yī
阤 9626
段篆作阤

10311 扉
fēi
扉 7683

10312 願 愿
yuàn
願 5606

10312 廠
lán
廠 5956

10312 暨 暨
jì
暨 4257

10313 覾
chēn
覾5477

10313 顅
qiān
顅 5641

10313 驫 驫
原源
yuán
驫7456

10313 陗 峭
qiào
陗 9589

10313 陟 傍
zhì
陟 9594

10313 顙
段改篆
鉉篆 12313 顙

10314 臉 脸
liǎn

10314 顯
míng
鄭補逸字

10316 陎
lěi
陎9588

10410 阢
wù
阢 9615

10410 庾
yǔ
庾 5911

10409 貦 玩
wán
玩 0149

10411 陒 阨
è
陒 9617

10411 阼
zuò
阼 9645

10411 賑 赈
zhèn
賑 3926

10411 腴
yú
腴 2622

10411 殈
xù

10412 頣
gěn
頣5587

10412 殪
ái
殪2547

10412 阬 坑
kēng
阬 9607

10412 賅 赅
gāi

10413 殤 殇
shāng
殤 2528

10413 殩
zì
殩2555

10413 顚 hùn 顚 5599

10414 顛 zhuàn 顛5663

10414 貙 chū 貙 6083

10415 顗 yǐ 顗 5640

10415 隙 xì 隙 9649

10415 陾 réng 陾 9652

10418 隘䪁 ài 䪁9666 段改籀爲篆

10511 阿 1 ē 2 ā 阿 9577

10511 阮 1 yuán 2 ruǎn 阮 9632

10513 陙 chún 陙 9660

10514 陔 gāi 陔 9647

10515 殮殓 liàn

10516 陚 qīng 陚9605

10517 隃 shù 隃 9631

10517 顨 xùn 顨 3008

10518 隥墱 dèng 隥 9591

10612 陖 zhēng 陖9635

10614 陘陉 xíng 陘 9612

10614 陋 陋 9597 見 10715 陋

10618 險嶮险 xiǎn 險 9582

10619 䯣 kuì 䯣 2571

10715 陋嶇岖 qū 段改篆 鉉篆 10614 陋

10817 殨 kuì 殨 2537

10920 隤 tuí 隤 9598

11002 𠂇𠂇左 zuǒ 𠂇1923 今作左

11002 力 段改篆 鉉篆 11104 力

11003 反反 fǎn 反 1912

11005 𠬪 1 biào 2 殍 piǎo 𠬪2506

11005 孤 gū 孤 9728

11005 系 段改篆 鉉篆 91005 系

11005 肋 段改篆 鉉篆 11107 肋

11006 受 shòu 受 2509

11006 寽寽 liè 寽2510

11006 肪 fáng 肪 2604

11007 肺 fèi 肺 2596

11007 肰 rán 肰 2714

11007 碎 suì 碎 6014

11007紇紇纥 1 hé 2 gē 紇 8483

11007 紃 xún 紃 8626

11007 紉纫 rèn 紉 8650

11008 朓 bié 朓 2666

11008 厖 máng 厖 5966

11008 厞 xiá 厞5968

11008 絕絕絶 绝𢇍 jué 絕 8504

11008 紛纷 fēn 紛 8666

11008 紕纰 1 bǐ 2 pī 紕 8717

11009 紱 pài 紱8540

11009 絩 tiào 絩 8550

11009 毖 bì 毖 5206

11009 縞缟 gǎo 縞 8557

11010 絖 huāng 絖8482

11010 綃绡 xiāo 綃 8480

11010 紵紵纻 zhù 紵 8701

11010 絖纊 kuàng 纊 8685

11011 然䕼燃 rán 然 6389

11011 繇 yáo 繇4529

11012 爲為为𦥮 1 wéi 2 wèi 爲 1874

11012 緂 tián 緂 8592

11013 剽黥剠 qíng 黥 6542

11014 緂毯 tǎn 緂8589

11014 黜
黜 6534
見 01014 黜

11104 𠤏
bǎo
𠤏5195

11104 力
lì
力 9165
段篆 11002 力

11105 肙
yǐn
肙 5228

11105 矸
gān

11107 寽
lǚ
寽 2513

11106 肝
gān
肝 2598

11106 房
fáng
房 7685

11106 砌
1 qì
2 qiè
砌 6034

11106 戾
tì
戾 7686

11107 肸
xī
肸 1462

11107 肧胚
pēi
肧 2586

11107 肋
lèi
肋 2611

11107 府腑
fǔ
府 5893

11107 戾
lì
戾 6322

11107 紖纼
zhèn
紖 8671

11107 扂
huà
扂 8708

11107 砆
fū

11108 胳
1 袼 gē
2 gé
胳 2615

11108 肰
tǎn
肰 2716

11107 扂
qù
扂 7690

11108 舫
fǎng
舫 5421

11108 庳
bì
庳 5925

11108 豚豨
tún
豨6079

11108 紝
zhēng
紝 8662

11108 紟絵
jīn
紟 8615

11108 絅褧
jiǒng
絅 8539
段改篆

11108 剈
段改篆
鉉篆 11109 剈

11109 剈
剈 2746
見 12108 剈

11109 脟
liè
脟 2610

11109 豻犴
àn
豻 6093

11109 縓
quán
縓 8580

11109 磙
zhuì
磙 5993

11109 骭
gàn
骭 2573

11109 碎
段改篆
鉉篆 11007 碎

11109 腨
段改篆
鉉篆 11110 腨

11110 斀
zhuó
斀 2049

11110 柴粃
bì
段改篆
鉉篆 4463 柴

11110 䏚
liǎng
䏚 2677

11110 腐
fǔ
腐 2721

11110 腨
腨 2631
見 12109 腨

11110 縞
縞 8557
見 11009 縞

11111 兒
ní
兒 2059

11111 骼胳髂
gé
骼 2580

11111 敫
jiào
敫 5537

11111 貉
1 mò
2 hé
貉 6095

11111 歂喘
段改篆
鉉篆 11112 歂

11112 緛
ruǎn
緛 8639

11112 歂
歂 5516
見 12111 歂

11112 貒
段改篆
鉉篆 11113 貒

11113 貒
貒 6098
見 12112 貒

11114 膫膋
liáo
膫 2673

11114 廢废
fèi
廢 5932

11114 豩豩豩
xún
鄭補逸字

11115 縊缢
yì
縊 8719

11115 黔
qián
黔 6528

11118 繚
liǎo
繚 6552

11204 氐
1 dǐ
2 低 dī
氐 8328

11205 左佐
zuǒ
左 3012
今作佐

11205 底砥
dǐ
底 5953

11205 乑
段改篆
鉉篆 12204 乑

11206 底
dǐ
底 5921

11206 砥底
dǐ
厎 5953

11206 肚
1 dù
2 dǔ

11207 胝
zhī
胝 2649

11207 帥帅
shuài
帥 4834

11207 垔
yín
垔 5219

11207 紅红
1 hóng
2 gōng
紅 8582

11207 絙
huán
絙 8612

11207 紆纡
yū
紆 8514

11207 殀
yāo

11208 䍃
yǐn
䍃2512

11208 販贩
fàn
販 3961

11208 庭
庭 5897
見 11209 庭

11209 庭
tíng
段改篆
鉉篆作庭

11209 胯
kuà
胯 2625
段篆 01209胯

11209 猝
zú
猝2525

11209 庤
zhì
庤 5928

11209 碣
hé
碣 6026

11209 緝缉
jī
緝 8691

11209 碕埼
qí

11209 磅
1 páng
2 bàng
3 pāng

11210 膀膀髈
1 páng
2 pāng
3 bǎng
膀 2609

11210 贀贀
yì
贀 2029

11210 脊
qǐ
脊 2724
新附字

11210 膂膟
lǜ
膂2672

11210 頞
mò
頞5622

11210 厬
guǐ
厬 5952

11210 奡
ào
奡 6630

11210 敳
wēi
敳5049

11210 骶
dǐ

11210 脴胳脴
bù
脴 2688
胳胳之誤

11211 腌
腌 2706
見 11413 腌

11211 厭
1 压 yā
2 厌 yàn
厭 5972

11211 欼粢
cì
粢8692

11211 影
yǐng
篆當作景
許書 4192 景

11212 艅
yú
艅 5426
新附字

11212 廄廏㲃
廄厩
jiù
廄 5906

11212 厜
zuī
厜 5949

11212 磕礚
kē
磕 6000

11212 緋绯
fēi
緋 8724

11212 廠廠厂
chǎng

11212 縝缜
zhěn

11213 㮚粟㯨
sù
㮚4333

11213 硾
zhuì
硾 6037

11213 髈膀膀
1 páng
2 pāng
3 bǎng
膀 2609

11214 腄
chuí
腄 2648

11214 緰
1 tóu
2 xū
緰 8704

11215 懕㦊恹
yān
懕 6762

11215 槩氣餼
xì
氣 4483

11216 鷺鹭
lù
鷺 2403

11216 磋
cuō

11216 碡碡
dú

11217 黮黮
diàn
段改篆
鉉篆 51116黮

11217 䗂
shuì

11217 賵
guì
賵 3923

11217 黮
黮 6540
見 11318 黮

11306 助
段改篆
鉉篆 11408 助

11308 賀
段改篆
鉉篆 11410 賀

11309 啟啓
啓启
qǐ
啟 1988

11309 啓
qǐ
啓 4186

11309 敗败
bài
敗 2033

11309 𠩂
qín
𠩂 5963

11309 辱
rǔ
辱 9747

11309 賀
段改篆
鉉篆 11411 賀

11310 碒
yín

11310 賂赂
lù
賂 3936

11310 厰
yín
厰5951

11310 宷罙罙
mí
罙 4797

11310 阪
bǎn
阪 9579

11310 防埅坊
fáng
防 9609

11311 殃
yāng
殃 2540

11311 阹
qū
阹 9655

11311 經经
jīng
經 8488

11312 賒賖赊
shē
賒 3951

11312 敳敳
ái
敳 2008

11313 頼
pǐ
頼 5645

11314 賭赌
dǔ
賭 3979

11314 顥颢
hào
顥 5636

11314 陜陿峽
狹峡狭
xiá
陜 9593

11314 陝陕
shǎn
陝 9627

11314 臆肊
肊 2606
見 11415 臆

11315 盬醓
tǎn
盬3159

11315 龐庞
páng
龐 5920

11315 廞
1 xīn
2 嶔嵚 qīn
廞 5939

11315 廟庙庿
miào
廟 5935

11315 緪縆
gēng
緪 8676

11316 朧胧
lóng
朧 4300

11318 黮
dǎn
段改篆
鉉篆 11217 黮

11319 隖
wéi
隖 9637
同 51016 鄬

11323 䧰
hùn
䧰 9572

11408 助
zhù
助 9168

11409 聖圣
shèng
聖 7763

11410 晵
qì
晵 2153

11410 哿
gě
哿 3043

11411 賀贺
hè
賀 3929

11411 阞
lè
阞 9573

11411 殑
qī
殑 2551

11411 陑
ér

11412 陬
zōu
陬 9580

11412 庵菴
ān

11412 陃
陃9592
見 11513陋

11413 腌
1 醃 yān
2 ā
段改篆
鉉篆 11211 腌

11413 殠
chòu
殠 2536

11414 除
chú
除 9643

11414 隊队
1 zhuì
2 duì
隊 9599

11415 臆肊
yì
肊 2606

11416 臘腊蜡
là
臘 2656

11416 陼
zhǔ
陼 9638

11417 聽
訛篆
見 12417 聽

11418 䞔
wéi
䞔 5471

11418 𨽌鐆
隧燧
suì
鐆9667

11418 殰
dú
殰 2523

11419 贖赎
shú
贖 3956

11420 隧
suì

11421 纘缵
zuǎn
纘 8507

11510 殖膱職
1 zhí
2 shi
殖 2549

11511 阺
dǐ
阺 9614

11512 殛
jí
殛 2530

11512 矬
cuǒ

11513 膩膩
nì
膩 2697

11513 陋陋
lòu
段改篆
鉉篆 11412陋

11514 隔
gé
段改篆
鉉篆 11717 隔

11514 陭
yī
陭 9630
借爲崎 qí

11514 陛蜌
bì
陛 9646

11514 陪
péi
陪 9650

11515 隋
1 duò
2 suí
隋 266

11515 隊
zhuàn
隊 9651

11515 臆肊
段改篆
鉉篆 11314 臆

11516 礹
yán
礹 6004

11517 鶡
hé
鶡 6361

11518 膘臕
biāo
膘 2671

11518 隓
duò
隓 5847

11518 陲陲
chuí
陲 9656

11518 殰
殰 2523
見 11418 殰

11519 隱隱隐
yǐn
隱 9620

11519 賸
賸 3956
見 11419 賸

11521 隫䢖
dú
隫9608

11523 隊
duì
隊4520

11614 臑
nào
臑 2618

11614 艎
huáng
艎 5427
新附字

11614 陪
陪 9650
見 11514 陪

11614 陧
zhào
陧9641

11617 繢
huì
繢 8496

11619 膿盥脓
nóng
盥3158

11620 隴陇
lǒng
隴 9625

11621 隫
隫9608
段改篆隫
見 11521隫

11717 隔
隔 9618
見 11514 隔

11718 陛
bī
陛7660
借作狴 bì

11816 隍
huáng
隍 9654

12004 戊
戊 9699
段改篆
鉉篆 92105 戊

12006 采採
彩綵
1 cǎi
2 cài
采 3775

12006 采穗
suì
采4386

12006 㕜
bó
㕜 4526

12006 伎
qì
伎5196

12007 肢胑
zhī
胑 2632

12007 肤
dié
肤 2653

12007 虒傂
sī
虒 3115

12007 庥休
xiū
休 3799

12007 瓞瓞
dié
瓞 4527

12007 紡纺
fǎng
紡 8503

12007 孫孙
sūn
孫 8470

12007 成
成 9700
段改篆
鉉篆 9700 成

12008 統统
tǒng
統 8497

12008 胈
bá

12008 磃
sī

12008 緻
zhī

12009 彩
cǎi
彩 5692
新附字

12009 㐭廩
亩懍懔
lǐn
亩 3325

12009 緎
yù
緎 8571

12009 骹
qiāo
骹 2572

12009 脖
bó

12010 腹
fù
腹 2621
鉉篆 12109 腹

12010 剛刚后
gāng
剛 2745

12010 麻麻蔴
má
麻 4512

12010 斲
dòu
斲 9456

12010 斛
tiāo
斛9457
俗作鍫 qiāo
段改作斛

12010 斛
斛9457
段改篆
鉉篆 12010斛

12010 繑
qiāo
繑 8619

12010 紱茯韍
fú
紱 8661

12010 綬绶
shòu
綬 8604

12011 ⿸广悤
cōng
⿸广悤5916

12011 綊
xié
綊 8663

12012 縼
xuàn
縼 8672

12012 歋揶
yé
歋 5521

12015 默嘿
mò
默 6284

12015 黝
段改篆
鉉篆 12117 黝

12016 髍
mó
髍 2578

12016 黥剠剠
qíng
黥 6542

12016 紵纻
zhù
紵 8701

12105 庉
dùn
庉 5899

12106 孜
zī
孜 2005

12106 肫
zhūn
肫 2590

12106 ⿸广丸
huán
⿸广丸 5915

12106 庢庢
zhì
庢 5922

12106 長长
尢兵
1 cháng
2 zhǎng
長 6038

12106 耑
1 duān
2 zhuān
耑 4518

12107 胵
chī
胵 2670

12107 废
bá
废5924

12107 紙纸帋
zhǐ
紙 8686

12108 胖
1 pàn
2 pán
3 pàng
胖 0725

12108 胏⿱朿月胏
zǐ
⿱朿月2712

12108 庶庶
shù
庶 5927

12108 紑
fóu
紑 8591

12108 剬
duān
剬 2746

12109 緅
zōu
緅 8725
新附字
鄭補逸字

12109 豺
chái
豺 6086

12109 腹
腹 2621
見 12010 腹

12109 髟
biāo
髟 5699

12109 紞
dǎn
紞 8597

12109 腨
shuàn
腨 2631

12109 絡络
1 luò
2 lào
絡 8684

12109 碔
wǔ

12110 緜綿绵
mián
緜 8471

12110 厥
jué
厥 5954

12110 㮚栗
慄麜
lì
㮚 4332

12110 絲
mǐ
絲 8567

12111 緉
liǎng
緉 8710

12111 𤔔爰
luàn
𤔔2508

12111 綟
lì
綟 8590

12111 紻
yǎng
紻 8599

12111 歂
chuǎn
歂 5516

12112 劂
jué

12112 貒
tuān
貒 6098

12112 槩概
gài
槩 3683

12112 鬆鬆
sōng

12113 ⿱麻貝
mí
⿱麻貝7782

12113 ⿱髟介
jiè
⿱髟介 5723

12113 緒绪
xù
緒 8477

12113 朕⿰月灷
zhèn
朕 5420

12113 膟臂
lǜ
臂2672

12114 廨
xiè

12115 繚缭
liáo
繚 8527

12115 繎
rán
繎 8513

12115 髾
shāo

12115 縢
téng
縢 8743

12116 黕
dǎn
黕 6529

12116 ⿰骨厥
jué
⿰骨厥2567

12117 胬凌
líng
胬7475

12117 黝
yǒu
黝 6519

12117 鬖
sān

12118 髿
suō

12118 縢
téng
縢 7135

12119 髍
mà

12204 氒
jué
氒 8327

12206 姓晴
qíng
姓 4313

12207 胜腥
xīng
胜 2691

12208 爰
yuán
爰 2507

12208 貤
yì
貤 3944

12208 紙
dī
紙8484

12208 庠
xiáng
庠5895

12209 腜
méi
腜2585

12209 緡緍缗
mín
緡 8682

12210 敝
bǐ
敝 2058

12210 敫
jiǎo
敫 2505

12210 鬊
zhuǎn
鬊5747

12210 預预
yù
預 5664

12210 絝绔
kù
絝 8618

12211 碌碌
1 lù
2 liù
碌 6032
新附字

12211 綺绮
qǐ
綺 8551

12211 綮
qǐ
綮 8560

12211 綍
fú
綍 8687

12212 穎頴颖
yǐng
穎 4384

12212 髶
1 róng
2 èr
髶 5727

12212 髠髡髨
kūn
髠 5732

12213 磩
qì
鄭補逸字

12214 憂惪忧
yōu
憂 3351
忧愁字篆
作 00211惪

12214 夒猱獶
náo
夒 3359

12214 骾鯁鲠
gěng
骾 2579

12214 頯
kuí
頯 5585

12214 髢
tà
髢 5370
新附字

12215 鬄髢
dì
鬄 5715

12215 燅燅
xún
燅 6505

12215 癟
段改篆
鉉篆 14421 癟

12216 縒
cī
縒 8519

12216 礹
rǎng

12217 鰼
xí
鰼 2847

12217 鷢
jué
鷢 2446

12217 鬋
jiǎn
鬋 5712

12217 鬄
tì
鬄5731

12218 靡
1 mǐ
2 mí
靡 7658

12218 續续
xù
古文作賡
讀 gēng

12219 黱
黱 6518
見 12421 黱

12220 劘
mó

12220 礳磨
1 mó
2 mò
段改篆
鉉篆 14218 礳

12222 縻爢
mí
段改篆
鉉篆 14220 縻

12222 黶
yǎn
黶 6512

12225 黷黩
dú
黷 6531

12307 庢
tí
庢 5960

12308 財财
cái
財 3921

12308 紝絍
紝纴
rèn
紝 8491

12308 埾
jù
埾 9054

12309 皸
xīn
皸1446

12309 敦扞捍
hàn
敦2007

12309 戛戞
jiá
戛 8338

12310 絟
quán
絟 8700

12310 綎緹
tīng
綎 8510

12310 紩
zhì
紩8490

12310 緈
xīn
鄭補逸字

12311 阤
zhì
阤 9603

12311 賊贼
zéi
賊 8339

12312 臊
1 sāo
2 sào
臊 2692

12312 欇欇
zhé
欇 3559

12312 賦赋
fù
賦 3964

12312 廚厨
chú
廚 5904

12313 縟褥缛
rù
縟 8594

12313 壓
壓 9072
見 12414 壓

12313 顓颛
zhuān
顓 5627

12313 髡髠
kūn
髡 5732
髠或从元

12315 髮
cì
髮5717

12315 綫
錗 6505
見 12215綫

12316 鷩
jī

12317 顯显
xiǎn
顯 5662

12317 鬒参黰
zhěn
㐱 5685

12318 賸剩
shèng
賸 3937

12318 鬜鬝
qiān
鬜 5730

12318 續
續 8506
見 12218 續

12319 黔
jīn
黔6523

12319 髸
1 bàng
2 搒磞踫
pèng
髸5734

12322 鬛
lán
鬛 5703

12325 黷
黷 6531
見 12225 黷

12407 厓
yá
厓 5948

12408 研研
1 yán
2 yàn
研 6017

12411 廦
pì
廦5970

12412 廦
bì
廦 5908

12412 庰
bìng
段改篆
鉉篆 14410 庰

12412 骴
kuī

12413 降
1 jiàng
2 xiáng
降 9600

12414 陚
fù
陚 9634

12414 敹
liáo
敹 2017

12414 壓压押
1 yā
2 yà
段改篆
鉉篆 12313 壓

12415 顏
yuǎn
顏5620

12416 隭墟
xià
墟 9075

12416 繶
yì

12417 聽听
tīng
聽 7765
听然字篆
見00104听

12419 臁
rǎng
臁 2639

12419 𨽁
xiè
𨽁9624

12420 鬢鬓
bìn
鬢 5701

12421 鬗
mián
鬗 5707

12421 黤
yǎn
黤 6518

12421 殲歼
jiān
殲 2543

12513 堕防坊
fáng
防 9609

12513 舠
dāo
5423+舠
段補篆
鄭補逸字

12514 陳
陳 9639
見 12716 陳

12515 陸陆
1 踛蹗lù
2 liù
陸 9576

12517 聽
段改篆
見 12417 聽

12518 緳缬
xié

12519 縹缥
1 piǎo
2 piāo
縹 8570

12613 孺
rú
孺 9723

12613 賙赒
zhōu

12615 甗
yǎn
甗 8350

12615 繻
xū
繻 8593

12615 陸
陸 9576
見 12515 陸

12616 夏㚸
xià
夏 3356

12617 墜坠
zhuì
墜 9115

12618 廈厦
1 shà
2 xià
廈 5941
新附字

12716 障
障 9619
見 12817 障

12716 陳陈
chén
陳 9639

12717 隓
1 隳 huī
2墮墮 duò
隓 9604

12722 鬢
kuì
鬢 5722

12723 髓髓髓
suí
髓2575

12817 障嶂
zhàng
段改篆
鉉篆 12716 障

13003 女
nǚ
女 8069

13006 妸妸
nuǒ
妸 8175
婐妸俗作
婀娜ēnuó

13006 姬
jī
姬 8072

13006 妥
tuǒ
+8306 妥
段補篆

13006 劦
段改篆
鉉篆 13312 劦

13007 妣妣
bǐ
妣 8106

13007 㛄
yī
㛄 8135

13007 絞绞
jiǎo
絞 6594

13007 姚
段改篆
鉉篆 13008 姚

13008 姚
yáo
姚 8075

13008 紩
zhì
紩 8638

13008 㚷
nǎi

13008 綉绣
繡繡
xiù
許書作繡

13009 脪
xìn
脪 2654

13009 娋
shào
娋 8245

13009 脅脇
段改篆
鉉篆 13315 脅

13010 庱
chěng
庱 5945

13010 婷
tíng

13011 縭
lí
縭8690

13011 朡
zōng

13012 嫨
xī
嫨 8119

13014 嬽
yuān
嬽 8154

13014 縻䋾
mí
縻 8673

13106 度
1 dù
2 duó
度 1922

13106 席蓆
xí
席 4880

13106 姷
èr
姷 8141

13107 庛
chá
庛 5919

13107 妗
jìn
妗 8178

13107 姂
fá
姂 8182

13107 純纯
chún
純 8479

13107 廆
1 guī
2 wěi

13108 䏐
jué
䏐 2624

13108 剫𢿱
duó
𢿱 2037
剫 2758
𢿱或从刀

13108 鬽魅彔
彖录录
mèi
鬽 5798

13108 嫄
yuán
嫄 8127

13108 絰绖
dié
絰 8706

13109 娛娱
yú
娛 8193

13109 姺
shēn
姺 8078

13109 絾
yuè
絾 8624

13109 娧
tuì
娧 8155

13109 絆绊
bàn
絆 8669

13110 割
gē
割 2766

13110 絳绛
jiàng
絳 8575

13110 庱
庱 5945
見 13010 庱

13110 碐
léng

13111 媆
1 ruǎn
2 嫩 nèn
媆 8292

13111 魈
xiāo

13112 虢
guó
虢 3114
段篆作

13112 臄谷
jué
谷 1443

13112 廒厫
áo

13112 磝
áo

13112 勵
段改篆
鉉篆 13214勵

13113 髲
bì
髲 5716

13113 艐
kè
艐 5419

13113 媊
qián
媊 8123

13113 檿
檿 3516
見 13214 檿

13113 擪
擪 7846
見 13214 擪

13114 黗
tūn
黗 6520

13115 齺
zōu
齺 4514

13115 縢
téng
縢 4881

13115 斲
zhuó
斲6023

13115 勝
段改篆
鉉篆 13217 勝

13116 縻
mí
縻 4469

13117 縢藤
téng
縢 8658

13118 鬟
huán
鬟 5740
新附字

13118 繲
xiè

13124 黱黛
dài
黱 6536

13207 婀
ē
婀 8129

13207 敃姛
dòng
敃8164

13207 敓叕
càn
敓8220

13208 眣
dié
眣 8330

13209 娠
shēn
娠 8094

13209 架
jià

13209 媅
媅 8195
見 13310 媅

13210 嫣
yān
嫣 8165

13210 嬗
shàn
嬗 8211

13210 棨
qǐ
棨 3754

13210 厮廝
sī

13211 屢
xǐ
屢5958

13211 緣缘
1 yuàn.
2 yuán
緣 8616

13211 婭娅
yà

13212 頞齃
è
頞 5584

13212 廙
yì
廙 5929

13212 緩緩缓
huǎn
緩8736

13212 綆绠
gěng
綆 8678

13212 駑
rú
許書作駑

13213 媮婾
1 偷 tōu
2 yú
媮 8243

13213 塺
méi
塺 9078

13213 綠绿
1 lù
2 lù
綠 8569

13213 繁繳
zhuó
繁8680

13213 髬
pī

13213 髵
ér

13213 嫋
嫋 8167
見 53011 嫋

13213 斀
段改篆
鉉篆 14314 斀

13214 膹
fèn
膹 2701

13214 髯
fù
髯5720

13214 檿
yǎn
段改篆
鉉篆 13113 檿

13113 擪
擪 7846
見 13214 擪

13214 厥
jué
厥9175

13214 緶緶缏
biàn
緶 8707

13214 艨
méng
艨 4299

13214 擪
yè
擪 7846
鉉篆 13113 擪

13214 繅缲
sāo
繅 8475

13215 敽亂乱
luàn
敽2034

13217 黬緎
yù
黬6538

13217 勝胜
shèng
勝 9182
段篆 13115 勝

13218 鬆
pán
鬆 5719

13220 縿縿
chǎn
縿8509

13220 黶
yǎn
黶 6541

13221 纖纤
xiān
纖 8516

13308 雁
tuí
雁 5931

13308 痡
fū
痡 5964

13308 殊
shū
殊 2526

13309 雁贗赝
yàn
雁 2293

13309 戥
gān
戥8336

13310 嫗
嫗 8100
見 13411 嫗

13310 娙
xíng
娙 8159

13310 媅
dān
段改篆
鉉篆 13209 媅

13310 妇
héng
妇

13311 瞂
fá
瞂 2213

13312 魍
kuǐ
魍 5647

13312 劦
xié
劦 9209

13312 辭辭
辞辤
cí
辭 9711

13312 締缔
dì
締 8535

13312 緘缄
jiān
緘 8657

13313 繰缲
1 zǎo
2 qiāo
繰 8586

13313 磧碛
qì
磧 5991

13313 贗赝
贗鴈贗
yàn
贗 6404

13314 廱雍
yōng
廱 5894

13314 嬐
xiān
嬐 8206

13314 劉
劉2786
見 53314劉
段篆 53414劉

13315 脅脇
脅胁
xié
脅 2608

13315 陵
líng
陵 9571

13316 髻
póu
髻 5710

13316 塍塖
chéng
塍 8996

13317 髽
chuí
髽 5728

13317 鬘
mán

13317 朦
méng

13318 鬟
fèi
段改篆
从彔籀文彪
鉉篆 13319 鬟

13318 殪
ài

13319 鬟
fèi
鬟 5735
鉉本彔籀文魅
段注彔古文

13320 䜌
luán
䜌 5499

13320 歓
xié
歓5506

13323 鬐
cuó
鬐 5704

13409 雇鴡鳲
1 hù
2 僱 gù
雇 2297

13410 絓
guà
絓 8485

13410 磾
dī

13411 嫗妪
yù
段改篆
鉉篆 13310 嫗

13412 綢绸
chóu
綢 8713

13413 降
俗篆
鉉篆 12413 降

13414 貚
tán
貚 6084

13415 廮
yǐng
廮 5923

13415 陵
陵 9571
見 13315 陵

13416 繠
繠 8475
見 13214 繠

13419 陮
juǎn
陮9629

13419 盭
段改篆
鉉篆 13521 盭

13420 縢䲢
téng
縢 1578

13420 嬇
zàn
嬇 8160

13420 纕
rǎng
纕 8628

13420 䜌
段改篆
鉉篆 13320 䜌

13513 顀
chuí
顀 5594

13513 綪
qiàn
綪 8578

13513 繮韁缰
jiāng
繮 8665

13514 娿
ē
娿 8256

13517 顦憔瘁
qiáo
顦 5656

13518 隱隱隱
yǐn
隱3735

13520 貛獾
huān
貛 6099

13521 盭
盭 8466
見 14520 盭

13522 鬣𩯭獵
髦髭
liè
鬣 5724

13612 殫殚
dān
殫 2544

13618 陾
陾 2020
見 13820 陾

13619 髽
zhuā
髽 5736

13712 頄
kuī
頄2214

13714 磽墝硗
qiāo
磽 6007

13715 膮
xiāo
膮 2693

13716 顧顾
gù
顧 5623

13820 陾
1 chén
2 陣阵 zhèn
陾 2020

14006 爭争
1 zhēng
2 zhèng
爭 2511

14006 妋
yì
妋 8122

14006 妨
fáng
妨 8241

14007 厤
lì
厤 5957

14007 胰
yí

14009 腏
chuò
腏 2711

14009 庪庋
guǐ
庪 5944

14009 嬌娇
jiāo
嬌 8309
新附字

14010 歷歴
靂雳历
lì
歷 1069

14010 婡
qiè
婡 8283

14010 絺
chī
絺 8697

14010 綏绥
suí
綏 8720

14011 礎础
chǔ
礎 6036

14011 嫙
xuán
嫙 8183

14012 綾绫
líng
綾 8561

14013 虋
mén
篆見 74724 虋

14013 麾
huī
許書作靡

14014 嫾
rán
嫾 8079

14015 舜舜蕣
shùn
舜 3365

14015 嬀妫
潙妫
guī
嬀 8076

14016 磷燐粦
lín
《説文》作粦
見磷 94014 粦

14016 纁
xūn
纁 8573

14016 臕膘
biāo

14019 麋糜
méi
麋4445

14106 㚸姼
shí
姼 8117

14106 奸
1 gān
2 jiān
奸 8298

14107 帤
rú
帤 4839

14107 㝢
寓 4590
見 15107 㝢

14107 妿
段改篆
鉉篆 14209 妿

14108 絑
zhū
絑 8572

14108 娵
jū

14109 硪
wò
硪 6008

14109 絮
xù
絮 8683

14110 鬲鬲
lì
鬲 1846

14110 跌
dié
跌 6041

14110 婩
àn

14110 姎
yāng
姎 8267

14110 嫖
嫖 8292
同 13111 嫖

14111 㙷
chì
㙷7671
借爲懫 zhì

14112 髦
máo
髦 5706

14112 髳髳
máo
髳5711

14112 髢鬄
dí
鬄 5715

14112 綾
綾 8561
見 14012 綾

14113 橜橛
jué
橜 3721

14113 膜
mó
膜 2698

14113 𡢁
𡢁 8151
見 14214 𡢁

14114 髮发頿
fà
髮 5700

14114 嫽
liáo
嫽 8134

14114 髹
xiū

14116 貘貊
mò
貘 6088

14116 賸
shèng
賸 3708

14116 綣绻
quǎn
綣 8730
新附字

14118 鬏髹
xiū
鬏 3879

14119 繖傘伞
sǎn
繖 8726
新附字

14206 馬马
影影
mǎ
馬 6106

14208 馴
bā
馴6110

14208 妵
tǒu
妵 8139

14208 婚婚憂
hūn
婚 8087

14209 妿
ē
妿 8114

14209 婄
pōu
婄 8275

14209 馴驯
xùn
馴 6192

14210 敷剫 dù 敷2037

14210 馚 fēn

14210 婬淫 yín 婬 8296

14209 磚砖 zhuān

14211 媕 媕 8293 見 14413 媕

14211 駣 táo

14212 駫 jiōng 駫 6151

14212 ⿰馬巟 huāng ⿰馬巟6189

14213 ⿰争頁 jìng ⿰争頁5638

14214 騤 guī 騤5614

14214 匽 yān 匽 8151

14214 娷 zhuì 娷 8302

14215 魘魇 魘 5810 見 14316 魘

14215 騱 xí 騱 6217

14217 嬻 dú 嬻 8227

14218 礰 礰 6018 見 12220 礰

14220 爢爢 爢6437 見 12222 爢

14221 麾麾 huī 麾8047

14307 妊姙 rèn 妊 8093

14310 駉 jiōng 駉 6208 鉉篆作

14310 紲絏紲 xiè 紲 8674

14311 騵 yuán

14312 顆颗 kē 顆 5615

14312 顒 顒 5603 見 15312 顒

14312 駾 tuì 駾 6183

14312 駪 shēn 鉉篆作

14313 繸 suì 繸 8487

14314 斁 yì 斁 2024

14315 績绩 jì 績 8693

14316 廬庐 lú 廬 5896

14316 魘魇 yǎn 魘 5810 鉉篆作

14316 艣 lǔ

14317 臚膚胪 lú 臚 2589 籀文膚今作肤 見 14317 膚肤

14317 嬻 嬻 8227 見 14217 嬻

14317 陜 shǎn 陜8259 此字从陜聲 並非从陜聲

14318 鬐 qí 鬐 5737

14318 騸骟 shàn

14321 髒脏 zāng

14410 駏 jù

14410 庰 庰 5912 見 12412 庰

14411 駉 駉 6208 見 14310 駉

14411 駍 pēng

14412 殘残 cán 殘 2541

14412 繟 chǎn 繟 8603

14413 媕諳 yàn 媕 8293

14413 臛 huò 臛2700

14413 賤贱 jiàn 賤 3963

14413 駭駴骇 hài 駭 6188

14413 驙邅 zhān 驙 6194

14413 膊 bó 膊 2678 見 54413 膊

14414 騑 fēi 騑 6158

14414 嫉㑵 jí 㑵 5126

14414 駺 láng

14415 織 織 8489 見 14516 織

14416 髆 髆 2562 見 54416 髆 段篆作

14416 騟 yú

14417 辭辞 辞嗣 cí 辭 9712

14419 艫舻 lú 艫 5417

14421 驎 lìn 驎 5626

14421 㼖 luò 㼖 2546

14512 阱穽汬
jǐng
阱 3177

14512 廛
chán
廛 5914

14513 驅
驅 6178
見 14614 驅

14513 ⿰女坐
qiē
⿰女坐 8266

14515 隧
jiàn
隧 9661

14516 織织
zhī
織 8489

14517 髫
tiáo
髫 5708

14517 驗騐验
yàn
驗 6145

14518 嫷媠
tuǒ
嫷 8147

14518 嫖
1 piào
2 piáo
嫖 8265

14519 隲騭骘
zhì
隲 6107

14519 驊骅
huá

14520 盭戾
盭盭盭
lì
盭 8466

14522 巘
yǎn

14614 嬬
rú
嬬 8274

14614 驅駈驱
毆歐
qū
段改篆
鉉篆 14513 驅

14617 隆隆窿
lóng
隆3861

14716 繞遶绕
rào
繞 8529

14922 驏
zhàn
6199+驏
段補篆

15005 母
mǔ
母 8099

15006 姣
jiāo
姣 8153

15007 妓
jì
妓 8218

15008 妭
bá
妭 8118

15008 綈绨
1 tí
2 tì
綈 8555

15008 綀
shū
綀 8727

15009 腇
něi

15010 練练
liàn
練 8556

15010 綝
1 chēn
2 lín
綝 8543

15010 ⿰糹争
zhēng
⿰糹争 8652

15012 ⿰女𤔔
⿰女𤔔8161
見 15114⿰女𤔔

15012 縭缡
lí
縭 8644

15012 綴缀
zhuì
綴 9675

15012 綥綦綨
qí
段改篆
鉉篆 55111綥

15013 縗缞
cuī
縗 8705

15013 磢
chuǎng

15016 繱繱
cōng
繱8583

15018 縻
段改篆
鉉篆 14019縻

15019 ⿰黑离
lí

15107 姪侄
zhí
姪 8112

15107 寓寓
yù
寓 4590

15108 娓
wěi
娓 8196

15108 姊姉
zǐ
姊 8107

15108 姅
bàn
姅 8299

15108 娍
yuè
娍8264

15108 㚲
㚲 9446
見 92412 㚲

15109 鬾
jì
鬾 5799

15109 魅
chì
魅 5795

15109 魁
kuí
魁 9448

15110 魃
bá
魃 5797

15111 魆
hū
魆 5800

15111 緻致
zhì
緻 8722
段注作致

15112 嫭
hù

15113 繐
suì
繐 8613

15114 孎
zhú
孎 8198

15114 ⿰女𤔔孌
luǎn
段改篆
鉉篆 15012⿰女𤔔

15115 魔
mó
魔 5809
新附字

15115 繜
zūn
繜 8621

15207 馬
huán
馬6108

15207 姓
xìng
姓 8070

15209 媒
méi
媒 8083

15209 敤敤 kě 敤 2052

15209 馱驮 1 tuó 2 duò 馱 6224

15210 廣广 guǎng 廣 5909

15210 磺卝 1 礦鑛矿 kuàng 2 huáng 磺 5981

15210 馼 wén 馼 6148

15210 矮 wěi 矮2521

15210 腪 zhuán 腪 2710

15211 駜 bì 駜 6150

15211 娀 sōng 娀 8125

15211 媛 1 yuàn 2 yuán 媛 8221

15211 緯纬 wěi 緯 8494

15212 綫線线 xiàn 綫 8634

15212 驕骄 jiāo 驕 6142

15212 婏嬔 fàn 段改篆 鉉篆 75212嬔

15212 媕 ān 媕 8200

15212 娽 lù 娽 8223

15213 駹 máng 駹 6123

15213 嬯儓 tái 嬯 8276

15214 魖 xū 魖 5796

15214 廣 kuàng 廣 6719

15215 嬿 yàn 嬿 8128

15216 髳髳 máo 髳5711

15217 鬗 mán 鬗 5702

15217 縫缝 1 féng 2 fèng 縫 8636

15219 纀 1 pú 2 fú 纀 8617

15219 嫶 jiǎo 嫶 8179

15220 孅 1 xiān 2 qiān 孅 8168

15221 鬈 quán 鬈 5705

15221 䴅䴅 fén 萉 0253 萉或作䴅䴅

15221 纙 luò 纙 8541

15306 厙厍 shè

15307 庫库 kù 庫 5905

15311 婟 jù 婟 8240

15311 駱骆 luò 駱 6119

15311 駪 shēn 見 14312 駪

15312 腜 zhé 腜 2704

15312 顒颙 yóng 顒 5603

15312 腨腨 shuàn 腨5746

15312 廑 jǐn 廑 5934

15313 騂 àn 騂 6128

15313 駼 tú 駼 6219

15313 駚 yǎng

15317 騤骙 kuí 騤 6168

15318 纑 lú 纑 8694

15322 雗雗雗 雗3366 見 16321雗

15323 驓 jiān 驓6515

15325 黸 lú 黸 6509

15409 妍妍 yán 妍 8257

15409 娃 wá 娃 8258

15411 婤 zhōu 婤 8136

15411 駓駓 pī 駓 6126 段改駓作駓

15411 駐住驻 zhù 駐 6191

15412 駕格驾 jià 駕 6157

15412 廑 jǐn

15413 騎骑 qí 騎 6156

15413 騯 péng 騯 6152

15413 嫢 huì 嫢 8262

15413 廑 廑 5934 篆當从堇 見 15312 廑

15414 縛缚 fù

15417 曡 dié

15417 ⿰馬垂 ⿰垂馬⿰馬豩
zuī
⿰馬垂 6141

15418 ⿰豸庸
⿰豸庸6089
見 18416⿰豸庸

15419 孃
1 ráng
2 娘 niáng
孃 8290

15419 纚
1 縰 xǐ
2 lí
3 lǐ
纚 8595

15512 婧
jìng
婧 8180

15512 駩
quān

15514 殣
jìn
殣 2535

15516 嬩
yú
嬩 8132

15516 纏缠
chán
纏 8528

15522 ⿰舛生
段改篆
鉉篆 16219⿰舛生

15615 殣
段改篆
鉉篆作
見 15514 殣

15617 嬹
xìng
嬹 8150

15715 氍
qú
氍 5368

15715 騜
huáng

15721 驃骠
1 biāo
2 piào
驃 6125

15923 ⿰阝崔
wéi
⿰阝崔2308

16006 奻
nuán
奻 8305

16007 妹
mèi
妹 8108

16009 脢脉
méi
脢 2613

16009 磔
zhé
磔 3394

16010 ⿰女芺妖
yāo
⿰女芺8234

16010 緌
ruí
緌 8600

16010 緁⿰糹習
qiè
緁 8637

16012 膬
cuì
膬 2708

16104 毋
wú
毋 8314

16107 姝⿰女殳
shū
姝 8148

16108 妜
1 yuè
2 jué
妜 8260

16109 魅鬽
mèi
鬽 5798

16110 扁
1 匾 biǎn
2 piān
扁 1430

16111 婼
1 chuò
2 ruò
婼 8250

16113 腆⿱典日
tiǎn
腆 2664

16113 鬀剃髢
tì
鬀 5733

16116 ⿱髟隶肆肆
sì
肆6039

16207 爯
1 chēng
2 chèng
爯 2487

16208 肁
zhào
肁 7688

16208 馵
zhù
馵 6131

16209 駮
bó
駮 6210

16209 馳驰
chí
馳 6179

16210 駁驳
bó
駁 6130

16210 馶
zhī
馶 6149

16210 ⿰馬失
yì
⿰馬失 6184

16210 娸
qī
娸 8081

16211 礮砲
pào

16211 縳
1 juàn
2 zhuàn
縳 8553

16212 媄媺
měi
媄 8145

16212 ⿰馬孛
bó

16212 嬉
嬉 8276
見 15213 嬉

16213 騋
lái
騋 6143

16213 ⿰馬虒
tī

16213 虜
lǔ
虜 5902

16214 纊絖纩
kuàng
纊 8685

16219 ⿰舛生
⿰舛生3366
見 16321⿰舛生

16219 ⿱髟馬
mà
⿱髟馬 5721

16219 ⿸麻辛
⿸麻辛8047
見 14221⿸麻辛

16310 駤
zhì

16311 殢
tì

16313 緤紲绁
1 xiè
2 yè
紲 8674

16314 嫧
zé
嫧 8204

16314 ⿸厂義
wēi
⿸厂義 5950

16315 驉
xū

16316 鬔
péng

16316 驐鶩骜
ào
段改篆
鉉篆17316驐

16318 鬊
shùn
鬊 5729

16319 縢腾
téng
縢 6206

16321 䑏䒬䑏䑏
huáng
䑏3366
段篆 15522䑏
鉉篆 16219䑏

16411 嬋婵
chán
嬋 8310
新附字

16411 駓駓
pī
段改篆
鉉篆 15411 駓

16411 騇
chǔn

16417 陯
lún
陯 9659

16417 纗
zuī
纗 8629

16418 驠
yàn
驠 6133

16423 鬞
lú
鬞 5725

16513 嫴姑
gū
嫴 8212

16513 膧
tóng

16514 駴
xián

16514 駤
lù

16516 隞
隞 2020
見 13820 隞

16614 艟
chōng

16614 騆
zhōu

16616 殪𣨼
yì
殪 2531

16622 驤骧
xiāng
驤 6154

16715 嬈嬲娆
1 rǎo
2 ráo
嬈 8284

16817 䰫
chāo
5807+䰫
段補篆

16820 體軆体
1 tǐ
2 tī
體 2577

17007 娣
dì
娣 8109

17007 媄
媄 8113
見 17108 媄

17007 婡
1 chuò
2 lài
婡 8205

17009 娺
zhuó
娺 8254

17009 厲𠪚厓
厝厉
lì
厲 5955

17011 𠪚厲
lì
厲 5955

17011 礪砺
lì
礪 6029
新附字

17017 繃绷
1 bēng
2 běng
繃 8537

17108 媄
yí
媄 8113

17110 娥
é
娥 8126

17113 魑
chī
魑 5808

17114 綸纶
1 lún
2 guān
綸 8610

17114 編编
biān
編 8659

17115 髮
wǒ

17208 妌
jìng
妌 8181

17210 媁
1 wéi
2 wěi
媁 8268

17214 騣鬃
zōng
騣 6223
新附字

17214 嬾懶懒
lǎn
嬾 8280

17311 駃快
1 jué
2 kuài
駃 6211

17312 肇
zhào
肇 1990

17315 嬳
yuè

17316 驐
鶩 6137
見 16316 鶩

17413 騏骐
qí
騏 6112

17416 嬻
嬻 8160
見 13420 嬻

17420 驥骥
jì
驥 6138

17522 鬣
jié
鬣5714

17614 驒
tuó
驒 6216

17623 韅韅
xiǎn
韅1815

17720 驩
huān
驩 6144

17827 龔
lóng
龔3071

17827 龔
段改篆
同 17827 龔

17918 驍骁
xiāo
驍 6140

18009 婕
jié
婕 8131

18010 勱
段改篆
鉉篆 18112 勱

18112 勱励
mài
勱 9174

18113 勵励
lì

18119 镾 彌弥
mí
镾 6040

18122 鬍
nǐ
鬍 5709

18210 嫥
zhuān
嫥 8202

18211 駷
sǒng

18212 騔
zhuó

18214 驝 駝驼
tuó
駝篆鉉作佗

18312 媟
xiè
媟 8226

18312 肇
zhào
肇 8333

18313 騀
ě
騀 6164

18323 纚 絁
shī
纚 8558

18412 駛 駛驶
shǐ
駛 6221
新附字

18414 繸
suì
繸 8696

18415 魌
nuó
魌 5804

18416 嬀
huì
嬀 8261

18416 鏞 慵慵
yōng
段篆作鏞
鉉篆 15418 鏞

18420 驎
lín

18423 驘 羸
騾骡
luó
驘 6213

18515 騂 騂骍
xīng
騂 6225
新附字

18520 驢 驴
lǘ
驢 6214

18615 騅
hé
騅 6207

18619 驖 驖
tiě
驖 6127

18621 驪 骊
lí
驪 6113

19009 娒
1 姆 mǔ
2 wǔ
娒 8115

19009 姦 奸
悬奸
jiān
姦 8306

19010 廉 廉
lián
廉 5918

19010 磏
lián
磏 5987

19010 姍 姗
shān
姍 8286

19010 緀
qī
緀 8566

19011 嫌
xián
嫌 8248

19011 膁
qiǎn

19012 縑 缣
jiān
縑 8554

19113 媥
piān
媥 8271

19114 廡 庑
wǔ
廡 5901

19115 膴
1 hū
2 wǔ
膴 2681

19115 嫵 娬妩
wǔ
嫵 8144

19117 鬑
lián
鬑 5713

19207 馽 馵縶
zhí
馽 6200

19208 婁 娄
嘦嫛
lóu
婁 8281

19210 廔 樓
lóu
廔 5930

19211 膢
lǘ
膢 2657

19211 甊
lǘ

19212 縷 缕
lǚ
縷 8633

19214 髏 髅
lóu
髏 2561

19214 騬
騬 6197
見 19215 騬

19215 騬
chéng
段篆騬
鉉篆 19214 騬

19214 貗
lóu

19215 賺 賺赚
zhuàn
賺 3982

19312 數 數数
1 shǔ
2 shù
3 shuò
數 2003

19315 隒
yǎn
隒 9616

19316 騙 騗骗
piàn

19318 騻
shuāng

19410 媾
gòu
媾 8116

19417 隖
wú
隖 9628

19511 斁
bì
斁 2039
見 19512 斁

19512 斁 畢毕
bì
段改篆
鉉篆 19511 斁

19612 購 购
gòu
購 3970

19618 驫 骉
biāo
驫 6220

19618 騽
xí

19621 驫
shēn
驫 3564

[2]

20001 乚乙乚乾
yǐ
乚 7663
段篆作乚

20001 ㇂
yí
㇂ 8324

20001 乙
yǐ
乙 9693

20002 几
shū
几1970

20002 夕
xī
夕 4308

20002 人
rén
人 4926

20002 斤
jīn
斤 9427

20002 尻
尻 9422
見 60103 尻

20002 尺
尺 5400
見 60103 尺

20002 彳
筆迹小異
同 90003 彳

20003 爪仉
zhǎng
爪1875
从反爪

20003 仍
réng
仍 5025

20003 尼
尼 5386
見 60104 尼

20003 允
yǔn
允 5433

20003 丸
wán
丸 5974

20003 产
wěi
产 5973

20003 肉
ròu
筆迹小異
俗篆肉與
月雷同

20004 介
1 jiè
2 gài
介 0714

20004 多夠
duō
多 4317

20004 㐱
xián
㐱4328

20004 从從
cóng
从 5202

20004 色㸚
1 sè
2 shǎi
色 5763

20004 所
1 yín
2 zhì
所 9441

20004 勿㫚
wù
勿 6042

20005 㐱㐱
見段改篆㐱
从几从彡
几篆作几

20005 㐱㐱
zhěn
㐱 1971
段改篆

20005 㐱鬒
zhěn
㐱 5685
从彡人聲

20005 危
wēi
危 5978

20005 免
miǎn
6266+免
段補篆
鄭補逸字

20005 凥
jū
見 60106凥

20006 烏乌
嗚鸣䳇
wū
烏 2478

20006 促
cù
促 5139

20006 肭
nǜ
段改篆
鉉篆 4297 肭

20006 仰
yǎng
仰 5039

20006 侈
chǐ
侈 5108

20006 价
jiè
价 5082

20006 佗
1 駝馱 tuó
2 tuō
3 他 tā
佗 5000

20006 似
yín
似 5212

20006 豸
zhì
豸 6081

20006 兔兎菟
tù
兔 6262

20006 炯
炯 6473
見 90108 炯

20006 忻
xīn
忻 6691

20006 屑
屑 5380
見 60107 屑

20006 邟
邟 4058
見 20108 邟

20006 尾尾
俗篆
段篆 62105 尾
隶从又从尾省

20007 角角
1 jiǎo
2 jué
角 2815

20007 邶
bèi
邶 4030

20007 邵
shǎo
邵4101

20007 炤
huǒ
炤 4151

20007 怩
怩 6935
見 90108 怩
新附字

20007 沂
yí
沂 7046

20007 氾
fàn
氾 7145

20007 佹
guǐ

20007 龟角
chuò
龟 6258

20007 炙鍊
zhì
炙 6550

20007 悒
yì
悒 6786

20007 俛頫
1 俯 fǔ
2 miǎn
頫 5631

20007 汐
xī

20007 邠豳
bīn
邠 4003

20008 羽 yǔ 羽 2233

20008 袉袘 tuó 袉 5270

20008 衸 jiè 衸 5268

20008 弱 ruò 弱 5691

20008 鄗 hào 鄗 4052

20008 袳 chǐ 袳 5285

20008 忦 jiá 忦 6882

20008 沇兖 兖沿 yǎn 沇 6993

20008 㶴 chǐ 㶴 6466

20008 泥 泥 7072 見 90109 泥

20008 浥 yì 浥 7200

20008 汍 wán 汍 7414 新附字

20008 焆 1 yè 2 juān 焆 6457

20008 炌 kài

20008 悁 1 yuān 2 juàn 悁 6839

20008 䣊 dǎng 䣊4148

20008 能 néng 能 6379 段篆作

20009 袗裖 zhěn 袗 5235

20009 邵 shào 邵 3997

20009 鄔邬 wū 鄔 4044

20009 倪 ní 倪 5074

20009 恑佹 guǐ 恑 6819 段注曰多用詭 見 01312 詭

20009 觓觩 qiú 觓 2824

20009 沁 qìn 沁 6987

20009 沱沲池 1 tuó 2 chí 沱 6956

20009 涓 juān 涓 7105

20009 泬 1 jué 2 xuè 泬 7131

20009 浞 zhuó 浞 7290

20009 屣 xǐ

20009 屈屈 qū 見 32108屈

20009 能 見 20008 能 嶧山刻石

20009 郔 郔 4110 見 20010 郔

20010 郔 yán 鉉篆作

20010 襡 shǔ 襡 5292

20010 燭烛 zhú 燭 6443

20010 傪 cān 傪 4981

20010 㥠 xū 㥠 6746

20010 溈 wéi 溈 6995

20010 沴 lì 沴 7190

20010 浼 měi 浼 7311

20010 惋 wǎn

20010 𫣯態 tài 態 6799

20010 淝 féi

20010 衸 段改篆 鉉篆 20008 衸

20010 袉 段改篆 鉉篆 20008 袉

20010 袳 段改篆 鉉篆 20008 袳

20011 𧣾 nuò 𧣾2849

20011 鄅 yǔ 鄅 4073

20011 郯 tán 郯 4126

20011 濁浊 zhuó 濁 7048

20011 滑猾 huá 滑 7183

20011 湑 xǔ 湑 7350

20011 魚鱟鱼 yú 魚 7540

20011 罽 罽6639 此篆从 見10011罽

20011 涴 wò

20011 𧙄 ní

20011 袗 段改篆 鉉篆 20009 袗

20012 觤 guǐ 觤 2835

20012 慘惨 cǎn 慘 6866

20012 愵惄 nì 愵 6891 鉉篆作

20012 熋熊
熋 6380
見 90012 熊

20012 褐
段改篆
鉉篆 20010 褐

20013 溺
1 ruò
2 nì
3 niào
溺 6968

20013 滲滲
shèn
滲 7168

20013 淴
hū

20013 褦
nài

20013 觸触
chù
觸 2828

20013 翏
liù
翏 2252

20013 翯
hè
翯 2261

20013 毚
chán
毚 6259

20014 艆
ní
艆 2820

20014 潀潨
cóng
潀 7211

20014 潟
xì

20014 翛
xiāo

20015 㵭
sà
㵭 1234

20015 儳
1 chán
2 chàn
儳 5118

20015 鮀
tuó
鮀 7588

20015 僇僇僇
lù
僇 5147

20015 潨潀
cóng
眾當从目
鉉篆 20014 潀

20016 鄽
chán
鄽 4103

20016 濶
kuò
濶 7035

20016 鄝
liǎo
鄝 4152

20016 鮸
miǎn
鮸 7599

20016 漁渔
yú
瀿7647

20016 瀉泻
xiè

20016 䲁
wéi

20017 熮
liǔ
熮 6402

20017 憀
liáo
憀 6736

20017 鰅
xū
鰅 7549

20018 鯢鲵
ní
鯢 7582

20018 䨱趕赴
fù
䨱6266

20018 漻
liáo
漻 7123

20018 瀺
chán
鄭補逸字

20019 鰥鳏
guān
鰥 7555

20020 䶉
liú

20022 䲆
yú
䲆7646

20027 瀿漁渔
yú
瀿7647

20033 鱻鲜鲜
1 xiān
2 xiǎn
鱻 7642

20102 勺杓
sháo
勺 9418
段注俗作杓

20104 仢
bó
仢 5012

20104 彴
1 zhuó
2 bó

20104 局
局 0957
見 60205 局

20105 弜彈弹
dàn
彈 8460

20105 風
許説从虫凡聲
鉉篆 01004 風

20105 尾
尾 5388
見 30206 尾

20105 屍
屍5384
見 60206屍

20106 佝
gōu
佝 5113

20106 灼
zhuó
灼 6441

20106 弲
1 xuān
2 yuān
弲 8439

20106 斪
qú
斪 9431
段篆 00106 斪

20106 侷
jú

20107 鳥鸟
1 niǎo
2 diǎo
鳥 2359

20107 巺巽巽
xùn
巺 3010

20107 郇
jù
郇 4137

20107 炱
tái
炱 6417

20107 氾泛
fàn
氾 7127

20107 汋
zhuó
汋 7158

20107 邪
1 耶 yé
2 xié
3 琊玡 yá
鉉篆 20207 邪

20108 豹
bào
段改篆
鉉篆作豹

20108 邟
kàng
邟 4058

20108 邱
qiū
邱 4141

20108 傷
yì
傷 5127

20108 㞎
wō
㞎5975

20108 焍炟
dí
焍 6459
段改作炟

20108 炟焍
dí
段改篆
鉉篆 20108焍

20108 屔
ní
屔 5211

20108 鳦鳦
乙乚
yǐ
乙7663

20108 鳲鸤
shī

20109 鳧凫
fú
鳧 1972

20109 僎
zhuàn
僎 4934

20109 鼯
鼯4148
見 20008鼯

20109 弭弭
mǐ
弭 8438

20109 泃
jū

20109 渢沨
féng

20110 裼
xī
裼 5321

20110 惕愁
tì
惕 6911

20110 傛
róng
傛 4953

20110 㑹倔
jué
㑹5122

20110 傱聳耸
sǒng
傱7774

20110 瞂
huò
瞂 5570

20110 焜
kūn
焜 6472

20111 淀
diàn

20110 渦涡
1 wō
2 guō

20110 牄牄
qiāng

20111 馭
yù
馭 2452

20111 裼
diǎo
裼5289

20111 混
1 hùn
2 hún
混 7106

20111 鴘
jiè
鴘 2461

20111 燋臇
juǎn
臇 2702

20112 翑翑
qú
翑 2246

20112 㥛
jǐ
㥛6770

20112 溟
míng
溟 7266

20112 潠
xùn
潠 7433
新附字

20112 裼
段改篆
鉉篆 20110 裼

20113 慍愠
yùn
慍 6845

20113 翊
yì
翊 2255

20113 熅煴
1 yūn
2 熨 yùn
熅 6458

20113 溶
róng
溶 7163

20113 翌
yì
見 4221 昱

20113 裼
段改篆
鉉篆 20111裼

20114 鶃鶂
yì
鶃 2432

20114 溫温
wēn
溫 6961
溫暖字許作昷

20114 鮿
zhé

20116 濄
1 guō
2 wō
濄 7028

20116 鯈
chóu

20116 灦
lián

20117 蠲
juān
蠲 8784

20117 熤
yì

20118 鰂鲗
1 鰂鱡 zéi
2 鯽 jì
鰂 7611
鰂魚字篆作鰿

20119 䫡
liáo
䫡 7465

20119 鰫
yóng
鰫 7548

20120 鷚鹨鹨
liù
鷚 2375

20124 灂
jiǎo
灂 3135

20205 但
dàn
但 5144

20205 弝
bà

20206 伺
1 sì
2 cì
伺 5185
新附字

20206 邘
yú
邘 4031

20206 邛笻
qióng
邛 4107

20206 侗
1 tōng
2 tóng
侗 4970

20206 礽
réng

20207 祈 qí 祈 0050

20207 斨 qiāng 斨 9429

20207 俔伣 qiàn 俔 5065

20207 袒綻 綻襢 zhàn 袒 5315

20207 扆 扆 5390 見 60308 扆

20207 県 jiāo 県5676

20207 負偩负 fù 負 3947

20207 [illegible] háo [illegible]4068

20207 邧 yuán 邧 4109

20207 邪 邪 4130 見 20107 邪

20207 炟 dá 炟 6383

20207 怛 dá 怛 6864

20207 屍 屍 5393 見 60308 屍

20208 禂禱 䰞祷 dǎo 禱 0051

20208 很 hěn 很 1251

20208 郖 dòu 郖 4022

20208 倱 hùn 倱 5069

20208 祁 qí 祁 4045

20208 飢 飢 3244 見 20209 飢

20208 恫 dòng 恫 6868

20208 們们 mén

20208 烔 tóng

20208 僶 mǐn

20209 飢饥 jī 飢 3244 鉉篆作

20209 偍偍 shì 偍 1236

20209 倌 guān 倌 5081

20209 扉 扉 5392 見 60310 扉

20209 質质 zhì 質 3954

20209 倧 zōng

20209 竘 qǔ 竘 6653

20209 愃 xuān 愃 6723

20209 卹 xù 卹 3162

20209 恨 hèn 恨 6851

20209 洞 dòng 洞 7152

20209 倥 kōng

20209 煊 xuān

20209 祄 xiè

20209 郿郿 méi 郿 4004

20209 袒 段改篆 鉉篆 20207 袒

20209 覜 段改篆 鉉篆 20210 覜

20209 飤 飤 3207 見 20210 飤

20209 飧 飧3210 見 20210飧

20210 飤飼饲 sì 鉉篆作

20210 飧飱飧 sūn 段改篆 鉉篆作

20210 祪 guǐ 祪 0034

20210 觛 dàn 觛 2843

20210 禔 tí 禔 5282

20210 覜 tiào 覜 5488

20210 鄢 yān 鄢 4075

20210 郂 gāi 郂 4138

20210 愪 yún 愪 6880

20210 浿 pèi 浿 7065

20210 覛䚈 mì 覛 7461

20210 熉 yún

20210 魚鱼 yú 筆迹小異 同20011 魚

20211 餉饷饟 xiǎng 鉉篆作

20211 禑 xǔ 禑0059

20211 蝕蝕蚀 shí 蝕8850

20211 僩僩 xiàn 僩 4985

20211 煜 yù 煜 6468

20211 悰 cóng 悰 6705

20211 煬炀 1 yàng 2 yáng 煬 6434

20211 愓 1 婸 dàng 2 táng 愓 6813

20211 溳涢 yún 溳 7020

20211 湜 shí 湜 7166

20211 浣瀚澣 huàn 瀚7382

20211 澠渑 miǎn

20211 甄 liè 甄 8430

20211 䨒雩 yú 雩 7530

20211 鴝鸜鸲 qú 段改篆 鉉篆 00211 鸲

20211 餇 餇 3228 見 20212 餇

20212 餇 yuàn 鉉篆作餇

20212 鳿 lì 鳿 2434

20212 腨 zhuó 腨2826

20212 淙 cóng 淙 7150

20212 涳 kōng 涳 7157

20212 湯汤 1 tāng 2 燙烫 tàng 3 shāng 湯 7324

20212 涫 guàn 涫 7329

20212 飻 飻 3236 見 20213 飻

20212 禔 段改篆 鉉篆 20210 禔

20213 飻餮 tiè 飻 3236 鉉篆作飻

20213 鳿 yuè 鳿 2394

20213 鄃 shū 鄃 4051

20213 覢 shǎn 覢 5472

20213 爛爤烂 làn 爤 6436

20213 憪 xián 憪 6789

20213 滌漿浆 1 jiāng 2 糨糨 jiàng 滌7352

20213 鴿 段改篆 同 00213 鴿

20213 祤 yǔ

20213 襇襇裥 jiǎn

20213 䚷 tí

20213 鄑 zī

20214 鄧邓 dèng 鄧 4066

20214 澗澗涧 jiàn 澗 7230

20215 鮦 tóng 鮦 7559

20215 䚢 xiān

20216 艓篗篗 yuè 篗 2891

20216 歙 shè 歙4145

20217 襤褴 lán 襤 5257

20217 爓 yàn 爓 6475

20217 鯇鲩鯶 huàn 鯇 7585

20217 爁 làn

20217 䳇 yìng

20218 濫滥 làn 濫 7144

20218 瀾 yán 瀾 7391

20218 鷁鹢 yì

20219 襤 段改篆 鉉篆 20217 襤

20220 鶺鹡 jí

20221 饞馋 chán

20222 鰨鳎 tǎ 鰨 7545

20306 伹 qū 伹 5088

20306 項 1 xiáng 2 hóng 項 8419

20307 礿禴 yuè 礿 0042

20307 徂退遁 cú 退 1105

20308 祖 jù 祖 5306

20308 怚 jù 怚 6785

20308 組 zǔ 組 9425

20309 沮 1 jū 2 jǔ 沮 6963

20310 禍祸旤 huò 禍 0067

20310 瑦琟 鴻鸿 hóng 琟2301

20310 祖
段改篆
鉉篆 20308 祖

20311 鴞鸮
xiāo
鴞 2379

20311 餉
餉 3216
見 20211 餉

20311 夤
夤 4312
見 20513 夤

20312 鼩
qú
鼩 8960

20313 儐傧
擯摈
1 bīn
2 bìn
儐 5008

20313 餳
餳3195
見 20415餳

20313 鶬
鶬 2435
見 20314 鶬

20314 鶬
cāng
鉉篆作鶬

20314 鸇鹯鸇
zhān
鸇 2449

20314 演
演 7111
見 20516 演

20314 饌
簒 3203
見 20315 饌

20315 饌簒
饌馔
zhuàn
鉉篆作饌

20315 鴻鸿
hóng
鴻 2405

20315 鷊
xù
鷊 2381

20315 鷏
tián

20316 濥
濥 7103
見 20518 濥

20316 濱
bīn
許書作瀕
見90218瀕

20317 瀶
lín
瀶 7227

20318 盪
dàng
盪 3146

20318 鵖
dēng

20318 爗爗
燁烨
yè
爗 6474
段篆 50318爗

20409 祠
cí
祠 0041

20410 視眎视
眡眡
shì
視 5449

20411 禔
zhī
禔 0024

20412 禓
yáng
禓 0065

20412 覡觋
xí
覡 3021

20414 鄮
mào
鉉篆 20515 鄮

20414 斸
斸 9432
見22113斸

20414 館
館 3234
見 20415 館

20415 館馆舘
guǎn
鉉篆作館

20415 餳饧
xíng
段改篆
鉉篆 20313餳

20415 覦觎
yú
覦 5480

20420 酇酂
zàn
酇 3991

20509 祖
zǔ
祖 0036

20513 夤璌夤
yín
段改篆
鉉篆 23209 夤

20515 鄮
鄮 4096
見20414鄮

20516 演
yǎn
段改篆
鉉篆 20314 演

20518 濥
yǐn
段改篆
鉉篆 20316 濥

20616 屭
xì

20815 展
展 5381
見 60916 展

20826 鱣
zhǎn

21002 又右
yòu
左右字
篆作𠂇又

21002 九
jiǔ
九 9681

21002 父
1 fù
2 fǔ
父 1900

21003 尤九
yóu
尤 9696

21003 反
niǎn
鉉篆 21104反

21003 尻
尻 5383
見 61104 尻

21004 及フ
乁遘
jí
及 1910

21004 㞋
fú
㞋1913

21004 殳
shū
殳 1948

21004 皮笈㞋
pí
皮 1980

21004 𠬝
1 gǔ
2 yíng
𠬝 3390

21004 仇
1 qiú
2 chóu
仇 5148

21004 処處处
1 chǔ
2 chù
処 9423

21004 斧
fǔ
斧 9428

21004 孕
yùn
孕 9718
象怀子之形
鉉篆 51004 孕

21004 充
chōng
充 5435
同 81004 充

21005 有
1 yǒu
2 yòu
有 4301

21005 系䌛
係縣
1 xì
2 繫 jì
系 8469

21006 衲復
退[辶復]
tuì
復 1248

21006 邡
邡 4087
見 21006

21006 邡
fāng
鉉篆訛作

21006 保保
示保
bǎo
保 4928

21006 [犭斤]狺
yín
[犭斤] 6299

21006 伋
jí
伋 4941

21006 犯
fàn
犯 6309

21006 灰灰
huī
灰 6416

21006 求裘衺
qiú
古文求
小篆作裘

21007 彶汲
jí
彶 1233

21007 彼
bǐ
彼 1230

21007 役役伇
yì
役 1966

21007 邶
pèi
邶4098
从邑朩聲

21007 象
xiàng
象 6104

21007 邲
bì
邲5752

21007 尬尬
1 gà
2 jiè
尬 6601

21007 忧
yōu
忧 6878

21007 氿
guǐ
氿 7206

21007 侑姷
1 yòu
2 倄 yáo
姷 8215

21007 狁
yǔn

21008 郁
yù
郁 4005

21008 邲
bì
邲 4037

21008 俅
qiú
俅 4935

21008 被
1 bèi
2 pī
被 5299

21008 狷
juàn
狷 6354
新附字

21008 沋
yóu
沋 7084

21008 汭
ruì
汭 7109

21008 狖
yòu
篆作蜼

21008 [犭多]
yí

21008 沒没
1 mò
2 méi
沒 7260

21009 毃敲
qiāo
毃 1958

21009 [求阝]
qiú
[求阝] 4146

21009 傫
léi

21009 愲
gǔ
愲 6596

21009 像
xiàng
像 5157
段篆作

21009 波
bō
波 7138

21009 汲
jí
汲 7378

21009 偲
1 cāi
2 sī
偲 4987

21010 屩
屩 5410
見 61111 屩

21010 郝
hǎo
郝 4010

21010 郟郏
jiá
郟 4060

21010 獨独
dú
獨 6323

21010 恢
huī
恢 6707

21010 洧
wěi
洧 7026

21010 傁叜傻
sǒu
叜 1901

21010 猾
huá

21010 被
段改篆
鉉篆 21008 被

21011 儇
xuān
儇 4950

21011 赩
xì
赩 6562
新附字

21011 [氵乳]
nǒu
[氵乳] 7089

21011 [忄象]
dàng
[忄象]6801

21011 襐
xiàng
襐 5301

21012 潒
dàng
潒 7107

21012 [犭參]
shān
[犭參] 6292

21012 [illegible]
xǔ

21013 翠
cuì
翠 2238

21013 斞䈞
yǔ
䈞 2994

21013 懁
xuān
懁 6778

21013 [氵叜]溲
sōu
[氵叜]7335

21013 襐
段改篆
鉉篆 21011 襐

21014 猲 shuò 猲 6300

21014 深 shēn 深 7007

21015 翿翳翢 dào 翿 2264

21015 翜 shà 翜 2254

21014 鰓 sāi 鰓 2818

21015 渭 wèi 渭 6971

21015 鮍鲏 pí 鮍 7569

21016 猬蝟 wèi 許作彙或蝟 見 62217 彙

21016 鮪 wěi 鮪 7550

21017 獿 xiāo 獿 6291

21018 濢 1 zuǐ 2 cuì 濢 7195

21018 鰏 bǐ

21102 卂 xùn 卂 7661

21103 千阡仟 qiān 千 1461

21103 叉扠 chā 叉 1898

21103 寸 cùn 寸 1973

21103 斗 dòu 見 9442

21104 叴厹 qiú 叴 0903

21104 戹 戹5389 見 61205戹

21105 朮秫术 1 shú 2 术 zhú 秫 4372

21105 㡧 zhé 㡧 4893

21105 付 fù 付 5034

21105 身 shēn 身 5226

21105 尥尦 liào 尥 6602

21105 帊 pà 帊 4900 新附字

21105 昦 hào 鄭補逸字 同昃 讀 zè

21106 矣 yǐ 矣 3301

21106 邗 hán 邗 4123

21106 佩珮 pèi 佩 4936

21106 斻 fǎng 斻 8410

21106 㡧 段改篆 鉉篆 21105 㡧

21106 侘 許篆作侂 見 91106 侂

21106 炨 zhà

21107 屎 shǐ 許篆作菌 見 53011菌

21107 邴 bǐng 邴 4099

21107 臬鎳 xǐ 臬 4508

21107 㑗 shēn 㑗 5163

21107 忖 cǔn 忖 6939 新附字

21107 汛 xùn 汛 7388

21108 矦侯医 hóu 矦 3296

21108 俟 1 sì 2 qí 俟 4969

21108 俾 bǐ 俾 5073

21108 扁 扁 7518 見 61609 扁

21108 狗 gǒu 狗 6270

21108 汘 qiān 汘 7092

21108 邥 shěn

21108 瓬碎 suì 瓬8432

21108 㤞 chà

21108 汊 chà

21108 竑 hóng

21108 俟 粇3332 見 21109俟

21109 俟粇 sì 段篆作

21109 殿 殿 1959 見 21210 殿

21109 鳩鸠 jiū 鳩 2366

21109 倃 jiù 倃 5152

21109 怵 chù 怵 6910

21109 幎冪羃 mì 幎 4853 段注字亦作 冪 俗作羃

21109 牌 pái

21109 猧 wō

21109 衬 fù

21110 盈
yíng
盈 3140

21110 屠
屠 5394
見 61211 屠

21110 郤
tú
郤 4114

21110 倏候
候堠
hòu
倏5056

21110 裨
1 bì
2 pí
裨 5307

21110 猲
zhé
猲6319

21110 沭
shù
沭 7045

21110 泭
fú
泭 7245

21110 觤
guǐ

21110 瓶
段改篆
鉉篆 21108瓶

21111 盇
yòu
盇 3127

21111 郈
hóu
郈4036

21111 憬
jǐng
憬 6932

21111 涘
sì
涘 7204

21111 鳼
wén

21112 都
1 dū
2 dōu
都 3989

21112 糈
xǔ
糈 4477

21112 淏
hào

21112 臀
tún
許書作臀

21112 裨
段改篆
鉉篆 21110 裨

21113 鷮
jiāo
鷮 2464

21113 飥
tuō
飥 7586

21113 鄏
見 21214 鄏

21114 鶂鷁
鶃鶂
yì
鶂 2432

21114 鄈
kuí
鄈 4042

21114 澱
澱 7343
見 21215 澱

21115 豵
zōng
豵 6051

21115 葯
yuè
葯 8733

21115 臀
屍5384
見 21216臀

21115 翠
段改篆
鉉篆 21013 翠

21116 猴猴
hóu
猴2244

21116 鮒鮒
fù
鮒 7571

21117 鷄
見 22116鷄

21118 鮥
jiù
鮥 7628

21119 鯸
hóu
鯸 7634

21120 澤
段改篆
鉉篆 21018 澤

21204 叉
zhǎo
叉 1899

21204 壬
tǐng
壬5216

21204 圮酵
pǐ
圮 9065

21205 圻
1 yín
2 qí
垠 9060

21206 叚叚
jiǎ
叚 1920

21207 廷
tíng
廷 1260

21207 邦郢
yǐng
郢 4074

21207 埍
juǎn
埍 9090

21207 弣
fǔ

21207 耐耏
nài
耏 6046

21208 邳
pī
邳 4121

21208 豝
bā
豝 6052

21208 假叚
jiǎ
假 5052

21208 傁
sāo
傁5110

21208 旭
yào
旭6599

21208 垝陒
guǐ
垝 9064

21208 狪侗
1 dòng
2 tóng

21208 侹
侹 4989
見 21209 侹

21209 侹
tǐng
段改篆
鉉篆作

21209 壻婿
xù
壻 0227

21209 徦
jiǎ
徦 1247

21209 祋殳
duì
祋 1949

21209 豉
tóu
豉1954

21209 悍猂
hàn
悍 6798

21209 狠
hěn
狠 6296

21209 尉
尉 6438
見 21310 尉

21209 塢坞
wù

21209 狽狈
bèi

21209 㺅
hòu

21210 殿
diàn
殿 1959
段改篆

21210 祪
guǐ
祪 0034

21210 垔
yìn
垔 9084

21210 盍盍
yòu
盍 3127

21210 部
bù
部 4021

21210 郣
páng
郣4064

21210 邿
shī
邿 4115

21210 覕
miè
覕 5490

21210 敊
suì
敊1915

21210 慅
sāo
慅 6876

21210 望朢臦
wàng
望 8372

21210 埧
nì

21211 敠
gāi
敠 1967

21211 竨
bà
竨 6661

21211 竢䇃
sì
竢 6652

21211 飭
段改篆
鉉篆 21313 飭

21211 皽
zhāo

21211 飾
飾 4876
見 21212 飾

21212 飾饰
shì
鉉篆作

21212 鴆鸩
zhèn
鴆 2469

21212 郶
gān
郶 4157

21212 將奬奖
奨獎
jiǎng
將6293

21212 慢
màn
慢 6802

21212 湖
hú
湖 7221

21212 湨
jú

21212 憬
jǐng

21213 臀臋臀
tún
許篆作臀

21213 郃
hé
郃4156

21213 㬥
㬥 5243
見 21314 㬥

21213 慰
慰 6747
見 21314 慰

21214 屠
tú
屠 4017

21214 郵邮
yóu
郵 3996
高陵邮篆作

21214 鄌鄌
táng
鄌4160

21214 𦸺
cuì
鉉篆作

21214 檻
lán
檻4852

21214 猩
wēn

21214 饟
饟3209
見 21215饟

21215 饟餳
shǎng
饟3209
鉉篆作

21215 澱淀
diàn
澱 7343

21215 翮
hé
翮 2245

21215 漈
jì

21215 潣
mǐn
潣 7167

21215 餿馊
sōu

21216 臀㞘
臋臀
tún
㞘5384
段改篆

21217 鰕虾
xiā
鰕 7626

21217 鮏
tíng

21218 鷯鹩
liáo
鷯 2397

21219 鰻鳗
mán
鰻 7575

21305 玘
qǐ
新附字

21306 玖
jiù

21307 玧璊
mén
璊 0143

21307 珦
xiàng
段改篆
鉉篆 0095 珦

21308 玠
jiè
玠 0116

21308 狙
jū
狙 6342

21308 擣
dǎo
擣 9055

21308 琄 xuàn

21309 祐佑右 yòu 祐 0021

21309 珍玠 zhēn 珍 0148

21309 郢 yǐng 郢 4074

21309 埸 yì 埸 9108 新附字

21310 尉叞尉 1 尉 wèi 2 尉 yùn 3 尉 yù 尉 6438

21310 袝 fù 袝 0035

21310 琬 wǎn 琬 0113

21310 珸 wǔ 珸 0178

21310 䰛鬲 lì 鬲 1846

21310 豤啃 kěn 豤 6058

21310 涅篞 niè 涅 7197

21310 規规槼 guī 規 6642

21310 塓 mì 塓 9106 新附字

21310 釿 yǐn 釿 9434

21310 釚 qiú

21310 瓿 bù 瓿 8424

21311 得㝵 1 dé 2 děi 得 1253

21311 將将 1 jiàng 2 jiāng 將 1975

21311 鈗 yǔn 鈗 9355

21311 僩 hàn

21312 䳓鶖鹙 qiū 䳓2406

21312 鋗 1 xuān 2 梋 juàn 鋗 9264

21312 鉈铊 1 鍦鉇 shī 2 tuó 鉈 9356

21312 鉹 chǐ 鉹 9244

21312 𥏫觴 shāng 𥏫3297 段篆 81314𥏫

21312 覝 lián 覝 5456

21312 䳕 tǒu 䳕2395

21312 夐夐 xuàn 夐 2085

21312 珝 xǔ 新附字 珝 0215

21312 翌 huáng 翌 2262

21313 飭饬 飭 9202 見 21314 飭

21313 𡐱 zhí 𡐱 9042

21313 鈽 guǐ 鈽 9298

21314 飭饬 chì 飭 9202 鉉篆

21314 褽褽 wèi 褽5243

21314 慰 wèi 慰 6747

21314 鷁鹢 yì 鷁 2432

21314 鐲镯鋜 zhuó 鐲 9333

21314 鵸 qí

21314 瑽 cōng

21314 泐 段改篆 鉉篆 91416 泐

21315 鶨 chuàn 鶨 2393

21315 𪆯 𪆯 2381 見 20315 𪆯

21315 獱猵 biān 猵 6350

21315 滱 kòu 滱 7070

21315 𩚩 xùn

21315 餱餱 餱3200 見 21316餱

21316 餱餱 hóu 段改篆 鉉篆

21316 褽 段改篆 鉉篆 5243 褽

21317 璆球 qiú 球 0104

21318 鏦 cōng 鏦 9357 錄鏦或从彖 見 62516 錄

21319 觼鐍觼 jué 觼 2848

21320 瀣 xiè 瀣 7416

21321 鑱镵 chán 鑱 9320

21321 鏐镠 liú 鏐 9362

21324 鑹镩 cuān

21406 玓 dì 玓 0190

21406 坦 tǎn 坦 9025

21408 玽 gǒu 玽 0174

21408 垷峴岘
xiàn
垷 9013

21408 垠
yín
垠 9060

21408 珣
珣 0095
向當从口
見 21307 珣

21409 垸
1huán
2yuàn
垸 9032

21409 堤
dī
堤 9027

21409 豠
chú
豠 6062

21409 璹
shú
璹 0136

21410 琨瑻
kūn
琨 0186

21410 粗
cū
粗 4462

21410 場塲场
1cháng
2chǎng
場 9100

21410 釣钓
diào
釣 9380

21410 瓿
瓿 8424
見 21310 瓿

21411 鋀
dòu
鋀9262

21411 鈚
1 zhé
2 niè
鈚9314

21411 鈀钯
1bā
2pá
鈀 9332

21411 琊玡
1 yá
2 yà

21412 鉤鈎钩
gōu
鉤 1453

21412 鈚
段改篆
鉉篆 21411 鈚

21413 鴟
chì
鴟 2477
新附字

21414 暠
hū
暠6070

21414 錫锡
xī
錫 9218

21414 錠锭
dìng
錠 9271

21414 塌
tā

21414 攂
tuí

21414 餬
餬 3224
見 21415 餬

21415 餬
hú
鉉篆餬

21415 䚄
lù
䚄 5454

21415 鐉
quān
鉉篆 23413 鐉

21415 甔
dān

21415 𪏰
hǎn

21416 鎔镕
róng
鎔 9238

21416 壛
yán
閻 7702

21419 覿觌
dí
覿 5493

21424 鷚
liào

21507 坥
qū
坥 9089

21508 扃
扃 7518
見 61609 扃

21509 珢
yín
珢 0164

21509 瑄
xuān
瑄 0219
新附字

21510 瑅
tí

21511 琮
cóng
琮 0110

21511 瑒玚
chàng
瑒 0117

21511 琯管
guǎn
管 2981

21512 銅铜
tóng
銅 9220

21512 郋
huáng

21513 銀银
yín
銀 9214

21513 漏
漏 7407
見 91614 漏

21513 瓆
zhì

21515 潤润
rùn
潤 7314

21515 鼩
hōu

21516 盪
dàng
盪 0205

21516 覬
jí
覬 5484

21517 鐗鐧锏
1 jiàn
2 jiǎn
鐗 9369

21517 鑕锧
zhì
鄭補逸字

21519 覿
覿 5493
見 21419 覿

21520 鐊钖
tàng

21521 鑑鑒
鑒鉴
jiàn
鑑 9247

21608 珇
zǔ
珇 0132

21612 鉏鋤锄
chú
鉏 9306

21612 璸瑸玢
bīn

21617 䰭
1 nóu
2 wàn

21619 灡
ǎn
灡7098

21623 飄
piāo

21710 瑁珇玥
mào
瑁 0120

21713 鄠
hù
鄠 4006

21719 覭
piǎo
覭5463

21817 鶚鳰
hù
雇 2297

21822 鍚錫钖
yáng
鍚 9375

22003 矛戳
máo
矛 9459

22003 内厹
厹蹂
róu
内 9683

22003 丑
chǒu
丑 9741

22004 扎
1 紮紮 zā
2 紮紮 zhā
3 zhá

22004 札剳劄
zhá
札 3751

22004 友晉艸
yǒu
友 1921

22004 朷
réng
朷 3474

22004 扔
rēng
扔 7977

22004 布佈
bù
布 4888

22004 尾
尾 5402
見 62105 尾

22004 杞
qǐ
杞 3510

22004 机
jī
机 3533

22004 屎
屎 3732
見 62105 屎

22004 扔
rēng
扔 7977

22005 异
yì
异 1755

22005 朵朶
duǒ
朵 3567

22005 料
jiū
料 3574

22005 析
xī
析 3791

22005 折斯斯
1 zhé
2 zhē
3 shé
斯 0628

22005 厥
厥 1909
見 22106 厥

22006 兵俰兵
bīng
兵 1761

22006 屄
屄 3353
見 62107屄

22006 夋
qūn
夋 3347

22006 柅
柅 3479
尿 3732
見 72107 柅

22006 拐柺
guǎi

22006 邪
niǔ
邪4143

22006 秜
秜 4381
見 92107 秜

22006 帔
pèi
帔 4846

22006 帢
gé
帢 4884

22006 挹
yì
挹 7941

22006 抈
yuè
抈 8001

22006 斯折
1 zhé
2 zhē
3 shé
斯 0628

22006 郊
jiāo
郊 3993

22007 忸
niǔ

22007 疋疏
shū
疋1419

22007 夅
kuí
夅1759

22007 郊岐
qí
郊4002

22007 移
yí
移 3500

22007 移
yí
移 4383

22007 稍
juān
稍 4415

22007 抭舀舭
yǎo
舀 4503

22007 柳
àng
柳 3763

22007 捉
zhuō
捉 7860

22007 㧊 㧊 跛
bǒ
㧊 6597

22007 捐
juān
捐 8044

22007 扴
jiá
扴 7890

22007 拕拖
tuō
拕 8032

22008 後后逡
hòu
後 1249
君后字篆
作 00204 后

22008 丞
chéng
丞 1750

22008 就就
jiù
就 3315

22008 俊儁
jùn
俊 4938

22008 屐
屐 5411
見 62109 屐

22008 桅
wéi
桅 3537
段改篆作桅
見 72107桅

22008 怖悑
bù
悑 6915

22008 汨
1 nǜ
2 niǔ
汨 7317

22008 娓
娓6384
見 92109娓

22009 奐奂
huàn
奐 1751

22009 楈
xū
楈 3423

22009 郣渤
bó
郣 4135
段改篆
鉉篆䢩

22009 尿
尿5405
見 62110 尿

22009 楣
楣3646
見 72110楣

22009 涗
涗 6621
見 22111涗

22009 搰
hú
搰 7992

22009 揟
xū
揟 7996

22009 稰
xǔ

22009 椁
gǔ

22009 邲
biàn

22009 擉
chuò

22009 晉晋
jǐn
晉 9702

22009 倔
jué
許書作屈

22010 僦
jiù
僦 5184
新附字

22010 屬
屬 5403
見 62111 屬

22010 橐
tuò
橐3585

22010 桷
jué
桷 3622

22010 焌
jùn
焌 6387

22010 悛
quān
悛 6758

22010 浙淛
zhè
浙 6957

22010 淅
xī
淅 7333

22010 洒
1 洗 xǐ
2 灑 sǎ
洒 7362

22010 棿輗
ní
輗 9549

22010 梟
段改篆
鉉篆 22108 梟

22010 赧
nǎn
段改篆
鉉篆 22111 赧

22010 偬
zǒng

22011 厀膝
xī
厀 5755

22011 栩
xǔ
栩 3460

22011 摻掺
1 shǎn
2 chān
8053+摻
段補篆

22011 槮椮
sēn
槮 3581

22011 浚濬
1 jùn
2 xùn
浚 7336

22011 搦
nuò
搦 7968

22011 浙
段改篆
鉉篆22010浙

22011 脀脅
zhéng
脀 2646

22012 駼
tú
駼 3118
新附字

22012 郪
qī
郪 4132

22012 鵔
jùn
鵔 6267
新附字

22012 獀
sōu
獀 6271

22012 烝
zhēng
烝 6397

22012 惘
wǎng

22012 熜
zǒng
熜 6444

22012 摐
chuāng

22013 翇
fú
翇 2263

22013 檵
jì
檵 3509

22013 樅枞
1 cōng
2 zōng
樅 3531

22013 獧
juàn
獧 6315

22013 煥焕
huàn
煥 6499
新附字

22014 渙涣
huàn
渙 7112

22016 稑稑
lù
稑 4360

22016 樛
jiū
樛 3573

22016 摎
jiū
摎 8002

22016 欃
chán

22016 攙搀
chān
攙 8055
新附字

22017 攙
攙 8055
見 22016 攙
新附字

22017 榻
tà
榻3539

22018 魶魶
nà
魶7544

22021 瀱
jì
瀱 7159

22105 扚
1 diǎo 2 dí
3 yuē 4 lì
扚 8012

22105 杓
1 勺 sháo
2 biāo
杓 3694
段注勺俗作杓

22105 ⿰禾勺
diǎo
⿰禾勺 4387

22105 屋
屋 5396
見 62206 屋

22106 ⿰扌瓜
zhé
⿰扌瓜7842
段篆 22107⿰扌瓜

22106 㕞
shuā
㕞 1909

22106 把
1 bǎ
2 bà
把 7837

22106 杷琶扒
bà
杷 3677

22106 邨村
cūn
邨 4154

22106 侔
móu
侔 5015

22107 物
wù
物 0770

22107 拘
jū
拘 1451

22107 郅
zhì
郅 4055

22107 楓
楓 3503
見 52107 楓

22107 枸
1 椇 jǔ
2 gǒu
枸 3486
通鉤 gōu

22107 邞
fū
邞 4131

22107 朔
shuò
朔 4292

22107 僎
僎 4934
見 20109 僎

22107 怋
mín
怋 6830

22107 据
据 7896
見 92208 据

22107 偓
偓 5009
見 62208 偓

22107 椐
jū

22107 ⿰扌瓜
段改篆
鉉篆 22106⿰扌瓜

22108 擣搗捣
dǎo
擣 7959

22108 泯泯
mǐn
泯 7415
新附字
篆宜作湎

22108 復⿰彳内
退退
tuì
復1248

22108 檛
1 guō
2 kuǎ
檛 3762

22108 檮檮梼
táo
檮 3790

22108 梟枭
xiāo
梟 3815

22108 汷
zhōng
从水宊聲
汷 7090

22109 掍
hùn
掍 8050

22109 狩
shòu
狩 6328

22109 毅
yì
毅 6056

22109 ⿰犭禹齲龋
qǔ
⿰犭禹1324

22109 ⿰㐱殳
zhěn
⿰㐱殳 1953

22109 棍
gùn

22109 幏
jià
幏 4889

22110 猈
1 bài
2 pí
猈 6280

22110 渥
渥 7291
見 62211 渥

22110 樢蔦
niǎo
蔦 0393

22110 御馭驭
yù
御 1257

22110 撰
zhuàn

22110 ⿰牜角
cū

22110 楊
段改篆
鉉篆 22210 楊

22110 揤
jí
揤 7866

22111 赧
赧 6556
見 22010赧

22111 犙
sān
犙 0734

22111 鄡
qiāo
鄡 4053

22111 磬硜
硁殸
qìng
磬 6010

22111 斻⿰氵斻
hàng
鉉篆 22009⿰氵斻

22111 竣
jùn
竣 6658

22111 郕
chéng
郕 4117

22111 搈
róng
搈 7912

22111 榕
róng

22112 履
履 5406
見 62213 履

22112 鵂舊鸺
xiū
舊 2315

22112 ⿰木郃⿰木郃
hé
⿰木郃 3600

22112 ⿰虖阝
hū
⿰虖阝4150

22112 穆
mù
穆 4367

22112 僟
jī
僟 4999

22112 猛
měng
猛 6311

22112 猴
hóu
猴 6343

22112 搵搵
wèn
搵 8039

22113 斸
zhú
段改篆
鉉篆 20414 斸

22113 鵔鵕
jùn
鵔 2457

22113 鵕
jùn
鉉篆作

22113 鴘
biǎn

22113 鄡
段改篆
鉉篆 22111 鄡

22114 鷗
鷗 2367
見 22215 鷗

22114 爍烁
shuò
爍 6497
新附字

22114 罄
qǐng
罄 7349

22114 擉挞
1 zhuā
2 wō

22114 檛
zhuā

22114 湚
yīn

22114 澤
段改篆
鉉篆 23215 澤

22115 鷲鷲鹫
jiù
鷲 2378

22115 濕
1 漯 tà
2 溼湿 shī
濕 7037

22115 濼
luò
濼 7034

22115 襗
段改篆
鉉篆 23214 襗

22116 鶈
qī
鶈 2384

22117 觻
lì
觻 2817

22121 轢
lì
轢 7607

22205 圣
kū
圣 9049

22207 巩巩
gǒng
巩 1880

22207 叔村
shū
叔 1916

22207 桐
tóng
桐 3522

22207 俜
pīng
俜 5035

22207 挏
dòng
挏 7880

22207 坡
pō
坡 8981

22207 坄
yì
坄 8998

22208 幍
tāo
幍 0762

22208 巽巺
xùn
巺 3010

22208 射躲
shè
躲 3293

22208 根
gēn
根 3547

22208 揎
xuān

22209 散殼殼
㱿壳
1què 2 ké
3qiào
散 1952

22209 枊
qióng
枊 3421

22209 俶俶
1 shū
2 chù
3 tì
俶 4993

22209 俱
jù
俱 5017

22209 巩
gǒng
巩 5990

22209 梡
hún
梡 3793

22209 幏幪幪
méng
幏 4873

22209 怪恠
guài
怪 6800

22209 捫扪
mén
捫 7832

22209 提
1 tí
2 dī
提 7841

22209 損损
sǔn
損 7937

22209 捖
wán

22209 堡
1 堢 bǎo
2 bǔ
3 pù

22210 㪲
㪲 1915
見 21210 㪲

22210 羪
tuó

22210 衄衂
nǜ
衄 3157

22210 楊杨
yáng
楊 3495

22210 椌
1 qiāng
2 kōng
椌 3748

22210 棺
guān
棺 3810

22210 捾
wò
捾 7805

22210 控鞚
kòng
控 7848

22210 摕揥
dì
揥 7870

22210 揚扬
敭敭
yáng
揚 7918

22210 幔
màn
幔 4854

22210 鈕
鈕3206
見 22211鈕

22210 偎
wēi

22210 涄
pīng

22211 鈕
鈕3206
鉉篆作[seal glyph]

22211 [illegible]
dú
[illegible] 5284

22211 [illegible]
[illegible] 5377
見 62312 [illegible]

22211 嗀磬
què
确 6006

22211 郠
gěng
郠 4111

22211 粰稃
fū
稃 4407

22211 恐忎
kǒng
恐 6908

22211 渒
pì
渒 7021

22211 [illegible]
guǐ

22211 櫅
段改篆
鉉篆 72217 櫅

22212 覶
lài
覶 5461

22212 煨
wēi
煨 6418

22212 橺橌
xiàn
橺 3569

22212 櫍鑕锧
zhì
櫍 3822
新附字

22212 粺
bài
粺 4461

22212 幧
xiè
幧 4861

22212 獌
màn
獌 6347

22212 淑
shū
淑 7162

22212 聲声
shēng
聲 7770

22212 疑
yí
疑 9731

22212 櫚榈
lǘ

22212 [illegible]登
dēng
[illegible]3085

22212 滜
1 gāo
2 嘷噑 háo

22212 摍
摍 7952
見 23111 摍

22213 渨
wēi
渨 7261

22213 餕
餕 3251
新附字
見 22214 餕

22213 赮
xiá
赮 6563
新附字

22213 鄭郑
zhèng
鄭 4012

22213 鄛
cháo
鄛 4069

22213 [illegible]
段改篆
鉉篆 22211 [illegible]

22214 餕馂
jùn
餕 3251
新附字

22214 榻
tà
榻 3821
新附字

22214 翔
xiáng
翔 2259

22214 儗
nǐ
儗 5094

22214 [illegible]
[illegible]6748
見 21214[illegible]

22214 搨
tà

22214 榔
láng

22215 鶌
jué
鶌 2367

22215 䚈
wēi
䚈2825

22215 酀
yàn
酀 4140

22215 [illegible]
mì
[illegible] 7010

22215 襗
見23214襗

22215 懌
懌 6945
見 23214 懌
新附字

22216 澤
澤 7185
見23215 澤

22216 觳
hú
觳 2852

22216 燬
huǐ
燬 6385

22216 凝仌冰
níng
冰 7471

22216 懝
1 ài
2 nì
懝 6796

22216 檻槛
1 jiàn
2 kǎn
檻 3807

22216 [illegible]
zhù

22216 瀋
同 52216 瀋
鉉篆段篆均
作 52216[seal glyph]

22216 [illegible]
shài

22219 [illegible]
yí

22219 翳
yì
翳 2265

22220 翽翙
huì
翽 2260

22307 玟玫
mò
玟0183

22307 柤
zhā
柤 3647

22307 抯
zhā
抯 7943

22307 甬
yǒng
甬 4327

22307 租
zū
租 4424

22307 屖
屖 5391
見 62408 屖

22308 村叔
shū
叔 1916

22308 坿
fù
坿 9047

22308 玻
bō

22309 珛王
xiù
珛 0102

22309 俑
yǒng
俑 5137

22309 埤
pí
埤 9046

22309 埃
āi
埃 9082

22310 球
qiú
球 0104

22310 釜鬴釜
fǔ
鬴 1853

22310 尌
shù
尌 3063

22310 覟覟
cī
覟5464

22310 煋
xīng

22311 猳
jiā
猳 6055

22311 㱿
hù
㱿 0937

22311 䣜
cuó
䣜 4100

22311 穀
gòu
穀 8457

22311 堠
hòu

22311 甈㲊
qì
甈 8428

22312 涌湧
yǒng
涌 7155

22312 鈹铍
pī
鈹 9287

22312 鈒钑
sà
鈒 9353

22312 壂
diàn

22312 鄵
cào

22313 環环
huán
環 0108

22313 琛
chēn
琛 0210
新附字

22313 𤢺
hǎn
𤢺 6288

22313 滓
zǐ
滓 7345

22313 鄵
cào

22313 鴹
yáng

22314 擯摈
儐傧
bìn
儐 5008

22314 檳槟
bīng

22314 銶
qiú

22314 禦
yù
禦 0056

22315 滏
fǔ

22316 㲉
kòu
㲉 2470

22316 燦灿
càn
燦 6498
新附字

22316 澍
shù
澍 7269

22317 鯹鮏
xīng
鮏 7619

22317 饑
饑 3240
見 22318 饑

22318 饑饥
jī
饑與飢
本義異

22318 鷖鹥
yī
鷖 2415

22321 韞
yūn

22324 鸍
lán

22409 邽
guī
邽 4020

22409 邢
xíng
邢 4043

22409 帽
mào
帽3644

22410 幷并
䩘 幷
1bìng 2bīng
段改篆
鉉篆 24408䩘

22410 封對
𡉚 𡊅
fēng
封 9029

22411 釵钗
chāi
釵 9415
新附字

22411 屏
屏 5397
見 62512 屏

22411 墁
màn

22412 鄣
鄣 4122
見 22513 鄣

22412 併
bìng
段改篆
鉉篆 24410 併

22412 錦锦
jǐn
錦 4906

22413 覝覝
lián
段改篆
見覝 5456 覝

22413 壂
diàn

22413 鼽
qiú
鼽 2227

22413 僻
俗篆
鉉篆 94512 僻
段篆 92514 僻

22413 郱
píng
段改篆
鉉篆 24411 郱

22413 鼜
qī
鼜3064
借爲鼜 cào

22413 鄩
xún
鄩 4027

22413 潯 尋寻
xún
潯1976

22413 鉥
shù
鉥 9285

22413 鈇
fú

22414 羿 羿
yì
羿2247

22414 艵 頩
pīng
段改篆

22414 襑
xín
襑 5276

22414 錍
pī
錍 9292

22415 潯 浔
xún
潯 7177

22415 漥 窪
wā
漥 7218

22415 洴
píng

22415 鄎
xī

22415 㲉
1 ké
2 qiào

22415 穨 頹 颓
tuí
鉉篆 92617 穨

22416 鍭 鍭
hóu
鍭9363

22416 襗
yì

22418 潯
段改篆
鉉篆 22415 潯

22419 襑
段改篆
鉉篆 22414 襑

22419 鄽
ráng
鄽4070

22421 欖 榄
lǎn

22510 珽
珽 0119
見 22511 珽

22510 瑵
zhǎo
瑵 0130

22510 瑕
xiá
瑕 0144

22510 玻
玻0165
見 62712 玻

22511 珽
tǐng
珽 0119

22511 瑚
hú
瑚 0201

22513 鄣
zhāng
鄣 4122

22513 鳽 雃
jiān
鳽 2439

22513 瓶 缾
píng
缾 3276
鉉篆作瓶

22513 覷 觑
覻覷
qù
覷 5465

22513 靘
qìng

22514 鍜
xiá
鍜 9368

22514 墾 貇 垦
kěn
貇9111
新附字

22515 鋌 铤
1 dìng
2 tǐng
鉉篆鋌

22516 鏝 镘 槾
màn
鏝 9322

22516 㻂
píng

22517 巂
巂 1848
規从夫非从矢
見 22517 巂

22517 巂 巂
guī
段改篆
鉉篆誤作巂

22613 鄣
段改篆
鉉篆 22412 鄣

22614 䝈
nǐ

22614 靛
diàn

22616 瓊 璚 瓗
琁 琼
qióng
瓊 0094
古文璚琁

22617 鄸
xīng
4159+鄸
段補篆

22617 餅
餅 3197
見 22618 餅

22618 餅 饼
bǐng
段篆餅

22713 潯
潯 1976
从彡聲
見 22413 潯

22714 靚
1 jìng
2 liàng
靚 5485

22716 鏝
鏝 9322
見 22516 鏝

22719 瀞
qìng
瀞 7371

22720 鷸 鹬
yù
鷸2376

22916 壜
tán

22922 䫆
pīn

23003 弔
弔 5161
見 23104 弔

23003 尹 帬
yǐn
尹 1906

23005 伊 𠈌
yī
伊 4945

23005 帚 箒
帚 4879
見 23107 帚

23006 柅
柅3452
見 73107柅

23006 叒叒
ruò
叒 3841

23006 枘
ruì

23007 杸
shū
杸 1950

23007 柀
bǐ
柀 3449

23007 披
pī
披 7907

23007 极
jí
极 3758

23007 侒
ān
侒 5032

23007 狃
niǔ
狃 6308

23007 投
tóu
投 7887

23007 扱
1 xī
2 chā
扱 8007

23008 栯
yǒu

23009 梂
qiú
梂 3514

23009 郗
xī
郗 4028

23009 嵇
jí
嵇 5883
新附字

23009 狾猘瘈
zhì
狾 6335

23009 捄
1 jū
2 jiù
捄 7990

23009 捬
bǔ
捬 8016

23010 皴
cūn
皴 1984
新附字

23010 欙
léi
欙3552
假作樏 lěi

23010 槢
xí
槢3678

23010 狻
suān
狻 6339

23010 洝
àn
洝 7326

23010 染冉
rǎn
染 7389

23010 揓批
pī
揓7972

23010 楒
pí
楒 3627

23010 㥲㹐㹐
zhōng
㥲4851

23010 狾
段改篆
鉉篆 23009 狾

23011 殽
1 xiáo
2 崤 yáo
殽 1963

23011 棷樓艘
sōu
棷3769

23011 虔阝
qián
虔阝4040

23011 挳搜
sōu
挳8051

23011 獡
jué

23012 探
tàn
探 7963

23012 擐
huàn
擐 7950

23012 檈
xuán
檈 3691

23012 𣏍
biē
段改篆𣏍

23016 𡿺
zhǒu

23018 檈
xuán
檈3519

23104 弔吊
diào
鉉篆訛作弔
見 23003 弔

23105 抻
shēn
抻 7945

23105 君𠱿
jūn
君 0838

23105 秅
chá
秅 4437

23105 托
tuō

23106 杈
chā
杈 3553

23106 扠
chā

23107 邾
zhū
邾 4080

23107 𠫤箒
zhǒu
𠫤 4879
段改篆

23107 傀瓌
guī
傀 4957

23108 棉
mián
許書作綿

23108 拊
fǔ
拊 7852

23108 矞
yù
矞 1448

23108 郶
郶9705
見 23210郶

23108 郡
jùn
郡 3988

23108 秫朮
shú
秫 4372

23108 柎
fū
柎 3746

23109 傀
huà
傀5803

23109 稗粺
bài
稗 4382

23109 韗
yǔn
韗6625

23109 挨
āi
挨 8009

23109 捭 擺摆
bǎi
捭 8017

23109 椑
pí
椑 3696

23109 椈
jǔ
椈 3872

23109 ⿰秊阝
nián
⿰秊阝 4019

23109 粈 糅
róu
粈 4479

23109 裠 帬裙
qún
帬 4848

23109 愧
kuì
媿 8304

23109 焄
xūn

23109 瓻
chī
瓻 8435
新附字

23110 稼
jià
稼 4355

23110 涒
tūn
涒 7355

23110 豛
dū
豛 1956

23110 ⿰木咎
jiù
⿰木咎 3426

23110 ⿰米尾
wèi

23110 報
段改篆
鉉篆 23212 報

23111 殺 杀閷
布𢿌𢿬𣪩
shā
殺 1968

23111 摍
suō
摍 7952

23111 裠
段改篆
鉉篆 23109 裠

23112 憰
jué
憰 6816

23112 狊
jué
狊 6261

23112 擐
擐 7950
見 23012 擐

23113 糇 餱
sì
糇 3332

23113 楹
yíng
楹 3611

23113 澚
yù
澚 7136

23113 鵗
xī

23114 鴁
ǎo
鴁 2387

23115 ⿰黍卑
bǐ
⿰黍卑 4446
段篆

23116 鰋
yǎn
鰋 7590

23116 燠
yù
燠 6480
从奧奧从𢍏
篆文當作

23116 襖
襖 5348
新附字
見 23116

23116 襖 襖祅
ǎo
从奧奧从
釆非从米
鉉篆作

23116 懊
ào

23116 獬
xiè

23117 澳 隩
1yù 2ào
澳 7231
篆文當作

23207 邦 峀
bāng
邦 3987

23208 垛 垜
1 duǒ
2 duò
垛 9010

23208 垔 堙
陻垔
yīn
垔 9066

23208 㠱
jì
㠱 9703

23208 捍 扞
hàn

23208 椐
椐 3458
見 33309 椐

23209 椵
jiǎ
椵 3470

23209 斯
sī
斯 9436

23209 䅍
tǐng

23209 夤
夤 4312
見 20513 夤
段篆作

23209 披
披 7907
見 23007 披

23209 㱿
段改篆
鉉篆 22209 㱿

23209 梃
梃 3563
見 23210 梃

23209 搔
搔 7889
見 53209 搔

23209 挺
挺 7961
見 23210 挺

23210 ⿰帚巴
bǎ
⿰帚巴 9705

23210 梃 脡
1 tǐng
2 tìng
鉉篆 3563

23210 盄
zhāo
盄 3130

23210 期
qī
期 4298

23210 羖
gǔ
羖 2334

23210 挺
tǐng
挺 7961
鉉篆 23209 挺

23211 槾 鏝
màn
槾 3642
鏝 9322

23211 稽 嵇
1 jī
2 qǐ
稽 3873
姓氏見 23009 嵇

23211 鄄
juàn
鄄 4106

23211 彀
gòu
彀 9721

23211 獋嘷嗥 háo 嘷 0945

23212 鴂 jué 鴂 2380

23212 猥 wěi 猥 6289

23212 煙烟 垔𩐽 yān 煙 6456

23212 綤 綤 8649 見 23012 綤

23212 報 報 6616 見 24211 報

23213 縠 hú 縠 8552

23213 鄴邺 yè 鄴 4046

23213 穄 jì 穄 4373

23213 毂 hù 毂 6344

23213 湮 yān 湮 7258

23213 凘 sī 凘 7476

23214 𥣥 zhuó 𥣥3874

23214 襗 zé 襗 5269

23214 懌怿 yì 懌 6945

23214 澌 sī 澌 7301

23214 豁豁 1 huò 2 huá 3 huō 豁7464

23215 鷸鹬 yù 鷸 2419

23215 鄤 1 wàn 2 鄤 màn 鄤 4086

23215 潩 yì 潩 6984

23215 澤泽 zé 澤 7185

23215 緊 yī 緊 8646

23215 釋 段改篆 鉉篆 24316 釋

23215 釋 段改篆 鉉篆 24316釋

23216 穀 hù 穀6555

23218 翼 yì 翼7655

23219 襮襮 bó 襮5240

23219 爆 bào 爆 6433

23220 瀑 瀑 7268 此段改篆 誤从暴聲 見 24219瀑

23221 襮 段改篆 鉉篆 24219 襮

23222 黳 yī 黳 6513

23223 濦 yì 濦 7013

23307 甫 fǔ 甫 2075

23307 俚 lǐ 俚 4982

23308 催 suī 催 5153

23308 甫 段改篆 鉉篆23307 甫

23309 瑀 yǔ 瑀 0156

23309 俌輔辅 fǔ 俌 5022

23309 悝 kuī 悝 6815 詼嘲 huīzhāo 篆作悝啁

23309 雋 段改篆 鉉篆 53307 雋

23310 叡 zhā 叡1907

23310 郙 fǔ 郙 4163

23310 猩 xīng 猩 6286

23310 惟 wéi 惟 6728

23311 淮 huái 淮 7017

23311 撮蕞 cuō 撮 7868

23311 鈕钮扭 niǔ 鈕 9289

23311 悑怖 bù 悑 6915

23311 補补 bǔ 補 5316

23311 甄 zhēn 甄 8411

23312 浦 pǔ 浦 7208

23312 毅 段改篆 鉉篆 25414 毅

23312 僬 jiāo

23312 皻皻 皻渣 zhā

23312 璁 cōng 璁 0169

23312 餽 餽 3246 見 23313 餽

23313 餽 1 guì 2 饋馈 kuì 鉉篆作餽

23313 誓 shì 誓 9371

23313 瑍 huàn

23313 補 段改篆 鉉篆 23311 補

23314 翟
1 dí
2 zhái
翟 2236

23314 豰
bó
豰 6049

23314 燋
1 jiāo
2 qiáo
燋 6411

23314 憔顦癄
qiáo

23314 甗巘
yǎn
甗 8414

23314 銴
段改篆
鉉篆 23313 銴

23315 潐
jiào
潐 7305

23316 鯉鲤
lǐ
鯉 7556

23316 鏓
cōng
今讀 zǒng
鏓 9345

23317 灉
yōng
灉 7042

23317 釋
釋 0723
見 24316 釋

23317 ⿰米睪
⿰米睪 4466
見 24316 釋

23318 燿耀
yào
燿 6469

23319 雡
liù
雡 2284

23319 濯
zhuó
濯 7383

23321 䥯
bēi
䥯 9307

23322 鸔
段改篆
鉉篆 26321 鸔

23407 珉琘碈
mín
珉 0187

23410 雊
gòu
雊 2281

23410 雅
1 鴉鵶鴉 yā
2 yǎ
雅 2271

23410 雂
qín
雂 2292

23410 埱
chù
埱 9051

23411 鄲郸
dān
鄲 4049

23411 槾
鏝 9322
見 23211 槾
木部篆作槾

23411 塚冢
zhǒng
《正字通》
冢俗作塚

23412 帡
píng

23413 鐉
鐉 9389
見 21415 鐉

23413 禋𥛟
yīn
禋 0029

23413 鵻隼鶽
鷻鷔
zhuī
鵻 2368

23413 ⿸虍且
zù
⿸虍且 9426

23414 瓅
lì
瓅 0191

23414 璣玑
jī
璣 0197

23414 瑿
yī
瑿 9083

23415 禩祀
sì
祀 0031

23416 謦
qǐng
謦 1472
段改篆謦

23416 ⿰彳兌兑
duì
⿰彳兌 5168

23417 瀙
瀙 7016
見 24518 瀙

23417 鷦鷦鹪
jiāo
鷦 2389

23417 ⿰金御
⿰金御 9282
見 23418 ⿰金御

23417 鐸
段改篆
鉉篆 23518 鐸

23418 ⿰金御鋙
yǔ
鉉篆 23417 ⿰金御

23418 鑠铄
shuò
鑠 9233

23418 ⿰䙴阝
qiān
⿰䙴阝 4165

23422 灣湾
wān

23509 琟鳿
hóng
琟 2301

23511 琡
chù
琡 0218
新附字

23512 親
1 qīn 2 qìng
筆迹小異
同 24513 親

23512 ⿰倉隹鶬
鶬 2435
見 23513 ⿰倉隹

23513 ⿰倉隹鶬鸧
cāng
鉉篆作⿰倉隹

23513 瑴玨珏
jué
珏 0221

23514 餔
餔 3211
見 23515 餔

23515 餔晡
脯䗚
bū
鉉篆作餔

23515 ⿰彳甹俜
pīng
《玉篇》
俗作俜
⿰彳甹 1239

23515 ⿱巩玉
qiōng
⿱巩玉 9290

23515 ⿰礻焦醮
jiào
醮 9787

23514 幫幇帮
bāng
許書无幇
鞋帮字作
25311 鞤

23516 鍡
wěi
鍡 9385

23516 襯衬
chèn

23517 酄
huān

23517 鏗铿
kēng

23519 鐸
鐸 9337
見 24518 鐸

23519 饔
饔3193
見 23520饔

23520 饔饔
yōng
段改篆

23614 鍟
shēng

23615 鏞鐘
zhōng
鐘 9340

23616 璨
càn
璨 0217
新附字

23616 鍛锻煅
duàn
鍛 9240

23714 雗鵙鴿
yù
鴿 2455
鉉篆
段改篆

23715 氍
qú
氍 1229

23716 懼惧愳
jù
懼 6739

23717 灈
qú
灈 7024

23719 觀观雚
1 guān
2 guàn
觀 5458

23720 翹翘
1 qiáo
2 qiào
翹 2243

23723 鸜
qú
鸜7633

23825 鋆
鋆 9295
見 24526 鋆

24006 柔
róu
柔 3592

24006 狃
niǔ
狃 9464

24006 扭
niǔ

24007 隶
1 逮 dài
2 隸隷 lì
隶 1938

24007 拚
bù
拚 7830

24008 楀
yǔ
楀 3439

24008 捬
bǔ
鉉篆 23009 捬

24009 猱
rǒu
猱1226

24009 梭
1 xùn
2 suō
梭 3483

24009 郴
chēn
郴 4094

24009 侵
侵 5054
見 24111 侵

24009 怓
1 náo
2 niú
怓 6831

24009 捘
zùn
捘 7809

24009 承
chéng
承 7874
段篆作

24009 衻
rán

24010 棃
棃3401
見 94009 棃

24010 煣揉
róu
煣 6448

24010 洢
yī

24011 悈
tuì
悈 6759

24011 拯撜
zhěng
段改篆
鉉篆 7922 抍

24012 郹
jì
郹4000

24012 換换
huà
換 8052

24013 欄
欄 3675
見 74114 欄

24014 檞
1 qī
2 栁 jí
檞3518

24014 㕫
㕫5408
見 64115㕫

24014 㴚㴚
㴚 7054
見 24116 㴚

24014 欻
huá
欻 3344

24015 𢡟
xiǎn
𢡟 4902
新附字

24016 鄜鄜
fū
鄜4016

24018 擺摆
bǎi

24018 罷
bà

24018 豩
kù
豩 4513

24022 翷
lín

24107 犀
犀 0768
見 64208 犀

24107 帬裠裙
qún
帬 4848

24107 偶
偶 5160
見 51107 偶

24108 𡜏
huà
𡜏1882

24108 楃
楃 3656
見 64209 楃

24108 握
握 7835
見 64209 握

24109 裸羸躶
luǒ
羸5319

24109 愕
愕 6768
見 25109 愕

24110 渦
渦 7055
見 25110 渦

24110 徲
徲 1250
見 94211 徲

24110 槊
shuò
槊 3819
新附字

24110 淉
guǒ
淉 7086

24110 執
段改篆
鉉篆 24212 執

24111 㑴侵
qīn
侵 5054

24111 㭎
gāng
㭎 0729

24111 㰗
chú
㰗 0757

24111 鴺
鴺 2433
見 24212 鴺

24111 鵜鴺鵜
tí
鴺 2433

24111 祼
段改篆
鉉篆 24109 祼

24111 䩭鞫
段改篆
鉉篆 25212 䩭

24112 竦莅
涖蒞
lì
竦 6645

24112 獝
xù

24112 擇
段改篆
鉉篆 24214 擇

24113 鵽
duò
鵽 2409

24113 櫟栎
lì
櫟 3513

24113 機机
jī
機 3707

24113 槀
gǎo
槀 3875

24113 鄚
mào
鄚 4054

24113 穖
1 jǐ
2 jì
穖 4392

24116 濅寖浸
jìn
濅 7054
鉉段皆作濅

24116 鶪
jié
鶪 2416

24116 𣀮撒
1 sà
2 sǎ
3 sā
𣀮 4488

24116 鱯
huà
鱯 7579

24116 鰅
鰅 7609
見 25116 鰅

24116 褻亵
段改篆
鉉篆 24216 褻

24117 甐
lìn

24207 邢
jǐng
邢 4047
段篆作邢

24208 埽
埽 9020
見 24310 埽

24208 梬
yǐng
梬 3402

24210 巩巩巩
gǒng
巩 7807
巩 1880

24210 鄟
zhuān

24211 椳
wēi
椳 3643

24211 槔槹槹
gāo
槔 3824
新附字

24211 報报
bào
報 6616

24212 禩
禩 0066
見 24314 禩

24212 穀
gǔ
穀 3507

24212 穀谷
gǔ
穀 4422

24212 埶
1 藝蓺艺 yì
2 shì
埶 1877

24212 鴺鵜
tí
鴺 2433

24212 摼
kēng
摼 8022

24212 執
執 6613
見 25211 執

24213 䩭
䩭 7869
見 25212 䩭

24213 罄
qìng
罄 3288

24213 鄷
féng
鄷 4161

24214 擇
擇 7859
見 25213 擇

24215 翜萎
shà
翜 2266

24215 擬拟
儗㩞
nǐ
擬 7936

24215 懶懶嬾
lǎn
許篆作嬾
見 17214 嬾

24215 隸隸
隸隶
lì
段改篆
鉉篆 25215 隸

24216 熱热
rè
熱 6478

24216 擲掷
zhì

24216 褻
褻 5290
見 25215 褻

24217 鄰邻隣
lín
鄰 3990

24217 瀾澜漣
lán
瀾 7140
瀾或从漣

24217 鷙
段改篆
鉉篆 24319 鷙

24219 襮襮
襮 5240
見 23219 襮

24219 爆
爆 6433
見 23219 爆

24219 䳰
段改篆
鉉篆 85320 䳰

24219 瀑瀑
1bào 2pù
瀑 7268
段篆作瀑
鉉篆 25220 瀑

24222 鱴
鱴 7592
見 94222 鱴

24308 塊凷块
kuài
凷 8993

24308 帷匱
wéi
帷 4857

24309 旊
fàng
旊2276

24309 甥
段改篆
鉉篆 24411 甥

24310 埽
1 掃 sǎo
2 sào
埽 9020

24310 祼
guàn
祼 0045

24310 桶
tǒng
桶 3743

24310 稺
稺 4361
見 94411 稺

24310 猚犬隹
yá
猚 2278

24310 新薪
xīn
新 9440

24311 梓梓
zǐ
梓 3446

24312 慫悚
sǒng
慫 6738

24312 埶
[illegible]1877
見 24212 埶

24313 鷇
kòu
鷇 3271

24313 樹树尌
shù
樹 3543

24313 嫢
guī
嫢 8187

24314 [illegible]
[illegible]1879
見 24315[illegible]

24315 [illegible]
zài
[illegible]1879

24314 祲祲
jìn
祲0066

24315 潍潍
wéi
潍 7050

24315 [illegible]孰
熟[illegible]
shú
[illegible]1878

24315 儽儽
lěi
儽 5041

24315 墺墺墺
ào
墺 8978

24315 翆
段改篆
鉉篆 24215 翆

24316 熱热
熱 6478
見 54216 熱

24316 釋释
shì
釋 0723

24316 釋
shì
釋4466

24318 灅漯涤
lěi 灅7067
漯讀 lěi luò tà
讀音不同
所指亦異

24319 鷙
鷙 2451
見 25318 鷙

24321 鸔鸔
bǔ
鸔 2401
从鳥暴聲

24321 馨
xīn
馨 4453
段篆 25220

24324 鑿
zuò
鑿 4498

24408 幷并
幷 5204
同 22410 幷

24409 瑰
guī
瑰 0196

24409 惟
yì
惟 2303

24409 屏
屏 5397
見 62512 屏

24410 尃
fū
尃 1978

24410 併
併 5019
見 22412 併

24411 雉鴙
zhì
雉 2280

24411 壐
xī
壐 7675

24411 甥
shēng
甥 9164

24411 邦
邦 4149
見 22413 邦

24412 傅
fù
鉉篆作
段篆作

24412 璚瓊
璚琁琼
qióng
瓊 0094

24412 準準准
zhǔn
準 7315

24412 豧
fū
豧 6060

24412 艴
艴 5765
見 22414 艴

24413 膊
bó

24413 栟栟
1 bīng
2 bēn
栟 3442

24415 溥
pǔ
溥 7097

24415 毅
yì
毅 1964

24416 穛
zhuō
穛4457

24416 鐍觼
jué
觼 2848

24418 酈酈
1 lí
2 lì
酈 4164

24418 黼
fǔ
黼 4922

24419 鎩铩
shā
鎩 9288

24420 糴
dí
糴 4480

24422 糴籴
dí
糴 3267

24423 糶粜
tiào
鉉篆作

24511 巽巺
xùn
3010+巽
段補篆

24511 瓶
缾 3276
見 22513 瓶
段改篆

24513 [illegible]
fēng

24513 親亲
1 qīn
2 qìng
親 5486

24514 對對对
duì
對1744

24514 鬴釜釜
fǔ
鬴 1853

24516 鶴鹤
hè
鶴 2402

24517 𨿽
shuì
𨿽2289

24517 灅
lěi
灅 7062

24518 瀙
qìn
段改篆
鉉篆 23517 瀙

24518 鐸铎
duó
鐸 9337

24526 鑿鑿凿
záo
鑿 9295

24609 理
lǐ
理 0147

24610 琟
wéi
琟 0177

24612 瑻琨
kūn
琨 0186

24613 親
段改篆
鉉篆 24513 親

24614 錐锥
zhuī
錐 9319

24615 鐫鐫镌
juān
鐫 9294

24615 鋪铺
1 pū
2 pù
鋪 9388

24615 餠
餠 3197
見 22618 餠

24616 璡琎
jìn
璡 0167

24618 鎛镈
bó

24618 鐎
jiāo
鐎 9263

24620 𧢄
lì
𧢄 5450

24715 䰭
rú
䰭 5802
段改篆

24717 鑴
段改篆
鉉篆 24615 鐫

24721 馨
馨 4453
見 24321 馨

24816 彏
jué
彏 8446

24920 鑺
qú
鑺 9410
新附字

24926 鑿鑿凿
鑿 9295
見 24526 鑿

25004 帇聿
niè
聿1929

25008 按
àn
按 7847

25008 娎
xiē
娎 8282

25008 掃埽扫
1 sǎo
2 sào
見 24310 埽

25009 桑
sāng
桑 3842

25009 邦耒洡
lěi
邦 4095

25009 娎
段改篆
鉉篆 25008 娎

25010 梣梣
梣 3430
見 25112梣

25107 偶
ǒu
偶 5160

25108 槐
huái
槐 3506

25109 愚
yú
愚 6768

25110 湡
yú
湡 7055

25111 𣗬
jì
𣗬 3550

25111 稷稷
jì
稷 4370

25111 橘
jú
橘 3397

25111 搳
huá
搳 7900

25111 䝑
kài
䝑9461

25112 梣梣
cén
梣 3430
段改篆

25114 隸迨
dài
隸1939

25114 榝榝
shā
榝 3493

25114 摋
sà

25114 瓾
chuǎng
瓾 8429

25114 縶
段改篆
鉉篆 25216 縶

25116 鰅
yú
鰅 7609

25118 鷞鸘鹴
shuāng
鷞 2365

25119 𨟖
jí
𨟖 4085

25210 墁
墁 9053
見 25312 墁

25210 埭
dài

25210 梆
bāng

25211 犗
jiè
犗 0736

25211 覣
wēi
覣 5451

25211 執执
zhí
執 6613

25212 鞠鞫掬
jū
鞠7869

25212 耘秐耘
yún
耘 2813

25212 櫛
xī
櫛 3806

25212 撕
sī

25213 擇择
1 zé
2 zhái
擇 7859

25214 㘓襴
lán

25214 毉
yī
毉 8097

25214 埶
埶4835
見 26213埶

25215 褺褻
diē
褺 5290

25215 隸隶
隸 1940
見 24215隸

25215 獺獭
獺 6349
見 95215 獺
賴从剌非从負

25216 㘓襴
lán

25216 褺㝵
㝵 6200
見 26215 褺

25218 㩧
bó

25219 襮
bó
鉉篆 24219 襮

25220 瀑
瀑 7268
見 24219 瀑
當从水暴 聲

25220 馨
段改篆
鉉篆 54321 馨

25306 軋轧
1 yà
2 zhá
軋 9531

25307 斬斩
zhǎn
斬 9560

25308 靳
jìn
靳 1816

25308 梩相耜
sì
相 3671
古作相或作
梩 今作耜

25308 堣
堣 8979
見 26308 堣

25309 珃
rǎn

25309 椎鎚
chuí
椎 3726

25309 稚
zhì
見 94411 稺

25309 推
tuī
推 7808

25309 軫
qǐ
軫 9541

25310 靿
áng
靿 1796

25310 靴
tuó
靴1840

25310 雉鴙
zhī
雉 2300

25310 屢
屢 5395
見 65411 屢

25310 軫轸
zhěn
軫 9493

25310 輓挽
wǎn
輓 9557

25310 檇檇
zuì
檇 3780

25310 墀墀
墀 9017
見 65411 墀

25310 捕
bǔ
捕 8028

25310 鞙
xuàn
鞙 1830

25311 羣群
qún
羣 2343

25311 摜摜
慣慣
guàn
摜 7886

25311 輗
wǎn
輗 9553

25311 鞔
mán
鞔 1794

25312 鞔
鞔 1794
見 25312 鞔

25312 鞔
yuǎn
鞔1804

25312 漸渐
1 jiàn
2 jiān
漸 7000

25312 埐
1 jīn
2 qín
埐 9053

25312 鞴從
蹤踪
zōng
鞴9535

25312 輗輗梲
ní
輗 9549

25313 鞔
yuǎn
鞔1804

25313 樵
qiáo
樵 3527

25313 鄞
yín
鄞 4097

25313 雜襍杂
zá
雜 5309

25313 襍雜杂
雜 5309
同 25313 雜
段注本作𩀴
後人作雜襍

25314 翱
gé
翱2242

25314 樴植
zhì
植 3632

25314 鍒
róu
鍒 9405

25314 鷻
tuán

25314 潗
jí

25314 埶
段改篆
鉉篆 25214埶

25315 攡擁拥
yōng
攡7928

25315 鋟锓
qǐn

25316 勢势
shì
勢 9206
新附字

25316 雜
段改篆
鉉篆 25313 雜

25317 鞹鞟
kuò
鞹 1784

25317 櫂棹
zhào
櫂 3823
新附字

25317 擢
zhuó
擢 7956

25318 鷙鸷
zhì
鷙 2451

25318 轇
jiāo

25319 雞
段改篆
鉉篆 25318雞

25323 灤滦
luán

25407 軓
fàn
軓 9481

25408 靮
dí
靮 1845
新附字

25408 輒輙辄
zhé
輒 9488

25409 靶
bǎ
靶 1814

25409 軥
qú
軥 9516

25409 輒
段改篆
鉉篆 25408 輒

25410 輗輗
ní
輗 9549

25410 甎塼
碍砖
zhuān

25411 輥辊
gǔn
輥 9502

25411 鶍
yì

25413 鍝
yú

25414 轀輼辒
wēn
轀 9469

25414 毅
毅 1964
見 24415 毅

25414 羥
yān
羥2344

25414 鄞
yín
見 4097 鄞

25415 鄘
鄘 4082
見 28413 鄘

25415 墊
墊 9040
見 26414 墊

25416 櫻鸚櫻
yīng
櫻 3826
新附字

25416 酅
xī
酅 4128

25416 勢势
shì
鉉篆 25316 勢

25416 攖撄
yīng

25417鸛鹳難
雗雗雒难
nán
鸛2392

25418 隸
xiè
隸 2228

25422 灘滩
tān
灘7233

25423 糶粜
糶 3850
見 24423 糶

25509 靼韃
dá
靼 1790

25511 報
hén
報 1806

25511 鞎
xié
鞎 1841

25511 鞙
xuàn

25512 鞮
dī
鞮 1797

25512 博博
bó
博 1464

25512 輨
guǎn
輨 9509

25513 鞼
guǎn
鞼 1819

25515 艱艰囏
jiān
艱 9121

25515 覲觐
jìn
覲 5487

25515 鞳
tà

25518 塾
shú
塾 9110
新附字

25518 鸛
鸛2392
見 25417鸛

25520 鷁
jié
鷁 2383

25520 摯
zhì
摯9381

25523 灘
灘7233
見 25422灘

25616 艱
艱 9121
見 25515 艱

25616 覲
jìn
見 5487 覲

25617 雜鶉鹑
chún
雜2298

25712 雁
jiān
雁 2290

25714 雕鵰碉
diāo
雕 2286

25715 攫掬
jú
攫 7824
掬篆見鞠

25716 魏
魏 5802
見 24715 魏

25718 玃
jué
玃 6340

25718 鑮镈
bó
鑮 9342

25820 鑘
lěi
鑘 9386

25825 雝雝
段改篆
鉉篆 26824雝

25922 钁
jué
钁 9301

26008 枏柟楠
nán
枏 3404

26008 抩抩
nán
抩7829

26009 揉
róu

26010 朋
péng
2360 鳳
古文鳳借
爲朋黨字

26010 梫
梫 3413
見 26112 梫

26010 棣
1 dì
2 dài
3 tì
棣 3501

26012 倗朋
péng
倗 4990

26015 淜
1 píng
2 péng
3 馮 mǎ
淜 7243

26016 鄘
péi
鄘 4008

26019 攓搴
qiān
攓 7962

26019 攐
qiān
攐 7798

26021 攐
段改篆
鉉篆 26019 攐

26105 聿
yù
聿 1932

26108 聿
jīn
聿1934

26108 稞
kē
稞 4404

26108 律
lǜ
律 1256

26108 建
jiàn
建 1262

26109 𦘔燼烬
jìn
𦘔 6446

26109 健
健 4975
見 26110 健

26110 健
jiàn
健 4975
段改篆
鉉篆 26109 健

26111 肅肃粛
sù
肅 1931

26112 梫
qǐn
梫 3413

26112 弸
péng
弸 8447

26113 𣳚津雔
jīn
津 7242

26113 摯
段改篆
鉉篆 26215 摯

26116 潚瀟
sù
潚 7110

26116 鵬鹏
péng
古文鳳
借爲鵬

26122 鱐
sù

26208 費费
fèi
費 3957

26211 肄䢁
yì
䢁 1930

26212 䢁肄
yì
䢁1930

26212 鶊鹒
gēng

26213 㔟 㔟
zhì
㔟4835

26213 蒍
wěi
蒍 9159

26214 盡儘
侭尽
1 jìn
2 jǐn
盡 3141

26215 隸隸隷
隸隸隸隶
lì
隸 1940

26215 縶馽絷
zhí
馽 6200

26215 槸䕭
槸蓺
yì
䕭 3587
槸或从艸

26215 摯
摯 7822
見 27214 摯

26215 欄
1 楝 liàn
2 栏 lán
楝 3515
段改楝爲欄

26218 鷫鹔鹴
sù
鷫 2364

26218 覶
luó

26218 㩧
bó

26218 樕
lì
樕3481

26219 鬔
kū
鬔3343

26307 軌轨
guǐ
軌 9534

26308 重
1 zhòng
2 chóng
重 5220

26308 堣
yú
堣 8979

26308 軜
nà
軜 9518

26308 輾碾
niǎn
輾9532
鉉篆 76409輾

26310 晝
晝 1937
鉉篆省一晝
見篆 26411 晝

26310 靸
sǎ
靸 1795

26310 鞁
bèi
鞁 1812

26311 畫
畫 1936
此篆省一畫
段篆 27412 畫

26311 種
zhǒng
種 1252

26312 憅
zhòng
憅6692

26313 嗣孠
sì
嗣 1429

26313 賮贐赆
jìn
賮 3932

26313 湩
dòng
湩 7394

26314 轘
huàn
轘 9559

26315 盡
jīn
盡3155

26315 槸
槷 3587
見 26215 槸

26315 鍵
jiān
鬻1860
見 26316 鍵

26316 鍵鬻
jiān
鬻1860
段改篆

26316 櫐樏蔂
léi
櫐 3765

26316 鄯
yí
鄯 4124

26316 摯
段改篆
鉉篆 26418摯

26318 爆
bó

26321 鸔
鸔 2401
見 24321 鸔

26409 輥
輥9532
見 26308輥

26410 軵
rǒng
軵 9546

26411 晝昼書
zhòu
段改篆
鉉篆 26310 晝

26411 栟
同 24413 栟

26412 鞞
bǐng
鞞 1805

26413 榑扶
fú
榑 3597

26413 搏
bó
搏 7826

26414 墊垫
diàn
墊 9040

26418 摯
摯2339
見 27417摯

26510 塹堑
qiàn
塹 9067

26513 輾
màn
輾 9480
鉉篆作輾

26516 櫬榇
chèn
櫬 3811

26615 鏨錾
zàn
鏨 9293

26616 搏
bó

26617 鏶鍓
jí
鏶 9273

26619 豐
fēng
豐 4011

26619 屖
屖 2350
見 66720 屖

26621 覦
yào
覦5482

26713 輾
輾 9480
見 26513 輾

26717 攫
jué
攫 7944

26722 盡
xì
盡 3163

26824 鬮鬮揫
jiū
鬮3381

27010 緐緐繁
fán
緐 8664

27114 䋣繁
fàn
段改篆
鉉篆 67115 繁

27213 書书
shū
書 1935

27213 堋
1 塴 bèng
2 péng
堋 9093

27213 埶埶
段改篆
鉉篆 2715埶

27214 摯挚
贄贽
zhì

27215 鬻沸
fèi
鬻1858

27215 鬻沸
fèi
鬻1858

27215 埶
埶8208
見 28214埶

27218 棣
棣3481
見 26218棣

27218 擽
bó

27310 槧椠
qiàn
槧 3750

27313 鼛
zhěng
鼛9520

27314 繫
1 jì
2 系 xì
繫 8689

27314 離离
鸝鹂
樆璃
lí
離 2285

27316 轘
段改篆
鉉篆 26314 轘

27317 麩麩麸
fū
麩 3338

27318 轗
轗9495
見 67419轗

27412 畫画
huà
段改篆
鉉篆 26311 畫

27414 罄
kēng
罄 9545

27415 鍵
鍵 9266
見 27416 鍵

27415 轢轹
lì
轢 9533

27416 鍵键
jiàn
鉉篆 27415 鍵

27417 摯
jìn
摯2339

27513 鞏巩
gǒng
鞏 1793

27513 墼
jī
墼 9018

27514 轂毂
1 gǔ
2 軲轱 gū
轂 9501

27518 璶
jìn
璶 0176

27518 鄻
liǎn
鄻 4024

27614 鏧
lì
鏧0087

27616 鍾锺
钟盅
zhōng
鍾 9246

27715 輧
píng
輧 9468

27917 䭭
段改篆
鉉篆 57919 䭭

28009 郪
qī
郪 4061

28013 棚
péng
棚 3713

28013 掤
bīng
掤 8045

28111 楗
jiàn
楗 3649

28114 橚
sù
橚 3583

28114 糲糲粝
lì
糲 4459

28210 犍
犍 0772
新附字
見 28211 犍

28211 犍
jiān
犍 0772
新附字

28211 櫝
fèi
櫝3437

28214 摯摯
zhì
摯8208

28219 𣡕
fán
𣡕5474

28311 種种
1 chóng
2 zhòng
種 4359

28313 槧
jì
槧 3705

28313 擊击
jī
擊 8025

28315 斲斲
zhuó
斲 9433
鉉篆 29314斲
段篆 28415斲

28316 澅
huà

28410 輑
yǐn
輑 9492

28412 熚
bì
鉉篆作熚

28412 滭
bì
鉉篆作熚

28413 滭
bì
許書作畢
見58408 畢

28413 轄辖
鎋舝
xiá
轄 9526

28413 鄘
yōng
鄘 4082

28415 斲
段改篆
鉉篆 29314斲

28418 鷙
鷙 6195
見 29417 鷙

28418 鷙
段改篆
鉉篆 28418 鷙

28510 彃
bì
彃 8459
段改篆

28612 輔辅
fǔ
輔 9562

28616 難鷬
鷬难
nán
鷬2392

28618 儺傩
nuó
儺 4965

28619 䏧腝
1 ní
2 ruǎn
腝 2686

28621 灘灘滩
tān
灘7233
俗灘从隹

28719 轛
zhuì
轛 9486

28720 䏧腝
腝 2686
見 28619䏧

28722 灘
灘7233
見 28621 灘

29111 耦
ǒu
耦 2810

29209 屨
屨 5399
見 69310 屨

29212 屨
屨 5407
見 69313 屨

29311 輮
róu
輮 9499

29312 鞣
róu
鞣 1789

29313 鬉
qì
鬉8230

29314 斲
斲 9433
見 28315斲

29319 繫系
jì
系 8469

29410 輠
guǒ

29410 櫸
櫸 3484
見 29411 櫸

29411 櫸
bì
鉉篆作櫸

29411 熚
熚 6395
見 28412 熚

29411 滭
滭 7483
見28412 滭

29414 鞬
jiān
鞬 1833

29417 鷙鷙
zhì
鉉篆 6195 鷙
段篆 28418 鷙

29509 彃
彃 8459
見 28510 彃

29517 蟄輊轾
zhǐ
蟄9538

29612 覯觏
gòu
覯 5468

29615 蟄
jí
鉉篆 29716 蟄

29617 蟄
蟄9538
見 29517蟄

29619 攤摊
tān
攤 8063
新附字

29713 輧

輧 9468

同 27715 輧

29716 鄿

鄿 4024

見 27518 鄿

29716 轉

bó

轉1822

29716 鞶

鞶 9542

見 29615 鞶

29720 攤

攤 8063

見 29619 攤

29924 犨

段改篆

鉉篆 59922 犨

[3]

30001 亅 jué 亅 8362

30003 少 tà 少 1075

30004 尐 jié 尐 0706 段篆 90004

30004 克剋克 亭泉 kè 克 4351

30005 伀 zhōng 伀 4949

30006 步步 bù 步 1080

30006 祏拓 tuō 祏 5267 開祏字今作拓

30007 炪 zhuō 炪 6394

30008 泏 zhú 泏 7179

30008 汕 shàn 汕 7234

30008 祏 段改篆 鉉篆 30006 祏

30010 舩 gāng 舩 2830

30011 硰 shā

30012 慆謟 tāo 慆 6761

30013 滔 tāo 滔 7104

30015 懜 1 mèng 2 懵 měng 3 懜 méng 懜 6826

30102 丂 丂 3037 同 60102 丂

30102 尸 shī 尸 5376

30102 弓 gōng 弓 8436

30103 弙彈弹 dàn 彈 8460 段改篆

30103 弘 hóng 弘 8452

30104 乏 fá 乏 1087

30105 強彊疆 1 qiáng 2 qiǎng 3 jiàng 強 8781

30106 佋 zhāo 佋 5162

30108 祒 shào 祒 5275

30108 怊 chāo 怊 6940 新附字

30108 汨 gǔ 汨 7411

30108 泓 hóng 泓 7146

30108 炤 zhào

30109 襁 qiǎng 襁 5238

30109 沼 zhǎo 沼 7220

30109 沿 yán 沿 7247

30110 漒 qiáng

30110 偕 xié 偕 5016

30110 偈 1 jì 2 jié

30110 祒 段改篆 鉉篆 30108 祒

30111 僧 sēng 僧 5186

30111 滍 zhì 滍 7018

30111 襁 段改篆 鉉篆 80109 襁

30112 借 jiè 借 5053

30112 褐 hè 褐 5332

30112 愒憩憇 qì 愒 6772

30113 湝 1 jiē 2 xié 湝 7115

30113 渴 kě 渴 7306 口渴字篆作漱

30113 涾 tà 涾 7330

30113 憎 zēng 憎 6847

30114 潧 zhēn 潧 7031

30114 惜 xī 惜 6871

30114 褐 段改篆 鉉篆 30112 褐

30115 浩 zé 浩 7240

30119 齒屑 齒屑1305 見 30220齒屑

30121 鰭 cuò

30203 与 楊沂孫篆 鉉篆 60203 与

30204 号 号 3050 同 90204 号

30205 平 秦會稽刻石 同 60205 平

30206 睂眉 méi 眉 2210

30206 弨 chāo 弨 8441

30206 倉 倉 3262 見 30207 倉

30206 𡰪 jié 𡰪 5388 段改篆 鉉篆 20205 𡰪

30207 倉仓仺
cāng
倉 3262
段改篆

30207 祏
shí
祏 0039

30207 佰
bǎi
佰 5046

30207 佮
gé
佮 5048
借爲傒 xì

30208 偭
miǎn
偭 5071

30208 沄
yún
沄 7128

30208 泔
gān
泔 7341

30208 傖伧
cāng

30209 袷
jiā
袷 5296

30209 恰
qià
恰 6943

30209 沾
1 zhān
2 添 tiān
沾 6988

30209 恉旨
zhǐ
恉 6676

30209 怦
pēng

30210 愐勔
miǎn
愐 6754

30210 洦泊
pò
洦 7091

30210 洽
qià
洽 7293

30210 洎
jì
洎 7323

30210 倬
zhuō
倬 4988

30210 泙
1 píng
2 pēng
泙 7178

30210 愴
愴 6863
見 30211 愴

30210 弱
弱 5691
段改篆
見 20008 弱

30211 滄
cāng
滄 7480
段改篆

30211 層层
céng
層 5398
段改篆

30211 湄
méi
湄 7228

30211 湎
miǎn
湎 7351
借爲泯 mǐn

30211 祫
祫 5296
段改篆

30211 頂䫆頂
頂 5580
段改䫆爲頂
鉉篆 80213䫆

30211 愴怆
chuàng
愴 6863
段改篆

30212 滄沧
滄 7370
cāng
段改篆

30212 儈侩
kuài
儈 5179
新附字

30212 焯
1 zhuō
2 chāo
焯 6463

30212 悼
dào
悼 6907

30212 煔
shǎn
煔 6504

30212 雩華花
huā
清達受篆
鉉篆 80212雩

30213 竭
jié
竭 6655

30213 淖
nào
淖 7194

30214 禬
guì
禬 5253

30214 竲
céng
竲 6662
借爲橧 zēng

30215 竫
què
竫 6660

30215 澮浍
1 guì
2 kuài
澮 6986

30215 鮎鲇鯰
nián
鮎 7589

30215 崋嶪
huà
崋 5831
段改篆崋

30216 鮨
yì
鮨 7621

30216 禬
禬 5253
段改篆

30217 儚
hōng
儚5097
借爲儚 méng

30219 鯙
zhuó
鯙7636

30220 齛
qiè
齛1305
段改篆

30221 鱨鲿
cháng
鱨 7580
段改篆

30307 眉
1 xiè
2 屭屓 xì
眉 5379
段改篆

30307 眉
qì
眉 5385
段改篆

30308 疼疼
téng
疼 4747

30308 碞
yán
碞 6009

30309 疝
shàn
疝 4707

30309 甹
tíng
甹3156

30309 疝
wù
疝 4687

30311 滄
滄 7480
見 30210 滄

30312 滄
滄 7370
見 30212 滄

30312 谽
hān

30315 餲
餲 3239
見 30316 餲

30316 餲
ài
餲 3239
段改篆

30322 鱠
鱠 7580
見 30221 鱠

30409 伸
shēn
伸 5087

30410 祫
xiá
祫 0044

30411 膾
膾 3263
見 30412 膾

30411 鮎
鮎 3221
見 30412 鮎

30412 鮎
nián
鮎 3221
段改篆

30412 膾
qiāng
膾 3263
段改篆

30412 鮯 鮯
hé

30415 禬
guì
禬 0054

30509 疳
gān

30510 痁
shān
痁 4727

30612 神
shén
神 0025

30715 晉 晉 朁
qiǎn
朁 9623

30918 屭
zhǎn
屭 8907

31007 俘
fú
俘 5143

31007 袨
xuàn
袨 5346
新附字

31007 炫
xuàn
炫 6476

31008 袪
qū
袪 5260

31008 泫
xuàn
泫 7116

31008 岱
dài
岱 5821

31008 恓 恬
tián
恬 6706
段改篆

31008 怯 狌
qiè
狌 6313

31009 法 灋
fǎ
灋 6229

31009 烰
fú
烰 6398

31010 浮
fú
浮 7143

31010 祛
段改篆
鉉篆 31008 袪

31015 鮎
qū
鮎 7543

31102 七
qī
七 9680

31108 峪 綌 绤
xì
綌 8698

31111 涻
shè
涻 7078

31111 牐
zhá

31112 猲
xiē
猲 6276

31112 烟 炶
yǎn
炶 6502
段改篆

31112 熵
chè

31203 于 亏
yú
秦嶧山刻石
鉉篆 3052 亏

31206 省
1 xǐng
2 shěng
省 2211

31206 帖
1 tiè
2 tiě
3 tiē
帖 4863

31206 夸
段改篆
鉉篆 81206 夸

31207 知
zhī
知 3300

31207 佸 佸
huó
佸 5047

31207 齿
niè
齿 9568

31208 侉 咵
kuǎ
段改篆
鉉篆 81208 侉

31208 煏
bì
煏 4341

31208 怙
hù
怙 6740

31209 沽
gū
沽 7063

31209 愊
bì
愊 6698

31209 恬
tián
恬 6706
段改作恓

31210 屌
qì
屌 5387
段改篆

31210 涽 潏 活
1 guō
2 huó
活 7114

31210 馗 逵
kuí
馗 9682

31211 渻
shěng
渻 7193

31213 炶 烟
yǎn
炶 6502

31213 澑
澑 7012
見 31415 澑

31214 矰
zēng
矰 3295

31214 獪 狯
kuài
獪 6274

31215 旝
kuài
旝 4269

31217 繛 綽 绰
chuò
繛 8735

31218 燂
tán
燂 6460

31219 潭
tán
潭 7008

31223 蠡
lǐ
蠡 7560

31225 鱏鱘䲣
xún
鱏 7581

31305 厶
sī
厶 0181

31305 垣
段改篆
鉉篆 61406 垣

31306 屆届
jiè
段改篆
鉉篆 51205 屆

31306 居踞
jū
居 5378
段改篆

31307 佶
jí
佶 4971

31307 玒玒
hóng

31308 倨
jù
段改篆
鉉篆 51107 倨

31308 堀堀窟
kū
堀 9008
鉉篆 51207 堀
段篆 33311堀

31308 弼弻彌
弼弜𤰈
bì
弼 8464

31309 循
xún
循 1232

31309 信訫㐰
xìn
信 1519

31309 袺
jié
袺 5324

31310 悟悞
wù
悟 6743

31310 裾
jū
裾 5271
鉉篆作裾

31311 僖嬉
xī
僖 5067

31311 涺
jū
涺 7082
段改篆

31311 浯
wú
浯 7051

31311 堨
1 yè
2 è
3 ài
堨 9005

31311 袺
段改篆
鉉篆 31309 袺

31312 湆
湆 7309
見 31413 湆

31312 增
zēng
增 9045

31312 裾
段改篆
鉉篆 51209 裾

31313 潪湉活
huó
活 7114

31315 龔砻
lóng
龔 6016

31316 䰝
zèng
䰝 1852

31316 鮚
jié
鮚 7631

31406 坩
gān

31407 坫店
diàn
坫 9011

31407 垢
gòu
垢 9085

31408 垍
jì
垍 9050

31408 坪
坪 8982
見 61408 坪
段篆 61408 坪

31409 祜
hù
祜 0011

31409 信
段改篆
鉉篆 31309 信

31410 福
fú
福 0020

31410 祮
huó
祮 0057

31410 釦
kòu
釦 9280

31410 痂
段改篆
鉉篆 31512 痂

31411 𣌨看
kān
kàn
看 2166

31412 瑎
xié
瑎 0184

31412 鉛铅鈆
1 qiān
2 yán
鉛 9217

31412 鉊
zhāo
鉊 9310

31413 僁
xì
僁1582

31413 湆
qì
湆 7309

31413 鏹镪
qiǎng

31414 禧
禧 0013
見 31514 禧

31415 澑溜
1 liù
2 liū
澑 7012

31416 鍇锴
kǎi
鍇 9223

31416 鎝
tà
鎝 9391

31418 錯错
cuò
錯 9281

31419 禫
dàn
禫 0072

31510 琀
hán
琀 0203

31510 痁痼
gù
痁 4767

31510 瑂
méi
瑂 0179

31510 瑲
瑲 0151
見 31511 瑲

31511 瑲玱
qiāng
鉉篆作瑲

31511 鉗钳
qián
鉗 9315

31511 鈣
段改篆
鉉篆 61511 鈣

31511 痼痁
gù
痁 4767
段改痁爲痼

31512 痂
jiā
痂 4723

31512 鉆
chān
鉆 9313

31514 禧
xǐ
禧 0013

31515 鎗
1 chēng
2 鏘鏘 qiāng
鎗 9344
段改篆

31516 饎
饎 3202
見 31517 饎

31517 饎䭇
饎糦
xī
饎 3202
段改篆

31519 齃頞
è
頞 5584

31610 坤埅
kūn
坤 8976

31615 禵
liù
禵 0048

31615 鎗
鎗 9344
見 31515 鎗

31617 鐂
鐂 3191
見 31618 鐂

31618 鐂鎦
liù
鐂 3191
段改篆

31710 雩䨞
yú
段改篆
鉉篆 61710 雩

31711 珅
shēn

31714 瘖
yīn
瘖 4702

31715 澐
yún
澐 7139

31716 瘤瘤
liú
瘤 4715

31716 霑
zhān
霑 7515

31814 瘖
瘖 4702
段改篆
鉉篆 31714 瘖

32003 手𢪈
shǒu
手 7789

32004 私厶
sī
私 4368
公私字篆作厶

32005 柘桒
zhè
柘 3517

32005 祏
shí
祏 4438

32005 拓
1 摭 zhí
2 搨 tà
3 tuò
拓 7946

32005 芀
芀 0657
段改篆
鉉篆 72005 芀

32006 松㮤
sōng
松 3528

32006 柮
1 zuó
2 duò
3 杌 wù
柮 3789

32006 拙
zhuō
拙 7986

32008 㹤怯
qiè
㹤 6313

32008 訾
zì
訾 7909

32008 柭
柭 3759
見 33007 柭

32010 悖誖
誖 1614
見 92010 悖

32010 芣
bù
芣 0613

32011 椁槨
guǒ
椁 3813

32011 稻
dào
稻 4374

32011 掐掏
tāo
掐 7806

32011 滋
zī
滋 7198

32011 滋滋
zī
段改篆
鉉篆 7198 滋

32011 斆
xiāo
斆 7796

32012 游
1 liú
2 yóu
游 4277

32016 濇𤀹
澀澀澁
sè
濇 7184

32105 仲
zhòng
仲 4944

32105 扣
kòu
扣 8049

32106 芍
芍 0445
見 72106 芍

32106 芎营
xiōng
营 0284

32107 柖
sháo
柖 3571

32107 忡
chōng
忡 6898

32107 招
zhāo
招 7881

32108 茗
míng
茗 0693
新附字

32108 沖冲翀
chōng
沖 7126
冲洗字篆作沖
要冲字篆作衝

32108 屈屈
1 qū
2 倔 jué
屈 5404
段改篆

32108 屖
xù
屖 5409
段改篆

32109 弦
xián
弦 0354

32109 㴔
㴔 7018
見 30111 㴔

32110 酒
jiǔ
酒 9758

32111 楷
1 jiē
2 kǎi
楷 3412

32111 榤
jié
榤 3814

32111 稭秸藍
jiē
稭 4411

32111 慉
xù
慉 6733

32111 稭
jié
稭 4390

32111 揭
jiē
揭 7921

32111 搨
tà
搨 7987

32111 㴑泝
sù
泝 7248

32112 菭苔
tái
菭 0490

32113 菬
qiáo
菬 0654

32113 措
cuò
措 7856

32113 䅯
zé
䅯 9462

32113 淈
gǔ
淈 7171
段改篆

32114 觩
qiú
觩2851

32116 𪉈鹺鹾
cuó
𪉈7677

32117 藹
ài
藹 0588

32118 鰌鳅鰍
qiū
鰌 7584

32206 看䁥
1 kān
2 kàn
看 2166

32206 拑
qián
拑 7820

32206 柑
gān
鄭補逸字

32206 抎
yǔn
抎7906

32207 芌芋
yù
段改篆
鉉篆 72207 芌

32207 枮
1 xiān
2 碪 zhēn
枮 3534

32207 幅
fú
幅 4841

32207 拈
niān
拈 7843

32208 茩
gòu
茩 0414

32208 柗
gé
柗 3667

32208 抑
yì
归5762

32208 牂將将
1 jiāng
2 jiàng
牂7817

32208 指
zhǐ
指 7792

32208 拍拍
pāi
拍7851

32208 拾
shí
拾 7948

32208 抨
pēng
段改篆
鉉篆 62208 抨

32209 苹蘋
píng
段改篆
鉉篆 72209 苹

32209 狧猪
1 tà
2 舓 shì
狧 6306

32209 焅
kù
焅 6487

32209 楣
méi
楣 3625

32209 槍枪
搶抢
槍 3648
見 32210 槍

32210 槍鎗搶
枪抢
qiāng
槍 3648
段改篆

32210 浩
hào
浩 7129

32210 蒼
蒼 0539
見 32211 蒼

32211 蒼苍
cāng
蒼 0539
段改篆

32211 䯉
wà
䯉3851

32211 掉
diào
掉 7910

32213 箝
qián
箝2942

32213 檜桧
1 guì
2 huì
檜 3530

32213 𥢷
kuài
𥢷4408

32213 黏粘
nián
黏 4447
段篆作黏

32213 𩠐髮
fà
髮 5700

32213 燔
fán
燔 6391

32213 湁
chì
湁 7156

32214 槌
1 zhuì
2 chuí
槌 3699

32214 潘
pān
潘 7339

32215 樧杉
shān
樧 3450

32216 華
1 花 huā
2 华 huá
華 3868

32216 牆墻墙
廧牆牆
qiáng
牆 3330

32308 𢄙
zhūn
𢄙 4883

32308 𢂂韐帢
gé
𢂂4904

32309 馗
qiú
馗 1716

32310 𥹉黏糊
hú
黏4448

32310 禉
yǒu
槱 3798

32310 𢐀弻弼
弜弫𢏢
bì
弻8464

32312 葡備备
葡𤰇
bèi
葡2077

32312 𤠔
yān
𤠔6283

32312 鉉铉
xuàn
鉉 9267

32312 鉣
jié
鉣 9378

32314 備俻
备俻
bèi
備 5006

32314 羯
jié
羯 2335

32318 蹯
fán
蹯 4524

32320 橝
tán
橝 4470

32323 蠡
lǐ
段改篆
鉉篆 31223蠡

32408 堛
bì
堛 8994

32409 㫊
段改篆
鉉篆 32309 㫊

32410 祰
gào
祰 0038

32410 𨰻啎忤
wǔ
啎 9751
段改篆
同 33409 啎

32412 銛 銛
xiān
段曰銛非舌
聲當作𠧪聲
鉉篆 32513 銛

32413 嘉
jiā
嘉 3066

32414 禘禘
tì
禘5278

32415 滴
dī
滴 7237

32415 糦饎
xī
饎 3202

32416 鍤锸
chā
鍤 9284

32416 禘
段改篆
鉉篆 32414禘

32416 鐺
段改篆
鉉篆 62517 鐺

32508 𢍺羿羿
yì
𢍺 8462
段篆作𢍺

32510 珈
jiā
珈 0207
新附字

32512 鈷钴
gǔ

32513 銛铦
xiān
銛 9296

32513 鐈
guā
鐈 9392

32513 鍲鍲
mín
鍲 9399

32517 謯嗟
jiē
謯1667

32522 鐔镡
xín
鐔 9349

32610 琚
jū
琚 0160
段改篆

32611 琂
yán
琂 0175

32614 鋸锯
jù
鋸 9317

32614 鋙鉚铻
yǔ
鉚 9282

32617 謯
段改篆
鉉篆 32517謯

32618 蔭廕荫
yīn
蔭 0525

32718 鐂鎦
劉镏
1 liú
2 liù
鐂 9398

33005 李杍
lǐ
李 3408

33005 季
jì
季 9724

33006 孜孜
zì
孜 0254

33006 孝
jiào
孝9730

33007 柭
qū
柭 3759

33008 㤝㤝
zhōng
㤝4851

33008 捊抱
póu
捊 7871

33008 桴
fú
桴 3607

33008 稃柎
fū
稃 4407

33008 孳孳
孳[illegible]
zī
孳 9727

33009 莩
1 fú
2 piǎo
莩 0356

33009 悸
jì
悸 6821

33009 筟
fū
筟 2894

33011 湱
huò

33107 枷
段改篆
鉉篆 33209 枷

33107 栝栝
tiǎn
據段注補篆
鉉本 3740 栝

33108 孱
chán
孱 9736

33109 捨舍
shě
捨 7845

33111 猶犹猷
yóu
猶 6341

33111 插揷
chā
插 7857

33112 樐橹
櫓艣艪
lǔ
櫓 3744

33113 潺
chán
潺 7422

33116 藭
qióng
藭 0285

33207 枯
kū
枯 3588

33208 桰栝筈
kuò
桰 3736
檃栝 矢栝

33208 栝桥
tiǎn
栝 3740
竈桥 火杖

33208 楅
bī
楅 3796

33208 秳稆
1 huó
2 kuò
秳 4405

33208 捪扻
mín
捪 7883

33208 捪括
kuò
括 7978

33209 楮
shěng
楮 3685

33209 桮杯
匼匿
bēi
段篆 63209 桮
段籀作匿

33209 枷架
jiā
枷 3681

33210 茄
1 jiā
2 qié
茄 0432

33210 荂
段改篆
鉉篆 73210 荂

33210 棓棒
bàng
棓 3725
段注曰棓
棒正俗字

33210 捨
捨 7845
見 33109 捨

33211 幡
fān
幡 4869

33213 黏粘糊
hú
黏4448
段篆作黏

33213 獖
fán
獖 6297

33214 貓
bó
貓 4451

33214 旛
fān
旛 4281

33217 橝
tán
橝 3630

33217 撢
1 tàn
2 dǎn
撢 7964

33219 㵗
fān
㵗7153

33308 桔
1 jié
2 橘 jú
桔 3465

33308 拮
jié
拮 7991

33309 据
1 jù
2 jū
据 7897

33309 椐
jū
椐 3458

33309 梧
wú
梧 3520

33309 楯
1 shǔn
2 輴 dùn
楯 3637

33309 揗
xún
揗 7849

33309 坼坼
chè
坼 9076
今作拆
讀 chāi

33311 堀堀窟
kū
堀 9008
段改篆

33315 舊
1 旧 jiù
2 鵂 xiū
舊 2315

33316 鎡鼒镃
zī
鼒 4348
从金兹聲

33316 鎡鼒镃
zī
鼒 4348
段改篆
从金兹聲

33409 牾
牾 9751
見 32410 牾

33411 荺
yǔn
荺 0517

33411 㑣
rǎn
㑣 9823

33411 筠
1 yún
2 jūn
筠 2999
新附字

33412 塔墖
tǎ
塔 9116

33413 㨨搊
抽搊
chōu
㨨 7955

33418 糒糒
bèi
糒4474

33511 堮
è

33512 錙錙锱
zī
錙 9329
鎡篆作錙

33513 璠
fán
璠 0088

33515 蠥
niè
蠥 8893

33515 錙錙
鉉本从甾
段篆从甾
似當从甾
見 33512錙

33713 霜
shuāng
霜 7524

33713 樗
段改篆
鉉篆 63713 樗

33718 鏑镝
dí
鏑 9364

33816 櫺欞棂
líng
櫺 3638

34006 杽杻
chǒu
杽 3802

34007 芧苎
zhù
芧 0303

34008 䒼
sī
䒼0419

34010 揫䵸
䵸揪
jiū
䵸 3381

34010 揫揫
jiū
揫 7904

34014 檣檣牆
qiáng

34014 穡穡穑
sè
穡 4356

34109 柝柝
tuò
柝 3593
今作拆
讀 chāi

34110 楢
yóu
楢 3420

34110 揂
jiū
揂 7914

34111 椿
chūn
椿 3454

34111 掘
jué
掘 7993
段改篆

34112 蓲
qū
蓲 0589
段改篆

34112 蓺藝
藝 0416
段改篆

34113 擎撽
段改篆
鉉篆 64113擎

34115 藒
qiè
藒0298

34115 揭
qiā
揭 7898

34115 藒
qiè

34117 箣
cè
箣 8029

34208 梏
gù
梏 3804

34210 箝
qián
箝 2951

34210 箱
xiāng
箱 2955

34212 橎
fǎn
橎 3523

34212 榙
tā
榙 3540

34212 播
bō
播 7997

34214 麠麂
jǐ
麠 6241

34214 穡
穡 4451
段改篆
鉉篆

34218 藩
fān
藩 0590

34218 籓
fān
籓 2904

34220 蘠
qiáng
蘠 0450

34308 牿
gù
牿 0755

34313 僭
jiàn
僭 5093

34315 憯
cǎn
憯 6865

34316 潛潜潜
qián
潛 7251

34322 鐕
cén
鐕7593

34413 樀
dí
樀 3631

34413 擿擿
zhāi
擿 7899

34413 鞞鞞
yǐn
鞞9754

34413 擘
bò
擘 7980

34415 錨锚
máo

34415 羳
fán
羳 2337

34419 擿
1 擲掷 zhì
2 tī
擿 7888

34515 孽孽
niè
孽 9726

34822 譱
shàn
譱 5117

34921 膺膺
應应
1 yīng
2 yìng
膺1482

34921 譱
譱 5117
段改篆

35009 挈
qiè
挈 7819

35014 麩
qù
麩 3342

35108 椾
jiàn
椾 3715

35109 茹
rú
茹 0614

35113 澤洳
rù
澤7285

35115 蕕莸
yóu
蕕 0359

35116 耤耤耤
jí
耤 2811

35211 楛
hù
楛 3472

35213 鞠鞠
jú
同 75213鞠

35218 鞠
段改篆
鉉篆 36319 鞠

35312 琇
xiù
琇 0161
段篆

35313 癘
癘 4725
段改篆

35315 瘳
chì
瘳7908

35320 鞠
鞠 0416
見 36319 鞠

35409 軺轺
yáo
軺 9471

35409 鞃鞃鞃
hóng
鞃 1807

35410 鞀鼗
鞉磬
táo
鞀 1803

35411 檍
檍3448
从木意聲
意从言从中
見 35412檍

35412 檍檍
yì
檍3448
段本按
檍檍古今字

35412 奮奋
fèn
奮 2311

35412 黏
tiān
黏 9160

35417 籒籀
zhòu
籒 2873

35510 軲
tiè
軲 1827

35511 鞈
1 gé
2 tà
鞈 1828

35511 軹
zhì
軹1811

35512 鞧
miǎn
鞧1831

35615 瓚
zān
瓚 0168

35619 鐕
zān
鐕 9318

36212 耘耘耘
yún
耘2813

36310 韂韂
chǎn
韂 1817
从革蚩聲

36313 櫭櫭
jiàn
櫭 3468

36313 揩
jìn
揩 8056
新附字

36320 蘜
蘜 0416
見 76319 蘜

36320 鞠
鞠4472
見 86319鞠

36410 輻
輻 9506
見 36510 輻

36414 幨
fèn
幨4882

36417 羲
段改篆
鉉篆 95416 羲

36420 蘜
zhí
蘜 3340

36510 輻辐
fú
輻 9506
段改篆

36524 鞋
xié
鞋 1427

36816 霸覇胃
1 pò
2 bà
霸 4294

36918 轜軨
líng
軨 9491

37120 藉
1 jiè
2 jí
藉 0581

37120 籍
jí
籍 2875

37315 轖
sè
轖 9490

37322 孿
luán
孿 0316

37412 輶
yóu
輶 9473

37412 輜輜
輜 9467
見 37509 輜

37509 輜輜辎
zī
輜 9467
从甾非甾甾

37512 輜輜
輜 9467
段改篆
見 37509 輜

38413 輾
zhàn
輾 9564
段改篆

38418 蘜
jú
蘜 0449

39315 傮
1 zāo
2 嘈 cáo
傮 5159

39316 槽
cáo
槽 3741

39317 禮
cáo
禮 5325

39317 燶
zāo
燶 6453

39317 慒
cóng
慒 6742

39318 漕
cáo
漕 7405

39319 禮
禮 5325
段改篆

39419 糟醩
zāo
糟 4473

39518 褿
cáo
鄭補逸字

[4]

40001 ㇄
jué
㇄ 8363

40001 ㇗
yǐn
㇗8368

40002 匕
huà
匕5189
从倒人
于 10002 匕

40003 止䟞
zhǐ
止 1063

40003 亾亡
1 wáng
2 wú
亾 8370

40004 少
1 shǎo
2 shào
少 0705

40005 此
cǐ
此 1082

40006 辵辶
chuò
辵 1091

40006 邕邑
yōng
邕 7449
段改篆

40007 忘
wàng
忘 6810

40007 忥
xì
忥 6834

40008 歜
1 chù
2 qù
歜 5556

40008 忿
fèn
忿 6838

40009 巡廵
xún
巡 1096

40009 辿㣔
徙屣
xǐ
辿1134
段篆作䜴

40009 迄
qì
迄 1215
新附字

40009 迒
段改篆
鉉篆 40111 迒

40010 歂
zī
歂 5530

40010 㑊㑲
yī
㑊 6874
㑲㑊之俗

40010 逃
段改篆
鉉篆 40011 逃

40011 逃迯
táo
逃 1175

40012 逍
xiāo
逍 1220
新附字

40012 欿
kǎn
欿 5546

40012 㥯
段改篆
鉉篆 40010 㥯

40015 燄焰
yàn
燄 6501

40015 愆寒僁
qiān
愆 6827

40102 匸
xì
匸 8375

40104 正𤴓𤴔
1 zhèng
2 zhēng
正 1086

40104 叨
1 dāo
2 饕 tāo
饕 3235

40104 匹
pǐ
匹 8381

40104 乍乍
zhà
乍 8371

40104 丏
miǎn
丏 5672

40105 呱
1 gū
2 guā
呱 0792

40105 吃
1 喫 chī
2 qī
吃 0887

40105 咄
咄 0853
見 50105 咄

40105 令
1 lìng
2 鴒鴒 líng
令 5749

40106 吪
é
吪 0929

40106 哷
段改篆
鉉篆 40107 哷

40106 瓮
wèng
瓮 8418

40107 咷
táo
咷 0797

40107 吹
chuī
吹 0828
吹 5501

40107 邕
邕 7449
見 40006 邕

40107 嗃
1hè 2xiāo
3xiào 4hù
嗃 0960
新附字

40107 咏詠
yǒng
詠 1569

40108 哨
shào
哨 0928

40108 瓽
dàng
瓽 8416

40108 卣逌
yóu
卣3036

40108 昳
1 yù
2 yì
昳 5557

40108 念
niàn
念 6686

40108 志志
zhì
志6674

40108 恧
nǜ
恧 6924

40108 唌
唌 0925
見 40109 唌

40109 唌
xián
唌 0925

40109 迈
jì
迈 3006

40109 忝忝
tiǎn
忝 6922

40110 啖啗
噉嚪
dàn
啖 0889

40110 延征
zhēng
延1100

40110 迮榨
zé
迮 1117

40110 迟
qì
迟1153

40110 迥
jiǒng
迥 1199
段作迥非也

40110 迓
yà
訝 1575

40111 迒踁
háng
迒 1206

40113 歖
yǒu
歖5535

40113 遄
yuān
遄1150

40113 迾
liè
迾 1188

40113 螸
yú
螸 8843

40113 遷
qiān
遷1190

40113 歇
xiē
歇 5508

40116 齕齕
hé
齕 1309

40116 齣
齣1297
見 50116齣

40118 齜齜
1 chái
2 呲 zī
齜 1281

40204 卟
bǔ
卟 2068

40205 咠
qì
咠 0857

40206 吟訡龄
yín
吟 0920

40206 呝呃
è
呝 0949

40206 呀
yā
呀 0968
新附字

40206 占
diàn
占 2785

40206 呪咒
zhòu

40206 甚
甚 3026
見 40307 甚

40207 呼嘑
虖謼
hū
呼 0825

40207 命
mìng
命 0839

40207 歫拒
jù
歫 1067

40207 硂
hán
硂8431

40207 亥
hài
亥 9833

40208 良目
筤昆
1 liáng
2 埌 làng
良 3324

40208 惡恶噁
1 è
2 ě
3 wù
惡 6846

40209 迂
yū
迂 1201

40209 刻剾
kè
刻 2753

40209 息
xī
息 6671

40209 蜚
fěi
蜚 7657

40209 甞
甞 8416
見40108 甞

40210 唸
niàn
唸 0916

40210 欱
hē
欱 5547

40210 頔
zhuō
頔 5635

40210 頌颂額
sòng
頌 5575

40211 菩
péi
菩4039

40211 嵌
qiàn
嵌 5876
新附字

40211 逗
1 dòu
2 住 zhù
逗 1152

40211 恣
zì
恣 6812

40211 迥
迥 1199
鉉篆段篆
皆誤从冋
見 40110 迥

40211 覢䀡
shǎn
篆當作䀡

40212 嘅
kǎi
嘅 0924

40212 劊刽
guì
劊 2747

40212 惡
惡 6846
見 40208 惡

40212 悲
bēi
悲 6869

40213 嗌
1 yì
2 ài
嗌 0789

40213 沾
zhān
沾 6936
新附字

40214 愈
yù
見瘉 4772
今別作愈

40215 頾髭頿
zī
頾 5679

40216 逾
yú
逾 1114

40216 邊
邊1208
見 40318 邊

40217 齞
yàn
齞 1283

40217 齚齰
zé
齰 1298

40218 齡龄
líng
齡 1321
新附字

40219 邈邈藐
miǎo
邈1213
新附字

40219 顲
lǎn
顲 5652

40220 齘
là
齘1303

40224 齸
yì
齸 1316

40305 吁吁
1 xū 2 yū
3 籲 yù
吁 0912
吁3055

40305 咺
1 xuǎn
2 xuān
咺 0795

40306 啞哑
1 è 2 yā
3 瘂症 yǎ
啞 0847
鉉篆 40310 啞

40307 甚甚
1 shèn
2 shén
甚 3026

40309 咳孩(古文)
1 hái
2 ké
3 hāi
咳 0800

40309 咨諮谘
zī
咨 0840

40310 遲遲
chí
段改篆
鉉篆 00209 遲

40310 嗔
1 tián
2 chēn
嗔 0862

40310 硜硎
kēng
硜5862

40310 瓷甆
cí
瓷 8434
新附字

40310 啞
啞 0847
亞部作亞
見 40306 啞

40312 歁
1 kǎn
2 kè
歁 5545

40312 領领
lǐng
領 5591

40315 嶺岭岺
lǐng
嶺 5878
新附字

40316 嚌
1 jì
2 jiē
3 zhāi
嚌 0805

40316 翫
wán
翫 2232

40317 齟
jù
齟 1294

40318 邊邉
邉边
biān
邊1208

40321 齸
ái
齸 1307

40408 區区
1 qū
2 ōu
區 8376

40411 嗿
tǎn
嗿 0870

40412 黿鼋
yuán
黿 8954

40412 頜颌
1 hé
2 gé
頜 5588

40413 噞
yǎn
噞 0962
新附字

40413 頷颔
hàn
頷 5619

40413 歐欧
嘔呕
ōu
歐 5531

40414 題
段改篆
鉉篆 50413 題

40417 齜
zī
齜6376

40619 遺遗
1 yí
2 wèi
遺 1173

40715 嘳
kuì
喟 0829

41006 走丢
zǒu
走 0978

41006 㞢
yì
㞢 6930

41006 刧
jié
許書作劫
見 42108 劫刼

41007 忒
1 tè
2 tuī
忒 6788

41007 旅
lú
旅 2499
新附字

41008 㚔
xiè
㚔6577

41008 忞
1 mín
2 wěn
忞 6752

41009 趣
jiàng
趣 1000

41009 趌
jí
趌 1023

41009 趉
jué
趉 1040
段篆 51009 趉

41009 返仮
fǎn
返 1140

41009 达達
dá
達 1162

41009 嶠峤
1 jiào
2 qiáo
嶠 5875
新附字

41010 迊迊
bó
迊 1102
浦撥切

41010 迣迣
zhì
迣 1192
讀若跇
段改篆

41011 越
cǐ
越1013

41011 趒跳
tiáo
趒 1061

41011 迹蹟
踈跡速
jì
迹 1092

41011 悘
qiè
悘 6904

41012 趙赵踃
zhào
趙 1029

41012 遠远僆
yuǎn
遠 1197

41012 愁惕
tì
惕 6911

41014 逖逷
tì
逖 1198

41014 遠
段改篆
鉉篆 41012 遠

41104 切
1 qiē
2 qiè
切 2748

41105 各
1 gè
2 gě
各 0932

41105 改
gǎi
改 2011

41106 吠
fèi
吠 0943

41106 卤卤
迺卤
réng
卤3035

41106 版
bǎn
版 8433

41107 啐
cuì
啐 0910

41107 岐
fǔ
岐2027

41108 赴訃讣
fù
赴 0980

41109 唊
1 jiá
2 qiǎn
唊 0899

41109 哤
máng
哤 0922

41109 迀
gān
迀 1189

41109 谹
hóng
谹7467

41110 悉恖
xī
悉 0722

41110 喭
yàn

41111 逐
zhú
逐 1177

41111 悆
1 yù
2 shū
悆 6787

41112 迷
mí
迷 1166

41112 欲
yǒu
欲 5554

41112 遄
遄 1119
段改篆

41113 嘫
rán
嘫 0860

41113 途
tú

41113 遂遀
1 suì
2 suí
遂 1174

41113 遄
遄 1119
見 42112 遄

41113 歃
shà
歃 5543

41117 遼辽
liáo
遼 1196

41118 齰
zú
齰1302

41120 ⿰齒夾
xiá

41204 叱
chì
叱 0906

41204 叶協
xié
協 9212

41205 旪叶
協 9212
段改篆
改古文爲小篆

41206 㔷
lòu
㔷 8378

41207 副疈
fù
副 2754

41207 医
yī
医 8380

41208 呦𣢞
yōu
呦 0954

41208 政
zhèng
政 1998

41208 奄
奄 6567
見 41410 奄

41208 喘
段改篆
鉉篆 42208 喘

41209 唳
lì
唳 0963
新附字

41209 䞠
yuán
䞠1055

41209 辻徒
tú
辻1098

41209 敼
1 chóu
2 魗 chǒu
敼 2054

41209 啐
段改篆
鉉篆 41107 啐

41210 㩼
zhǐ
㩼2036

41210 峙峙
1 踟 chí
2 跱 zhì
峙 1066

41210 迡
dǐ
迡 1161

41210 盎盎
àng
盎 3131

41211 喪丧
1 sàng
2 sāng
喪 0977

41212 敜
niè
敜 2038

41212 敬
jìng
敬 5790

41213 𧽟邅
zhān
𧽟 0991

41213 趑
zī
趑 1042

41213 鼀䵷
cù
鼀 8956

41214 ⿺走眞顛颠
diān
⿺走眞 1056

41214 劙
lí

41215 嘮唠
1 chāo
2 láo
3 lào
嘮 0904

41215 齔龀
chèn
齔 1279

41216 ⿰齒干
yǎn
⿰齒干1301

41216 憼
1 jǐng
2 jìng
憼 6709

41216 ⿺走臱
⿺走臱1006
見 41318⿺走臱

41217 嵯差
cuó
嵯 5858

41218 ⿰就欠噈
zú
⿰就欠5518

41218 齱
zōu
齱 1288

41220 遺嬻
黷瀆渎
dú
遺 1111

41220 齰
段改篆
鉉篆 41118齰

41305 吐
1 tǔ
2 tù
吐 0883

41306 呧
dǐ
呧 0896

41306 直直稟
zhí
直 8369

41307 咠+十（輯辑）
jí
咠+十 1467

41308 甚+十
甚+十 1463
見 41409 甚+十

41309 嗙
pǎng
嗙 0901

41309 欱合
hé
欱 2019

41310 訂订
dìng
訂 1509
古叚訂爲評

41310 迋
1 wàng
2 guàng
迋 1103

41310 訓训
xùn
訓 1491

41310 訖讫
qì
訖 1573

41310 訒讱
認认
rèn
訒 1579

41310 詘诎
詘 1694
見 51310 詘

41310 欯
1 xì
2 kài
欯 5500

41310 悳悳悳
悳德
dé
悳 6677

41310 恁
nèn
恁 6783

41310 勘
勘 9207
見 41411 勘
新附字

41311 喪
喪 0977
見 41211 喪

41311 訬
chāo
訬 1662

41311 意
意 6675
見 41412 意

41312 嗑
kè
嗑 0900

41312 逞
chěng
逞 1195

41312 詠咏
yǒng
詠 1569

41312 誂
1 tiǎo
2 diào
誂 1635

41312 頟額额
é
頟 5583

41313 詶
1 zhòu
2 chóu
詶 1610

41313 詤謊谎
huǎng
詤 1660

41313 憙喜
xǐ
憙 3060

41313 唾涶
tuò
唾 0821

41313 竜
竜 8956
見 41213 竜

41313 誕诞
誕 1641
見 41314 誕

41314 誕诞這
dàn
誕 1641

41314 諗譀
hàn
譀 1639

41314 歖歖嘻
xī
段篆 41415 歖
鉉篆 61112 歖

41315 談谈
tán
談 1474

41316 謑
xǐ
謑 1711

41317 導导
dǎo
導 1979

41318 邊
biān
邊1006

41318 歡
歡5518
見 41218歡

41320 遺
遺 1111
見 41220 遺

41320 齮
yǐ
齮 1296

41327 齹鹺
cī
齹1289

41407 咅
è
咅0894

41409 甚+十
jí
甚+十 1463

41410 唫
1 jìn
2 yín
唫 0833

41410 奄菴
1 yǎn
2 yān
奄 6567

41410 訓
段改篆
鉉篆 41310 訓

41410 訂
段改篆
鉉篆 41310 訂

41410 訖
段改篆
鉉篆 41310 訖

41410 訒
段改篆
鉉篆 41310 訒

41410 訟
段改篆
鉉篆 51310 訟

41411 訡吟
yín
吟 0920

41411 証证
zhèng
証 1533

41411 訝讶
yà
訝 1575

41411 詐诈
zhà
詐 1665

41411 詷诇
xiòng
詷 1696

41411 勘
kān
勘 9207

41411 誂
段改篆
鉉篆 41312 誂

41411 訬
段改篆
鉉篆 41311 訬

41412 意憶忆
yì
意 6675

41412 謜
yuán
謜 1495

41412 評呼
hū
評1571

41413 說説说
1 悦 yuè
2 shuō
3 shuì
說 1542

41413 詵诜
shēn
詵 1477

41413 詐
zhà
詐1595

41413 誤误
wù
誤 1616
誤 1658(重)

41413 歆
xīn
歆 5561

41413 巤
liè
巤 6666

41413 噫
噫 0819
見 41514 噫

41413 詶
段改篆
鉉篆 41313 訓

41413 詵
段改篆
鉉篆 41313 詵

41414 誋
段改篆
鉉篆 41314誋

41414 誕
段改篆
鉉篆 41314 誕

41415 嘲
1 cháo
2 zhāo
嘲 0967
新附字

41415 諗谂
shěn
諗 1535

41415 誌志
zhì
誌 1725
新附字
鄭補逸字

41415 嚨咙
lóng
嚨 0784

41415 顄頷
頜颌
hàn
顄5589

41415 歖
歖 5528
段改篆
當作 41314

41415 談
段改篆
鉉篆 41315 談

41416 謑
段改篆
鉉篆 41316 謑

41418 謚谥諡
shì
謚 1717

41419 邋
lā
邋 1180

41419 讘
lóng

41420 鹼鹸
碱硷
堿碱
jiǎn
鹼 7681

41510 訌讧
hòng
訌 1645

41510 訏
xū
訏 1666

41511 誈
wù
鉉篆作
段篆作

41511 訶诃呵
hē
訶 1677

41511 詎讵
jù
詎 1722
新附字

41511 証
段改篆
鉉篆 41411 証

41511 訴
段改篆
鉉篆 41411 訴

41512 訡吟訡
yín
吟 0920

41512 頡颉
1 xié
2 jié
頡 5634

41512 歐
qū
篆作毆

41512 詷
詷 1696
見 41411 詷

41512 謜
段改篆
鉉篆 01412 謜

41512 誤
段改篆
鉉篆 41412 誤

41513 諶
諶 1518
見 41614 諶

41513 詵
段改篆
鉉篆 41413 詵

41513 說
段改篆
鉉篆 41413 說

41513 詐
段改篆
鉉篆 41413 詐

41513 歆
段改篆
鉉篆 41413 歆

41514 該该
gāi
該 1714

41514 誣诬
wū
誣 1606

41514 噫
1 ài
2 yī
3 yí
噫 0819

41515 遑徨
huáng
遑 1211
新附字
或从彳

41515 誹诽
fěi
誹 1607

41515 謓嗔
1 chēn
2 zhèn
謓 1675

41515 誈
誈 1670
見 41511誈
亚部亚作

41515 諗
段改篆
鉉篆 41415 諗

41517 諭谕
yù
諭 1497

41517 謚谥
shì
謚 1709

41518 證证
zhèng
證 1693

41518 霩廓
kuò
霩 7522

41518 謚
段改篆
鉉篆 41418 謚

41521 隨随
suí
隨 1101

41610 訌
段改篆
鉉篆 41510 訌

41611 喤
huáng
喤 0794

41611 訶
段改篆
鉉篆 41511 訶

41612 零
líng
零 7500

41612 詷
段改篆
鉉篆 41512 詷

41614 諶谌
chén
諶 1518

41614 謳
謳 1568
見 41715 謳

41614 誣
段改篆
鉉篆 41514 誣

41614 該
段改篆
鉉篆 41514 該

41615 誹
段改篆
鉉篆 41515 誹

41615 誙
段改篆
鉉篆 41515 誙

41615 謓
段改篆
鉉篆 41515 謓

41616 囐
yán
囐 0918

41616 讘
niè
讘 1676

41616 嘌
1 piāo
2 piào
嘌 0863

41617 諭
段改篆
鉉篆 41517 諭

41618 譣
xiǎn
譣 1528

41618 鼅鼅
鼅蜘
zhī
鼅 8962

41618 證
段改篆
鉉篆 41518 證

41712 電
電 7492
見 41914 電

41714 諶
段改篆
鉉篆 41513 諶

41715 謳讴
ōu
謳 1568

41715 諛谀
yú
諛 1587

41715 謌歌
gē
歌 5515

41716 讘
段改篆
鉉篆 41616 讘

41718 譣
段改篆
鉉篆 41618 譣

41814 霒黔
yīn
霒7539

41815 謳
段改篆
鉉篆 41715 謳

41815 諛
段改篆
鉉篆 41715 諛

41815 謌歌
段改篆
鉉篆 41715 謌

41914 電电
diàn
段改篆
鉉篆 41712 電

41920 讃
huì
讃 1646

41920 霝頁
líng
霝頁5611

42003 也芇
yě
也 8325

42003 毛
máo
毛 5361

42005 芑
qǐ
芑 0660

42006 老
lǎo
老 5351

42006 劫
段改篆
鉉篆 42108 劫

42007 茝
1 chǎi
2 芷 zhǐ
茝 0292

42007 笸
jī
笸 2890

42007 岐歧
qí
郊4002

42007 茁
zhuó
茁 0493
段篆 52007 茁

42007 芒芒茫
鋩铓
máng
芒0513

42008 茞
chén
茞 0280

42010 迆迤
1 yǐ
2 yí
迆 1155

42009 茈
1 zǐ
2 cí
茈 0380

42009 这
jiāo
这 1125

42009 氂
lí
氂4032

42010 迭
dié
迭 1165

42010 透
tòu
透 1217
新附字

42010 䶵齡
段改篆
鉉篆 42113齡

42011 [illegible]
chōu
[illegible]6749

42011 愁
chóu
愁 6890

42011 荵
rěn
荵 0306

42011 莣
wáng
莣 0387

42012 趫
qiáo
趫 0983

42012 菦芹
qín
菦 0267

42012 慈
cí
慈 6712

42012 慈6712
cí
慈 6712
段改篆

42013 遞递
dì
遞 1132

42013 簁篩筛
shāi
簁 2913

42013 遜逊
xùn
遜 1139
段曰此後人
臆增古段孫

42014 送送
sòng
送 1143

42015 嶸嵘嵤
róng
嶸 5861

42016 歖
xì
歖 5538

42016 惢蕋橤
ruǐ
段注作惢
蘂橤皆惢之俗字

42019 邌
lí
邌 1148

42103 乜也
秦李斯
嶧山刻石
同 8325 也

42103 [illegible]
guō
从夂反
補篆文
[illegible]从[illegible]聲

42105 咊和
hé
咊 0845

42105 戉鉞
yuè
戉 8358

42105 咬
jiāo
鄭補逸字

42106 ⿰缶刂
fǔ
⿰缶刂 2733

42106 夅
xiáng
夅 3389

42107 忠
zhōng
忠 6680

42107 武
wǔ
武 8354

42107 茸絨绒
róng
茸 0676

42108 唬
1 xiāo
2 hǔ
3 吓 xià
唬 0953

42108 芝
fàn
芝 0561

42108 苟
gǒu
苟 0636
段篆 52108 苟

42108 笱
gǒu
笱 1452
段篆 52108 笱

42108 笮
1 窄 zé
2 zuó
笮 2895

42108 劫刦刼
jié
劫 9201

42108 酊
1 dǐng
2 dīng
酊 9827
新附字

42108 耇耉
gǒu
耇 5355

42109 苓
líng
苓 0365

42109 嗁啼謕
tí
嗁 0936

42109 笭
líng
笭 2957

42109 壽寿
shòu
壽 5358

42109 啾
jiū
啾 0793

42109 欮瘚
jué
瘚 4712

42109 赶趕
1 qián
2 gǎn
赶 1062

42109 毨
xiǎn
鉉篆 43108 毨

42110 趀
chě
趀 1052

42110 甃
zhòu
甃 8427

42110 ⿰届刂
段改篆
鉉篆 92009⿰届刂

42111 趣
1 qù
2 cù
趣 0981

42111 ⿺辶戉越
yuè
⿺辶戉1194

42111 箈
tái
箈 2862

42111 酬醻酧
chóu
醻 9790

42112 ⿰䍃欠
yáo
⿰䍃欠5525

42112 莤
yóu
莤 0653

42112 遄
chuán
遄 1119

42113 ⿱敝言
bì
⿱敝言 4089

42113 燾熹焘
dào
燾 6488

42113 螫
1 shì
2 zhē
螫 8847
段篆 52113 螫

42113 ⿰齒宁
⿰齒宁9673
見 42210⿰齒宁

42114 遮
zhē
遮 1185

42114 蹩
bié
蹩 1360

42114 逯
段改篆
鉉篆 42215 逯

42115 薖
kē
薖 0477

42115 ⿺辶率率
shuài
⿺辶率 1094

42116 遯遁
dùn
遯 1171

42116 齩咬
yǎo
齩 1304

42206 咥
1 xī
2 dié
咥 0846

42208 喘
chuǎn
喘 0824

42208 笥
sì
笥 2911

42208 啄
zhuó
啄 0952

42208 ⿰酉耳⿰酉茸
róng
⿰酉茸 9775
段改篆

42208 ⿰金乏
tà
⿰金乏 3278

42208 ⿱耂占
diǎn
⿱耂占5356

42208 ⿰甲戈戎
róng
⿰甲戈8334

42208 ⿰田久畒畝
晦⿰田厶
⿰田久亩
mǔ
晦 9134

42209 葺
qì
葺 0585

42209 耆
1 鬐鰭
鰭 qí
2 shì
耆 5354

42209 酢醋
1 cù
2 zuò
酢 9812
酢醋對調

42209 敱
敱 2036
見 41210敱

42210 萁
萁 0481
見 42311 萁

42210 恙
yàng
恙 6883

42210 葩
pā
葩 0499

42210 茬
chí
茬0605

42210 嗻
1 zhè
2 zhē
嗻 0898

42210 趆
dī
趆 1027

42210 篔
shí
篔 2976

42210 惑
huò
惑 6829

42210 齨䶦
zhǔ
齨 9673
鉉篆作齨

42210 斟
斟 9450
見 42311 斟

42211 啐啐
shuì
啐0808

42211 荄
gāi
荄 0516

42211 嘘嘘
1 xū
2 shī
嘘 0827

42211 嘑
hū
嘑 0864

42211 篎
miǎo
篎 2982

42212 莨
1 láng
2 làng
3 liáng
莨 0475

42212 嗾
sǒu
嗾 0942

42212 噳麌
yǔ
噳 0955

42212 筤
1 láng
2 làng
筤 2918

42212 嗷
áo
嗷 0915

42213 篚
fěi
篚 2956

42213 趦
bó
段改篆
鉉篆 42313 趦

42214 歓飲飲
饮衾畲
1 yǐn
2 yìn
歓 5563

42214 逵馗
kuí
馗 9682

42215 蓈稂
láng
蓈 0251

42215 趨
xiòng
趨1018

42215 逯逯
lù
逯 1163

42217 齸
zhì
齸1317

42222 遂
yán
遂 1186

42307 缸
gāng
缸 3280

42307 劼
段改篆
鉉篆 42409 劼

42308 故
gù
故 1997

42308 喔
wō
喔 0948

42309 戢
jí
戢 8355

42309 酟釀
jù
酟 9797

42309 喙
huì
段改篆
鉉篆 43308 喙

42310 唴
qiàng
唴 0796

42310 哽
gěng
哽 0890

42310 訪访
fǎng
訪 1505

42310 咢鍔
鍔諤
è
咢 2734

42310 戡
戡 8349
見 42411 戡

42311 嗜
shì
嗜 0888

42311 葚椹
1 shèn
2 rèn
段改篆
鉉篆 42210 葚

42311 斟
zhēn
段改篆
鉉篆 42210 斟

42311 藘
藘 0344
見 **42412** 藘

42311 醍
醍 9760
見 42412 醍

42312 噭
1 jiào
2 qiào
3 chī
噭 0780

42312 諒谅
liàng
諒 1476

42312 詾詾
xiōng
詾 1673

42312 誶谇
suì
誶 1689

42312 感
1 gǎn
2 憾 hàn
感 6877

42313 嗌
嗌 0810
見84521籀

42313 趦
趦 1051
見 42213 趦

42314 噦哕
1 yuě
2 huì
噦 0884

42314 趛
yǐn
趛 1019

42314 蔑
miè
蔑2173

42314 逵馗
馗 9682
見 42214 逵

42314 趖
段改篆
鉉篆 42516 趖

42315 諺 谚喭
yàn
諺 1574

42315 繇 繇
1 謠傜谣 yáo
2 zhòu
繇 8472

42315 ⿰酉俞
tú
⿰酉俞 9817

42316 嚘
yōu
嚘 0886

42318 鼇 鳌鰲
áo
鼇 8965
新附字

42318 鼈 鱉
鱉鳖
biē
鼈 8953

42319 譌 訛讹
é
譌 1656

42321 遙
yáo
遙 1099

42322 籩 籩
笾匾
biān
籩2929

42323 讜
dǎng
讜 1720
新附字

42409 計 计
jì
計 1543

42409 劼
jié
劼 9171

42410 訐 讦
jié
訐 1679

42410 敔
yǔ
敔 2051

42410 恚
huì
恚 6841

42410 訪
段改篆
鉉篆 42310 訪

42411 戡
kān
段改篆
鉉篆 42310 戡

42411 訴 謭
謭愬诉
sù
訴 1680
段改篆作謭

42412 [illegible]
níng
[illegible] 0971

42412 詻
luò
詻 1501

42412 諏 诹
zōu
諏 1506

42412 訦
chén
訦 1520

42412 醶
cén
醶 9760

42412 蓲
1 qiū
2 xū
3 fū
蓲 0344

42412 醧
醧 9796
見 42513 醧

42412 諒
段改篆
鉉篆 42312 諒

42412 說
段改篆
鉉篆 42312說

42413 䓴
huàn
䓴0339

42413 啍
1 tūn
2 zhūn
啍 0830

42413 ⿱辟止 躄躃
bì
⿱辟止 1071

42414 詇
yàng
詇 1496

42414 馘 聝
guó
聝 7780

42415 諺
段改篆
鉉篆 41315 諺

42416 避
bì
避 1157

42416 諸 诸
zhū
諸 1484

42416 醶
1 釅醶 yàn
2liǎn 3xiān
醶 9811

42416 皤 皤
pó
皤 4911

42418 謐 谧
mì
謐 1551

42419 懲 惩
chéng
懲 6931

42419 謎 谜詸
1 mí
2 mèi
謎 1724
新附字

42419 譌
段改篆
鉉篆 42319 譌

42421 齇
zhā
齇 1287

42421 ⿰齒咸
jiān
⿰齒咸 1299

42424 讜
讜 1720
見 42323 讜

42508 哇
wā
哇 0893

42509 計
段改篆
鉉篆 42409 計

42510 啁
1 嘲 zhāo
2 zhōu
啁 0892

42510 訐
段改篆
鉉篆 42410 訐

42511 詆 诋
dǐ
詆 1698

42512 誺 宋寂
jì
宋4561

42512 崝 峥峥
zhēng
崝 5860

42512 詻
段改篆
鉉篆 42412 詻

42512 訦
段改篆
鉉篆 42412 訦

42513 誇 夸
kuā
誇 1640

42513 甓
pì
甓 8426

42513 醧
yù
醧 9796

42513 諯
段改篆
段改 43413 諯

42513 誶
段改篆
段改 42312 誶

42514 詩 诗訨
shī
詩 1485

42514 謗 谤
bàng
謗 1608

42514 訣
段改篆
段改 42414 訣

42516 趖
suō
趖 1004

42517 銽鐔
kuò
銽 6823

42518 諈
zhuì
諈 1548

42518 謚
段改篆
鉉篆 42418 謚

42520 趮
piāo
趮0996

42521 讀读
1 dú
2 dòu
讀 1489

42611 詆
段改篆
鉉篆 42511 詆

42612 霝落
luò
霝7499

42612 誄宋
段改篆
鉉篆 42512誄

42613 試试
shì
試 1537

42613 詮诠
quán
詮 1540

42614 鼃黽蛙
wā
鼃 8955

42614 謗
段改篆
鉉篆 42514 謗

42614 詩
段改篆
鉉篆 42514 詩

42616 嶼屿
yǔ
嶼 5877
新附字

42616 露
1 lù
2 lòu
露 7523

42616 諸
段改篆
鉉篆 42416 諸

42618 諈
段改篆
鉉篆 42518 諈

42619 諄
諄 1499
見 43618 諄

42621 讀
讀 1489
見 42521 讀
段改篆讀

42713 試
段改篆
鉉篆 42613 試

42713 詮
段改篆
鉉篆 42613 詮

42917 譆誇
yú
譆 1655
段篆 52917 譆

42917 霍
yān

43004 改
jǐ
改 8138

43008 萑
hè
萑8846

43010 菣蓳
qìn
菣 0438

43010 跂
qí
跂 0985

43010 虓
kǎn
虓 3105

43010 恝忿
jiá
鄭補逸字

43012 蓖
pí
蓖0319

43012 蔬
shū
蔬 0691
新附字

43012 篋匧篋
qiè
匧 8384

43013 遲
chí
遲 1050

43015 憖憖憖
yìn
憖 6718

43016 薳
1 wěi
2 yuǎn
薳 0687
新附字

43023 趨
jié
趨1002

43106 味
wèi
味 0816

43106 奄
chún
奄6579

43107 攸施
shī
攸 1999

43107 芪
qí
芪 0451

43108 唏悕
xī
唏 0849

43108 若
1 ruò
2 rě
若 0599

43108 哮
xiào
哮 0947

43108 毨
毨 5364
見 42109 毨

43108 酏
yì
酏 9784

43109 酏
pò
酏 9782
段篆作酏

43109 菆
zōu
菆 0680

43109 茖
gè
茖 0301

43109 赳
cāi
赳 1012

43109 簬
luò
簬 2921

43110 醉
zuì
醉 9800

43110 醇
liáng
醇 9821

43111 越樾
yuè
越 0989

43111 趀
cī
趀 0995

43112 惹
rě
惹 6942
新附字

43112 氅
chǎng
氅 5373
新附字

43112 趚
段改篆
鉉篆 42110 趚

43113 簵簬
lù
簵 2857

43113 㱿㱿
què
㱿 3313

43115 遽
jù
遽 1205

43115 莯
shù
莯 0305

43116 趉
jué
趉0988

43117 懣懑
mèn
懣 6856

43117 蓫
suì
䅎 4388

43206 咮
zhòu
咮 0950

43207 吷歠
chuò
歠 5564

43207 匽堰
yǎn
匽 8379

43208 舓舓
舐䑛
shì
舓 1439

43210 匿
nì
匿 8377

43210 酖
dān
酖 9795

43210 酪
lào
酪 9824
新附字

43211 噱
jué
噱 0848

43211 酹
lèi
酹 9818

43211 醇
醇 9821
見 43110醇

43212 酴
tú
酴 9764

43212 嗷
嗷 0915
見 42212 嗷

43212 狴
狴 6817
見 43314 狴

43213 鼇
鼇 5373
新附字
見 43112 鼇

43215 達达逹
dá
達 1162

43215 趢逯
lù
趢 1046

43216 醠
mì
醠 9792

43306 世丗卋
shì
世 1469

43308 喙
喙 0782
見 42309 喙

43310 戚慽
qī
戚 8359

43311 詄
dié
詄 1637

43311 踣
bù
踣 3275

43311 誘羑
詴诱
yòu
羑 5816

43210 醉
段改篆
鉉篆 43110 醉

43312 鼄蛛
zhū
鼄 8963

43312 醅
pēi
醅 9799

43312 迣
1 zhì
2 chì
迣 1187

43312 䤈
lì
䤈9767

43312 筐
匡 8385
見 44311 筐

43313 誖悖䛓
bèi
誖 1614
鉉篆 53313 誖

43313 蒔莳
1 shì
2 shí
蒔 0542

43313 噴喷
1 pēn
2 pèn
噴 0907

43313 諕
1 háo
2 xià
諕 1652

43314 蹙蹴
cù
蹙 1415
新附字

43314 叢䕺丛
cóng
叢 1743

43314 蕩
chàng
蕩0524

43314 狴
guàng
狴 6817

43315 趮躁
zào
趮 0986

43318 醠
àng
醠 9773

43318 鼇
鼇 8965
見 42318 鼇

43408 呭
yì
呭 0851

43410 許许
xǔ
許 1480

43411 詵诜
詵 1477
見 41413 詵

43411 酲逞
chéng
酲 9804

43411 詄
段改篆
鉉篆 43311 詄

43412 趌跬
kuǐ
趌 1049

43413 嘖謮賾
啧赜
zé
嘖 0914

43413 諯
zhuān
諯 1685

43413 意意
yì
意6734
十萬爲意
萬萬爲億

43413 諑诼
zhuó

43413 諕
段改篆
鉉篆 43313 諕

43413 誖
段改篆
鉉篆 53313 誖

43415 誠诚
chéng
誠 1521

43416 鬣鬛鬣
駐鬣
liè
鬣 5724

43416 謼
hū
謼 1572

43416 譸诪
zhōu
譸 1609

43416鼜
qì
鼜3075

43416鼜
段改篆
鉉篆作

43416 醷
yì

43417 鹹咸
xián
鹹 7678

43419 齥
xiè
齥 1315

43419 譇
zhā
譇 1594

43421 遷迁撊
qiān
遷 1136

43424 齰
zé
齰 1280

43510 嘽啴
1 tān
2 chǎn
嘽 0820

43510 許
段改篆
鉉篆 42411 許

43512 戠
zhí
戠 8356

43513 謀谋
móu
謀 1503

43513 詳详佯
xiáng
詳 1510
佯篆作詳
或作陽

43513 詩诗
詩 1485
見 42514 詩

43514 敵敌
dí
敵 2021

43515 諼諠谖
xuān
諼 1589

43515 誠
段改篆
鉉篆 43415 誠

43516 謔谑
xuè
謔 1643

43516 譸
段改篆
鉉篆 43416 譸

43517 謝谢
xiè
謝 1567

43519 譓
huì
譓1647

43523 譁哗
1 huā
2 huá
譁 1654
段篆 53623

43613 詳
段改篆
鉉篆 43513 詳

43614 謀
段改篆
鉉篆 43514 謀

43615 諦谛
dì
諦 1512

43615 諴
xián
諴 1538

43615 謯
jiē
謯 1581

43615 諼
段改篆
鉉篆 43515 諼

43616 譟噪
zào
譟 1650

43616 鼉鼍
tuó
鼉 8958

43616 謔
段改篆
鉉篆 43516 謔

43617 謝
段改篆
鉉篆 43517 謝

43618 諄訰谆
zhūn
諄 1499

43619 趣
yú
趣1015

43619 譇
段改篆
鉉篆 43419 譇

43713 詿诖
guà
詿 1617
詿 1657

43713 訮訮
yán
訮 1628

43715 謘
chí
謘 1500

43715 調调
1 táo
2 diào
3 zhōu
調 1546

43715 嶢峣
yáo
嶢 5866

43716 醹
rú
醹 9771

43717 謑謑
xǐ
謑 1711

43720 顫
zhǎn
顫5633

43720 醲
nóng
醲 9774

43723 讓让
ràng
讓 1686

43724 讖谶
chèn
讖 1486

43814 曉晓
xiāo
曉 0913

43619 譓
段改篆
鉉篆 43519譓

43624 讖
段改篆
鉉篆 43724 讖

43715 諦
段改篆
鉉篆 43615 諦

43715 諴
段改篆
鉉篆 43615 諴

43715 調
段改篆
鉉篆 43715 調

43715 謯
段改篆
鉉篆 43615 謯

43716 譟
段改篆
鉉篆 43616 譟

43718 諄
段改篆
鉉篆 43618 諄

43718 誑
段改篆
鉉篆 44617 誑

43813 詿
段改篆
鉉篆 43713 詿

43813 訮
段改篆
鉉篆 43713 訮

43816 請请
qǐng
請 1478
段改篆

43825 讓
段改篆
鉉篆 43723 讓

43915 譯
段改篆
鉉篆 03614 譯

44007 芼
mào
芼 0538

44009 茜
1 蒨 qiàn
2 xī
茜 0384

44009 楚
chǔ
楚 3833

44010 速警遬
sù
速 1120

44012 夌
líng
夌3151

44012 蔥葱
cōng
蔥 0633

44014 [illegible]
qiān
[illegible]1044

44017 嶙
lín
嶙 5872
新附字

44020 遴僯
lìn
遴 1159

44106 咦
咦 0822
見 44207 咦

44107 笢
mǐn
笢 2868

44107 [illegible]囤
dùn
[illegible]2930

44108 啜
chuò
啜 0803

44108 酏
yǐ
酏 9813

44108 惠蕙
huì
惠 2495

44110 峨峩
é
峨 5859

44111 喫吃
chī
喫 0964
新附字

44111 赽
jué
赽 1025

44112 趚
qì
趚 1048

44112 夌
夌3151
見 44012 夌

44113 籌筹
chóu
籌 2988

44114 墓墓
mù
墓6757

44117 遵
zūn
遵 1107

44207 咦
yí
咦 0822

44207 韋韦
wéi
韋 3367

44209 哦
1 é 2 ó
3 ò
新附字
哦 0959

44209 萅春芚
chūn
萅 0682

44209 患[illegible]
huàn
患 6902

44209 蛓
cì
蛓 8774

44210 韌靭
靱韧
rèn
韌 3383
新附字

44210 [illegible]
zài
[illegible]4139

44211 [illegible]
cǐ
[illegible]6146

44212 嗼
mò
嗼 0940

44212 [illegible]
róng
[illegible] 9775

44213 噂
zǔn
噂 0856

44213 逢
féng
逢 1129

44213 違违
wéi
違 1158

44213 萶
chǔn
萶 6832

44213 罅
xià
罅 3287

44214 [illegible]
zhì
[illegible]1182

44214 遲遅迟
chí
段改篆
鉉篆 04113 遲

44309 哉
zāi
哉 0855

44310 [illegible]
yù
[illegible]3281

44311 筐匡
匡筐
kuāng
匡 8385

44313 噤
jìn
噤 0834

44314 䛿
ǎo

44315 蔎
shè
蔎 0573

44318 鼛
gāo
鼛 3068

44318 鼛
段改篆
鉉篆 44318

44319 蘨繇
yáo
蘨0566

44321 邍原
yuán
邍 1203

44321 [illegible]
段改篆
鉉篆 94323[illegible]

44322 [illegible]
chǎn
[illegible] 9808

44323 [illegible]
lù
[illegible]9169

44411 誅诛
zhū
誅 1705

44412 訣诀决
jué
訣 1726
新附字

44413 誎
cì
誎1688

44413 悳
悳6734
見 43413悳

44415 諾诺
nuò
諾 1481

44416 薴
níng
薴 0349

44416 醇䣍
chún
醇 9770

44419 韡韡
wěi
韡3867

44420 藷薯
shǔ
藷 0347

44421 邐逦
lǐ
邐 1145

44511 誅
段改篆
鉉篆 44411 誅

44512 啤
bó

44513 諫
段改篆
鉉篆 44413諫

44514 諆
jī
諆 1663

44515 諾
段改篆
鉉篆 44415 諾

44517 謣謣
yú
謣 1655
段篆 54617謣

44520 讙
quán
讙 1045

44521 釀酿
niàng
釀 9761

44613 詍
yì
詍 1622

44614 誧
誧 1561
見 04614 誧

44614 諆
段改篆
鉉篆 44514 諆

44617 誑诳誆
kuáng
誑 1601

44618 讀嘖啧
zé
嘖 0914

44713 琶杷
pá
琶 8367
新附字

44713 詍
段改篆
鉉篆 44613 詍

44718 趬
qiāo
趬 0993

44724 戇
戇 6793
見 44825 戇

44816 諆
段改篆
鉉篆 43717 諆

44819 識
1 幟帜 zhì
2 识 shí
識 1513

44821 讙
huān
讙 1653

44825 戇戇
1 zhuàng
2 gàng
戇 6793
憨 hān 篆作戇

44919 譊
náo
譊 1584
段篆譊

44919 識
段改篆
鉉篆 44819 識

44922 讙
段改篆
鉉篆 44821 讙

45006 疌捷
jié
疌 1073

45006 㚔
niè
㚔1074

45012 逶
wēi
逶 1154

45015 趩
chì
趩1035

45110 萊
wèi
萊 0456

45110 筝
gòng
筝 2922

45110 敵婚
cù
敵8287

45111 䵌
mén
䵌5365

45112 箬
ruò
箬 2864

45117 醺
xūn
醺 9801

45119 蘧
qú
蘧 0272

45119 籧
jǔ
籧 2901

45209 缺
quē
缺 3286

45210 嚏嚏
tì
嚏 0831

45212 整
zhěng
整 1995

45214 醵酤
jù
醵 9797

45217 蘬
蘬 0673
見 45319 蘬

45311 連连
lián
連 1167

45311 誎
cù
誎 1531

45311 散
wéi
散 2030

45313 諫谏
jiàn
諫 1534

45313 諍诤
zhèng
諍 1570

45315 譎
lí
譎 1621

45315 謀
xiè
段改篆
鉉篆 41010迷

45315 遱
lián
遱 6927

45318 叢叢从
cóng
叢 0678

45319 蘬
guī
段改篆
鉉篆 45217 蘬

45411 誎
段改篆
鉉篆 45311 誎

45412 嘆叹歎
tàn
嘆 0926

45412 萑
wéi
萑 0266

45413 薏
薏6734
見 43413薏

45413 諫
段改篆
鉉篆 45313 諫

45413 諍
段改篆
鉉篆 45313 諍

45414 誐
é
誐 1556

45414 慧
huì
慧 6700

45415 誡诫
jiè
誡 1522

45415 譎
段改篆
鉉篆 45315 譎

45417 謨谟暮
mó
謨 1504

45419 戠
zhí
戠 1007

45423 邁住
zhù
邁1151

45512 嘒嚖
huì
嘒 0859

45514 諱讳
huì
諱 1524

45514 誐
段改篆
鉉篆 45414 誐

45515 諓
jiàn
諓 1555

45515 誡
段改篆
鉉篆 45415 誡

45516 嚖嘒
huì
嘒 0859

45517 謨
段改篆
鉉篆 45417 謨

45614 諱
段改篆
鉉篆 45514 諱

45615 諓
段改篆
鉉篆 45515 諓

45618 鑵鑵
guàn
鑵 3291
新附字

45618 竄
suān
竄7504

45619 護护
hù
護 1559

45720 護
段改篆
鉉篆 45619 護

46009 毳
cuì
毳 5374

46011 思
xiān
思6774

46013 懋柔
mào
懋 6756

46013 惪
hū
惪 6773

46019 蔌
sù
蔌 0418

46019 邇迩途
ěr
邇 1183

46024 蔆菱菱
ling
蔆 0411

46111 懘
1 dì
2 chì
懘 6717

46113 遰
dì
遰 1149

46113 醨
lí
醨 9807

46116 歠吷
chuò
歠 5564

46116 懘
chì
懘 6937
新附字

46211 韡䪙
wěi
韡 0645

46212 韍市紱
韨绂
fú
市 4903

46214 遳
段改篆
鉉篆 45315 遳

46217 蓬篷莑
péng
蓬 0671

46217 蜚蜚
fēi
蜚 5375

46218 達
huì
達1093

46221 鼂
shī
鼂8957

46312 韎
段改篆
鉉篆 46311 韎

46312 截
zài
截 9810

46313 諉诿
wěi
諉 1549

46313 誄诔
lěi
誄 1710

46313 韔
chàng
韔 3375

46313 醆
zhǎn
醆 9785

46315 歖
xī
歖5552

46319 衞
wèi
衞 6835

46320 韈韤
襪袜
wà
韈 3378

46413 諉
段改篆
鉉篆 46313 諉

46413 誄
段改篆
鉉篆 46313 誄

46414 戩戬
jiǎn
戩 8352

46514 噎
yē
噎 0880

46518 籚罏
盧垆
lú
盧8408

46520 釃酾
shī
釃 9765

46525 釀
niàng
釀 0268

46613 諽
gé
諽 1700

46616 諜谍喋
dié
諜 1713

46617 謹谨
jǐn
謹 1516

46618 謰
lián
謰 1597

46713 諽
段改篆
鉉篆 46613 諽

46715 諜
段改篆
鉉篆 46616 諜

46718 謹
謹 1516
見46617 謹

46718 謰
段改篆
鉉篆 46618 謰

46720 讗
xié
讗 1629

46818 謹
段改篆
鉉篆 46617 謹

46821 讗
段改篆
鉉篆 46720 讗

47010 萐
shà
萐 0244

47010 箑篓
shà
箑 2943

47119 嚼
1 jiáo
2 噍 jiào
3 jué
嚼 0806

47210 [illegible]
chā
[illegible] 8405

47311 韎
1 mèi
2 wà
韎 3369

47313 唪
fěng
唪 0861

47313 誨诲
huì
誨 1492

47315 蓮莲
lián
蓮 0431

47413 誨
段改篆
鉉篆 47313 誨

47417 諞谝
piǎn
諞 1631

47417 論论
1 lùn
2 lún
論 1507

47419 蘸
zhàn
蘸 0697
新附字

47422 䟑
yuè
䟑 1033

47517 論
段改篆
鉉篆 47417 論

47517 諞
段改篆
鉉篆 47417 諞

47620 議议
yì
議 1508

47720 議
段改篆
鉉篆 47620 議

48212 韡
段改篆
鉉篆 49214韡

48314 蘻
jī
蘻0343

48315 韢
suì
韢 3370

48316 [illegible]
gé
[illegible]3103
段篆作

48919 醴
lǐ
醴 9768

49110 嗛
xián
嗛 0801

49115 [illegible]
cùn
[illegible] 3282

49121 [illegible]
yàn
[illegible]1284

49211 嘍嵝
lǒu

49214 韡
wéi
韡4330

49214 遱
lóu
遱 1191

49223 釂
jiào
釂 9793

49315 謙谦
qiān
謙 1552

49413 遘
gòu
遘 1128

49415 謙
段改篆
鉉篆 49315 謙

49515 謱
lóu
謱 1598

49516 韘𫖶
shè
韘 3373

49614 韝
gōu
韝 3372

49615 謱
段改篆
鉉篆 49515 謱

49617 [illegible]
[illegible] 3379
見 08617 [illegible]

49714 講讲
jiǎng
講 1577

49814 講
段改篆
鉉篆 49714 講

[5]

50001 匚匚
fāng
匚 8382

50001 冖冂
冪幂
mì
冖 4775

50001 冂
冂 3307
冂非冖
見 90103 冂

50001 几
1 jī
2 jǐ
几 9420

50001 乃迺迺
𠄎乃
nǎi
乃 3034

50001 乃
nǎi
筆迹小異
同上 50001 乃

50001 尸
尸 5376
見 30102 尸

50001 凵
1 qiǎn
2 kǎn
凵 0969

50001 凵笁
qū
凵 3148

50002 宀
mián
宀 4534

50003 冎剮剐
guǎ
俗作剮剐
冎 2556

50003 出齣
chū
出 3847

50003 月
yuè
月 4291

50003 匜匜
yí
匜 7787

50003 匠
jiàng
匠 8383

50003 佀似
1 sì
2 shì
佀 5062

50003 山
shān
山 5819

50003 公
gōng
公 0716

50003 宀向
xiàng
段改篆
鉉篆 50104 向

50003 仍
段改篆
鉉篆 20003 仍

50004 臣
chén
臣 1945

50004 肌
jī
肌 2588

50004 肊臆
yì
肊 2606

50004 肙
yuān
肙 2720

50004 肎肯
肎肎
kěn
肎 2722

50004 亩廩
廩稟
lǐn
亩 3325

50004 宂冗
rǒng
宂 4569

50004 卯卯
qīng
卯 5766
段改篆
鉉篆 90004 卯

50004 宕
dàng
宕 4599

50004 穴
xué
穴 4612

50004 夗
1 yuàn
2 wǎn
夗 4311

50004 邔
jǐ
邔 4144

50004 卬印仰
1 yǎng
2 áng
卬 5199

50004 六
1 liù
2 lù
六 9679

50004 匛柩
jiù
8399+柩
段補篆

50004 兆
gǔ
兆 5442

50004 兆
gǔ
同 50004 兆

50004 斫
zhuó
鉉篆 50105 斫

50005 宧
yí
宧 4540

50005 宊疚
jiù
宊 4592

50005 宮宮
gōng
宮 4608

50005 印
yìn
印 5761

50005 穵挖
wā
穵 4632

50005 伭
xián
伭 5106

50005 侶侣
lǚ
侶 5171
新附字
古借呂或旅

50005 肥肥
féi
肥 2723

50005 𤉡兕
sì
𤉡 6102

50006 骨
1 gǔ
2 gū
骨 2559

50006 肒
huàn
肒 2651

50006 胥偦
xū
胥 2682

50006 亯亯
xiǎng
亯 3316

50006 宛惌
1 踠 wǎn
2 鵷鵷 yuān
宛 4543

50006 宦
huàn
宦 4573

50006 汜
sì
汜 7213

50006 蚍蠯
pí
蠯 8928

50006 屾
shēn
屾 5884

50006 蚡鼢鼢
fén
鼢 6362

50006 灾災
烖菑
zāi
烖 6455

50006 忍
yì
忍 6849

50006 穸
xī
穸 4661

50006 网 兩
liǎng
网 4788

50006 郄
chǐ
郄 5751

50006 𠨘 弼
bì
𠨘5750

50006 郒
xiàng
郒4167

50006 砣 碢
tuó

50007 幽
yōu
幽 2492

50007 窊
wā
窊 4628

50007 洄
huí
洄 7249

50007 忍
rěn
忍 6928

50007 玅
yāo
玅 8467

50007 蜰
féi
蜰 8807

50007 冤 寃
yuān
冤 6264

50007 郢
chēng

50007 炮
1 páo
2 bāo
3 pào
炮 6429

50007 窋
1 zhú
2 kū
窋 4642

50007 袍
páo
袍 5249

50007 兒 儿
1 ér
2 ní
兒 5432

50007 胗
1 nà
2 ná
3 chǐ
胗

50007 胞 脆
脃 2707
段改篆
鉉篆 10007 脃
从絶省非从色

50007 蝱 虻
méng
蝱 8919

50007 亭 亭
guō
鄭補逸字

50008 亭 郭
guō
亭3312

50008 寃
yuān
篆作 50007 冤
古宛冤通用

50008 罘
dà
罘 2134

50008 胗 疹
zhēn
胗 2647

50008 泡
1 pāo
2 pào
泡 7038

50008 泗
sì
泗 7040

50008 泅 汓
qiú
汓 7254

50008 蛸
1 xiāo
2 shāo
蛸 8800

50008 熙 熈熈
xī
熙 6493

50008 参 曑曑参
1 shēn
2 cān
3 cēn
曑 4288

50008 宵
xiāo
宵 4580

50008 㝢
yǔ
鄭補逸字

50009 跳
tiào
跳 1369

50009 骫
wěi
骫 2582

50009 确 碻磬
埆碻塙
què
确 6006

50009 硋
suǒ
硋 5995

50009 窕 窕
tiǎo
窕 4649

50009 眾 衆众
zhòng
眾 5213

50009 蜑 蛋
dàn
新附字
鉉篆 90008 䧲

50009 袍
段改篆
鉉篆 50007 袍

50010 爞
chóng
爞 6494
新附字

50010 惌 宛
1 yuān
2 踠 wǎn
宛 4543

50010 狖
yòu
狖 6100

50010 狖 狖
yòu
狖 6100
段改篆

50010 㝢
yǔ
㝢 4633

50010 郳
ní
郳 4134

50010 跛 步
bù
跛 1353

50010 巟 萠
1 huāng
2 茫忙 máng
巟4305

50010 骱
jiè

50010 舄 舃
1䧿䧿
鵲鹊 què
2 xì
舄 2479

50011 腸
ruò
腸 2699

50011 夢
1 méng
2 mèng
夢 4310

50011 惂
kǎn
惂 6892

50011 螇
1 xī
2 qī
螇 8826

50011 窞
dàn
窞 4634

50011 崞 嶂
guō
崞 5832

50011 寫 瀉
写泻
1 xiě
2 xiè
寫 4579

50011 焰 燄
yàn
見 40015 燄

50012 髑
dú
髑 2560

50012 𣃔斷断
鉊刞
duàn
𣃔9438

50012 㐭
lǐn
㐭6503

50012 淊
yān
淊 7283

50013 蹊徯
1 xī
2 qī
徯 1243

50013 螉
wēng
螉 8747

50013 蹝
xǐ

50014 鮑鮑
bào
鮑 7624

50016 膠胶
jiāo
膠 2717

50018 䱤
xiàn
䱤 7595

50021 奰奰
bì
奰6640

50102 口
kǒu
口 0779

50102 冃
mǎo
冃4779

50102 凡
fán
凡 8973

50103 曰
yuē
曰 3027

50103 耳
ěr
耳 7754

50103 𡋣鍔
duò
鍔9262

50103 甲
段改篆
鉉篆 50104 甲

50104 召
1 zhào
2 shào
召 0841

50104 名
míng
名 0835

50104 㕣容
yǎn
㕣 0958

50104 白（自）
zì
白 2217
自字省文

50104 泉
quán
泉 7453

50104 風风
風 8932
同 00104 風

50104 㫐
yǎo
㫐 4210

50104 向
向 4539
見 50003 向

50104 句
段改篆
鉉篆 00104 句

50104 匣
段改篆
鉉篆 50105 匣

50105 皃䫉貌
mào
皃 5440

50105 咼咼
1 wāi
2 kuā
3 guō
咼 0938

50105 肑筋
bó
筋2731

50105 刵
èr
刵 2787

50105 皀
1 jí
2 bī
3 xiāng
皀 3180

50105 亯亭
享亨烹
xiǎng
亯 3316

50105 咄
duō
鉉篆 40105 咄

50105 宖
hóng
宖 4549

50105 宐宜
𡧪𡨊
yí
宐 4578

50105 伯
1 bó
2 bà
3 bǎi
伯 4943

50105 匿
段改篆
鉉篆 50204 匿

50105 佁
1 yǐ
2 ǎi
3 chì
佁 5109

50105 匣
xiá
匣 8397

50105 弦絃舷
xián
弦 8465

50105 蚓螾
yǐn
螾 8746

50105 虺
1 huǐ
2 huī
虺 8757

50105 斫
斫 9430
見 50004 斫

50105 斲
zhuó
斲 9433

50105 所
suǒ
所 9435

50105 𢩦
bó

50106 宦
shì
宦 3183

50106 卧赴
fù
卧 1339

50106 衵
rì
衵 5302

50106 𡧍
miàn
𡧍4583

50106 穹
qióng
穹 4650

50106 谷噱臄
jué
谷1443

50106 侚
xùn
侚 4952

50106 炅
1 jiǒng
2 guì
炅 6483

50106 𥩟竢
sì
竢 6652

50106 易蜴
yì
易 6103

50106 蝒
mián
蝒8828

50106 蚩嗤媸
chī
蚩 8814

50106 昆
kūn
昆 4235

50106 昂卬
áng
昂 4254
新附字

50106 官窔
yǎo
官4541

50106 定
dìng
定 4555

50106 徇
xùn

50107 卽即
jí
卽 3181

50107 怕
pà
怕 6764

50107 昦
gǎo
昦 6636

50107 呰
zǐ
呰 0897

50107 趴玥
yuè
玥 1403

50107 冥
míng
冥 4284

50107 兜兠
dōu
兜 5443

50107 怡
yí
怡 6711

50107 汨
mì
汨 7005

50107 冶
yě
冶 7479

50107 蛸蜩
tiáo
蜩 8823

50107 耿
gěng
耿 7760

50107 㼝盌椀
wǎn
㼝 8420

50107 蛉
líng
蛉 8831

50107 朐
1 qú
2 xù
3 chǔn
朐 2680

50107 祖
chǎng
祖 4246
新附字

50107 岧
tiáo

50107 暠
1 gǎo
2 hào

50108 泊
1 bó
2 pō
許書作洦

50108 沓
1 tà
2 dá
沓 3032

50108 穿串
chuān
穿 4620

50108 窆
biǎn
窆 4659

50108 窜
yā
窜 4662

50108 窅
yǎo
窅 4653

50108 苟蔳
jì
苟 5789

50108 恂
xún
恂 6726

50108 治
1 chí
2 zhì
治 7053

50108 蜕
tuì
蜕 8845

50108 曷
hé
曷 3029

50108 晄晃
1 huǎng
2 huàng
晄 4181

50108 容宂
róng
容 4568

50108 滔
hū
滔 7199

50108 夠够
gòu

50108 硍
gǔn

50108 祖
段改篆
鉉篆 50106 祖

50109 曾
1 zēng
2 céng
曾 0710

50109 叕
zhuó
叕5293

50109 昷溫昷
wēn
昷3144

50109 㣎
mù
㣎 5690

50109 卿
qīng
段篆从
鉉篆作

50109 洵
xún
洵 7077

50109 洺
míng
洺 7421
新附字

50109 蛚
liè
蛚 8829

50109 滔
段改篆
鉉篆 50111 滔

50110 觜
nài
觜4207

50110 跣
xiǎn
跣 1396

50110 昔𦤳
xī
昔 4231

50110 迢
tiáo
迢 1219
新附字

50110 盌椀碗
wǎn
盌 3124

50110 鄍
míng
鄍 4034

50110 層
層 5398
見 30211 層

50110 盄
mǐng
盄4613

50110 蝡
ruǎn
蝡 8839
今作蠕讀 rú

50110 蝷
lüè
蝷8833

50110 鮑鴇鸨
bǎo
鸨 2427

50110 鄉鄉乡
xiāng
鄉4168

50110 腸
段改篆
鉉篆 50210 腸

50110 𥁕
段改篆
鉉篆 50211𥁕

50111 窵窎
diào
窵 4638

50111 [illegible]
段改篆
鉉篆 50109[illegible]

50111 鴥
段改篆
鉉篆 20111 鴥

50111 淴
hū
段篆 50109

50111 鴛鸳
yuān
鴛 2407

50111 鵑鹃
juān

50111 腳脚
1 jiǎo
2 jué
腳 2627

50112 瞢
méng
瞢 8412

50112 鬄
tì
鬄 2576

50112 蠱蛊
gǔ
蠱 8931

50112 寍寧宁
1 níng
2 nìng
寍 4554
宁立字篆作

50112 嶒
céng

50113 蠁蚼
xiǎng
蠁 8749

50113 齒齿𠚕
chǐ
齒 1277

50113 鶻鹘
1 gú
2 hú
鶻 2369

50113 蝙
shàn
蝙8844

50113 盟盟
段改篆
鉉篆 50214盟

50114 嚮向
xiàng

50114 鮊
1 bó
2 bà
鮊 7613

50114 遏
è
遏 1184

50114 鮐鲐
tái
鮐 7612

50116 逪
cuò
逪 1118

50116 熠
yì
熠 6467
曜讀 yào
篆作熠

50116 慴
shè
慴 6909

50116 褶
1 xí
2 zhě

50116 黹
zhí
段改篆
鉉篆 40116黹

50117 飂
1 liù
2 liáo
飂 8938

50123 鰼鳛
xí
鰼 7583

50203 甘柑
gān
甘 3022

50203 旦
dàn
旦 4256

50203 冃帽
mào
冃 4783

50203 云
yún
古文雲
雲 7538

50204 吅
1 喧 xuān
2 sòng
吅 0970

50204 占
1 zhān
2 zhàn
占 2071

50204 同
1 tóng
2 tòng
同 4780

50204 匫
hū
匫 8393
段篆 50105

50204 吚
xī
吚 0917
段篆 03105

50204 白
bái
古文白
从入合二
同 50103 白

50205 自𦣹
zì
自 2215

50205 百
bǎi
百 2223

50205 合
1 hé
2 gě
合 3254

50205 貝贝
bèi
貝 3918

50205 宇寓
yǔ
宇 4545

50205 宣
xuān
宣 4538

50205 𥃩艮
1 gèn
2 gěn
艮 5201

50205 見见
1 jiàn
2 現现 xiàn
見 5448

50205 虹蝟
hóng
虹 8890

50206 昵暱
nì
暱 4232

50206 祀禩
sì
祀 0031

50206 含
1 hán
2 hàn
含 0814

50206 員员鼎
1 yuán
2 yún
3 yùn
員 3916

50206 卲
shào
卲2072

50206 盲
máng
盲 2188

50206 死𣦵
sǐ
死 2552

50206 昨
zuó
昨 4214

50206 完
wán
完 4564

50206 蝁
è
蝁 8848
鉉篆 50210 蝁

50206 眉
眉 5379
見 30307 眉

50206 眉
眉 5385
見 30307 眉

50206 門 门 亹
mén
門 7692
段改篆門

50206 聑
1 tiē
2 zhé
聑 7784

50206 蚖
1 螈 yuán
2 wán
蚖 8761

50206 丣 卯 兆
mǎo
丣 9745

50206 硐
dòng

50206 晑
shǎng
同 50212 曏

50206 侗
1 tǒng
2 tóng
3 dòng

50207 吞
tūn
吞 0787

50207 徇 徇
xùn
徇1255

50207 郈
hòu
郈 4125

50207 盼
pàn
盼 2105

50207 眇 妙
miǎo
眇 2185

50207 苜 苜
mò
苜2319

50207 殉 殂
cán
殉2548

50207 硍
1 kèn
2 xiàn

50207 昱 翌
yù
昱 4221

50207 宗
zōng
宗 4602

50207 窅
yǎo
窅 2111

50207 空
1 悾 kōng
2 kòng
3 kǒng
空 4630

50207 倡
1 chāng
2 chàng
倡 5115

50207 硯 砚
yàn
硯 6024

50207 昜
yáng
昜 6043

50207 矜
qín
矜 7783

50207 官
guān
官 9569

50207 匫
匫8390
見 50208 匫

50207 眺
段改篆
鉉篆 50208 眺

50207 盒 蛤
gé
盒8857

50208 嗤
chī
嗤篆作蚩

50208 聶
1 qú
2 jù
聶 8917

50208 距
jù
距 1399

50208 宋
jì
當作 51207宋

50208 眥 眦
zì
眥 2092

50208 歾
1 㱞殁 mò
2 wěn
歾 2524

50208 眽
mò
眽 2139

50208 眺
tiào
眺 2179

50208 䝪
shǔ
䝪 3971

50208 宸
chén
宸 4544

50208 寔
shí
寔 4556

50208 冕 絻
miǎn
冕 4784

50208 匙
chí
匙 5194

50208 首 首
shǒu
首 5673

50208 磒
yǔn
磒 5994

50208 閃 闪
shǎn
閃 7742

50208 聆
líng
聆 7766

50208 丱
guān
丱8739

50208 袀
jūn
鄭補逸字
段補 50210 袀

50208 閩 闽
mǐn
閩 8889

50208 颬
xiā

50208 匫
cāng
段改篆
鉉篆 50207匫

50208 㝷
㝷3047
xún
段篆㝷

50209 呰
zǐ
呰 1083

50209 颯 飒
sà
颯 8937

50209 眝 伫
zhù
眝 2198

50209 鳳 凤
鵴鵬
fèng
鳳 2360
鵬即鵬 péng

50209 殄 ㄐ
tiǎn
殄 2542

50209 胦
胦 2622
見 10411 胦

50209 䐣
sǔn
䐣 2690

50209 脘
wǎn
脘 2679

50209 碭砀
dàng
碭 5982

50209 閭闾蕳
lǘ
閭 7701

50209 間閒
1 間间 jiàn
2 閑闲 xián
3 間间 jiān
閒 7722

50209 匪
fěi
匪 8389

50209 凱凯
kǎi

50209 盌
wǎn
盌3084

50209 鄖郧
yún
鄖 4081

50209 蟺
shàn
蟺 8864

50210 喝
hē
喝 0927

50210 喈
jiē
喈 0946

50210 尟
xiǎn
尟 1090

50210 逅
hòu
逅 1210
新附字

50210 踬
zhèn
踬 1370

50210 踑
踑 1416
新附字
見 50311 踑

50210 腸肠
cháng
腸 2602

50210 腔
qiāng
腔 2726
新附字

50210 會佮会
1 huì
2 kuài
會 3259

50210 鼐
nài
鼐 4349

50210 鼏
mì
鼏 4350
鉉篆與鼏混同
參見 90312鼏

50210 㝗
láng
㝗 4552

50210 寘
zhì
寘 4605
新附字

50210 窌窖
jiào
窌 4635
段改篆作窌
見 50311窌

50210 煦
xù
煦 6399

50210 閔
lìn
閔 6403

50210 悶闷
1 mèn
2 mēn
悶 6858

50210 閑
xiè
閑 7708

50210 頤颐
yí
𦣞7787

50210 蜋螂
láng
蜋 8799

50210 螘蚁蚁
yǐ
螘 8792

50210 蚩
蚩 8848
見 50206 蚩

50210 衵
5234+衵
段補篆
鄭補 50208 衵

50210 飽
飽 3227
見 50211 飽

50210 蜚蠹
1 fěi
2 fēi
蠹8930

50211 飽饱
bǎo
飽 3227
段改篆

50211 迨
hé
迨 1116

50211 追
zhuī
追 1176

50211 㺯
段改篆
鉉篆 20211㺯

50211 睒
shǎn
睒 2114

50211 㬋
tà
㬋2256

50211 匬
yǔ
匬 8394

50211 盟盟盟
méng
盟4307

50211 頣
yuè
頣5609

50211 頣
shěn
頣 5632

50211 礩
zhì
礩 6035
新附字

50211 宦
guàn
宦 6735

50211 颲
liè
颲 8944

50211 䈈
róng
䈈 8425

50211 饎饎
饎 3202
見 50212饎

50212 饎 饎饎
xī
饎 3202
段改篆

50212 蹎
diān
蹎 1381

50212 跳跳
fèi
跳 1402

50212 唶譜
zé
譜 1586

50212 瞢
1 méng
2 měng
瞢 2320

50212 鵃鵃
zhōu
鵃 2370

50212 鵖鵖
bī
鵖2426

50212 寬宽
kuān
寬 4584

50212 眕
zhěn
眕 5625

50212 竈灶
zào
竈 4617

50212 寘
1 tián
2 diān
3 yǎn
寘 4643

50212 䫧
nì
䫧5452

50212 蝓
yú
蝓 8862

50212 鄉
1 向 xiàng
2 晌 shǎng
鄉 4212

50212 寡
寡4570
見 50314寡

50212 踉
1 liàng
2 liáng

50212 㥶粤恂
sǔn
粤3047
段改篆
鉉篆

50213 𩞄
𩞄 5225
見 50214 𩞄

50213 寡
guǎ
寡 4587

50213 監监臤
1 jiān
2 jiàn
監 5223

50213 閻阎閆
yán
閻 7702

50214 𩞄
nè
𩞄 5225
鉉篆作

50214 道
dào
道 1204

50214 逴
chuō
逴 1200

50214 踰
yú
踰 1340

50214 薨
hōng
薨 2553

50214 臽鹽
kàn
臽 3164

50214 盟盟盟
méng
盟4307

50214 窬
yú
窬 4637

50214 顤
āo

50214 餡馅
xiàn

50214 嚮向
xiàng
同 50113 嚮

50214 𧕿蜚
fěi
𧕿8930

50215 寧宁
1 níng
2 nìng
寧 3039

50215 蹞番
fán
番 0720

50215 蹬
1 dèng
2 dēng
蹬 1412
新附字

50217 𧳟
miǎo
𧳟6682

50217 雞
xī
雞8959

50218 濘泞
nìng
濘 7215
段篆作

50218 躋跻躋
jī
躋 1346

50218 髖髋
kuān
髖 2568

50223 齰齚
zé
齰 1298

50304 且且
1 jū
2 qiě
且 9424

50305 亘
1 xuān
2 xuǎn

50306 品
pǐn
品 1420

50306 㖃吼呴
hǒu
㖃 5742

50307 眄
miǎn
眄 2186

50307 盻
1 xì
2 pǎn
盻 2199

50307 眨
zhǎ
眨 2202
新附字

50307 郥
jū
郥 4009

50307 冒
mào
冒5478

50307 胆蛆
1 qū
2 jū
胆 2719

50307 閂闩
shuān

50307 咱喒偺
zán

50308 問问
wèn
問 0842

50308 嵒
niè
嵒 1421

50308 晨晨
chén
晨 4289

50308 覨
dōu
覨5492

50308 昴
mǎo
昴 4211

50308 匫
匫8390
見 50207匫

50309 嵒岩
巖巗
yán
嵒 5853

50309 聞闻䎽
wén
聞 7771

50309 聶聂
niè
聶 7785

50309 蛵
xíng
蛵 8771

50309 寅
寅 9744
見 50511 寅

50309 晐
gāi
晐 4236

50310 閘闸
zhá
閘 7719

50310 阭
yǔn
阭 9587

50310 鴠
dàn
鴠 2373

50310 𩫖
yōng
𩫖3319

50310 飴
飴 3194
見 50311 飴

50311 飴饴
1 yí
2 sì
飴 3194

50311 賓 宾賔
bīn
賓 3950

50311 㬰 参
㬰参
shēn
㬰 4288

50311 窒 磬
qìng
窒4631

50311 皚 皑
ái
皚 4913

50311 閌 闶
kàng
閌 7751
新附字

50311 陊 墮堕
duò
陊 9606

50311 陀
tuó

50311 踸
chěn
踸 1416

50311 鴭
鴭 2388
从鳥臼聲
見 90513 鴭

50311 賜 儩赐
cì
賜 3943

50311 窌 奅
liù
段篆从丣
鉉篆从卯

50312 覭
míng
覭 5466

50312 𩧢
1 xún
2 quán
3 quàn
𩧢 7455

50312 陒 垝
guǐ
垝 9064

50312 閱 阅
yuè
閱 7743

50312 噲 哙
kuài
噲 0786

50312 普 普
pǔ
普 4237

50312 歐
歐 5531
見 40413 歐

50313 躡 蹑
niè
躡 1350

50313 竀
1 chēng
2 chèng
竀 4640

50313 替 朁替
tì
替6664

50313 隖 塢坞
wù
隖 9657

50313 殟 殟
wēn
殟 2527

50314 黽
měng
黽 4285

50314 臏 膑
bìn

50314 闒
yà
闒 7726

50314 普 普
暜替
tì
普6664

50314 寡 寡
mián
寡4570

50314 曄 晔
曅皣晔
yè
曄4195

50314 餲
段改篆
鉉篆 30315 餲

50315 朁 普替
tì
普6664

50316 鷳 鹇鹇
xián
鷳 2444

50316 闒
闒 7699
見 50417 闒

50317 闀
xiàng
闀 7727

50317 髕 髌
bìn
髕 2569

50318 響
響 3218
見 50319 響

50319 響 飨
xiǎng
響 3218
鉉篆作響

50318 爆 爆
爗烨
段改篆
鉉篆 20318 爆

50318 艦 舰
jiàn

50319 寢 夢梦
mèng
寢 4663

50322 寱
jì
寱4669

50406 臼
jú
臼1776

50406 盱 旴
xū
盱 2126

50406 冒 圓
1 mào
2 mò
冒 4786

50407 申 𠦃
𢆉昌
shēn
申 9753

50408 㗊
jí
㗊 1431

50408 覓
mào
鄭補逸字
鉉篆 50307 覓

50410 㗊
jiào
㗊 1434

50410 瞻
zhǎn
瞻 2128

50410 皕
bì
皕 2229

50410 賏
yīng
賏 3976

50410 覞
yào
覞 5494

50410 閜
1 xiǎ
2 ě
閜 7718

50410 䁊
jiǒng

50411 鴡 雎
jū
鴡 2447

50411 輩
fēi
輩2097

50411 瞋 眡
chēn
瞋 2155

50411 睍
liàng
睍 2175

50411 覠
yùn
覠 5457

50411 疊 叠疊
dié
疊 4290

50411 閶阊
chāng
閶 7693

50411 閤
1 gé
2 hé
閤 7698

50411 閛
1 pēng
2 pèng

50412 嚚嚚
yín
嚚 1432

50412 賨
cóng
賨 3973

50412 匱
匱 8395
見 50614 匱

50413 覬觊
jì
覬 5479

50413 題题
tí
題 5582

50413 閼阏
1 è
2 yān
閼 7724

50413 閡阂
1 ài
2 hé
閡 7731

50414 關関关
guān
關 7733

50414 閬阆
làng
閬 7712

50414 闓闿
kǎi
闓 7717

50414 闐阗
tián
闐 7735

50415 鷐
chén
鷐 2450

50416 鼢蚡坌
fén
鼢 6362

50417 竄窜
cuàn
竄 4646

50417 闒阘
tà
闒 7699

50418 覽览
lǎn
覽 5460

50421 鼷
xī
鼷 6369

50508 殂䏆
cú
殂 2529

50509 呻
shēn
呻 0919

50509 閆闫
yán

50511 寅鐢
yín
寅 9744

50512 曟晨
chén
曟 4289

50513 限
xiàn
限 9583

50513 隕殞
陨殒
yǔn
隕 9601

50513 隄堤
dī
隄 9610

50513 院
yuàn
寏 4547
院 9658

50514 瞼睑
jiǎn
瞼 2201
新附字

50514 陽阳佯
yáng
陽 9575
佯篆假借陽
或段 43513 詳

50515 殯殡
bìn
殯 2533

50515 矈矏
mián
矈2096

50516 覸
qiān
覸5495

50516 覾
bīn
覾 5473

50516 鼢
hán
鼢 6372

50523 鼶貖
yì
鼶6368

50611 賵赗
fèng
賵 3978
新附字

50611 阻
zǔ
阻 9584

50614 匱匮
櫃柜
1 guì
2 kuì

50614 𨸏
fù
𨸏9664

50615 囂嚣
1 xiāo
2 áo
囂 1433

50615 贔赑
bì

50617 闠
闠 7703
見 50819 闠

50617 鼮
píng
鼮 6363

50618 讙嚾
喚唤
huàn
讙1435

50716 聵聩
聲聵
kuì
聵 7776
段改篆

50717 閜
ě
閜7723

50718 隤
段改篆
鉉篆 10920 隤

50719鼬
liú
鼬6365

50721 遣
qiǎn
遣 1144

50815 碾輾
niǎn
許書 9532輾

50816 瞶瞶
guì

50817 屭
屭8907
見 30918屭

50819 闠阓
huì
闠 7703

51003 㒳
mò
㒳1917

51003 内内
1 nà
2 nèi
内 3265

51003 玄糸
xuán
玄 2497

51003 凶
xiōng
凶 4505

51003 孔
kǒng
孔 7664

51004 宄殳宼
guǐ
宄 4597

51004 仔
1 zī
2 zǐ
3 zǎi
仔 5083

51004 糸糹
mì
糸 8473

51004 字
zì
字 9720

51004 去
qù
去 3149

51004 蚩
chǎn
蚩 8842

51004 孕
孕 9718
見 21004 孕

51005 紀纪
jì
紀 8498

51005 肍
qiú
肍 2684

51005 宏
hóng
宏 4548

51006 乳
rǔ
乳 7665

51005 砿
hōng

51005 佌婁仳
cǐ
佌 5102

51006 肱厷
gōng
厷 1897

51006 肭
nà
肭 4297
段改肭爲肭

51006 糾糺纠
jiū
糾 1456

51006 究
jiū
究 4651

51006 帑
yuān
帑 4868

51006 破
pò
破 6015

51006 蚊蟁蟁
wén
蟁 8918

51006 肬疣默
yóu
肬 2650

51006 宗宲
寶宝
bǎo
宗 4567

51006 帘簾
lián
許書作簾

51007 䟫
fàng
䟫 1404

51007 舭毘
膍毗
pí
舭 6667

51007 汓泅
qiú
汓 7254

51007 紈纨
wán
紈 8545

51007 絫累
1 lěi
2 嫘 léi
絫 9669

51007 挽娩
miǎn
挽 9719

51007 股
gǔ
股 2626

51007 宓
1 mì
2 fú
宓 4558

51007 宥
yòu
宥 4577

51007 炮疱靤
pào
炮 1981

51008 紽
tuó

51008 叜叟
傁傻寠
1 sǒu
2 sōu
叜 1901

51008 疏疎疏
shū
疏 9740

51008 郛
fú
郛 3995

51008 突
tū
突 4645

51008 匧篋箧
qiè
匧 8384

51008 絹绢
juàn
絹 8568

51008 紋
xué
紋 8635

51008 絩縻
mí
縻 8673

51008 烟煙
1 yān
2 yīn
煙 6456

51008 蟜
jiǎo
蟜 8773

51008 洶
xì
洶 7023

51009 疏
疏 9740
見 51008 疏

51009 踤
zú
踤 1367

51009 紾
1 zhěn
2 tiǎn
紾 8530

51009 諘毀
tóng
諘 1962

51009 睘瞏
1 qióng
2 huán
睘 2127

51009 突罙
罙深
shēn
突 4619

51009 窣
sū
窣 4647

51009 欭
1 yì
2 yīn
欭 5550

51009 跛
bì

51009 跡迹
jì

51009 洇
yīn
洇 7085

51009 蛺蛱
jiá
蛺 8812

51009 蜜蠠
mì
蠠 8916

51009 腎肾
shèn
腎 2595

51009 脙
xiū
脙 2643

51009 絻冕
miǎn
冕 4784

51009 赨
tóng
赨 6554

51009 [幼欠]
段改篆
鉉篆 51111[幼欠]

51009 趉
jué
段改篆
鉉篆 41009 趉

51009 磇砒
pī

51010 蹻
qiāo
蹻 1342

51010 密峃
mì
密 5844

51010 洶汹
xiōng
洶 7154

51010 縎
1 gǔ
2 hú
縎 8534

51010 胃
wèi
胃 2600

51010 膍肶
pí
膍 2669

51010 䩛
bèi

51011 黑
hēi
黑 6508

51011 郊鄋
sōu
郊4056

51011 寰
huán
寰 4606
新附字

51011 縱
zōng
縱 8625

51011 㴾
bō

51012 㥦㤲
qiè
㥦 6685

51012 縿
shān
縿 8647

51013 貔豼
pí
貔 6085

51014 蝸逶
wēi
逶 1154

51014 縱縦纵
1 zòng
2 zǒng
縱 8511

51014 繼継继
jì
繼 8505

51014 寫
wěi
寫 4550

51015 黟
yī
黟 6544

51016 縈
ruǐ
縈 6947

51016 鄬
wéi
鄬 4153
同 11319 隖

51017 翾
xuān
翾 2250

51017 繆缪
1 móu
2 miào
3 miù
繆 8712

51017 纔
1 shān
2 才 cái
纔 8588

51018 纔
見 51017 纔

51018 黦黦黧
yuè
黦6524

51019 黲黪
cǎn
黲 6517

51019 翾
段改篆
鉉篆 51017 翾

51103 氏坻
坻阺
1 shì
2 zhī
氏 8326

51104 丙餂囟
tiàn
丙 1444

51104 宅厇宨
zhái
宅 4536

51104 旭
xù
旭 418

51105 帛
bó
帛 4905

51105 向呐
nè
向 1447

51105 攺
yǐ
攺 2056

51105 昄
bǎn
昄 4220

51105 昉
fǎng
昉 4243
新附字

51105 守
shǒu
守 4575

51105 蚔
1 qí
2 zhǐ
蚔 8776

51105 佃
1 tián
2 diàn
佃 5101

51105 肚
dū

51106 甾菑
zī
參照 0565 菑
補菑省文
甾非甾字

51106 冣
jù
冣 4777

51106 恂
xún
恂 4845

51106 肘
zhǒu
肘 2619

51106 舍
1 shè
2 舍捨 shě
舍 3258

51106 卑
bēi
卑 1924

51106 畐畐
1 fú
2 逼偪湢 bī
畐 3323

51106 幼
yòu
幼 2489

51106 旻
mín
旻 4171

51106 約约
1 yuē
2 yāo
約 8526

51106 町
1 tǐng
2 dǐng
町 9126

51106 眈
段改篆
鉉篆 51208 眈

51106 甿
méng
甿 9148

51106 劭
段改篆
鉉篆 51208 劭

51107 狛
bó
狛 6346

51107 跃
shì
跃 1364

51107 絅
絅 8539
見 11108 絅

51107 幬帱
1 chóu
2 dào
幬 4855

51107 㡘
xián
㡘 4890

51107 昦昊
hào
昦 6631

51107 景
jǐng
景 4192
影篆作景

51107 晬
zuì
晬 4248
新附字

51107 蚨
fú
蚨 8868

51107 家傢家
jiā
家 4535

51108 碑
bēi
碑 5992

51108 宷審审
shěn
宷 0721

51108 臿插
chā
臿 4502

51108 㕁
tiào
㕁8391

51108 蝍
jiè
蝍 8837

51108 宿宿
1 sù
2 xiǔ
3 xiù
宿 4581

51108 躳躬
gōng
躳 4611

51108 孟孟
mèng
孟 9725

51108 狎
xiá
狎 6307

51108 絇
qú
絇 8654

51109 路
lù
路 1407

51109 跣
跣 1396
見 50110 跣

51109 郫
pí
郫 4083

51109 般
1 pán
2 搬 bān
3 bō
般 5422

51109 髀
bēi
髀2558

51109 脾
pí
脾 2597

51109 㬵
nǎn
㬵 4222

51109 緺
guā
緺 8606

51109 蜧
lì
蜦 8854
蜦或从戾

51109 服䑦
1 鵩 fú
2 fù
服 5423

51109 蛃魎
liǎng
蛃 8879

51109 蜍
chú

51109 寎
bìng
見 51412 寎

51109 趺
fū

51109 䬞涼凉
liáng
䬞8933
涼篆作䬞

51109 者
zhě
同 91109 者

51109 蟜
蟜 8773
見 51008 蟜

51109 屆
屆 5387
見 31210 屆

51110 超
chāo
超 0982

51110 窈
yǎo
窈 4656

51110 緄绲
gǔn
緄 8601

51110 緆緆
xī
緆 8703

51111 睹
睹 4176
見 51211 睹

51111 㚔
jiù
㚔 4476

51111 溷
hùn
溷 7170

51111 聚
jù
聚 5214

51111 㕭呦
yōu
㕭5555
呦 0954

51111 窾恪
kè
窾 6737

51111 踤
段改篆
鉉篆 51009 踤

51111 窣
段改篆
鉉篆 51009 窣

51112 竆窮
qióng
竆3999

51112 竆窮穷
qióng
竆 4652

51112 髀蹕
bì
髀 2565

51112 朅
qiè
朅 3150

51112 蟋
xī
蟋 8899
新附字

51113 鵌
tú
鵌 5885

51113 緼緼缊
1 yùn
2 yūn
3 wēn
緼 8714

51113 蟟
liáo

51113 寮
liáo

51114 趨
jié
趨1021

51115 鷞鸘鷫
sù
鷞2364

51115 寮寮
liáo
寮 4621

51116 趞
1 què
2 qì
3 jí
趞 0992

51116 顆
顆6539
見 11217顆

51116 蹳
bō

51117 蹐
jí
蹐 1383

51117 邃
suì
邃 4655

51119 鵴
jú
鵴 7605

51204 古䛸
gǔ
古 1457

51204 圯
yí
圯 9102

51204 凷块塊
kuài
凷 8993

51205 舌
shé
舌 1437

51205 屆
屆 5382
見 31306 屆

51205 居
居 5378
見 60106屋

51205 旰
1 gàn
2 hàn
旰 4197

51205 昏
段改篆
鉉篆 01205 昏
俗篆 01205 昏

51206 眅
pān
眅 2107

51206 㚃
yǔn
㚃 6574

51206 蚳
chí
蚳 8793

51206 奴
cán
奴2515

51206 昺
bǐng
義同炳

51207 敀
pò
敀 1994

51207 富
fù
富 4565

51207 聀取
xiè
取2015

51207 邸
dǐ
邸 3994

51207 宋誌寂
jì
宋4561

51207 宔
zhǔ
宔 4603

51207 冡
méng
冡 4782

51207 倨
倨 4979
見 31308 倨

51207 岵
hù
岵 5834

51207 臭
jú
臭 6282

51207 組
zhàn
組 8640

51207 堀
堀 9008
見 31308 堀

51207 垑
chǐ
垑 9062

51207 歾殁
歿殁
mò
歾 2524

51207 刮刮颳
guā
刮 2773

51207 㝵㝵
biǎn
㝵3877
段篆 51307㝵

51207 蛂
bié

51208 䀣
bì
䀣 2116

51208 曼漫鬘
màn
曼 1903

51208 碬
xiá
碬 5988
段篆 52310 碬

51208 耽躭聸
dān
耽 7757

51208 联
chè
联 7779

51208 盳
gǎng
盳　9141

51208 劭
shào
劭 9179

51208 睟
1 suì
2 zuì

51208 宱
zhà

51208 胾胏胇
zǐ
胾2712

51209 粕
pò
粕 4492
新附字

51209 融螎蠭
róng
融 1855

51209 匏
páo
匏 5788

51209 寄
jì
寄 4589

51209 裾
裾 5271
見 31310 裾

51209 奅
pào
奅 6573
段改作奅

51209 閎闳
hóng
閎 7696

51209 颰
xuè
同 01209颰

51209 猖
chāng

51209 貱
bì
貱 3939

51209 映暎
yìng
映 4249
新附字

51209 㼰
pí
㼰 8422

51210 祭
1 jì
2 zhài
祭 0030

51210 跨
kuà
跨 1351
新附字

51210 殷
jiù
殷 1965

51210 閔憫
愍闵悯
mǐn
閔 7747

51210 睞睫
jié
睞 2093

51210 郹
jú
郹 4065

51210 蟘
tè
段改篆
鉉篆 51312 蟘

51210 涸瀚
hé
涸 7303

51210 緷
yún
緷 8631

51210 緹缇
tí
緹 8579
緹或作衹

51210 賄贿
huì
賄 3920

51210 涺
涺 7082
見 31311 涺

51210 飆
飆8933
見 51109飆

51210 螳
táng
螳 8900
新附字

51211 适
kuò
适 1122

51211 逼
bī 逼 1212
新附字
許書作畐
見 51106 畐

51211 睹
1 曙 shǔ
2 dǔ
睹 4176

51211 踦
qī
踦 1330

51211 綜综
1 zèng
2 zōng
綜 8492

51211 賕赇
qiú
賕 3969

51211 朢望
wàng
朢 5218

51211 綰绾
wǎn
綰 8576

51211 閟
bì
閟 7720

51211 瞑堧
ruán
瞑9127

51211 豎豎竖
shù
豎 1944

51211 踣
bó
段改篆
鉉篆 51311 踣

51211 鴇鸨鮑
bǎo
鴇 2427

51211 賢贤臤
xián
賢 3927

51211 暑
shǔ
暑 4224

51212 噩
yǐn
噩 6721

51212 涵涵
hán
涵7482

51212 繩绳
shéng
繩 8651

51212 察詧
chá
察 4562

51212 竅窾
cuì
段改篆
鉉篆 52212 竅

51212 毳
cuì
段改篆
鉉篆 52212毳

51212 彭
péng

51213 鄒
zhài
鄒4025

51213 涵涵
hán
涵7284

51213 睽
kuí

51214 踔
chuò
踔 1032

51214 黜
dá
黜 6514

51214 睽
kuī
鄭補逸字

51214 瀜
róng

51215 躇蹰
chú
躇 1371

51215 匵
dú
匵 8396

51215 闤闤阛
huán
闤 7749
新附字
鄭補逸字

51217 闖
wěi
闖 7714

51217 蹉
cuō
蹉 1413
新附字

51217 竈竈灶
zào
竈 4617

51218 鴹
yàng
鴹 6516

51218 竇窦
dòu
鉉篆作

51218 獰狞
níng

51219 矘
tǎng
矘 2113

51305 吉
jí
吉 0875

51306 旰
gàn
旰 2106

51306 吾
1 wú
2 yù
吾 0836

51306 眡
shì
眡 2120

51307 导㝵
段改篆
鉉篆 51207㝵

51307 夏
xuè
夏2084

51307 言
yán
言 1470

51307 甛甜
段改篆
鉉篆 51408 甛

51308 寤
wù
寤4585

51308 眈
dān
眈 2124

51308 略
luò
略 2187

51308 冠
1 guān
2 guàn
冠 4776

51308 最嘬冣
zuì
最 4787
俗作冣

51308 㝵
dé
㝵 5459
形同古文得

51308 組组
zǔ
組 8605

51308 匡
匡8385
見 52307 匡

51308 咢
段改篆
鉉篆 11410 咢

51309 時时
鰣鲥
shí
時 4172

51309 眯
1 mǐ
2 瞇 mī
3 mí
眯 2178

51309 喜歖歖
xǐ
喜 3059

51309 閈闬
1 hàn
2 bì
閈 7700

51310 跧
quán
跧 1348

51310 訕讪
shàn
訕 1604

51310 訟讼谘
sòng
訟 1674

51310 寇
kòu
寇 2035

51310 鉵
tóng
鉵 9305

51310 勔
miǎn

51310 晻
晻 4204
見 51512 晻

51310 奔奔
liǔ
奔 6573
段改从丣聲

51310 詘謳诎
qū
謳 1694

51311 踣
踣 1390
見 51211 踣

51311 粵
粵 3054
从宷非从来
見 51311 粵

51311 粵粤
yuè
粵 3054
段改篆粵

51311 窨
窨 4614
見 51412 窨

51311 寤
wù
見 51614 寤

51311 智
zhì
見 61515𥏼

51311 閣阁
gé
閣 7721

51311 螳
螳 8900
見 51210 螳

51311 陂
1 bēi
2 pí
陂 9578

51311 鉋刨鑤
bào

51312 詹蟾
譫谵
zhān
詹 0713

51312 遁遯
dùn
遁 1138

51312 訾訿
1 zǐ
2 zī
訾 1623

51312 叡壑
hè
叡 2516

51312 睹覩
dǔ
睹 2133

51312 鄏
rǔ
鄏 4023

51312 傜傜
yáo
傜 5121

51312 艇
tǐng
艇 5425
新附字

51312 蟘蟘貣
tè
蟘 8764
段改蟘爲蟘

51313 睇
tì
睇 2140

51313 誻嚃
tà
誻1438

51313 匵
匵 8396
見 51215 匵

51313 蠡
段改篆
鉉篆 52211 蠡

51314 鶪雎鵙
jú
鶪 2374

51314 睽
kuí
睽 2135

51314 窺窥
kuī
窺 4639

51314 儋擔
1 dān
2 dàn
儋 5002

51314 澒
hōng

51314 瞭
1 了 liǎo
2 liào

51315 寵宠
chǒng
寵 4576

51315 闍阇
1 dū
2 shé
闍 7705

51315 繽缤
bīn

51315 闠阓
闠 7749
見 51215 闠

51315 躇
段改篆
鉉篆 01114 躇

51315 讋
段改篆
鉉篆 61315 讋

51316 嘾
1 dàn
2 tán
嘾 0879

51316 襜
chān
襜 5266

51316 憺
dàn
憺 6763

51317 澹
1 dàn
2 tán
澹 7176

51317 闋阕
què
闋 7744

51317 竈
竈 4617
見 51217 竈

51318 ⿰齒舌
kuò
⿰齒舌1319

51320 齹
cuó
齹1290

51320 矘
矘 2113
見 51219 矘

51322 鹽盐
yán
鹽 7679

51407 珀
pò

51407 言
yán
筆迹小異
鉉篆 51307 言

51407 均
1 jūn
2 畇 yún
均 8983

51408 音
yīn
音 1731

51408 𡕥要
腰䙅
yào
段改篆
鉉篆 92408 要

51408 珣
xún
珣 0097

51408 玾
jiǎ

51408 甛甜
tián
甛 3023

51408 勖
段改篆
鉉篆 51510 勖

51409 碧
bì
碧 0185

51409 喑
yàn
喑 0934

51409 訽
kòu
訽1633

51409 覭
mí
覭5475

51409 阠
xìn
阠 9662
新附字

51410 畱留榴
liú
畱 9150

51410 阡
qiān
阡 9663
新附字

51410 喜
xǐ
俗篆
許書 3059 喜

51410 訕
段改篆
鉉篆 51310 訕

51410 詘
段改篆
見 51310 詘

51411 詔诏
zhào
詔 1526

51411 鈶枱
sì
枱 3672

51411 敳
gài
敳 2517

51411 ⿱䀠大⿱䀠犬
jù
⿱䀠大6629

51411 閽阍
hūn
閽 7738

51412 器噐
qì
器 1436

51412 寎
bìng
寎 4670

51412 ⿰門頁
mén
⿰門頁 5658

51412 頢
kuò
頢 5616

51412 銘铭
míng
銘 9411
新附字

51412 窨
1 yìn
2 xūn
許書 3143 窨

51412 附坿
fù
附 9613

51412 訾
段改篆
鉉篆 51312 訾

51412 ⿰亻訾
段改篆
鉉篆 51312 ⿰亻訾

51412 陴
段改篆
鉉篆 51413 陴

51412 ⿱知虫鼅
鼅蜘
zhī
鼅 8962

51413 叡睿壡
ruì
叡 2519

51413 陴鞞
pí
陴 9653

51413 闃阒閴
qù
闃 7753
新附字

51413 餐
餐 3212
見 51414 餐

51414 餐湌
cān
段改篆
鉉篆

51414 睡
shuì
睡 2168

51414 ⿱穴⿰爿米
mí
⿱穴⿰爿米 4668

51414 闛
1 táng
2 tāng
3 chāng

51414 閹阉
閹 7737
見 51616 閹

51414 儋
段改篆
鉉篆 51314 儋

51415 諧谐
xié
諧 1544

51415 謁谒
yè
謁 1479

51415 ⿰目縣
xuàn
⿰目縣2094

51415 誻
tà
誻 1627

51415 曨昽
lóng
曨 4241
新附字

51415 寵
段改篆
鉉篆 51315 寵

51416 譄
zēng
譄 1636

51416 闔阖
hé
闔 7709

51416 闊阔
kuò
闊 7746

51416 遛
1 liù
2 liú

51417 諎唶
zé
諎 1586

51417 竈竃
竈 4617
見 51217 竈

51417 盬
gǔ
盬 7680

51418 ⿰齒吉
xiá
⿰齒吉1306

51418 竇
竇 4624
見 51218 竇

51418 襘
段改篆
鉉篆 51316 襘

51419 齬龉
yǔ
齬 1314

51422 纜缆
lǎn

51423 寱寐
段改篆
鉉篆 51414 寐

51508 音
段改篆
鉉篆 51408 音

51509 訵
段改篆
鉉篆 51409訵

51510 閏闰
rùn
閏 0079

51510 喑
yīn
喑 0798

51510 雹靁
báo
雹 7497

51510 凰
huáng

51510 勖勗
xù
勖 9180

51511 詬詢诟
gòu
詬 1712

51511 詀
zhān

51511 蝗
huáng
蝗 8822

51512 詥
hé
詥 1545

51512 詣诣
yì
詣 1576

51512 詯
huì
詯 1620

51512 韶
sháo
韶 1734

51512 鈞钧鋆
jūn
鈞 9331

51512 晻
àn
晻 4204

51512 嘻
許篆作譆
見 52616 譆

51512 瞠
chēng

51512 評
段改篆
鉉篆 41412評

51512 窨
段改篆
鉉篆 51311 窨

51513 誾訚
yín
誾 1502

51513 閿閿
閿阌
wén
閿 2086

51513 佮
段改篆
鉉篆 31413佮

51515 闉
闉 7736
見 51414 闉

51515 縯
yǎn

51515 闞阚
1 瞰矙 kàn
2 hǎn
闞 7745

51515 隉隉
niè
隉 9602

51515 ⿰目縣
⿰目縣2094
見 51415⿰目縣

51515 謁
段改篆
鉉篆 51415 謁

51515 諧
段改篆
鉉篆 51415 諧

51515 諸
段改篆
鉉篆 51415 諸

51516 闚窺窥
kuī
闚 7739

51516 譖
段改篆
鉉篆 51416 譖

51517 ⿰鼠各
hé
⿰鼠各 6361

51517 際际
jì
際 9648

51517 諎
段改篆
鉉篆 51417 諎

51518 閻
yán
閻 7695

51520 韰薤䪥
xiè
韰 4522
俗作薤《康熙》
䪥作韰亦作韲

51610 訏
段改篆
鉉篆 41510 訏

51611 詬
段改篆
鉉篆 51511 詬

51612 詥
段改篆
鉉篆 51512 詥

51612 詣
段改篆
鉉篆 51512 詣

51612 詯
段改篆
鉉篆 51512 詯

51612 韶
段改篆
鉉篆 51512 韶

51613 誾
段改篆
鉉篆 51513 誾

51614 寤寤
wù
寤 4666

51614 闇
àn
闇 7732

51615 寣 hū 寣 4672

51616 閹阉 yān 閹 7737

51619 飄飘颾 piāo 飄 8936

51619 譜谱 pǔ 譜 1721 新附字

51619 霫 xí

51625 譻 段改篆 鉉篆 91625譻

51710 雲云 yún 雲 7538

51713 脞脞 cuó 脞 2193

51715 寣 段改篆 鉉篆 51615 寣

51718 瞟 piǎo 瞟 2131

51731 𨼻燧 suì 𨼻9667 段注此爲籀文篆見 11418 燧

51813 霝 líng 霝 7498

51928 譴谴 qiǎn 譴 1683 段篆作[篆]

52002 中 段改篆 鉉篆 52103 中

52004 収拜廾 gǒng 収1748

52004 相梩耜 sì 相 3671 古作相或作梩 今作耜

52004 匜匜 yí 匜 8386

52004 仲 段改篆 鉉篆 52105 仲

52005 禹禽 yǔ 禹 9687

52005 网網罒罔𦊘冈円𡇒网 wǎng 网 4791

52005 宋 sòng 宋 4600

52005 伃 yú 伃 4948

52005 苢苡 yǐ 苢 0341

52005 蛟 jiāo 蛟 8851

52005 杲 段改篆 鉉篆 52105 杲

52006 玆 xuān 玆 2498

52006 夙夙 㑒㑒 sù 夙4315

52006 窔 yào 窔 4654

52006 梠 lǚ 梠 3626

52006 柶 sì 柶 3686

52006 枹 1 fú 2 bāo 枹 3747

52006 抱捊 1 póu 2 bào 捊 7871

52006 蚑蜞 qí 蚑 8840

52006 杻 niǔ 杻 9742

52006 蛈 tiě

52006 忡 段改篆 鉉篆 52107 忡

52007 茁 段改篆 鉉篆 42007 茁

52007 苞 bāo 苞 0388

52007 莒 jǔ 莒 0271

52007 筥 jǔ 筥 2910

52007 晢晢 chè 晢 6012

52007 晢晢 晢 6012 段改篆 鉉篆 52007 晢

52007 納纳 nà 納 8502

52007 紘紭纮 hóng 紘 8596

52007 宷罙 shēn 許書 4619突

52007 屈 屈 5404 見 32108 屈

52007 屖 屖5409 見 32108屖

52007 蠹蠧蠹 dù 蠹 8920

52007 沖 段改篆 鉉篆 52108 沖

52008 莔 méng 莔 0453

52008 茲兹 1 zī 2 cí 茲 0527

52008 玆 xuān 玆 2498 段改玆爲玆 玆兹俗作玆

52008 跌 diē 跌 1384

52008 跂 1 qí 2 qì 跂 1409

52008 宷 cài 新附字 宷 4607

52008 鄅 yǔ 鄅 4112

52008 罔网 網網 wǎng 网 4791

52008 罛 gū 罛 4802

52008 罦罦 fú 罦 4812

52008 岡冈 gāng 岡 5839

52008 悃
kǔn
悃 6697

52008 級级
jí
級 8523

52008 紴
bō
紴 8622

52008 絲丝
sī
絲 8737

52008 兹
段改篆
當从二
鉉篆 52006 兹

52009 窗窻
窓牕囪
chuāng
囪 6545

52009 跋
bá
跋 1382

52009 絠
gǎi
絠 8679

52009 朘朘
1 zuī
2 峻 juān
朘 2725
新附字 段補篆

52009 蝮
fù
蝮 8742

52010 緊紧
jǐn
緊 1942

52010 索
suǒ
索 4595

52010 掐
qiā
掐 8058
新附字

52010 絿
qiú
絿 8538

52010 緥褓
bǎo
段改篆
鉉篆 53009 緥

52011 萌
méng
萌 0492

52011 嗇啬嗇
sè
嗇 3329

52011 蹏蹄
tí
蹏 1326

52011 寏
huán
寏 4547
或文
疑作

52011 愻
xùn
愻 6724

52011 嵫
zī

52011 萌
méng
萌 0492

52011 窻窓
chuāng
窻 4627

52012 漏
漏 7171
見 32113 漏
段篆作

52012 緦缌寠
sī
緦 8702

52012 麭
pào
麭 3880

52013 罷罢
1 bà
2 pí
罷 4819

52013 繯缳
huán
繯8531

52014 寝
fù
寝4616

52014 緭
wèi
緭 8549

52015 纆纆
mò
纆8675

52016 罽罽
jì
罽 4801

52018 羆罴㔗
pí
羆 6381

52102 廿
niàn
廿 1466

52103 中中
1 zhōng
2 zhòng
中 0231

52103 由
1 yóu
2 繇 yáo
8472+由
段補篆

52104 屰
nì
屰 1442

52104 缶缻
fǒu
缶 3270

52105 杲
gǎo
杲 3598

52105 酉丣
yǒu
酉 9757

52105 宙
zhòu
宙 4604

52106 柏栢
1 bǎi
2 bó
柏 3532

52105 男
段改篆
鉉篆 52207 男

52105 鬼魂
guǐ
習慣篆作
同 53105 鬼

52106 牭樲
sì
牭 0735

52106 油
dí
油 1245

52106 冑
zhòu
冑 2636

52106 楷
hū
楷3580

52106 枱耜鈶
sì
枱 3672

52106 眣
dié
眣 4251
新附字

52106 眲
ěr
眲 5367
新附字

52106 皎
jiǎo
皎 4908

52106 室
shì
室 4537

52106 蛭
zhì
蛭 8766

52106 畈
fàn

52106 畜
1 chù
2 xù
畜 9151

52107 柙凶匣
xiá
柙 3809

52107 哲悊
嚞喆
zhé
哲 0837

52107 笞
chī
笞 2968

52107 晳晣
zhé
晳 4177

52107 楓枫
fēng
楓 3503

52107 窀
zhūn
窀 4660

52107 袖褎
xiù
袖 5261

52107 怞
chóu
怞 6750

52107 畎く
quǎn
く 7440

52107 冬舁
dōng
冬 7478

52107 客
kè
客 4588

52107 酋
qiú
酋 9830

52107 紂纣
zhòu
紂 8667

52107 押
yā

52108 茍
gǒu
段改篆
鉉篆 42108 茍

52108 笱
gǒu
段改篆
鉉篆 42108 笱

52108 筍笋榫
sǔn
筍 2861

52108 覛
mì
覛 3104

52108 昪忭
biàn
昪 4217

52108 窒
zhì
窒 4644

52108 油
yóu
油 7009

52108 苕
1 tiáo
2 sháo
苕 0664

52108 笤
tiáo

52108 荀
xún
荀 0688
新附字

52108 盅
段改篆
鉉篆 62209 盅

52108 蝮
段改篆
鉉篆 52311 蝮

52109 跀
yuè
跀 1341

52109 管篤
笃竺
dǔ
管 3318

52109 殷
1 yīn
2 yān
殷 5229

52109 炁愛
爱㤅
ài
炁 6745

52109 紨
fū
紨 8695

52109 颲
lì
颲 8943

52109 䔍
pò
䔍4501

52109 颰
bá

52109 袖褎
段改篆
鉉篆 52107 袖

52109 罜
段改篆
鉉篆 52211 罜

52110 嗞
zī
嗞 0921

52110 嗞
zī
嗞 0921
段改篆

52110 逆
nì
逆 1123

52110 㬎
xiǎn
㬎 4226

52110 蟅
zhè
蟅 8821

52110 幾几
1 jī
2 jǐ
幾 2493

52110 樂乐
1 yuè
2 lè
樂 3745

52110 宬
chéng
宬 4553

52110 崷
qiú
鄭補逸字

52111 逎遒
qiú
逎 1178

52111 寀 松
sōng
松 3528

52111 䵒黏
nì
䵒 4449
段篆作䵒

52111 幋
pán
幋 4838

52111 綹绺
liǔ
綹 8493

52111 淘
táo

52111 崛
jué
段改篆
鉉篆 02110 崛

52111 梫
段改篆
鉉篆 52211梫

52112 蹠
zhí
蹠 1373

52112 甀
chuí
甀3274

52112 巽
xuǎn
巽4796

52112 礫砾
lì
礫 5989

52112 磯矶
jī
磯 6031
新附字

52112 緱缑缑
gōu
緱8645

52112 亂乱
luàn
亂 9695

52112 葛
1 gé
2 gě
葛 0459

52113 遒逎
qiú
逎 1178

52113 寑
寑4616
見 52014寑

52113 幾
jī
幾2591

52113 𧫛頊
xū
頊6656

52113 嶅磝
áo
嶅 5837

52113 繯
繯8531
見 52013 繯

52113 㸿
dù

52113 螯
段改篆
鉉篆 42113 螯

52114 蹶蹷蹷
jué
蹶 1368

52114 罾
zēng
罾 4799

52114 縕綎
tīng
縕 8510

52115 槢
xí
槢 3417

52115 毇
huǐ
毇 4497

52115 摺折
zhé
摺 7903

52115 蠛
miè
蠛 8896
新附字

52116 𧰼
xī
𧰼 8703

52118 櫓樐艣
艪櫓
lǔ
櫓 3744

52118 䌛鰩
yáo
䌛 7645
新附字

52118 翳
翳 2265
見 22219 翳

52119 藘藘
lǔ
藘0375

52120 蟠
pán
蟠6535

52204 甾甾甾甾
zī
甾 8404
鉉隸作甾
从田非是

52205 告告
gào
告 0777

52205 甹
pīng
段篆
鉉篆 02205 甹

52206 眊
mào
眊 2112

52206 相
1 xiàng
2 xiāng
相 2154

52206 眰
zhì

52206 畀
畀 3009
从丌由聲
篆當作畀
見 51206畀

52207 芸
yún
芸 0394

52207 苷
gān
苷 0302

52207 具
jù
具 1764

52207 畋
tián
畋 2055

52207 眣
dié
眣 2183

52207 男
nán
男 9162

52207 甾菑
1 zāi
2 zī譌爲甾
菑或省艸
補省文甾

52207 苜
mù

52208 臯皋
臯皋
1 gāo
2 háo
臯 6627

52208 笘
shān
笘 2966

52208 苫
1 shàn
2 shān
苫 0587

52208 皓
gào
皓 5856

52208 蛘
yáng
蛘 8849

52208 蜮蜮
yù
蜮 8876

52208 略畧
lüè
略 9145

52208 畚
běn

52208 長长
1 cháng
2 zhǎng
筆迹小異
同 12106 長

52208 脗吻脗脗
wěn
脗脗皆脗之俗
段篆 01208脗
鉉篆 53208脗

52209 菖
chāng

52209 荅答嗒
dá
荅 0247

52209 堅坚
jiān
堅 1943

52209 鄶
kuài
鄶4162

52209 叕
guài
叕4319

52209 窖
jiào
窖 4636

52209 罟
hù
罟4815

52209 閑間闲
xián
閑 7729

52209 蝝
yuán
蝝 8787

52209 奄
yǎn
9780+奄
段補篆

52209 番番
1蹯fán
2 fān
3 pān
番 0720

52210 睞睐
lài
睞 2180

52210 晟
shèng
晟 4245
新附字

52210 買买
mǎi
買 3962

52210 闢闢
pì
闢 7713

52210 蝯猿猨
yuán
蝯 8880

52210 閔
dié

52210 畬
1 yú
2 shē
畬 9130

52210 草皁皂
1 zào
2 cǎo
草 0679

52210 茆茆
máo
0667+茆
據段注補此篆

52210 綎
綎 8611
見 52211 綎

52210 竇
xù

52211 槫
xún
槫3498
段篆 52111槫

52211 眹
zhèn
眹 2204
新附字

52211 顧
kūn
顧5642

52211 湘
xiāng
湘 7004

52211 審宷审
shěn
宷 0721

52211 腲
wěi

52211 造艁
zào
造 1113

52211 綎
tīng
綎 8611

52211 睪
睪 6612
見 53210 睪

52211 蠡蠡
1 lí
2 lǐ
蠡 8921

52211 殸磬
段改篆
鉉篆 22211磬

52212 涵涵
hán
涵7284

52212 迒远
háng
迒 1206

52212 嗸
áo
許書 0915 嗷

52212 閞
1 biàn
2 guān
閞 7707

52212 毀毁毀
huǐ
毀 9071

52212 嶓
bō

52212 縵缦
màn
縵 8562

52212 竅
竅 4598
見 51212 竅

52212 鬊
鬊 8751
見 51212鬊

52213 罩
zhào
罩 4798

52213 罪辠
zuì
罪 4800

52213 豳邠
bīn
邠 4003

52213 窯窰窑
yáo
窯 4615

52214 竅窍
qiào
竅 4629

52214 墨
mò
墨 9031

52214 薈荟
huì
薈 0536

52214 礙碍硋
ài
礙 6011

52215 鷓鹧
zhè
鷓 2474
新附字

52215 醋酢
1 zuò
2 cù
醋 9791
醋酢對調

52216 翱翺
áo
翱 2258

52216 瀋渖沈
shěn
瀋 7365

52217 鄾
yōu
鄾 4067

52217 鷖
鷖 2415
見 22318 鷖

52220 躨
kuí

52306 星曐
xīng
曐 4287

52306 冑軰軸
zhòu
冑 4785

52307 匡匩筐
框眶
kuāng
匡8385

52307 匡匩
匡8385
段改篆
許書从匚㞷聲

52308 段
duàn
段 1961

52308 眓
huò
眓 2123

52308 鉓
xiàng
鉓 3290

52308 宰
zǎi
宰 4574

52308 鉆
diǎn
鉆 3285

52308 酣佄
hān
酣 9794

52308 咢咢噩
噩諤谔
è
咢 0973

52308 眛
段改篆
鉉篆 53207 眛

52309 腥
xīng
腥 2694

52309 罝置
jū
罝 4816

52309 敃
hūn
敃 2050
段改篆
鉉作敃mǐn

52309 聝馘
guó
聝 7780

52309 閉闭
bì
閉 7730

52309 酟
tiān

52309 臯
段改篆
鉉篆 52207 臯

52310 訩詾讻
xiōng
詾 1673

52310 頔
dí

52310 碫
duàn
段改碬爲碫
鉉篆 51208 碬

52310 時
zhì
時 9144

52310 暖煖
煗餪
nuǎn
古作煗或煖

52310 畸
jī
畸 9132

52310 闛
dié

52311 茆
liú
茆0667
段注漢時有
茆、茆二字

52311 趌
jí
趌 1020

52311 脖囟囟
1 xìn
2 zǐ
囟 6665

52311 崿
è

52311 替
tì
見 50314 暜

52311 螋
螋 8742
見 52009 螋

52311 瞞瞞
段改篆
鉉篆 53311 瞞

52312 甯宁
寍寧
nìng
甯 2078

52312 粲
càn
粲 4458

52312 閥阀
fá
閥 7752
新附字

52312 陋陻亜
yīn
9066+陋
段補篆

52312 敃
mín
敃5827
段篆 02312敃

52313 瞥覕
piē
瞥 2171

52313 皦
jiǎo
皦 4915

52313 陖峻
jùn
陖 9590

52313 牆醬醬
醬酱醢
jiàng
醬9814

52313 蜳
dūn

52313 殬
段改篆
鉉篆 52415 殬

52314 匋
táo

52314 艪
chān

52314 豎
jiàn
豎 9228

52314 遻遌
è
遻 1130

52315 闕阙
1 què
2 quē
闕 7706

52316 覶覼覶
luó
覶 5453

52317 鐖
jī
鐖3161

52317 瞗
cuó
瞗 9133

52318 蟣
qí
蟣3079

52319 曄曄晔
yè
曄 3869
段篆 02319

52320 黬
yǎn
黬6543

52407 眚
shěng
眚 2170

52408 叚叚
jiǎ
叚 1920
同 21206 叚

52408 宰
段改篆
鉉篆 52308 宰

52408 奎
kuī
奎 8775

52409 眡瞋
chēn
瞋 2155

52410 啻商
chì
啻 0874

52410 趼
jiǎn
趼 1406

52410 窐
1 guī
2 wā
窐 4618

52410 瓩
dù
瓩 4778

52410 蜩蚓
tiáo
蜩 8823

52410 詾詾
段改篆
鉉篆 52310 詾

52411 暀旺
1 wǎng
2 wàng
暀 4219

52411 暖
xuān
暖 2100

52411 鈿钿
1 diàn
2 tián
鈿 9413
新附字

52411 睦
mù
睦 2148

52412 睩
lù
睩 2181

52412 閾阈閾
yù
閾 7711

52412 縵缦
màn
同 52212 縵

52412 詧
段改篆
鉉篆 52312 詧

52413 覝
huǎn
覝5455

52413 闑
niè
闑 7710

52413 骿骿
pián

52414 闑
niè
闑 7710

52414 辟壁
bì

52415 適适
shì
適 1108

52415 殬
殬 2545
見 53414 殬

52416 骿駢胼
pián
段改篆
鉉篆 54414 骿

52417 隰
xí
隰 9596

52418 蠰
náng
蠰 8798

52419 鼶
sī
鼶 6364

52420 闥
闥 7750
見 53421 闥
新附字

52509 琚
琚 0160
見 32610 琚

52510 曐星曐
xīng
曐 4287

52510 瑶
段篆
鉉篆 22510 瑶

52510 詫
段改篆
鉉篆 52410 詫

52511 詁诂
gǔ
詁 1529

52511 蜻
qīng
蜻 8830

52511 睦
睦 2148
見 52411 睦

52511 賊
qià
賊 2189

52512 話話
譮话
huà
話 1547

52513 錮锢
gù
錮 9236

52513 鋸
鋸 9317
見 32614 鋸

52514 暙
zhūn
暙2141

52515 叡叡
hè
叡 2516

52515 嚭
pǐ
嚭 3061

52515 隈
wēi
隈 9622

52516 寱囈呓
yì
寱 4671

52518 曩
nǎng
曩 4213

52519 警
jǐng
警 1550

52521 闎闎
zhuǎn
段改篆
鉉篆 53318闎

52521 譚谭鄿
tán
許書作鄿
見 01217鄿

52609 睭昬
xié
睭 2118

52609 昬睭
xié
昬2118

52609 眭
suī
眭 2203
新附字

52610 睚
yá
睚 2206
新附字

52611 詁
段改篆
鉉篆 52511 詁

52612 詰诘
jié
詰 1690

52612 閨闺
guī
閨 7697

52612 開闓开
kāi
開 7716

52612 誥
段改篆
鉉篆 52512 誥

52612 話
段改篆
鉉篆 52512 話

52613 謯
jù

52613 語语
1 yǔ
2 yù
語 1473

52613 誘羑
誘诱
yòu
羑 5816

52613 誇
段改篆
鉉篆 42513 誇

52614 誩
jìng
誩 1727

52614 頿
kū
頿 9091

52616 闢闢
闢辟
pì
闢 7713

52616 譆嘻
xī
譆 1619

52619 囂
xiāo
囂 0290

52619 警
段改篆
鉉篆 52519 警

52620 讋讋詟
zhé
讋 1668

52711 擥
wàn
擥 0172

52712 詰
段改篆
鉉篆 52612 詰

52713 語
段改篆
鉉篆 52613 語

52715 諳谙
ān
諳 1707

52715 霒
hán
霒7509

52716 譆
段改篆
鉉篆 52616 譆

52717 謣謣
段改篆
鉉篆 42917 謣

52814 誩
段改篆
鉉篆 52614 誩

52814 霅
zhà
霅 7491
段改篆

52818 塞寒塞
sè
塞3019

52820 讋
段改篆
鉉篆 52620 讋

52822 𡫳寋
sè
寋 6725
从心塞聲

52915 諳
段改篆
鉉篆 52715 諳

52917 霤霤 liù 霤7517

52922 靄霭 ǎi 靄 7537 新附字

52923 賽赛 sài 賽 3983 新附字

53004 妃 fēi 妃 8091

53004 史 段改篆 鉉篆 93105 史

53005 秄 zǐ 秄 4397

53005 安 ān 安 4557

53007 屖 屖 9736 見 33108 屖

53007 捆 yīn 捆 7976

53007 妎 hài 妎 8231

53007 祁 祁 5341 見 53108 祁

53007 娟 juān 娟 8311 新附字

53007 紐纽 niǔ 紐 8609

53007 妴 wàn 妴 8162

53007 嫛 yí 嫛 8191

53008 壼壸 壸壼 kǔn 壼3900

53008 茵鞇氤 yīn 茵 0610

53008 姽 guǐ 姽 8172

53008 笶△ qū 凵 3148

53008 僎僝 zhuàn 僎4962 《玉篇》作僝

53008 孶孳 zī 段改篆 孳 9727 鉉篆 33008 孳

53009 娩 fù 娩 6265

53009 綵 綵 8620 見 52010 綵

53009 蜹蚋 ruì 蜹 8834

53009 婿壻 xù 壻 0227

53009 掔 1 慳慳 qiān 2 wàn 掔 7915

53009 婉 wǎn 婉 8163

53010 罦罟 fú 罟 4812

53010 猱嶩巎 náo 猱 5823

53010 豫豫 yù 豫 6105

53010 婗 ní 婗 8098

53010 嬽 yuàn 嬽8199

53010 窙 xiāo

53010 簁 shī 簁 8804

53011 嫋 niǎo 嫋 8167

53011 嬠 cān 嬠 8278

53011 菡屎 shǐ 菡0625

53012 綱纲 gāng 綱 8630

53012 網 wǎng 网 4791

53012 罳 sī 罳 4826 新附字

53012 總総总 揔摠總 zǒng 總 8524

53012 潺 潺 7422 見 33113 潺 新附字

53013 憲宪 xiàn 憲 6688

53013 擐 huàn 鄭補逸字

53014 蔤 mì 蔤 0434

53016 嫪 lào 嫪 8237

53020 繼 jì 繼8718

53105 存 cún 存 9729

53105 妁 shuò 妁 8084

53105 鬼 鬼 5791 从由頭 同52105鬼

53105 旻 yàn 旻 8210

53106 昧 mèi 昧 4175

53106 蛛鼄 zhū 鼄 8963

53107 苗 miáo 苗 0543

53107 晏 yàn 晏 4190

53107 宴讌醼 yàn 宴 4560

53107 宭 qún 宭 4572

53107 㚔幸 xìng 㚔6590

53107 姁 xǔ 姁 8102

53107 蚗 jué 蚗 8827

53107 磈
kuǐ

53107 鬿
qí

53107 ⿰牛因
yān

53108 罠
mín
罠 4808

53108 畟
cè
畟 3357

53108 䢼
rú
䢼4142

53108 晞
xī
晞 4230

53108 害
1 hài
2 hé
害 4594

53108 蝘
蝘 8759
見 53209 蝘

53108 娲媧孎
wā
媧 8124

53108 罕罕罕
hǎn
罕 4793

53108 茵
zhì
茵0601

53108 ⿰衤弔
⿰衤弔 5341
diāo
鉉篆作

53108 跦
zhū

53109 趹
jué
趹 1405

53109 掔
qiǎn
掔 0765

53109 ⿰木圂
hún
⿰木圂 3794

53109 ⿰扌圂
hún
⿰扌圂 7989

53109 穾
yuè
穾 4622

53109 窘
jiǒng
窘 4648

53109 恕㤅
shù
恕 6710

53109 蓄畜
chù
畜 9151

53109 蓄畜
chù
段改篆
鉉篆 53109

53110 菑
fú
菑 0369

53110 菑甾
zī
據菑省補菑
菑省為甾非甾

53110 暆
yí
暆 4198

53110 嫇
míng
嫇 8169

53110 ⿰衤弔
段改篆
鉉篆 53007 ⿰衤弔

53111 終终
舟舁
zhōng
終 8546

53111 罙罙冞
mí
罙 4797

53111 猺
yáo

53112 菊
jú
菊 0273

53112 鴳鷃
yàn
鴳 2468

53112 奧奥䆟
1 ào
2 yù
奧 4542

53112 媪媪
ǎo
媪 8101

53112 槃磐
盘盤鎜
pán
槃 3688

53112 鞶
pán
鞶 7931

53112 ⿱穴高
xuè
⿱穴高 4625

53112 曓
bó
段改篆

53113 蓾䕡
lǔ
䕡0375

53113 嶅
嶅 5837
見 52113 嶅

53113 趥
qiū
趥 0998

53113 繹
段改篆
鉉篆 53215 繹

53113 迦
段改篆
鉉篆 54215迦

53113 慝
tè

53114 纅
yào
纅 8486

53114 窱
tiǎo
窱 4657

53114 署
shǔ
署 4818

53114 緊
緊 8646
見 23215 緊

53116 飆飙
biāo
飆 8935

53119 齧嚙啮
niè
齧 1311

53121 黳
黳 6513
見 23222 黳

53206 妲
dá
妲 8308
新附字

53206 蚌蜯
1 bàng
2 bèng
蚌 8860

53207 敃
mǐn
敃 1992

53207 眛
mèi
眛 2176

53207 寅
寅 9744
見 50511 寅

53208 椐
椐 3458
見 33309 椐

53208 据
据 7897
見 33309 据

53208 脗
吻 0783
見 52208脗

53208 棝
gù
棝 3764

53208 畔
pàn
畔 9139

53208 苦
kǔ
苦 0323

53209 蝘䗼
yǎn
段改篆
鉉篆 53108 蝘

53209 搔
sāo
段改篆
鉉篆 7889 搔

53209 苦
guā
苦 0398

53209 睎希
xī
睎 2165

53209 箇个個
gè
箇 2939

53209 茴
gù
茴 0345

53209 罟
gǔ
罟 4803

53209 幗帼
guó
新附字

53209 媞
shì
媞 8188

53209 筈
kuò

53209 粙
zhòu

53209 蜝
qí

53209 颰
xuè

53209 蕾
段改篆
鉉篆 53110 蕾

53210 堀
堀 9104
見 33311 堀
此篆重出
同 9008 堀

53210 睪睪
yì
睪6612

53210 異异
yì
異 1770

53210 罜
zhǔ
罜 4805

53210 婠
wān
婠 8158

53210 婸
dàng
許書 6813 愓

53211 䗼蝘
yǎn
段篆
鉉篆 03210䗼

53211 暱
暱 4232
見 53312 暱

53211 匽
yì
匽 8392

53211 曓
jú
曓 8525

53211 罦罘
fú
罦4814

53211 愍
mǐn
愍 6872

53211 踑
jī

53212 菡菡
hàn
菡 0429

53212 嫺嫻娴
xián
嫺 8190

53212 緭
wēi

53213 罨
罨 4792
見 53415 罨

53213 蟦
fèi

53214 跨
kuà
跨1388
段篆 03214 跨

53214 罻
罻 4813
見53315罻

53214 蠓
měng
蠓 8832

53214 鷃
yàn
許書 2468 鴳

53215 翱
翱 2258
見 52216 翱

53215 㬥暴曝
1 曝暴pù
2 bào
段改篆
鉉篆 54215 暴

53215 迦
jiā
迦1193

53215 繹
繹 8476
見 54214 繹

53216 𡠄
là
𡠄 8294

53218 簟
diàn
簟 2900

53218 蕈
xùn
蕈 0479

53218 嬣
níng
考古出土

53220 黫
yān

53305 里
lǐ
里 9122

53306 隹
zhuī
隹 2270

53307 雋隽
1 juàn
2 jùn
雋 2307

53307 眛
mò
眛 2136

53307 姐
jiě
姐 8103

53308 眏
jué
眏 2174

53308 野
lǐ
野4072

53308 貫贯
guàn
貫 4322

53308 碓
duì
碓 6020

53309 敯暋
mǐn
敯 2050
同 52309敯

53309 酤
gū
酤 9776

53309 脽
shuí
脽 2623

53310 跇
yì
跇 1380

53310 菩
wú
菩 0655

53310 臇熼
juǎn
臇 2702

53310 焦䨥僬
jiāo
䨥6454
僬僥字
許書作焦僥

53310 實实
shí
實 4566

53310 脯
1 fǔ
2 pú
脯 2674

53311 𥈮瞒
mán
𥈮 2101

53311 置
zhì
置 4820

53311 聵聩
瞶聵
kuì
聵 7776

53311 儡
1 léi
2 lěi
儡 5149

53311 貍狸
lí
貍 6097

53312 寐
mèi
寐 4665

53312 匯滙汇
huì
匯 8398

53312 暱昵
nì
段改篆
鉉篆 53211 暱

53312 緞𩌏缎
duàn
𩌏3377

53312 縡
zǎi
縡 8728

53312 詈
lì
詈 4822

53312 畾
1 lěi
2 léi

53312 臇
段改篆
鉉篆 53310 臇

53313 堅
堅 9083
見 23414 堅

53313 曚
méng

53313 睼睇
tì
許書作睇

53313 罝罝
jū
罝 4816

53313 䩪
pò

53313 誖悖
見 43313 誖
誖 1614

53314 嬪嫔
pín
嬪 8207

53314 罰罰
罚罸
fá
罰2786

53315 罻
wèi
罻 4813

53315 蹟迹
jì
迹 1092

53315 䜌孿
luán
䜌 1615

53315 檐簷
yán
檐 3629

53315 擔担儋
1 dān
2 dàn
許書作儋

53315 雞鸡
鸡鷄
jī
雞 2282

53318 臠臠脔
luán
臠 2644

53318 𨶜𨶜
zhuǎn
𨶜7725
段篆 52521𨶜

53319 醰
tán
醰 9781

53320 寢
rǔ
寢4667

53320 欒
luán
欒 7236

53322 寱
寱 4664
見 53424 寱

53409 殙殙
hūn
同 01409 殙
殙 2522

53409 啻
yì
啻1490

53409 匰
dān
匰 8400

53409 娼
mào
娼 8233

53409 晡
bū

53410 蟬蝉
chán
蟬 8824

53410 掔捥腕
wàn
掔7794

53410 睯
hūn

53411 瑤瑶
yáo
瑤 0188

53412 隗
1 wěi
2 kuí
隗 9586

53412 詈
段改篆
鉉篆 53312 詈

53413 蟵蜾
guǒ
蟵8809

53413 署
ǎn
署 4821

53413 嬰婴
yīng
嬰 8219

53413 謭訴诉
謭愬
sù
訴 1680
段改篆

53414 殬
dù
殬 2545

53414 瞽
gǔ
瞽 2190

53414 矇
mēng
矇 2184

53414 紺
běng
段改篆
鉉篆 54413 紺

53414 絣
bēng
鉉篆作絣

53414 闉
yīn
闉 7704

53414 罰罰
段改篆
鉉篆 13314 罰

53415 詘詘诎
qū
詘 1694

53415 罨
yǎn
罨 4792

53415 䦹狒
fèi
䦹9688

53415 畾櫑罍
léi
櫑 3695

53415罶罶罶
liǔ
罶 4804

53415 䜌
段改篆
鉉篆 53315 䜌

53416 䜚輡
tà
䜚 3074

53416 䜚
段改篆
同 53416䜚

53416 鸓鸓䍣
lěi
鸓 2466

53416 郻
yīng
郻4147

53416 豳
bīn
豳5805

53416 䍡
pó
䍡 1661

53417 巒
luán
巒 4203

53417 謷
áo
謷 1590

53418 覺
覺5469
見 53520覺

53418 䜌䜌
段改篆
鉉篆 53318 䜌

53419 隩澳
1 yù
2 ào
隩 9621

53419 藹藹蔼
ǎi
藹 1530

53420 躚跹
xiān
躚 1410
新附字

53421 闒阘
tà
闒 7750

53422 鸞鸾
luán
鸞 2361

53424 寢寑寝
qǐn
寢 4664

53509 畦
qí
畦 9137

53509 啻
段改篆
鉉篆 53409啻

53512 誥诰
𠰷䇭
gào
誥 1525

53512 閵藺
lìn
閵 2274

53512 雊鴝
鴝 2455
見 23714雊

53512 苗笛
qū
苗 0618

53513 善譱善
shàn
譱 1728

53513 詈
段改篆
鉉篆 53413 詈

53513 諦訴
段改篆
見 53413諦

53514 親
qīn
親 4563

53514 睽瞶
kuì
7776+睽
段補篆

53515 詘詘
段改篆
鉉篆 03314 詘

53516 譒
bò
譒 1566

53516 蠸
quán
蠸 8762

53516 譁
段改篆
鉉篆 53416 譁

53516 䍡
䍡 1661
段改篆
鉉篆 54416 䍡

53517 噉
tūn

53517 謷
段改篆
鉉篆 54417 謷

53518 鼴鼴
yǎn

53519 藹
段改篆
鉉篆 53419 藹

53520 鸚鹦
yīng
鸚 2462

53520 覺
kuī
段改篆
鉉篆 53418覺

53521 闌
lán
闌7740

53522 鸞
段改篆
鉉篆 53422 鸞

53613 陮
duì
陮 9585

53614 善
段改篆
鉉篆 53513善

53614 闡阐
chǎn
闡 7715

53615 寶寳宝
bǎo
寶 4571

53615 職职
zhí
職 7767

53616 譒
段改篆
鉉篆 53516 譒

53617 諳
ān
諳 1733

53623 譁
段改篆
鉉篆 43523 譁

53712 瞿
qú
瞿 2351

53714 蟯蛲
náo
蟯 8755

53715 臞癯
qú
臞 2641

53716 蹺跷
qiāo

53717 譬
pì
譬 1494

53717 謫讁谪
zhé
謫 1684

53717 矔
guàn
矔 2109

53717 鏑
段改篆
鉉篆 53617 鏑

53719 觼
jué
觼9665

53814 曉晓
xiǎo
曉 4238

53815 皢
xiǎo
皢 4909

53817 蘦
líng
蘦 0466

53817 謫
段改篆
鉉篆 53717 謫

53828 讟
dú
讟 1730

53917 𨯳
líng
𨯳3284

53917 譬
段改篆
鉉篆 53717 譬

53921 譶
tà
譶 1718
段篆 53921譶

53921 塞
1 sāi
2 sài
3 sè
塞 9048

53928 讟
見 53828 讟
段篆 53928讟

54005 柔
柔3461
見 54006柔

54005 冄冉
rǎn
冄 6044

54005 奴伖
nú
奴 8121

54006 柔
shù
段改篆
鉉篆作柔

54006 杼
zhù
杼 3709

54006 抒
shū
抒 7942

54006 妠
nà

54006 苄
段改篆
鉉篆 54107苄

54007 梱閫阃
kǔn
梱 3645

54007 稛稇捆
kǔn
稛 4403

54007 捆綑
kǔn

54007 殳姝
shū
殳8152

54008 鬥鬪
鬭斗
dòu
鬥 1884

54008 菌
1 jùn
2 jūn
菌 0478

54008 箘
jùn
箘 2856

54008 枏那
1 挪 nuó
2 nà 3 nā
4 nèi
枏4091

54008 姷侑侑
yòu
姷 8215

54008 踈
shū

54009 腬
róu
腬 2662

54009 挐
ná
挐5314

54009 掔
qiān
掔 8192

54010 窡
zhuó
窡 4641

54010 螭彲
chī
螭 8852

54010 蹳
zhuó

54010 掘
掘 7993
見 34111 掘

54011 寱
yì
寱 4559

54011 寑
寑4582
見 54113 寑

54011 媲
pì
媲 8092

54011 嫂嫂
sǎo
嫂 8111

54011 搊
chōu

54011 挐
段改篆
鉉篆 54009挐

54012 䍜昆
kūn
䍜3385

54012 篘
chōu

54012 嬛
1 qióng
2 huán
嬛 8171

54012 蠹螙蠹
dù
蠹 8920

54013 媦
wèi
媦 8110

54013 窫
yà

54013 隸肆
sì

54013 勰
段改篆
鉉篆 54319勰

54014 嫼
mò
嫼 8263

54014 寋
jiàn

54015 鬩阋
xì
鬩 1892

54015 薔
1 sè
2 qiáng
薔 0663

54016 蹇謇
jiǎn
蹇 1392

54016 寒𡫥
hán
寒 4593

54016 褰
qiān
褰 5273

54016 𡫏愆
qiān
愆 6827

54016 麠麀
yōu
麀 6255

54018 䙰䙰
juàn
䙰4794

54018 褰
段改篆
鉉篆 54016 𡫏

54021 䨶
liú
䨶 1887

54103 卌
sì
鄭補逸字

54104 叀𡴀𠧢
zhuān
叀 2494

54105 果
guǒ
果 3551

54105 奼姹
chà
奼 8082

54106 抽擂捄
chōu
擂 7955

54106 柚
1 yòu
2 yóu
柚 3399

54107 苖
dí
苖 0371

54107 畁畀畀
畁畀
qí
畁1754
段改篆畁

54107 笛篴
dí
笛 2983

54107 昇升陞
shēng
昇 4255
新附字

54107 寓
寓 4590
見 55107 寓

54107 芔
zhōng
芔 0351

54107 督
nǔ
督 8456

54108 娶
qǔ
娶 8086

54109 莤
sù
莤 9806

54109 䅳夥伙
huǒ
䅳 4318

54109 窠
kē
窠 4626

54109 婢
bì
婢 8120

54109 娭嬉
xī
娭 8194

54109 蛾蟻蚁
yǐ
蛾 8791

54109 蝨蝨
é
蝨8903

54110 榣
yáo
榣 3572

54110 搖摇
yáo
搖 7911

54110 蓄
xù
蓄 0681

54110 巽
xuǎn
同 52112巽

54110 萄
táo
萄 0659

54110 嫁
jià
嫁 8085

54111 蝨蝨
é
蝨8903

54111 螅
huì
螅 8895
新附字

54111 䔄
yáo

54111 髁
kē
髁 2566

54111 繘
yù
繘 8677

54112 䢼巷巷
1 xiàng
2 hàng
段改篆
鉉篆 74112䢼

54112 鴽翟鴽
rú
翟2296

54112 嬛
嬛 8171
見 54012 嬛

54112 蟆蟇
má
蟆 8871

54112 窬
zhuó
窬0818

54112 媻
1 pán
2 婆 pó
媻 8213

54112 䆽
段改篆
鉉篆 54214䆽

54113 鬭斗
dòu
鬭 1885

54113 寑寑
寑𡪢
qǐn
段改篆
鉉篆 54011寑

54113 纍
纍 8614
見 53112 纍

54114 窾
段改篆
鉉篆 54216窾

54115 蹲
dūn
蹲 1386

54115 醬
yín
醬 3120
段篆作醬

54116 窾
段改篆
鉉篆 54218窾

54119 騫
xiān
騫 2472

54207 睇
dì
睇 2195

54209 穽阱
jǐng
阱 3177

54209 鄢
mǎ
鄢 4088

54209 娗
娗 8300
見 54210 娗

54209 睜睁
zhēng

54209 騔騎裯
dǎo
段改篆
鉉篆 54311 騎

54209 馻
yǔn

54210 㠯
jú
㠯 3704

54210 槶
guì
槶 3716

54210 摑掴
1 guāi
2 guó

54210 駽
xuān
駽 6114

54210 駠
áng
駠 6153

54210 馻
jiè
馻 6198

54210 娗
tǐng

54210 獸兽
shòu
獸 9691

54211 菑 甾
1 zāi 2 zī
菑 0565
菑或省艸
見 52207 甾

54211 殔
yì
殔 2534

54211 罭
yù
罭 4825
新附字

54211 駒
gé
駒6176

54211 駗
zhěn
駗 6193

54211 嫚 僈
1 màn
2 mān
嫚 8272
僈篆假借嫚

54212 踐践
jiàn
踐 1356

54212 褘
wéi
褘 5280

54212 闌阑
攔拦
lán
闌 7728

54212 匴 篹
suǎn
匴 8387

54213 蕃
1 fán
2 fān
3 bō
蕃 0675

54213 踳 舛
chuǎn
舛 3362

54213 潿涠
wéi
潿 7169

54213 駬
ér

54213 蠢惷
𢧵截
chǔn
蠢 8925

54214 康
康 4551
見 57212 康
段篆作[seal form]

54214 暴
bào
暴 6624

54214 驂骖
cān
驂 6160

54214 繹绎
yì
繹 8476

54214 竅
竅4601
見 55213竅

54214 褘
段改篆
鉉篆 54212 褘

54215 騑
fēi
騑 6136

54215 造
chòu
造 0526

54215 簉
zào

54215 韜縚韬
tāo
韜 3371
段注襓即韜

54215 擊
huǐ
擊 8024

54215 暴
暴 4227
見53215 暴

54216 窾
窾4596
見 55215窾

54217 蹼
pǔ

54217 逢蜂夆
fēng
逢 8915

54218 蹸躪蹦
lìn
蹸 1408

54218 窾
窾4596
見 55217窾

54221 䦧
xì

54308 隻只
zhī
隻 2272

54308 馰
dí
馰 6129

54309 䯀
niè
䯀 6173

54310 豎
shù

54310 晉晋晋
jìn
晉 4184

54310 維维
wéi
維 8660

54310 駒驹
jū
駒 6109

54310 颿帆
fān
颿 6177

54310 酷
kù
酷 9780

54311 朁朁
1 憯 cǎn
2 昝 zǎn
朁3031

54311 騳驕裯
dǎo
裯 0063
段篆 54209騳

54311 騧騧
guā
騧 6124

54311 颹
wěi

54311 勳
段改篆
鉉篆 54413 勳

54312 閧
1 哄 hòng
2 xiàng

54312 騉
kūn

54313 纍纝縲
缧累
léi
纍 8643

54314 蠖
huò
蠖 8786

54315 蠶蚕
cán
蠶 8902

54316 醋圮
pǐ
圮 9065
段改篆
鉉篆 54514 醋

54317 闠
pīn
闠1891

54319 勰
xié
勰9211

54328 齾
yà
齾 1293

54407 隼雖
sǔn
雖 2368

54410 駧
dòng
駧 6186

54410 雕屍
臀臋
tún
屍5384

54411 嫚
嫚 8272
同 54211 嫚

54411 罣挂
guà

54412 韐袷韐
gé
袷4904

54412 酳
yìn
酳8329

54412 騠
tí
騠 6212

54413 噆
zǎn
噆 0930

54413 韙韪愇
wěi
韙 1089

54413 勵
léi
勵 9187

54413 闈闱
wéi
闈 7694

54413 闖闯
chuǎng
闖 7748

54413 膊
bó
膊 2678

54413 紂
紂 8709
見 53414 紂

54414 骿
骿 2564
見 52416 骿

54415 闞
xián
闞 6111

54416 髆
bó
髆 2562
段篆作髆

54416 暑
暑 1661
見 53416 暑

54417 纓缨
yīng
纓 8598

54417 詧
詧 1590
見 53417 詧

54417 瞵
lín
瞵 2110

54418 瞬
shùn
瞬 2196

54419 變变
biàn
變 2012

54419 躧韃
xǐ
躧 1400

54420 藷薯
shǔ
藷 0347
同 44420 藷

54510 雎鸱鸱
chī
雎2288

54510 駔驵
zǎng
駔 6202

54512 瞗雌
hé
瞗 4912

54512 壘垒
lěi
壘 9063

54513 雎鵙鹍
jú
鵙 2374

54514 蓍
jì
蓍 1638

54514 酢
圯 9065
見 54316 酢

54515 矆
huò
矆 2147

54516 躔
chán
躔 1355

54516 曬晒
shài
曬 4228

54517 驞
pīn

54519 變
段改篆
鉉篆 54419 變

54613 瑠
léi
瑠 0137

54615 賻赙
fù
賻 3984
新附字

54615 竂
段改篆
鉉篆 53514 竂

54617 謗
段改篆
鉉篆 44517謗

54623 鑾銮
luán
鑾 9373

54714 矍㸌
jué
矍 2352

54720 玃
jué
玃 6090

54721 匶
匶 8388
見 54822 匶

54816 靁雷雷
靁靁
léi
靁 7488

54820 譱善善
shàn
譱 1728

54822 匶櫝
gòng
段改篆
鉉篆 54721 匶

54916 矐
huò

54920 譱
段改篆
鉉篆 54820 譱

54921 驏
zhàn
見 14922驏

55006 妤
yú

55007 帑
tǎng
帑 4887

55007 娓
娓 8196
見 15108 娓

55007 努
nú

55008 案桉
àn
案 3690

55008 案
àn
案 4396

55008 寁
zǎn
寁 4586

55008 媣
duò
媣 8246

55008 蜨蝶
dié
蜨 8813

55009 絮袽
rú
絮 8688

55010 踒
wō
踒 1395

55010 紐
niù

55011 綅
綅 8632
見 55113 綅

55013 媣
rǎn
媣 8201

55013 孎
孎 8198
見 15114 孎

55113 嬫
lè
鄭補逸字

55014 蟒蟒
mǎng

55018 蹇
qiān
蹇 1011

55018 灋法金
fǎ
灋 6229

55105 禹
1 yù
2 yú
禹 5813

55107 寓庽
yù
寓 4590

55107 蝀
dōng
蝀 8892

55109 畷
zhuì
畷 9142

55109 努
nǔ

55110 蟥
huáng
蟥 8803

55111 髃
yú
髃 2563

55111 綥綥綦
qí
綥8585
段篆 15012綥

55112 鴟鵡鵡
wǔ
鴟 2463

55112 窫
yuè
窫 4623

55113 綅
qīn
段改篆作

55113 嫛
嫛 8097
見 25214 嫛

55113 纂
纂 8614
見 53112 纂

55206 牢
láo
牢 0756

55208 娉
1 pìn
2 pīng
娉 8222

55210 馺
sà
馺 6171

55210 駊
pǒ
駊 6165

55213 鄺邝
kuàng

55213 窴窴
diàn
窴4601

55214 纂
纂 6624
見 54214 纂
段改篆作

55214 羿
yì
羿1753

55215 鼗機
qí
鼗5801

55215 嫛
huǐ
嫛8285

55215 窾窾鞠
jū
窾4596

55217 窾窾
jū
窾4596

55306 叀轉叀
wèi
叀 9505

55308 馲
tuō

55309 鞄
páo
鞄 1787

55309 集雧
jí
集 2358

55309 倱
hún
倱 4940

55309 蹔
chán
蹔 6003

55311 罩
zhào
罩 2306

55311 駙驸
fù
駙 6162

55311 褌裈
褌裈
kūn
褌 4850

55311 煇暉
輝辉
huī
煇 6470

55311 惲恽
yùn
惲 6693

55312 櫑罍罍
櫑欙
léi
櫑 3695

55312 曠旷
kuàng
曠 4182

55312 騃呆
ái
騃 6174

55312 渾浑
1 hún
2 hùn
渾 7160

55312 螼
qǐn
螼 8745

55312 攂擂
1 léi
2 lèi

55313 藟虆
虆櫐
lěi
藟 0378

55313 酷
kù
酷 0593

55313 輝辉煇
huī
許書篆作
煇 55311

55313 蹀
dié

55315 罹
lí
罹 4827
新附字

55315 [illegible]
tà
[illegible] 3076

55315 [illegible]
段改篆
鉉篆 55315

55317 驟骤
zhòu
驟 6175

55317 瞵
lìn
瞵 9149

55318 欒栾
luán
欒 3499

55318 鱹鯇鲩
huàn
段注鯇鱹古今字

55319 欒
luán
欒 1767

55319 孌
juàn
孌 9455

55319 謇
jiǎn

55320 瀷
jiǎo
瀷 7348

55411 駻
hàn
駻 6185

55411 彝
jǐng
彝 2518

55412 暵
hàn
暵 4229

55412 騢
xiá
騢 6117

55412 騷骚
sāo
騷 6199

55412 隅嵎湡
yú
隅 9581

55412 絣
絣 8716
从糸并聲
絣从从开聲
見 53414 絣

55413 薏薏
yì
薏 0325

55413 姘
pīn
姘 8297

55413 蟚
蟚 8745
見 55312 蟚

55414 駹
méng
駹 6215

55414 蠵
xī
蠵 8872

55414 縛缚
fù
縛 8536

55417 闞闞
kàn

55417 蠿
jié
蠿 8908

55419 譖
段改篆
鉉篆 55319 譖

55513 暵
暵 4229
見 55412 暵

55514 顛
wèn

55514 餫
餫 3233
見 55515 餫

55515 餫
yùn
鉉篆作

55518 曦爔㸏
xī

55618 譖谮
zèn
譖 1681

55718 譖
段改篆
鉉篆 55618 譖

56005 佛髴
fú
佛 4997

56006 弗
fú
弗 5864

56007 怫
1 fú
2 fèi
怫 6807

56007 㷊
fú
㷊 6401

56008 沸
fèi
沸 7210

56008 拏拿
ná
拏 7839
段改拏爲挐
見 05108

56008 婦
婦 8090
見 56110 婦

56011 罧
shèn
罧 4807

56011 罬輟
zhuó
罬 4810

56011 跚
shān

56013 竄
cuì
竄 4658

56013 罷
lù
罷 4806

56015 搴攓
qiān
同 26019 攓

56107 硉
lù

56108 晦
huì
晦 4206

56108 媿愧
kuì
媿 8304

56109 蝃螮蝃
dì
蝃 8891

56110 曹曹
cè
曹 3028

56110 婦妇媍
fù
段改篆
鉉篆 56008 婦

56110 腱
筋 2730
見 56111 腱

56111 腱筋
jiàn
筋 2730

56111 蹛
dài
蹛 1359

56112 閿閿
wēng
閿 1893

56112 蜦
lún
蜦 8854

56112 蝙
biān
蝙 8886

56113 隸肆髹
sì
隸 6039

56114 鬧鬧闹
nào
鬧 1894
新附字

56114 蹁
pián
蹁 1393

56114 蠹蜉
fú
蠹8923

56114 膄
sōu
膄 2685

56118 翩
piān
翩 2253

56120 皭
jiào

56211 罵駡
傌骂
mà
罵 4823

56212 駿骏
jùn
駿 6139

56213 甂
biān
甂 8423

56214 驄骢
cōng
驄 6121

56216 蠹
xiá
蠹8913

56222 鬩
fēn
鬩1890

56308 娌
lǐ

56309 幝褌裩
kūn
幝 4850

56309 婎
huī
婎 8269

56309 肂
sì

56310 鞇茵
yīn
茵 0610

56311 腫肿
zhǒng
腫 2652

56311 獋
huī
獋6353
新附字

56312 磬
kè
磬 6005

56313 睔
gùn
睔 2104

56313 緁
jié
緁 8547

56315 羅罗
luó
羅 4809

56315 簪簮先
zān
先 5438

56315 蟻蛾蚁
yǐ
鄭補逸字
段蛾或體蟻

56315 驛
yì
段改篆
鉉篆 56417 驛

56317 嬥
tiǎo
嬥 8186

56318 孌娈
1 戀恋 liàn
2 luán
孌 8225

56320 竊竊窃
qiè
竊4490

56411 魋
tuí
魋 5807

56411 騁骋
chěng
騁 6182

56414 鞠鞫
jū
鞠 1802

56415 鞶鞶
pán
鞶 1792

56416 醑
jǐn
醑 9788

56417 驛
驛 6204
見 57416 驛

56421 駁
báo

56510 韋墴
huán
韋8991

56514 嗌
yì
嗌 4208

56612 雔
chóu
雔 2353

56612 曈
tóng
曈 4240
新附字

56616 駢骈
pián
駢 6159

56618 豐
fēng
豐 4546

56618 韂
chàn

56622 闟
yuè
闟7734

56721 闠隘
ài
闠9666

57006 靑
fú
靑 6578

57008 姌媣
rǎn
姌 8166

57008 萬万
wàn
萬 9686

57009 竈龜龟
1 guī
2 jūn
3 qiū
竈 8949

57010 蠆虿
chài
鄭補逸字

57012 趚趚
fú
趚 1037

57012 緐緐
fán
緐 8664

57013 爊
jiāo
爊6439

57013 窶
zhuó
窶 8228

57108 婐
wǒ
婐 8174
婀娜ēnuó
篆作婐妮

57109 晦畝畞
畆畂
畒亩
mǔ
晦 9134

57113 蠹
蠹8923
見 56114蠹

57115 繡綉绣
xiù
繡 8563

57212 康
kāng
康 4551

57213 贎
wàn
贎 3925

57213 驏骣
zhàn

57214 嬾
lǎn
从賴賴从剌
貝並非从負
見 17214 嬾

57310 楎
huī
楎 3673

57310 揮挥
huī
揮 7970

57310 摲
1 cán
2 chàn
摲 7901

57311 葷荤
hūn
葷 0274

57311 雓鴽𬷕
rú
雓2296

57311 騩
guī
騩 6115

57312 緟
chóng
緟 8627

57313 騴
yàn

57313 ⿲糸車糸
pèi
段改篆
鉉篆 57314 轡

57314 驈
yù
驈 6122

57314 轡⿲糸車糸辔
pèi
轡 8738
段改作⿲糸車糸

57315 繣
huà

57408 軸轴
1 zhóu
2 zhòu
軸 9496

57409 ⿱由車胄軸
zhòu
胄 4785

57416 驛驿
yì
驛 6204

57512 騅骓
zhuī
騅 6118

57512 ⿱冃車
jú
⿱冃車 9512

57613 畽
tuǎn
畽 9152

57614 雙艭双
shuāng
雙 2355

57919 讎雠
chóu
讎 1483

58006 柫
fú
柫 3680

58006 拂
1 fú
2 bì
拂 8021

58007 茀茀
fú
茀 0571

58007 笰
fú

58011 罞
méi
罞 4795

58114 鬨閧哄
hòng
鬨 1886

58209 羛
yì
羛 8361

58211 駑驽
nú

58212 騥
róu

58213 駸
駸 6170
見 58315 駸

58218 騫骞
qiān
騫 6190

58311 鞌鞍
ān
鞌 1825

58311 騍骒
kè

58315 駸駸骎
qīn
段篆
鉉篆 6170 駸

58408 畢滭毕
bì
畢 2482
鉉篆作畢

58312 轏
轏 9564
見 38413 轏
新附字

58313 轚
段改篆
鉉篆 58313 轚

58515 罿
chōng
罿 4811

58519 騾
luó
許書作驘

58615 罿
段改篆
鉉篆 58515 罿

58715 犨犫
chōu
犨 0749
段改作犫

58718 難
nàn
難 4225

59010 蠊
lián
蠊 8855

59014 䑙䑙
rán
䑙8951

59017 鬮阄
jiū
鬮 1888

59021 ⿵鬥爾
nǐ
⿵鬥爾1889

59112 ⿰歹黽
zhōng
⿰歹黽8950

59117 鹻
jiǎn

59119 ⿱艹⿴囗林林 莤
yòu
⿱艹⿴囗林林0355

59210 寠
1 寠窶 jù
2 lóu
寠 4591

59210 螻蝼
lóu
螻 8788

59211 ⿰婁阝
lóu
⿰婁阝 4071

59212 羇羈羁
jī
羇4824

59213 罶罶
liǔ
罶 4804

59313 曹
cáo
曹 3033

59313 騝
qián

59314 嫿婳
huà
嫿 8157

59315 瞴
móu
瞴 2117

59315 鸚
1 lóu
2 lǚ
同 99315 鸚

59317 蓸
cáo
蓸 0652

59317 蠹蠤
cáo
蠹8912

59317 驌驌
sù

59318 鞠鞠曲
qū
鞠4472

59319 遭
zāo
遭 1127

59407 畢
畢 2482
見 58408 畢

59411 縪
縪 8544
見 59412 縪

59412 縪
bì
段改篆
鉉篆59411縪

59418 鞠
鞠4472
見 59318鞠

59420 鰜
xiàn
鰜 6371

59423 舞
wǔ
舞4817

59518 羈羈羈
jī
羈4824

59612 輝
hūn
輝 9515

59613 韗韗
yùn
韗 1788

59918 雥
zá
雥 2356

59921 雧集
jí
雧 2358

59922 雧焦
jiāo
雧6454
省作焦

59922 犨犨
chōu
犨 0749
段改篆
鉉篆 58715 犨

59925 雥
yuān
雥 2357

[6]

60101 一弌
yī
一 0001

60102 丄上二
shàng
丄 0006
段篆 60202 二

60102 丅下二
xià
丅 0009
段篆 60202 二

60102 丂巧
1 kǎo
2qiǎo
丂 3037
古文丂字巧字

60102 㔾
hē
反丂爲㔾
㔾3040

60102 卜 ⺊
1 bǔ
2 bo
卜 2066

60103 丌
1 jī
2 qí
丌 3005

60103 兀
wù
兀 5431

60103 引
yǐn
引 8450

60103 尺
chǐ
尺 5400
鉉篆段篆皆作 20002 尺

60103 凥居
jū
段改篆
鉉篆 20002 凥

60104 尼
ní
段改篆
鉉篆 20003 尼

60104 㞢之
zhī
之 3843
俗作㞢非是
見 71205 肯

60104 帀匝
zā
帀 3845

60104 牙伢䍐
yá
牙 1322

60104 乏
fá
乏 1087

60104 仆
pū
仆 5131

60104 而
1 髵 ér
2 néng
而 6045

60105 北丘𠀉
㐀𡈼𡊑
qiū
丘 5209

60105 立
lì
立 6644

60105 弧
hú
弧 8440

60105 天
許書天字
从古文大
見 0003 天

60106 凥居踞
jū
居 5378
段補篆據徐鍇
[凥]俗居从足

60106 皿
mǐn
皿 3122

60107 屑屑
xiè
段改篆
鉉篆 20006 屑

60107 兆兆
zhào
兆2073
兆古文兆
预兆篆作兆

60107 延
zhēng
延1261

60107 征延
zhēng
延1100

60107 弞哂
shěn
弞 5511
段改爲弜

60107 栭
ér
栭 5976

60107 耏耐
1 nài
2 ér
耏 6046

60107 位
wèi
位 5007

60107 兩两
兩 4789
段改篆
鉉篆 61107 兩

60108 耎
1 軟 ruǎn
2 nuò
耎 6638

60108 捎
shāo

60108 怔
1 zhēng
2 zhèng

60109 韭韮
jiǔ
韭 4519

60109 欯
xī
欯5524

60109 浾泟
chēng
浾 6558

60109 沔
miǎn
沔 6975

60109 泛
fàn
泛 7253

60109 洏
ér
洏 7327

60110 屣
xǐ

60110 盆
pén
盆 3132

60110 偄輭軟
ruǎn
偄 5090

60110 泣
qì
泣 7398

60111 益
yì
益 3139

60112 宔
zhù
宔 3133

60112 愞
nuò
段改篆
鉉篆 61615 懦

60112 煗暖
nuǎn
煗 6482

60113 渜
nuǎn
渜 7325

60115 鮞
ér
鮞 7542

60115 湓
pén

60116 盜盗
dào
盜 5568

60116 溢
yì
溢 7361

60202 二丄上
shàng
段改篆
鉉篆 60102 丄

60202 二丅下
xià
段改篆
鉉篆 60102 丅

60202 二二弍
èr
二 8968

60203 上丄二
shàng
丄 0006
同 60102 丄

60203 下丅二
xià
丅 0009
同 60102 丅

60203 亏亐于
yú
亏 3052

60203 工𢒄
gōng
工 3014

60203 亘亘亙
1 xuān
2 gèn
亘 8971

60203 与
1 yǔ
2 yù
3 yú
与 9419

60204 元
yuán
元 0002

60204 互䇘
hù
䇘 2946

60204 巨榘
矩𢀓
jù
巨 3017

60204 可
1 kě
2 kè
可 3041

60204 叵
pǒ
叵 3045
新附字
从反可

60204 彑
jì
彑 6074

60204 仁
rén
仁 4929

60204 弜
jiàng
弜 8463

60204 亞亚
yà
亞 9676

60205 局跼
jú
段改篆
鉉篆 20104 局

60205 示𠀔
shì
示 0010

60205 平評
评𠀒
píng
平 3056

60205 豆荳𣅽
dòu
豆 3080

60205 仝
1 全𠓞quán
2 同 tóng
仝 3268

60205 仜
hóng
仜 4973

60205 弭𢏎
mǐ
弭 8438

60206 𡰪
jié
同 30206 𡰪

60206 㞘臀脽
𦢊臋
tún
段改篆
鉉篆 20105㞘

60206 刓剜
wán
刓 2782

60206 何
1 荷 hè
2 hé
何 5001

60207 咫
zhǐ
咫 5401

60207 些
1xiē 2suò
些 1085
新附字
段篆作𡝩

60207 焉
yān
焉 2480

60207 血
1 xuè
2 xiě
血 3152

60207 亶
dǎn
亶 3327

60207 衧
yú
衧 5272

60207 侸
1 shù
2 住 zhù
侸 5040

60207 巫𢒈
wū
巫 3020

60207 次𣄢
cì
次 5558

60207 烜爟烜
guàn
爟 6489
烜今讀 xuān

60207 忬
xū
忬6897

60207 伻
bēng

60207 於
1 烏 wū
2 yú
烏 2478
象古文烏省

60208 祉
zhǐ
祉 0019

60208 忨
wàn
忨 6824

60208 江茳
jiāng
江 6955

60208 洹
huán
洹 7041

60208 汙污污
wū
汙 7312

60208 𣲅汀
tīng
汀 7316

60208 沍沍
hù

60208 亞
亞 9676
見 60204 亞

60209 屔
ní
段改篆
鉉篆 20108 屔

60209 𥙊
bǐ
𥙊 0040

60209 怦
pēng

60209 侅
gāi
侅 4956

60209 儃
chán
儃 5037

60209 侐
xù
侐 5033

60209 傿
yàn
傿 5092

60209 裋
shù
裋 5330

60209 河
hé
河 6950

60209 沅
yuán
沅 6966

60210 泙
píng
泙 7178

60210 巟
huāng
巟 3153

60210 竝並并
bìng
竝 6663

60210 䚙
xuān
䚙 2846

60210 敨音 tòu 音 3169

60210 祧 tiāo 新附字 祧 0074

60210 谺 xiā

60210 竛 líng

60211 登𤼷 dēng 登 1078

60211 𢀜玒 1 hóng 2 gòng 𢀜2269 新附字

60211 髮鳺 fú 髮2425

60211 恤卹賉 xù 恤 6765

60211 怰 hài 怰 6913

60211 裋 裋 5330 段改篆 鉉篆 60209 裋

60211 䚻 jù

60212 愷豈 凱恺 kǎi 愷 6684 愷 3078

60212 洫 xù 洫 7223

60212 衇脈 脉哌 mài 衇7460

60212 欬 1 kài 2 咳 ké 欬 5551

60212 澶 chán 澶 7043

60212 漹 yān 漹 7074

60212 淤 yū 淤 7344

60214 舡 hóng

60215 憕 chéng 憕 6689

60215 鮖 hú

60215 舸 hé

60216 鮏 tǒu 鮏 7564

60218 鱣鱣 zhān 鱣 7557

60303 三弎叁 sān 0077 三

60305 巧 qiǎo 巧 3016

60306 犽 wū 犽 8451

60306 疒疒 nè 疒 4673

60307 巠坙 jīng 巠 7444

60308 㞋 zhěn 段改篆 鉉篆 20207 㞋

60308 屍尸 shī 段改篆 鉉篆 20207 屍

60308 㝀 yà 㝀9677

60308 疝 jiǎo 疝 4684

60308 疕 bǐ 疕 4695

60309 盂 yú 盂 3123

60309 祝 zhù 祝 0047

60309 祚 zuò 新附字 祚 0076

60309 剄到 jǐng 剄 2790

60309 偵侦 zhēn 偵 5188 新附字

60310 痯痯 yuān 4756+痯 段補篆 鄭補逸字

60310 屝 fèi 段改篆 鉉篆 20209 屝

60310 徑径 1 逕迳 jìng 2 jīng 徑 1224

60310 疢疢 chèn 疢 4749

60310 疥 jiè 疥 4722

60310 痑 tān 痑 4764

60310 衈 èr

60311 䚯 gē 䚯 2411

60311 恆恒亙 héng 恆 8970

60311 疵 cī 疵 4688

60311 悻 xìng 悻6779

60311 盍 hé

60312 痟 xiāo 痟 4694

60312 涇泾 jīng 涇 6970

60312 湞浈 zhēn 湞 7011

60312 䢀 zá

60314 痰 tán

60314 瘝 guān

60315 須𩓢 盨須须 xū 須6656

60315 濬容 濬浚 jùn 容 7468

60315 逯 段改篆 鉉篆 61315逯

60316 ⿱須皿
xǔ
⿱須皿 3134

60316 瘲疭
zòng
瘲 4691

60316 餪
nuǎn

60318 ⿰魚巠
qíng
⿰魚巠7572

60319 瘳
chōu
瘳 4773

60320 齍
zī
齍 3126

60322 ⿰魚亙
gèng
⿰魚亙 7551

60327 ⿸疒⿱罒⿱罒大
pì
⿸疒⿱罒⿱罒大4709

60408 哥歌
gē
哥 3044

60408 貢贡
gòng
貢 3930

60408 ⿱一⿵冂丁
zhēn
⿱一⿵冂丁7741

60408 豇
jiāng

60409 彄
彄 8443
見 60510 彄

60409 ⿰爿可
kē
鉉篆 62207 柯

60410 痀
gōu
痀 4711

60410 祘
suàn
祘 0070

60410 疷
zhǐ
疷 4738

60410 項项
xiàng
項 5592

60410 傴伛
yǔ
段改篆
鉉篆 90309 傴

60411 頑顽
wán
頑 5613

60411 祳脤
shèn
祳 0060

60412 痬
yì
痬 4754

60412 資资
zī
資 3924

60412 痥
duó
痥 4765

60412 頭头
tóu
頭 5573

60412 ⿰礻區
ōu
⿰礻區 5331

60413 禛
zhēn
禛 0014

60413 餖饾
dòu

60413 歌謌
gē
歌 5515

60413 滒
gē
滒 7359

60413 漚沤
1 òu
2 ōu
段改篆
鉉篆 90312 漚

60414 頦颏
1 hái
2 kē
3 ké
頦 5659

60414 閵
lìn
閵8929

60414 顫颤
1 zhàn
2 chàn
顫 5650

60414 ⿰礻區
段改篆
鉉篆 80311 ⿰礻區

60414 餈
餈 3198
見 60415 餈

60414 饘
饘 3199
見 60415 饘

60415 餈𩟔
粢𥹸
cí
段改篆
鉉篆 60414 餈

60415 饘
zhān
段改篆
鉉篆 60414 饘

60415 瘟
wēn

60415 饐
饐 3223
見 60416 饐

60416 饐
èn
饐 3223
鉉篆 60415 饐

60419 鰸
qū
鰸 7602

60509 疸
dǎn
疸 4751

60510 疴痾
kē
疴 4678
痾篆作疴

60510 彄
kōu
段改篆
鉉篆 60409 彄

60511 痕
hén
痕 4745

60511 痘
dòu

60512 ⿸疒員
yùn
⿸疒員4685

60512 禎祯
zhēn
禎 0017

60512 貿
貿 3955
非从丣
當从丣
見 90411 貿

60512 瘐
yǔ

60513 瘍疡
yáng
瘍 4696

60513 瘀
yū
瘀 4706

60513 痎
jiē
痎 4728

60513 痯
guǎn

60514 瘨
1 癲癫
diān
2 chēn
瘨 4682

60514 痱腓痱
fèi
痱 4714

60514 頸颈
1 jǐng
2 gěng
頸 5590

60515 ⿰鳥區鷗鸥
ōu
段改篆
鉉篆 90414 ⿰鳥區

60515 癇痫
xián
癇 4686

60515 瘜
xī
瘜 4720

60516 瘉愈
癒歈
yù
瘉 4772

60517 盥
guàn
盥 3145

60519 [illegible]
zàn

60520 癠
jì

60610 疽
jū
疽 4717

60613 痙痉
jìng
痙 4746

60717 屭屓
xì
段篆 30307 眉

60718 癙
shǔ

60812 㠭
zhǎn
㠭 3018

60916 展輾辗
zhǎn
展 5381

60918 展
段改篆
鉉篆 20815 展

60919 [illegible]
tuǐ

61104 天
tiān
天 0003

61104 立
从籀文大
許从古文大
同 60105 立

61104 尻
kāo
段改篆
鉉篆 21003 尻

61104 攴攵扑
pū
攴 1987
从攴之字
今多从攵

61104 不
1 fǒu
2 bù
不 7666

61104 丙
bǐng
丙 9697

61104 㞋㞋
niǎn
段改篆
鉉篆 21104 㞋

61105 刌
cǔn
刌 2749

61105 豕币
shǐ
豕 6047

61106 刷
1 shuā
2 shuà
刷 2772

61106 收収
shōu
收 2040

61107 攸
yōu
攸 2026
借爲滌 dí

61107 兩网两
輛辆
liǎng
兩 4789

61107 甥
段改篆
鉉篆 61209 甥

61108 攽
bān
攽 2006

61108 炳
bǐng
炳 6462

61108 怲
bǐng
怲 6886

61108 [illegible]
qiāo

61109 敞
chǎng
敞 2009

61109 [illegible]
yōu
攸 2026

61109 敲敲
qiāo
敲 2045

61110 脩修
xiū
脩 2675

61110 修脩
xiū
修 5686
予尾脩脩
字篆作修

61110 彭
彭 3065
見 61210 彭

61110 乖
guāi
乖8067

61111 屩
juē
屩 5410

61111 [illegible]
mì
[illegible]3136

61111 [illegible]
shū
[illegible] 1343

61111 悠
yōu
悠 6893

61112 歖歖
xǐ
歖 5528
段篆 41415 歖
段注曰古文喜

61114 豯
xī
豯 6050

61115 滫
xiǔ
滫 7342

61115 鮩
bǐng
鮩7630

61115 翛
xiāo

61116 滺
yōu

61116 [illegible]
mì

61118 鯈鰷鲦
鮋鲦
tiáo
鯈 7563

61122 [illegible]
zhú

61203 士
shì
士 0226

61203 土
tǔ
土 8974

61204 五
wǔ
五 9678

61204 无無
wú
橆8373

61205 㞋㞋
niǎn
㞋5389

61205 丕
pī
丕 0004

61205 主炷
zhǔ
主 3168

61205 尗菽
shū
尗 4516

61205 仕
shì
仕 4932

61205 功
功 9167
段改篆
鉉篆 61307 功

61206 否
1 fǒu
2 pǐ
否 0933
否 7667

61206 否 𦣻
覔覓
mì
否 4234

61206 查
huán
查6569

61206 垒壘
lěi
垒 9670

61206 攷考
kǎo
攷 2042

61206 坑
kēng
許書作阬

61206 低
dī
低 5180
新附字

61206 址阯
zhǐ
阯 9611

61206 伍
wǔ
伍 5044

61206 尪
yū
尪 6605

61206 圪
1 yì
2 gē
圪 9001

61207 㫄旁
雱㫄雱
páng
旁 0008

61207 鬲㽁𩰬
1 lì
2 gé
鬲 1846

61207 寺
sì
寺 1974

61207 壴
zhù
壴 3062

61207 弞矤
shěn
弞 3299

61207 伾
pī
伾 4986

61207 狟貆
huán
狟 6317

61207 坒
bì
坒 9026

61207 坋
fèn
坋 9080

61207 垗
段改篆
鉉篆 61208 垗

61208 祊
1髣bēng
2 fāng
髣0037

61208 敂叩
kòu
敂 2043

61208 弶
jiàng

61208 坎
kǎn
坎 9039

61208 祗
dī
祗 5255

61208 夎
xiá
夎6077

61208 塙碻
確确
què
塙 8985

61208 垗
zhào
垗 9094

61209 傍
bàng
傍 5061

61209 𠤕疑
yí
𠤕5190

61209 狋
1 yí
2 quán
狋 6298

61209 泜
zhī
泜 7060

61209 埏
埏 9107
見 61210 埏
新附字

61209 勥彊勥
1 qiǎng
2 jiàng
勥 9173

61209 炷
zhù
俗篆
許篆 61205 主

61209 劾
段改篆
鉉篆 61311 劾

61210 盇盍
hé
盇 3165

61210 祕秘
mì
祕 0027

61210 祽
zuì
鄭補逸字

61210 徬
páng
徬 1242

61210 敓敚
奪夺
duó
敓 2023

61210 彭
péng
彭 3065

61210 貆
huán
貆 6063

61210 注註
zhù
注 7238

61210 埏
yán
埏 9107
新附字

61210 牓
bǎng

61210 敞
chǎng
見 61109 敞

61210 屠
段改篆
鉉篆 21110 屠

61210 祗
段改篆
鉉篆 61208 祗

61211 屠
tú
屠 5394

61211 垂𡍮
倕陲
chuí
垂 9103

61211 粒𩚨
lì
粒 4465

61211 忄壴
chì
忄壴6854

61211 怌
pī

61211 端
段改篆
鉉篆 61212 端

61212 鼓
鼓 5528
見 61112 鼓

61212 恊
xié
恊 6850

61212 滂雱
pāng
滂 7121

61212 淫滛
yín
淫 7186

61212 獃呆
dāi

61212 旜旃
zhān
旃 4270

61212 屩
段改篆
鉉篆 21010 屩

61212 端
端 6647
見 62211 端
又 12106 耑

61213 盎瓫
àng
盎 3131

61213 微
wēi
微 1235

61214 縒差
1 chā
2 chà
3 chāi
差 3013

61214 儆
jǐng
儆 4992

61215 溦
wēi
溦 7279

61215 溘
kè
溘 7432
新附字

61215 壞坏
黖𣀔
huài
壞 9073

61216 涶唾
tuò
唾 0821

61216 涶
1 tuō
2 tuò
涶 7075
重出

61216 魾
pī
魾 7577

61216 傞
suō
傞 5123

61219 溠
zhà
溠 6996

61304 玉王玊
yù
玉 0081

61304 王𤣩
1 wáng
2 wàng
王 0078

61304 壬
rén
壬 9715

61305 辛
qiān
辛 1738

61305 圤墣
pú
墣 8992

61306 呈
chéng
呈 0872

61306 全仝痊
quán
仝 3268

61306 式
shì
式 3015

61306 任
1 rèn
2 rén
任 5064

61306 弤
dǐ

61307 玎
dīng
玎 0152

61307 玖
jiǔ
玖 0162

61307 珽
yí
珽 0163

61307 攻
gōng
攻 2044

61307 功
gōng
功 9167

61307 凭凴
憑凴
ping
凭 9421

61307 玔釧钏
chuàn
釧 9414

61308 祇
1 qí
2 zhǐ
祇 0026

61308 玭蠙
pín
玭 0192
蠙《夏書》
玭从虫賓

61308 亟
jí
亟 8969

61308 金金
jīn
金 9213

61308 玢
1 bīn
2 fēn

61308 疚
yòu
疚4705

61308 佺
quán
佺 5010

61308 衽袵
rèn
衽 5241

61308 珩
珩 0122
見 61310 珩

61309 彖
chǐ
彖 6076
段改篆
鉉篆 62207 彖

61309 祆
xiān
祆 0075
新附字

61309 琁瓊
璇璿
qióng
瓊 0094
琁與璿同

61309 玼
cǐ
玼 0139

61309 珧
yáo
珧 0194

61309 徎逞
chěng
徎 1227

61309 粠
hóng
粠 4484

61309 幀帧
zhēn

61309 疣頄肬
yóu
頄5649

61309 竟
俗篆
鉉篆 61410 竟

61309 塙
塙 8985
見 61208 塙

61309 勁
段改篆
鉉篆 61411 勁

61310 金
俗篆
鉉篆 61308 金

61310 珩
héng
珩 0122

61310 㑳吅
chōu
㑳 2182

61310 短
duǎn
短 3298

61310 粔
jù
粔 4493
新附字

61310 珖
guāng

61310 釗钊
zhāo
釗 2783

61310 疾
jí
疾 4759

61310 疫
yì
疫 4762

61310 疲
pí
疲 4756

61310 裎
chéng
裎 5320

61310 祦獮
xiǎn
獮6325

61310 恮
quān
恮 6715

61310 往
段改篆
見 62309 往

61310 衽
段改篆
鉉篆 61308 衽

61311 僘
僘 2010
見61513 僘

61311 崟崯
yín
崟 5841

61311 魾
pēi
魾 3154

61311 浧
1 yǐng
2 chéng

61311 釽
pī
釽 9416
新附字

61311 釘钉
1 dīng
2 dìng
釘 9235

61311 痏
wěi
痏 4739

61311 碩
péi
碩5595

61311 劾劾
hé
劾 9203

61311釳釳
xì
釳9372

61311 釧圳钏
chuàn
釧 9414
新附字

61312 琰
yǎn
琰 0115

61312 衿衿
jīn
衿 5245

61312 惐
jí
惐 6777

61312 鈔钞抄
chāo
鈔 9390

61312 鈋
é
鈋 9403

61312 塈塈墍
jì
塈9015

61312 豥
gāi
鄭補逸字

61312 裎
段改篆
鉉篆 61310 裎

61312 汪
段改篆
鉉篆 62311 汪

61312 銚
段改篆
鉉篆 61313 銚

61313 嵫
zī
嵫 9291

61313 粢餈
餈糍
cí
餈 3198

61313 痰
qiè
痰 4752

61313 欽钦
qīn
欽 5498

61313 彘
zhì
彘 6075

61313 淦泠
gàn
淦 7252

61313 龍龙
lóng
龍 7649

61313 鎬镐
1 hào
2 gǎo
鎬 9259

61313 銚铫
1 diào
2 yáo
銚9261

61313 瘰
luǒ
鉉篆 64619 瘰

61313 獅狮
shī
許書作師

61313 慺慺
xié
段改篆
鉉篆 61212 慺

61314 瘦瘦
shòu
瘦4748

61314 赬赬
赪赪
chēng
赬 6557

61314 赬赬
赪赪
chēng
赬 6557

61314 滰
滰 7334
見 61415 滰

61314 銷销
xiāo
銷 9232

61314 衿
段改篆
鉉篆 61312 衿

61315 鋋
chán
鋋 9354

61315 滍滍
zhī
滍 0595

61315 琭
fú
琭6659
段篆 60315 琭

61315 聾
lóng
聾 8790

61316 錟锬
tán
錟 9358

61316 澺
澺 7022
見 61417 澺

61317 襲袭襲
xí
襲 5248

61317 襱襩
lóng
襱 5274

61317 瘱嫕嫕
yì
瘱 6703

61318 瘍
wěi
瘍4700

61318 瀧泷
1 lóng
2 shuāng
瀧 7275

61318 襚
suì

61319 襱
段改篆
鉉篆 61317 襱

61406 垣䡈
yuán
垣 9000

61407 珥
ěr
珥 0125

61407 堊垩
è
堊 9016

61407 坷
1 kě
2 kē
坷 9074

61408 社𥘺
shè
社 0064

61408 壯壮
zhuàng
壯 0228

61408 玪
jiān
玪 0158

61408 坪
píng
坪 8982
鉉篆 31408 坪
段篆作

61408 坪
píng
坪 8982
段改篆

61408 皇
秦會稽刻石
从白(自省)
同 61509 皇

61409 祗
zhī
祗 0023

61409 玲
líng
玲 0150

61409 疛
zhǒu
疛 4708

61409 疷
qí
疷 4758

61409 堪
堪 9007
見 61510 堪

61410 竟境傹
jìng
竟 1736
古傹同竟

61410 病
bìng
病 4676

61410 壇坛
tán
壇 9099

61410 坰
cè
坰9059

61410 垐堲
cí
垐 9044

61410 垓畡
gāi
垓 8977

61410 珸
wú

61411 垩
垩 9016
見 61407 垩

61411 塏垲
kǎi
塏 9070

61411 𡋯
fèi
𡋯9081

61411 疾蒺
疾㾊
jí
疾 4674

61411 疛
fù
疛 4710

61411 疰
shù
疰 4755

61411 塡填
1 tián
2 zhèn
塡 9024

61411 勁劲
1 jìng
2 jìn
勁 9177

61411 釿
yǐn
釿 9219

61411 鉺铒
èr

61412 鈐钤
qián
鈐 9302

61412 鉦钲
zhēng
鉦 9335

61412 釾鋣
yé
釾 9351

61413 㑵嫉
jí
㑵 5126

61413 鈴铃
líng
鈴 9334

61413 僊
rén

61414 銳锐
銳剡
ruì
銳 9321

61414 銑铣
1 xiǎn
2 xǐ
鉉篆 42412 銑

61414 鋊
yù
鋊 9268

61414 澉
gǎn

61414 祿
祿 0015
見62414 祿

61414 鎬
鎬 9259
見61313 鎬
段篆作

61415 歛斂
liǎn
歛 2016

61415 瘏
tú
瘏 4690

61415 瘢
bān
瘢 4744

61415 滰
jiàng
滰 7334

61417 龔聋
lóng
龔 7773

61417 鏧
yǒu
鏧0204

61417 療㾾疗
liáo
㾾4766

61417 澺
yì

61417 鰸
段改篆
鉉篆 90318 鰸

61417 饁
饁 3214
見 61418 饁

61418 饁馌
yè
段改篆
鉉篆作

61418 癈
fèi
癈 4689

61419 癆痨
láo
癆 4769

61419 襱
lóng
襱 7466

61419 襲
段改篆
鉉篆 61317 襲

61420 瀲瀲
liàn

61507 玒
hóng
玒 0092

61507 玗
yú
玗 0182

61507 雨䨺
1 yǔ
2 yù
雨 7487

61508 玩翫
wán
玩 0149

61508 珂
kē
珂 0213
新附字

61509 皇
huáng
皇 0080

61510 雹
báo
同 51510 雹

61510 聖坐
座坐
zuò
聖9022

61510 堪
kān
段改篆
鉉篆 61409 堪

61510 竟
段改篆
鉉篆 61410 竟

61511 雰氛
fēn
氛 0225

61511 賃赁
lìn
賃 3968

61511 釭
gāng
釭 9370

61511 鋘釫茉
huá
義同鏵
茉 3670

61511 頊顼
xū
頊 5628

61511 偟
huáng
篆見遑或惶

61511 飪
飪 3192
見 61512 飪

61512 飪饪
rèn
段改篆
鉉篆 61512 飪

61512 痞
pǐ
痞 4753

61512 瑱䪴磌
tiàn
瑱 0126
琉 chōng 今充
耳字从玉旁充

61512 瑣琐
suǒ
瑣 0154

61512 琅瑯
láng
琅 0198

61512 琲
bèi
琲 0212
新附字

61512 剉
cuò
剉 2776

61512 瘕
jiǎ
瘕 4724

61512 痺
bì
痺 4732

61512 侳
zuò
侳 5042

61512 錏铔
yā
錏 9367

61512 鉅钜
jù
鉅 9400

61513 霄
xiāo
霄 7495

61513 㑼
shēn
㑼 2010

61513 霠
yín
霠7511

61513 痔
zhì
痔 4730

61513 煌
huáng
煌 6471

61513 惶
huáng
惶 6914

61513 鍓鏶
jí
鏶 9273

61513 軀躯
qū
段改篆
鉉篆 91412 軀

61514 瑜
yú
瑜 0091

61514 湟
huáng
湟 6976

61514 霓
ní
霓 7528

61515 䵹智譬
zhì
䵹2222

61515 璒
dēng
璒 0180

61515 霢
mài
霢 7502

61515 霸
yù
霸 7532

61515 鋞
xíng
鋞 9250

61515 鏇
zhǎn
鏇9394

61515 痷
è
痷4737

61515 䫡
ǎn
䫡 5629
又讀 qīn

61515 䶫
huàng

61516 鎧铠
kǎi
鎧 9365

61516 瘵
zhài
瘵 4681

61516 霝
zhōng
霝7506

61516 鎮镇
zhèn
鎮 9312

61516 鋃锒
láng
鋃 9382

61516 鎖鎖
锁鏁
suǒ
鎖 9412
新附字

61516 鏈
鏈 9367
見 61512 鏈

61519 鐙镫
燈灯
dèng
鐙 9272

61520 滴
dí
滴7181

61520 瘥
chài
瘥 4770

61609 屚
lòu
段改篆
鉉篆 21508 雨

61611 珋珋琉
liú
珋0202

61611 需
xū
需 7531

61613 儒
rú
儒 4937

61615 襦
rú
襦 5294

61615 懦
nuò
懦 6782

61615 鏂
ōu

61616 濡
rú
濡 7061

61616 盥膿脓
nóng
盥3158

61617 鐂劉
liú
段改篆
鉉篆 32718 鎦

61617 劉劉刘
liú
鄭補逸字
又考古出土

61617 鑷镊
niè

61617 襦
段改篆
鉉篆 61615 襦

61622 鱬
rú

61710 雩羿
yú
雩 7530
段篆 31710 雩

61710 雲
雲 7538
同 51710 雲

61712 霓霰
xiàn
霰 7496

61712 噩
è

61713 實霣
yǔn
實 7489

61713 震霹
zhèn
震 7493

61715 實
zī
實7512

61715 霏
fēi
霏 7534
新附字

61715 璿琁
璿璿
xuán
璿 0103

61716 鏂
ōu

61716 鍠
huáng

61721 霽霁
jì
霽 7520

61721 瓚瓒
zàn
瓚 0099

61725 鑽鑽钻
1 zuàn
2 zuān
鉉篆 65721 鑽

61816 痤
cuó
痤 4716

61818 霰
jiān
霰7514

61822 壝
wéi

61917 覤
xì
覤 5496

61920 靈靈灵
líng
靈0206

61921 癑
nòng
癑 4742

62103 襾
yà
襾 4828

62104 至至
zhì
至 7668

62105 尾尾
1 wěi
2 yǐ
段改篆
鉉篆 22004 尾

62105 屎柅
chì
屎 3732
段改篆
鉉篆 22004 屎

62105 朽死
xiǔ
死 2538

62105 朴
1 pò
2 pǔ
3 piáo
朴 3555

62105 弛號
chí
弛 8454

62106 弢
tāo
弢 8455

62106 扤仡
wù
扤 8000

62106 到
dào
到 7669

62106 豖
chù
豖 6065

62106 夏
夏3348
見 82007夏

62107 戾
pú
戾3353
段改戾為叐
見 92107叐

62107 放
fàng
放 2503

62107 枒
1 椰 yē
2 yá
枒 3511

62107 栭
ér
栭 3619

62108 芝
zhī
芝 0243

62108 叐鋄
wǎn
叐3355

62108 柆
lā
柆 3787

62108 拉
1 lā
2 lá
拉 7814

62108 豗
huī

62109 復
復 1225
見 82010 復

62109 屐
jī
段改篆
鉉篆 22008 屐

62109 笠
lì
笠 2954

62109 虐虛
1 qiū
2 墟 xū
虛 5210
虛讀 xū 後作墟

62109 赦赦
shè
赦 2025

62109 虒弛
chí
弛 8454

62109 盉
hé
盉 3138

62110 豘豚
tún
豘6079

62110 劂
jué
劂2739

62110 尿
1 niào
2 suī
段改篆
鉉篆 22009 尿

62110 救捄
jiù
救 2022

62110 敫
jiǎo
敫 2018

62110 敝
bì
敝 4919

62110 敖遨鳌
áo
段改篆
鉉篆 63110 敖

62110 複
複 5281
見 82011 複

62111 盋鉢
鉢缽
bō
新附字
盋 3147

62111 赦赦
shè
赦 2025

62111 稬糯
nuò
稬 4376

62111 擩擩
rǔ
段改篆
鉉篆 63614 擩

62111 楆檽
ruǎn
鄭補逸字

62111 倏倏
shū
倏 6316

62111 絛縧绦
tāo
絛 8623

62111 涿叿
zhuō
涿 7274

62111 屬属
1 shǔ 2 囑
嘱矚瞩 zhǔ
段改篆
鉉篆 22010 屬

62112 徹彻
chè
徹 1989

62112 傲
ào
段改篆
鉉篆 61112 傲

62113 溧
lì
溧 7003

62114 歔
xū
歔 5532

62114 凓
lì
凓 7485

62114 搤
è
搤 7861

62114 澈
chè

62114 熬熬鏊
áo
段改篆
鉉篆 63114 熬

62115 潎
pì
潎 7385

62115 滶
áo
段改篆
鉉篆 61115 滶

62117 鯈
鯈 7614
見 82018 鯈

62118 薀蕰蘊
yùn
薀 0553

62118 儵
shū
儵 6537

62204 生
shēng
生 3858

62206 屋幄
臺屋
wū
段改篆
鉉篆 22105 屋

62206 竺
zhú
竺 8972

62206 杠
1 gāng
2 gàng
杠 3658

62206 杇圬
wū
杇 3641

62206 桓
huán
桓 3655

62206 扛
1 gāng
2 káng
扛 7924

62206 扜
yū
扜 8046

62206 或
1 yù
2 huò
或 8344

62206 坊
1 fāng
2 防 fáng
坊 9117
防之俗新附字

62206 坂岅
bǎn

62207 笪
dá
笪 2967

62207 覂
fěng
覂 4829

62207 袛
dī
袛 6575

62207 秬𩰫
jù
𩰫3187

62207 柜
1 欅榉 jǔ
2 guì
柜 3505

62207 柯舸牱
kē
柯 3727

62207 桓
hù
桓 3756

62207 抲
hē
抲 7979

62207 杬
yuán

62207 帬帬帬
yì
帬 6069

62207 彖彖
彖 6076
見段改篆
61309彖

62207 帬彖
帬 6078
段改帬爲彖
62207彖

62207 彖
tuàn
帬 6078
段改篆

62208 偓
wò
段改篆
鉉篆 22107 偓

62208 苣炬
1 jù
2 qǔ
苣 0620

62208 更
1 gēng
2 gèng
更 2013

62208 笠互
hù
笠 2946

62208 坴
lù
坴 8990

62208 梪
dòu
梪 3081

62208 枰
píng
同32208枰

62208 抨
pēng
抨 8005
同32208抨

62208 尪𨑯
zuǒ
尪 6598

62208 性
xìng
性 6673

62208 張张
1 zhāng
2 脹 漲
zhàng
張 8445

62208 竝
从古文大
許書从籀文大
見 60210 竝

62208 帬彖
帬 6078
段改篆𢑑
見 62207 彖

62208 帬
yì
帬 6069

62209 虘
xī
虘 3090

62209 蛊
zhōng
蛊 3142

62209 彔录
錄録
lù
彔 4352

62209 攱拔拔
chǐ
拔4517

62209 狂
zhù
狂 6279

62209 荳豆
dòu

62209 祑
zhì

62209 狉
pī

62209 墧
qiáo

62210 祓
fú
祓 0049

62210 豩
bīn
豩 6068

62210 敉侎
mǐ
敉 2028

62210 檀
tán
檀 3512

62210 核
1 gāi
2 hé
核 3712

62210 粢齋
zī
齋4371

62210 便㛹
1 㛹 pián
2 biàn
便 5063

62210 氈氊毡
zhān
氊 5366

62210 擅
shàn
擅 7934

62211 渥
wò
段改篆
鉉篆 22110 渥

62211 茁
xuè
茁 0658

62211 菸
1 yū
2 yān
菸 0555

62211 茨
cí
茨 0584

62211 敘叙
xù
敘 2057

62211 彧
yù
彧 5504

62211 榿桤
qī

62211 狴
bì
篆假借陛

62211 稏
yà

62211 端
duān
鉉篆 61212 端
段篆 61211 端

62212 萱
qǐ
萱 0259

62212 彆别
biè
8462+彆
段補篆

62212 褫
sī
褫 0016

62212 渠
qú
渠 7226

62213 履履顱
lǚ
段改篆
鉉篆 22112 履

62213 蒟
jǔ
蒟 0482

62213 徼
1 jiào
2 儌僥侥 jiǎo
徼 1231

62213 聱
áo
聱 7786
新附字

62213 徽徽
huī
徽 4866

62214 盛
1 chéng
2 shèng
段改篆
鉉篆 92214 盛

62214 橙
chéng
橙 3398

62214 燹
xiǎn
燹 6386

62214 毲
dēng
毲 5371
新附字

62214 豬猪
zhū
豬 6048

62214 憿僥侥
jiǎo
僥侔篆憿㝋
憿 6822

62214 渌漉
盝渌
lù
漉 7338

62214 撜抍拯
zhěng
抍 7922
大徐抍或从登
段氏拯或作撜

62214 燩
què
鄭補逸字

62214 黴
黴 8648
見 62215 黴

62215 徽
huī
鉉篆𢕦

62215 簦
dēng
簦 2953

62215 簋匭
朹匭
guǐ
簋 2927

62215 激
jī
激 7151

62215 鮏鯹
xīng
鮏 7619

62215 [illegible]
[illegible] 9012
水部有[illegible]
見92215

62216 潊溆
xù
潊 7425
新附字

62216 澨
shì
澨 7241

62216 燅燂燖
xún
燅 6505

62216 [illegible]獮
xiǎn
鄭補逸字

62216 塐塑
sù

62217 藍蓝
lán
藍 0282
藍 0594
段改作蘫

62217 籃篮
lán
籃 2919

62217 鷩
bì
鷩 2456

62217 韱
xiān
韱 4523

62217 [illegible]
kè
[illegible]5350

62217 彙彙
1 蝟猬 wèi
2 汇 huì
彙6072

62217 觮
jué

62219 鯁鲠
gěng
鯁 7617

62219 [illegible]
段改篆
鉉篆 62217[illegible]

62222 黴霉
méi
黴 6533

62222 鯾鳊
biān
鯾 7565

62222 蘫藍
hàn
藍0594
段改篆

62306 辛
xīn
辛 9707

62306 坁
zhǐ
坁 9023

62306 㞷㞷
huáng
㞷 3844

62307 坏坯
pī
坏 9087
坏作壞的簡化字讀 huài

62308 帝帝
dì
帝 0007

62308 玟玫
1 méi
2 mín
玟 0195

62308 苴
jū
苴 0606

62308 㳈
pēng
㳈0743
段篆 32308㳈

62308 虘
cuó
虘 3097

62308 賈贾
1 gǔ 2 jiǎ
3 jià價
4 估 gū
賈 3959

62308 垎
hè
垎 9043

62308 豙豪
yì
段改篆
鉉篆 64409豪

62309 往徃迬
wǎng
往 1228

62309 珌
bì
珌 0128

62309 商
shāng
商 1449

62309 埒埒
liè
埒 9006

62309 坳坳
ào
坳 9113
新附字

62309 琈
fú

62309 复复
fù
俗篆
鉉篆 82007复

62310 坱
yǎng
坱 9077

62310 桺柳柳
liǔ
桺 3497

62310 楨桢
zhēn
楨 3591

62310 桱
jìng
桱 3660

62310 價价
1 jià 2 jiè
價 5182
新附字
許書作賈

62310 絍紝
紝纴
rèn
紝 8491

62310 做
zuò

62310 莖茎
jìng
莖 0494

62310 斛
段改篆
鉉篆 63310斛

62311 鼓敱
zhú
鼓 2041

62311 汪
wāng
汪 7122

62311 釱
dì
釱 9316

62311 鈁钫
fāng
鈁 9341

62311 鈑钣
bǎn

62311 釴
yì

62312 㞟
diàn
段改篆
鉉篆 22211 㞟

62312 堵䲭
dǔ
堵 9002

62313 菹葅
蕰蘊
zū
菹 0591

62313 瀘
jū
瀘7068

62313 銃铳
chòng

62313 獍
jìng

62314 瑬斿旒
liú
瑬 0135

62314 禱祷
dǎo
禱 0051

62314 栕亙亘
gèn
栕 3800

62314 揯揯
gèn
揯 7951

62314 撩
liáo
撩 9004

62314 鐈
qiáo
鐈 9248

62315 盦罯窨
ān
盦 3143

62315 鋏铗
jiá
鋏 9239

62315 塗涂
tú
塗 9105
新附字

62315 瘓痪
huàn

62315 壕
háo

62315 贅赘
zhuì
段改篆
鉉篆 63315 贅

62315 騄騄
lù
騄2410

62316 斃獘獘
弊毙
bì
斃 6331

62316 鋈
wù
鋈 9216

62316 鏇镟旋
xuàn
鏇 9277

62316 錟
錟 6505
見 62216 錟

62317 贅顤
ào
段改篆
鉉篆 63317贅

62318 𩰪
jù
𩰪3187

62318 礲
lǒng
礲 4303

62319 鸜
qú
鸜2428

62320 鰒
鰒 7614
見 82018 鰒

62320 巕蔑
miè
巕 3166

62321 䖞
zhù
䖞3092

62323 鎏
liú

62406 圭珪
guī
圭 9101

62406 幵
jiān
幵 9417

62407 坻
1汝渚chí
2 dǐ
坻 9041

62407 玕琀
gān
玕 0199

62408 屖
xī
屖 5391

62408 刲
kuī
刲 2775

62408 刑荆刑
xíng
刑2789

62408 佳
jiā
佳 4955

62408 玗
wǔ

62409 形
xíng
形 5684

62409 珞
luò

62409 𤵸痻
mín

62409 章
俗篆
鉉篆 62510 章

62410 硻
kēng
硻 0766

62410 辟
1 bì
2 pì
辟 5768

62410 崖崕厓
yá
崖 5888

62410 烓
wēi
烓 6420

62410 培
péi
培 9056

62410 袿
guī

62410 瑞
段改篆
鉉篆 63410 瑞

62411 禖
méi
禖 0058

62411 祥
xiáng
祥 0018

62411 疕
zǐ
疕 4757

62411 汧岍
qiān
汧 6977

62411 洼
wā
洼 7217

62411 釬
hàn
釬 9366

62411 瑌
ruǎn

62411 樞枢
shū
段改篆
鉉篆 72310 樞

62411 摳瞘
抠眍
kōu
段改篆
鉉篆 92310 摳

62411 敱
段改篆
鉉篆 64409敱

62411 狂
段改篆
鉉篆 63310 狂

62412 鈙擎擒
qín
擎篆作鈙
鈙 2053

62412 賁賣商
shāng
賁3960

62412 劈
pī
劈 2764

62412 僻
pì
僻 5105

62412 涯
yá
涯 7434
新附字

62412 璫珰
dāng
璫 0211
新附字

62412 彰
彰 5687
見 62513 彰

62412 銑铣
銑 9227
見 61414

62412 獚獚
huáng

62413 璐
luò
璐 0098

62413 觟
huà
觟 2836

62413 弴
diāo
弴 8437

62413 臂
1 bì
2 bei
臂 2617

62413 羶羴
shān
羴 2349

62413 號
hào
號3091

62413 瘃
zhú
瘃 4734

62413 鈂
chén
鈂 9297

62413 鉻铬
剳斱
luò
鉻 9393

62414 埵
duǒ
埵 9052

62414 祿禄禄
lù
段改篆
鉉篆 61414 祿

62414 漳
漳 6990
見 62515 漳

62414 鋝锊
lüè
鋝 9327

62414 襞
bì
襞 5311

62415 鐈
鐈 9248
見 62314 鐈

62415 鋚
tiáo
鋚 9224

62415 䘿
zhuó

62415 璙
liáo
璙 0082

62415 瘚欮
jué
瘚 4712

62415 徵徵散
1 征 zhēng
2 zhǐ
徵 5217

62415 騂
騂2410
見 62315騂

62416 𤻲療疗
liáo
𤻲4766

62416 𦃃
sì
𦃃 6073

62416 𡋯谆
duì
𡋯 6646

62416 瘯
cù

62416 鐺
1 chēng
2 dāng
鉉篆 62517 鐺

62416 瘕
瘕 4760
見 62517 瘕

62417 澂澄
chéng
澂 7164

62417 䌛
yáo
䌛8444

62417 鎎愾忾
1 xì
2 kài
鎎 9387

62417 璲
suì

62418 𢖺
段改篆
鉉篆 62318 𢖺

62419 鐐镣
liào
鐐 9215

62419 蒩蒩菹
zū
菹 0591
同3160蒩

62420 鏺钹
pō
鏺 9304

62421 𪗉齑齏
jī
𪗉 4521

62508 卦
guà
卦 2067

62508 屖
段改篆
鉉篆 22307 屖

62509 畺疆
jiāng
畺 9155

62509 埴
zhí
埴 8989

62510 章嫜
zhāng
章 1735

62511 雯
wén

62511 僵殭僵
jiāng
僵 5130
《字彙》:
僵同僵

62511 琦
qí

62512 瑑
zhuàn
瑑 0131

62512 屏
1 píng
2 摒 bǐng
段改篆
鉉篆 22411 屏

62512 𤸷
xù
𤸷4693

62512 痒癢
1 yáng
2 yǎng
痒 4697

62512 塒埘
shí
塒 9035

62512 戨
gē

62512 境
境 9109
新附字
見 62613 境

62512 劈
段改篆
鉉篆 62412 劈

62512 𧶠商
段改篆
鉉篆 62412𧶠

62512 僻
段改篆
鉉篆 62412 僻

62513 禘
dì
禘 0043

62513 羥羟
qiān
羥 2338

62513 葙
zǔ
葙 0263

62513 彰
zhāng
彰 5687

62513 獚猹
huáng
同 62412獚

62513 璫珰
璫 0211
同 62412 璫

62513 臂
段改篆
鉉篆 62413 臂

62514 㾯
wèi
鄭補逸字

62515 瘧疟
nüè
瘧 4726

62515 錡
qí
錡 9283

62515 漳
zhāng
段改篆
鉉篆 62414 漳

62516 鎵鏦
zuǎn
鏦 9357

62516 璥
jǐng
璥 0084

62516 壠垅
壟垄
lǒng
壟 9098

62516 瘞瘗
yì
瘞 9092

62516 鏜镗
tāng
鏜 9347

62516 襞
段改篆
鉉篆 62414 襞

62517 癓
ài
段改篆
鉉篆 62416 癓

62517 鷿鹏
pì
鷿2420

62517 鐺
鐺 9383
見 62416 鐺

62518 瑳
cuō
瑳 0138

62518 癡痴
chī
癡 4774

62518 獵鬣
liè
鬣 5724

62519 錘锤硾
chuí
錘 9330

62520 蕰菹
zú
菹 0591

62520 鱷鲸
jīng
鱷 7616

62522 禷
lèi
禷 0033

62523 癬癣
xuǎn
癬 4721

62608 玨瑴
珏珏
jué
玨 0221

62610 班
bān
班 0222

62610 章
段改篆
鉉篆 62510 章

62611 彊
1 qiáng
2 qiǎng
3 jiàng
彊 8448

62612 疹
shěn
疹 4692

62613 痛
tòng
痛 4675

62613 禂
dǎo
禂 0063

62613 境
jìng
境 9109

62613 璄璟
jǐng

62614 銓铨
quán
銓 9325

62614 竫
jìng
竫 6651

62614 鋥锃
zèng

62615 獳
nòu
獳 6305

62615 矬
cuó

62617 塀
pīng

62617 霃
chén
霃 7507

62617 瓏珑
lóng
瓏 0112

62617 璏
zhì
璏 0129

62617 鎒槈
nòu
槈 3668

62617 鏜
鏜 9347
見 62516 鏜

62617 鏡
鏡 9243
見 62718 鏡

62617 䑀
段改篆
鉉篆 62517䑀

62618 競竞
jìng
競 1729

62618 痡痡
bèi
痡6918

62620 䫻
wéi
䫻 6057

62621 禳
ráng
禳 0053

62626 龖
dá
龖 7653

62712 瑰
yì
瑰0165

62712 痒
段改篆
鉉篆 62612 痒

62713 霞
xiá
霞 7533
新附字

62713 殭
jiāng

62714 霆
tíng
霆 7490

62715 瘴
zhàng

62716 癖
pǐ

62718 墒隓
隓堕
duò
隓 9604

62718 鏡镜
jìng
鏡 9243

62720 癥症
zhēng

62723 鐩遂
suì
鐩 9249

62813 瑝
huáng
瑝 0155

62814 雪
雪 7491
見 52814 雪

62814 壖
ruán

62817 鍠锽
huáng
鍠 9343

62818 銼锉
cuò
銼 9256

62818 競
段改篆
鉉篆 62618 競

62823 鏅
duò
鏅9303

62822 鏢镖
biāo
鏢 9352

62914 瑦
tū

62917 靈靈灵
líng
靈0206

62920 龗
líng
龗 7650

63107 敄
wù
敄 1993

63107 枚
méi
枚 3557

63107 柄棅
bǐng
柄 3729

63107 效効傚
xiào
效 1996

63108 离禼
xiè
禼 9689

63109 蝥蟊
máo
蟲8927

63110 條条
tiáo
條 3556

63110 婺
wù
婺 5865

63110 敖
敖 3848 和
2504 重出
两处篆皆訛
見 62110 敖

63112 㪔㪚散
sàn
㪔 4511

63112 敫
jiǎo
敫6414

63112 幣币
bì
幣 4840

63112 傲
傲 4977
見 62112 傲

63112 勢
段改篆
鉉篆 64214勢

63114 獒
áo
段改篆
鉉篆 64114 獒

63114 樒
mì

63114 獘獘斃
毙弊
bì
獘 6331

63114 熬
熬 6428
見 62114 熬

63115 滌涤
dí
滌 7363

63115 散散
1 sàn
2 sǎn
散2709

63115 潡
潡 7015
見 62115 潡

63116 蘊蕴蕴
yùn

63206 杜
dù
杜 3416

63206 地
1 dì
2 de
地 8975

63207 牧
mù
牧 2060

63207 柢
dǐ
柢 3545

63207 抵
dǐ
抵 7812

63207 佞侫
nìng
侫，佞之訛
佞 8235

63207 玦
jué

63208 柱拄砫
zhù
柱 3610

63208 秠
pī
秠 4393

63208 坺
1 bá
2 垡 fá
坺 8997

63209 產产
chǎn
產 3860

63209 旌旍
jīng
旌 4265

63209 偃
yǎn
段改篆
鉉篆 93108 偃

63209 桮杯
bēi
桮 3687
桮俗作杯

63210 斵
zhuó
斵2046

63210 榜榜膀
1 bēng
2 bǎng
3 bàng
榜 3733

63210 梐
bì
梐 3757

63210 槅
gé
槅 3760

63210 搹掜扼
è
搹 7838

63210 稖
páng
稖 4419

63210 姿
zī
姿 8239

63210 搒
péng
搒 8040
段改篆

63210 尊䢿
罇樽
zūn
䢿9831

63211 敼
yǐ
敼 1847

63211 鼓鼓鼛
gǔ
鼓 3067

63211 鼓鼓
段改篆
鉉篆 63211

63211 褗
yǎn
褗 5333

63211 等
děng
等 2884

63211 椽
chuán
椽 3623

63211 掾
yuàn
掾 7850

63211 嫮污
hù
嫮8244

63211 㛑
pāng
㛑9454

63212 祆祅妖
yāo
祆 0069

63212 㜗
chān
㜗8177

63212 稫煏麲
bì
稫6432

63213 榼榼
kē
榼 3697

63213 歅
yīn

63213 聲
聲 7786
見 62213 聲

63213 褗
段改篆
鉉篆 83110 褗

63214 葢蓋盖
1 gài
2 gě
葢 0586

63214 鶩鶩
wù
鶩 2414

63214 滻浐
chǎn
滻 6980

63214 捶搥
chuí
捶 8018

63214 㙁豪
háo
㙁9197
豪俊亦驁俊

63215 箠
chuí
箠 2960

63215 檾檾
qíng
檾 3734

63215 欚欐
lǐ
欚 3772

63215 擎
qíng

63216 醯
xī
醯 3137

63216 徹撤
chè
徹 9183

63217 槎
1 zhà
2 chá
槎 3788

63217 搓
cuō

63217 鷔
áo

63217 櫻櫻
段改篆
鉉篆 83216櫻

63218 鰋鰋
yǎn
鰋7590

63306 牡
mǔ
牡 0728

63306 在
zài
在 9021

63307 垤
dié
垤 9088

63307 珓
jiào

63308 弄
1 nòng
2 lòng
弄 1756
里弄字篆作衖

63308 雀
què
雀 2277

63308 魂
段改篆
鉉篆 03308 魂

63308 往
俗篆
鉉篆 62309 往

63309 栠
rěn
栠 3560

63309 桯
tīng
桯 3659

63309 程
chéng
程 4434

63309 尫尪尩尣
wāng
尣 6595
鉉本古文尫
段本篆文尫

63309 拴
shuān

63309 甤
ruí
甤 3862

63309 崔
cuī
崔 5871

63310 琥
hǔ
琥 0111

63310 荏
rěn
荏 0257

63310 鬲鬲
鍋锅
guō
鬲1850

63310 瞀
mào
瞀 2150

63310 萑
huán
萑 2312

63310 荃荃
quán
荃 0592

63310 崔
duī
崔 5889

63310 狂狴
kuáng
狂 6336

63310 掊
掊 7853
見 93210 掊

63311 坴
lái
坴0093

63311 催
cuī
催 5136

63311 極极
jí
極 3609

63311 痵
jì
痵 4713

63311 捦撳
qín
捦 7825

63311 城䃂
chéng
城 9036

63311 鉸铰
jiǎo

63312 荃
qín
荃 0407

63312 榘矩巨
jù
巨 3017

63312 擿
擿 8020
見 63413 擿

63312 壉隮
xià
壉 9075

63312 侹逛
guàng
侹 5169

63312 鈸钹
bó

63313 銹鏽锈
xiù

63314 漼
cuī
漼 7173

63314 檍
檍 3436
見 63415 檍

63314 篞
niè

63314 粳
1 gēng
2 jīng

63315 巻
juàn
巻 3083

63315 鍉
tí
鍉 9278

63315 鍫鍬锹
qiāo
篆作橾
見 74312 橾

63315 贅
贅 3953
見 62315 贅

63315 鍑
fù
鍑 9253

63316 龔
lóng
龔 3636

63316 櫳栊
lóng
櫳 3808

63316 瘛
chì
瘛 4763

63316 攏拢
lǒng

63316 瓈
lí

63317 龏
gōng
龏 1762

63317 溼濕湿
shī
溼 7308

63317 贅
贅 5608
見 62317 贅

63321 鏫
lí
鏫 9229
段篆作鏫

63322 鑯
鑯 3196
見 63323 鑯

63323 鑯鑯镦
sǎn
鑯 3196
鉉篆鑯

63409 奎
kuí
奎 6565

63409 域
yù
或 8344

63409 牷
quán
牷 0753

63410 琢
1zhuó
2zuó
琢 0145

63410 羝
dī
羝 2330

63410 犴
yàn
犴 6333

63410 瑞
ruì
瑞 0124

63410 䍬
wǎng
䍬 2047

63411 豙豙
yì
豙 6067

63411 疦
jué
疦 4701

63411 埂
gěng
埂 9068

63411 鈍钝
dùn
鈍 9407

63411 瘣
huì
瘣 4677

63411 鬲斛
俗篆
見 63310 斛

63412 銍铚
zhì
銍 9311

63412 祺褀
qí
祺 0022

63412 莊荘
庄粧
zhuāng
莊 0241

63412 樫柽
chēng
樫 3496

63412 辟
mì
辟 4892

63412 嬖
yì
嬖 5770

63412 鈇
fū
鈇 9379

63412 筯
zhù

63412 橄
gǎn

63413 墽
qiāo
墽 8986

63413 鉞钺
鐬钺
yuè
鉞 9374

63413 錡
qí
錡 9408

63413 擿
yǐng
段改篆
鉉篆 63312 擿

63413 槅
槅 3760
見 63210 槅

63413 獐麞
zhāng

63413 辥
段改篆
鉉篆 63515 辥

63414 瓅瓈
lì
瓅 0141

63414 檗
bì
檗 8681

63414 蠱
gǔ
蠱 3129

63414 鍑
鍑 9253
見 63315 鍑

63415 檍
yì
檍 3436

63415 億亿
yì
億 5075
十萬爲意
萬萬爲億

63415 敦敢
dūn
敦 2031

63417 蕈
jiǎn
蕈 6526

63417 鑄铸
zhù
鑄 9231

63417 犇
段改篆
鉉篆 63317 犇

63417 鰲
段改篆
鉉篆 63519 鰲

63418 鐅
piě
鐅 9299

63418 鏃镞
zú
鏃 9395

63419 讎
chǔ
讎4921

63419 憝憨懟
duì
憝 6844

63510 彈弹
1 dàn
2 tán
彈 8460

63510 珬
xù

63511 豣
jiān
豣 6053

63512 瑗
yuàn
瑗 0107

63512 程
huáng
槅 3760

63512 霌
yǔ
霌 7513

63513 篁
huáng
篁 2876

63513 毶
cuò
毶 3361
新附字

63513 葟雘雜
huáng
雜3366

63513 挫
cuò
挫 7815

63513 辥薛
xuē
辥 9710

63513 璬
jiǎo
璬 0121

63514 莝
cuò
莝 0615

63514 璪
zǎo
璪 0166

63514 瓛
hào
瓛0170

63514 雚萑
1 鸛鹳 guàn
2 huán
雚 2314

63514 墫壿
zhǔn
墫 9034

63515 霂
mù
霂 7503

63515 鐰
zuàn
同 62516 鐰

63515 辥
xiè
辥 2750

63515 厮
xī
厮4699

63515 罾
zhī
罾9777

63515 億
段改篆
鉉篆 64415 億

63516 檗
bò
檗 4468

63516 竵歪
wāi
竵 6654

63516 鍰锾
huán
鍰 9328

63517 録录
lù
録 9230

63518 瓔
náo
瓔0086

63518 爟烜烜
guàn
爟 6489
爟或从亘
見 60207烜

63518 懽
huān
懽 6767

63519 灌
guàn
灌 6999

63519 爟逭
huàn
逭 1170

63519 鰲
鰲 6615
見 64518 鰲

63520 劉
劉 2880
見 63621 劉

63521 讙
xuān
讙 2816

63522 驐
tuán
驐 2442

63525 鑯尖
jiān
鑯 9270

63525 鑵
guàn

63609 垚堯
尧㚁
yáo
垚 9118

63612 墇
墇 9058
見 63713 墇

63613 壁
bì
壁 9003

63613 禪禅
1 shàn
2 chán
禪 0055

63613 璪
zǎo
璪 0134

63613 痡
pū
痡 4679

63613 觟
xié

63614 擩㨎
rǔ
擩 7929
段改篆作㨎

63614 䧹䧹鷹
鷹鹰
yīng
䧹2287

63615 ⿱雨戔
jiān
⿱雨戔7505

63615 ⿰王敦
段改篆
鉉篆 63513 ⿰王敦

63616 ⿰弓雚
quán
⿰弓雚8442

63616 鍼箴
針针
zhēn
鍼 9286

63617 ⿸疒膺膺
yīng
⿸疒膺2605

63618 ⿸疒應應应
1 yīng
2 yìng
⿸疒應 6678

63618 顡顡
wài
顡5654

63619 錞鐓
鐓錞
duì
錞 9360

63619 壤
rǎng
壤 8984

63620 ⿰骨辟
jiá
⿰骨辟2417

63621 驩
huān
驩2448

63621 ⿰王燮
xiè
⿰王燮0173

63621 劉
liú
劉 2880
段改篆

63710 珪
guī

63712 琱
diāo
琱 0146

63713 樗
huà
樗 3490
或作檴 huò
段樗樗對調

63713 摴
chū
摴 8065
新附字

63713 璋
璋 0114
見 63814 璋

63713 墇
zhàng
段改篆
鉉篆 63612 墇

63714 璧璧
bì
璧 0106

63714 癉瘅癉
dān
癉 4750

63714 鈃鈃钘
xíng
鈃 9245

63716 錭
tiāo
錭 9406

63717 覈覈
hé
覈 4830

63718 癰痈
yōng
癰 4719

63719 癭瘿
yǐng
癭 4703

63719 ⿱幵龍
jiān
⿱幵龍 7652

63720 ⿰骨辟
段改篆
鉉篆 63620⿰骨辟

63724 鑲镶
xiāng
鑲 9237

63724 ⿱雨辥
sī
⿱雨辥7501

63814 璋
zhāng
璋 0114

63814 疆畺
jiāng
畺 9155

63917 璵玙
yú
璵 0089

63918 癯
qú

64107 致
zhì
致 3350

64107 桎
zhì
桎 3803

64107 挃
zhì
挃 7998

64108 荎
chí
荎 0457

64108 耊耋
dié
耊 5352

64109 ⿱析厂
xī
⿱析厂2048

64109 椓
zhuó
椓 3781

64109 楘
wù
楘 4891

64109 竦
sǒng
竦 6649

64109 椱
椱 3710
見 74010 椱
段篆

64109 務
段改篆
鉉篆 64211 務

64110 菿
dào
菿 0684

64110 教𡥉效
1 jiào
2 jiāo
教 2064

64111 𠩺
lí
𠩺 2767
通劙俗作離

64111 豨狶
xī
豨 6064

64111 竫竫靜
jìng
竫 6650
段注安靜字宜作竫

64112 槱
yǒu
槱 3798

64112 檄
段改篆
鉉篆 64212 檄

64113 覆
fù
覆 4831

64113 撆撇
1 piē
2 piě
撆 7966
段篆 34113

64113 嫠
lí
嫠6896

64114 麪麵面
miàn
麪 3339

64114 漦
chí
漦 7108

64114 弊獘
bì
許書 63114 獘

64114 獘
獘 6304
見 63114 獘

64115 厯
lì
段改篆
鉉篆 24014厯

64124 𪕬
shù
𪕬 3106

64207 妾
qiè
妾 1740

64208 屖
xī
段改篆
鉉篆 24107 屖

64208 笙
shēng
笙 2974

64208 臸
1 zhī
2 jìn
臸 7673

64209 楃幄
wò
段改篆
鉉篆 24108 楃

64209 握臺
wò
段改篆
鉉篆 24108 握

64210 敇策
cè
敇 2061

64211 筑
zhú
筑 0297

64211 筑
zhù
筑 2984

64211 梗
gěng
梗 3526

64211 稉秔
1 秔粇 gēng
2 jīng
秔 4378

64211 稑穋
lù
稑 4360

64211 堫
zōng
堫 8995

64211 務务
wù
務 9172

64211 覆
覆 4831
見 64113 覆

64212 淁
jí
淁 7081

64212 檄
xí
檄 3753

64213 菣菣
qìn
菣 0438

64213 楩
pián

64214 婺
婺9197
見 63214婺

64214 褉
xì
篆假借禊

64215 鬷
zōng
鬷 1849

64215 壎
xūn
壎 9028

64217 𦸗巹
jǐn
𦸗3082
段篆 74217

64218 鯜
qiè
鯜 7603

64218 鰋
段改篆
鉉篆 93117 鰋

64221 籤簽签
qiān
籤 2969

64307 牲
shēng
牲 075

64307 妾
段改篆
鉉篆 64207 妾

64308 亲亲
zhēn
亲 3411

64309 梓梓
zǐ
梓 3446

64309 奞
xùn
奞 2309

64309 枉
wǎng
枉 3575
段篆亦作

64309 堰
yàn

64310 痍
痍 4743
見 64411 痍

64310 堥
máo

64310 檟榎
jiǎ
檟 3444

64310 珕
段改篆
鉉篆 64616 珕

64311 徍
徍 5169
見 63312 徍

64311 𤵸痕
chān
𤵸4741

64311 蒩
zū
蒩 0582

64311 揥
dì

64311 稑
稑 4360
見 64211 稑

64312 痳
1 淋 lìn
2 má
痳 4729

64312 瘌癩癞
là
瘌 4768

64313 覈覈
hé
覈 4830

64313 祴
gāi
祴 0061

64314 盧卢盧
lú
盧 3128

64314 盞醆
琖盏
zhǎn

64315 㾓
shuāi
㾓4771

64315 瘶嗽
sòu
鄭補逸字

64316 豶豮
fén
豶 6054

64316 癧疬
lì

64317 㾓
段改篆
鉉篆 64315㾓

64318 彝彝
嬭彝
yí
彝 8721

64319 瀘泸
lú
瀘 7417
新附字

64320 鑪
lù
鑪 9324

64321 鸕鸕鸬
lú
鸕2422

64408 珠
zhū
珠 0189

64408 甡
shēn
甡 3863

64408 羑
段改篆
鉉篆 64308羑

64409 寉寉
1 hú
2 hè
寉 3311

64409 玦
jué
玦 0123

64409 桂
guì
桂 3414

64409 枅
jī
枅 3617

64409 挂掛
guà
挂 8031

64409 栞栞
kān
栞3558

64409 敼
敼2047
見 63410敼

64409 豢
豢6067
見 63311豢

64410 茥
guī
茥 0337

64410 筀
guì

64410 尃
fū

64411 禡祃
mà
禡 0062

64411 栞栞
kān
栞3558

64411 痍
yí
痍 4743

64411 傕
què

64412 璊玧
mén
璊 0143

64412 銖铢
zhū
銖 9326

64412 樟
zhāng

64412 甦
sū

64412 禕祎
yī

64412 鉢钵
bō
許篆作盋

64412 塘
見 67410 塘
塘 9112
新附字

64413 檗蘗
bò
檗 3491

64413 熩
hú
熩6435

64413 戴戴
zhì
戴6572

64413 鈌
jué
鈌 9396

64413 璩
qú
璩 0208
新附字

64413 瓌傀傀
guī
傀 4957

64414 蕁荨
1 tán 2 xún
3 qián
蕁 0342
段篆 64417蕁

64414 葑
fēng
葑 0399

64414 潅
què
潅 7292

64414 墳羵坟
fén
墳 9097

64414 璈
áo

64415 瑛
yīng
瑛 0100

64415 鍪
móu
鍪 9254

64415 麗丽
儷丽丽
1 lì 2 lí
麗 6254
旅之本字

64415 億
億 5075
見 63415 億

64415 璓
shū

64415 瓌
段改篆
鉉篆 64413瓌

64416 瘼
mò
瘼 4683

64417 儷俪
lì
儷 5079

64417 鐻虡
虡虡
jù
虡3101

64417 壒
ài
壒 9114
新附字

64417 蕁
段改篆
鉉篆 64414 蕁

64418 鏊
ào

64419 襹
shī

64420 灑洒
sǎ
灑 7387

64426 鱺鲡
lí
鱺 7574

64508 玤
bàng
玤 0157

64511 琪
qí
見 65714 瑧

64512 橿
jiāng
橿 3489

64512 瘍
mà
瘍 4698

64513 瑭
táng

64514 韓
hàn
韓 2279

64514 黼
fǔ
黼 1853
見 24514 黼

64517 斆學敩
1 xiào
2 xué
斆 2065

64517 桼染
rǎn
桼7516

64517 鏞
鏞 9401
見 67515 鏞

64517 瀍
chán

64517 鏟剗铲
chǎn
鏟 9275

64517 癩癞
là
鄭補逸字
癘或从賴
見 67314 癘

64518 盩
zhōu
盩 6615

64518 蘁菹
zū
菹 0591
同 3160蘁

64519 鐼
fén
鐼 9226

64521 顱颅
lú
顱 5577

64610 珡琴
琹銮
qín
琴 8364

64611 墠
shàn
墠 9061

64612 辡
biàn
辡 9713

64612 畺
jiāng
畺 0747

64613 璀
cuǐ
璀 0216
新附字

64614 霚
霧雾雺
wù
霚 7525

64614 琵枇
pí
琵 8366
新附字

64614 辧辦辨
biàn
辧 2756
辦古作辧

64615 薑薑姜
jiāng
薑 0261

64615 辦
bàn
辦 4530

64616 玏
lì
玏 0193

64616 辮辫
biǎn
辮 6776

64618 墩墪
dūn

64618 霙
yīng

64619 蘁蕰
zū
蘁3160

64619 櫱蘖
niè
櫱 4464

64619 瀛瘰
luǒ
鄭補逸字

64622 霰霰
xiàn
霰 7496

64718 鐵鐵鐵
鉄铁銕
tiě
鐵 9222

64719 櫱
段改篆
鉉篆 64619 櫱

64720 贛
贛3940
見 64821贛

64721 癧
lì
癧 4718

64723 鐜
duī
鐜 9404

64723 鐓鐓鐓
dūn
鐓 9360
鉉篆 63619鐓

64814 辦
段改篆
鉉篆 64614 辦

64815 辮
pàn
辮2138

64815 辦
段改篆
鉉篆 64615 辦

64816 敿
qiāo
敿2063

64816 霻
líng
霻 8133

64816 辮
段改篆
鉉篆 64616 辮

64817 霿
méng
霿 7527

64818 瓘
guàn
瓘 0083

64818 霾
mái
霾 7526

64821 贛贛
贛灨
1 gòng
2 gàn
贛3940

64823 鐓鐓鐓
段改篆
鉉篆 64723鐓

64915 辦
段改篆
鉉篆 64815辦

64920 鐃铙
náo
鐃 9336

64922 癃癃瘁
lóng
癃 4761

64922 鐃
xiǎo
鐃 9242

64923 贛峪
kàn
峪 3164
峪或从贛

64928 贛峪
kàn
段改篆
鉉篆 65822 贛

65107 壺壶壺
hú
壺 6607

65108 敕勅勑
勑俫
chì
敕 2014

65110 楙
máo
楙 3410

65110 楘
mù
楘 3755

65111 斄
lí
斄1908

65113 斄氂
lí
斄5698

65113 嫳
piè
嫳 8252

65113 嫯慠
ào
段改篆
鉉篆 66113 嫯

65115 湅煉炼
liàn
湅 2004

65207 專塼甎
磚砖专
zhuān
專 1977

65209 埩埩
zhēng
埩 9057

65209 剸䵫
1 tuán
2 zhuān
䵫 5675

65210 揠
yà
段改篆
鉉篆 95109 揠

65212 瞀
mú
瞀 9816

65214 麈
zhǔ
麈 6247

65224 虘
cuó
虘 3337

65309 堇
lí
堇 0309

65310 瑓
là
瑓 0096

65310 琳
lín
琳 0105

65310 琤
chēng
琤 0153

65310 萑
zhuī
萑 0336

65310 茬
1 在 chí
2 chá
茬 0535

65310 彉彍
guō
彉 8458

65310 堇墐
藎荼
jǐn
鉉篆 75411 堇
段篆 65411 堇

65311 梇
lòng
梇 3535

65312 犍
chǎn
犍 0751

65312 痿
wěi
痿 4731

65312 僅仅
1 仅 jǐn
2 仅 jìn
僅 5058

65312 摧
cuī
摧 7813

65312 嫥
zhuǎn
嫥 6648

65312 銻锑
1 tí
2 tī
銻 9402

65313 蕤
ruí
蕤 0508

65313 堥
wù
堥 2327

65313 琇
段改篆
鉉篆 65312 琇

65314 墫
cūn
墫 0229

65314 雈
huán
雈 0644

65314 鍊煉炼
鏈链
liàn
鍊 9234

65314 錚铮铮
1 zhēng
2 zhèng
錚 9346

65314 熯
hàn
熯 6400

65315 歎叹難
tàn
歎 5527

65315 漢汉
hàn
漢 6973

65315 甄
zhēn
甄 0392

65315 甐
zhēn

65315 歠䡾
chuàn
歠 2062

65315 薶埋
mái
薶 0626

65317 鍥锲挈
qiè
鍥 9309

65317 鏉
shòu
鏉 9397

65318 藋
diào
藋 0310

65318 籊
tì

65318 璘
lín

65318 禰
禰 0073
見 66218 禰
新附字

65319 鏖鏕
爊鏖
áo
鏖 9260

65321 鑣镳鑣
biāo
鑣 9377

65409 型俐
xíng
型 9033

65409 輀輭
ér
輀 9561
段改作轜
見 65513轜

65410 珙
gǒng
新附字
珙 0220

65411 屟屧
1 xiè
2 屜屉 tì
段改篆
鉉篆 25310 屟

65411 墀
chí
段改篆
鉉篆 25310 墀

65411 韘韘
shè
韘 3373

65411 堇
段改篆
鉉篆 75411 堇
當作 65310 堇

65413 嬖
bì
嬖 8229

65413 僅
僅 5058
見 65312 僅

65413 葑
葑 0399
見 64414 葑

65414 鉷
hóng

65415 熯
熯 6400
見 65314 熯

65416 歎
歎 5527
見 65315 歎

65416 漢
漢 6973
見 65315 漢

65416 墣圤
pú
墣 8992

65417 簠医
fǔ
簠 2928

65418 驚惊
jīng
驚 6187

65418 鏌镆
mò
鏌 9350

65419 鐏
zūn
鐏 9361

65420 龔龚
gōng
龔 1769

65509 軒
yú
軒 1821

65509 軏軏
yuè
軏 9513

65509 軻轲
kē
軻 9544

65510 瑪玛
mǎ

65511 鞋
dòu
鞋1820

65511 瑋玮
wěi

65512 垶垶騂
xīng
垶 8988

65512 琖盞
zhǎn
琖 0209
新附字

65513 虧虧
虧亏
kuī
虧 3053

65513 輀輀輭
1 ér 2 輭軟
软 ruǎn
段改篆
鉉篆 65409 輀

65513 霖
lín
霖 7510

65514 敷敷
fū
敷2000

65514 鉶铏
xíng
鉶9258

65515 璂琪
qí
璂0133

65516 櫱櫱
蘖枿
niè
櫱3785

65516 錢钱
qián
錢 9300

65517 壚垆
lú
壚 8987

65517 權权
quán
權 3504

65517 璞
pú

65517 饉
饉 3241
見 65518 饉

65518 饉馑
饉 3241
jǐn
鉉篆作饉

65519 斸
lǐ
斸2002

65519 瓛
1 huán
2 yè
3 yà
瓛 0118

65519 龔
段改篆
鉉篆 65420 龔

65521 鏠鋒锋
fēng
鏠 9359

65521 鏷镤
pú

65523 钀钀
niè
钀 9517

65525 鑹
luó
鑹9257

65612 輕轻
qīng
輕 9472

65615 瑟爽
sè
瑟 8365

65616 瘽
qín
瘽 4680

65616 辬斑
bān
辬 5697

65617 霾
段改篆
鉉篆 66718霾

65618 饉
饉 3241
見 65517 饉

65622 鑪爐
炉铲
lú
鑪 9276

65714 霎
shà
霎 7535
新附字

65714 璂璂
琪騏
qí
璂 0133

65716 辦办
bàn
辦 9208
新附字
篆當作辦

65717 瓚
瓚 0099
見 61721 瓚

65717 瘽
瘽 4680
見 65616 瘽

65718 瘺
wěi
瘺4740

65718 鏄
鏄 9342
見 25718 鏄

65721 鑊镬
huò
鑊 9252

65721 鐵鐵鉄
銕鉄铁
tiě
鐵 9222

65721 鑽
鑽 9323
見 61725 鑽

65816 辮
段改篆
鉉篆 65616 辮

65822 鼈峪
峪 3164
見 64923 鼈

65919 辯辩
biàn
辯 9714

65920 馥
馥 4454
見84219馥

65921 霴
duì
霴 7536
新附字

65921 贛
段改篆
鉉篆 64720贛

66108 毎悔
huì
毎2070

66110 壺氲
yūn
壺 6608

66110 嫯
wù
嫯 8189

66111 菮
zhì
菮0569

66111 𧳙
shà

66112 氂牦
máo
氂 0775

66113 嫠
嫠 8295
見 65113 嫠

66116 斄厤
lí
斄 0776

66120 嫯嫯熬
áo
段改篆
鉉篆 67120 嫯

66208 坶牧
1 mù
2 mǔ
坶 8980

66210 接
jiē
接 7878

66210 椄
1jiē
2qiè
椄 3738

66212 犛
1 lí
2 牦 máo
犛 0774

66216 豐灃豊
沣丰
fēng
豐 3088

66216 蓺槸
槸藝艺
yì
槸 3587

66217 鼖鞼
fén
鼖 3069

66217 鼖
鼖 3069
段改篆
鉉篆鼖

66218 禰禰祢
nǐ
禰 0073
新附字

66305 再
zài
再 2486

66310 洅
zài
洅 7282

66310 辢辣
là

66312 痗
mèi

66314 鋖歪
nèi
鋖 9409

66317 攎
攎 8037
段改篆
鉉篆 96317 攎

66321 櫅
yí
櫅 3429

66410 棄
jiǎn
棄3883

66410 塼
zhuān

66412 壹弌
yī
壹 6609

66412 搉
què
搉 8019

66412 榷
què
榷 3766

66413 雈
yù
雈 0634

66413 壙圹
kuàng
壙 9069

66413 𠐤
tiáo

66413 鼓
tǒu

66413 勤
段改篆
鉉篆 66515 勤

66414 勤
qín
勤 9195

66415 薙
tì
薙 0567

66415 蘢
jiān
蘢 6236

66415 羣
qún
羣2032

66415 廑
guī
廑6251

66416 猵
piān
猵 4735

66418 檝
sàn
檝2302

66418 欐
lì

66509 軧
dǐ
軧 9550

66510 童瞳童
tóng
童 1739

66512 璜
huáng
璜 0109

66512 犨
yuè
犨 0746

66512 僮
1 僮僮 tóng
2 壯 zhuàng
僮 4927

66513 堇
jìn
堇 9014

66514 憧
chōng
憧 6814

66514 燑烔
tóng

66515 潼
tóng
潼 6954

66515 勤
勤 9195
見 66414 勤

66518 廬麖
jīng
廬 6245

66518 鑛矿
kuàng

66518 贛
贛 3354
見 66619 贛

66519 鷧鷁
yì
鷧2424

66610 童
段改篆
鉉篆 66510 童

66611 輇輇
quán
輇 9548

66612 僮
段改篆
鉉篆 66512 僮

66612 軖
段改篆
鉉篆 67611 軖

66613 輯
jí
輯 1836

66614 辟
bì
辟5769

66614 瑾 jǐn 瑾 0090

66614 墐 墐 9014 見 66513 墐

66615 墉 墉 9037 見 69613 墉

66616 豐丰 灃沣 fēng 鄭珍改篆

66616 辮辫 biàn 辮 8532

66617 鍱 yè 鍱 9274

66619 鏈链 liàn 鏈 9221

66619 竷 kǎn 竷 3354

66619 饐 饐 3238 見 66620 饐

66620 饐 yì 鉉篆作饐

66620 霰 霰 7496 見 64622 霰

66620 贛 贛 9779 見 66721 贛

66623 懿 yì 懿 6610

66717 瓗瓊 璚琁琼 qióng 瓊 0094

66718 𩅦 diàn 𩅦7529

66718 鏏 wèi 鏏 9265

66719 竷 段改篆 鉉篆 66619 竷

66720 羼 chàn 段改篆 鉉篆 26619 羼

66720 鏞 鏞 9339 見 69718 鏞

66721 贛 gǎn 贛 9779

66721 鑴 xī 鑴 9251

66722 彠蒦彟 huò 蒦 2313

66726 彠蒦 段改篆 鉉篆 66722 彠

66813 䨣 gé 䨣 7519

66814 豐豊 lǐ 豊 3086

66816 瘇尰 zhǒng 瘇4736

66817 籗 zhuó 籗 2938

66819 澧 lǐ 澧 7019

66821 灞 bà

66825 體軆 lǐ 體 7578

66916 瘇尰 段改篆 鉉篆 66816瘇

66917 䨮雪 xuě 䨮 7494

66919 瑟 sè 瑟 0140

66919 禮礼𥘬 lǐ 禮 0012

66920 罄 qīng 罄 9348

67110 敏 mǐn 敏 1991

67112 斄 lí 斄 8312

67115 緐蘩 緐 7454 見 27114 緐

67120 埶藝 埶6428 見 66120 藝

67211 蓴 1 tuán 2 蒓莼chún 蓴 0600

67211 篿 tuán 篿 2915

67214 敟 diǎn 敟 2001

67216 璽壐玺 xǐ 璽 9030

67311 珊 shān 珊 0200

67313 蓷 tuī 蓷 0335

67313 鶩骛 wù 鶩 6180

67313 墐 jìn 墐 7876

67314 堇 堇 0640 同 77314 堇

67314 鋂 méi 鋂 9384

67314 癘疬疠 lì 癘 4725 今作癩讀 là 見 64517 癩

67410 塘 táng 塘 9112 新附字

67411 輹 輹 9497 見 77312 輹

67412 桂 guī 桂2812

67414 琠 tiǎn 琠 0085

67414 釐 1 xǐ 2 厘 lí 3 xī 釐 9123

67414 轍辙 zhé 轍 9566 新附字

67414 槿 jǐn

67415 堇 堇 0640 段改篆 鉉篆 67314 堇

67418 錪 tiǎn 錪 9255

67419 璽壐 xǐ 璽 8453

67419 [illegible]
mǐn
鉉篆作[illegible]

67421 [illegible]
hàn
[illegible]0643

67426 豔豓
艷艳
yàn
豓 3089

67512 幢
1 chuáng
2 zhuàng
幢 4894
新附字

67515 鎕
táng
鎕 9401

67516 瑋
xiá
瑋 0171

67516 鞭[illegible]
biān
鞭 1837

67517 殪
yì
殪 6059

67519 鑢
lǚ
鑢 9279

67611 軖
kuáng
軖 9558

67613 瑾
瑾 0090
見 66614 瑾

67614 黊
huà
黊 9161

67615 墷
yì
墷 9086

67714 [illegible]功
lè
[illegible]0159

67721 [illegible]
段改篆
鉉篆 66620 [illegible]

67724 鑰鑰
鈅钥
1 yuè
2 yào

67727 鑮
bó
鑮 9338

67818 鐘銿钟
zhōng
鐘 9340

67913 [illegible]
fú
[illegible]0223

67919 靃
huò
靃 2354

68214 臻
zhēn
臻 7670

68218 藎荩
jìn
藎 0304

68220 [illegible] [illegible]
獮狝
段改篆
鉉篆 68321[illegible]

68312 屨
段改篆
鉉篆 29212 屨

68319 蘿萝
luó
蘿 0440

68321 [illegible]獮
祢狝
xiǎn
[illegible]6325

68413 鞪
mù
鞪 1808

68415 撎
yī
撎 7799

68415 堇
俗篆
見 67314 堇

68513 穜种
1 zhòng
2 zhǒng
穜 4357

68513 撞
zhuàng
撞 7975

68513 氃
tóng

68513 徸
chōng

68513 橦
chuáng
橦 3657

68515 琫鞛
běng
琫 0127

68516 [illegible]堞
dié
[illegible]9038

68610 軖
軖 9558
見 67611 軖

68613 犝
tóng
犝 0773
新附字

68613 穜
段改篆
鉉篆 68513 穜

68714 [illegible]
bì
段篆作[illegible]
鉉篆 69713[illegible]

68716 [illegible]
tóng
鄭補逸字

68819 欛
bà

68923 癱瘫
tān

69213 [illegible]
xiàn

69226 麷
麷 3341
見 69626 麷

69236 [illegible]塵
尘[illegible]
chén
[illegible]6257

69310 屢屡
lǚ
屢 5399
新附字

69313 屨屦
jù
屨 5407

69316 鎌鐮镰
lián
鎌 9308

69318 蘺蓠
lí
蘺 0291

69411 塿
lǒu
塿 9079

69416 璑
wú
璑 0101

69513 霋
qī
霋 7521

69514 瘻瘺瘘
lòu
瘻 4704

69515 䨬
lián
䨬7508

69516 鏤镂
lòu
鏤 9225

69613 墉𩫖
yōng
段改篆
鉉篆 66615 墉

69618 蘳
huī
蘳 0501

69620 [illegible]然
[illegible][illegible]燃
rán
[illegible] 0474

69620 籦
zhōng

69626 豐

fēng

豐 3341

69713 㢅

㢅4733

見 68714㢅

69718 鏞镛

yōng

鏞 9339

69721 韆躧屣

xǐ

躧 1400

69721 蘸然

蘸 0474

蘸 6389

見 69620 蘸

69815 轊

chōng

轊 9476

69818 豑

zhì

豑 3087

69923 藿藿

huò

藿0249

69923 籗

zhuó

籗 2938

[7]

71002 屮
1 chè
2 cǎo
屮 0233

71003 屵
yuè
屵5967

71004 朩朩
pìn
朩4507

71004 朩市
pò
市 3852
此篆當釋朩
別于 4903 市

71004 㫃
yǎn
㫃篆非从方
相傳似从方

71005 㫃偃㫃
yǎn
㫃 4261
筆迹小異
相承多一畫

71005 坴先燊
lù
段改篆
鉉篆 71105坴

71006 芬芬
fēn
芬 0237

71006 斻斻
háng
俗篆
鉉篆 81108斻

71006 扵
chǎn
扵0232

71006 袁
yuán
袁 5288

71007 旂
qí
旂 4267

71008 旋
1 xuán
2 xuàn
旋 4279

71008 怖
1 pèi
2 悖 bó
怖 6848

71008 袁
段改篆
鉉篆 71006 袁

71009 㫚勿
wù
勿 6042

71009 旅表
lǚ
旅 4282
旅行字本作麗

71009 沛
pèi
沛 7064
从水朩聲

71009 旐
段改篆
鉉篆 71010 旐

71010 旐
zhào
旐 4262

71011 旓
shāo

71012 膂呂
lǚ
呂 4610

71015 鮊
bèi
鮊 7604

71102 十
shí
十 1459

71102 七
qī
七 9680

71104 什
1 shí
2 shén
什 5045

71105 夫
1 鳺 fū
2 fú
夫 6641

71105 坴
坴0238
从中从六
見 71005坴

71107 汁
zhī
汁 7358

71108 旊
fǎng

71109 衭
fū
衭 5247

71111 尞尞
liào
尞 6388

71111 衭
段改篆
鉉篆 71109 衭

71113 德德
dé
德 1223

71113 僚
1 liǎo
2 liáo
僚 4960

71115 燎
1 liǎo
2 liáo
燎 6451

71115 憭了
liǎo
憭 6701

71116 潦
1 lǎo
2 liáo
潦 7272

71116 鈇鈇
fū
鈇7638

71205 青肯
què
青4781
从屮非屮

71205 士
俗篆
鉉篆 61203 士

71208 倝
gàn
倝 4258

71208 奈
nài
許書从木
見 72208 柰

71208 祟
祟 0068
見 90208 祟

71209 乾乾
1 qián
2 干 gān
乾 9694

71210 旃旜
旃 4270
見 71310 旃
鉉篆从月

71211 淖潮
cháo
淖7102
潮篆作淖

71214 賣賣
賣賣
yù
賣3974

71216 翰
hàn
翰 2235

71216 儥
yù
儥 5055
鉉篆 71316 儥

71217 牘牘
dú
牘 4342

71218 襩襡
shǔ
襡 5274
襡或作襩

71219 瀆渎
1 瀆 dú
2 dòu
瀆 7225

71220 襩
段改篆
鉉篆 71218 襩

71305 太
tài

71308 値值
zhí
値 5154

71309 忲
tài

71310 旃旜
zhān
旃 4270

71311 淔
zhí
淔 7080

71313 𦩍朝
1 zhāo
2 cháo
𦩍4260

71313 熹
xī
熹 6426

71313 德悳
段改篆
鉉篆 71113 德

71314 鶾
hàn
鶾 2467

71314 賫
賫 3974
見 71214 賫

71315 鬃
鬃0037
見 71415鬃

71316 僨
僨 5055
見 71216 僨

71317 牘
牘 4342
見 71217 牘

71318 襩
襩 5274
見 71218 襩

71319 瀆
瀆 7225
見 71219 瀆

71412 䵎
gàn
䵎4259

71412 裝裝
zhuāng
裝 5326

71412 奘
1 zàng
2 zhuǎng
奘 6635

71414 裝
段改篆
鉉篆 71412 裝

71415 鬃祊
bēng
鬃 0037

71624 旞旞
suì
旞 4268

72003 木
mù
木 3396

72004 艸草
cǎo
艸 0240
草篆作皂
見 52210 草

72004 叏
tāo
叏1914

72005 艿
1 芿 rèng
2 nǎi
艿 0657

72005 休咻庥
xiū
休 3799

72005 杳
段改篆
鉉篆 72105 杳

72006 芹
qín
芹 0391

72006 苕
tiáo
苕 0427

72006 朴
jiǎo
朴 3579

72006 朾
chéng
朾 3782

72006 柧
gū
柧 3783

72006 杒
rèn
杒 3538

72006 杚杚
gài
杚 3684

72006 杭抗
段改篆
鉉篆 72108 杭

72006 杫
sì

72006 孛
1 勃 bó
2 悖 bèi
段改篆
鉉篆 92006 孛

72007 芞艺
qì
芞 0299

72007 艼
tīng
艼 0469

72007 苽菰菇
gū
苽 0471

72007 柩匶
jiù
柩 8399

72007 枇
pí
枇 3464

72007 杪
miǎo
杪 3566

72007 芄
wán
芄 0289

72007 枌
fén
枌 3525

72007 杰
jié

72007 桁
héng

72007 苨
nǐ

72008 芰芰
jì
芰 0412

72008 芬芬
fēn
芬 0237

72008 茚
áng
茚 0425

72008 荇
荇 0462
見 72010 荇

72008 芘
pí
芘 0483

72008 芥
1 jiè
2 gài
芥 0632

72008 芴
wù
芴 0642

72008 苑
yuàn
苑 0563

72008 狒
bó
狒 6318

72008 沐
mù
沐 7373

72008 林
pài
林4509

72008 桃
táo
桃 3409

72008 索
suǒ
段改篆
鉉篆 92008 索

72008 杴
xiān

72008 若
dàng

72009 萉
fèi
萉 0253
萉或作蘈𪊲

72009 芡
qiàn
芡 0415

72009 桄
guàng
桄 3779

72009 桼
qī
桼 3878

72009 旆
旆 4264
从㫃米聲
見 72009

72009 旆旆
pèi
旆 4264
鉉篆作

72009 旇披
pī
旇 4278

72009 蒿
hāo
蒿 0670

72009 营芎
xiōng
营0284

72009 梢
shāo
梢 3480

72009 柠楮
chǔ
楮 3508

72009 梴梴
chān
梴 3582
段改篆
鉉篆 72009 梴

72009 梴
梴 3582
見 72010 梴

72010 梴
chān
梴 3582
鉉篆作

72010 荇莕
xìng
莕 0462

72010 蓏
luǒ
蓏 0242

72010 菀
wǎn
菀 0452

72010 莦
shāo
莦 0533

72010 荒
huāng
荒 0547

72010 悖
bèi
段改篆
鉉篆 32010

72010 旒
liú
段篆假借鎏

72010 苎
zhù

72011 蒬
yuān
蒬 0379

72011 剌
chì
剌 2780

72011 棪
yǎn
棪 3433

72011 蓘
gǔn

72011 范
fàn
范 0656

72011 浡
bó

72012 蒻
ruò
蒻 0333

72012 菼䓵
tǎn
䓵0422

72012 ⿰木徙杫
sì
杫或从徙

72012 蓰
xǐ

72013 菑
菑 0589
見 34112 菑

72013 莎
1 suō
2 shā
莎 0638

72014 夢
mèng
夢0363

72014 䓵菼
tǎn
䓵0422

72014 蔽
xiāo
蔽 0529

72014 漆
qī
漆 6979

72015 蘮
jì
蘮0497

72015 蓊
wěng

72015 蘅莕荇
xìng
鉉莕或从行
段莕或从洐

72016 潸潸
shān
潸 7396

72017 蓼
liǎo
蓼 0262

72017 薊薊
jì
薊0308

72020 蘹
huái

72103 屯
1 zhūn
2 tún
屯 0234

72103 牛
niú
牛 0727

72103 才
cái
才 3840

72103 巿韍紱
芾韨
fú
巿 4903

72104 丈
zhàng
丈 1460

72104 先
先 5444
从儿从之
見 90106

72104 兂簪簮
zān
先 5438

72104 协
段改篆
鉉篆 72206 协

72105 牝
pìn
牝 0731

72105 杏
xìng
杏 3406
古讀何梗切

72105 杳
yǎo
杳 3599

72105 件
jiàn
件 5170

72105 本
段改篆
鉉篆 73104 本

72106 芃
péng
芃 0519

72106 牣
rèn
牣 0769

72106 杭
gāng

72106 芎营
xiōng
营0284
营或从弓

72106 侁
侁 5038
見 90108 侁

72107 柅
1 nǐ
2 杘 chì
段改篆
鉉篆 22006 柅

72107 柞
1 zuò
2 zhà
柞 3466

72107 枳
zhǐ
枳 3502

72107 柷
zhù
柷 3749

72107 梔梔
zhī
梔 3537
段改梔作梔
新附字作梔

72107 帣
帣 4896
新附字
見 82007 帣

72107 忳
tún

72107 炖燉
dùn

72107 粉
fēn

72108 荋
ér
段改篆
鉉篆 73108 荋

72108 苨
nǐ

72108 芽
yá
芽 0491

72108 蔄
lán
蔄 0540

72108 杭
háng
抗 8027
抗今讀 kàng
見 82108 抗

72108 枰
lú
枰 3467

72108 柃
líng
柃 3679

72108 芩
qín
芩 0408

72108 槁
kào
篆借 82008 槀

72108 沌
dùn

72108 苘
段改篆
鉉篆 73108 苘

72109 蒝
yuán
蒝 0511

72109 棁
zhuō
棁 3728

72110 榍榍楔
xiè
段改篆
鉉篆 22009榍

72110 莋
zuó
莋 0689
新附字

72110 梣棉
cén
梣 3430
梣或从棉省

72110 族
zú
族 4283

72110 栵栵
liè
栵 3618

72110 沸泲
jǐ
泲 6994

72110 芢
tuō

72111 蔦樢蔦
niǎo
蔦 0393

72111 菥
yé
菥 0426

72111 茢
liè
茢 0428

72111 蓂
mì
蓂 0455

72112 葥
jiàn
葥 0312

72112 萸
ruǎn
萸 0480

72112 蓉
róng
蓉 0686
新附字

72112 旃斿
yóu
旃 4271

72113 蘮
jì
蘮 0530

72113 懥
zhì

72114 薌芗
xiāng
薌 0694
新附字

72115 魨魨
tún

72115 獠
liáo
獠 6327

72116 薴
níng
薴0548

72118 旞旞
suì
旞 4268

72119 蕑
jiǎn
蕑0446

72203 才
鉉本第十五卷
部二百九才篆
見 72103才

72206 仂仂
lè
仂 1465

72207 芌芋
yù
芋 0270
段篆 32207 芌

72207 芐
hù
芐 0405

72207 矜矜
jìn
矜0767

72207 楞
xiāo
楞 3570

72208 芫
1 yuán
2 yán
芫 0465

72208 苛
kē
苛 0544

72208 柰奈
nài
柰 3407

72208 楫檝
jí
楫 3771

72208 牀床
chuáng
牀 3661

72209 莧苋
xiàn
莧 0269

72209 萱藼
xuān
藼 0283

72209 苹
píng
苹 0279
段篆 32209 苹

72209 棖
zhēn

72210 荷
1 hé
2 hè
荷 0433

72210 㚘伴
bàn
㚘 6643

72210 莞
1 guān
2 guǎn
3 wǎn
莞 0329

72210 橳橳拶
zǎn

72210 萸
段改篆
鉉篆 72412 萸

72210 韋韋
wèi
段改篆
鉉篆 93209韋

72211 菅
jiān
菅 0327

72211 萯
fù
萯 0352

72211 [艹昜]
tāng
[艹昜]0372

72211 萴萴
cè
萴 0382

72211 荄
gāi
同 42211 荄

72211 蔫
niān
蔫 0554

72211 茨
cí
茨 0584

72211 槇槙
diān
槇 3562

72211 桹
láng
桹 3568

72212 菲
1 fěi
2 fēi
菲 0641

72212 楒
xī
楒 3457

72212 旖
yǐ
旖 4274

72212 燕
1 yàn
2 yān
燕 7648

72212 榧
fěi

72213 菏
hé
菏 7039

72213 渿
nài
渿 7276

72213 榆
yú
榆 3524

72213 款歀
款欵
kuǎn
款 5512

72213 蕑蕑
jiān

72213 [艹閭]
lǘ

72214 蒻
蒻 0333
見 72012 蒻

72214 薧
hāo
薧 2554

72214 萍
píng
萍 7409

72215 薠
fán
薠 0424

72215 榦
gàn
榦6560

72215 樺桦
huà

72216 蕩荡
dàng
蕩 6992

72216 華
1 huā
2 huá
3 huà
華 3868

72216 欘
段改篆
鉉篆 24013 欘

72217 藐藐
miǎo
藐0381

72217 [艹閻]萏
dàn
[艹閻]0430

72217 鷟
zhuó
鷟 2363

72217 櫅
jī
櫅 3473

72218 薺
1 荠茨 cí
2 jì
3 qí
薺 0400

72221 櫇
pín
櫇 3475

72222 蘋
1 pín
2 píng

72308 [吉/大]
jié
[吉/大]6585

72310 栴
zhān

72310 樞
樞 3633
見 62411 樞

72310 頓
dùn
頓 5630

72310 椹
1 zhēn
2 shèn

72310 飩饨
tún

72311 莖茎
jìng

72311 幹干
gàn
鄭補逸字

72312 鼒鎡镃
zī
鼒 4348

72312 [木咨]楶
jié
[木咨] 3614

72314 檢检
jiǎn
檢 3752

72314 曣曣
yàn
曣 4191

72315 薲
pín
薲 0281

72315 [艹賜]
sì
[艹賜]0350

72315 蘞蔹莶
1 liǎn
2 xiān
蘞0406

72315 櫋楊
mián
櫋3628

72410 萺
mào
萺 0666

72410 櫙
ōu

72411 楰
yú
楰 3536

72412 萸
yú
萸 0485

72412 奘奘
zàng
奘6303

72413 靠
kào
靠 7659

72413 旟
段改篆
鉉篆 73413 旟

72414 蒜
suàn
蒜 0631

72415 蕢
蕢 0608
見 **72617** 蕢

72416 薋
1 cí
2 zī
薋 0531

72420 欑
1 cuán
2 zuàn
欑 3731

72509 青岑
qīng
青 3173
段篆青

72511 倩
1 qiàn
2 qìng
倩 4947

72512 彰
jìng
彰5689

72513 凊
qìng
凊 7473

72513 情
qíng
情 6672

72514 清圊
qīng
清 7165

72515 黄
yín
黄 0357

72519 旚
piāo
旚 4275

72520 鯖鯖
zhēng
鄭補逸字

72616 鶄鶄鶄
jīng
鶄2438

72616 樻
kuì
樻 3459

72617 蕢蕢臾
kuì
蕢 0608

72617 櫃柜
guì

73004 未
wèi
未 9752

73005 杤
段改篆
鉉篆 73107 杤

73006 艽
qiú
艽 0630

73006 艾
1 ài
2 yì
艾 0389

73006 芔卉
huì
卉 0629

73006 制利刹
zhì
制 2784

73006 杙
yì
杙 3463

73006 枋
fāng
枋 3488

73006 枖
yāo
枖 3561

73006 杕
1 dì
2 舵柁 duò
杕 3584

73006 板
bǎn

73007 芺
ǎo
从夭
芺 0353
段篆作芺

73007 芳
fāng
芳 0574

73007 芮
ruì
芮 0534

73007 抪潑泼
pō
抪 7879

73007 柿
fèi
柿 3776

73007 芤
kōu

73008 芟
shān
芟 0579

73008 芨
jī
芨 0311

73008 椋
liáng
椋 3435

73008 柲
bì
柲 3730

73008 旄
máo
旄 4280

73008 施旎
shī
施 4273

73008 梳
shū
梳 3666

73008 苶
nié

73008 夌
líng
夌 3349

73008 勃
段改篆
鉉篆 73110 勃

73009 育
yù
育0472

73009 萃
cuì
萃 0541

73009 苾咇
bì
苾 0572

73009 沬湏
靧頮颒
huì
沬 7374
今又讀 mèi

73009 梤棻棼
fén
梤 3492

73009 橋桥
qiáo
橋 3767

73009 弆
yù
弆1757

73010 莍
qiú
莍 0488

73010 菦
yín
菦 0522

73010 葆
bǎo
葆 0674

73010 梜
jiā
梜 3778

73010 製制
zhì
製 5338

73010 茯
fú
紱 8661

73010 葰
yì

73010 樏
léi
樏3552

73011 莢莢
jiá
莢 0512

73011 菰
gū
菰0683

73012 蕝蕞
jué
蕝 0583

73012 熏燻
xūn
熏 0239

73012 茯渋沃
wò
茯7239
見 73012渋

73012渋茯沃
此字在水部
从水非从艸
段改茯爲渋
參見 73012渋

73012 荻
dí

73012 淩腠
líng
腠7475

73012 製
段改篆
鉉篆 73010 製

73013 淩
líng
淩 7032

73014 橪
rǎn
橪 3478

73014 橑
段改篆
鉉篆 73114 橑

73015 蔿
wěi
蔿 0447

73015 鮇
wèi

73017 鯯鯯
zhì

73018 蔘
shēn
蔘0334

73018 鯪鯪
líng

73104 本
běn
本 3544

73104 朱
zhū
朱 3546

73104 末抹
mò
末 3549

73105 夬
guài
夬 1905

73106 朿
cì
朿 4336

73106 侏
zhū

73107 柷栲
kǎo
段改篆
鉉篆 23006柷

73107 芊
qiān
芊 0692
新附字

73107 犻
bèi
犻 0733

73107 朸
lì
朸 3594

73108 芣
fú
芣 0498

73108 莔
从艸冂聲
莔 0560
段篆 72108 莔

73108 椋
liáng
椋 0738

73108 格佫
gé
格 3586

73108 枕
zhěn
枕 3662

73108 莮
mán
莮 4790

73108 袾
zhū
袾 5305

73108 枎扶
fú
枎 3577

73108 扶技
fú
扶 7816

73108 棷
zōu
棷 3792

73108 刺
刺 2794
見 93108 刺

73108 夌
夌 3349
見 73008 夌

73109 芺
shǐ
芺 0258

73109 芫
chén
芫 0448

73109 茱
zhú
茱0454

73109 芙
fú
芙 0685
新附字

73109 梤
liè
梤 3482

73109 沬
mò
沬 6960

73109 洙
zhū
洙 7044

73109 苻
fú

73109 奔
奔1757
見 73009奔

73110 莜蕎荞
qiáo
莜 0318

73110 萆
bì
萆 0604

73110 牻
máng
牻 0737

73110 柍
yǎng
柍 3424

73110 椓檖
suì
椓 3469

73110 葯药
yào

73110 偌
ruò

73110 勃 浡鵓鵓
bó
勃 9199
鉉篆勃
段篆 73008 勃

73110 祩
段改篆
鉉篆 73108 袾

73111 英
yīng
英 0503

73111 荼
1 tú
2 茶 chá
荼 0668

73111 莜
1 蓧篠 diào
2 yóu
莜 0603

73111 莀
lì
莀 0317

73111 涑 濼
sè
涑 7267

73111 萃
段改篆
鉉篆 73009 萃

73110 樠
樠 3720
見 74109 樠

73111 榦
段改篆
鉉篆 73211 榦

73112 楮 柠
chǔ
楮 3508

73112 慲
mán
慲 6811

73112 淩
朘7475
見 73012 淩

73112 粖
bó

73113 菔
fú
菔 0278
蘆菔後作蘿蔔
俗作萝卜

73113 滿 满
mǎn
滿 7182

73113 著
1 zhù
2 着 zhuó

73113 淩
淩 7032
見 73013 淩

73114 蓨
tiáo
蓨 0370

73114 落
1 luò
2 là
3 lào
落 0550

73114 楑
kuí
楑 3425

73114 橑
lǎo
橑 3621

73114 撩
1 liáo
2 liāo
3 撂 liào
撩 7855

73115 橃 筏栰
fá
橃 3770

73115 煐
yīng

73115 櫹
段改篆
見 74115櫹

73116 櫹
櫹3434
見 74115櫹

73116 䛼
huì

73118 蘮簛𧆓
fèi

73120 藔 蓩
lǎo
蓩 0596

73204 丰 丯丯
丯豐妦
fēng
丰 3859

73207 其
1 jī
2 qí

73208 南 𡴎
nán
从宋羊聲
南 3857

73209 茮 椒
jiāo
茮 0487

73209 㭁
liè
㭁 0742

73209 倛
qī

73210 棓
段改篆
鉉篆 33210 棓

73210 梌
tú
梌0740

73210 枺
zhé
枺 3700

73210 椅
1 yī
2 倚 yǐ
椅 3445

73210 葭
1 笳 jiā
2 遐 xiá
葭 0646

73210 荂 雩花
huā
雩3866

73211 菩
1 bèi 2 pú
段改篆
鉉篆 73311 菩

73211 莛
tíng
莛 0495
鉉篆莛

73211 惎
jì
惎 6919

73211 蒚
lì
蒚 0340

73211 蕾 菑
fù
蕾 0368

73211 榦 幹干
gàn
榦 3603

73211 賁 贲
1 bì
2 bēn
賁 3928

73211 倝
hàn
倝 5363

73211 蒙
1 懞 méng
2 懞 měng
3 mēng
蒙 0649

73211 橖
1 掌橕撐
chēng
2 táng
橖 3612

73212 斡
wò
斡 9447

73212 蔓
1màn
2mán
3wàn
蔓 0460

73212 淇
qí
淇 6991

73212 欺
qī
欺 5560

73213 菧 遞
zhī
菧 0595

73213 蔚
蔚 0442
見 73314 蔚

73213 僨 偾
fèn
僨 5129

73213 湳
nǎn
湳 7073
段篆作湳
鉉篆 73313 湳

73213 餀
餀 3231
見 73214 餀

73214 餀
hài
鉉篆作

73214 蔡
cài
蔡 0557

73214 蔀
bù

73214 飫
飫3226
見 73215飫

73215 飫饫
饫䭇
yù
鉉篆作

73214 萴
cè
段改篆
鉉篆 74214 萴

73215 檃
yǐn
檃 3620

73215 憤愤
fèn
憤 6857

73215 鼗
段改篆
鉉篆 73216

73216 餕
líng
餕3249
鉉篆作

73216 鼗鞀
táo
鞀 1803

73216 濆
fén
濆 7203

73216 歕
pēn
歕 5507

73216 濛蒙
méng
濛 7280

73217 薇薇
wēi
薇 0265

73217 櫝椟
dú
櫝 3664

73218 鯕鲯
qí
鯕 7639

73218 藚
xù
藚 0661

73222 蘚藓
xiǎn

73222 鱝鲼
fèn

73306 卅卅
sà
卅 1468

73307 牴
dǐ
牴 0763

73309 植植樴
zhí
植 3632

73309 稙植
zhí
稙 4358

73309 栻
shì

73310 特
tè
特 0730

73310 袘
yì

73310 臺
臺 7672
見 92210 臺

73311 䬴
䬴 3250
見 73312 䬴

73311 泄
1 yì
2 洩渫 xiè
泄 7029

73311 菩
菩 0324
見 73211 菩

73312 䬴秣
mò
鉉篆 73311 䬴
段篆 82313 䬴

73312 槈耨鎒
nòu
槈 3668

73312 乾戟
jǐ
乾8337

73312 樘
樘 3612
見 73211 樘

73313 蓐蓐
rù
蓐 0698

73313 湳
湳 7073
見 73213 湳

73314 蔻蔻
kòu

73314 蔚
1 wèi
2 yù
蔚 0442

73315 蔣蒋
jiǎng
蔣 0470

73315 餕
餕3249
見73216 餕

73315 顢颟
mān

73316 藑
qióng
藑 0367

73316 漬渍
zì
漬 7288
段篆作

73317 蘢茏
lóng
蘢 0436

73317 犢犊
dú
犢 0732

73317 櫝
櫝 3664
見 73217 櫝

73318 鷊
yì
鷊0410

73318 鼘
yuān
鼘 3072

73318 鼘
段改篆
鉉篆 73318

73318 鸏鹲
méng
鸏 2418

73318 藚
藚 0661
見 73218 藚

73409 奊
xié
奊 6586

73412 萋
段改篆
鉉篆 74412 萋

73413 旟
yǎo
旟 4272

73414 䫏魌
qī
䫏 5660

73417 犢
犢 0732
見 73317 犢

73418 蒢
chú
蒢 0331

73418 𪔂
kōng

73418 饛
饛 3219
見 73419 饛

73418 饙
餴3190
見 73419 饙

73419 饛
méng
鉉篆作

73419 饙餴餴
fēn
段改篆
鉉篆 73418 饙

73419 蘞蔹
蘝蘞
liǎn
蘞 0406

73510 辜估跍
gū
辜 9709
估段注借用辜

73511 貰贳
shì
貰 3952

73513 猜
cāi
猜 6310

73513 樲
èr
樲 3476

73517 標标
biāo
標 3565

73518 橢椭
tuǒ
橢 3698

73518 蔈
biāo
蔈 0502

73519 蘬
wéi
蘬 0514

73615 精睛
jīng
精 4460

73618 旟
yú
旟 4266

73623 薸
piáo

73712 堯尧
yáo
堯 9119

73714 僥侥
1 yáo
2 儌 jiǎo
僥倖字篆作儌
僥 5167

73716 燒烧
shāo
燒 6392

73716 橈
ráo
段曰橈即輡
見 3371 輡

73717 澆浇
jiāo
澆 7356

73919 顤
yáo
顤 5607

73919 饒
饒 3229
見 73920 饒

73920 饒饶
ráo
段改篆
鉉篆 73919 饒

74004 束
shù
束 3881

74005 [illegible]東
hàn
段改篆
鉉篆 76007東

74006 杝
1 籬篱 lí
2 椸 yí
杝 3653

74006 校
1 jiào
2 xiào
校 3773

74006 林
lín
林 3830

74006 柬揀拣
jiǎn
柬 3882

74006 剌
1 là
2 lá
剌 3884

74006 舛僢踳
chuǎn
舛 3362
鉉篆 94006 舛

74007 茅
máo
茅 0326

74007 枝
zhī
枝 3554

74007 茭
jiāo
茭 0612

74008 莠
yǒu
莠 0252

74008 芰茤
jì
芰 0412

74007 枓
zhǔ
枓 3693

74008 苵
dié
苵 0468

74008 茻
mǎng
茻 0700

74008 柭
bā
柭 3724

74008 橐槖
tuó
橐 3886

74008 离
1 魑 chī
2 離 lí
离 9685

74009 萬
yǔ
萬 0320

74009 茇
bá
茇 0518

74009 茠薅
hāo
薅 0699

74009 欶
1 shuò
2 嗽 sòu
欶 5544

74009 涑
sù
涑 7384

74009 秏
bó

74009 栳
lǎo

74009 莠
段改篆
鉉篆 74008 莠

74010 菜
cài
菜 0559

74010 椱
fù
椱 3710

74010 焚燓
fén
燓 6449
段改篆

74010 [illegible]
jiū
[illegible]1455

74010 楸
qiū
楸 3447

74010 榹
sī
榹 3689
段篆

74010 棼
fén
棼 3837

74010 煉鍊炼
liàn
煉 6442

74010 惏婪
lán
惏 6825

74010 荾
suī

74011 䔟
yí
䔟 0510

74011 萊莱
lái
萊 0647

74011 蓀荪
sūn
蓀 0690
新附字

74011 萩
qiū
萩 0444

74011 栚
zhèn
栚 3701

74011 淋
1 lín
2 lìn
淋 7380

74011 湅
liàn
湅 7400

74011 觫
sù

74011 菌
菌 0589
見 34112 菌

74012 葰
suī
葰 0288

74012 樆
lí

74012 烝蒸
zhēng
蒸 0623

74013 穔荒
huāng
穔 4427

74014 蕧
fù
蕧 0364
鉉篆 74112 蕧

74014 薹耄
mào
薹 5353
今省作耄

74014 槲
hú

74014 潸
潸 7396
見 72016 潸

74014 勳勲
段改篆
鉉篆 74116 勳

74016 藑
qióng
藑 0556

74016 蒸莖烝
zhēn
蒸 0623

74017 蔾
lí
蔾 0672
段篆作蔾

74017 旚
biāo
旚 4276

74018 蘇蘓苏
sū
蘇 0256

74018 蘢
bēi
蘢 0473

74106 共𢇇
1 gòng
2 gǒng
共 1768

74106 杶櫄
椿杻
chūn
杶 3453

74106 材
cái
材 3595

74106 杵
chǔ
杵 3682

74107 牫
tāo
牫 0748

74107 杖仗
zhàng
杖 3723

74107 枎
枎 3577
同 73108 枎

74107 使
段改篆
鉉篆 74208 使

74108 羍麰
móu
麰 3334

74108 柿杮柹
shì
柿 3403
鉉篆作柹

74108 梵
fàn
梵 3839
新附字

74108 供
1 gòng
2 gōng
供 5003

74108 協
段改篆
鉉篆 74414 協

74109 椯
duǒ
鉉篆作椯

74109 茂
mào
茂 0523

74109 栙
xiáng
栙 3739

74109 棖枨
chéng
棖 3718

74109 巷䢽巷
1 xiàng
2 hàng
䢽 4169

74109 莕䓷荇
xìng
莕 0462

74110 萇苌
cháng
萇 0307

74110 茷
fá
茷 0558

74110 莫
1 莫暮 mù
2 mò
莫 0701

74110 棽
chēn
棽 3834

74110 烘
hōng
烘 6424

74110 恭
gōng
恭 6708

74110 㤨
gǒng
㤨 6912

74110 搑
róng
搑 7974

74111 苳
dōng
苳 0662

74111 㤅爱
璦瑷爱
ài
愛 3352

74111 椿
chūn
椿 3454

74111 樜
zhè
樜 3487

74111 洪
hóng
洪 7099

74112 蔗
zhè
蔗 0348

74112 樗
chū
樗 3438
段樗櫄對調

74112 䢽
䢽 4169
見 54112 䢽

74112 募
mò
募4316

74112 憓
huì

74112 蕧
蕧 0364
見 74014 蕧

74112 菉
段改篆
鉉篆 74213 菉

74113 櫛
zhì
櫛 3665

74113 僾
ài
僾 4995

74113 潓
huì
潓 6998

74114 藥药
yào
藥 0576

74114 蔽
bì
蔽 0551

74114 蔟
cù
蔟 0619

74114 蕨
jué
蕨 0637

74114 幙
mù
幙 6753

74114 港
gǎng
港 7426
新附字
港篆宜作巷

74114 欘
zhú
段篆 72116 欘
鉉篆 24013 欘

74115 漠
mò
漠 7095

74115 椯
chuán
椯3434

74116 薍
wàn
薍 0421

74116 薢
xiè
薢 0413

74116 勳勳
勛勛
xūn
勳 9166

74205 井
jǐng
井 3175

74206 吏吏
lì
吏 0005

74207 荆刱
荆刑
xíng
荆 3178

74207 𢦏灾
𢦏𢦏
zāi
𢦏8351

74208 使
shǐ
使 5076

74208 兟兓
jīn
兓 5439

74208 椿
chūn
許篆作杶或櫄

74209 刱創
chuàng
刱 3179
許書創業字

74209 楳梅
méi
梅 3405

74209 棫
yù
棫 3456

74210 粖鬻
miè
鬻1866

74210 胾
zì
胾 2703

74211 禁
1 jìn
2 jīn
禁 0071

74211 餗鬻
sù
鬻1864
見 74212 餗

74211 楥楦
xuàn
楥 3711

74211 偆
chǔn
偆 5068

74211 綦綨綥
qí
綨8585

74211 烖灾
扻災
zāi
鉉篆 74311 烖

74211 裁
cái
裁 5231

74211 菒藁
gāo
菒 0461

74212 餗鬻
sù
鬻1864
段改篆

74212 榰
zhī
榰 3613

74212 賴赖頼
lài
賴 3946
从貝剌聲
並非从負

74212 旗
qí
旗 4263

74212 䉺
hóng

74213 蔋
dí
蔋0528

74213 樔
cháo
樔 3774

74213 榭
xiè
榭 3818
新附字

74213 幩
fén
幩 4885

74213 菉箓綠
lù
菉 0651

74213 蓍
shī
蓍 0437

74214 蕷蓣
yù

74214 藪
藪 0395
見 73214 藪

74214 蓺藝
藝 0416
見 75213 蓺

74214 樣様样
1 橡 xiàng
2 yàng
樣 3462

74215 椅
yī
椅 3578

74215 襟
jīn

74216 薉穢秽
huì
薉 0546

74216 薿
nǐ
薿 0507

74216 蕿藼
xuān
藼 0283

74217 櫌耰
yōu
櫌 3674

74217 䔼 晉
jǐn
段改篆
鉉篆 64217䔼

74218 藸 豬
chú
藸 0458

74219 藻 藻
zǎo
藻 0650

74220 櫼
jiān
櫼 3650

74221 濊 濊
1 huì
2 huò
濊7120

74222 蘼
mí

74310 𢦏
𢦏 2703
見 74210 𢦏

74310 莘
1 shēn
2 xīn

74311 樝 楂查
zhā
樝 3400

74311 椷
jiān
椷 3692

74311 裁
裁 5231
見 74211 裁

74311 烖
烖 6455
見 74211 烖

74312 葴
zhēn
葴 0374

74312 䔂
zǐ
䔂 0598

74312 橾
1 shū
2 qiāo
橾 3761

74313 裁
段改篆
鉉篆 74211 裁

74314 蕆 蕆
chǎn
蕆 0696
新附字

74314 蓦 寞
mò
蓦 2532

74314 槓 贛
gòng
贛 8388

74315 葬
zàng
葬 0703

74317 藏
1 臧cáng
2 臟脏zàng
藏 0695
新附字

74317 櫌
rǎo
櫌 0758

74317 鼙
pí
鼙 3070

74317 鼙
段改篆
同 74317

74318 藻 藻
zǎo
藻 0650

74318 櫾 櫾
1 yóu
2 柚 yòu
鉉篆 75115 櫾
許書有繇無䌛

74321 蘱
lèi

74410 基
jī
基 8999

74411 椆
chóu
椆 3427

74412 葽
yāo
葽 0476

74412 荊 荆莿
jīng
荊 0489

74413 蔁
蔁 0390
見 74514 蔁

74413 贊
贊 3931
見 90417 贊

74414 薜
bì
薜 0386

74414 荓
píng
段改篆
鉉篆 76412 荓

74414 犉
chún
犉 0745

74414 𦎧 純纯
chún

74414 協
xié
協 9212

74415 犕 犕
bèi
犕0759

74415 勣
jì

74415 儹
儹 5018
見 90419 儹

74418 灒
灒 7392
見 90422 灒

74419 蓱
píng
蓱 0639

74419 鼞
tāng
鼞 3073

74419 鼞
段改篆
同 74419

74420 蘘
ráng
蘘 0275

74513 菁
jīng
菁 0276

74513 勩
段改篆
鉉篆 74615 勩

74514 蔁
zhāng
蔁 0390

74515 蒨
qiàn

74520 鼞
鼞 3073
見 74419 鼞

74614 菩
段改篆
鉉篆 54514 菩

74615 勩 勚
yì
勩 9192

74617 蓄
xù

74620 饡
段改篆
鉉篆
見 80624 饡

74716 獟
yào
獟 6334

74724 虋 穈
mén
虋 0246

75007 芛
wěi
芛 0500

75007 料
料 3693
見 75007 料

75008 剌
là
剌4870

75008 倢
jié
倢 5028

75009 荌
àn
荌 0360

75009 桵
ruí
桵 3455

75010 莃
xī
莃 0362

75010 禵
qì
禵5244

75011 莥
niǔ
莥 0250

75011 椶棕
zōng
椶 3443

75011 椸箷
yí
椸 3820
新附字

75011 棱楞稜
léng
棱 3784

75011 掕
líng
掕 8004

75012 葼
zōng
葼 0509

75012 莽
mǎng
莽 0702

75012 葹
shī

75012 禵
段改篆
鉉篆 75010禵

75015 櫄杶椿
chūn
杶 3453

75015 櫖
chū

75016 薰焄
xūn
薰 0294

75017 藼蕿
萱諼
xuān
藼 0283

75017 蔆遴菱
líng
蔆 0411

75017 漭
mǎng

75018 黐
chī

75105 東东
dōng
東 3828

75107 株
zhū
株 3548

75107 抹
mǒ

75107 秣
mò
許篆作餗

75108 茱
zhū
茱 0486

75108 疐
zhì
疐 2496

75108 勅
chì

75109 莙
jūn
莙 0338

75109 荐薦洊
jiàn
荐 0580

75109 蒐
sōu
蒐 0383

75109 楝
sè
楝 3827
新附字

75109 涷冻
dòng
涷 7474

75110 茦
cì
茦 0397

75110 蓆
xí
蓆 0578

75110 涷
dōng
涷 6952

75111 菽
mào
菽 0537

75111 樠
mán
樠 3529

75111 橐
gǔn
橐 3885

75111 𠦪
hū
𠦪6623

75111 奏屛敼
1 zòu
2 腠 còu
奏 6626

75111 棱
棱 3784
見 75011 棱

75111 掕
líng

75112 莿刺
cì
莿 0401

75112 幕幙
mù
幕 4859

75112 募
段改篆
鉉篆 75214 募

75112 湃
pài

75112 䓘
xiá

75113 蘧
qú
蘧0264

75113 櫜
gāo
櫜 3888

75113 樺箄
pái

75113 檎
qín

75113 樾
yuè

75113 穲
lí

75114 䡜
段改篆
鉉篆 75215䡜

75115 櫾
櫾 3542
見 74318 櫾

75115 麩麱麸
fū
麩 3338

75115 棬
quān

75116 薁
薁 0373
从奥奥从弄
見 75116 薁

75116 薁
yù
鉉本誤作

75116 湊凑輳辏
còu
湊 7256
《漢書》四方輻輳字篆作湊

75117 淩
淩 0411
見 75017 淩

75118 [illegible]
lǎo
[illegible] 0596

75116 櫡
zhuó
櫡 3676

75118 薯藷
shǔ

75205 革
俗篆
鉉篆 75306 革

75208 黃黄[illegible]
huáng
黃 9156

75209 傳传
1 zhuàn
2 chuán
傳 5080

75210 棊棋
qí
棊 3737

75210 稘朞
jī
稘 4439

75210 僙
guāng

75211 慱
tuán

75211 其
qí
其 0248

75212 漙
tuán
漙 7413
新附字

75212 蒯
kuǎi
蒯0376

75212 [illegible]嬔
fàn
[illegible]8096

75213 蓻蘜
jú
蘜 0416

75213 潢
1 huáng
2 滉 huàng
潢 7219

75213 樽罇
zūn

75214 [illegible]
yì
[illegible] 0255

75214 募
mù
募 9204

75215 [illegible]
gàn
[illegible]0346

75215 蕡
fén
蕡 0575

75215 觵觥
gōng
觵 2841

75215 [illegible]
shǐ
[illegible]3188

75215 氋
méng

75218 鱄
zhuān
鱄 7558

75305 車戟车
1 chē
2 jū
車 9465

75306 革革
1 gé
2 jí
革 1783

75308 [illegible]
chūn
[illegible] 9489

75308 軔轫
rèn
軔 9498

75309 靪
dīng
靪 1801

75309 枼葉叶
yè
枼 3797

75309 抴拽
yè
抴 8034

75309 枻栧
yì

75309 靭靱
韌韧
rèn
見 44210 韌

75310 堇
jǐn
同 65310 堇

75310 軟软
ruǎn
許篆作偄

75311 莆
pú
莆 0245

75311 鞉鞀
táo
鞀 1803

75311 [illegible]
zhé

75312 鞘
1 qiào
2 shāo
鞘 1842
新附字

75312 牒
dié
牒 4343

75312 [illegible]
dàn

75312 黅
jīn

75313 薪
xīn
薪 0622

75313 褋褋
dié
褋5251
鉉篆作

75313 槭
qì
槭 3494

75313 墓
mù
墓 9096

75313 煠炸
zhá

75314 蕉
jiāo
蕉 0624

75314 渫
xiè
渫 7381

75315 蕡
蕡 0575
見 75214 蕡

75315 [illegible]屣
xǐ
[illegible]1799

75315 鞵鞋
xié
鞵 1800

75315 褋
段改篆
鉉篆 77317褋
見 75313 褋

75316 漣瀾涟
lián
瀾 7140
瀾或从連

75316 荔荔
lì
荔 0648

75316 蒲葡
pú
蒲 0332

75316 鼕冬
dōng

75317 饕
chāng

75318 饙
饙3190
見 75319饙

75319 饙饋餴
fēn
饙3190
段改篆饙

75319 䭜
lián

75320 鰈鲽
dié
鰈 7643
新附字

75320 鰱鲢
lián
鰱 7568

75409 靷鞕
yǐn
靷 1818

75409 軹轵
zhǐ
軹 9504

75409 軶轭
è
軶 9514

75410 靲
qín
靲 1832

75410 彗簪篲
huì
彗 1919

75410 軨轞
líng
軨 9491

75410 輈辀轐
zhōu
輈 9511

75411 樿椫
shàn
樿 3418

75411 堇
堇 9120
見 65310 堇

75412 蕇
diǎn
蕇 0635

75412 䪼
duì

75412 巂
1 guī
2 xī
巂 2275

75414 蘄蕲
qí
蘄 0328

75414 韓
hàn
韓 6135

75414 䔮
wèi
䔮 6492

75415 鬵鬻
qín
鬵 1851

75415 韓韩韩
hán
韓3382

75415 䪻
yǔn
鄭補逸字

75416 慵慵
xié
慵6820

75419 觿觽
xī
觿 2840

75420 灊
qián
灊 6962

75510 輯辑
jí
輯 9479

75510 靶
靶 1814
見 25409 靶

75511 䡴
xuàn

75512 博
博 1464
見 25512 博

75513 輏
kēng
輏 9537

75515 樴
zhí
樴 3722

75515 輸输
shū
輸 9528

75516 藺蔺
lìn
藺 0330

75517 薛薛
xuē
薛 0322

75623 虉
yì
虉0597

75715 橈桡
1 náo
2 ráo
橈 3576

75715 穘
xiāo

75715 撓挠
náo
撓 7894

75716 蕘荛
ráo
蕘 0621

75723 欑欒欑
zuān
欒1810

75919 韥
guì
韥 1791

76006 每毐莓
měi
每 0235

76007 梗
梗 3441
見 76108 梗

76007 楝
sù
楝 3640

76007 梯
tī
梯 3717

76007 柬束
hàn
柬4329
段改篆 74005柬

76008 侮侮
wǔ
侮 5125

76008 萬
萬 0321
見 76109 萬

76008 苐苐萬
1 dì
2 tí
段改萬爲苐
又考古出土

76009 棳
zhuō
棳 3431

76009 楋
là
楋 3485

76009 楝
liàn
楝 3515

76009 楙
mào
楙 3835

76009 森
sēn
森 3838

76010 林
lǐn
林 0441

76010 䔲
zhēng
䔲0549

76010 棥
fán
棥 2080

76010 悔
huǐ
悔 6853

76011 蔓
蔓0609
見 76113蔓

76011 櫜柝
tuò
櫜3654

76011 海
hǎi
海 7096

76011 摛攡
chī
摛 7844

76011 樆
lí
鄭補逸字

76012 樕
sù
樕 3428

76012 榱
cuī
榱 3624

76012 楔
xiē
楔 3651

76013 葠
葠 0627
見 76115 葠

76013 櫪枥
lì
櫪 3805

76013 薦
jiàn
薦 6228

76014 燓焚
fén
燓 6449
段改燓作焚

76015 蓃蓃
sǎo
蓃0404

76016 蕿
蕿 0315
見 76118 蕿

76016 蘔菎
kūn
蘔0464

76017 藨
biāo
藨 0409

76017 䱊
méi

76018 瀳
jiàn
瀳 7180

76107 帶带
dài
帶 4843

76108 桋
yí
桋 3441

76109 荑苐苐
tí
荑 0321

76109 拱
gǒng
拱 7802

76109 拲拲
gǒng
拲 8042

76109 桊拲栱
gǒng
拲 8042

76109 栱
gǒng
見 8042 桊

76109 菓果
guǒ

76110 橐
pāo
橐 3889

76111 莪
é
莪 0439

76111 械
xiè
械 3801

76111 穗采
suì
采4386

76111 槵
huì
槵 3471

76112 滯滞
zhì
滯 7298

76113 蔓
qǐn
段改篆
鉉篆 76011蔓

76113 模
1 mó
2 mú
模 3606

76113 摹
mó
摹 7985

76113 豺
cái
豺 3345

76114 蕅
蕅 0435
見 77114 蕅

76115 葠
shān
段改篆
鉉篆 76013 葠

76114 蓺
段改篆
鉉篆 76216 蓺

76115 蕁
zǔn
蕁 0602

76115 樁桩
zhuāng
樁 3825
新附字

76115 薆
ài

76116 檦
piāo
檦 0744

76116 擣
段改篆
鉉篆 76218 擣

76118 蓡蓡蔘
參參
shēn
段改篆
鉉篆 76016 蕿

76210 棹
wěi
棹 3419

76210 栽栽
zāi
栽3601

76211 菨
jiē
菨 0463

76211 棧栈
zhàn
棧 3714

76212 棘
jí
棘 4338

76212 槵
huàn

76212 獚
huáng

76212 牽轄辖
xiá
牽 3364

76214 萩
cè
萩 0617

76214 撲捡
qín
捡 7825

76215 蕣
mǎo
蕣 0314

76215 藄
qí
藄 0361

76215 蘞
xiān
蘞 9157

76215 藾
lài

76216 蘭兰
lán
蘭 0286

76216 樸朴
pǔ
樸 3590

76216 蓺
蓺 0521
見77215 蓺

76216 襋
jí
襋 5239

76218 樸
pú
樸 3477

76218 櫱櫱枿
不梓
niè
櫱3785

76218 擇
擇 0552
見77217 擇

76218 襋
段改篆
鉉篆 76216 襋

76219 蕣
shùn
蕣 0484

76220 爤爛
燗烂
làn
爤 6436

76220 爇
ruò
爇 6390

76221 灡
lán
灡 7340

76308 軑轪
dài
軑 9508

76308 軬轓
fǎn
軬 9485

76308 勒
段改篆
鉉篆 76410 勒

76310 輬辌
liáng
輬 9470

76310 栽栽
栽3601
見 76210 栽

76311 轅辕爰
yuán
轅 9510

76311 鞑
bì
鞑 1809

76311 轎轿
jiào

76312 鞴
fú

76313 糰
tuán

76313 鞅
jiá
鞅 1798

76313 轅
段改篆
鉉篆 76311 轅

76314 鞵鞋
xié
鉉篆 75315 鞵

76314 黹耑
段改篆
鉉篆 77314 黹耑

76315 檴
huà
鉉本 3490 樗
段本 3438 槫
下檴或从蒦

76316 薅茠蕣
hāo
薅 0699

76316 犦
pǔ
鄭補逸字

76317 櫨栌
lú
櫨 3616

76318 蘆芦
lú
蘆 0277
段改篆

76319 蘜 蓻
jú
蘜 0416

76320 爇
爇 6390
見 76220 爇

76408 軒轩
xuān
軒 9466

76408 丰
fēng
鄭補逸字

76408 軝軝
qí
軝 9503

76409 輾碾
niǎn
輾9532

76409 軝軝
qí
軝 9503

76409 靬
1 jiān
2 qián
靬 1785

76410 勒
1 lè
2 lēi
勒 1829

76410 輅辂
1 hé
2 lù
輅 9483

76411 鞜
luò
鞜1786

76412 鞠
yào

76412 幷
幷 0358
同 74414 幷

76413 鞅
yāng
鞅 1838

76416 蒪
fū
蒪0520

76416 轑
lǎo
轑 9507

76417 洴
洴 0639
同 74419 洴

76418 囊
1 náng
2 nāng
囊 3887

76418 蕁蕁荨
tán
蕁 0342
段篆 66418

76419 薄
1 箔礴 bó
2 báo
薄 0562

76419 蘼
麗丽
lì
蘼 0577

76512 輢
yǐ
輢 9487

76512 鞨銙
kuǎ

76514 鞥
鞥1823
見 76716鞥

76515 靜静
jìng
靜 3174

76517 䡛
yǐn

76520 韇
dú
韇 1834

76611 軾轼
shì
軾 9482

76613 軭
段改篆
鉉篆 77612 軭

76620 韇
韇 1834
見 76520 韇

76716 鞥
è
鞥1823

76724 贑
贑0366
見 76825贑

76825 贑
gàn
贑0366

77005 事
段改篆
鉉篆 77106 事

77009 苺
méi
苺 0300

77009 捷
jié
捷 8048

77009 婪
lán
婪 8279

77010 葵
kuí
葵 0260

77010 莱
lèi
莱 0568

77010 萎
wěi
萎 0616

77011 毓育
yù
育 9739

77018 嬴
yíng

77106 事叓
shì
事 1926

77108 棟栋
dòng
棟 3608

77113 嫫嫫
mó
嫫8288

77114 蕅藕
ǒu
蕅 0435
鉉篆 76114 蕅

77114 捧拜
bài
捧7804

77118 莖
jīng
莖 0677

77119 藶
méi
藶 0293

77123 鬱郁
yù
鬱 3832

77208 剚倳
zì

77210 摶抟
tuán
摶 7988

77211 奉
1 俸 fèng
2 捧 pěng
奉 1749

77211 横
1 héng
2 hèng
横 3777

77212 槭
wēi
槭 3663

77213 禱
dú
禱5259
同 79311禱

77213 櫎榥幌
huǎng
櫎 3703

77213 葳
wēi

77215 蓺
jí
蓺 0521

77216 麒
qí
麒 6237

77216 潢
héng
潢 7244

77217 擇择
tuò
擇 0552

77305 華
bān
華2481

77307 毐
ǎi
毐 8315

77309 軼轶
yì
軼 9536

77309 較
1 jué
2 較挍 jiào
較 9484

77309 較较較
jiào

77310 軷
bá
軷 9523

77311 蔪蘄
jiàn
蔪 0570

77311 揀
dōng

77312 輹
fù
輹 9497

77312 揲
shé
揲 7821

77312 轗
lǎn

77313 摧
摧 7876
見 67313 摧

77313 葉叶
yè
葉 0496

77314 堇
jǐn
堇 0640
同 67314 堇

77314 槤梿
1 lián
2 璉琏 liǎn
槤 3702

77314 蒱
pú

77314 黼
tuān
黼 9158

77315 僷偞
yè
僷 4954
段注曰
僷亦作偞

77316 櫐櫐鸓
lěi
櫐 3440

77317 襍褋
褋5251
許書从衣葉聲
鉉篆訛从葉
段篆 75315褋

77322 欄
làn

77408 軘
tún
軘 9475

77411 靽
bàn

77413 鞯
róng
鞯 1826

77413 槥
huì
槥 3812
段篆 79413 槥

77414 擢
擢 7876
見 67313 摧

77415 攜携
儶携
xié
攜 7840
儶古同攜

77417 戴戴
dài
戴 1771

77515 鞥

ēng
鞥 1813

77515 輦 辇

niǎn
段改篆輦
鉉篆 79713 輦

77515 轈

cháo
轈 9477

77522 鞾 靴

xuē
鞾 1844
新附字

77522 藒

藒 0643
見 67421 藒

77612 軭

kuāng
軭 9539

77617 轗

kǎn

77618 韛 絥

bèi
絥 8661

77713 輖

zhōu
輖 9529

77814 輤

qiàn

78006 柫

fú
柫 3680

78006 妻 妾

1 qī
2 qì
妻 8089

78008 棅 柄

bǐng
柄 3729

78009 梅 楳槑

méi
梅 3405

78010 栅 柵

1 zhà
2 shān
柵 3652

78010 悽 恓

qī
悽 6867

78010 凄 淒

qī
許書作淒
見 78011 淒

78011 蕛 稊蕛

tí
蕛 0467

78011 蕛蕛稊

tí

78011 淒 凄

qī
淒 7264

78012 橇

qiāo

78013 楙

mào
楙 0665

78013 蘇

蘇 0669
見 79014 蘇

78014 樊

fán
樊 1766

78015 麓 禁

lù
麓 3836

78016 蠜

fán
蠜 8794

78016 檷

nǐ
檷 3706

78017 薾

ěr
薾 0504

78017 䕰

fán
䕰 4015

78110 揥

dì
揥 7870

78111 蔕 蒂

dì
蔕 0515

78112 葎

lǜ
葎 0396
鉉篆葎

78113 棆

lún
棆 3422

78113 榛

zhēn
榛 3451

78113 楄

pián
楄 3795

78114 萹

biān
萹 0296

78114 蓩

mòu
蓩 0313

78114 蓁

zhēn
蓁 0532

78115 蕭 萧

xiāo
蕭 0443

78117 蕼 䔺

sì
蕼 0385

78120 瀟 潇
xiāo
瀟 7418
新附字

78120 䴲
mó

78208 毒
毒 0236
从屮毒聲
見 79307 毒

78219 槸 槸
蓺艺
yì
槸 3587

78221 𩓥
fán
𩓥 5637

78312 董董
dǒng

78315 韢
suì
韢 3370

78316 驀 蓦
mò
驀 6155

78316 檥
1 yǐ
2 yī
檥 3604

78319 槸
槷 3587
見 78219 槸

78413 輘
líng

78417 欂 欂
bó
欂 3615
同 78422 欂

78420 蘥
yuè
蘥 0417

78422 欂
bó
鄭補逸字

78514 董 董
dǒng
董 0402

78516 轒
fén
轒 9552

78517 鞼 蕢
fén
蕢 3069

78612 輔 辅
fǔ
同 28612 輔

78620 犧 牺
xī
犧 0771

78621 韃 靼
dá

78721 韆 qiān 見 21103 千 小篆假借千

79009 棲栖 qī 西 7674

79010 萋 qī 萋 0505

79011 槏 qiǎn 槏 3634

79012 蒹 jiān 蒹 0420

79013 葌 jiān 葌 0287

79014 薕 lián 薕 0423

79014 蘩蘩 fán 段改篆 鉉篆 78013蘩

79017 攀攀𠬯 pān 𠬯1765

79031 麤 cū 麤0607

79112 犡 lì 犡 0739

79117 蕪芜 wú 蕪 0545

79210 䡛 cáo 䡛 3829

79211 耕畊 gēng 耕 2809

79211 樓楼 lóu 樓 3635

79212 蔞蒌 lóu 蔞 0377

79215 菶 běng 菶 0506

79217 𣹬 𣹬0295 見 79316𣹬

79307 毒䓯 dú 毒 0236 段改篆毒

79311 䄍 dú 段篆 79313䄍

79311 輟罬辍 chuò 罬 4810 輟 9540

79312 輟 zhuó 輟1824

79313 䄍 段改篆 鉉篆 79311䄍

79314 蔪蕲 jiàn 蔪 0570

79315 輣 péng 輣 9474

79315 轃 轃 9551 見 79415 轃

79316 𣹬𣹬 dú 段改篆 鉉篆 79218𣹬

79316 藪薮 sǒu 藪 0564

79318 轕轕 jiān 轕 1843 新附字

79318 蘻 jì 蘻 0403

79319 轔辚 lín 轔 9565 新附字

79407 冓构 gòu 冓 2485

79410 構冓构 gòu 構 3605

79410 搆 gòu

79411 煹 gòu

79411 斠 jiào 斠 9449

79411 輂輁 jú 輂 9554

79411 褠 gōu

79411 輁 gǒng

79412 溝沟 gōu 溝 7224

79413 耩 jiǎng

79413 槥 huì 段改篆 鉉篆 77413 槥

79415 輪轮 lún 輪 9547

79415 轃 zhēn 轃 9551

79420 纛 dào

79512 轉转 1 zhuǎn 2 囀啭 zhuàn 轉 9527

79512 載载 1 zài 2 zǎi 載 9521

79518 轐 bú 轐 9494

79520 轙 niè 轙 9525

79618 轗 hù 轗 1839

79619 轙 yǐ 轙 9517

79713 輦 輦 9556 見 77515 輦

79715 轊軎 wèi 軎 9505

79718 轖 suī 轖 1835

79915 轟軥 軥 軥轰 hōng 轟 9563

79931 轥轥 zuān 轥1810

[8]

80002 入
rù
入 3264

80003 亢
亢 6620
見 80105 亢

80003 丁 釘钉
1 dīng
2 zhēng
丁 9698

80004 㒳
liǎng
㒳3269

80004 亣 大
1 dà 2 dài
亣 6633
籀文作篆文
同 81003 大

80004 衣
1 yī
2 yì
衣 5230

80004 仌 冰
氷 冫
bīng
仌 7470

80005 高
gāo
高 3303

80005 伉
俗篆
見 80107 伉

80006 肓
huāng
肓 2594

80006 高 廎
qǐng
高 3304

80006 依
yī
依 5024

80006 初
chū
初 2742

80006 巟 巟
巟荒
huāng
巟 7445

80006 亮
liàng
5435+亮
段補篆

80006 剋尅克
kè

80006 衣
衣 5230
鉉篆求工作
段注據許書改篆
象覆二人之形

80007 亭 停
ting
亭 3305

80007 褒
bào
褒 5265

80007 裛
yì
裛 5328

80007 衫
shān
衫 5347
新附字

80007 衮
gǔn
衮 5232

80007 炕
炕 6484
見 80109 炕

80007 忼
忼 6695
見 80109 忼

80008 沆
沆 7130
見 80110 沆

80008 衯
fēn
衯 5287

80008 膏
1 gāo
2 gào
膏 2603

80008 衮 熅
ēn
衮6430

80008 汀 穵
tīng
汀 7316

80008 初
段改篆
鉉篆 80006 初

80008 依
段改篆
鉉篆 80006 依

80008 沆
段改篆
鉉篆 80110 沆

80009 熇
hè
熇 6408

80009 停
ting
停 5183
新附字

80009 𠂹 埀
chuí
𠂹3865
段篆作

80009 冰 冰氷
1 凝 níng
2 bīng
冰 7471
凝本作冰

80009 褒
段改篆
鉉篆 80007 褒

80009 裛
段改篆
鉉篆 80007 裛

80010 歊
xiāo
歊 5522

80010 滈
hào
滈 7277

80010 淀 漩
xuán
淀 7172

80010 衯
段改篆
鉉篆 80008 衯

80010 衮
段改篆
鉉篆 80008衮

80011 䘰
shān
䘰 5344

80012 褱 懷怀
huái
褱 5264
褱夾懷挾

80012 滚
gǔn

80013 褷
shī

80013 䘰
段改篆
鉉篆 80011 䘰

80014 褱
段改篆
鉉篆 80012 褱

80016 懷 怀
huái
懷 6729

80016 鰝
hào
鰝 7627

80017 鯍
méng
鯍7552

80017 瀤
huái
瀤 7066

80019 瀤
段改篆
鉉篆 80017 瀤

80103 亼
jí
亼 3253

80104 今
jīn
今 3257

80105 亢 頏
肮吭
1 háng
2 kàng
亢 6620

80106 作
zuò
作 5051

80106 哀
āi
哀 0935

80107 伉
kàng
伉 4942

80107 伶
líng
伶 5078

80107 高
段改篆
高 3303
鉉篆 80005 高

80108 衾
qīn
衾 5300

80108 衺邪
xié
衺 5322
邪惡字篆作衺

80108 作
zuò
作 6925

80108 哀
段改篆
鉉篆 80106 哀

80109 欦
qiān
欦 5520

80109 冷
lěng
冷 7481

80109 汵淦
gàn
淦 7252

80109 炕匠
kàng
炕 6484

80109 忼慷
kāng
忼 6695

80109 衿
lǐng

80110 泠
líng
泠 7001

80110 沆
hàng
沆 7130

80110 祱
shuì
祱 5342

80110 裕
yù
裕 5310

80110 衮
gǔn
衮 5232
段改篆
鉉篆作衮

80110 衾
段改篆
鉉篆 80108 衾

80110 衺
段改篆
鉉篆 80108 衺

80111 洌冽
liè
洌 7486
段改瀨作洌
另見 84215瀨

80111 歊
段改篆
鉉篆 80010 歊

80112 裕
段改篆
鉉篆 80110 裕

80112 祱
段改篆
鉉篆 80110 祱

80113 淰
niǎn
淰 7346

80115 魿
qín
魿 7623

80115 鮓鮓
zhǎ
許書作鮺

80116 鯩
líng
鯩 7625

80116 魧
háng
魧 7629

80207 佘
shé
考古出土

80207 食
食 3189
食當从皀
鉉篆誤从𠂊
从皀之篆皆訛

80208 飤食
1 shí
2 sì
食 3189

80208 高
gāo
同 80005 高

80208 創
刅 2801
見 80209 創

80209 創创
1 刅瘡疮
chuāng
2 chuàng

80209 衧
段改篆
鉉篆 80207 衧

80210 袗袗
zhěn
袗 5235

80210 俞
yú
俞 5413

80210 頂頂
顛顶
dǐng
頂 5580

80210 頏
亢 6620
見 80312 頏

80211 傷伤
shāng
傷 5133

80212 袗
段改篆
鉉篆 80210 袗

80212 裵裴
裶徘
péi
裵 5291

80212 雩華
荂花
huā
雩3866

80212 裶
fēi

80212 偷
tōu

80212 顧
kǎo

80212 湌
餐 3212
見 80213 餐

80213 湌餐
cān
餐 3212
鉉篆 80212 湌

80213 翕
xī
翕 2249

80213 牏
yú
牏 4346

80213 頂頂
dǐng
頂 5580
鉉頂或作頂
段改頂爲頂

80213 慯傷伤
shāng
慯 6889

80214 齊斉
亝齐
1 qí 2 jì
段改篆
鉉篆 4334齊

80214 褕
yú
褕 5234

80214 愉
1 媮 yú
2 tōu 偷
愉 6790

80214 裵
段改篆
鉉篆 80212 裵

80215 歈
yú
歈 5562
新附字
鄭補逸字

80215 渝
yú
渝 7402

80216 儕侪
chái
儕 5013

80216 齌 蛴蛴
qí
齎8779

80216 餤
dàn

80216 劑 剂
jì
劑 2771

80216 觴 觞觴
shāng
觴 2844

80216 褕
段改篆
鉉篆 80214 褕

80217 齋 斋垒
斎齋
zhāi
齋 0028

80217 臍 齌
脐脐
qí
臍2620

80218 餰
饘 1860
見 80219 餰

80219 餰 饘
jiān
饘 1860
段改篆

80218 歙
1 噏 xī
2 shè
歙 5553

80218 潝
xī
潝 7134

80218 齌
jì
齌 6425

80218 齎
zī
齎5329

80219 濟 济濟
1 jǐ
2 jì
濟 7059

80220 齎
段改篆
鉉篆 80218 齎

80309 貪 贪
tān
貪 3965

80310 餌 鬻饵
鬻1867
見 80311 餌

80311 餌 鬻饵
ěr
段改篆

80311 僉 佥
qiān
僉 3255

80311 頷 顉
ǎn
鉉篆 61515 顉
又讀 qīn

80311 福
福 5331
見 60412 福

80311 餛
餛 3242
見 80312 餛

80311 飵
飵 3220
見 80312 飵

80312 餛
é
鉉篆作

80312 飵
zuò
飵 3220
鉉篆作

80312 頏 亢
肮吭颃
háng
亢 6620

80313 儉 俭
jiǎn
儉 5070

80313 銳
銳 3248
見 80314 銳

80314 銳
shuì
鉉篆作

80314 劒 劍剑
jiàn
劒 2802

80315 憸
xiān
憸 6771

80315 歛
liǎn

80323 齏 齑
jī
韲 4521

80416 餳
餳3209
見 80417餳

80417 餳 餳
shǎng
餳3209
鉉篆作

80419 齎 賫
賷赍
jī
齎 3933

80421 饘
餈 3198
見 80422 饘

80422 饘 餈
粢糍
cí
餈 3198

80518 顩
yǎn
顩 5596

80624 饡
饡 3208
見 80625 饡

80625 饡
zàn
鉉篆作

80816 袞
zhàn
袞5233

80818 袞
段改篆
鉉篆 80816袞

80820 饋
饋 3217
見 80821 饋

80821 饋 馈
kuì
鉉篆作

81002 巾
jīn
巾 4832

81002 个 箇個
gè
2939+个
段補篆
本作箇俗作個

81002 厷 㐬㐬
tū
厷9738

81003 大
1 dà 2 dài
大 6564
古文作篆文
同 80004 大

81003 尣 尢尢
尳尪尳
尣 wāng
尣 6595

81004 尒 尔
爾ěr
尒 0709

81004 帔 敝帔
bǐ
帔 4860

81004 文 紋纹
wén
文 5695

81004 充
chōng
充 5435
鉉篆 21004 充

81005 京
jīng
京 3314

81005 㓞 㓞
rèn
㓞 4837

81005 卒
1 zú
2 cù
卒 5336

81005 亦 腋
yì
亦 6582

81005 夰
gǎo
夰 6628

81005 㐬 厷㐬
tū
厷9738

81005 育毓
yù
育 9739

81006 夜亱
yè
夜 4309

81006 奆摦
gū
奆6570

81006 𣃟㐬
段改篆
鉉篆 81108 㐬

81006 劾
段改篆
鉉篆 81108 劾

81007 㤝
shì
怈6755
段改怈爲㤝

81007 倞
1 jìng
2 liàng
倞 4976

81007 倅
cuì
倅 5173
新附字
古借卒爲倅

81007 赤烾
chì
赤 6553

81007 夾夹
1 jiā
2 裌 jiá
3 gā
夾 6566

81007 夾
shǎn
夾 6583

81007 夰
jiè
夰6576

81007 彣
wén
彣 5693

81007 㹆
㹆 6312
見 81109 㹆

81008 慌㡃
huāng
㡃 4842

81008 彥彦
yàn
彥 5694

81008 汏汰
1 tài
2 dà
汏 7331

81009 俠侠
xiá
俠 5036

81009 焠
cuì
焠 6447

81009 悴
cuì
悴 6894

81009 汶
wèn
汶 7052

81009 奕
yì
奕 6634

81010 裘裘求
qiú
裘 5349

81010 赪經
赬赪
chēng
經 6557

81010 淯
yù
淯 6982

81010 液
yè
液 7357

81010 淬
cuì
淬 7372

81010 涼
1 liáng
2 晾 liàng
涼 7353

81010 流㳅
liú
㳅7436

81010 倞亮
liàng
倞5571
段補 80006 亮

81011 褎褒裒
bāo
褎 5277

81012 浾泟
chēng
浾 6558

81012 浹浃
jiā
浹 7431
新附字

81012 赥
xī

81013 縈素
sù
素 8731

81015 㦋
zhǎ
㦋6413

81016 鯨䲔鯨
jīng
䲔 7616

81022 鮺鮓鲊
zhǎ
鮺 7622

81013 褱
段改篆
鉉篆 81011 褱

81014 航
段改篆
鉉篆 80116 航

81104 午
说文標目
同 82103 午

81105 矢昊夭
shǐ
矢 3292

81106 亳
bó
亳 3306

81106 吝悋
恡吝
lìn
吝 0931

81106 仵
wǔ
同 82105 仵

81106 㡇
zhé
㡇 4893
同 21105 㡇

81107 余
yú
余 0718

81107 衹只
zhǐ
緹 8579
緹或作衹

81107 衦
gǎn
衦 5312

81107 卒
段改篆
鉉篆 81005 卒

81108 㐬㐬航
háng
㐬5429

81108 帨
shuì
帥 4834
帥讀 shuài

81108 勊剋克
1 kè
2 kēi
勊 9191

81109 徐
xú
徐 5085

81109 奝奃
yì
奝 5286

81109 㹆
kàng
㹆 6312

81109 𤝕
líng

81109 汻
汻 7205
同 82108 汻

81109 衦
段改篆
鉉篆 81107 衦

81109 衹
段改篆
鉉篆 81107 衹

81110 徐
xú
徐 1237

81110 豪濠
háo
𧰽6071
段改籀爲篆
鉉篆 81213𧰽

81110 焠
段改篆
鉉篆 81009 焠

81111 裔
段改篆
鉉篆 81109 裔

81111 褍
見82110褍

81111 悴
段改篆
鉉篆 81109 悴

81111 悇
tú

81112 涂塗途
tú
涂 6965

81112 襠裆
dāng

81112 褍
段改篆
鉉篆 82110 褍

81112 淬
段改篆
鉉篆 81010 淬

81113 褚
1 zhě
2 zhǔ
3 chǔ
褚 5337

81113 𦟝 脊鵖
鶺鹡
jǐ
脊 8068

81115 䘹黹
zhǐ
䘹5317

81115 ⿰衤癸
kuì

81116 襏
bó

81117 襚
suì
襚 5340

81117 䘹
段改篆
鉉篆 81115䘹

81119 襚
段改篆
鉉篆 81117 襚

81206 夸誇
kuā
夸 6568
段篆 31206 夸

81207 奇
1 qí
2 jī
奇 3042

81208 侉咵
kuǎ
侉 5135
段篆 31208 侉

81208 刳
kū
刳 2759

81209 瓠
hù
瓠 4532

81209 倚
yǐ
倚 5023

81209 剞
jī
剞 2738

81210 徛
jì
徛 1254

81210 俺
俺 4984
見 81412 俺

81210 飯
飯 3205
見 81211 飯

81211 飯饭
fàn
鉉篆作飯

81211 洿
wū
洿 7310

81212 愉
shū
愉 4862

81212 ⿰衤育
duò
⿰衤育 5258

81212 顇悴瘁
cuì
顇 5657

81212 虒
dī
虒6603

81212 漪漪
yī

81212 攲
1 qī
2 jī

81212 裺
裺 5334
見81414裺

81212 飶
飶 3225
見 81213 飶

81213 飶
bì
飶 3225
鉉篆作飶

81213 襠裆
dāng

81213 淹
淹 6967
見81415淹

81213 𧰽豪毫
háo
見 81110 豪
段注曰𧰽古
文也豪则小篆

81214 觭
jī
觭 2823

81214 頰頬颊
jiá
頰 5586

81214 ⿰衤育
段改篆
鉉篆 81212 ⿰衤育

81215 顏顔
顔颜
yán
顏 5574

81215 褚
段改篆
鉉篆 81113 褚

81221 瀚
hàn

81310 飦
鬻1860
見 81311 飦

81311 飦鬻
zhān
鬻1860
段改篆

81311 猗
qī
猗1323

81314 餳餳
段改篆
鉉篆 21312餳

81314 餘
餘 3230
見 81315 餘

81315 餘馀
yú
鉉篆作餘

81315 獫玁猃
xiǎn
獫 6278

81315 頪
段改篆
鉉篆 81212 頪

81316 餼
氣 4483
見 81317 餼

81317 餼饩
xì
氣 4483
段改篆

81409 臾
jū
臾2209

81412 俺
1 yàn
2 ǎn
俺 4984

81412 䬫
tí

81413 奭奭
shì
奭 2230

81414 裺
yǎn
裺 5334

81415 餢
bù

81415 ⿰衤賀
hè

81415 淹
yān
段改篆
鉉篆 81213 淹

81416 裺
段改篆
鉉篆 81212 裺

81417 襫
shì

81417 龕
kān
段改篆
鉉篆 81518 龕

81419 饐
饐 3222
見 81420 饐

81419 滁
chú
滁 7420
新附字

81420 饐
èn
饐 3222
段改篆

81516 襭 擷擷
xié
襭 5323

81518 龕龕
kān
龕 7651
段改篆81417龕

81518 襭
段改篆
鉉篆 81516 襭

81616 僓
tuí

81619 襛
nóng
襛 5283

81621 襛
段改篆
鉉篆 81619 襛

81722 䭉
suǐ

82003 交
jiāo
交 6592

82004 支 隶
zhī
支 1927

82004 竹
zhú
竹 2854

82004 爻
yáo
爻 2079

81004 充
chōng
充 5435
鉉篆 21004 充

82005 佼
1 jiāo
2 jiǎo
佼 4933

82006 宋
máng
宋 3639

82006 伎
jì
伎 5107

82006 卞 覍弁
卞舁
biàn
覍 5441

82006 打
dǎ
打 8066
新附字

82006 杭
杭 4378
見82108 杭

82007 稟稟
bǐng
稟 3326

82007 來来
lái
來 3331

82007 复 复复
複復
fù
复3348

82007 笐
háng
俗篆
鉉篆 82109 笐

82007 表表
褾俵
biǎo
表5236

82007 袤袤
mào
袤 5252

82007 烄
jiǎo
烄 6409

82007 恔
jiǎo
恔 6702

82007 肴餚
yáo
肴 2663

82007 帟
yì
帟 4896
新附字
帟篆从亦

82007 効
段改篆
鉉篆 82109 効

82007 毫
háo

82007 笊
zhào

82008 紊
wěn
紊 8522

82008 笏
hù
笏 3000
新附字

82008 稾槁
藁槁
gǎo
稾 3589

82008 稾稿
gǎo
稾 4413

82008 袠 袟帙
zhì
帙 4864

82008 洨
xiáo
洨 7058

82008 忮
zhì
忮 6797

82008 叀
段改篆
鉉篆 82107 叀

82009 篙
gāo
篙 3002
新附字

82009 袚
bō
袚 5339

82009 ⿰危支 敧崎
攲敧
qī
⿰危支5979

82009 猝
cù
猝 6285

82009 汥
zhī
汥 7222

82009 ⿰亻肴
yáo
⿰亻肴 5134

82009 ⿰殳亢 ⿺辶殳
段改篆
鉉篆 22009⿺辶殳

82009 ⿰冫犮
fú
⿰冫犮 7484

82009 衺
段改篆
鉉篆 82007衺

82009 衮
段改篆
鉉篆 82007 衮

82010 復复
fù
復 1225

82010 筵
筵 2899
見 82011 筵

82010 褎褏
袖褎
xiù
褎 5261

82010 忭
biàn
許書作昪

82010 筲箾
shāo

82010 衺
段改篆
鉉篆 82008 衺

82011 臝臝臝
luó
臝2718

82011 筵
yán
筵 2899

82011 複复
fù
複 5281

82011 笵
fàn
笵 2885

82011 褫褫
chǐ
褫 5318

82011 燣
lán

82011 筡
yín

82011 袚
段改篆
鉉篆 82009 袚

82012 篸
cēn
篸 2871

82012 箾
shuò
箾 2972

82012 翄翅翨
chì
翄 2241

82012 游遊斿
旅逰
yóu
游 4277

82012 淶浗
lái
淶 7071

82012 褎
段改篆
鉉篆 82010 褎

82012 淆
xiáo

82013 懔懍
懔凜凛
lǐn
懔 7472
段注俗作懍凛

82013 蠃螺
luǒ
蠃 8810

82013 複
段改篆
鉉篆 62110 複

82013 褫
段改篆
鉉篆 82011 褫

82014 篘
tán
篘 2958

82014 鮫鲛
jiāo
鮫 7615

82014 赫
hè
赫 6561

82015 篛
wēng
篛 2870

82015 嬴臝
嬴躶
裸倮
luǒ
嬴5319

82016 襺
jiǎn
襺 5250

82017 蠃
段改篆
鉉篆 82015蠃

82018 鰒鳆
fù
鰒 7614

82018 鯠
lái

82018 襺
段改篆
鉉篆 82016 襺

82103 午
wǔ
午 9750

82105 仵啎
wǔ

82105 夲夲
1 tāo
2 běn
夲 6622

82106 夲夲幸
段改篆
鉉篆 83207 夲

82107 衷
zhōng
衷 5304

82107 矜矜
1 qín
2 guān
3 jīn
矜 9463

82108 矝
矜 9463
段改篆
鉉篆 82107 矜

82108 杭粳
粳秔
1 gēng
2 jīng
杭 4378

82108 抗
kàng
抗 8027
抗或从木
見 72108 杭

82108 汻滸浒
hǔ
汻 7205
有些地名
滸讀 xǔ

82109 箹肑
bó
箹2731

82109 笐
háng
笐 2882

82109 刹
1 chà
2 shā
刹 2799
新附字

82109 袢
fán
袢 5308

82109 率
1 shuài
2 lǜ
率 8740

82109 勍
qíng
勍 9176

82109 褭
褭 5263
見 83109 褭

82110 筰
zuó
筰 2941

82110 駮鸡
jiāo
駮2437

82110 筅筅
xiǎn

82110 褍
duān
褍 5279

82110 節
節 2865
見 82111 節

82111 節节
1 jié
2 jiē
節 2865

82111 矯矫
1 jiǎo
2 jiáo
矯 3294

82111 稔
rěn
稔 4423

82111 粹
1 cuì
2 suì
粹 4482

82111 捻
1 niē
2 niǎn
捻 8059
新附字

82111 篼
dōu
篼 2949

82111 袢
段改篆
鉉篆 82109 袢

82111 猝
段改篆
鉉篆 82009 猝

82112 ⿰衤屈
jué

82112 奢奓
shē
奢 6618

82116 赭
zhě
赭 6559

82116 蠃
luò
蠃 6657

82116 ⿰黹卒
zuì
⿰黹卒4924

82117 ⿴衣夋 ⿰齒并
jùn
⿰齒并 1986

82117 簩
láo

82207 竽
yú
竽 2973

82208 筒
tǒng
筒 2978

82208 ⿱亼羊 ⿱大羊
dá
⿱大羊 2328

82208 㚔
㚔 6611
見 83207 㚔

82208 竿
gǎn

82209 弇弇
yǎn
弇 1752

82209 篔
xuān

82209 筧笕
jiǎn

82210 筦
guǎn
筦 2893

82210 臺辜
chún
辜3317

82210 躲射
shè
躲 3293

82210 貟篔
yún

82210 㝵
見 82007㝵

82211 ⿱竹昜
dàng
⿱竹昜 2933

82211 管
guǎn
管 2981

82211 頍
kuǐ
頍 5621

82211 猗
yī
猗 6281

82211 箜
kōng

82212 賚赉
lài
賚 3941

82213 簡簡简
jiǎn
簡 2881

82213 渷
yǎn
渷 7265

82213 毹
shū
毹 5369
新附字

82213 揄
yú
揄 7930

82213 粹
段改篆
鉉篆 82111 粹

82214 余余
yú
余 0718

82214 箭
jiàn
箭 2855

82214 ⿵門⿱日心
jiǎn
⿵門⿱日心 6875

82216 簜
dàng
簜 2859

82216 贏赢
yíng
贏 3945

82217 ⿱齊米粢
zī
⿱齊米4371

82217 穧
jì
穧 4398

82217 擠挤
jǐ
擠 7811

82218 瀸
jiān
瀸 7332

82218 ⿰黹卒
段改篆
鉉篆 82116⿰黹卒

82220 ⿱俞森
tóu
⿱俞森4515

82220 ⿰氵⿱俞赤澣浣
huàn
⿰氵⿱俞赤7382

82310 奞
quán
奞2087

82311 臺辜
chún
辜3317

82313 餗
段改篆
鉉篆 73311 餗

82314 餦
zhāng

82314 撿捡
jiǎn
撿 7803

82314 裯
段改篆
鉉篆 82412 裯

82315 焞燉
tūn
焞 6461

82315 惇惇
dūn
惇 6694

82316 篡篡
mí
篡2867

82316 淳湻
1 zhūn
2 chún
淳 7379

82412 裯
chóu
裯 5256

82412 凋
diāo
凋 7477

82416 襄孆
xiāng
襄 5298

82416 羭
yú
羭 2333

82417 餻
餻 3252
見 82418 餻
新附字

82418 餻糕
gāo
餻 3252
新附字
鉉篆作

82418 襄
段改篆
鉉篆 82416 襄

82419 瓤
ráng

82419 饖
饖 3237
見 82420 饖

82420 饖
wèi
饖 3237
鉉篆作

82421 瀼
ráng
瀼 7412
新附字

82421 籫
zuǎn
籫 2924

82516 幖幖
摽標
biāo
幖 4867

82517 羷
liǎn

82617 簣篑
kuì

82623 饟
饟 3215
見 82624 饟

82624 饟饷
xiǎng
鉉篆作

82626 饟
段改篆
鉉篆 82623 饟

83006 帙袟袠
zhì
帙 4864

83006 妄
wàng
妄 8242

83006 希
xī
鄭補逸字

83007 笍
zhuì
笍 2962

83007 笑笑
xiào
笑 2997
新附字

83007 帗
1 bō
2 fú
帗 4836

83007 狡
jiǎo
狡 6273

83008 笑
俗篆
鉉篆 83007 笑

83008 俙
xī
俙 5128

83008 笶
同 53008笑

83008 䅵
sù

83008 弆
jǔ

83008 捽
zuó
捽 7867

83008 掠
lüè
掠 8057
新附字

83008 笈
jí

83008 筋
段改篆
鉉篆 83110 筋

83009 筋
段改篆
鉉篆 83111 筋

83009 勑
段改篆
鉉篆 83111 勑

83009 弈
yì
弈 1763

83009 箛
gū
箛 2986

83009 掖
1 yè
2 yē
掖 8053

83010 挾挟
xié
挾 7831

83010 挾
挾 7831
段改篆
鉉篆 83010

83010 捇
huò
捇 7982

83010 簥
jiāo

83011 猌
yìn
猌 6320

83011 欷
xī
欷 5533

83012 箆
bì
箆 3001
新附字

83012 泰達
汏夳太
tài
泰 7390

83017 𥸨蓁
jú
𥸨8732

83022 𥳹
lín
𥳹7547

83107 竿
gān
竿 2937

83108 帳帐
賬账
zhàng
帳 4858

83109 筱
xiǎo
筱 2858

83109 符
fú
符 2887

83109 袂
mèi
袂 5262

83109 褢
huái
褢 5263

83110 筋腱
jiàn
筋 2730

83110 箄
bǐ
箄 2914

83110 箹
yuē
箹 2980

83110 稌
tú
稌 4375

83110 捈
tú
捈 8033

83110 禽
qín
禽 9684

83110 褔
褔 5333
見 63211 褔

83110 捽
段改篆
鉉篆 83008 捽

83111 筋
jīn
筋 2729

83111 筡
tú
筡 2866

83111 勑 勑倈
1 倈敕 lài
2 倈倈 lái
3 敕 chì
勑 9170

83111 斜
xié
斜 9451

83111 袂
段改篆
鉉篆 83109 袂

83111 褁
段改篆
鉉篆 82109 褁

83111 悻
xìng

83113 箸 著着
筯躇
zhù
箸 2916

83113 箙
fú
箙 2964

83113 ⿱竹殿
⿱竹殿 2970
見 83214⿱竹殿

83115 簝
liáo
簝 2947

83115 幭 篾
miè
幭 4874

83115 潷
pài
潷 7002

83123 ⿰彔辛
lù
⿰彔辛8734

83207 㚔 幸
niè
幸 6611
幸福字篆見
53107㚔幸

83209 坌 坌
fèn
坌9019

83209 羍 羍
dá
羍 2328

83209 倖
xìng
見 06110 婞

83209 敊 敊鼓
chǐ
敊4517

83210 掎
jǐ
掎 7969

83210 椅
yī

83210 箅
箅 2907
見 84210 箅

83211 筳
tíng
筳 2892

83211 攲 攲
1 jī
2 qī
攲 1928

83211 箁
póu
箁 2863

83211 掩
掩 7994
見 83413 掩

83213 餧 餧餒
něi
餧3243
鉉篆
段篆

83213 簹 筜
dāng

83214 ⿱竹殿
tún
段改篆
鉉篆 83113⿱竹殿

83214 篰 簿
bù
篰 2883

83215 蠖
huò
蠖 6571

83216 㜸 㜸
néi
㜸4886
段篆 63217 㜸

83217 𥳒 𥳒
wéi
𥳒 2860

83217 ⿱竹齊
qí
⿱竹齊 8184

83219 ⿰巾韱
jiān
⿰巾韱 4871

83221 ⿰素爰 ⿰素爰
緩缓
huǎn
⿰素爰8736

83309 裏 裡里
lǐ
裏 5237

83311 幧
qiāo
幧 4898
新附字

83313 ⿰羊余
xú

83314 鬻
yù
鬻 1865

83315 ⿱竹將 槳桨
jiǎng
⿱竹將 2877

83315 襀
jī

83317 籠 笼
1 lóng
2 lǒng
籠 2944

83410 ⿱頁木
xū
⿱頁木3669

83412 襌
dān
襌 5297

83413 ⿰臾斗
jū
⿰臾斗 9452

83413 掩
yǎn

83413 弒 弑
shì
弒 1969

83414 禪
段改篆
鉉篆 83412 襌

83417 籠
段改篆
鉉篆 83317 籠

83418 篨
chú
篨 2902

83419 籢
奩匳
匳奁
lián
籢 2923

83419 襳
xiān

83518 ⿱竹嚴
yán
⿱竹嚴 2993

83622 醃
ān
鄭補逸字

83623 澞
yú
澞 7076

83718 ⿰酉奇
yǐ

84004 夷
夷 6581
从大从弓
見 84105 夷

84006 挍
jiào
鄭補逸字

84007 徲
徲1238
見 84108徲

84007 技
jì
技 7984

84007 笅
jiǎo
笅 2940

84008 㸚
lǐ
㸚 2081

84009 筞適
zhuā
筞 2961

84009 衰𧘝
1 蓑 suō
2 shuāi
3 cuī
衰 5335

84009 洟
洟 7395
从夷夷从弓
見 84110 洟

84009 拚抃
1 biàn
2 pàn
拚 7933

84010 麥麦
mài
麥 3333

84010 秝
lái
秝 4385

84010 笲
fán

84011 篪䶵
篪笹
chí
䶵 1425

84011 篍
qiū
篍 2987

84011 簃
yí
簃 2998
新附字

84011 䈫
nà

84011 衰
段改篆
鉉篆 84009 衰

84013 箾筲
shāo
箾 2908

84013 箾
shāo
箾 2909

84013 麧
hé
麧 3335

84014 甈
pí

84015 鮷
tí
許書作鮷

84105 夷侇
yí
夷 6581

84107 牽牵
1 qiān
2 縴纤 qiàn
牽 0754

84108 徲侇
yí
徲1238

84109 笫
zǐ
笫 2898

84109 裹
guǒ
裹 5327

84110 篅圌
chuán
篅 2931

84110 洟
tì
洟 7395
鉉篆 84009 洟

84111 稄
zhǐ
稄　3871

84111 畚
fàn
畚9763

84111 裹
段改篆
鉉篆 84109 裹

84112 舂搗
chōng
舂 4500

84112 箌
段改篆
鉉篆 84214箌

84113 篾
miè

84114 簇
cù

84114 籞籞
yù
籞 2994

84116 惷
chōng
惷 6795

84122 籘藤
téng
藤篆宜作縢

84210 箅箅
bì
箅2907

84210 褭
niǎo
褭 5345

84210 馮
1 憑凭 píng
2 冯 féng
馮 6172

84210 畚畚
běn
畚8406

84211 篹
zhuàn
篹 2872

84211 算
suàn
算 2996

84211 禕袆
huī
禕 5246

84211 銻
tí

84212 篡簒
cuàn
篡 5815

84212 揜
yǎn
揜 7872

84212 褭
段改篆
鉉篆 84210 褭

84213 箓簏籙
lù
簏 2932

84213 餟
餟 3247
見 84214 餟

84213 禕
段改篆
鉉篆 84211 禕

84214 餟
zhuì
鉉篆作餟

84214 箯
biān
箯 2935

84214 箌
籟6617
見 85213箌

84215 瀨
lài
瀨7486
段改瀨為洌
見 80111 洌

84216 澝
suō
澝7367
段改澝爲濏

84216 褻亵
xiè
褻 5303
鉉篆作褻

84216 餴
餴3190
見 84217餴

84217 餴餴饙
fēn
段篆
鉉篆 84216餴

84217 攘儴
rǎng
攘 7801
退讓字篆作此

84217 羸
léi
羸 2340

84217 瀀
shà
潷7367
段改潷爲瀀

84218 瑣
suǒ
瑣 3336

84218 褻
段改篆
鉉篆 84216 褻

84219 馥
fù
馥 4454
新附字

84219 鶬
chōng

84220 籯
yíng
籯 2925

84221 鮮
xiān

84311 筩筒
tǒng
筩 2934

84311 裏
段改篆
鉉篆 84309 裏

84312 箴
zhēn
箴 2971

84313 幘帻
zé
幘 4844

84314 稕
1 zhùn
2 zhǔn
稕 4441
新附字

84314 餓
餓 3245
見 84315 餓

84315 餓饿
è
餓 3245
鉉篆作

84316 褻
褻 5303
見 84216 褻

84317 覩
chuāng
覩 5481

84410 笄
jī
笄 2889

84410 幝
chǎn
幝 4872

84415 餞
餞 3232
見 84416 餞

84416 餞饯
jiàn
鉉篆作

84418 篹
篹 3203
見 84419 篹

84419 篹饌
zhuàn
篹 3203
鉉篆作

84419 鱵鱵
zhēn
鱵 2440

84419 攘
攘 7801
見 84217 攘

84419 簭筮
shì
筮 2888

84419 穰
1 ráng
2 rǎng
穰 4417

84420 簑
ráng
簑 2945

84513 箐
jīng

84514 幟帜
zhì
幟 4895
新附字

84515 篟
qiàn

84515 覩
見84317覩

84521 簭噬
shì
段改篆
鉉篆 42313

84617 籅
yú

85007 第
dì
2997+第
段補篆
古借弟爲第

85009 稀希
xī
稀 4365

85011 爽爽
shuǎng
爽 2083

85013 爽爽
shuǎng
爽 2083

85013 埶
yì

85014 羸
yíng
羸 8074

85019 瀛
yíng
瀛 7419
新附字

85108 笨
bèn
笨 2869

85108 笨
zhū
笨 2965

85110 策策筴
cè
策 2959

85113 篆
jǔ
篆 2948

85114 甐
chuǎng

85116 籅
yù
籅 2905

85209 幃帏
wéi
幃 4877

85210 帴
sàn
帴 4849

85211 箕𠀠𠔾
𠔃其匩
jī
箕 3003

85213 簐籒
jū
籒6617

85213 餧
餧 3243
見 85214 餧

85214 餧
1 餒 něi
2 餵喂 wèi
餧 3243
段改作餒

85215 幞襆
fú
幞 4901
新附字

85215 纂
zuǎn
纂 8608

85218 撻挞
tà
撻 8003

85218 籒
段改篆
鉉篆 86319籒

85220 欙
léi
欙6606

85222 簻
chuā
簻 6525

85311 奪夺
duó
奪 2310

85312 筭笇
suàn
筭 2995

85314 擑
jǐ

85315 簀箦
zé
簀 2897

85320 鵴
jú
鵴2371

85412 簞箪
dān
簞 2912

85417 嬳
yuē

85419 籀
段改篆
鉉篆 85521 籀

85520 奲嚲
亸躲軃
duǒ
奲 6619

85521 籀
籀 6617
見 86520 籀

85925 簺
sài
簺 2989

86008 第
dì
許書借弟爲第
段篆 85007 第

86009 笯
nú
笯 2936

86009 椉乘乗
1 chéng
2 shèng
椉 3395

86010 箏筝
zhēng
箏 2985

86013 爾
1 尔ěr
2 nǐ
爾 2082
篆借爾爲你 nǐ

86013 簏箓
lù
簏 2932

86018 濔瀰
沵弥
mǐ
濔 7175

86110 侖仑侖
lún
侖 3256

86110 秦𥢜
qín
秦 4431

86111 矮
ǎi
矮 3302
新附字

86112 倫伦
lún
倫 5014

86114 麰牟
móu
麰 3334

86114 褊惼
biǎn
褊 5295

86114 惀
lún
惀 6730

86115 薆
ài
薆2992

86115 溱
1 zhēn
2 qín
溱 7006

86115 淪沦
lún
淪 7141

86115 篊
hóng

86116 臝裸
luǒ

86210 羠
羠 2336
見 86311 羠

86210 篤笃
dǔ
篤 6167

86211 韋
wéi
韋 6593

86211 箑箑
shà
箑 2943

86212 箋笺牋
jiān
箋 2886

86214 築篫筑
zhù
築 3602

86215 簸
1 bǒ
2 bò
簸 3004

86215 籟籁
lài
籟 2979

86216 籣韊
lán
籣 2963

86217 驘驘
騾骡
luó
驘 6213

86311 羠
yí
羠 2336

86311 箑
段改篆
鉉篆 86211 箑

86316 篗籰籰
yuè
篗 2891

86316 䈙
chái
䈙9555

86316 褊
段改篆
鉉篆 86114 褊

86318 籚
lú
籚 2950

86319 𥷚鞠曲
麴麯
qū
𥷚4472

86416 龠
yuè
龠 1423

86417 籫
籫 2924
見 82421 籫

86418 欈
xié
欈 6604

86419 籭篩筛
shāi
籭 2903

86419 簿
bù
許書作部

86420 爚
yuè
爚 6406

86421 瀹
yuè
瀹 7347

86520 籀䕮
籀鞫
jū
籀4596

87008 椉
chéng
椉从入桀
見 86009 椉

87015 鷍
xiào
鷍6227

87017 爵爵
爵爵
jué
爵 3186

87021 爝
jué
爝 6491

87022 灂
zhuó
灂 7133

87119 獼猕
mí

87212 篁
huáng
篁 2975

87217 籜箨
tuò

87311 範范
fàn
範 9524

87311 笵
fàn

87317 麱麸
fū
同 27317 麱

87414 篲彗
huì
彗 1919

87516 簙
bó
簙 2990

87520 籛钱
jiǎn

87521 襶
dài

88007 笰
fú
同58007 笰

88013 篸
sān
篸 2926

88017 籋
niè
籋 2952

88109 筆笔
bǐ
筆 1933

88113 掄抡
1 lún
2 lūn
掄 7858

88114 篇
piān
篇 2874

88115 簫箫
xiāo
簫 2977

88124 瀰
mǐ
瀰7428
新附字

88220 籭
qí
籭4335

88313 䈎葉
頁页
yè
䈎 2878

88315 籆
huò

88419 龢和
hé
龢 1426

88420 籥
yuè
籥 2879

88423 𪛆篪
chí
𪛆 1425

88627 籲籲吁
yù
籲5661

89010 㡘
lián
㡘 4856

89011 尲尷尴
gān
尲 6600

89014 簾帘
lián
簾 2896

89112 𣞤無蕪
芜无
wú
𣞤 3831

89114 幠
hū
幠 4875

89115 鄦䣖𣞤
xǔ
鄦 4057

89115 𣞤無无
1 wú
2 mó
無 8373

89115 撫辿抚
fǔ
撫 7882

89116 憮怃
wǔ
憮 6744

89117 潕
wǔ
潕 7014

89118 舞儛翌
wǔ
舞 3363

89212 褸褛
lǚ
褸 5242

89212 簍篓
lǒu
簍 2917

89214 褸
褸 5242
段改篆
鉉篆 89212 褸

89314 棄棄弃
qì
棄 2484

89215 鎌
鎌 3213
見 89216 鎌

89216 鎌
lián
鎌 3213
段改篆
鉉篆作

89316 籔
sǒu
籔 2906

89411 篝
gōu
篝 2920

89411 篳
篳 2991
从畢畢从
田篆作
見 89412 篳

89412 篳筚
bì
篳 2991
段改篆

89418 鞠
鞠 1802
段改篆
鉉篆 89519 鞠

89516 篹
shuàn
篹9543

89519 鞠鞠
jū
鞠 1802

[9]

90001 丨
gǔn
丨 0230

90001 丶
zhǔ
丶 3167

90001 𡿨甽
甽畎
quǎn
𡿨 7440

90002 八
bā
八 0707

90002 儿儿
1 rén
2 ér
儿 5430

90002 巜澮浍
kuài
巜 7441

90002 廴
廴 1259
見 90003 廴

90003 川
chuān
川 7443
借爲氽 tǔn

90003 气
1 气 qì
2 乞 qǐ
气 0224

90003 小
xiǎo
小 0704

90003 彳
chì
彳 1222

90003 亍
chù

90003 廴
yǐn
廴 1259

90003 久
jiǔ
久 3392

90003 片
1 piàn
2 piān
片 4339

90003 爿
pán
4346+爿
段補篆

90003 彡
1 shān
2 毵毶 sān
彡 5683

90004 少
少 0705
段改篆
鉉篆 40004 少

90004 尐
尐 0706
段改篆
鉉篆 30004 尐

90004 分
1 fēn
2 fèn
分 0708

90004 八别
bié
八0715

90004 化
1 huà
2 huā
化 5192

90004 北
1 bèi
2 běi
北 5207

90004 卯
卯 5766
見 50004 卯

90004 屵
1 è
2 àn
屵 5886

90004 火
huǒ
火 6382

90004 丱
guàn

90004 丫丫
guǎi
丫2316

90004 欠
qiàn
筆迹小異
李斯小變其勢
許書作 90005欠

90004 行
行 1265
見 90006 行

90005 兆𠄎
zhào
兆是古文
預兆字篆
見 60107𠄎

90005 肖佾
xì
肖 2637
許書無八佾字
段注作肖、肸

90005 㓞刧
jǐ
刉 2751

90005 旡旡
jì
旡 5569

90005 仞認认
rèn
仞 4931

90005 仡仡
yì
仡 4978

90005 仌
cén
仌 3266

90005 欠
qiàn
欠 5497

90005 水
shuǐ
水 6948

90005 永
yǒng
永 7457

90005 𠂢
pài
𠂢7459

90005 尙尚
shàng
段改篆
鉉篆 90106 尚

90006 癶址
bō
癶 1077

90006 欥弞
shěn
弞 5511
段改篆
从欠己聲

90006 延辿
chān
延 1263

90006 行
1 háng
2 xíng
行 1265

90006 刎
wěn
刎 2796
新附字

90006 份
1 斌彬 bīn
2 fèn
份 4959

90006 仳
pǐ
仳 5151

90006 光炗𤆄
guāng
光 6477

90006 征证
徙𡳐
xǐ
证1134

90006 州洲𠕒
zhōu
州 7452

90006 宁貯
佇竚
zhù
宁 9672

90006 忉
dāo

90006 肖
xiào
肖 2634

90006 佻
5104+佻
段改篆
鉉篆 90007 佻

90007 氛雰
fēn
氛 0225

90007 背揹偝
1 bèi
2 bēi
背 2607

90007 延
yán
延 1264

90007 胤𦙍
yìn
胤 2635

90007 佻
tiāo
佻 5104

90007 佾
yì
佾 5177
新附字

90007 欣俽
xīn
欣 5510

90007 灸
jiǔ
灸 6440

90007 汃
bīn
汃 6949

90007 休氼溺
nì
休 7259

90007 倘
tǎng

90008 䨻
guàng
䨻 1946

90008 削
1 qiào
2 xiāo
3 xuē
削 2735

90008 堂牚
撐橕
chēng
段改篆
鉉篆 90109堂

90008 侊
guāng
侊 5103

90008 佇伫
zhù
佇 5187
新附字
延佇篆作眝

90008 钦欽
jì
欽5513

90008 嵩崧
sōng
嵩 5880
新附字
古篆作崇

90008 能
能 6379
段篆作𣝔
見 20008 能

90008 炭
tàn
炭 6412

90008 炎
yán
炎 6500

90008 泒
gū
泒 7069

90008 汈
niàn
汈 7079

90008 洍汜
sì
洍 7093

90008 沚
zhǐ
沚 7209

90008 汽汔
qì
汔 7302

90008 俏
qiào

90008 菲菲乖
guāi
菲2317

90008 蚤蛋
蚤 8894
新附字
見 50009 蚤

90009 崩
pǐ
崩5890

90009 炊
chuī
炊 6423

90009 汾
fén
汾 6985

90009 沙沙砂
紗纱
shā
沙 7201

90009 沚沙
shā
沙 7201

90009 衍
衍 7101
見 90011 衍

90009 洐
洐 7229
見 90011 洐

90009 飛飞
fēi
飛 7654

90009 忺
xiān

90009 恌
tiāo

90009 沘
bǐ

90009 裳常
cháng
常 4847

90009 惝傥
chǎng
《康熙》傥同惝

90009 奓
zhā
奓 4320
鉉篆作奓

90010 剡掞
yǎn
剡 2741

90010 觚
gū
觚 2845

90010 倓倓
1 tán
2 賧賧tǎn
倓 4951

90010 次涎
保楸
xián
次 5565

90010 悄
1 qiǎo
2 qiāo
悄 6899

90010 洮
táo
洮 6969

90010 泚
cǐ
泚 7124

90010 派
pài
派 7212

90010 泳
yǒng
泳 7250

90010 沝
zhuǐ
沝 7435

90010 恍
huǎng

90010 焇
xiāo

90011 衍
yǎn
衍 7101
鉉篆作衍

90011 洐
xíng
洐 7229
鉉篆作洐

90011 翁
wēng
翁 2240

90011 歍
wū
歍 5517

90011 洸
guāng
洸 7137

90011 消
xiāo
消 7304

90011 涉𣷌涉
shè
𣷌7437

90011 𡚱
xìn

90011 螢萤
yíng

90011 褮骴
許書作
見 10011 骴

90012 傒傒
xī
傒 1243

90012 膋膫
liáo
膫 2673

90012 縈
xíng
縈4528

90012 營营
yíng
營 4609

90012 觜
1 zī
2 嘴 zuǐ
觜 2838

90012 倓倓
tán
倓 4951

90012 焱
yàn
焱 6547

90012 惔
tán
惔 6887

90012 熊
xióng
熊 6380
段篆作

90013 觵觵
gōng
觵 2841

90013 褮
yīng
褮 5343

90013 欻
xū
欻 5523

90013 劕
jié
劕 2792

90013 熒荧
yíng
熒 6548

90013 淡
dàn
淡 7354

90013 魤
huà
魤7641

90013 嵸嵷
zōng

90014 滎荥
xíng
滎 7216

90014 劖
chán
劖 2781

90015 淼渺
miǎo
淼 7429
新附字

90015 魦鲨
鯊鲨
shā
魦 7606

90015 魵
fén
魵 7600

90015 鮡
zhào
鮡 7640

90015 魮
pí
魮 7644
新附字

90015 褮
段改篆
鉉篆 90013 褮

90016 滃
wěng
滃 7262

90016 𣿰涉涉
shè
𣿰7437

90016 鰲
jì
鰲 7587

90017 鮹
shāo

90017 衡衎
衡奐
héng
衡 2832

90018 濴濴
yíng

90022 鰫
wēng
鰫 7594

90103 冂同坰
jiōng
冂 3307

90104 只祇
祇秖
1 zhǐ
2 隻 zhī
只 1445

90104 兮
xī
兮 3046

90104 㓜剝剥
bō
剝 2765

90104 兄
xiōng
兄 5436

90104 冋冂
jiōng
古文冂鉉作
冋段改爲冋
从冂从口

90105 乎
hū
乎 3049
同 00105 乎

90105 佴
èr
佴 5027

90105 㲻
liè
㲻7448

90106 㞉
yù
㞉7447

90106 谷
gǔ
谷 7462

90106 訇
gōu
訇2736

90106 伿
yì
伿 5112

90106 先
xiān
先 5444
鉉篆作
段篆作

90106 兌兑
1 duì
2 yuè
兌 5434

90106 尙
尚 0711
見 90005 尚

90106 咫
咫 5401
見 60207 咫

90107 傆
yuàn
傆 5050

90107 㓟列削
liè
列 2760

90107 侜
zhōu
侜 5099

90107 覍弁
弁卞覍
biàn
覍 5441

90107 岑
cén
岑 5840

90107 嵐岚
lán
嵐 5879
新附字

90107 𣶒淵
渊囦
yuān
淵 7174

90107 侃侃
kǎn
侃 7451

90107 伶
líng
伶 5078

90108 怩
ní
怩 6935

90108 宲
xì
宲4916

90108 俁俣
yǔ
俁 4972

90108 俗
sú
俗 5072

90108 歬前
qián
前 1068

90108 侁
shēn
鉉篆作

90108 怳恍
huǎng
怳 6818

90108 炯烱
jiǒng
炯 6473
鉉篆作

90108 倘
1 tǎng
2 cháng

90108 洱
ěr

90108 党
dǎng

90108 徜
cháng

90109 泥
1 ní
2 nì
泥 7072

90109 卿
卿 5767
見 50109 卿

90109 例
lì
例 5140

90109 欨
xū
欨 5502

90109 崑崐
kūn
崑 5881
新附字

90109 況况
kuàng
況 7125

90109 牚撐樘
撐堂
chēng

90109 堂
堂1065
見 90008堂

90109 泂
jiǒng
泂 7369
鉉篆从

90110 豈
豈 1985
見 91010豈

90110 𠝣前前
剃翦剪
jiǎn
剃2743

90110 裳
常 4847
見 90009 裳

90110 䆐
䆐 4320
見 90009 䆐

90110 源
yuán
許篆作原厵

90110 惝
chǎng

90110 惴
段改篆
鉉篆 92110 惴

90111 鳻鴓
fén
鳻2473

90111 裂
1 liè
2 liě
裂 5313

90111 欲慾
yù
欲 5514

90111 烈烈
liè
烈 6393

90111 浴
yù
浴 7375

90111 洗
1 xiǎn
2 xǐ
洗 7377

90111 涚涗
shuì
涚 7328

90111 滬沪
hù

90112 翨
chī
翨2257

90112 鴜
cí
鴜 2441

90112 洌洌
liè
洌 7161

90112 淵渊囦
yuān
淵 7174

90112 涔
cén
涔 7287

90112 舸
舸2849
見 20011舸

90113 偏煽
shàn
偏 4991

90113 曾
zēng
曾6431

90113 慨
kǎi
慨 6696

90113 裂
段改篆
鉉篆 90111 裂

90114 煎
jiān
煎 6427

90115 溉
gài
溉 7049

90115 湔濺
jiān
湔 6959

90115 煽偏
shān
煽 6495
新附字
许書作偏

90116 翦
jiǎn
翦 2239

90116 鶯莺鸎
鸎鸎
yīng
鶯 2453

90117 鮵
duó

90118 㵣渴
kě
㵣 5536

90119 㵣
㵣 5536
見 90118 㵣

90124 鰿鯽鲫
jì
鰿7573

90204 号
háo
段改篆
鉉篆 30204 号

90205 丹
dān
鉉篆 90305 丹

90208 遣
遣2125
見 90209遣

90208 貨
suǒ
貨3919

90208 祟[illegible]
suì
段改篆
鉉篆 71208 祟

90208 侲
zhèn
侲 5172
新附字

90208 眞眞帠
zhēn
眞 5191

90208 非
fēi
非 7656

90209 遉
yán
段改篆
鉉篆 90208遉

90209 鼎
dǐng
鼎 4347

90209 㳽
mǐ
㳽 6929

90209 側側
1 cè
2 zè
3 zhāi
側 5031

90209 佽
cì
佽 5026

90209 貨货
huò
貨 3922

90209 貧贫穷
pín
貧 3967

90209 頎颀
qí
5607+頎
段補篆
考古出土

90209 烔
段改篆
鉉篆 20006 烔

90210 柴祡
chái
柴 0032

90210 㳰
zhōu
㳰 0975

90210 衕
tòng
衕 1270

90210 賞赏
shǎng
賞 3942

90210 貲赀
zī
貲 3972

90210 俳
pái
俳 5116

90210 順顺
shùn
順 5624

90210 頊
kū
頊5643

90210 須須
鬚鬢须
xū
須 5678

90210 崇密
chóng
崇 5870

90210 煁
煁 6421
見 90311 煁

90210 湒
jí
湒 7270

90210 濔
mǐ
濔 7366

90210 萈萈羱
huán
萈 6268

90210 泂
泂 7369
見 90109 泂
鉉篆段篆
皆誤从冋

90210 嘗尝嚐
cháng
嘗 3058

90211 莧
miè
莧2321

90211 傾倾
qīng
傾 5030

90211 惻恻
cè
惻 6870

90211 㮛暨㮣
jì
㮛 5215

90211 頒颁
1 fén
2 bān
頒 5602

90211 煩烦
fán
煩 5653

90211 泖
mǎo

90211 瀕
段改篆
鉉篆 90212 瀕

90212 営
yìng
営 2192

90212 頠
wěi
頠 5618

90212 頫俯俛
fǔ
頫 5631

90212 慎慎昚
shèn
慎 6679

90212 悱
fěi
悱 6934
新附字

90212 償偿
cháng
鉉篆 90313 償

90212 測测
cè
測 7148

90212 兟
shēn
兟 5445

90212 悢
liàng

90212 渺
miǎo

90212 烺
lǎng

90213 觗觶觝
zhì
觶 2842

90213 熄
xī
熄 6419

90213 滇
diān
滇 6964

90213 浪
làng
浪 6974

90213 溑
suǒ
溑 7087

90213 潼
tóng

90213 款款
款欵
kuǎn
段改篆
鉉篆 71213 款

90214 縈
yǒng
縈 0052

90214 漘
chún
漘 7207

90214 懰
懰 6891
見 20012 懰

90214 鴷
liè

90214 甇
láo

90215 頨
yǔ
頨 5639

90215 溺
溺 6968
見 20013 溺

90215 崋崋华
huà
崋5831

90216 翡
fěi
翡 2237

90216 㴒
jì
㴒 7083

90218 鰂
1 鱡 zéi
2 鯽鯽 jì
鰂7611

90218 顮瀕
濱瀕
1 bīn 2 pín
瀕 7438
俗作濱

90305 丹㫗彬
dān
丹 3170

90308 彤
tóng
彤 3172

90309 甹
tíng
甹3156

90309 甞
cháng

90309 傴
傴 5145
見 60410 傴

90311 䪼瑱
tiàn
䪼0126

90311 儡
chè
儡 5011

90311 煁
chén
段改篆
鉉篆 90210 煁

90312 臱臱
mián
臱2216

90312 湛沈
沉湛
1 chén
2 zhàn
湛 7257

90312 鼏
jiōng
4349+鼏
段補篆
鄭補逸字

90312 漚
漚 7289
見 60413 漚

90313 儥
儥 5057
見 90212 儥

90313 顪
huì
顪5610

90313 懾慑
shè
懾 6905

90314 齊
齊 4334
見 80214 齊

90314 鄺
miǎo
鄺2390

90314 灄滠
shè

90318 鰛
鰛 7602
見 60419 鰛

90322 鱠
鱠 7580
見 90221 鱠

90408 門门
mén
同 50206 門

90408 臾
yú
臾 9755

90411 囂囂
xiāo
囂 1433

90411 貿贸
mào
貿 3955
鉉篆
段篆

90411 舄
段改篆
鉉篆 50010 舄

90414 鷗
鷗 2429
見 60515 鷗

90415 顛巔颠
巔傎
diān
顛 5579

90415 澒
hòng
澒 7408

90415 餥
餥 3201
見 90416 餥

90416 餥
fēi
餥 3201

90417 贊讚
賛赞
zàn
贊 3931

90417 澬
zī
澬 7271

90418 巔
diān
見 90415 顛

90419 儹
zǎn
鉉篆 92417 儹

90422 灒
zàn
灒 7392

90513 鶪
jú
鶪 2388

90612 晨晨
chén
晨 1778

90613 貴賮
贵㕚
guì
貴 3975

90615 僓
tuǐ
僓 4967

90617 憒愦
kuì
憒 6836

90618 潰溃
kuì
潰 7189

90927 䱼
zhǎn

91002 乂
yì

91003 夂
1 zhǐ
2 zhōng
夂 3386

91003 乇
kuà
乇3391

91003 方汸
fāng
方 5428

91003 夨
zè
夨 6584

91003 夭
1 枖媄yāo
2 ǎo
夭 6588

91003 弋
yì

91004 刈苅乂
yì

91004 犬
quǎn
犬 6269

91004 巿市
市 3852
段改篆
鉉篆 71004 市

91005 必
bì
必 0717

91005 刷
刷 2772
見 61106 刷

91005 兇凶
xiōng
兇 4506

91005 仿彷髣
髴俩
fǎng
仿 4996

91005 代
dài
代 5059

91005 芇
mián
芇 2318

91006 彶返
fǎn
返 1140

91006 肦朌
fēn
肦4833

91006 㡀
bì
㡀 4918

91006 版
bǎn
版 4340

91006 伏
fú
伏 5138

91006 喬乔
qiáo
喬 6589

91006 胷胸
胷匈
xiōng
匈 5780

91006 劣
段改篆
鉉篆 91108 劣

91007 佖怭
bì
佖 4961

91007 係系
xì
係 5141

91007 岌
jí
岌 5874
新附字

91007 狐
hú
狐 6348

91007 尨
máng
尨 6272

91007 氿
1 guǐ
2 jiǔ
氿 7206

91007 犵
gē

91007 常裳
cháng
常 4847

91007 勉
段改篆
鉉篆 91109 勉

91008 僑侨
qiáo
僑 4968

91008 猒猒
yàn
猒 3025

91008 汸方
fāng
方 5428

91008 崒崪
zú
崒 5842

91008 狄
dí
狄 6338

91008 汳汴
biàn
汳 7030

91009 衒衒
xuàn
衒1274

91009 鬯
chàng
鬯 3184

91009 忒
tè
忒6784

91009 紫
zǐ
紫 8581

91010 癹
bá
癹 1079

91010 絫累纍
lěi
絫5854

91010 甍甍
甭甍
ruǎn
段改篆
鉉篆 90110 甍

91010 泌
1 bì
2 mì
泌 7113

91010 憍
jiāo

91011 勞
段改篆
鉉篆 91113 勞

91012 浝
máng
浝 7088

91013 㒄
rǎn
㒄 5089

91013 臩
1 guǎng
2 jiǒng
臩 6632

91013 縈萦
yíng
縈 8653

91013 溪
xī
許書作谿

91013 觷
jiǎo

91014 僞偽伪
wěi
僞 5111

91014 魴鰟
魴鰟
fáng
魴 7566
段注[鰟]籀文

91015 𣴠流
liú
𣴠7436

91015 勠
段改篆
鉉篆 91117 勠

91016 鯀鲧鮌
gǔn
鯀 7554

91016 鮅
bì
鮅 7632

91016 黨党
讜说
dǎng
黨 6530

91017 潙溈沩
wéi

91017 鱎
jiǎo

91018 愫
sù

91018 儻傥
tǎng
新附字
鉉篆 91119 黨

91018 瀠潆
yíng

91020 戃
tǎng

91021 灙
dǎng

91102 乇
zhé
乇 3864

91103 干
gān
干 1440

91104 巛災灾
zāi
巛7450

91105 刊
kān
刊 2761

91105 冘
yín
冘 3309

91105 吳吴蜈
wú
吳 6587

91106 侂侘
託托
tuō
侂 5155

91106 釆乎
biàn
釆 0719

91106 米※
mǐ
米 4455

91106 㕟
chán
㕟 6410

91106 仂
lè

91107 豙
suì
豙 0712

91107 央
yāng
央 3310

91107 岸屽
àn
岸 5887

91107 忯
qí
忯 6713

91107 忏
gān
忏 6766

91108 佫
gé

91108 常
常 4847
見 91007 常

91108 劣
liè
劣 9188

91108 侎敉
mǐ
敉 2028

91108 汦
zhǐ
汦 7299

91108 汗
1 hàn
2 hán
汗 7397

91108 當当
1 噹dāng
2 dàng
當 9146

91109 䄅
䄅 4471
見 91210䄅

91109 氣槩
餼气
1 xì
2 qì
氣 4483

91109 衎
kàn
衎 1273

91109 者
zhě
者 2220

91109 烙
1 luò
2 lào
新附字
烙 6496

91109 忱
chén
忱 6727

91109 勉
miǎn
勉 9178

91109 獂
huán

91109 僑
段改篆
鉉第 91008 僑

91110 觗觶
觝觶
zhì
觶 2842

91110 粉
fěn
粉 4485

91110 桒柴
bì
桒 4463
段改篆
11110 柴

91110 鴋鳺
fǎng
鴋 2382

91110 狢
yù
狢6324

91110 怮
yōu
怮 6881

91110 洛
luò
洛 6981

91110 沈
1 湛沉 chén
2 瀋 shěn
沈 7281

91110 簹蟷
dāng
簹8797

91110 䠷
tiǎo

91110 崒
段改篆
鉉篆 91008 崒

91111 黹
zhǐ
黹 4920

91111 術术
shù
術 1266

91111 翍翅翄
chì
翄 2241

91111 怏
yàng
怏 6855

91111 㥞
suì
㥞 6732

91111 泑
yōu
泑 6951

91111 欸
1 āi
2 ǎi
欸 5529

91111 惸茕
qióng
惸 7662

91112 觡
gé
觡 2837

91112 帴
jiān
帴 4865

91112 偞
xiè
偞 4998

91112 泱
yāng
泱 7263

91112 發发
fā
發 8461
毛髮字篆
作 5700 髮

91113 倈
kuí
倈5077

91113 煑鬻煮
zhǔ
鬻 1870

91113 愾忾
1 xì
2 kài
愾 6861

91113 勞劳
耮䥈
láo
勞 9189

91113 渚
渚 7057
見 91114 渚

91113 秜
ní
鄭禰逸字

91114 潞
lù
潞 6989

91114 渚
zhǔ
渚 7057

91115 粉
fěn
粉 4925

91115 粱
liáng
粱 4456

91116 鮨
zhā
鮨 2834

91116 湀
guǐ
湀 7214

91116 鮥
luò
鮥 7553

91116 鯫鲰
zōu
鯫 7597

91117 翥
zhù
翥 2248

91117 鮋
yǒu
鮋 7570

91117 勠
lù
勠 9184

91117 潑泼
pō

91118 潦涝
1 láo
2 lào
潦 6978

91118 鞅
yāng

91119 鱍
fèi
鱍 2850

91119 儻
儻 5176
見 91018 儻

91119 鱲
liè

91205 旱
hàn
旱 4209

91206 另
lìng

91207 音杏歆
pǒu
音 3169

91207 躬船
gōng
船 4611

91208 哭
kū
哭 0976

91208 貣
1 tè
2 dài
貣 3935

91208 伬
chì
伬 5021

91208 堂坐臺
táng
堂 9009

91208 劬
qú
劬 9205
新附字

91209 侍
shì
侍 5029

91209 鬲鬻
lì
鬲 1859

91209 狀状
zhuàng
狀 6302

91209 臭嗅
1 xiù
2 chòu
臭 6329

91209 剖
pōu
剖 2755

91209 倍俻
bèi
倍 5091

91209 惛愔
hūn
惛 6833

91209 當
當 9146
見 91108 當

91209 羚芊
qiān
羚 7469

91210 待
1 dài
2 dāi
待 1244

91210 貸贷
dài
貸 3934

91210 眷
míng
段改篆
鉉篆 91109眷

91210 猒厌
厭饜
yàn
猒 3025

91210 頄疣
yóu
頄5649

91210 敊
zú
敊5519

91210 浒
hàn

91210 陪
péi

91211 頗颇
pō
頗 5648

91211 觝牴抵
dǐ
抵 7812

91211 恃
shì
恃 6741

91211 焙
bèi

91211 黨
黨8797
見 91110黨

91212 狼
láng
狼 6345

91212 惰憜
duò
憜 6805

91212 偫
zhì
偫 5004

91212 縣
1 懸悬
xuán
2 县 xiàn
縣 5677

91212 斐
fěi
斐 5696

91212 涪
fú
涪 6953

91212 洔
zhǐ
洔 7192

91212 瑩莹
yíng
瑩 9095

91212 須
xū

91213 款
款 5512
見 90213 款

91214 鴦鸯
yāng
鴦 2408

91214 額
xū
額8670

91215 澎
péng

91217 淫
yīn
淫 7027

91219 瀚涸
hé
涸 7303

91307 画
huà

91309 頊
duó
頊5576

91309 堂
堂 9009
見 91208 堂

91310 預顸
hān

91311 傉
nù

91312 衙
yá
衙 1272

91312 椹
椹 4467
見 91413 椹

91312 鬻餌饵
ěr
鬻1867

91312 煩
zhěn
煩 5593

91312 恒
恒 6903
見 92311 恒

91312 銜
銜 9376
見 91314 銜

91313 瑩莹
yíng
瑩 0142

91313 衙衒
xuàn
衙 1274

91313 頪類
lèi
頪 5655

91314 衙衔
xián
段改篆
鉉篆 91312 銜

91314 溽
rù
溽 7196

91314 粮
liáng
許篆作糧

91314 頦
wài
頦5612

91316 營
yíng
營 1585

91316 鬻餰
飦饘
jiān
鬻1860

91316 頩
bēi
頩5681

91316 龍巃
lóng

91317 鎣蓥
yíng
鎣 9269

91319 灝灏
hào
灝 7360

91320 瀅滢
yíng

91324 顰颦颦
pín
顰 7439

91408 曳抴拽
yè
曳 9756

91409 㬰
shēn
㬰1904

91411 鼻
bí
鼻 2224

91412 軀
軀 5227
見 61513 軀

91412 愧怈
yì
愧6755
段改愧爲伕

91413 椹糝糁
糂糣
sǎn
椹 4467
段改篆

91413 劓劓
yì
劓 2788

91413 洩
xiè

91415 頲颋
tǐng
頲 5617

91415 儠
liè
儠 4963

91416 泐
lè
泐 7297

91416 濞
pì
濞 7132

91416 訾
段改篆
鉉篆 91316 營

91417 頿
pī
頿 5682

91510 貳贰貮
èr
貳 3949

91514 嚴严嚴
yán
嚴 0972

91514 㶾票褜
biāo
㶾6452

91516 儼俨
yǎn
儼 4980

91516 剽勡
piāo
剽 2774

91516 僄
piào
僄 5114

91517 巖
巗岩
yán
巖 5852

91517 瓢
piáo
瓢 4533

91518 熛
biāo
熛 6407

91518 慓
piào
慓 6781

91519 憜惰媠
duò
憜 6805

91519 漂
1 piāo
2 piǎo
3 piào
漂 7142

91525 矉
pín
矉1632

91526 鰖鱉
duò
鰖 7541

91526 瀡
suǐ

91614 漏
lòu
漏 7407

91615 農農莀
农莀辳農
nóng
農 1779

91617 儂依
nóng

91619 慓
piào
俗篆誤增一橫
鉉篆 91518 慓

91619 憹
náo

91620 濃浓
nóng
濃 7294

91622 瀏瀏浏
liú
瀏 7119

91626 鰾鳔
biào

91715 [illegible]
qióng
[illegible] 1781

91822 囂
xiāo
囂 1856

91822 顠
piǎo

92003 夊
suī
夊 3346

92003 禾
jī
禾 3870

92003 禾
hé
禾 4353

92003 手
shǒu
手 7789

92004 𠬜𠬜𠬜
攀攀扳
pān
𠬜 1765

92004 虍
hū
虍 3093

92004 秀
xiù
秀 4354

92004 失
shī
失 7938

92004 斗
1 dǒu
2 dòu
斗 9442

92004 禿
禿 5446
見 92005 禿

92005 禿秃
tū
禿 5446

92005 秀秀
秀 4354
段改篆
鉉篆 92004 秀

92005 利痢秎
lì
利 2740

92005 犮
bá
犮 6321

92006 虎勴虪
hǔ
虎 3102
段篆作

92006 孛
孛 3855
見 72006 孛

92006 秅
hé
秅 4406

92006 佚
yì
佚 5119

92007 挋
zhèn
挋 7875

92007 [illegible] 苿
鏵铧
huá
苿 3670

92007 秒
miǎo
秒 4391

92007 秋烁
穐鞦龝
qiū
秋 4430

92007 帒袋
dài
帒 4899
新附字

92007 灺炧
xiè
灺 6445

92007 扮
bàn
扮 7925

92007 犼
hǒu

92007 秕粃
bǐ
秕 4414

92007 挑
段改篆
鉉篆 92008 挑

92008 [illegible]
yín
[illegible] 3112
段篆作

92008 捌
1 bā
2 扒 pá
捌 8062
新附字

92008 索
索 3854
見 72008 索

92008 尗
shù
尗 5357

92008 犾犾
yín
犾 6356

92008 批
zǐ
批 7865

92008 挑
1 tiǎo
2 tiāo
挑 7892

92008 汥 坻渚
chí
坻 9041

92008 柴
1 偨 chái
2 寨砦 zhài
柴 3596

92008 棠
táng
棠 3415

92008 掌
zhǎng
掌 7790

92008 𢍏关关
zhuàn
鄭補逸字

92009 池
chí
7220+池
段補篆

92009 刷
刷 2739
見 62110 刷

92009 虐虐
nüè
虐 3099

92009 [illegible]
yì
[illegible] 3110

92009 彪
biāo
彪 3108
段篆作

92009 捎
shāo
捎 7927

92009 黍
shǔ
黍 4444
段篆作

92009 稍艄
shāo
稍 4429

92009 炦
bá
炦 6415

92009 泆
yì
泆 7188

92009 㑾
xiāo

92010 掀 xiān 掀 7920

92010 悖 誖 1614 見 72010 悖

92010 倂佚 佚媵 yìng 佚5084

92010 獢 xiāo 獢 6277

92010 倸 cǎi 倸 6794

92010 挻 shān 挻 7862

92011 浡 bó

92011 獄 sī 獄 6357

92011 傂 yí 傂 6714

92011 淲滮 1 biāo 2 hǔ 淲 7117

92011 斛 hú 斛 9443

92011 繭蠒 襺絸茧 jiǎn 繭 8474

92011 愀 qiǎo

92012 榮荣 róng 榮 3521

92012 梁樑渿 liáng 梁 3768

92012 䵒黏 nì 黏 4449 段篆作䵒

92012 黎𪐗黧 lí 黎 4450 段篆作𪐗

92012 㴲 sī 㴲 7056

92012 湫 1 jiǎo 2 jiū 3 愀qiǎo 湫 7313

92012 㹝 zhì

92013 㑇 zhòu

92014 𦪊 zhì 𦪊 2822

92014 穌稣 蘇苏 sū 穌 4428

92015 燊 shēn 燊 6549

92105 末 段改篆 鉉篆 73104 末

92016 黎 lí 黎6840

92016 𣽇 chóu 𣽇 7393

92016 鮁鲅 1 鱍 bō 2 bà 鮁 7637

92016 𧷍 lí

92016 黛 dài 鄭補逸字

92017 檾蔶 穎莔 qǐng 檾 4510

92104 牟 1 móu 2 mù 牟 0750

92104 戈 gē 戈 8332

92104 先 先 5444 見 90106 先 段篆作𠂒

92105 宋朿 zǐ 宋3856

92105 半 bàn 半 0724

92105 戊 wù 戊 9699

92106 市 shì 市 3308

92106 伐傠 fá 《集韵》傠與伐同

92106 考考 拷攷 kǎo 考 5359

92106 戍 shù 戍 8340

92106 划 1 huá 2 劃 huà

92107 秜 ní 段改篆 鉉篆 22006 秜

92107 判牉 pàn 判 2757

92107 秨 zuó 秨 4394

92107 伴 1 bàn 2 胖 pàng 伴 4983 同伴字篆作扶

92107 叐犮 pú 犮3353 段改篆

92107 犴豻 àn 豻 6093

92107 扼搹扼 è 搹 7838

92107 抧 zhǐ 抧 7885

92107 皯 gǎn 皯 1982

92108 倀伥猖 chāng 倀 5096

92108 倒 1dǎo 2dào 倒 5178 新附字 許書作到

92108 戋 jiān 戋 8353

92108 成戚 chéng 成 9700

92108 拶 1 zā 2 zǎn

92108 牉 pàn

92109 虖滹 hū 虖 3098

92109 税 shuì 税 4425

92109 掌 zhǎng 掌 7790

92109 捝
tuō
捝 7939

92109 烣
huǐ
段改篆
鉉篆 22008烣

92109 棠
見 92008 棠
棠 3415

92110 梨 棃
liè
梨4416

92110 㟴 㟴
pèi
㟴 5891

92110 悵 怅
chàng
悵 6860

92110 虞
yú
虞 3094

92110 泧
sà
泧 7322

92110 泮 頖
pàn
泮 7406

92110 惴
zhuì
惴 6884

92110 煓
tuān

92110 沫
段改篆
鉉篆 73109 沬

92111 湍
tuān
湍 7149

92111 蠁
xiàng
蠁 9185

92111 鴃 鴩
dié
鴃 2385

92111 幬 㨶
1 dào
2 chóu
幬 5098

92111 愊
bì
段注曰愊者
愊字之變也

92112 犖 荦
luò
犖 0741

92112 鮁
bó
鮁 2430

92112 解
1 jiě
2 jiè
3 獬 xiè
解 2839

92113 摡
gài
摡 7995
借爲揩 kāi

92113 概
jì
概 4364

92113 蔑 眛 蠛
miè
蔑 2322

92113 罃
yīng
罃 3279

92113 揃
jiǎn
揃 7863

92113 猪
zhū
許書 6048 豬

92113 鯿
duān
鯿2833

92114 鶖 鶖鶖
qiū
鶖2406

92114 鷉 鷉
tī
鷉 2421

92114 虩
xì
虩 3113
段篆作虩

92114 歑
hū
歑 5503

92114 濤 涛
tāo
濤 7424
新附字

92114 甯
yòng
甯 9802

92114 滹
hū

92116 衛 率
帥帅
shuài
衛1275

92116 懈
xiè
懈 6804

92117 鱖
jué
鱖2827

92117 懱
miè
懱 6791

92117 瀣
xiè
瀣 7094

92117 戮 勠 劉
lù
戮 8348

92118 濩
mò
濩 7321

92118 邂
xiè
邂 1209
新附字

92118 䜌 褎
jùn
䜌1986
段篆 93018䜌

92121 鱖 鳜
guì
鱖 7596

92123 蠏 蟹 蠏
xiè
蠏 8874

92204 羊
rěn
羊1441

92206 羊
yáng
羊 2323

92206 某
1 梅楳 méi
2 mǒu
某 3541

92206 戌
xū
戌 9832

92207 芈 芈
mǐ
芈 2324

92207 羑 夭
chán
夭 6410
段改篆

92207 羌 羌羌
qiāng
羌 2347

92208 羌
段改篆
鉉篆 92207 羌

92208 挶
jū
段改篆
鉉篆 22107 挶

92208 臬
niè
臬 3742

92208 揖
yī
揖 7800

92208 戡
kān
戡8346

92208 佯
yáng
《史記》佯字
多作陽詳

92209 羑
yǒu
羑 2348

92209 丵
zhuó
丵 1741

92209 惑或
huò
惑 7446

92209 斝斚
jiǎ
斝 9444

92209 振
zhèn
振 7923

92209 羒
fén
羒 2331

92209 剶
chuān
考古出土

92210 羔羔
gāo
羔 2325

92210 劓劓
yì
劓 2788

92210 奠
diàn
奠 3011

92210 號号
1 háo
2 hào
號 3051

92210 巢
cháo
巢 3876

92210 烕烕
滅灭
miè
烕 6486

92210 煤
wǔ
煤6751

92210 羑誘誳
美诱
yòu
羑 5816

92210 臺儓台
tái
臺 7672

92210 兟
兟 5445
見 90212 兟

92210 煤
méi

92210 𦍒
段改篆
鉉篆 92211 𦍒

92211 𦍒
zhào
𦍒 2329

92211 䍧
cī
䍧2345

92211 鳶
1 鶚鹗è
2 鳶鸢 yuān
鳶2443

92211 稂蓈
láng
蓈 0251

92211 剝剥㓟
bō
剝 2765

92211 羕
yàng
羕 7458

92211 棐
fěi
棐 3816

92211 稹
zhěn
稹 4362

92211 淢
yù
淢 7118

92211 排
pái
排 7810

92211 狼
láng
狼9460

92211 洋
yáng
洋 7047

92212 香
xiāng
香 4452
段篆作香

92212 羜
zhù
羜 2326

92212 劋
jiǎo
見 92311 劋

92212 煖
1 xuān
2 nuǎn
煖 6481

92212 歲嵗岁
suì
歲 1081

92212 愋
xuān

92213 賣卖
mài
賣 3849
鉉本释文賣與
71214 賣雷同

92213 湲
yuán
湲 7423
新附字

92213 濈
jí
濈 7364

92213 漲涨
1 zhǎng
2 zhàng

92213 撐撑牚
堂樘
chēng

92213 搦
搦 7968
見 22011 搦

92214 劌刿
guì
劌 2752

92214 渚坻汷
chí
坻 9041

92214 櫌
yōu

92214 盛
1 chéng
2 shèng
盛 3125
段篆 62214 盛

92215 嶷
1 yí
2 nì
嶷 5826

92215 瀧泷
lǒng
瀧 7386
瀧 9012

92215 滅灭
miè
滅 7404

92215 澦滪
yù

92216 夔
kuí
夔 3360

92216 漾
yàng
漾 6972

92216 羨羡
xiàn
羨 5566

92216 䊝
xiè
䊝 4487

92216 優优
yōu
優 5066

92217 濊
huì
濊 7410

92217 䆃
dào
䆃 4426

92217 鮮鲜
1 xiān
2 xiǎn
鮮 7608

92217 濧
duì

92217 [illegible]
mǐ
鄭補逸字

92219 𢕹
xiàn

92219 瀦潴
zhū
瀦 7427
新附字

92219 瀀
yōu
瀀 7286

92219 鰀鯇
鯶鯇
huàn

92220 䶣
ài
鄭補逸字

92221 鱢
zǎo

92221 懺忏
chàn

92222 瀸
jiān
瀸 7187

92306 用甪
yòng
用 2074

92307 甪
段改篆
鉉篆 92306 用

92308 咸
xián
咸 0871

92309 喿噪
zào
喿 1422

92309 戕
qiāng
戕 8347

92310 摳
摳 7797
見 62411 摳

92310 揕
zhèn

92311 辈
fèi
辈 0761

92311 羱
yuán

92311 剿剿
jiǎo
剿 2777

92311 恇
kuāng

92312 攝摄
shè
攝 7828

92312 斨
qiáng
斨5867

92312 洭
kuāng
洭 6997

92313 臧藏臟
1 贓赃 zāng
2 zàng
臧 1947

92313 懆
cǎo
懆 6862

92313 減减
jiǎn
減 7403

92313 燥
zào
燥 6485

92313 衕
yǒng

92314 糗
qiǔ
糗 4475

92314 澡
zǎo
澡 7376

92315 鬻粥
1 zhōu
2 yù
鬻 1861

92316 陖峻
jùn
陖5846

92316 俻僃惫
痡憊
bèi
俻6918

92317 類类
lèi
類 6337

92317 燮燮
燮燮
xiè
燮 1902

92317 纇纇
lèi
纇 8500

92318 鬻煮
鬻煮
zhǔ
鬻 1870

92320 鱢
sāo
鱢 7620

92323 鬻鬻
zhǔ
鬻1870

92408 周週賙
賙周
zhōu
周 0876

92408 要腰
1 腰騕
邀 yāo
2 yào
要 1777

92410 舁舁
yú
舁 1772

92410 倜
tì
新附字
倜 5175

92411 彫雕叼
diāo
彫 5688

92411 牂
zāng
牂 2332

92412 街
jiē
街 1267

92412 斞
yǔ
段改篆
鉉篆 15108 斞

92412 惆
chóu
惆 6859

92413 嚳
què
嚳 5998

92413 鬻糊
餬煳
hú
鬻1862

92413 養
養 3204
見 92414 養

92414 養养
yǎng
養 3204
鉉篆作[篆]

92414 㷼岀
xué
㷼 5836

92414 㬳
wù
2696+㬳
段補篆

92414 剿
見 92311 剿
篆作剿非勦
見 93314 勦

92415 稽
zī
稽 4400

92416 㶅澩泶
xué
㶅 7232

92417 儹
儹 5018
見 90419 儹

92417 顥
qiāo
顥 5604

92417 獵猎躐
liè
獵 6326

92417 饕
饕 3235
見 92418 饕

92418 饕叨號
tāo
饕 3235
段改篆

92418 觷 xué 觷 2831

92418 儲储 chǔ 儲 5005

92419 鯛鲷 diāo 鯛 7635

92420 攢攒 1 zǎn 2 cuán

92420 穳 zuàn

92420 欑 cuán

92422 鱟鲎 hòu

92511 辠罪 zuì 辠 9708

92514 偋 bìng 偋 5086 段改篆

92514 鼾 hān 鼾 2226

92514 嶵嶵 zuì 嶵 5855

92515 顑𬱟 kǎn 顑 5651

92516 滜 cuǐ 滜7319

92516 [illegible] xié

92516 勡 段改篆 鉉篆 92618 勡

92518 鷽雤鸴 xué 鷽 2377

92518 獮 xiǎn

92613 與舁与 1 yǔ 2 yù 與 1774

92614 興兴 1 xīng 2 xìng 興 1775

92614 嶵 段改篆 鉉篆 92514 嶵

92615 礜 yù 礜 5985

92616 覺觉 1 jué 2 jiào 覺 5483

92617 穨頽颓 tuí 穨 5447

92617 頩 pīng

92617 懙 yǔ 懙 6760

92618 歟欤 yú 歟 5505

92618 勡剽 piào 勡 9200

92618 儲 段改篆 鉉篆 92418 儲

92619 獶 nóng 獶 6275

92620 齅嗅 xiù 齅 2225

92624 鱮 xù 鱮 7567

92720 釁衅 xìn 釁 1782

93004 丯 1 jiè 2 gài 丯 2806

93005 升升昇 阩陞 shēng 升 9458

93005 扐 段改篆 鉉篆 93107 扐

93006 㓞 qià 㓞 2803

93006 奺奺 jiǔ 奺8140

93006 孝 xiào 孝 5360

93006 犯 fàn 犯 5977

93008 處処处 1 chǔ 2 chù 処 9423

93008 虔 qián 虔 3096

93008 𧆞 yì 𧆞 3109 段篆

93008 虓 xiāo 虓 3111 段篆

93008 㚇 zōng 㚇 3358

93008 汝 rǔ 汝 6983

93008 髭 zī 髭 8217 俗作些 xiē

93008 秘 1 mì 2 bì

93008 勨 段改篆 鉉篆 92111 勨

93009 虙 fú 虙 3095

93009 授 shòu 授 7873

93009 撟挢 jiǎo 撟 7926

93010 狫 lǎo

93010 協 段改篆 鉉篆 93316 協

93011 嵏嵕 zōng 嵏 5868

93011 猻狲 sūn

93011 浽 suī

93011 慮虑 lǜ 慮 6669

93012 偰 偰 4946 同 94011 偰

93012 猋 biāo 猋 6351

93012 娑 suō 娑 8214

93012 嫈
yīng
嫈 8236

93013 觢
shì
觢 2821

93013 漓灕
lí

93014 撚
niǎn
撚 8030

93014 儰
段改篆
鉉篆 63216 儰

93015 撝
huī
撝 7981

93015 獮
xiǎn
鄭補逸字

93016 猣
zōng

93016 濾滤
lǜ

93018 [illegible]
jùn
段改篆

93019 攩擋挡
dǎng
攩 7877

93019 鯼
zōng

93019 鰬
qián

93105 史叓
shǐ
史 1925

93106 朿刺
cì
朿 4336

93106 秆稈
gǎn
稈 4412

93106 秊季年
nián
秊 4421

93106 抵
zhǐ
抵 8014

93106 扞捍
hàn
扞 8026

93107 扐
lè
扐 7983

93107 庚
見 96105 庚
庚 9706

93108 嵬
wéi
嵬 5817

93108 抌
dǎn
抌 8023

93108 挌
gé
挌 8041

93108 掫
zōu
掫 8043

93108 叛
pàn
叛 0726

93108 刺朿
cì
刺 2794

93108 偃
偃 5132
見 63209 偃

93109 狘
xuè
狘 6352
新附字

93109 捋
1 luō
2 lǚ
捋 7854

93109 拗抝
1 ǎo 2 ào
3 niù
拗 8060
新附字

93109 豦
jù
豦 6066

93109 炔
guì

93109 快
kuài
快 6683

93109 䅚
段改篆
鉉篆 93110 䅚

93109 揣
段改篆
鉉篆 93110 揣

93110 弮𢍰
𠔏 𢍏
juàn
弮 1758

93110 劀刮
guā
劀 2770

93110 秧
yāng
秧 4418

93110 決决
訣诀
jué
決 7235
訣别字假借決

93110 抰
yāng
抰 8015

93110 料
liào
料 9445

93110 䅚
䅚 4389
見 94109 䅚

93110 揣
揣 7884
見 94109 揣

93110 撟
撟 7926
段改篆
鉉篆 93009 撟

93111 柴
zuǐ
柴 1084

93111 劇剧
jù
劇 2798
新附字

93111 洚
jiàng
洚 7100

93112 㩴
jué

93112 渡
dù
渡 7246

93112 券
quàn
券 2793

93112 卷
1 婘 quán
2 juǎn
3 juàn
卷 5756

93112 [illegible]
quán

93112 觖
jué

93113 爝
jué

93114 倦勌
juàn
倦 5158

93114 揆
kuí
揆 7935

93115 撥拨
bō
撥 7940

93115 渤
bó

93116 穟
suì
穟 4388

93116 韍
fú
韍 4923

93116 惓
quán

93116 撈捞
lāo

93116 觠
quán
觠 2819

93117 漷
guó
漷 7300

93117 鰋
鰋 7590
見 63218 鰋

93120 攩
攩 7877
見 93019 攩

93208 妝妆
娤粧
zhuāng
妝 8224

93209 美
měi
美 2346

93209 𢍰弃
wèi
𢍰3853
段篆 72210𢍰

93209 唐
唐 0877
見 96207 唐

93210 業业𡗝
yè
業 1742

93210 䪳
yǔn
䪳 5597

93210 持
chí
持 7818

93210 掊
1 póu 2 pǒu
掊 7853
段改篆
俗作刨讀 bào

93211 鬳
yàn
鬳 1854

93211 斐
fēi
斐 8289

93211 粖
段改篆
鉉篆 74210 粖

93212 粻
zhāng
粻 4491
新附字

93212 摦
huà
摦 8054
新附字

93212 狨
róng

93212 猨猿蝯
yuán
篆作 52210 蝯

93212 勦
段改篆
鉉篆 93314 勦

93213 業
yè

93214 渼
měi

93214 馘馘或
yù
馘 4302

93214 僛
qī
僛 5124

93214 冀
jì
冀 5208

93214 㺊
yàng

93215 䰛
bó
䰛1871

93215 穩穏稳
wěn
穩 4440
新附字

93215 戣
kuí
戣 8335

93217 䰗𤎩
𤊬炒
chǎo
䰗1868

93218 獶
nǎo
獶 6290

93219 穠
mò
穠4481

93219 𩙺翼
yì
𩙺7655

93223 𢍧
quán
𢍧 1291

93309 拭
shì

93309 勇
段改篆
鉉篆 93411 勇

93311 責賁责
1 zé
2 債责 zhài
責 3958
擧債字許作責

93312 頵
yūn
頵 5598

93313 眷睠
juàn
眷 2163

93313 債债
zhài
新附字
許篆 93311 責

93314 慽
qī
慽 6900

93314 勦
jiǎo
勦 9193
俗與剿混淆

93315 獄狱
yù
獄 6358

93315 弮
juàn
弮3083

93316 燮
xiè
燮6506

93316 協
xié
協 9210

93316 漬渍
zì
漬 7288

93317 㰝
jiān
㰝5540

93318 嶽岳㞢
yuè
嶽 5820

93324 䊳
mí
䊳 4489

93408 單单
1 dān
2 shàn
3 chán
單 0974

93410 僤
dàn
僤 4974

93410 戜戜
dié
戜8343

93411 勈勇恿
yǒng
勇 9198

93412 燀
chǎn
燀 6422

93412 憚惮
dàn
憚 6906

93413 學 斆学
xué
斆 2065

93413 牖
yǒu
牖 4345

93413 䰞 鬺
shāng
䰞 1857

93413 䙴 䙴
䙴 䙴
qiān
䙴 1773

93414 嶭
段改篆
鉉篆 93516 嶭

93415 觶 觯
觗 觝
zhì
觶 2842

93415 䙴 䙴 䙴
qiān
䙴 1773

93416 擸
liè
擸 7834

93416 䰷 鬻
鬻 羹
gēng
鬻 1863

93418 鬻 䰷
鬻 羹
gēng
鬻 1863

93418 僊 仙
xiān
僊 5164

93418 澩 澩 泶
xué
澩 7232

93418 嶽
段改篆
鉉篆 93318 嶽

93419 鱓 鱔 鳝
shàn
鱓 7598

93422 鸑
yuè
鸑 2362

93513 擿
zhì
擿 7913

93515 擷 襭 擷
xié
襭 5323

93516 嶭 嶭
niè
嶭 5830

93516 熾 戠 炽
chì
熾 6479

93516 䐶
zé

93517 摽
1 piāo
2 biāo
3 biào
摽 7891

93519 歡 欢
huān
歡 5509

93520 膡
段改篆
鉉篆 13420 膡

93522 鸑
段改篆
鉉篆 93422 鸑

93523 鬱 鬱
鬱 欝
欝 郁
yù
鬱 3185

93611 香
香 4452
見 92212 香

93614 𪊽
zhěn

93615 嚻
xiào
嚻 8331

93618 穠 秾
nóng

93718 衢
qú
衢 1268

93722 顴 顴
quán

93920 譽 誉
yù
譽 1565

93920 譽 誉
譽 1565
段改篆

94004 弟 弟 弟
dì
弟 3384

94006 𢪏 収 拱
gǒng
収 1748

94006 舛 僢 踳
chuǎn
舛 3362
段篆 74006 舛

94006 秏 耗
hào
秏 4379

94006 秝
lì
秝 4442

94006 叕
zhuó
叕 9674

94007 㣇
hài
㣇 3387

94007 秩
zhì
秩 4402

94007 抶
chì
抶 8013

94007 㨨 抽 㨨
chōu
㨨 7955

94007 科
kē
科 4433

94007 斗
dǒu

94007 悌
tì
悌 6944
新附字
經典通用弟

94008 拔
bá
拔 7957

94008 剟
duō
剟 2762

94008 娣
dì

94009 棃 梨
lí
鉉篆作

94009 廌 廌
zhì
廌 6226

94009 鹿
lù
鹿 6230

94009 契
1 qì
2 xiè
契 6580

94009 奔 奔
犇 逩
1 bēn
2 bèn
奔 6591

94009 涕 洟
tì
涕 7399

94010 麂 麂
jǐ
麂 6241

94010 惙
chuò
惙 6888

94010 絜 潔
潔 洁
jié
絜 8711

94011 麀
yōu
麀 6255

94011 淨
1 净 chéng
2 瀞 净
净 jìng
淨 7036

94011 偰
xiè
偰 4946

94011 敪
chǐ

94012 虤
yán
虤 3119
段篆

94012 猣
zōng

94013 麃
1 麃 páo
2 biāo
麃 6246

94014 粦粦
燐磷
lín
粦 6507

94014 漉渌盝
lù
漉 7338

94014 漱漱
shù
漱 7368

94015 儦
biāo
儦 4964

94015 瀝沥
lì
瀝 7337

94015 潔洁
jié
潔 7430
新附字

94015 鮷鯷鳀
鮷鮧
tí
鮷 7591

94016 僯遴
lìn
遴 1159

94016 麑
ní
麑 6248

94016 鄰
lín
鄰 7442

94018 憐怜
lián
憐 6926

94018 瀌
biāo
瀌 7295

94019 潾
lín

94020 鑣鑣
biāo
鑣 9377

94025 鱗鳞
lín
鱗 7618

94105 弟
段改篆
見 94004 弟

94107 我㦱
wǒ
我 8360

94107 找
zhǎo

94108 秭
zǐ
秭 4436

94108 戒
jiè
戒 1760

94108 𢫶捧拜
bài
捧7804
鉉篆拜
段改篆

94109 挌格
gé
挌2807

94109 籹
nǚ
籹 4494
新附字

94109 俄
é
俄 5120

94109 料
bàn
料 9453

94109 振
chéng

94109 耑
duān
耑4389

94109 揣
1 chuǎi
2 chuāi
揣 7884

94110 拋抛
pāo
拋 8064
新附字

94110 衖
1 xiàng
2 弄 lòng

94111 號
háo
號3432
段篆

94111 虡虡
鐻虡
jù
虡3101

94111 摭拓
zhí
拓 7946

94111 尊尊
樽罇
zūn
尊9831

94111 勮
段改篆
鉉篆 94213 勮

94112 桊
juàn
桊 4878

94112 涐
é
涐 6958
段改篆浅渽

94112 悈
jiè
悈 6720

94112 券
段改篆
鉉篆 94214 券

94113 刌
zǔn
刌 2791

94113 虣
bào
虣3117
新附字

94113 僔
zǔn
僔 5156

94113 撅噘
juē
撅 8036

94114 糉粽
zòng
糉 4495
新附字
許作 4435 稯

94114 絭
juàn
絭 8656

94115 𥝩犂犁
lí
𥝩0760
段篆作

94116 穫
miè
穫4366

94116 㬉
nuàn
㬉6233

94122 鱒鳟
zūn
鱒 7546

94207 夆
féng
夆 3388

94208 戔
1 殘 cán
2 戔戋 jiān
戔 8357

94208 盧鱸
盧鑪
lú
盧8408
段篆作

94208 畀畀畀
畀畀
qí
畀1754
段改篆

94209 偉伟
wěi
偉 4958

94209 羞
xiū
羞 9743

94210 夆
fēng
夆 1240

94210 俴
jiàn
俴 5100

94210 峯峰
fēng
峯 5851

94210 剗刬
chǎn

94210 槑
méi
考古出土
《說文》古文某

94211 徲徲
tí
徲 1250

94211 後
jiàn
後 1241

94211 煒炜
wěi
煒 6465

94211 援
yuán
援 7954

94211 戔
jiān

94212 湋
wéi
湋 7147

94212 稵
zhuó
稵 4410

94213 菐
pú
菐 1745

94213 康穅
穅 4409
見 97210 康

94213 淺浅
qiǎn
淺 7191

94213 勮劇剧
jù
勮 9190
譌从刀作劇

94213 搣
miè
搣 7864

94213 摷
jiǎo
摷 8008

94214 衡
jiàn
衡 1271

94214 鵝鹅
鵞鹅
é
鵝 2412

94214 檾
yǐng
檾 3176

94214 靡
mí
靡 6235

94214 劵倦
juàn
劵 9194

94214 豢
huàn
豢 6061

94214 漶
huàn

94215 僕仆蹼
pú
僕 1746

94215 龚
bān
龚 1747

94215 頿髯髯
rán
頿 5680

94215 麎
chén
麎 6240

94215 獻献
xiàn
獻 6332

94215 類
qì
類 5646

94216 瀨濑瀨
lài
瀨 7202

94217 馟
bó

94217 贙
xuàn
贙 3121
段篆贙

94217 擾擾扰
rǎo
擾 7895

94217 逢烽
fēng
逢 6490

94217 歒
歒 5559
見 97215 歒

94217 漮
漮 7307
段改篆漮
見 97215 漮

94218 楼
quǎn
楼 4486

94220 濮
pú
濮 7033

94220 瀱瀱瀱
yàn
瀱 7401

94220 攕
xiān
攕 7795

94220 鱃
xiū

94220 穣
xiān

94222 鱝
lài
鱝 7592

94311 撼撼
hàn
撼 7967

94312 蒦
huò
蒦 2313

94312 操操
cāo
操 7823

94312 氉
sào

94312 浅渽
zāi
段改篆
鉉篆 94112 浅

94313 鴷駒
liè
鴷 6181

94313 戲戏
1 xì
2 hū
3 huī
戲 8342

94314 棧
zhàn

94315 糖
糖 4496
見 97313 糖
新附字

94316 觲
xīng
觲 2829

94316 爏
huò

94317 濩
1 huò
2 hù
濩 7273

94323 鸌鹱
hù
鸌 7576

94410 戚
yǒng
戚 9198

94411 稺穉稚
zhì
稺 4361
今字作稚

94411 稠
chóu
稠 4363

94412 傅
傅 5020
見 24412 傅

94415 溥
pǔ

94415 勣
jì

94418 濺濺
1 jiàn
2 jiān

94418 黼
fǔ
同 24418 黼

94419 鷩鷩
bì
鷩 2853

94419 檄
jiào
檄 5539

94428 鬻粖鬻
miè
鬻 1866

94511 稗
段改篆
鉉篆 24310 稗

94512 僻
bìng
僻 5086
同 92514 僻

94516 勸
段改篆
鉉篆 94618 勸

94521 攘
段改篆
鉉篆 84217 攘

94523 鬻
yuè
鬻 1869

94616 嚳喾俈
kù
嚳 0778

94616 舉舉举
jǔ
舉 7919

94617 臒
wò
臒 3171

94618 勸劝
quàn
勸 9181

94619 攪攪搅
jiǎo
攪 7973

94620 隆
lóng

94826 灨
gàn

95006 耒
lěi
耒 2808

95006 癸𣥠
guǐ
癸 9716
籀文作𣥠

95006 孜
hào
孜 808

95006 委
1 wěi
2 wēi
委 8173

95007 科
見 94007 科

95008 倭
1 wēi
2 wō
倭 4966

95008 抍撜
zhěng
抍 7922
段篆 24011 拯

95009 挈
qì
挈 2805
古作契鍥挈楔

95009 捼挼
ruó
捼 7965
段改篆
俗作挪

95009 拹搚
段改篆
鉉篆 95315 拹

95010 偁称
chēng
偁 5043
同 96209 偁

95010 猙狰
zhēng

95011 稯稯稅
1 zōng
2 zǒng
稯 4435

95011 搇
qián
搇 7953

95011 洡
lèi

95011 稯
zōng

95013 麖麠
jīng
麠 6245

95013 猰
yà
猰 6355
新附字

95015 攄攄
shū

95018 獜
lín
獜 6314

95107 拜拝
bài
拝 7804

95108 抉
jué
抉 7893

95109 揠
揠 7958
見 65210 揠

95113 桊棬
juàn
桊 3719

95113 拳眷蜷
quán
拳 7793

95113 據据
1 jù
2 jū
據 7827

95115 麋
mí
麋 6239

95115 麛
mí

95115 麐
lín
麐 6238

95115 捲
1 quán
2 juǎn
捲 8006

95116 麔
jiù
麔 6244

95209 威
wēi
威 8105

95209 姜
jiāng
姜 8071

95212 㹌
chǎn
㹌 6294

95213 類
lèi
類 5644

95213 撙
zǔn

95213 拲
quàn

95214 虡鐻
虡虡
jù
虡 3101

95214 爌爌
kuàng

95215 麚
jiā
麚 6231

95215 獺獭
tǎ
獺 6349

95216 顙颡
sǎng
顙 5581

95219 鬻餗蔌
sù
鬻1864

95309 衛
衛 9519
見 95311 衛

95310 虖
hū
虖 2295

95310 嶄嶃崭
zhǎn

95311 衛
juàn
鉉篆作衛

95313 攝
shè
攝 8061
新附字

95314 積积
jī
積 4401

95314 䓖
qióng
䓖9500

95315 搚
xié
搚 7902

95316 獲获
huò
獲 6330

95318 雞鴽雒
鸝鸝鴽鸸
lí
雞2294

95409 量量
1 liáng
2 liàng
量 5221

95411 撣掸
1 dàn
2 dǎn
2 shàn
撣 7836

95412 截截
jié
截8345

95414 虧虧亏
kuī
虧 3053

95414 傭
傭 4994
見98412 傭

95415 巀巀
jié
巀 5829

95416 慵
慵 6933
見 98414 慵
新附字

95417 羹鬻餈
鬻羹
gēng
鬻1863

95419 鬻鬻
餈羹
gēng
鬻1863

95423 鱅
鱅 7610
見 98421 鱅

95512 戰战
zhàn
戰 8341

95513 輩辈
bèi
輩 9530

95517 積
zì
積2342

95519 鱅
鱅2431
見 98517鱅

95717 鷽鸴鸴
xué
鷽 2377

95822 靈羚
líng
靈 6250

96005 秉
bǐng
秉 1911

96005 刜
fú
刜 2779

96007 冊册篇
cè
冊 1428

96007 桀榤
jié
桀 3393

96009 删刪删
shān
删 2763

96009 傑杰
jié
傑 4939
段篆作
96211 傑

96009 掇
duō
掇 7949

96009 敠
duō

96012 麇麕
jūn
麇 6242

96012 慶庆
qìng
慶 6722

96012 攎
lù

96013 彬
bīn
彬 3100

96015 淜
píng

96016 穮
biāo
穮 4395

96018 淜
pēng

96105 庚
gēng

96109 虜
段改篆
鉉篆 96211 虜

96110 典籅
diǎn
典 3007

96110 摯
zhì
摯 7999

96110 律
lǜ

96111 契
guā
契2804

96112 偏
piān
偏 5095

96113 徧遍
biàn
徧 1246

96113 㷠
biān
㷠 4344

96113 崙崘侖
lún
崙 5882
新附字

96114 倎
tiǎn
倎 6921

96115 淟
tiǎn

96116 歗啸
xiào
歗 5526

96121 鯿鳊鯾
biān
鯾 7565

96207 唐啺
táng
唐 0877

96209 傑杰
傑 4939
當作 96009 傑

96209 偁称
chēng
偁 5043
同 95010 偁

96210 搼
féng
搼 7916

96211 虜虏
lǔ
虜 4323

96211 煻
táng

96211 傑杰
jié
傑 4939

96212 㒜
xiū
㒜6147

96212 棗枣
zǎo
棗 4337

96213 稖稖
bàng

96214 虥
zhàn
虥 3107
段篆虥

96214 棧
zhàn
棧 5848

96214 獷犷
guǎng
獷 6301

96214 桑
cuì
桑 0046

96214 僰
bó
僰 5165

96216 穅
穅 4409
見 99213 穅

96216 歋
段改篆
鉉篆 97215 歋

96216 競兢
jīng
競5437

96216 撲扑
pū
撲 8010

96219 麝麝
shè
麝 6252

96222 鱸
lǔ
鱸 7601

96313 義义
1 yí
2 yì
義 8361

96315 衛衛卫
wèi
衛 1276

96315 穫获
huò
穫 4399

96315 擭
wò
擭 7932

96315 儀仪
yí
儀 5060

96317 麙
xián
麙 6249

96317 攎
lú
攎 8037

96319 衛
wèi
衛 1362

96414 耡
chú
耡 2814

96415 豢
huàn

96416 㲶
fú
㲶6396

96417 羲
xī
羲 3048
段篆 36417 羲

96418 麞
麞 6243
見 96519 麞

96420 𪐴
yí
𪐴 2458

96420 𢧀
jiān

96425 籥龡吹
chuī
籥 1424

96516 衝衝冲
1 chōng
2 chòng
衝1269
要衝字篆作衝

96519 麞獐
zhāng
段改篆
鉉篆 96418 麞

96520 瀞淨净
jìng
瀞 7320

96617 鸐
wò
鸐 6169

96618 羴羶
shān
羴 2349

96622 麌
yú
麌6253

96625 爨爨
cuàn
爨 1780

96819 鸒
yú
6169+鸒
段補篆

97008 拇
mǔ
拇 7791

97009 挼挼
ruó
挼 7965
段改作挼
俗作挪

97011 狦
shān
狦 6295

97014 瀝砅
lì
砅 7255

97113 栅
cè

97114 猵獱
biān
猵 6350

97210 康穅
kāng
穅 4409
鉉篆作穅

97212 痿
wěi
痿 2341

97213 穬
kuàng
穬 4380

97213 擴扩
kuò

97215 歋
kāng
歋 5559

97215 漮
kāng
漮 7307

97220 櫌
yōu

97310 動
段改篆
鉉篆 97412 動

97313 糖
táng
糖 4496

97317 豢
quàn
豢 3380

97412 動 通动
dòng
動 9186

97414 劃 划
1 huá
2 huà
劃 2768

97416 慟 恸
tòng
慟 6941
新附字

97515 糧 粮
liáng
糧 4478

97515 輿 舆
yú
輿 9478

98013 獺
lài

98015 攈 捃
jùn
攈 7947

98019 蠹
sù
蠹 6234

98023 麟 麐
lín
麟 6232

98113 揙
biàn
揙 8035

98113 稨
biǎn

98114 巍
wēi
巍 5818
篆借巍爲魏 wèi
篆借巍爲巋 kuī

98210 稱 称
1 chēng
2 秤 chèng
3 chèn
稱 4432

98210 搪
táng

98220 鬻
yù
鬻 1865

98312 劃
劃 2768
見 97414 劃

98325 驣
téng
驣 3116
段篆驣

98410 庸
yōng
庸 2076

98412 傭 佣
yōng
傭 4994
鉉篆 95414 傭

98414 慵
yōng
慵 6933

98418 衛
wèi
衛 0764

98421 鱅 鳙
yōng
鱅 7610

98425 衛
wèi
衛 6080

98517 鷛 鳙
yóng
鷛 2431

99008 兼 鶼鹣
jiān
兼 4443

99010 傔
qiàn
傔 5174
新附字

99011 稴 秈籼
xián
稴 4377

99012 獫
xiàn
獫 6287

99012 熑
lián
熑 6450

99012 慊
1 xián
2 qiàn
3 qiè
慊 6828

99013 歉
qiàn
歉 5548

99013 溓 濂
lián
溓 7296
段溓或从廉

99015 濂 溓
lián
溓 7296
段補篆

99017 黬
lián

99019 鰜 鳒
qiàn
鰜 7562

99027 麤 粗麁
cū
麤 6256

99210 僂 偻
lóu
僂 5146

99211 摟 搂
1 lōu
2 lǒu
摟 7905

99213 漊 溇
lóu
漊 7278

99213 糠 康
糠 粇
kāng
糠 4409

99215 顜
yán
顜 5600

99219 鞻
lóu
鞻 7561

99315 驢 鹏
lǚ
鄭補逸字

99415 糞 粪
fèn
糞 2483

99418 穳
fèi
穳 4369

99420 瀵
fèn
瀵 7318

99619 䭠
xiān

99718 舉 擧
yú
舉 7917

古文五碼檢字

説明：

1.古文五碼檢字參照小篆五碼檢字法。

2.凡據古文檢索楷體釋文，適用本《檢字》；凡據楷體字檢索古文，適用本書《楷體筆畫檢字》《楷體音序檢字》或《説文分部檢字》。

3.本《檢字》收録古文 502 字，源自《説文解字》（中華書局 1963 年版）和段玉裁《説文解字注》（上海古籍出版社 1981 年影印版）。

4.古文上面的五位數號碼是古文五碼，右側是與古文對應的小篆釋文及注音；古文右邊的四位數號碼是《説文》字頭序號（注：《説文》字頭（包括新附字）序號始於 0001 一，終於 9833 亥）；四位數號碼右側是古文的釋文。

00001 乃 nǎi
3034㐅

00001 回 huí
3896囘

00001 雲 yún
7538𠄞

00002 日 rì
4170囗

00002 及 jí
1910㇋

00002 曲 qū
8401𠙺

00003 糸 mì
8473𢆶

00003 申 shēn
9753𢑚
段改字

00004 嶽 yuè
5820𡶳

00004 囱 chuāng
6545四

00005 目 mù
2088𥃦

00005 扈 hù
4007𡵨

00005 朙 míng
4304 明

00006 席 xí
4880㕜

00006 爲 wéi
1874𤓰

00007 起 qǐ
1016㞯

00007 齒 chǐ
1277𠚕

00007 淵 yuān
7174 囦

00007 玄 xuán
2497𢆯糸

00007 申 shēn
9753糸
段作 00003𢑚

00008 紹 shào
8508𦃃

00010 絕 jué
8504𢇍

00012 逖 tì
1198 逷

00012 彝 yí
8721𦅫

00013 舞 wǔ
3363𦏶

00103 涿 zhuō
7274𣅚

00104 巸 yí
7788 𢀡

00107 企 qǐ
4930𨀕

00107 綫 xiàn
8634 線

00107 飆 biāo
8935 或文颮
段作古文飆

00204 白 bái
4907𤽊

00206 旬 xún
5778𠣞

00208 繭 jiǎn
8474 絸

00213 友 yǒu
1921𦫿

00304 良 liáng
3324目

00305 陳 chén
9639𨸏

00410 懼 jù
6739 𢘑

00413 患 huàn
6902𢡚

01006 賢 xián
1941臤qiān
古文目爲賢字

01007 仁 rén
4929 忎

01007 緦 sī
8702𦃗

01011 䜌 luán
1615𢇁

01110 髀 bì
2565 踔

01306 𠯑 guā
0941昏

01306 旨 zhǐ
3057𣅀

01311 道 dào 1204衟	04414 靁 léi 7488靁	81003 大 dà 6564血	11211 䨺覃 tán 3321㽞	16212 則 zé 2744劃
01813 電 diàn 7492䨚	05010 肅 sù 1931肅	11006 矦 hóu 3296矦	11408 厚 hòu 3322 垕	18412 雉 zhì 2280䬾
02007 恕 shù 6710 恕	06010 龜 guī 8949龜	11007 孚 fú 1873采	11513 磬 qìng 6010 硜	20001 及 jí 1910 ㇇
02010 悉 xī 0722悉	06011 閔 mǐn 7747悶	11009 馬 mǎ 6106影	12003 旡 jì 5569 旡	20002 卜 bǔ 2066 卜
02011 後 hòu 1249逡	06109 畫 huà 1936書	11104 反 fǎn 1912反	12008 麳 lái 0776來	20004 甍 ruǎn 1985冈
02106 西 xī 7674 卤	06314 動 dòng 9186連	11104 宅 zhái 4536 庑	12008 亂 luàn 2508爰	20005 外 wài 4314外
02111 退 tuì 1248退	10105 辰 chén 9746辰	11106 𣅀 zhuō 5200 卓	12016 㯳 bài 7804 𣊉	20006 多 duō 4317夕
02209 籃 lán 2919䇺	10106 長 cháng 6038兵	11111 揚 yáng 7918歇	12106 戶 hù 7682 床	20107 服 fú 5423肒
02311 勇 yǒng 9198 恿	10210 㕣 yǎn 0958容	11208 望 wàng 5218望	12209 成 chéng 9700 戚段改字	20110 飲 yǐn 5563㱃
03109 廟 miào 5935 庿	10411 叡 ruì 2519 睿	11208 聞 wén 7771 䎽	13311 垔 yīn 9066㙳	20203 仁 rén 4929𡰥
04008 遷 qiān 1136㩮	10412 則 zé 2744劃	11209 咳 hái 0800 孩	14211 惰 duò 6805 媠	20210 唐 táng 0877 啺
04308 啚 bǐ 3328畐	10413 脣 chún 2592 䫃	11211 壞 huài 9073𡊁	15110 衡 héng 2832奧	20311 飲 yǐn 5563㱃

21004 㫃 yǎn　4261㫃

21005 役 yì　1966伇

21006 裘求 qiú　5349 求

21107 廄 jiù　5906㝌

21114 糂 sǎn　4467 糝

21207 嗣 sì　1429 孠

21209 杸 tóu　1954𣪠古文杸如此段改杸爲投

21214 𦱤舜 shùn　3365䑞

21314 睹 dǔ　2133 覩

21507 瑁 mào　0120玥 段改字

22004 宄 guǐ　4597宄

22005 豙希 yì　6069豙

22007 番 fán　0720番

22009 磬 qìng　3288 殸 疑籀文22009 殸

22011 烏 wū　2478於

22105 殺 shā　1968布

22111 奏 zòu　6626屛

22208 巽 xùn　3010巺

22317 槃盤 pán　3688 鎜

22509 玕 gān　0199琿

23004 民 mín　8316㞁 段改字 鉉本作𢀛

23005 簋 guǐ　2927 朹

23109 黃 huáng　9156黃

23209 鬼 guǐ　5791䰠

23307 鈕 niǔ　9289 扭

23417 津 jīn　7242𦨈

24006 杶 chūn　3453 杻

24007 侮 wǔ　5125 㑄

24010 䋞 sì　6073䋞

24011 謀 móu　1503𧦧

24012 肰 rán　2714肰

24108 稷 jì　4370稷

24222 栗 lì　4332栗

24615鸛難nán　2392難

25107 謀 móu　1503㖼

26010 鳳 fèng　2360鵬朋

26117 鳳 fèng　2360鵬 段改字

26317 崩 bēng　5863崩

28021 鳳 fèng　2360鵬 段作 26117鵬

29817鸛難nán　2392難

29821鸛難nán　2392難

30002 殄 tiǎn　2542丿

30004 克 kè　4351克

30008 省 xǐng　2211省

30104 歺 è　2520歺

30417 濬 jùn　7468 濬

30713 醬 jiàng　9814醬

31010 手 shǒu　7789𢪏

31106 夙 sù　4315㑉

31108 夙 sù　4315𠈅

32112 訊 xùn　1514訙

34417 牆 qiáng　3330牆

34425 牆 qiáng　3330𤖯

37517 觀 guān　5458觀

40009 良 liáng　3324良

40009 撫 fǔ　7882𢓜

40010 悳惪 dé　6677悳

40014 遠 yuǎn　1197𢓯

40109 夏 xià　3356夏

40109 怨 yuàn　6842㤪

40205 叀 zhuān
2494叀

40205 正 zhèng
1086 正

40206 正 zhèng
1086疋

40207 甚 shèn
3026昆

40207 灋 fǎ
6229 金

40207 恐 kǒng
6908忎

40417 履 lǚ
5406頾

41010 邇 ěr
1183迩

41011 游 yóu
4277逕

41108 詩 shī
1485訨

41109 姦 jiān
8306悬

41119 勞 láo
9189縈

41204 協 xié
9212 叶
段改字
改古文爲小篆

41205 協 xié
9212 叶

41112 訟 sòng
1674 谘

41412 驅 qū
6178 毆毆

42015 遂 suì
1174遺

42213 播 bō
7997敽

42311 悟 wù
6743悉

43211 毒 dú
0236節

43311 往 wǎng
1228進

44210 卤 réng
3035匾

45014 及 jí
1910遘

45419 撻 tà
45419遽

46111 畫 huà
1936劃

46113 惠 huì
2495蕙

46412 蠢 chǔn
8925截

50001 厷 gōng
1897厶

50002 冂 jiōng
3307 冋
當作冋
从冂从口

50003 咒 sì
6102 兕

50003 四 sì
9671咒

50004 网 wǎng
4791囚

50005 容 róng
4568 宊

50006 貧 pín
3967穷

50008 墉 yōng
9037亭

50013 悉 ài
6745慁

50017 雨 yǔ
7487扁

50102 且 jū
9424且
段補字

50103 丹 dān
3170日

50103 良 liáng
3324旦

50104 沇沿 yǎn
6993㕣
段改字

50105 肎肯 kěn
2722肎肎

50105 豆 dòu
3080皇

50106 時 shí
4172 旹
段改字

50109 宜 yí
4578宜

50111 牙 yá
1322吾

50111 盟 méng
4307 盟
段改字

50116 彗 huì
1919篲

50203 雲 yún
7538 云

50206 時 shí
4172 旹

50209 簋 guǐ
2927 匭

50212 盟 méng
4307 盟

50212 宜 yí
4578宜

50214 患 huàn
6902悶

50306 百 bǎi
2223百

50307 視 shì
5449眂

50307 霒 yīn
7539 会

50307 自 fù
9570置

50310 閒 jiàn
7722閒

50319 閾 yù
7711閾

50411 賓 bīn
3950賨

51003 柙 xiá
3809凵囲

51004 叀 zhuān
2494叀

51005 箕 jī
3003㠯

51007 宄 guǐ
4597宄

51008 叚 jiǎ
1920叚

51009 誥 gào
1525叙㸚

51009 睦 mù
2148睦

51010 睦 mù
2148睦
段改字

51103 囟囪 xìn
6665出

51105 風 fēng
8932凬

51106 丙 tiàn
1444丙

51106 浽 chuí
3865㽕

51106 く quǎn
7440甽

51107 邦 bāng
3987峀

51110 霸 pò
4294胃

51110 冒 mào
4786圂

51204 王 wáng
0078壬

51207 㘸 坐 zuò
9022 坐

51209 家 jiā
4535冢

51214 鈞 jūn
9331 銞

51219 寅 yín
9744鋆

51306 自 zì
2215㿝

51308 得 dé
1253 㝵段改

51310 垐 cí
9044 垐

51310 勳 xūn
9166 勛

51314 監 jiān
5223監

51407 視 shì
5449 眡

51408 靁 léi
7488靁

51411 蚳 chí
8793蚳

51507 瑁 mào
0120瑁

51510 得 dé
1253 㝵

51513 雹 báo
7497靁

51616 霣 yǔn
7489 霣

52006 綱 gāng
8630棡桏

52007 簠 fǔ
2928匧

52008 婁 lóu
8281嬰

52009 弇 yǎn
1752弇

52009 胤 yìn
2635胤

52103 中 zhōng
0231中

52103 終 zhōng
8546舟异

52105 冬 dōng
7478冬

52106 畏 wèi
5812畏

52107 君 jūn
0838君

52207 曐 xīng
4287曐

52213 毀 huǐ
9071毀

52306 宅 zhái
4536宅

52311 苟 jì
5789苟

52311 開 kāi
7716闓

52515 古 gǔ
1457鼓

53005 李 lǐ
3408 杍

53005 甾 zī
8404甶

53007 尹 yǐn
1906帬

53008 箕 jī
3003𠨿

53009 豫 yù
6105豫

53104 蕢 kuì
0608臾

53104 箕 jī
3003甘

53106 蟊 máo
8927 蝆

53210 臮 jì
5215槩

53210 煙 yān
6456㷑

53212 嗇 sè
3329嗇

54210 帷 wéi
4857匱

54217 僕 pú
1746 䑑

54408 寶 bǎo
4571 寚

54512 碣 jié
5986䶢

55116 緎 yù
8677緎

55208 馭 yù
1257 御

56004 弼 bì
8464弻

56308 簋guǐ
2927 匭

58209 爵 jué
3186爵

60102 丂 kǎo
3037 亏 yú
3037 巧 qiǎo

60104 示shì
0010示

60105 禮lǐ
0012礼

60105 酉 yǒu
段改字
鉉本 62104 丣

60113 次 xián
5565 保

60204 磺 kuàng
5981 卝

60204 麗 lì
6254 丽

60205 期 qī
4298旮

60205 長cháng
6038兂

60206 工gōng
3014㠭

60206 平 píng
3056平

60206 倉 cāng
3262 仓

60207 榧gèn
3800亙亙

60207 恆 héng
8970亟

60208 烏 wū
2478 於 yū

60209 克 kè
4351泉

60305 己 jǐ
9701己

60307 剛gāng
2745信

60312 粒 lì
4465飧

60406 麗 lì
6254丽段改

60408 謌歌gē
3044 哥

60512莊zhuāng
0241𦱶

61104 豕 shǐ
6047帀

61104 亥 hài
9833帀
與豕同

61106 旁páng
0008旁

61204 一yī
0001弌

61204 巨 jù
3017巨

61204 無wú
8373无

61207 旁páng
0008旁

61208 弼 bì
8464弻

61210 彪 mèi
5798彔

61210 金 jīn
9213金

61211 赤 chì
6553 烾

61212 辿xǐ
1134屎

61212 喜 xǐ
3059 欯
段改字

61305 二èr
8968 弍

61306 玉yù
0081王

61307 冂 jiōng
3307 坰

61308 飪 rèn
3192 肚

61308 皇 huáng
3844皇
段補字

61308 丘 qiū
5209 坵

61308 巠 jīng
7444巠

61310 飪 rèn
3192 恁

61314 譙 qiào
1687 誚

61406 三sān
0077弎

61413 柴chái
0032祡

61414 譙 qiào
1687 誚

61515 璿xuán
0103璿

61516鬌智 zhì
222鬌
段改字 䉼

61619 嚚 yín
1432嚚

62104 酉 yǒu
9757 丣
段改作丣

62106 帝 dì
0007帝

62207 與 yǔ
1774舁

62207 虐 nüè
3099虐

62221 琴 qín
8364 珡

62306 封 fēng
9029㞷 㞷

62309 墺 ào
8978垮

62310 狂 kuáng
6336㤮

62417 巫 wū
3020𢍆

62515 築 zhù
3602篁

62519 銽 kuò
6823鑵

62520 嚴 yán
0972嚴

63205 至 zhì
7668㞷

63309 尣 wāng
6595尪

63411 社 shè
0064䄕

63411 商 shāng
1449𧶜

63414 膌 jí
2645 瘠

63418 靼 dá
1790韇

63615 商 shāng
1449𧶜

63710 圭 guī
9101 珪

63715 㢡 qiǎng
9173㢡

64212 虎 hǔ
3102虨

64212 某 méi
3541 槑

64311 蠡 lǐ
8921𧒒

64416 業 yè
1742𤿖

65212 虎 hǔ
3102虝

65213 殪 yì
2531壹

65312 鐵 tiě
9222 銕

65620 彝 yí
8721 彝

66113 豐 fēng
3088豊

67522 禰 nǐ
0073(𥙐)𥙐

66410 量 liáng
5221量

66415 刻 kè
2753㓨

67212 野 yě
9124壄

71006 青 qīng
3173岑

71007 慎 shèn
6679 昚

71010 羌 qiāng
2347𦍋

71205 協 xié
9212 叶
段改字
鉉本 41204 叶

71210 辜 gū
9709𦫼

71215 喜 xǐ
3059歖歖

71421 隫 dú
9608 𪗡

72010 制 zhì
2784㓝

72105 光 guāng
6477 炗

72113 熾 chì
6479㦃

72206 比 bǐ
5205 夶

72207 烖 zāi
6455扶

72311 造 zào
1113艁

72312 本 běn
3544 楍

73008 殺 shā
1968𣪘

73107 吳 wú
6587𡗿

73107 堇 qín
9120 𡏳

73109 直 zhí
8369㮵

73207 南 nán
3857峯

73208 事 shì
1926叓

73210 革 gé
1783𠦶

73416 磬 tà
3074 𩐛

73918 哲 zhé
0837 嚞

74007 共 gòng
1768𠔏

74009 份 彬 bīn
4959彬

74010 荊 jīng
0489𠛱

74010 郊岐qí
4002梏

74113 梁 liáng
3768滦

74206 友 yǒu
1921艸

74208 丹 dān
3170 彤

74211 阱 jǐng
3177 荥

74212 農 nóng
1779 蕽

74212 櫱niè
3785 梓

74213 謨 mó
1504暮

74213 徵 zhēng
5217数

74408 堯 yáo
9119林

75317 速 sù
1120警

76215 麓 lù
3836 禁

76413 堇 qín
9120蕫

80007 裔 yì
5286兖

80007 甲 jiǎ
9692命

80205霒yīn
7539霒侌

80209 會 huì
3259 佮

80210 殂 cú
2529胐

81002 五 wǔ
9678 ㄨ

81007 皮 pí
1980筤

81009 瑟 sè
8365爽

81109 般 pán
5422般
鉉释从支
段释从攴

81110 吝 lìn
0931咳

81205 泰 tài
7390 仌

81207 鞭 biān
1837叏

81213 𩫖豪háo
6071豪

81214 飽 bǎo
3227餜

81308 仝全quán
3268龠

81615 奭 shì
2230奭

82006 禹 yǔ
9687禽

82009 扶 fú
7816𢻫

82111 奏 zòu
6626敫

82209 羑 yòu
5816 美

82211 髮 fà
5700頚

82214 徹 chè
1989徹

82311 𢽏敢gǎn
2514敌

83006 支 zhī
1927隶

83006 棄 qì
2484 弃

83008 教 jiào
2064效

83012 教 jiào
2064𢽽

83210 養 yǎng
3204羖

84008 椉乘chéng
3395𣞤

84008 衰 suō
5335𦍋

84014 殺 shā
1968徽

86011 冊 cè
1428篇

86017 表biǎo
5236穮

86114 典 diǎn
3007箕

86415 簬 lù
2857 簵

90004 州 zhōu
7452𡿧

90005 近 jìn
1179岸

90005 兆zhào
2073 兆

90005 死 sǐ
2552歺人

90007 旅 lǚ
4282㫃

90007 伊 yī
4945𠂆

90007 次 cì
5558𠕋

90010 信 xìn
1519 訫

90010 陟 zhì
9594偧

90010 卯丣mǎo
9745兆

90016 湛 chén
7257 滥

90105 信 xìn
1519 㐰

90105 眞 zhēn
5191帍

90108 㫁 duàn
9438 剆

90111 沇 yǎn
6993 沿
段改作㕣

90205 貴 guì
3975𠳋肖
段補古文肖

90213 沬 huì
7374 湏
段改作頮

90311 㫁 duàn
9438 韶

90411 飽 bǎo
3227饕

90413 漿 jiāng
7352牀

91003 䜂 niè
3785不

91004 孟 mèng
9725𡥜

91005 子
9717 孚

91009 保 bǎo
4928𠈃

91010 肰 rán
2714脉

91104 釆 biàn
0719乎

91207 堂 táng
9009 坐

91318 色 sè
5763𩇨

91513 疾 jí
4674㾊
廿段改作廿

92005 奴 nú
8121 伮

92006 困 kùn
3913朱

92008 利 lì
2740𥝢
段改古文作𥝢

92107 我 wǒ
8360𢦞

92113 光 guāng
6477㷋

92114 羆 pí
6381𤤎

92216 漢 hàn
6973 㵄

92217 沬 huì
7374 頮
段改字

92307 周 zhōu
0876𠰔

92319 瀁 yàng
6972 瀁

92407 用 yòng
2074𤰃

93004 弟 dì
3384𢎨丯

93008 備 bèi
5006㒒

93009 卨 xiè
9689𢍎

93108 妻 qī
8089𡜌

93110 兵 bīng
1761㒰

93110 矛 máo
9459𢦏

93209 成 chéng
9700㦿

93220 襄 xiāng
5298𡤪

93312 續 xù
8506 賡
賡 gēng

93514 農 nóng
1779 辳

94007 民 mín
8316𢀩
段作 22004 民

94008 韋 wéi
3367㚃

94119 㬥暴 pù
4227𧅫

94311 師 shī
3846𡯁

94413 要 yāo
1777𡝩

94824 𦥺 qiān
1773 𦦙

95109 屋 wū
5396𡸖

95313 𧖴 fēng
8915𧓕

96112 典 tiǎn
2664𡭜

97110 握 wò
7835𡸖

注：
共 502 字。
其中：
段補字 3，
段改字 20，
從《說文》（鉉本）
實錄古文 480 字。

依據鉉說，
本書作者補 0073禮；
依據《說文》妛（妻）
下曰“𠳋，古文貴”，
作者補古文 3975𠳋字。

籀文五碼檢字

說明：

1.籀文五碼檢字參照小篆五碼檢字法。

2.凡據籀文檢索楷體字，適用本《檢字》；凡據楷體字檢索籀文，適用本書《楷體筆畫檢字》《楷體音序檢字》或《説文分部檢字》。

3.本《檢字》所收籀文 242 字，源自《説文解字》（中華書局 1963 年版）和段玉裁《説文解字注》（上海古籍出版社 1981 年影印版）。

4.籀文上面的五位數號碼是籀文五碼，右側是與籀文對應的小篆釋文及注音，籀文右邊的四位數號碼是《説文》字頭序號（注：《説文》字頭（包括新附字）序號始於 0001 一，終於 9833 亥）；四位數號碼右側是籀文的隸定釋文。

00005 虹 hóng
8890[illegible]
段籀 00409

00102 曶 hū
3030囘

00106 匚 fāng
8382匚

00207 是 shì
1088昰

00321 𠧪 tiáo
4331[illegible]

00409 虹 hóng
8890[illegible]
段改籀
鉉籀 00005

00418 邊籩 biān
2929[illegible]

01105 西 xī
7674 卤

01208 蚳 chí
8793[illegible]

01210 桮 bēi
3687[illegible]
段籀 01312

01312 桮 bēi
3687[illegible]
段改籀
鉉籀 01210

01512 訇 hōng
1630[illegible]

02106 [illegible] nǐ
9737[illegible]

02115 [illegible] zhōng
6367[illegible]

02316 雒 ān
2299 鶕

02413 遲 chí
1147 遟

03008 歸 guī
1072 [illegible]

03114 述 shù
1106 [illegible]

03313 箕 jī
3003[illegible]

03421 柩 jiù
8399匶

04520 [illegible] lěi
2466[illegible]

05214 酸 suān
9809[illegible]

05820 靁 léi
7488[illegible]

06416 [illegible] lěi
3440[illegible]

06517 櫑 léi
3695[illegible]

09115 囿 yòu
3903[illegible]

10011 銳鋭 ruì
9321 㓹

10109 馬 mǎ
6106[illegible]
段改籀
鉉籀 11009

10210 覛 mì
7461[illegible]

10307 貞 zhēn
4347 鼎 dǐng
籀文以鼎爲貞字
段注曰：
籀文㠯鼎爲貝

10316 頌 róng
5575額
段籀[illegible]疑从[illegible]

10416 頂 dǐng
5580[illegible]

10418 [illegible] ài
9666 [illegible]
段注曰：[illegible]，籀也。[illegible]，小篆也

11004 仄 zè
5969[illegible]

11009 馬 mǎ
6106[illegible]
段籀 10109

11104 厂 hǎn
5947 厈

11414 敗 bài
2033 [illegible]

11427 [illegible] sù
4333 [illegible]

12106 戶 hù
7682 [illegible]
鉉：古文[illegible]
段：篆文[illegible]

12216 醬 jiàng
9814 [illegible]

12819 地 dì
8975 墬
段改籀
鉉籀 62718 地

13005 妣 bǐ
8106[illegible]

13208 轅 yuán
2507 爰
籀文㠯爲
車轅字

13312 紟 jīn
8615 [illegible]
段改籀
鉉籀 12415

13415 紟 jīn
8615 [illegible]
段籀 12312

13319 陸 lù
9576𨻖

14011 系 xì
8469縣

14215 騹 zuī
6141 騬

14310 繒 zēng
8548緈

14412 柗 sì
3672緈
段改籀
鉉籀 14512緈

14418 騧guā
6124驫

14512 柗 sì
3672緈

16012 炙 zhì
6550鍊
段改籀
鉉籀 76015鍊

16415 媧 wā
8124嫣

19121 廡 wǔ
5901廡

20002 人 rén
4926 人
籀文人

20003 乃 nǎi
3034孖

20006 龟 chuò
6258 角
鉉本篆文
段注籀文

20108 甃甓ruǎn
1985 甃甓
段籀 21008

20211 則 zé
2744鼎

20314 劒 jiàn
2802 劍

21004 皮 pí
1980㿻

21008 甃甓ruǎn
1985 甃甓
段改籀
鉉籀 20108

21114 陴 pí
9653䡟

21217 槃 pán
3688 盤

21309 敢敢gǎn
2514敢

22008 斱折shé
0628 斱
段改籀
鉉籀22208

22009 磬 qìng
6010 㱿

22012 就 jiù
3315就

22106 屋 wū
5396屋

22107 兵 bīng
1761兵

22114 鞀 táo
1803 磬

22208 斱折shé
0628 斱
段籀22008

22516 雕 diāo
2286 鵰

22618 贛gòng
3940 贛

23010 殺 shā
1968殺
段補籀

23112 叒 ruò
3841叒

23418 餔 bū
3211㴊

24009 韙 wěi
1089 愇

24111 咢è
2734 咢

25118 隸yì
1930 隸
段籀 26315

26109 晝 zhòu
1937晝

26211 隸yì
1930 肄

26315 隸yì
1930 隸
段改籀
鉉籀 25118

29015 秋 qiū
4430穐

30013 昔 xī
4231昔

30220 饘 zhān
7557饘

30407 申 shēn
9753㽞

31216 顏 yán
5574顏
段改籀
鉉籀 81218

31414 愆 qiān
6827愆
段改籀
鉉籀61414愆

34417 牆 qiáng
3330牆

34425 牆 qiáng
3330牆

35417 糂 sǎn
4467 糣

36520 艱 jiān
9121 囏

38016 麇 jūn
6242 麕

39417 塵chén
6257 塵

40112 悁 yuān
6839悁
段籀 50010

40211 匜yí
7787䤦

40211 垣 yuán
9000㙊

41117 堵 dǔ
9002𩫨

41412 意yì
6734 意

42016 送 sòng
1143送

43217 城chéng
9036𩫖

42414 退 cú
1105 遁

42507 中zhōng
0231中

43112 迹 jī
1092速

44015 速 sù
1120 遬

05316 逋 bū
1172逋

46418 盧 lú
8408 鑪

50005 邕 yōng
7449𡿺

50010 悁 yuān
6839悁
段改籀
鉉籀 40112 悁

50105 昌 chāng
4218昌

50112 皃 mào
5440 貌

50115 雞 jī
2282 鷄

50210 雇 hù
2297鳸

50617 實 yǔn
7489 霣
鉉：古文霣
段：籀文霣

51109 叜叟 sǒu
1901叜

51213 融 róng
1855䗍

51214 豎 shù
1944 豎

51311 雖 chī
2288 鴟

51413 璿 xuán
0103叡
段籀52717叡

51517 譮話 huà
1547 譮

51825 寤 wù
4666寤

52006 宇 yǔ
4545 寓

52014 肬 yóu
2650䚻

52106 网 wǎng
4791网

52107 岫 xiù
5845㝗

52109 彪魅 mèi
5798录

52115 雛 chú
2283 鶵

52210 黽 měng
8952黽

52213 妘 yún
8077𪏗
徐鍇作嫄

52316 辭 cí
9712𤔲

52616 叡 ruì
2519 叡

52617 強 qiáng
8781彊

52619 副 pì
2754 副

52717 璿 xuán
0103叡
段改籀
鉉籀51413璿

53021 孳 zī
9727孳

53214 煙 yān
6456煙

53415 禋 yīn
0029禋

54008 寑 qǐn
4582寑

54413 罝 jiē
4816罝

54617 鸇 zhān
2449鸇

55311 婁 lóu
8281婁

56010 覍 biàn
5441覍

56015 爨 cuàn
1780爨

56318 嬪 luǎn
8161 孌

59315 糟 zāo
4473糟

60212 衇 mài
7460 衇

60311 胗 zhěn
2647 疹

60404 四 sì
9671 亖

61106 仿 fǎng
4996 俩

61210 彪 mèi
5798录
段籀彖
鉉籀彖

61213 差 chā
3013 𢀩𢀩

61310 誕 dàn
1641這
段籀這

61311 帣 yì
6069 帣

61312 商 shāng
1449𧶜
段改籀
鉉籀 62414 商

61414 愆 qiān
6827 𠍴
段籀 31414 愆

61511 痽 chān
4741 痽

62114 婚 hūn
8087婚

62410 辤 cí
9711 辤

62414 商 shāng
1449𧶜

62510 旁 páng
0008旁

62519 禱 dǎo
0051禱

62530 齋 zhāi
0028齋

62632 襲 xí
5248襲

62718 地 dì
8975 墬

63116 盧 lú
3128盧

63219 稫 bì
6432 麵
段改籀
鉉籀 63422稫

63311 樹 shù
3543尌

63415 㲰níng
0971㲰

63422 稫bì
6432 麵
段籀 63219稫

63511 霚 wù
7525 雺

63513 疾 jí
4674𤶅

63519 祟suì
0068𥜶
段改籀𥜶

63614 癃 lóng
4761瘁

63715 閵 lìn
2274藺
徐鍇作藺雨

63715 閵 lìn
2274藺
段改籀
鉉籀 63715藺

63715 甥 qiǎng
9173甥
鉉本古文甥
段注籀文甥

63721 雁yīng
2287 鷹

63934 讋 zhé
1668讋

64224 醢 hǎi
9815醢

64407 封 fēng
9029㦶

64418 枲 xǐ
4508 𦯶

64615 祺qí
0022禥

65322 歎 tàn
5527歎

66936 震 zhèn
7493靈

67317 璽 xǐ
9030 璽

69614 童 tóng
1739童

69717 𤹎zhǒng
4736 尰

71111 乾 qián
9694乾

73012 𡵨lù
0238 𡽴

73114 薇wēi
0265薇

73209 駕 jià
6157牫

73613 牭 sì
0735 犙

74209 箕 jī
3003 其

74413 靷 yǐn
1818鞕

74416 鼓gǔ
3067磬

75213 蕣 hāo
0699薅

75216 農 nóng
1779 辳

75318 蓐 rù
0698蓐

76015 炙 zhì
6550𤊛
段籀 16012𤊛

76108 嗌yì
0789恭𦍒

77211 蓬péng
0671荃

79817 車 chē
9465𨏮

79922 輈 zhōu
9511𨐈

80004 大 dà
6633 亣
此籀文大
古文大大

80216 頰 jiá
5586頰
段改籀
鉉籀 81217頰

81007 奢 shē
6618 奓

81018 壞 huài
9073敷數

81114 薇 wéi
2860薇

81217 頰 jiá
5586頰
段籀 80216頰

81218 顏 yán
5574顏䫉
段籀 31216頰

81316 豪豪háo
6071 豪
段注豪古文
也豪則小篆

81413 堂 táng
9009 臺

82214 飴 yí
3194粞

85113 觴shāng
2844觴

86017 皃 mào
5252㒵

86114 侖 lún
3256侖

88113 秦 qín
4431秦

89311 棄 qì
2484弃

90015 次 xián
5565㳄

90210 員 yuán
3916鼎

91013 子 zǐ
9717巽

91108 烖 zāi
6455 災

91111 癸guǐ
9716癸

91218 鰖 duò

 7541 鰖鱉

91419 甑 zèng

 8413鬵

92108 烖 zāi

 6455 災
段改籀
鉉籀 91108 烖

92110 姻 yīn

 8088 婣

92211 夤 yín

 4312夤

92215 登 dēng

 1078䒻

92216 饕 tāo

 3235號

92515 臧 zāng

 1947𦣞

92919 鰖 duò

 7541鱉
段改籀
鉉籀 91218 鰖

93009 稯 zōng

 4435稅

93214 燮 xiè

 1902燮燮燮

94211 臚 lú

 2589 膚

94412 誖 bèi

 1614䜆

95314 戴 dài

 1771戴

95417 鬵 qín

 1851鬵

96116 嘯 xiào

 0866 歗

97523 繘 yù

 8677繘

注：

（1）共收錄籀文 242 字，其中，段補籀 22 字，段改古文爲籀文 3 字。段改籀 17 字（重）。

（2）《說文》0631 蒜字下，許慎曰：“左文五十三，重二，大篆从茻。”段注曰：此“大篆”卽籀文。相對集中，本《檢字》未收。

說文部首索引

說明：

一、東漢許慎博綜篆籀古文之體，發明六書之指，因形見義，分别部居，撰《説文解字》，首創漢字分部編排與檢索之法，並一直延用至今。許慎所説之文、所解之字及所創之部首皆爲篆體，但後世通用楷體，所附説文檢字，以楷代篆，依楷體部首、筆畫之次序編排和檢索，雖爲讀者提供了便利。但因由篆蜕化爲楷，孳生轉變，形體結構時有出入，且有誤導初學依楷作篆之嫌。爲尊重首創，力矯時弊，本書所列部首以篆體爲基礎，依《説文》（中華本）第十五卷許慎敘目爲基準。以楷釋篆，可參考本書《楷體筆畫檢字》。

二、本《索引》所録部首從“一001 部”到“亥540 部”，共 540 部。

三、每個篆體部首的下方是楷體釋文，每個釋文右邊的四位數碼是《説文》字頭序號，讀者可依據該序號到《説文分部檢字》中查考此部首在《説文》中的位置及所屬諸字。

說文解字第六

說文解字第七

說文解字第八

說文解字第九

說文解字第十

說文分部檢字

説明：

《説文解字·敘》曰："此十四篇，五百四十部，九千三百五十三文，重一千一百六十三。"段注曰："今依大徐本所載字數覈之。正文九千四百卌一。增多者七十八文；重文千二百七十九，增多者百一十六文。解説凡十三萬三千四百四十一字。"段注曰："今依大徐所載説解字數，凡十二萬二千六百九十九，較少萬七百四十二字。"此可證説解中歷代妄删字、奪去字至於如此之多。篆文多於本始，説解少於厥初，其增損皆由後人，今未可强説耳。

一、《説文分部檢字》依照《説文解字》（中華書局1963年影印陈昌治刻本）540部的次序編排。每個部首左邊的三位數碼是部首次第碼，如"005 王部"表示第5部爲"王"。讀者可以依據《説文部首索引》從本《檢字》中檢索該部首及所屬諸字。

二、本《檢字》收字範圍及編排：

1.《説文》（中華本）小篆字頭9427字，徐鉉等新附406字。本《檢字》全文從一部"一 0001"到亥部"亥 9833"依次展开。

2.重文1231字，包括小篆或文、古文和籒文等，分别附於有關字頭之下。所收重文的隸定字複製自段玉裁《説文解字注》（上海古籍出版社1988年版），其他楷體字錄自《説文》（中華本）。

3.本書所校正的楷體字頭。如：1102 迹与1192 迹、3849 賣与3974 賣等，《説文》（中華本）釋文前後雷同，本書校正作1102迹和1192迷、3849賣和3974賣等。此類字一併增補於本《檢字》中。

本《檢字》增收了與篆體結構相應的釋文，如：9128 疇，或省作 𢎘，釋文作嗎或𢎘；騒騲，裯或从馬，壽省聲。其中"騒騲"又釋騴騲，諸如此類"嗎""𢎘""騲"等釋文亦增錄於本《檢字》中。

凡徐鉉等所附俗别字，悉數收錄並簡注，如5860 崝字下原注"臣鉉等曰今俗别作崢"，現省作"今俗别作崢"。

三、其他：

1.本《檢字》中每個字頭右邊的四位數碼是該字在《説文》（中華本，卽大徐本）正文中的序號。如"王 0078"表示"王"在正文字頭的第78字，讀者只需給《説文》字頭依次標號，卽可從中據號檢字。

2.凡徐鉉等新附字，縮進半格，以示區别。

3.本《檢字》未收簡化字，有些字與簡化字相同，如：听、适、邮、离、极等，但其字義與簡化字並不相同，請勿誤用。

《説文》歷经輾轉傳抄、翻刻甚至竄改，以致錯寫遺脱、違失本真。爲統一編碼，对被後人改亂的篆文系統，必須予以理順，儘量校正。筆者依據許慎説解並參考段玉裁《説文解字注》等典籍文獻，在保留《説文》（中華本）小篆原形的同時，校正篆文共795字。在本《檢字》中，凡校正之篆，均在原文之下附原篆的五碼，以引見校正後的篆文。如："貿 3955"下附"60512 貿"，此60512卽原篆的五碼，據此可從《小篆五碼檢字》中查證、校正此篆。如：查"60512 貿"得"見 90411 貿"，再查90411 貿，得"貿"小篆當作。關於校正篆文的理據，請參見拙著《檢篆釋疑》（江蘇人民出版社2010年）和《説文檢字》（鳳凰出版社2013年）等。

説文解字第一

（上）

001 一部

一 0001

[弌]

元 0002

天 0003

丕 0004

吏 0005

002 上部

丄 0006

60102 丄

[上]

篆文丄

帝 0007

[帝]

古文帝

旁 0008

[雱]

古文旁

[㫄]

古文旁

[𣃟]

亦古文旁

[雱]籒文

丅 0009

60102 丅

[下]

篆文丅

003 示部

示 0010

[𥘠]

古文示

祜 0011

禮 0012

[𥘺]

古文禮

禧 0013

禛 0014

祿 0015

61414 祿

褫 0016

禎 0017

祥 0018

祉 0019

福 0020

祐 0021

祺 0022

[禥]

籒文从基

祇 0023

禔 0024

神 0025

祇 0026

祕 0027

齋 0028

[䶒]

籒文齋从䙴省

禋 0029

[𡨊]

籒文从宀

祭 0030

祀 0031

[禩]

祀或从異

祡 0032

禷 0033

祪 0034

祔 0035

祖 0036

鬃 0037

[祊]

鬃或从方

祰 0038

祏 0039

𥘵 0040

祠 0041

礿 0042

禘 0043

祫 0044

祼 0045

𥜶 0046

祝 0047

褶 0048

祓 0049

祈 0050

禱 0051

[褐]

禱或省

[𥜼]

籒文禱

禜 0052

禳 0053

禬 0054

禪 0055

禦 0056

祜 0057

禖 0058

[illegible] 0059
裖 0060
裓 0061
禡 0062
禂 0063
[𩣝]禂或
从馬壽省聲
54209𩣝
社 0064
[䄯]
古文社
禓 0065
祲 0066
24212祲
禍 0067
祟 0068
91208 祟
[𩰲]
籀文祟从𩰲省
祅 0069
祘 0070
禁 0071
禫 0072
禰 0073
65318 禰
或云古文禰
祧 0074
祆 0075
祚 0076
004 三部
三 0077
[弎]
古文三从弋
005 王部
王 0078
[𤣩]
古文王
閏 0079
皇 0080
006 玉部
玉 0081
[𤣫]
古文玉
璙 0082
瓘 0083
璥 0084
琠 0085
瓔 0086
𤪌 0087
璠 0088
璵 0089
瑾 0090
67613 瑾
瑜 0091
玒 0092
𤨯 0093
瓊 0094
[璚]
瓊或从矞
[瓗]
瓊或从巂
[琁]
瓊或从旋省
珦 0095
21408 珦
[illegible] 0096
珣 0097
璐 0098
瓚 0099
65717 瓚
瑛 0100
璑 0101
珛 0102
璿 0103
[琁]古文璿
[壡]籀文璿
球 0104
[璆]球
或从翏
琳 0105
璧 0106
瑗 0107
環 0108
璜 0109
琮 0110
琥 0111
瓏 0112
琬 0113
璋 0114
63713 璋
琰 0115
玠 0116
瑒 0117
瓛 0118
珽 0119
22510 珽
瑁 0120
[玥]
古文省
璬 0121
珩 0122
61308 珩
玦 0123
瑞 0124
珥 0125
瑱 0126
[𦗸]
瑱或从耳
琫 0127
珌 0128
璏 0129
瑵 0130
瑑 0131
珇 0132
璂 0133
[琪]
璂或从基
璪 0134
瑬 0135
璹 0136
瓃 0137
瑳 0138
玼 0139
瑟 0140
瑮 0141
瑩 0142
璊 0143
[玧]
璊或从允
瑕 0144
琢 0145
琱 0146
理 0147
珍 0148
玩 0149
[貦]
玩或从貝
玲 0150
瑲 0151
31510 瑲
玎 0152
琤 0153
瑣 0154
瑝 0155
瑀 0156
玤 0157
玪 0158
[illegible] 0159
琚 0160
52509 琚
琇 0161
玖 0162
[illegible] 0163
珢 0164
[illegible] 0165
22510[illegible]
璅 0166
璡 0167
瑨 0168
璁 0169
[illegible] 0170
[illegible] 0171
[illegible] 0172
[illegible] 0173
玽 0174
琂 0175
璶 0176
琟 0177
瑦 0178
瑂 0179
璒 0180
玜 0181
玗 0182
[illegible] 0183
瑎 0184
碧 0185
琨 0186
[瑻]
琨或从貫
珉 0187
瑤 0188
珠 0189
玓 0190
瓅 0191
玭 0192
[蠙]
夏書玭从虫賓
珕 0193
珧 0194
玫 0195
瑰 0196
璣 0197
琅 0198
玕 0199
[𤤾]
古文玕
珊 0200
瑚 0201
珋 0202
琀 0203
[illegible] 0204
璗 0205
靈 0206
[𩆜]
靈或从巫
珈 0207
璩 0208
琖 0209
[盞]琖或从皿
琛 0210
璫 0211
琲 0212
珂 0213
玘 0214
珝 0215
璀 0216

璨 0217
琡 0218
瑄 0219
珙 0220

007 玨部

玨 0221
珏 0221
[瑴]
珏或从㱿
班 0222
辬 0223

008 氣部

气 0224
氛 0225
[雰]
氛或从雨

009 士部

士 0226
壻 0227
[婿]
壻或从女
壯 0228
壿 0229

010 丨部

丨 0230
中 0231
[𠁧]
古文中
[[illegible]]
籀文中
於 0232

説文解字弟一（上）
部首 10
字頭 232
新附 18
重文 40 其中
古文 15
籀文 8
篆文 17

説文解字弟一

（下）

011 屮部

屮 0233
屯 0234
每 0235
莓 0235
毒 0236
78208 毒
[[illegible]]
古文毒从刀葍
𡴂 0237
[芬]
或从艸
𡴀 0238
71105 𡴀
[[illegible]]
籀文𡴀从三𡴀
熏 0239

012 艸部

艸 艹 0240
莊 0241
[[illegible]]
古文莊
蓏 0242
芝 0243
萐 0244
莆 0245
虋 0246
荅 0247
萁 0248
藿 0249
莥 0250
蓈 0251
莠 0252
[稂]
蓈或从禾

萉 0253
[黂]
萉或从麻賁
芓 0254
[illegible] 0255
蘇 0256
荏 0257
苵 0258
荳 0259
葵 0260
蘠 0261
蓼 0262
蒩 0263
蘮 0264
薇 0265
[[illegible]]
籀文薇省
蓶 0266
菦 0267
[illegible] 0268
莧 0269
芌 0270
芋 0270
莒 0271
蘧 0272
菊 0273
葷 0274
蘘 0275
菁 0276
蘆 0277
菔 0278
苹 0279
茞 0280
蕢 0281
藍 0282
藼 0283

[蕿]
藼或从煖
[萱]
藼或从宣
营 0284
[芎]
营或从弓
藭 0285
蘭 0286
葌 0287
葰 0288
芄 0289
[illegible] 0290
蘺 0291
茝 0292
蘪 0293
薰 0294
[illegible] 0295
79217[illegible]
萹 0296
茿 0297
藒 0298
芞 0299
艺 0299
苺 0300
茖 0301
苷 0302
芧 0303
藎 0304
蒁 0305
荵 0306
萇 0307
薊 0308
荲 0309
藋 0310
芨 0311

葥 0312
蔞 0313
蓩 0314
[illegible] 0315
76016 [illegible]
蘻 0316
[illegible] 0317
薂 0318
蓖 0319
萬 0320
荑 0321
76008 荑
薜 0322
苦 0323
菩 0324
73311 菩
薔 0325
茅 0326
菅 0327
蘄 0328
莞 0329
藺 0330
蒢 0331
蒲 0332
蒻 0333
72214 蒻
蓡 0334
蓷 0335
萑 0336
茥 0337
莙 0338
[illegible] 0339
蓠 0340
苢 0341
蕁 0342
64414 蕁

藙 0343
蓲 0344
42311 蓲
菌 0345
蕛 0346
藷 0347
54420 藷
蔗 0348
[illegible] 0349
[illegible] 0350
[illegible] 0351
蒷 0352
芺 0353
[illegible] 0354
薁 0355
莩 0356
[illegible] 0357
荓 0358
76412 荓
蕕 0359
荌 0360
藄 0361
莃 0362
夢 0363
蕧 0364
74112 蕧
[[illegible]]
蕧或从爻
苓 0365
蘏 0366
76724 蘏
藑 0367
[illegible] 0368
葍 0369
蓨 0370
苗 0371

蒚 0372
薁 0373
75116 薁
葴 0374
[illegible] 0375
[蓾]
[illegible]或从鹵
蔽 0376
蔞 0377
藟 0378
蒬 0379
茈 0380
藐 0381
萴 0382
葸 0383
茜 0384
隸 0385
薜 0386
苨 0387
苞 0388
艾 0389
蕫 0390
74413 蕫
芹 0391
蘸 0392
蔦 0393
[樢]
蔦或从木
芸 0394
蔌 0395
74214 蔌
葎 0396
茦 0397
苦 0398
菿 0399
薺 0400
莿 0401
董 0402
蘩 0403
薓 0404
蓡 0404
苄 0405
蔹 0406
[薟]
蔹或从僉
荎 0407
芩 0408
藨 0409
藹 0410
蓤 0411
75117 蓤
[薩]司馬相如說蓤从遴
芰 0412
[茤]杜林說芰从多
薢 0413
苦 0414
茨 0415
藕 0416
36319 藕
[蓺]藕或省
74214 蓺
蒿 0417
蔽 0418
菘 0419
蒹 0420
蔍 0421
薊 0422
[荾]薊或从炎
蘼 0423
蘋 0424
茚 0425
蒲 0426
芳 0427
菊 0428
菌 0429
蔄 0430
蓮 0431
茄 0432
荷 0433
蔤 0434
蕅 0435
76114 蕅
蘢 0436
蓍 0437
菣 0438
[莖]菣或从堅
莪 0439
蘿 0440
菻 0441
蔚 0442
73213 蔚
蕭 0443
萩 0444
芍 0445
32106 芍
蒲 0446
蔦 0447
芫 0448
蘜 0449
蘠 0450
芪 0451
菀 0452
茵 0453
茱 0454
萸 0455
萊 0456
莖 0457
藷 0458
葛 0459
蔓 0460
蒖 0461
荅 0462
[荇]荅或从行
72008 荇
萎 0463
蔒 0464
芫 0465
藹 0466
蕛 0467
芺 0468
芋 0469
蔣 0470
苽 0471
蓍 0472
蘢 0473
蘺 0474
69721 蘺
然 6389 重文蘺此重出
莨 0475
葽 0476
蔫 0477
菌 0478
蕈 0479
萸 0480
葚 0481
蒟 0482
茈 0483
蕣 0484
萸 0485
茱 0486
茉 0487
萊 0488
荊 0489
荆 0489
[莿]古文荆
落 0490
芽 0491
萌 0492
茁 0493
莖 0494
莛 0495
73211 莛
葉 0496
蔨 0497
芣 0498
葩 0499
芛 0500
蘳 0501
蕈 0502
英 0503
薾 0504
萋 0505
菶 0506
薿 0507
蕤 0508
葼 0509
蒘 0510
蒝 0511
莢 0512
苬 0513
芒 0513
蓨 0514
蔕 0515
荄 0516
蒟 0517
茇 0518
芃 0519
蓴 0520
蓺 0521
76216 蓺
菥 0522
茂 0523
藹 0524
蔭 0525
蒩 0526
茲 0527
蔽 0528
蔽 0529
蔎 0530
蕢 0531
蓁 0532
莆 0533
芮 0534
茬 0535
薈 0536
蔽 0537
芼 0538
蒼 0539
32210 蒼
萏 0540
萃 0541
蒔 0542
苗 0543
苛 0544
蕪 0545
薉 0546
荒 0547

蒕0548
葶0549
落 0550
蔽 0551
藫 0552
76218 藫
蕰 0553
蔦 0554
菸 0555
蘗 0556
蔡 0557
茷 0558
菜 0559
茍 0560
芝 0561
薄 0562
苑 0563
藪 0564
菑 0565
[甾]
菑或省艸
蘇 0566
蕥 0567
茦 0568
葝 0569
蘄 0570
[蘄]
蘄或从槧
茀 0571
苾 0572
蔎 0573
芳 0574
蕢 0575
藥 0576
麓 0577
蓆 0578

茇 0579
荐 0580
藉 0581
蒩 0582
蕝 0583
茨 0584
葺 0585
蓋 0586
苫 0587
藹 0588
蒫 0589
74011 蒫
藩 0590
菹 0591
[蕰]
或从皿
[䕭]
或从缶
荃 0592
蕃 0593
藍 0594
菨 0595
[盜]
菨或从皿
蕉 0596
[薄]
蕉或从潦
蘱 0597
73108 茍
蔁 0598
若 0599
蓴 0600
茵 0601
蕈 0602
茷 0603
[茷]今作蓧

萆 0604
葚 0605
苴 0606
蘽0607
蕡 0608
72415 蕡
[臾]
古文蕡象形
蔓0609
茵 0610
[鞇]
司馬相如説
茵从革
芻 0611
茭 0612
荹 0613
茹 0614
莝 0615
萎 0616
蔽 0617
萑 0618
蔟 0619
苣 0620
苣俗別作炬
蕘 0621
薪 0622
蒸 0623
[菉]
或省火
蕉 0624
菡 0625
蘳 0626
蓡 0627
76013 蓡
斯 0628

[斳]
籀文折
[折]
篆文折从手
卉 0629
艽 0630
蒜 0631
芥 0632
蔥 0633
蓶 0634
蕈 0635
苟 0636
蕨 0637
莎 0638
蓱 0639
76417 蓱
堇 0640
菲 0641
芴 0642
蘸 0643
藿 0644
葦 0645
葭 0646
萊 0647
荔 0648
蒙 0649
藻 0650
[藻]
藻或从澡
菉 0651
菉 0651
曹 0652
菌 0653
菭 0654
菩 0655

范 0656
艿 0657
茁 0658
萄 0659
芑 0660
蕒 0661
73318 蕒
苳 0662
薔 0663
苕 0664
蔴0665
萱 0666
茀 0667
52311茀
52210茀
荼 0668
此卽今之荼字
蘇 0669
78013蘇
蒿 0670
蓬 0671
[莑]
籀文蓬省
藜 0672
蘬 0673
45217 蘬
葆 0674
蕃 0675
茸 0676
葏 0677
叢 0678
草 0679
俗以草爲艸別
作皁或皂爲草
菆 0680
蓄 0681

萅 0682
春 0682
菰 0683
菿 0684
芙 0685
蓉 0686
薳 0687
荀 0688
[郇]今人姓氏
荀本郇侯之後
宜用郇篆
莋 0689
蓀 0690
蔬 0691
芊 0692
茗 0693
薌 0694
藏 0695
蕆 0696
[臧]漢書通用
臧字从艸後人
所加
蘸 0697

013 蓐部

蓐 0698
[蓐]
籀文蓐从茻
薅 0699
薅0699
[薅]
籀文薅省
[茠]
薅或从休

014 茻部

茻 0700
莫 0701

莽 0702
葬 0703

說文解字弟一（下）
部首 4
字頭 471
新附 13
重文 35 其中
古文 4
籀文 7
篆文 24

說文解字弟二
（上）

015 小部

小 0704
少 0705
尐 0706

016 八部

八 0707
分 0708
尒 0709
尔 0709
曾 0710
尚 0711
90106 尙
㒸 0712
詹 0713
介 0714
𠔁 0715
別 0715
公 0716
必 0717
余 0718
[叅]
二余也
讀與余同

017 釆部

釆 0719
[乎]
古文釆
番 0720
[蹞]
番或从足从煩
[𤳅]
古文番
宷 0721
[審]
篆文宷从番
悉 0722
[恖]
古文悉
釋 0723

018 半部

半 0724
胖 0725
叛 0726

019 牛部

牛 0727
牡 0728
犅 0729
特 0730
牝 0731
犢 0732
73417 犢
犻 0733
犙 0734
牭 0735
[犕]
籀文牭从貳
犗 0736
牻 0737
犉 0738
犡 0739
犖 0740
犖 0741
将 0742
枰 0743
犥 0744
犉 0745
犫 0746
犡 0747
牲 0748
犨 0749
牟 0750
犍 0751
牲 0752
牷 0753
牽 0754
牿 0755
牢 0756
犓 0757
㹍 0758
犕 0759
犕 0759
犂 0760
犁 0760
辈 0761
犫 0762
牴 0763
衛 0764
犟 0765
牼 0766
牿 0767
犀 0768
24107 犀
牣 0769
物 0770
犧 0771
犍 0772
犝 0773

020 犛部

犛 0774
氂 0775
犛 0776
[厤]
古文犛省

021 告部

告 0777
告 0777
嚳 0778

022 口部

口 0779
噭 0780
噣 0781
喙 0782
43308 喙
吻 0783
[䎸]
吻或从肉从昏
53208 䎸
嚨 0784
喉 0785
喉 0785
噲 0786
吞 0787
咽 0788
嗌 0789
[𦤶]
籀文嗌上象口
下象頸脈理也
嗢 0790
哆 0791
呱 0792
啾 0793
喤 0794
咺 0795
唴 0796
咷 0797
喑 0798
㘈 0799
咳 0800
[孩]
古文咳从子
嗛 0801
咀 0802
啜 0803
噍 0804
嚌 0805
噍 0806
吮 0807
[嚼]
噍或从爵
啐 0808
嚵 0809
噬 0810
42313 噬
啗 0811
嘰 0812
嘾 0813
含 0814
哺 0815
味 0816
嚛 0817
嚽 0818
嚽 0818
噫 0819
41413 噫
嘽 0820
唾 0821
[涶]
唾或从水
咦 0822
44106 咦
呬 0823
喘 0824
呼 0825
吸 0826
噓 0827
吹 0828
喟 0829
[嘳]

喟或从貴
哼 0830
嚏 0831
嚔0831
⿰口質0832
唫 0833
噤 0834
名 0835
吾 0836
哲 0837
[悊]
哲或从心
[嚞]
古文哲从三吉
君 0838
[𠱓]
古文象君坐形
命 0839
咨 0840
召 0841
問 0842
唯 0843
唱 0844
咊 0845
和 0845
咥 0846
啞 0847
40310 啞
噱 0848
唏 0849
听 0850
呭 0851
嘄 0852
02210 嘄
嘄0852
咄 0853

40105 咄
唉 0854
哉 0855
噂 0856
咠 0857
呷 0858
嘒 0859
[嚖]
或从慧
嘫 0860
唪 0861
嗔 0862
嘌 0863
嘑 0864
喅 0865
嘯 0866
[歗]
籀文嘯从欠
台 0867
嗂 0868
启 0869
嗿 0870
咸 0871
呈 0872
右 0873
啻 0874
商 0874
吉 0875
周 0876
[周]
古文周字从
古文及
唐 0877
[啺]
古文唐从口昜
嚚 0878

嚚0878
嘾 0879
噎 0880
嘔 0881
哯 0882
吐 0883
噦 0884
咈 0885
嚘 0886
吃 0887
嗜 0888
啖 0889
一曰噉[]
哽 0890
嘐 0891
啁 0892
哇 0893
咅 0894
吺 0895
呧 0896
呰 0897
嗻 0898
唊 0899
嗑 0900
嗙 0901
噧 0902
㕣 0903
台0903
嘮 0904
呶 0905
叱 0906
噴 0907
吒 0908
喏 0909
啐 0910
唇 0911

吁 0912
吂0912
嘵 0913
嘖 0914
[讀]
嘖或从言
嗷 0915
43212 嗷
唸 0916
吚 0917
00103 吚
㘙 0918
呻 0919
吟 0920
[䪩]
吟或从音
[訡]
吟或从言
嗞 0921
哤 0922
叫 0923
嘅 0924
唌 0925
嘆 0926
喝 0927
哨 0928
吪 0929
噆 0930
吝 0931
俗別作悋
[吝]古文
吝从彣
各 0932
否 0933
唁 0934
哀 0935

嗁 0936
啼 0936
嗀 0937
咼 0938
⿰口叔 0939
嗼 0940
舌 0941
昏0941
[昏]
古文从甘
嗾 0942
吷 0943
咆 0944
嗥 0945
嗥0945
[獋]
譚長説嗥从犬
喈 0946
哮 0947
喔 0948
02207 喔
呝 0949
咮 0950
嚶 0951
啄 0952
唬 0953
呦 0954
[⿰幼欠]
呦或从欠
噳 0955
喁 0956
04207 喁
局 0957
20104 局
⿱八口 0958
[容]

古文⿱八口
哦 0959
嗃 0960
售 0961
噞 0962
唳 0963
喫 0964
喚 0965
咍 0966
嘲 0967
呀 0968

023 凵部

凵 0969

024 吅部

吅 0970
或通用讙
今俗別作喧
⿱吅殳 0971
[⿱吅殳]
籀文⿱吅殳
嚴 0972
[㘙]古文
咢 0973
單 0974
喌 0975

025 哭部

哭 0976
喪 0977

026 走部

走 0978
⿱夭止0978
趨 0979
赴 0980
今俗作訃
趣 0981
超 0982

籀文从敕
[誓]
古文从敕从言
迅 1121
适 1122
逆 1123
迎 1124
这 1125
遇 1126
04111 遇
遭 1127
遘 1128
逢 1129
遻 1130
遻1130
迪 1131
遞 1132
通 1133
延 1134
徙1134
[征]
徙或从彳
[屟]
古文徙
迻 1135
遷 1136
遷 1136
[拪]
古文遷从手西
運 1137
遁 1138
遜 1139
返 1140
[彶]
春秋傳返从彳
還 1141

選 1142
送 1143
[遜]
籀文不省(从
辵倂)
遣 1144
[䢔]
古文遠
邐 1145
逮 1146
徐鉉曰或作迨
遲 1147
04113 遲
[迡]
遲或从尸
00209迡
[遟]
籀文遲从屖
邌 1148
遷 1149
遄 1150
邁 1151
逗 1152
迟 1153
逶 1154
[蟡]
或从虫爲
迆 1155
遹 1156
避 1157
違 1158
遴 1159
[僯]
或从人
逡 1160
䢄 1161

達 1162
達1162
[达]
達或从大
或曰迭
逯 1163
逯1163
迵 1164
迭 1165
迷 1166
連 1167
逑 1168
退 1169
逭 1170
[𤏫]
逭或从藿从兆
遯 1171
逋 1172
[逋]
籀文逋从捕
遺 1173
遂 1174
[遂]
古文遂
逃 1175
追 1176
逐 1177
逎 1178
[遒]
逎或从酋
近 1179
[岸]
古文近
邋 1180
迫 1181
遷 1182

邇 1183
[迩]
古文邇
遏 1184
遮 1185
遂 1186
迣 1187
迾 1188
迂 1189
遮 1190
遱 1191
述 1192
迷 1192
遺 1192
迦 1193
逊 1194
逞 1195
遼 1196
遠 1197
逖 1198
[逷]
古文逖
迥 1199
40211 迥
逴 1200
迂 1201
逮1202
邌 1203
道 1204
[䚃]
古文道从𩠐寸
遽 1205
迒 1206
[䡛]
迒或从足从更
迺1207

邊1208
40216邊
邊1208
邂 1209
逅 1210
逞 1211
[逞] 或从彳
逼 1212
51211 逼
邈1213
邈1213
遐 1214
或通用假字
迄 1215
迄1215
迸 1216
04414 迸
透 1217
邏 1218
迢 1219
逍 1220
遙 1221

034 彳部

彳 1222
德 1223
徑 1224
復 1225
62109 復
猱 1226
徎 1227
往 1228
[迬]
古文从辵
徲 1229
彼 1230
徼 1231

循 1232
彶 1233
徾 1234
微 1235
徥 1236
徐 1237
徚 1238
84007徚
𢕍 1239
徫 1240
徬 1241
傍 1242
徯 1243
[蹊]
徯或从足
待 1244
䌷 1245
徧 1246
徦 1247
復 1248
退 1248
[衲]
復或从内
[退]
古文从辵
後 1249
[逡]
古文後从辵
徲 1250
24110 徲
徲1250
很 1251
徸 1252
得 1253
㝵 1253
[㝵]

古文省彳
徛 1254
彶 1255
律 1256
御 1257
[馭]
古文御
从馬从又
亍 1258

035 廴部

廴 1259
廷 1260
延 1261
建 1262

036 㢟部

㢟 1263
延 1264

037 行部

行 1265
術 1266
街 1267
衢 1268
衝 1269
衝 1269
衕 1270
衙 1271
[illegible] 1272
衎 1273
⿲彳言亍 1274
[⿲彳玄亍]
⿲彳言亍或从玄
衛 1275
衞 1276

038 齒部

齒 1277
[⿱𠂤齒]
古文齒字
齗 1278
齔 1279
齻 1280
齜 1281
齘 1282
齞 1283
⿰齒兼 1284
齺 1285
齵 1286
04218 齵
齇 1287
齱 1288
⿰齒差 1289
齹 1289
⿱隹齒 1290
齤 1291
齳 1292
齾 1293
⿰齒巨 1294
齯 1295
齮 1296
⿰齒出 1297
40116 ⿰齒出
齰 1298
[齚]
齰或从乍
⿰齒咸 1299
齦 1300
⿰齒干 1301
⿰齒卒 1302
⿰齒列 1303
齩 1304
⿰齒屑 1305
30119 ⿰齒屑
⿰齒吉 1306
⿰齒豈 1307
齝 1308
齕 1309
⿱聯齒 1310
齧 1311
齭 1312
⿰齒白 1313
齬 1314
⿰齒世 1315
齸 1316
⿰齒至 1317
⿰齒骨 1318
⿰齒舌 1319
⿰齒尃 1320
齡 1321

039 牙部

牙 1322
牙 1322
[㸦]
古文牙
⿰牙奇 1323
⿰牙禹 1324
[⿰齒禹]
⿰牙禹或从齒

040 足部

足 1325
⿰足虒 1326
⿰足帝 1326
跟 1327
[⿰止艮]
跟或从止
踝 1328
跖 1329
踦 1330
跪 1331
⿰足忌 1332
踧 1333
躍 1334
踖 1335
踽 1336
⿱將足 1337
蹡 1337
⿰足𢇍 1338
⿰足𢇇 1338
⿰足卜 1339
踰 1340
⿰足戉 1341
蹻 1342
[illegible] 1343
蹌 1344
00210 蹌
踊 1345
躋 1346
躍 1347
跧 1348
蹴 1349
躡 1350
跨 1351
蹋 1352
踄 1353
蹈 1354
躔 1355
踐 1356
踵 1357
踔 1358
蹛 1359
蹩 1360
踶 1361
躛 1362
⿱埶足 1363
04216 ⿱埶足
⿰足氏 1364
蹢 1365
躅 1366
踤 1367
蹶 1368
[⿰足闕]
蹶或从闕
跳 1369
⿰足辰 1370
⿰足屠 1371
01214 ⿰足屠
⿰足弗 1372
蹠 1373
⿰足荅 1374
⿰足䍃 1375
⿰足及 1376
⿰足貝 1377
躓 1378
跲 1379
跇 1380
蹎 1381
跋 1382
蹐 1383
跌 1384
踼 1385
蹲 1386
踞 1387
01209 踞
⿰足夸 1388
躩 1389
踣 1390
51311 踣
跛 1391
蹇 1392
今俗作謇
蹁 1393
跰 1394
踒 1395
跣 1396
51109 跣
跔 1397
⿰足困 1398
距 1399
躧 1400
[⿰革麗]
躧或从革
⿰足叚 1401
⿰足非 1402
跀 1403
[⿰足兀]
跀或从兀
趽 1404
趹 1405
趼 1406
路 1407
蹸 1408
跂 1409
⿰足罨 1410
蹭 1411
蹬 1412
蹉 1413
跎 1414
蹙 1415
踸 1416
50210 踸

041 疋部

疋 1417
[illegible] 1418
[illegible] 1419

042 品部

品 1420
嵒 1421
喿 1422

043 龠部

龠 1423
龡 1424
䶵 1425
[篪]
䶵或从竹
龢 1426
龤 1427

044 冊部

冊 1428
冊1428
册 1428
冊 1428
[笧]
古文冊从竹
嗣 1429
[孠]
古文嗣从子
扁 1430

說文解字弟二（下）
部首 14
字頭 345
新附 21
重文 56 其中
古文 21
籀文 9
篆文 26

說文解字弟三

（上）

045 㗊部

㗊 1431
嚚 1432
[𡁥]
古文嚚
囂 1433
[𩑶]
囂或省
䫩 1433
嘂 1434
囂 1435
器 1436

046 舌部

舌 1437
𦧫1438
舓 1439
[䑛]
舓或从也

047 幹部

干 1440
𢆉1441
屰 1442

048𧮫部

𧮫1443
[𠺝]
𧮫或如此
[臄]
或从肉从豦
㐁 1444
[𠀍]
古文㐁

049 只部

只 1445
𠷎1446

050 㕯部

㕯 1447
呐1447
矞 1448
商 1449
[𠵍]
古文商
[𠷞]
亦古
文商
[𧶜]
籀文商

051 句部

句 1450
拘 1451
笱 1452
鉤 1453

052 丩部

丩 1454
𦤎1455
糾 1456

053 古部

古 1457
[𠖠]
古文古
嘏 1458

054 十部

十 1459
丈 1460
千 1461
肸 1462
卙 1463
41308 卙
博 1464
75512 博
㔓 1465
廿 1466
卅 1467

055 卅部

卅 1468
卉1468
世 1469
丗 1469

056 言部

言 1470
譻 1471
謦 1472
語 1473
談 1474
謂 1475
諒 1476
詵 1477
43411 詵
請 1478
謁 1479
許 1480
諾 1481
譍1482
膺 1482
應 1482
讎 1483
諸 1484
詩 1485
43513 詩
[訨]
古文詩省
讖 1486
諷 1487
誦 1488
讀 1489
42621 讀
䇂1490
訓 1491
誨 1492
譔 1493
譬 1494
謜 1495
訣 1496
諭 1497
詖 1498
諄 1499
42619 諄
䛐 1500
03614 䛐
詻 1501
誾 1502
謀 1503
[𠂹]
古文謀
[譽]
亦古文
謨 1504
[暮]
古文謨从口
訪 1505
諏 1506
論 1507
議 1508
訂 1509
詳 1510
諟 1511
諦 1512
識 1513
訊 1514
[𧬀]
古文訊从鹵
詧 1515
謹 1516
46718 謹
訒 1517
諶 1518
41513 諶
信 1519
[㐰]
古文从言省
[䚱]
古文信
訦 1520
誠 1521
誡 1522
諅 1523
諱 1524
誥 1525
[𧦝]
古文誥
詔 1526
誓 1527
譣 1528
詁 1529
藹 1530
藹 1530
諫 1531
諝 1532
証 1533
諫 1534
諗 1535
課 1536
試 1537
諴 1538
䛇 1539
謠 1539
詮 1540
訢 1541
說 1542

詘 1694
41310詘
[誳]
詘或从屈
03314 誳
⿱夗言1695
⿰言夗1695
詗 1696
41512 詗
謏 1697
詆 1698
誰 1699
諽 1700
讕 1701
[讕]
讕或从閒
診 1702
訢 1703
訧 1704
誅 1705
討 1706
諳 1707
讄 1708
[讄]
或不省
諡 1709
誄 1710
謑 1711
[謑]
謑或从奊
詬 1712
[詢]
詬或从句
諜 1713
該 1714
譯 1715
03518 譯
訄 1716
謚 1717
譶 1718
詾 1719
讜 1720
42424 讜
譜 1721
詎 1722
詨 1723
謏 1723
謎 1724
誌 1725
訣 1726

057 誩部

誩 1727
譱 1728
[善]
篆文譱从言
善1728
競 1729
讟 1730

058 音部

音 1731
響 1732
韽 1733
韶 1734
章 1735
竟 1736
韻 1737

059 䇂部

䇂 1738
童 1739
[童]
籀文童
妾 1740

060 丵部

丵 1741
業 1742
[䉷]
古文業
叢 1743
對 1744
[對]
或从士

061 菐部

菐 1745
僕 1746
[蹼]
古文从臣
𦍒 1747

062 𠬞部

𠬞 1748
今變隸作廾
[𢪃] 楊雄
説廾从兩手
奉 1749
丞 1750
奐 1751
弇 1752
[𢍁]
古文弇
𢍭 1753
畁 1754
𢌳1754
畀1754
异 1755
弄 1756
𢍰 1757
73109𢍰
𢍜1758
𠔉1758
𢍗1758
𢍚1758
𢍏 1759
戒 1760
兵 1761
[倴]
古文兵
[𢍳] 籀文
龏 1762
弈 1763
具 1764

063 𠬜部

𠬜1765
[𢺕]
𠬜或从手从樊
攀1765
樊 1766
䜌 1767

064 共部

共 1768
[𢍳]
古文共
龔 1769

065 異部

異 1770
戴 1771
[𢦵]
籀文戴

066 舁部

舁1772
舁 1772
𦥷 1773
[𨜛]
𦥷或从卩
𦦠1773
𦦡1773
[𦦞]
古文𦥷
與1774
[𢌱]
古文與
興 1775

067 臼部

臼 1776
要 1777
𡚁1777
腰1777
𦣝1777
[𡡇]
古文要

068 晨部

晨 1778
農 1779
農 1779
[辳]
籀文農从林
[𨑉]
古文農
[𦦙]
亦古文農

069 爨部

爨 1780
[𤈉]
籀文爨省
釁 1781
𦦔 1782

說文解字弟三（上）
部首 25
字頭 352
新附 9
重文 60 其中
古文 27
籀文 11
篆文 22

說文解字弟三
（下）

070 革部

革 1783
[䩵]
古文革从三十
臼聲
鞹 1784
鞟1784
靬 1785
鞈 1786
鞄 1787
韗 1788
[韗]
韗或从韋
鞣 1789
靼 1790
[䩢]
古文靼从亶
鞼 1791
鞶 1792
鞏 1793
鞔 1794
25312 鞔
靸 1795
靪 1796
鞮 1797
鞅 1798
鞬 1799
鞻 1800
靪 1801
鞠 1802
[鞫]
鞠或从𥷚
鞀 1803
[鞉]

敓 2023
斁 2024
赦 2025
[赦]
赦或从亦
攸 2026
[汥]
秦刻石嶧山
文攸字如此
攱 2027
敉 2028
[侎]
敉或从人
敡 2029
𢿱 2030
敦 2031
𢾀 2032
敗 2033
[敱]
籀文敗从賏
敿 2034
寇 2035
𢿵 2036
敷 2037
[剫]
敷度或从刀
斂 2038
戰 2039
19511 戰
收 2040
鼓 2041
𢾃 2041
攷 2042
敏 2043
攻 2044
敲 2045
𢽍 2046
敳 2047
斀 2048
𣀔 2049
𢿨 2050
𢿨 2050
敔 2051
𣀃 2052
𣀃 2052
鈙 2053
𣀍 2054
𣀍 2054
畋 2055
攺 2056
敘 2057
斁 2058
𢽽 2059
牧 2060
𢾋 2061
𣀈 2062
𣁅 2063

093 教部

教 2064
[𡥈]
古文教
[𤕝]
亦古文教
斆 2065
[學]
篆文斆省

094 卜部

卜 2066
[𠁽]
古文卜
卦 2067
卟 2068
貞 2069
𠧩 2070
占 2071
𠇛 2072
兆 2073
兆 2073

095 用部

用 2074
[用]
古文用
甫 2075
庸 2076
葡 2077
備 2077
葡 2077
𦱊 2077
甯 2078

096 爻部

爻 2079
棥 2080

097 㸚部

㸚 2081
爾 2082
爽 2083
[𠬝]
篆文爽

說文解字第三（下）
部首 28
字頭 301
新附 7
重文 77 其中
古文 31
籀文 12
篆文 34

說文解字第四
（上）

098 旻部

旻 2084
敻 2085
敻 2085
閺 2086
閺 2086
閺 2086
𡕥 2087

099 目部

目 2088
[𡇖]
古文目
眼 2089
䁝 2090
眩 2091
眥 2092
眦 2092
睞 2093
睫 2093
𪾢 2093
縣 2094
51515 縣
瞦 2095
𥌾 2096
𥌾 2096
眥 2097
瞖 2098
睅 2099
[睆]
睅或从完
暖 2100
𥇹 2101
𥇹 2101
暉 2102
矕 2103
睔 2104
盼 2105
肝 2106
眅 2107
睍 2108
矔 2109
瞵 2110
窅 2111
旺 2112
矘 2113
51320 矘
睒 2114
眮 2115
䀸 2116
瞴 2117
肝 2118
[𥃩]
肝目或在下
晚 2119
眠 2120
睨 2121
睊 2122
𥄘 2123
眈 2124
𥇒 2125
90208 𥇒
盱 2126
盱 2126
𥌛 2127
𥌛 2127
瞳 2128
昒 2129
昣 2130
瞟 2131
際 2132
睹 2133
[覩]
古文从見
眔 2134
眔 2134
睽 2135
眛 2136
𥈉 2137
䙽 2138
眽 2139
瞡 2140
䁅 2141
瞤 2142
矉 2143
智 2144
睢 2145
旬 2146
[眴]
旬或从旬
矆 2147
睦 2148
52511 睦
[𣅊]
古文睦
瞻 2149
䀉 2150
瞏 2151
䀮 2152
睿 2153
相 2154
瞋 2155
[䀼]
祕書瞋从戌
䁈 2156
暘 2157
睊 2158

雌 2305
翟 2306
雋 2307
雟 2308

110 奞部

奞 2309
奪 2310
奮 2311

111 萑部

萑 2312
萑 2312
蒦 2313
蒦 2313
[彠]
蒦或从尋
雚 2314
雚2314
舊 2315
[鵂]
舊或从鳥休聲

112 𦫳部

𦫳 2316
𦫳2316
乖 2317
乖2317
芇 2318
芇 2318

113 苜部

苜 2319
苜2319
瞢 2320
莧 2321
莧2321
蔑 2322
蔑 2322

114 羊部

羊 2323
羊2323
羋 2324
羔 2325
羔2325
羜 2326
䍪 2327
羍 2328
[𦍒]
羍或省
䍦 2329
羝 2330
羒 2331
牂 2332
羭 2333
羖 2334
羯 2335
羠 2336
86210 羠
羳 2337
羥 2338
𦏁 2339
26418 𦏁
羸 2340
䍴 2341
𦏃 2342
羣 2343
群2343
䍹 2344
䍧 2345
美 2346
羌 2347
[𢆡]
古文羌如此
羑 2348

115 羴部

羴 2349
[羶]
羴或从亶
羼 2350
26619 羼

116 瞿部

瞿 2351
矍 2352

117 雔部

雔 2353
靃 2354
霍2354
雙 2355

118 雥部

雥 2356
𩁶 2357
雧 2358
[集]
雧或省

119 鳥部

鳥 2359
鳳 2360
[朋]
古文鳳象形鳳飛羣鳥從以萬數故以爲朋黨字
[鵬]
亦古文鳳
鸞 2361
鸑 2362
鷟 2363
鷫 2364
[鸘]
从叜聲
鷞 2365
鳩 2366
鶌 2367
22114 鶌
鵻 2368
[隼]
鵻或从隹一
鶻 2369
鵃 2370
鷽 2371
鴿 2372
鴠 2373
鶪 2374
[𨿩]
鶪或从隹
鷚 2375
鸒 2376
鸒2376
鷽 2377
[雤]
鷽或从隹
鷲 2378
鷲2378
鴞 2379
鴂 2380
鵹 2381
21315 鵹
鴋 2382
鸛 2383
鶒 2384
鴃 2385
鶤 2386
鵾2386
鴺 2387
鳥 2388
50311 鳥
鷦 2389
𪂆 2390
鶹 2391
鶹2391
鷬 2392
[難]
鷬或从隹
[𩁻]
古文鷬
[𩂁]
古文鷬
[𩀯]
古文鷬
鶨 2393
鴳 2394
鴸 2395
鶛 2396
鶾 2397
鷗 2398
03213 鷗
鵖 2399
鵅 2400
鸔 2401
鶴 2402
鷺 2403
鵠 2404
鴻 2405
鵚 2406
[鶖]
鵚或从秋
鴛 2407
鴦 2408
鵽 2409
鵱 2410
62415 鵱
鵱2410
鴚 2411
鵝 2412
鵝 2412
鴈 2413
鶩 2414
鷖 2415
52217 鷖
䳿 2416
鸊 2417
鸏 2418
鷸 2419
[䴒]
鷸或从遹
鷿 2420
鷈 2421
鸕 2422
鸕2422
鶿 2423
鷧 2424
鴔 2425
鴔2425
鴡 2426
鴡2426
鴇 2427
[鳵]
鴇或从包
鸈 2428
鷗 2429
90414 鷗
鷗2429
䳊 2430
鷛 2431
95519 鷛
鷛2431
鶂 2432
[鷊]
鶂或从鬲

[䳘]
司馬相如説
鶂从赤
鶇 2433
24111 鶇
[鵜]
鶇或从弟
鴮 2434
鶬 2435
20313 鶬
[䳓]
鶬或从隹
23512䳓
鴰 2436
鵁 2437
鶄 2438
鳽 2439
[illegible] 2440
[illegible]2440
鴜 2441
鷻 2442
鳶 2443
今俗別作鳶
鷳 2444
鷂 2445
鷹 2446
鴡 2447
鸛 2448
鸛 2448
鸇 2449
[鸇]
籀文鸇从廛
鷐 2450
鷙 2451
24319 鷙
鴥 2452

鶯 2453
鴝 2454
鵒 2455
[雓] 鵒
或从隹从臾
53512雓鵒
鷩 2456
鵔 2457
鸃 2458
鷸 2459
鶌 2460
鴴 2461
鸚 2462
䳇 2463
鶮 2464
26321 鸔
鷕 2465
鷕2465
鸓 2466
鸓 2466
[䴎]
籀文鸓
鶾 2467
鴳 2468
鷃 2468
鴆 2469
鷇 2470
鳴 2471
鶱 2472
鴦 2473
鴃 2473
鷵 2474
鶘 2475
鴨 2476
鳶 2477

120 烏部

烏 2478
今俗作嗚
[illegible]
古文烏象形
[於]
象古文烏省
舄 2479
舄 2479
[䧿]
篆文舄从隹㫺
䧿 2479
鵲 2479
焉 2480

說文解字第四（上）
部首 23
字頭 397
新附 13
重文 53 其中
古文 17
籀文 10
篆文 26

說文解字第四
（下）

121 華部

華 2481
畢 2482
59407 畢
糞 2483
糞2483
棄 2484
[弃]
古文棄
[棄]
籀文棄

122 冓部

冓 2485
再 2486
爯 2487

123 幺部

幺 2488
幼 2489
麼 2490

124 丝部

丝 2491
幽 2492
幾 2493

125 叀部

叀 2494
[叀]
古文叀
[叀]
亦古文叀
惠 2495
[𢝊]
古文惠从卉
疐 2496

126 玄部

玄 2497
[糸 糸]
古文玄
玆 2498
兹 2498
玈 2499

127 予部

予 2500
舒 2501
幻 2502

128 放部

放 2503
敖 2504
63110 敖
敫 2505

129 𠬪部

𠬪 2506
爰 2507
𤔔 2508
[𤔔]
古文𤔔
受 2509
𣦼 2510
𣦼2510
爭 2511
𤔲 2512
寽 2513
㪉2514
敢2514
[𣪏]
籀文㪉
[敢]
古文㪉

130 𣦼部

𣦼 2515
叡 2516

[壡]
叡或从土
𣦽 2517
𣦾 2518
叡 2519
[睿]
古文叡
[壑]
籀文叡

131 歺部

歺 2520
卢2520
歹2520
[𣦵]
古文歺
𣨛 2521
殙 2522
53409殙
殙2522
殰 2523
11518 殰
殁 2524
[㱙(歿)]
殁或从叟
殁2524
殚 2525
殊 2526
殟 2527
殤 2528
殂 2529
[𣦸]
古文殂从歺
从作
殛 2530
殪 2531
[壹]

䎣 2812
𦔐 2813
[耘]
𦔐或从芸
耡 2814

142 角部

角 2815
𧢲 2815
𧥢 2816
觻 2817
䚡 2818
觠 2819
觬 2820
觢 2821
𧤗 2822
觭 2823
觓 2824
𧤛 2825
𧢼 2826
𧤴 2827
觸 2828
觲 2829
䚗 2830
觷 2831
衡 2832
[奥]
古文衡如此
𧢾 2833
觰 2834
觤 2835
觟 2836
觡 2837
觜 2838
解 2839
觿 2840
觵 2841
[觥]
俗觵从光
觶 2842
[𧣾]
觶或从辰
[觗]
禮經觶
觛 2843
觴 2844
[𧥄]
籀文觴从爵省
觚 2845
䚁 2846
𧤸 2847
觼 2848
[鐍]
觼或从金矞
觩 2849
90112觩
𧥝 2850
䚥 2851
觳 2852
𧥱 2853

說文解字弟四（下）
部首 22
字頭 373
新附 11
重文 62 其中
古文 27
籀文 11
篆文 24

說文解字弟五
（上）

143 竹部

竹 2854
箭 2855
箘 2856
簬 2857
[簵]
古文簬从輅
筱 2858
簜 2859
𥳓 2860
[𥱧]
籀文从微省
筍 2861
𥳑 2862
箁 2863
箬 2864
節 2865
82110 節
筡 2866
篹 2867
篹 2867
笢 2868
笨 2869
䈵 2870
篸 2871
篆 2872
篆 2872
籀 2873
籀 2873
篇 2874
籍 2875
篁 2876
𥳢 2877
𥱫 2878
籥 2879
𥶸 2880
63520 劉
簡 2881
簡 2881
笐 2882
篰 2883
簿 2883
等 2884
笵 2885
箋 2886
符 2887
筮 2888
䉶 2888
筓 2889
笄 2889
篋 2890
籆 2891
篗 2891
[𧤗]
籆或从角从閒
筳 2892
筦 2893
筟 2894
笮 2895
簾 2896
簀 2897
第 2898
筵 2899
82010 筵
簟 2900
籧 2901
篨 2902
籭 2903
籓 2904
籅 2905
籔 2906
箅 2907
箄 2907
83210 箄
䈾 2908
筲 2908
䈐 2909
筥 2910
笥 2911
簞 2912
簁 2913
箄 2914
篿 2915
箸 2916
簍 2917
筤 2918
籃 2919
[𠪘]
古文籃如此
篝 2920
笿 2921
𥭹 2922
籢 2923
籫 2924
86417 籫
籯 2925
𥳰 2926
簋 2927
[𠤳]
古文簋从匚飢
[𠥍]
古文簋或从軌
[朹]
亦古文簋
簠 2928
[医]
古文簠从匚从夫
籩 2929
籩 2929
[𠥮]
籀文籩
笹 2930
篅 2931
簏 2932
[箓]
簏或从录
簶 2932
籙 2932
𥳊 2933
筩 2934
箯 2935
笯 2936
竿 2937
籱 2938
[篧]
籱或省
箇 2939
个 2939
個 2939
筊 2940
筰 2941
箔 2942
箑 2943
[𥲽]
箑或从妾
籠 2944
䉴 2945
䇘 2946
[互]
䇘或省
簝 2947

篆 2948
篼 2949
籚 2950
箝 2951
籋 2952
簦 2953
笠 2954
箱 2955
篚 2956
笭 2957
[illegible] 2958
策 2959
箠 2960
[illegible] 2961
笍 2962
籣 2963
箙 2964
[illegible] 2965
笘 2966
笪 2967
笞 2968
籤 2969
[illegible] 2970
83113[illegible]
箴 2971
箾 2972
竽 2973
笙 2974
簧 2975
[illegible] 2976
簫 2977
筒 2978
籟 2979
箹 2980
管 2981
[琯]
从玉官聲
篎 2982
笛 2983
筑 2984
筝 2985
箛 2986
篍 2987
籌 2988
籌2988
簺 2989
簙 2990
篳 2991
89411 篳
籆 2992
[illegible] 2993
籞 2994
[魰]
籞或从又魚聲
筭 2995
算 2996
笑 2997
笑2997
簃 2998
筠 2999
笏 3000
[回] 籀文作
回象形
[illegible] 3001
篙 3002
144 箕部
箕 3003
[𠀠]
古文箕
[𠙾]
亦古文箕
[其]
籀文箕
[匪]
籀文箕
簸 3004
145 丌部
丌 3005
迈 3006
典 3007
[箅]
古文典从竹
顨 3008
畀 3009
畁 3009
52206 畀
巽 3010
巺3010
[巺]
古文巽
[巽]
篆文巽
奠 3011
146 左部
左 3012
今俗别作佐
差 3013
䍧3013
[䍧]
籀文䍧从二
147 工部
工 3014
[𢒅]
古文工从彡
式 3015
巧 3016
巨 3017
[榘]
巨或从木矢
[𢀓]
古文巨
矩3017
148 㠭部
㠭 3018
𡨄 3019
寋3019
149 巫部
巫 3020
[𢍰]
古文巫
覡 3021
150 甘部
甘 3022
甛 3023
曆 3024
猒 3025
[猒]
猒或从目
甚 3026
40206 甚
[𢀪]
古文甚
151 曰部
曰 3027
曹3028
曺3028
曷 3029
曶 3030
00103 曶
忽 3030
[𡆸]
籀文曶
朁 3031
朁3031
朁 3031
沓 3032
曹 3033
152 乃部
乃 3034
[㔻]
古文乃
[𠄎]
籀文乃
卤 3035
[卤] 籀文卤
不省
[𠧧]
古文卤
卣 3036
逌3036
153 丂部
丂 3037
甹 3038
寧 3039
丂 3040
154 可部
可 3041
奇 3042
哿 3043
哥 3044
叵 3045
155 兮部
兮 3046
粤 3047
粤3047
[惸]
粤或从心
羲 3048
乎 3049
乎3049
156 號部
号 3050
號 3051
157 亏部
亏 3052
于 3052
亐 3052
虧 3053
[虧]
虧或从兮
粵 3054
51311 粵
吁 3055
吁0912 此重出
平 3056
[𠀭]
古文平如此
158 旨部
旨 3057
[𣅀]
古文旨
嘗 3058
159 喜部
喜 3059
憙 3060
嚭 3061
160 壴部
壴 3062
尌 3063
䝅 3064
彭 3065
61110 彭
嘉 3066
161 鼓部

鼓 3067
[𪔈]
籀文鼓从古聲
鼛 3068
鼖 3069
[鞼]
鼖或从革賁不省
鼙 3070
鼝3071
鼘 3072
鼞 3073
鼜 3074
[鞈]
古文鼜从革
鼛 3075
䶃 3076

162 豈部

豈 3077
愷 3078
𧯷3079

163 豆部

豆 3080
[𣅋]
古文豆
梪 3081
𧯞3082
𧯠3083
豋 3084
𧯤3085

164 豊部

豊 3086
豑 3087

165 豐部

豐 3088
[𧯩]
古文豐
豔 3089
豓3089

166 䖍部

䖍 3090
𧇉3091
𧯸3092

167 虍部

虍 3093
虞 3094
虙 3095
虔 3096
虘 3097
虖 3098
虐 3099
[𧆛]
古文虐如此
虨 3100
虡3101
[鐻]
虡或从金豦聲
[虡]
篆文虡省
虡3101

168 虎部

虎 3102
[𧆞]
古文虎
[𧆨]
亦古文虎
䖘3103
虝 3104
甝 3105
虪 3106
虦 3107
彪 3108
虓 3109
虩3110
虢 3111
虒 3112
虓 3113
虩 3114
虒 3115
虪3116
虥3117
虤 3118

169 虤部

虤 3119
䖵 3120
贙 3121

170 皿部

皿 3122
盂 3123
盌 3124
碗3124
盛 3125
齍 3126
盉 3127
[𥁒]
盉或从右
盧 3128
[𥂬]
籀文盧
𥁕 3129
𥁁 3130
盎 3131
[瓷]
盎或从瓦
盆 3132
盂 3133
盨 3134
盪 3135
盜 3136
醯 3137
盉 3138
益 3139
盈 3140
盡 3141
盅 3142
𥁎 3143
今俗別作罯
罯3143
盈 3144
温 3144
盥 3145
盪 3146
盇 3147
[鉢]
或从金从本
鉢 3147

171 凵部

凵厶3148
凵3148
[笶]
厶或从竹去

172 去部

去 3149
朅 3150
棱 3151

173 血部

血 3152
衁 3153
衁3153
衃 3154
盡 3155
粤 3156
衄 3157
盥 3158
[膿]
俗盥从肉農聲
監 3159
蘯 3160
[𥂵]
蘯或从缶
盥 3161
卹 3162
盡 3163
衉 3164
[𥃦]
衉或从贛
65722 𥃦
盇 3165
盍 3165
衊 3166

174 丶部

丶 3167
主 3168
今俗別作炷
咅 3169
[欧]
咅或从豆欠

說文解字弟五（上）
部首 32
字頭 316
新附 10
重文 57 其中
古文 25
籀文 10
篆文 22

說文解字弟五
（下）

175 丹部

丹 3170
[㣋]
古文丹
[彬]
亦古文丹
雘 3171
彤 3172

176 青部

青 3173
[岑]
古文青
靜 3174

177 井部

井 3175
𦳃3176
阱 3177
[穽]
阱或从穴
[𠛬]
古文井从水
刑 3178
刑 3178
刱 3179

178 皀部

皀 3180
即 3181
即3181
既 3182
冟 3183

179 鬯部

鬯 3184
鬱 3185
爵 3186

[龠]
古文爵象形
𩰪 3187
[秬]
𩰪或从禾
𩱌 3188
180 食部
食 3189
80207 食
饙 3190
75318 饙
饙 3190
[餴]
饙或从賁
73418 餴
[餴]
饙或从奔
84216 餴
餾 3191
31617 餾
餾 3191
飪 3192
61511 飪
[肝]
古文飪
[恁]
亦古文飪
饔 3193
23519 饔
飴 3194
50310 飴
[粪]
籒文飴从異省
餳 3195
20313 餳
饊 3196
63322 饊
饊 3196
餅 3197
22615 餅
餈 3198
60414 餈
[饝]
餈或从齊
80421 饝
[粢]
餈或从米
饘 3199
60414 饘
餱 3200
21315 餱
餱 3200
餥 3201
90415 餥
饎 3202
31516 饎
[饎䬵]
饎或从配
50211饎
[糦]
饎或从米
籑 3203
84418 籑
[饌]
籑或从巽
20314 饌
饌 3203
養 3204
92413養
[羧]
古文養
飯 3205
81210 飯
鈕 3206
22210 鈕
飤 3207
20209 飤
飼 3207
饡 3208
80624 饡
餘 3209
21214 饑
[餳]
饑或从傷省
80416 餳
餐 3210
20209 餐
飧 3210
餔 3211
23514 餔
[𥂝]
籒文餔从皿
浦聲
餐 3212
51413 餐
[湌]
餐或从水
80212 湌
鎌 3213
89215 鎌
饁 3214
61417 饁
饟 3215
82623 饟
餉 3216
20311 餉
饋 3217
80820 饋
饗 3218
50318 饗
饛 3219
73418 饛
飵 3220
80311 飵
飴 3221
30411 飴
饐 3222
81419 饐
饑 3223
60415 饑
餬 3224
21414 餬
飶 3225
81212 飶
饃 3226
73214 饃
飽 3227
50210 飽
[餜]
古文飽从采
[饕]
亦古文飽从
卯聲
餉 3228
20211 餉
饒 3229
73919 饒
餘 3230
81314 餘
餀 3231
73213 餀
餞 3232
84415 餞
餫 3233
55514 餫
館 3234
20414 館
饕 3235
92417 饕
[叨]
饕或从口刀
[號]
籒文饕从號省
飻 3236
20212 飻
饖 3237
82419 饖
饐 3238
66619 饐
餲 3239
30315 餲
饑 3240
22317 饑
饉 3241
65618 饉
餧 3242
80311 餧
餧 3243
85213 餧
飢 3244
20208 飢
餓 3245
84314 餓
餽 3246
23312 餽
餟 3247
84213 餟
餂 3248
80313 餂
餕 3249
73315餕
餘 3250
73311 餘
餕 3251
22213 餕
餱 3252
82417 餱
181 亼部
亼 3253
合 3254
僉 3255
侖 3256
[侖]
籒文侖
今 3257
舍 3258
182 會部
會 3259
[佮]
古文會如此
䢔 3260
䧹 3261
183 倉部
倉 3262
30206 倉
[仺]
奇字倉
牄 3263
30411 牄
184 入部
入 3264
内 3265
内 3265
兂 3266
糴 3267
仝 3268

［全］
篆文仝从玉
［𠓞］
古文全
从 3269

185 缶部

缶 3270
㲉 3271
匋 3272
罂 3273
𦈢 3274
𦈡 3275
缾 3276
缾 3276
［瓶］
缾或从瓦
24511 瓶
罋 3277
𦈦 3278
罃 3279
缸 3280
𦈵 3281
罏 3282
䍃 3283
䍃 3283
𦉘 3284
𦈰 3285
缺 3286
罅 3287
罄 3288
罊 3289
𦈪 3290
罐 3291

186 矢部

矢 3292
昊 3292
夭 3292
䠶 3293
［射］
篆文䠶从寸
矯 3294
矰 3295
矦 3296
侯 3296
［𥎦］
古文矦
𥏳 3297
𥏳 3297
短 3298
矤 3299
知 3300
矣 3301
矮 3302

187 高部

高 3303
高 3304
［廎］
高或从广顷
亭 3305
亭 3305
亳 3306

188 冂部

冂 3307
50001 冂
［冋］
古文冂从口
［古文冋作𠔼］
［坰］
冋或从土
市 3308
冘 3309
央 3310
隺 3311

189 𩫏部

𩫏 3312
［𩫖］
或但从口
𩫞 3313

190 京部

京 3314
就 3315
［𡰪］
籀文就

191 亯部

亯 3316
［亭］
篆文亯
享 3316
亨 3316
烹 3316
𦎫 3317
［𦏧］
篆文𦎫
䈞 3318
𩫧 3319

192 㫗部

㫗 3320
㫗 3320
𩫺 3321
覃 3321
［𠧟］
篆文覃省
覃 3321
［𠨹］
古文覃
厚 3322
［垕］
古文厚从后土

193 畐部

畐 3323
畐 3323
良 3324
［目］
古文良
［𥃩］
亦古文良
［𡧰］
亦古文良

194 㐭部

㐭 3325
［廩］
㐭或从广从禾
稟 3326
亶 3327
啚 3328
［啚］
古文啚如此

195 嗇部

嗇 3329
［𠻻］
古文嗇从田
牆 3330
［𤖯］
籀文从二禾
［𤖸］
籀文亦从二来

196 來部

來 3331
䅘 3332
［𢓍］
䅘或从彳
21108 徯

197 麥部

麥 3333
麰 3334
［䴭］
麰或从艸
麧 3335
麱 3336
𪍿 3337
麩 3338
［麬］
麩或从甫
麪 3339
麵 3339
𪎊 3340
麷 3341
69226 𪎋
麮 3342
䴭 3343
麲 3344
𪌳 3345

198 夊部

夊 3346
夋 3347
𡕒 3348
复 3348
复 3348
夌 3349
73108 夌
致 3350
憂 3351
愛 3352
㚏 3353
22006 厦
竷 3354
66518 竷
夎 3355
夏 3356
［𠍡］
古文夏
畟 3357
夋 3358
夒 3359
夔 3360
𡕣 3361

199 舛部

舛 3362
［踳］
杨雄说舛从足春
舞 3363
［𦏶］
古文舞从羽亡
舝 3364
舝 3364

200 舜部

舜 3365
舜 3365
［𩰞］
古文舜
䑞 3366
16219 䑞
䑞 3366
䑞 3366
［䒟］
䑞或从艸皇

201 韋部

韋 3367
［韦］
古文韋
韠 3368
09614 韠
韎 3369
韢 3370
韜 3371

韝 3372
韘 3373
[弽]
韘或从弓
韣 3374
韔 3375
⿰韋叚 3376
⿰韋段 3377
[緞]
⿰韋段或从糸
韤 3378
韈 3378
襪 3378
⿰韋尃 3379
49617 ⿰韋尃
韏 3380
⿰韋焦 3381
[⿰韋要]
⿰韋焦或从要
[揫]
⿰韋焦或从秋手
韓 3382
韌 3383

202 弟部

弟 3384
[𢎨]
古文弟从古文
韦省丿聲
丰 3384
罤 3385

203 夊部

夊 3386
夆 3387
⿱夂半 3388
夅 3389
夃 3390
干 3391

204 久部

久 3392

205 桀部

桀 3393
磔 3394
椉 3395
87008 椉
乘3395
[𠓷]
古文乘从几

說文解字弟五（下）
部首 31
字頭 226
新附 5
重文 66 其中
古文 26
籀文 8
篆文 29

說文解字弟六

（上）

206 木部

木 3396
橘 3397
橙 3398
柚 3399
樝 3400
梨 3401
24010 梨
梬 3402
柿 3403
枏 3404
梅 3405
[楳]
或从某
杏 3406
柰 3407
李 3408
[杍] 古文
桃 3409
椒 3410
亲 3411
亲3411
楷 3412
梫 3413
26010 梫
桂 3414
棠 3415
92109 棠
杜 3416
槢 3417
樿 3418
椲 3419
楢 3420
枊 3421
棆 3422
楈 3423
柍 3424
楑 3425
格3426
椆 3427
樕 3428
橉 3429
桍 3430
[檮]
或从壹省
25010 檮
棳 3431
榹 3432
棪 3433
櫑 3434
73116 櫑
椋 3435
檍 3436
櫕 3437
槴 3438
楀 3439
蘽 3440
[藟] 籀文
桋 3441
76007 桋
栟 3442
栟 3442
椶 3443
檟 3444
椅 3445
梓 3446
[榟]
或不省
楸 3447
槽 3448
35411 槽
柀 3449
檆 3450
今俗別作杉
榛 3451
梡 3452
23006 梡
杶 3453
[櫄]
或从熏
[杻]
古文杶
橁 3454
桵 3455
棫 3456
楒 3457
椐 3458
53208 椐
樻 3459
栩 3460
柔 3461
54005 柔
樣 3462
様 3462
杙 3463
枇 3464
桔 3465
柞 3466
枰 3467
榗 3468
椽 3469
椵 3470
橞 3471
楛 3472
櫅 3473
朹 3474
櫇 3475
樲 3476
樸 3477
橪 3478
柅 3479
22006 柅
梢 3480
⿰木隸 3481
桴 3482
梭 3483
樺 3484
29410 樺
楋 3485
枸 3486
樜 3487
枋 3488
橿 3489
樗 3490
[檴]
或从蒦
檗 3491
橯 3492
檓 3493
檓 3493
槭 3494
楊 3495
檉 3496
桺 3497
柳3497
㮇 3498
欒 3499
栘 3500
棣 3501
枳 3502
楓 3503
22107 楓

㮚 3669
苿 3670
茉 3670
[釪]
或从金从亏
枱 3671
今俗作耜
[梩]
或从里
枱 3672
[鈶]
或从金
[辝]
籀文从辝
楎 3673
櫌 3674
欘 3675
24013 欘
櫡 3676
杷 3677
椴 3678
柃 3679
柫 3680
枷 3681
杵 3682
槩 3683
概 3683
杚 3684
杚 3684
楷 3685
柶 3686
桮 3687
[匲]
籀文桮
[匲] 段注作
匲俗作杯

槃 3688
[鎜]
古文从金
[盤] 籀文从皿
榹 3689
案 3690
桉 3690
檈 3691
槭 3692
枓 3693
杓 3694
櫑 3695
[罍]
櫑或缶
[櫑]
櫑或从皿
[𦉜]
籀文櫑
椑 3696
榼 3697
橢 3698
槌 3699
柃 3700
椄 3701
槤 3702
今俗作璉
櫎 3703
今别作幌
㮚 3704
槷 3705
檷 3706
機 3707
滕 3708
杼 3709
椱 3710
楥 3711

核 3712
棚 3713
棧 3714
栫 3715
槶 3716
梯 3717
棖 3718
桊 3719
椯 3720
73110 椯
槩 3721
樴 3722
杖 3723
今俗别作仗
柭 3724
棓 3725
椎 3726
柯 3727
棁 3728
柄 3729
[棅]
或从秉
柲 3730
欑 3731
屎 3732
22004 屎
[柅]
屎或从木尼聲
楊 3733
榜 3733
今俗作膀
橄 3734
隱 3735
㶏 3735
棔 3736
棊 3737

棋 3737
椄 3738
桻 3739
栝 3740
槽 3741
臬 3742
桶 3743
櫓 3744
[樐]
櫓或从鹵
樂 3745
柎 3746
枹 3747
椌 3748
柷 3749
槧 3750
札 3751
檢 3752
檄 3753
棨 3754
棨 3755
桓 3756
梐 3757
极 3758
柭 3759
32008 柭
槅 3760
櫟 3761
楇 3762
柳 3763
棝 3764
欙 3765
権 3766
橋 3767
梁 3768
[澡] 古文

椶 3769
艘 3769
橃 3770
今俗别作筏
楫 3771
欚 3772
校 3773
樸 3774
采 3775
柿 3776
横 3777
梜 3778
桄 3779
檇 3780
椽 3781
朾 3782
柧 3783
棱 3784
櫱 3785
[櫱]
欁或从木辥聲
蘖 3785
[不]
古文欁从木
無頭
[栓]
亦古文欁
栫 3785
枰 3786
柆 3787
槎 3788
柮 3789
檮 3790
檮 3790
析 3791
棷 3792

梡 3793
楓 3794
楄 3795
楅 3796
棐 3797
槱 3798
禉 3798
[酒]
柴祭天神或
从示
休 3799
[庥]
休或从广
櫃 3800
[亙]
古文櫃
械 3801
杽 3802
桎 3803
梏 3804
櫪 3805
櫔 3806
檻 3807
櫳 3808
柙 3809
[𡇳]
古文柙
棺 3810
櫬 3811
槥 3812
椁 3813
楬 3814
梟 3815
梟 3815
棐 3816
梔 3817

梔 3817
樹 3818
槷 3819
椸 3820
榻 3821
櫝 3822
櫂 3823
[棹]或从卓
史記通用濯
椁 3824
槨 3824
椿 3825
櫻 3826
楝 3827

207 東部

東 3828
棘 3829

208 林部

林 3830
𣡕 3831
無 3831
鬱 3832
楚 3833
棽 3834
楙 3835
麓 3836
[禁]
古文从录
棼 3837
森 3838
梵 3839

209 才部

才 3840

說文解字弟六（上）
部首 4
字頭 445
新附 10
重文 41 其中
古文 12
籀文 6
篆文 23

說文解字弟六

（下）

210 叒部

叒 3841
[𠮷] 籀文
桑 3842

211 之部

之 3843
㞢3843

212 帀部

帀 3845
師 3846
獅3846
[𠅨]
古文師

213 出部

出 3847
敖 3848
賣 3849
糶 3850
25423 糶
䊆 3851

214 𣎵部

𣎵 3852
米 3852
朩 3852
𡿧 3853
𡿧3853
索 3854
孛 3855
𣎵 3856
朿 3856
南 3857
[峷] 古文

215 生部

生 3858
丰 3859
𡴀3859
丯 3859
𡴀3859
產 3860
隆 3861
隆 3861
甤 3862
甡 3863

216 乇部

乇 3864

217 𠂹部

𠂹 3865
[𢍜] 古文

218 𠌶部

𠌶 3866
[荂]
𠌶或从艸从夸
韡 3867
韡 3867

219 華部

華 3868
皣 3869

220 卉部

禾 3870
積 3871
稛 3872

221 稽部

稽 3873
𥡿 3874
䅺 3875

222 巢部

巢 3876
𠬪 3877

223 桼部

桼 3878
髤 3879
𩊵 3880

224 束部

束 3881
柬 3882
𣏛 3883
剌 3884

225 㯻部

㯻 3885
橐 3886
囊 3887
𣜃 3888
橐 3889

226 口部

口 3890
圜 3891
團 3892
圓 3893
囩 3894
圓 3895
回 3896
[囘] 古文
囘3896
圖 3897
圛 3898
國 3899
𡈼 3900
壼 3900
困 3901
圈 3902
囿 3903
[𡈹] 籀文囿
園 3904
圃 3905
因 3906
囚 3907
囹 3908
圄 3909
囚 3910
固 3911
圍 3912
困 3913
[朱]
古文困
圂 3914
囮 3915
[𡈺]
囮或从繇
03113 𡈺

227 員部

員 3916
[鼎]
籀文从鼎
䞓 3917

228 貝部

貝 3918
貨 3919
賄 3920
財 3921
貨 3922
𧶠 3923
資 3924
贎 3925
賑 3926
賢 3927
賁 3928
賀 3929
貢 3930
贊 3931
74413 贊
賮 3932
齎 3933
貸 3934
貣 3935
賂 3936
賸 3937
贈 3938
貱 3939
贛 3940
64720 贛
贛 3940
賚 3941
賞 3942
賜 3943
貤 3944
贏 3945
賴 3946
負 3947
貯 3948
貳 3949
賓 3950
[賔] 古文
賒 3951
貰 3952
贅 3953
63315 贅
質 3954
貿 3955
60512 貿
贖 3956
11519 贖
費 3957
責 3958
賈 3959
𧸘 3960
販 3961

買 3962
賤 3963
賦 3964
貪 3965
貶 3966
貧 3967
[穷]
古文从宀分
賃 3968
賕 3969
購 3970
貾 3971
貲 3972
賨 3973
賣 3974
71314賣
賫 3974
賣 3974
𧶠 3974
貿 3975
貴 3975
𧴪 3975
賏 3976
貺 3977
睸 3978
賭 3979
貼 3980
貽 3981
賺 3982
賽 3983
賻 3984
贍 3985

229 邑部

邑 3986
邦 3987
[峀]古文
郡 3988
都 3989
鄰 3990
酇 3991
鄙 3992
郊 3993
邸 3994
郛 3995
郵 3996
削 3997
鄯 3998
竆 3999
䣜 4000
郤 4001
郯 4002
[岐]
郯或从山支聲
[㩼]
古文郯从枝
从山
邠 4003
[豳]
从山从豩
郿 4004
𨟍 4004
郁 4005
鄠 4006
扈 4007
[屺]
古文扈从山弓
鄜 4008
郥 4009
郝 4010
酆 4011
鄭 4012
郃 4013
邙 4014
鬱 4015
鄺 4016
郾 4017
21113 鄘
郵 4018
郅 4019
邽 4020
部 4021
䢷 4022
鄏 4023
鄚 4024
29716 鄚
鄩 4025
邛 4026
鄩 4027
郗 4028
鄆 4029
邶 4030
邘 4031
䣞 4032
邵 4033
鄍 4034
鄐 4035
鄃 4036
邲 4037
郤 4038
鄶 4039
䣢 4040
郎 4041
鄈 4042
邢 4043
邢 4043
鄔 4044
祁 4045
鄴 4046
邦 4047
邯 4048
鄲 4049
郇 4050
鄃 4051
鄗 4052
鄚 4054
鄡 4053
郅 4055
鄇 4056
鄇 4056
鄦 4057
邟 4058
郾 4059
03109 郾
郲 4060
鄭 4061
郞 4062
郈 4063
郱 4064
鄍 4065
鄧 4066
鄾 4067
鄂 4068
鄛 4069
鄸 4070
鄳 4071
野 4072
𨚍 4073
郢 4074
[邔]
郢或省
鄢 4075
郿 4076
鄝 4077
鄂 4078
邵 4079
郴 4080
鄖 4081
鄘 4082
25415 鄘
鄳 4083
䣭 4084
䣯 4085
鄮 4086
邡 4087
21006 邡
鄡 4088
鄨 4089
郇 4090
那 4091
鄱 4092
酃 4093
郴 4094
郝 4095
鄮 4096
20515 鄮
鄞 4097
邤 4098
郱 4099
䣝 4100
邩 4101
鄖 4102
鄶 4103
鄑 4104
郜 4105
鄄 4106
邛 4107
鄶 4108
邧 4109
郷 4110
20009 郷
郠 4111
鄅 4112
鄒 4113
郐 4114
邿 4115
郰 4116
郕 4117
郁 4118
01211 郁
鄿 4119
郎 4120
邳 4121
鄣 4122
邗 4123
䣊 4124
郈 4125
郯 4126
郚 4127
鄻 4128
䣦 4129
邪 4130
20207 邪
郲 4131
䣼 4132
郭 4133
郳 4134
郣 4135
今俗作渤
鄿 4136
今作譚
郇 4137
郄 4138
𢦏 4139
鄦 4140
邸 4141
郊 4142

旃 4270
[旜]
旃或从亶
旐 4271
旟 4272
施 4273
旖 4274
旚 4275
旞 4276
游 4277
[遊]
古文游
旇 4278
旋 4279
旄 4280
旛 4281
旅 4282
[装]
古文旅
族 4283

235 冥部

冥 4284
鼆 4285

236 晶部

晶 4286
曐 4287
[曐]
古文曐
[星]
曐或省
曑 4288
[参]
曑或省
参 4288
曟 4289
[晨]
曟或省
曡 4290
[疊]亡新以
爲疊从三日
太盛改爲三
田

237 月部

月 4291
朔 4292
朏 4293
霸 4294
[䨣]
古文霸
朗 4295
朖 4295
朓 4296
肭 4297
期 4298
[𣅈]
古文期从日丌
朦 4299
朧 4300

238 有部

有 4301
䶃 4302
龓 4303

239 朙部

朙 4304
[明]
古文朙从日
[illegible] 4305
[illegible] 4305

240 囧部

囧 4306
囧 4306
盟 4307
[盟]
篆文盟从朙
[盟]
古文盟从明

241 夕部

夕 4308
夜 4309
夢 4310
夗 4311
夤 4312
20311 夤
[𡖟]
籒文夤
夝 4313
今俗别作晴
外 4314
[夘]
古文外
𡖊 4315
今俗别作夙 謞
[佡]
古文夙从人𠙹
[佡]
亦古文夙从人
西宿字从此
[illegible] 4316

242 多部

多 4317
[夛]
古文多
夥 4318
夥 4318
[illegible] 4319
[illegible] 4320
90010 [illegible]

243 毌部

毌 4321
貫 4322
虜 4323

244 马部

马 4324
圅 4325
函4325
[肣]俗圅
从肉今
甹 4326
甬 4327
[illegible] 4328

245 東部

東 4329
𣘻 4330

246 卤部

卤 4331
[𠧪]
籒文从三卤
㮚 4332
栗 4332
[䙳]
古文㮚从西从
二卤
粟 4333
粟 4333
[𥻆]
籒文粟

247 齊部

齊 4334
90314 齊
亝 4334
斉 4334
𪗉 4335

248 朿部

朿 4336
棗 4337
棘 4338

249 片部

片 4339
版 4340
𤗉 4341
牘 4342
71317 牘
牒 4343
牑 4344
牖 4345
牏 4346

250 鼎部

鼎 4347
鼒 4348
[鎡]
俗鼒从金从兹
鼐 4349
鼏 4350
50210 鼏

251 克部

克 4351
[亯]
古文克
[泉]
亦古文克
克4351

252 彔部

彔 4352
录 4352

253 禾部

禾 4353
秀 4354
稼 4355
穡 4356
穑 4356
穜 4357
稙 4358
稙 4358
種 4359
稑 4360
[穋]
稑或从翏
稺 4361
稹 4362
稠 4363
穊 4364
稀 4365
穖 4366
穆 4367
私 4368
[illegible] 4369
稷 4370
[稷]
古文稷省
齋 4371
[粢]
齋或从次
秫 4372
[朮]
秫或省
穄 4373
稻 4374
稌 4375
稬 4376
稴 4377
秔 4378
82006 秔
[稉]
秔或从更聲
秏 4379
穬 4380

秜 4381
22006 秜
稗 4382
移 4383
穎 4384
稴 4385
采 4386
[穗]
采或从禾惠聲
杓 4387
穟 4388
[蓫]
穟或从艸
穑 4389
稆 4390
秒 4391
穖 4392
秠 4393
秨 4394
穮 4395
案 4396
秄 4397
穧 4398
穫 4399
穦 4400
積 4401
秩 4402
稛 4403
稇 4403
捆 4403
稞 4404
秳 4405
稲 4405
秔 4406
稃 4407
[粰]
稃或从米付聲
穭 4408
穅 4409
96215 穅
[康]
穅或省
94213 康
䅿 4410
稭 4411
稈 4412
[秆]
稈或从干
稾 4413
稿 4413
秕 4414
稍 4415
䄸 4416
穰 4417
秧 4418
䅁 4419
䅊 4420
秊 4421
季 4421
年 4421
穀 4422
稔 4423
租 4424
稅 4425
䆃 4426
秔 4427
穌 4428
稍 4429
秋 4430
[穐]
籒文不省
秦 4431
[𥢶]
籒文秦从秝
稱 4432
科 4433
程 4434
稯 4435
[稅]
籒文稯省
秭 4436
秅 4437
祏 4438
稘 4439
穩 4440
穏 4440
稕 4441

254 秝部

秝 4442
兼 4443

255 黍部

黍 4444
䵚 4445
黏 4446
黏 4447
黏 4448
[粘]
黏或从米
粘 4448
黏 4449
[黏]
黏或从刃
黎 4450
黎 4450
黏 4451

256 香部

香 4452
馨 4453
24321 馨
馥 4454
65920 馥

257 米部

米 4455
粱 4456
糕 4457
粲 4458
糲 4459
精 4460
粺 4461
粗 4462
粜 4463
糵 4464
粒 4465
[飱]
古文粒
糬 4466
23317 糬
糂 4467
91312 糂
[糣]
籒文糂从朁
[糁]
古文糂从参
糵 4468
糜 4469
糟 4470
粪 4471
91109 粪
籟 4472
[鞠]
籟或从麥
鞠省聲
糟 4473
[醬]
籒文从酉
糒 4474
糒 4474
糗 4475
臬 4476
糈 4477
糧 4478
粈 4479
糴 4480
糠 4481
粹 4482
氣 4483
[槩]
氣或从既
[餼]
氣或从食
81316 餼
粈 4484
粉 4485
糕 4486
糙 4487
粲 4488
糠 4489
竊 4490
竊 4490
粻 4491
粕 4492
粔 4493
籹 4494
糉 4495
粽 4495
糖 4496
94315 糖

258 毇部

毇 4497
糳 4498

259 臼部

臼 4499
舂 4500
臿 4501
臽 4502
臽 4503
[抗]
臽或从手从宂
[肮]
臽或从臽宂
臽 4504

260 凶部

凶 4505
兇 4506

説文解字弟七（上）
部首 30
字頭 337
新附 37
重文 54 其中
古文 20
籒文 10
篆文 24

說文解字弟七

（下）

261 朩部

朩 4507

朩 4507

枲 4508

[𦃇]

籀文枲从林

从辝

262 𣏟部

𣏟 4509

檾 4510

㪔 4511

㪔 4511

263 麻部

麻 4512

𪎊 4513

黀 4514

𪎌 4515

264 尗部

尗 4516

𣐕 4517

𣐕 4517

[豉]

俗𣐕从豆

265 耑部

耑 4518

266 韭部

韭 4519

䪢 4520

䪤 4521

[齏]

䪤或从齊

䪪 4522

韱 4523

䪨 4524

267 瓜部

瓜 4525

瓝 4526

瓞 4527

[𤬸]

瓞或从弗

𤬻 4528

𤬴 4529

瓣 4530

㼌 4531

268 瓠部

瓠 4532

瓢 4533

269 宀部

宀 4534

家 4535

[𡧜]

古文家

宅 4536

[𡧚]

古文宅

[厇]

亦古文宅

室 4537

宣 4538

向 4539

50104 向

宧 4540

㝨 4541

奧 4542

𡚁 4542

奥 4542

奥 4542

宛 4543

[惌]

宛或从心

宸 4544

宇 4545

[寓]

籀文宇从禹

寷 4546

寏 4547

[院]

寏或从𨸏

宏 4548

宖 4549

寪 4550

㝩 4551

54214 康

㝗 4552

宬 4553

寍 4554

定 4555

寔 4556

安 4557

宓 4558

㝞 4559

宴 4560

𡧓 4561

[𧨕]

寂或从言

寂 4561

察 4562

寴 4563

完 4564

富 4565

實 4566

宲 4567

宲 4567

容 4568

[㝐]

古文容从公

宂 4569

𡨦 4570

50212𡨦

寡 4570

寶 4571

寶 4571

[寚]

古文寶省貝

宭 4572

宦 4573

宰 4574

守 4575

寵 4576

宥 4577

宐 4578

宜 4578

[𡧯]

古文宜

[𡦿]

亦古文宜

寫 4579

宵 4580

宿 4581

宿 4581

寑 4582

寑 4582

[𡨚]

籀文寑省

𡧰 4583

寬 4584

𡧵 4585

寁 4586

寡 4587

客 4588

寄 4589

寓 4590

54107 寓

[庽]

寓或从广

14107 庽

寠 4591

㝋 4592

寒 4593

害 4594

索 4595

𡨖 4596

54216𡨖

[𥨍]

𡨖或从穴

54218 𥨍

宄 4597

[𡯓]

古文宄

[𡩏]

亦古文宄

𡫊 4598

52212 𡫊

𡫊 4598

宕 4599

宋 4600

𡪤 4601

54214 𡪤

宗 4602

宔 4603

宙 4604

寘 4605

寰 4606

宷 4607

270 宮部

宮 4608

營 4609

271 呂部

呂 4610

[膂]

篆文呂从肉

从旅

躳 4611

[躬]

躳或从弓

272 穴部

穴 4612

𥤢 4613

窨 4614

51311 窨

窯 4615

窰 4615

窰 4615

窑 4615

寝 4616

竈 4617

[竈]

竈或不省

51417 竈

窐 4618

突 4619

𥥉 4619

罙 4619

穿 4620

寮 4621

突 4622

窫 4623

竇 4624

51418 竇

窬 4625

窠 4626

窻 4627

窗 4627

窊 4628

窾 4629
空 4630
窒 4631
穵 4632
窳 4633
窞 4634
窌 4635
50210 窌窌
窖 4636
窬 4637
窵 4638
窺 4639
竀 4640
窡 4641
窋 4642
窴 4643
窒 4644
突 4645
竄 4646
窣 4647
窘 4648
窕 4649
穹 4650
究 4651
竆 4652
窅 4653
窔 4654
邃 4655
窈 4656
窱 4657
竁 4658
窆 4659
窀 4660
穸 4661
窜 4662

273 㝱部

㝱 4663
寢 4664
53322 寢
寐 4665
寤 4666
[寤] 籀文寤
寣 4667
寐 4668
寱 4669
寎 4670
𥨍 4671
𥨐 4672

274 疒部

疒 4673
𤕫4673
疾 4674
[疾]
古文疾
[⿸疒斤]
籀文疾
痛 4675
病 4676
瘣 4677
疴 4678
痾4678
痡 4679
瘽 4680
65717 瘽
瘵 4681
瘨 4682
瘼 4683
⿸疒亢 4684
瘨 4685
⿸疒骨 4686
⿸疒凶 4687
疵 4688
癈 4689
瘏 4690
瘲 4691
⿸疒辛 4692
⿸疒或 4693
痟 4694
疕 4695
瘍 4696
痒 4697
⿸疒焉 4698
⿸疒斯 4699
⿸疒爲 4700
⿸疒夹 4701
瘖 4702
癭 4703
瘻 4704
疫 4705
瘀 4706
疝 4707
疛 4708
⿸疒[illegible] 4709
⿸疒府 4710
痀 4711
瘚 4712
[欮]
瘚或省疒
痵 4713
痱 4714
瘤 4715
痤 4716
今别作瘯蠡
疽 4717
⿸疒麗 4718
癰 4719
瘜 4720
癬 4721
疥 4722
痂 4723
瘕 4724
癘 4725
瘧 4726
痁 4727
痎 4728
痳 4729
痔 4730
痿 4731
痹 4732
⿸疒畢 4733
69713⿸疒畢
瘃 4734
⿸疒扁 4735
瘇 4736
[尰]
籀文从尣
⿸疒盍 4737
⿸疒貝 4738
痏 4739
⿸疒壽 4740
⿸疒冄 4741
[⿸疒反]
籀文从反
⿸疒農 4742
痍 4743
64310 痍
瘢 4744
痕 4745
痙 4746
痋 4747
痩 4748
瘦4748
疢 4749
⿸广火4749
癉 4750
疸 4751
⿸疒夾 4752
痞 4753
⿸疒易 4754
⿸疒朿 4755
疲 4756
⿸疒弟 4757
疧 4758
⿸疒支 4759
癜 4760
癃 4761
[⿸疒夅]
籀文癃省
疫 4762
瘛 4763
痑 4764
⿸疒兑 4765
⿸疒樂 4766
⿸疒舌 4767
瘌 4768
癆 4769
瘥 4770
⿸疒衰 4771
瘉 4772
今别作愈
瘳 4773
癡 4774

275 冖部

冖 4775
冂4775
今俗作幂
冠 4776
冣 4777
⿱冖託 4778

276 𠔼部

𠔼 4779
同 4780
青 4781
冢 4782

277 冃部

冃 4783
冕 4784
[絻]
冕或从糸
胄 4785
[䩜]
司馬法胄从革
冒 4786
[⿴囗冃]
古文冒
最 4787

278 㒳部

㒳 4788
兩 4789
两 4789
㒼 4790

279 网部

网 4791
[罔]
网或从亡
罔4791
⿱罒亡4791
[䋞]
网或从糸
網4791
[⿵冂亡]
古文网
[网]
籀文网
罨 4792
53213 罨

罕 4793
羉 4794
䍙 4795
䍐 4796
[䠣]
或从足
罙 4797
罙4797
[宷]
罙或从宀
罩 4798
罾 4799
罪 4800
罽 4801
罛 4802
罟 4803
罶 4804
[𦌤]
罶或从婁
罜 4805
䍦 4806
罧 4807
罠 4808
羅 4809
罬 4810
[輟]
罬或从車
罿 4811
𦊨 4812
[罦]
𦊨或从孚
罻 4813
𦊺 4814
隸書作罘
𦊽 4815
罝 4816
[䋞]
罝或从糸
[䍝]
籒文从虘
𦍁 4817
署 4818
罷 4819
置 4820
罯 4821
詈 4822
罵 4823
䍨 4824
[羈]
䍨或从革
罭 4825
罳 4826
罹 4827

280 襾部

襾 4828
覂 4829
覈 4830
[覇]
覈或从雨
覆 4831

281 巾部

巾 4832
帉 4833
帥 4834
[帨]
帥或从兑
𢅻 4835
25214𢅻
帗 4836
𢃇 4837
幋 4838
帤 4839
幣 4840
幅 4841
㡃 4842
㡃4842
帶 4843
幘 4844
帕 4845
帔 4846
常 4847
91108 常
[裳]
常或从衣
90110 裳
帬 4848
[裠]
帬或从衣
帴 4849
𢃗 4850
[褌]
𢃗或从衣
幒 4851
幒4851
[𢃋]
幒或从松
㡜 4852
幎 4853
幔 4854
幬 4855
㡘 4856
帷 4857
[匱]
古文帷
帳 4858
幕 4859
帉 4860
幓 4861
㡏 4862
帖 4863
帙 4864
[袠]
帙或从衣
幁 4865
徽 4866
幖 4867
㡐 4868
幡 4869
𢂸 4870
幨 4871
幝 4872
幏 4873
幭 4874
幠 4875
飾 4876
21211 飾
幃 4877
帣 4878
帚 4879
席 4880
[囦]
古文席从石省
幐 4881
𢅥 4882
𢃡 4883
𢁫 4884
幩 4885
㡚 4886
帑 4887
布 4888
幏 4889
𢄊 4890
𢂽 4891
幦 4892
帆 4893
幢 4894
幟 4895
帟 4896
幗 4897
幧 4898
帒 4899
[袋] 或从衣
帊 4900
幞 4901
幰 4902

282 巿部

巿 4903
[韍]篆文
巿从韋从犮
今俗作紱
帢 4904
[韐]
帢或从韋

283 帛部

帛 4905
錦 4906

284 白部

白 4907
[阜]
古文白从入
合二
皎 4908
皢 4909
晳 4910
晢 4910
皤 4911
[𩓞]
皤或从頁
皠 4912
皠 4912
皚 4913
皅 4914
皦 4915
㿟 4916
皛 4917

285 㡀部

㡀 4918
敝 4919

286 黹部

黹 4920
䵻 4921
黼 4922
黻 4923
𪓑 4924
黺 4925

說文解字弟七（下）
部首 26
字頭 419
新附 12
重文 69 其中
古文 26
籒文 10
篆文 33

說文解字弟八
（上）

287 人部

人 4926
僮 4927
保 4928
保4928
［呆］
古文保
［㷛］
古文保不省
仁 4929
［忎］
古文仁从千心
［𡰥］
古文仁或从尸
企 4930
［𧿹］
古文企从足
仞 4931
仕 4932
佼 4933
僎 4934
22107 僎
俅 4935
佩 4936
今俗别作珮
儒 4937
俊 4938
傑 4939
俥 4940
伋 4941
伉 4942
伯 4943
仲 4944
伊 4945
［𠑊］古文伊从古文死
偰 4946
倩 4947
伃 4948
伀 4949
儇 4950
倓 4951
［㑇］
倓或从剡
佝 4952
傛 4953
僷 4954
佳 4955
侅 4956
傀 4957
［瓌］
傀或从玉褢聲
偉 4958
份 4959
［彬］
古文份从彡林
今俗作斌
僚 4960
佖 4961
㑥 4962
儠 4963
儦 4964
儺 4965
28719 儺
倭 4966
僓 4967
僑 4968
俟 4969
侗 4970
佶 4971
俁 4972
仜 4973
僤 4974
健 4975
26109 健
倞 4976
傲 4977
仡 4978
仡 4978
倨 4979
51207 倨
儼 4980
傪 4981
俚 4982
伴 4983
俺 4984
81210 俺
僩 4985
伾 4986
偲 4987
倬 4988
侹 4989
21208 侹
倗 4990
傓 4991
儆 4992
俶 4993
傭 4994
95414 傭
僾 4995
僾 4995
仿 4996
［俩］
籀文仿从丙
佛 4997
僁 4998
僟 4999
佗 5000
今俗譌誤謂
之駱駞
駝5000
何 5001
今俗别作担荷
儋 5002
供 5003
偫 5004
儲 5005
備 5006
［㒃］
古文備
位 5007
儐 5008
［擯］
儐或从手
偓 5009
22107 偓
佺 5010
儡 5011
佝 5012
儕 5013
倫 5014
侔 5015
偕 5016
俱 5017
儹 5018
92417 儹
併 5019
24410 併
傅 5020
94412 傅
伿 5021
俌 5022
倚 5023
依 5024
仍 5025
佽 5026
佴 5027
倢 5028
侍 5029
傾 5030
側 5031
侒 5032
侐 5033
付 5034
俜 5035
俠 5036
儃 5037
侁 5038
72106 侁
仰 5039
㑆 5040
儽 5041
侳 5042
偁 5043
伍 5044
什 5045
佰 5046
佸 5047
佸 5047
佮 5048
𢼸 5049
傆 5050
作 5051
假 5052
借 5053
侵 5054
24009 侵
侵 5054
儥 5055
71316 儥
候 5056
候 5056
候 5056
償 5057
90313 償
僅 5058
代 5059
儀 5060
傍 5061
佀 5062
似 5062
便 5063
任 5064
俔 5065
優 5066
僖 5067
偆 5068
俒 5069
儉 5070
偭 5071
俗 5072
俾 5073
倪 5074
億 5075
使 5076
㑪 5077
伶 5078
儷 5079
傳 5080
倌 5081
价 5082
伃 5083
倂 5084
倂 5084

俟 5084
俆 5085
偋 5086
94512 偋
伸 5087
伹 5088
𠐢 5089
偄 5090
倍 5091
傿 5092
僭 5093
儗 5094
偏 5095
倀 5096
儽 5097
儔 5098
侜 5099
俴 5100
佃 5101
𠇉 5102
侊 5103
佻 5104
僻 5105
伭 5106
伎 5107
侈 5108
佁 5109
傜 5110
僞 5111
伿 5112
佝 5113
僄 5114
倡 5115
俳 5116
僐 5117
儳 5118

佚 5119
俄 5120
㑲 5121
傜 5121
御 5122
傞 5123
僛 5124
侮 5125
[㑄]
古文从母
㑵 5126
[嫉]
㑵或从女
傷 5127
俙 5128
僨 5129
僵 5130
仆 5131
偃 5132
93108 偃
傷 5133
侑 5134
侉 5135
催 5136
俑 5137
伏 5138
促 5139
例 5140
係 5141
伐 5142
俘 5143
但 5144
傴 5145
90309 傴
僂 5146
僇 5147

仇 5148
儡 5149
咎 5150
仳 5151
佫 5152
倠 5153
值 5154
侂 5155
僔 5156
像 5157
倦 5158
傮 5159
偶 5160
24107 偶
弔 5161
23003 弔
佋 5162
㑗 5163
僊 5164
僰 5165
仚 5166
僥 5167
㒖 5168
侳 5169
64311 侳
件 5170
侶 5171
侲 5172
倅 5173
傔 5174
倜 5175
儻 5176
佾 5177
倒 5178
儈 5179
低 5180

債 5181
價 5182
停 5183
僦 5184
伺 5185
僧 5186
佇 5187
偵 5188

288 𠤎部

𠤎 5189
䰢 5190
真 5191
[帋]
古文真
化 5192

289 匕部

匕 5193
匙 5194
𠤕 5195
𠤝 5196
頃 5197
𡿺 5198
卬 5199
印 5199
𠦝 5200
卓 5200
艮 5201
𥃩 5201

290 從部

从 5202
從 5203
幷 5204
并 5204

291 比部

比 5205
[夶]
古文比
毖 5206

292 北部

北 5207
冀 5208

293 丘部

丘 5209
丠 5209
𠀉 5209
[坒]
古文从土
虛 5210
今俗别作墟
屔 5211

294 㐺部

㐺 5212
乑 5212
眾 5213
衆 5213
聚 5214
臮 5215
[眔]
古文臮

295 𡈼部

𡈼 5216
徵 5217
[𢼸]
古文徵
朢 5218
[𦣠]
古文朢省
𡈽 5219

296 重部

重 5220
量 5221
[量]
古文量

297 臥部

臥 5222
監 5223
[𧧻]
古文監从言
臨 5224
𩜦 5225
50213 𩜦

298 身部

身 5226
軀 5227
91412 軀

299 㐆部

㐆 5228
殷 5229

300 衣部

衣 5230
裁 5231
74311 裁
衮 5232
䙷 5233
褕 5234
袗 5235
[裖]
袗或从辰
表 5236
表 5236
[𧝓]
古文表从麃
裏 5237
襁 5238
襋 5239
襮 5240
襮 5240
衽 5241

褸 5242
褩 5243
21213褩
褩 5243
[illegible] 5244
[illegible] 5245
褘 5246
[illegible] 5247
襲 5248
[illegible]
籀文襲不省
袍 5249
襺 5250
襆 5251
77317襆
䙱 5251
衺 5252
[illegible]
籀文衺从楙
襘 5253
[illegible] 5254
袛 5255
裯 5256
襤 5257
[illegible] 5258
[illegible] 5259
袪 5260
褎 5261
[袖]
俗褎从由
袂 5262
褢 5263
82109 褢
褱 5264
袌 5265
襜 5266

袥 5267
衸 5268
襗 5269
22215 襗
袉 5270
裾 5271
51209 裾
衧 5272
衧 5272
褰 5273
襱 5274
[襩]
襱或从賣
71318 襩
袑 5275
[illegible] 5276
襃 5277
褒 5277
裒 5277
[illegible] 5278
今俗别作緥
褍 5279
[illegible] 5280
複 5281
62110 複
褆 5282
襛 5283
裻 5284
袳 5285
裔 5286
[兖]
古文裔
衯 5287
袁 5288
[illegible] 5289
褺 5290

24216 褺
褻5290
裵 5291
裵回俗作徘徊
襡 5292
[illegible] 5293
襦 5294
褊 5295
袷 5296
襌 5297
襄 5298
[illegible]
古文襄
被 5299
衾 5300
襐 5301
衵 5302
褻 5303
84316 褻
衷 5304
袾 5305
袓 5306
裨 5307
袢 5308
雜 5309
襍 5309
裕 5310
襞 5311
衦 5312
裂 5313
[illegible] 5314
袒 5315
補 5316
[illegible] 5317
褫 5318
𧞅 5319

[裸]
𧞅或从果
裎 5320
裼 5321
[illegible] 5322
襭 5323
[擷]
襭或从手
袺 5324
褿 5325
裝 5326
裹 5327
[illegible] 5328
[illegible] 5329
裋 5330
褔 5331
80311 褔
褐 5332
褗 5333
裺 5334
81212 裺
衰 5335
[illegible]
古文衰
卒 5336
褚 5337
製 5338
袚 5339
襚 5340
[illegible] 5341
裞 5342
褮 5343
[illegible] 5344
褭 5345
袨 5346
衫 5347

襖 5348
23116 襖

301 裘部

裘5349
[求]
古文求省衣
裘5349
[illegible] 5350

302 老部

老 5351
耋 5352
[illegible] 5353
耆 5354
耇 5355
耉 5355
[illegible] 5356
[illegible] 5357
壽 5358
考 5359
孝 5360

303 毛部

毛 5361
[illegible] 5362
[illegible] 5363
毨 5364
43108 毨
[illegible] 5365
氈 5366
毦 5367
氍 5368
毹 5369
毾 5370
㲪 5371
毬 5372
氅 5373
43213 氅

304 毳部

毳 5374
[illegible] 5375

305 尸部

尸 5376
50001 尸
[illegible] 5377
22211 [illegible]
居 5378
51205 居
踞5378
01209 踞
[illegible] 5379
50206 [illegible]
屑 5380
20006 屑
[illegible] 5380
展 5381
20815 展
屆 5382
51205 屆
尻 5383
21003 尻
𡱂 5384
20105𡱂
[脽]
𡱂或从肉隼
[臀]
𡱂或从骨殿聲
21115臀
[illegible] 5384
臀 5384
[illegible] 5385
50206 [illegible]
尼 5386
20003 尼

屆 5387
51109 屆
𡰥 5388
20105 𡰥
𡰯 5389
21104𡰯
𡰯 5389
屒 5390
20207 屒
屖 5391
22307 屖
屝 5392
20209 屝
屍 5393
20207 屍
屠 5394
21110 屠
屟 5395
25310 屟
屋 5396
22105 屋
[𡲡]
籀文屋从厂
[臺]
古文屋
屛 5397
24409 屛
層 5398
50110 層
屢 5399
29209 屢

說文解字弟八（上）
部首 19
字頭 474
新附 29
重文 35 其中
古文 21
籀文 4
篆文 10

說文解字弟八
（下）

306 尺部
尺 5400
20002 尺
咫 5401
90106 咫

307 尾部
尾 5402
22004 尾
尾 5402
今隶变作尾
屬 5403
22010 屬
屈 5404
52007 屈
尿 5405
22009 尿

308 履部
履 5406
22112 履
[䫄]
古文履从頁
从足
屨 5407
29212 屨
𡳐 5408
24014 𡳐
𡱰 5409
52007𡱰
屩 5410
21010 屩
屐 5411
22008 屐

309 舟部
舟 5412
俞 5413
船 5414
彤 5415
舳 5416
艫 5417
舠 5418
艐 5419
朕 5420
舫 5421
般 5422
[般]
古文般从支
(隸改从攴)
服 5423
[肌]
古文服从人
舸 5424
艇 5425
艅 5426
艎 5427

310 方部
方 5428
[汸]
方或从水
斻 5429
斻 5429
今俗别作航

311 儿部
儿 5430
儿 5430
兀 5431
兒 5432
允 5433
兌 5434
充 5435

312 兄部
兄 5436
兢 5437
兢 5437

313 兂部
兂 5438
[簪]
俗兂从竹从朁
兓 5439
兓 5439

314 皃部
皃 5440
[䫉]
皃或从頁豹省
[貌]
籀文皃从豹省
覍 5441
[㝸]
籀文覍从廾
上象形
[弁]
或覍字
弁 5441
卞 5441

315 兆部
兆 5442
兜 5443

316 先部
先 5444
92104 先
兟 5445
92210 兟

317 禿部
禿 5446
禿5446
穨 5447

318 見部
見 5448
視 5449
[眎]
古文視
[眡]
亦古文視
覼 5450
覣 5451
覞 5452
覵 5453
𧡽 5454
覶 5455
覢 5456
覞 5457
觀 5458
[𥌋]
古文觀从囧
㝵 5459
㝵 5459
1253 古文
㝵省彳此重出
覽 5460
䚄 5461
𧡮 5462
𧢄 5463
覦 5464
22310覦
覦 5464
覷 5465
𧢐 5466
覞 5467
覯 5468
覽 5469
覘 5470
䚐 5471
覬 5472
覾 5473
𧢈 5474
𧠈 5475
覰 5476
𧡋 5477
覓 5478
覓 5478
覬 5479
覦 5480
覷 5481
84515 覷
𧢳 5482
覺 5483
𧢤 5484
靚 5485
親 5486
覲 5487
𧡥 5488
𧡭 5489
覛 5490
覘 5491
𧡝 5492
覿 5493
21519 覿

319 覞部
覞 5494
𧢍 5495
䙴 5496

320 欠部
欠 5497
欽 5498
𣣞 5499
款 5500
吹 5501
0828 此重出
欨 5502

歔 5503
欶 5504
歟 5505
歗 5506
歕 5507
歍 5508
歡 5509
欣 5510
弞 5511
款 5512
91213 款
歀 5512
[款]
歀或从柰
欯 5513
欲 5514
歌 5515
[謌]
歌或从言
歂 5516
11112 歂
歑 5517
歊 5518
41318歊
[嗽]
俗歊从口从就
欨 5519
欱 5520
歋 5521
歊 5522
欻 5523
吹 5524
歈 5525
歗 5526
嘯0866籀文
嘯从欠作歗

[歗]此重出
歎 5527
[難]
籀文歎不省
歖 5528
歖 5528
欸 5529
歭 5530
歐 5531
50312 歐
歔 5532
欷 5533
歜 5534
歞 5535
歠 5536
90119 歠
欶 5537
歃 5538
歉 5539
歙 5540
欿 5541
歛 5542
歃 5543
欶 5544
歁 5545
欿 5546
欱 5547
歉 5548
歆 5549
歐 5550
欬 5551
歔 5552
歙 5553
歠 5554
欸 5555
呦 0954 或从

欠作欸此重出
歂 5556
欧 5557
次 5558
[㳄]
古文次
歋 5559
94217 歋
欺 5560
歆 5561
歈 5562

321 㱃部

㱃 5563
[㱓]
古文㱃从今水
[餈]
古文㱃从今食
歠 5564
[吷]
歠或从从口
从夬

322 次部

次 5565
[㳄]
次或从侃
[㳄]
籀文次
羨 5566
㳄 5567
盜 5568
盗5568

323 旡部

旡 5569
今变隸作旡
[旡]
古文旡

旣 5570
琼 5571
亮5571
今俗隸書作亮

說文解字弟八（下）
部首 18
字頭 172
新附 6
重文 22 其中
古文 13
籀文 4
篆文 5

說文解字弟九

（上）

324 頁部

頁 5572
頭 5573
顔 5574
[顏] 籀文
頌 5575
[額] 籀文
頊 5576
顱 5577
顯 5578
顛 5579
巔5579
頂 5580
[頂]
或从覍
[顛]
籀文从鼎
顙 5581
題 5582
頟 5583
今俗作額
頞 5584
[齃]
或从鼻曷
頯 5585
頰 5586
[頰]
籀文頰
頣 5587
頜 5588
頤 5589
頸 5590
領 5591
項 5592

煩 5593
顀 5594
碩 5595
頒 5596
顒 5597
顛 5598
䫜 5599
顡 5600
碩 5601
頒 5602
顒 5603
14312 顒
頵 5604
顝 5605
願 5606
顤 5607
贅 5608
頢5608
63317贅
頣 5609
顋 5610
顳 5611
類 5612
頑 5613
顤 5614
顆 5615
頝 5616
頲 5617
顫 5618
頷 5619
顡 5620
頍 5621
頿 5622
顧 5623
順 5624
彰 5625

䫐 5626
顝 5627
頊 5628
顉 5629
頓 5630
頫 5631
今俗作俯
[俛]
頫或从人免
頣 5632
顤 5633
頡 5634
䪙 5635
顥 5636
顭 5637
頨 5638
頖 5639
顗 5640
顧 5641
顒 5642
順 5643
頛 5644
類 5645
類 5646
䫥 5647
頗 5648
頄 5649
[疣]
頄或从疒
顫 5650
顑 5651
顲 5652
煩 5653
顡 5654
頪 5655
䫃 5656
顇 5657
䪷 5658
頦 5659
䫏 5660
籲 5661
籲 5661
顯 5662
頙 5663
預 5664

325 𦣻部

𦣻 5665
脜 5666

326 面部

面 5667
靦 5668
[䩄]
或从旦
䩐 5669
𩈣 5670
靨 5671
01316 靨

327 丏部

丏 5672

328 首部

首 5673
𩠐 5673
䭫 5674
𩠑 5675
[剸]
或从刀叀聲

329 県部

県 5676
縣 5677
[懸] 此本爲縣挂之縣借爲州縣之縣今俗加心別作懸

330 須部

須 5678
[湏] 此本須鬚之須借爲所須之須俗書从水
頿 5679
今俗別作髭
𩓿 5680
今俗別作髥
𩔁 5681
頟 5682

331 彡部

彡 5683
形 5684
㐱 5685
[鬒]
㐱或从髟真聲
修 5686
彰 5687
62412 彰
彫 5688
彯 5689
㣇 5690
弱 5691
彩 5692

332 彣部

彣 5693
彥 5694

333 文部

文 5695
斐 5696
辬 5697
斑 5697
嫠 5698

334 髟部

髟 5699
髮 5700
[䯸]
髮或从首
[頚] 古文
鬒 5701
鬝 5702
鬛 5703
鬌 5704
鬈 5705
髦 5706
鬘 5707
鬊 5708
鬠 5709
髻 5710
鬆 5711
[髳]
鬆或省
鬋 5712
鬑 5713
鬣 5714
鬄 5715
[髢]
鬄或从也聲
髲 5716
鬖 5717
髻 5718
鬆 5719
髩 5720
鬓 5721
鬢 5722
髶 5723
鬣 5724
鬣或从毛
[獵]
或从豕
鬛 5725
鬅 5726
鬜 5727
鬐 5728
鬊 5729
鬜 5730
髯 5731
髡 5732
[髨]
或从元
鬀 5733
今俗別作剃
𩬓 5734
鬃 5735
13319 鬃
鬇 5736
鬙 5737
髫 5738
髺 5739
鬟 5740

335 後部

后 5741
㖃 5742

336 司部

司 5743
詞 5744

337 卮部

卮 5745
巵 5745
䏿 5746
䏿 5746
𦫈 5747

338 卩部

卩 5748
卪 5748
㔾 5748
令 5749
𠨍 5750
卶 5751
卹 5752
卲 5753
厄 5754
𠨰 5754
厀 5755
今俗作膝
卷 5756
卻 5757
卸 5758
𠨬 5759
𠨬 5759
𠂎 5760

339 印部

印 5761
𢑏 5762
[抑]
俗从手

340 色部

色 5763
[illegible] 古文
艴 5764
艵 5765
24412 艵

341 卯部

卯 5766
90004 卯
卿 5767
90109 卿

342 辟部

辟 5768

辥 5769
壁 5770

343 勹部

勹 5771
䉶 5772
04214 䉶
匍 5773
匐 5774
匊 5775
今俗作掬
勻 5776
勼 5777
旬 5778
[旬] 古文
勽 5779
匈 5780
[肊]
匈或从肉
胷 5780
胸 5780
匍 5781
匌 5782
𠢕 5783
𠢕5783
復 5784
[复]
或省彳
冢 5785

344 包部

包 5786
胞 5787
匏 5788

345 茍部

茍 5789
[𦬇]
古文羊不省
敬 5790

346 鬼部

鬼 5791
53105 鬼
[䰟]
古文从示
魖 5792
魂 5793
魄 5794
魅 5795
魖 5796
魃 5797
鬽 5798
[魅]
或从未聲
[彔] 古文
[录]
籀文从彖首从
尾省聲
魃 5799
魖 5800
䰡 5801
䰥 5802
傀 5803
魅 5804
觀 5805
醜 5806
魋 5807
魑 5808
魔 5809
魘 5810
14215 魘

347 甶部

甶 5811
甾5811
畏 5812
[𤰞]
古文省
禺 5813

348 厶部

厶 5814
篡 5815
羑 5816
[誘]
或从言秀
[㕗]
或如此
[羑] 古文
篆文 羑 2348
此處重出

349 嵬部

嵬 5817
巍 5818
今人省山从
爲魏國之魏

說文解字弟九（上）
部首 26
字頭 247
新附 10
重文 31 其中
古文 8
籀文 5
篆文 18

說文解字弟九
(下)

350 山部

山 5819
嶽 5820
[㞢]
古文象高形
岳5820
岱 5821
島 5822
島 5822
峱 5823
嶧 5824
02214 嶧
嵎 5825
嶷 5826
䂂 5827
峮5827
屼 5828
巀 5829
巀 5829
嶭 5830
嶭 5830
崋 5831
崋 5831
崞 5832
崵 5833
岵 5834
屺 5835
嶨 5836
嶅 5837
53113 嶅
岨 5838
岡 5839
岑 5840
崟 5841
崒 5842
巒 5843
密 5844
岫 5845
[㝌]
籀文从穴
嵏 5846
[峻]
嵏或省
隓 5847
嵯 5848
崛 5849
02010 崛
巕 5850
峯 5851
巖 5852
巗5852
嵒 5853
嶚 5854
𡾊 5855
嶠 5856
隓 5857
嵯 5858
峨 5859
崝 5860
今俗別作崢
嶸 5861
巠 5862
𡶴 5863
崩 5863
𨺅5863
𡺹 5864
嵍 5865
嶢 5866
𡾰 5867
㠑 5868
嵈 5868
屼 5869
㟁 5869
崇 5870
崔 5871
嶙 5872
峋 5873
岌 5874
嶠 5875
嵌 5876
嶼 5877
嶺 5878
嵐 5879
嵩 5880
[崧嵷] 亦从
松古通用崇
崑 5881
崐 5881
崙 5882
崘 5882
嵇 5883

351 屾部

屾 5884
㟋 5885

352 屵部

屵 5886
岸 5887
崖 5888
嶏 5889
嵬 5890
嶏 5891

353 廣部

广 5892
府 5893
今藏腑字俗書
从肉

廱 5894
庠 5895
廬 5896
庭 5897
11208 庭
廇 5898
廇 5898
庉 5899
庌 5900
廡 5901
[𢋰]
籀文从舞
𢉬 5902
庖 5903
廚 5904
庫 5905
廄 5906
[旮]
古文从九
序 5907
廦 5908
廣 5909
廥 5910
庾 5911
10208 庾
庰 5912
14410 庰
廁 5913
廛 5914
𢇛 5915
𢈔 5916
㢋 5917
廉 5918
庛 5919
龐 5920
底 5921

庢 5922
厔 5922
廮 5923
废 5924
庳 5925
庇 5926
庶 5927
庤 5928
廙 5929
廔 5930
𢈈 5931
廢 5932
𢈯 5933
廑 5934
15413 廑
廟 5935
[庿]
古文
𢇲 5936
𢊞 5937
庍 5938
廞 5939
廫 5940
今別作寥
廈 5941
廊 5942
廂 5943
㢏 5944
㢝 5945
廖 5946

354 廠部

厂 5947
[厈]
籀文从干
厓 5948
厜 5949
𠪚 5950
𠪠 5951
𠪗 5952
厎 5953
[砥]
厎或从石
厥 5954
厲 5955
[蠇]
或不省
厱 5956
厤 5957
𠩺 5958
厝 5959
𠩥 5960
𠩂 5961
𠩦 5962
𠩭 5963
𠩤 5964
𠩨 5965
𠪃 5965
厖 5966
屵 5967
㕅 5968
仄 5969
[𠩜]
籀文从矢
矢亦聲
𠪙 5970
厞 5971
厭 5972
产 5973

355 丸部

丸 5974
𡰪 5975
𡰝 5976
𡰥 5977

356 危部

危 5978
𢼸 5979
𢻵 5979

357 石部

石 5980
磺 5981
[卝]
古文礦
礦 5981
碭 5982
碝 5983
砮 5984
礜 5985
碣 5986
[𥕢] 古文
磏 5987
碬 5988
礫 5989
碧 5990
磧 5991
碑 5992
𥔵 5993
磒 5994
䃍 5995
硞 5996
硍 5997
礐 5998
硈 5999
磕 6000
硻 6001
磿 6002
磛 6003
礹 6004
礊 6005
确 6006
今俗作確
[㱿]
确或从殻
磽 6007
硪 6008
碞 6009
磬 6010
[殸]
籀文省
[硜]
古文从巠
礙 6011
硩 6012
硟 6013
10008 硟
碎 6014
破 6015
礱 6016
研 6017
䃺 6018
14218 䃺
磑 6019
碓 6020
𥓯 6021
磻 6022
𥖀 6023
硯 6024
砭 6025
碥 6026
砢 6027
磊 6028
礪 6029
經典通用厲
碏 6030
磯 6031
碌 6032
砧 6033
砌 6034
礩 6035
礎 6036
硾 6037

358 長部

長 6038
[兂]
古文長
[兵]
亦古文長
𨽸 6039
肆 6039
[𩬞]
或从髟
镾 6040
镻 6041

359 勿部

勿 6042
[旀]
勿或从於
昜 6043

360 冄部

冄 6044
冉 6044

361 而部

而 6045
今俗別作確
耏 6046
[耐]
或从寸

362 豕部

豕 6047
[帀] 古文
豬 6048

豰 6049
豯 6050
豵 6051
豝 6052
豣 6053
豶 6054
豭 6055
豛 6056
豷 6057
豤 6058
豋 6059
豧 6060
豢 6061
豠 6062
豲 6063
豨 6064
豖 6065
豦 6066
豙 6067
豙 6067
豩 6068

363 㣇部

㣇 6069
[𧰨]籒文
[𢑏]古文
㣈 6070
𢑟 6071
81213𢑟
[豪]
籒文从豕
今俗別作毫
彙 6072
彙 6072
蝟 6072
緜 6073
古文緜

364 彑部

彑 6074
彘 6075
彖 6076
62207 彖
彔 6077
𢑚 6078
[彖]从彑
从豕省
62208 𢑚

365 豚部

豚 6079
[豚]
篆文从肉豕
䜸 6080

366 豸部

豸 6081
豹 6082
10108 豹
貙 6083
貚 6084
貔 6085
[豼]
或从比
豺 6086
貐 6087
貘 6088
𧳜 6089
15418 𧳜
貜 6090
貀 6091
貈 6092
豻 6093
[犴]
豻或从犬
貂 6094
貉 6095
貆 6096
貍 6097
貒 6098
11113 貒
貛 6099
貁 6100
貓 6101

367 𤉡部

𤉡 6102
[兕]
古文从几

368 易部

易 6103

369 象部

象 6104
豫 6105
[𧰼]
古文

說文解字弟九(下)
部首 20
字頭 287
新附 28
重文 28 其中
古文 12
籒文 7
篆文 9

說文解字弟十
（上）

370 馬部

馬 6106
[影]
古文
[影]
籒文馬與影
同有髦
騭 6107
騭 6107
馬 6108
駒 6109
𩡧 6110
騆 6111
騏 6112
驪 6113
駽 6114
騩 6115
騮 6116
騮6116
駵6116
騢 6117
騅 6118
駱 6119
駰 6120
驄 6121
驈 6122
駹 6123
騧 6124
[騧]
籒文騧
驃 6125
駓 6126
驖 6127
驖6127
騂 6128
馰 6129
駁 6130
馵 6131
馵 6131
驔 6132
驠 6133
騽 6134
鶾 6135
騛 6136
驁 6137
17316 驁
驁 6137
驥 6138
駿 6139
驍 6140
騺 6141
馽6141
[馽]
籒文从𢀩
驕 6142
騋 6143
驩 6144
驗 6145
𩣑 6146
傌 6147
駮 6148
駮 6148
駊 6149
駜 6150
駫 6151
騯 6152
騯 6152
駉 6153
驤 6154
驀 6155
騎 6156
駕 6157
[格]
籒文駕
騑 6158
駢 6159
驂 6160
駟 6161
駙 6162
駘 6163
騀 6164
駊 6165
駋 6166
篤 6167
騤 6168
鸒 6169
騷 6170
騷 6170
58213 騷
駸 6171
馮 6172
[憑] 經典通
用爲依馮之馮
今別作憑
馺 6173
騃 6174
驟 6175
駒 6176
颿 6177
今別作帆
驅 6178
14513 驅
[敺]
古文驅从支
敺6178
馳 6179

騖 6180
[illegible] 6181
騁 6182
駾 6183
䮝 6184
駻 6185
駧 6186
驚 6187
駭 6188
[illegible] 6189
騫 6190
駐 6191
馴 6192
駗 6193
驙 6194
騺 6195
28418 騺
驧 6196
騬 6197
19214 騬
[illegible] 6198
騷 6199
馽 6200
[illegible] 6200
[illegible] 6200
[縶]
馽或从糸執聲
25216 縶
駘 6201
駔 6202
騶 6203
驛 6204
56417 驛
駰 6205
騰 6206
騅 6207

駉 6208
駪 6209
15311 駪
駮 6210
駃 6211
今俗與快同用
14411 駉
騠 6212
驘 6213
[騾]
或从贏
驢 6214
[illegible] 6215
驒 6216
騱 6217
騊 6218
駼 6219
驫 6220
駛 6221
[illegible] 6222
騣 6223
馱 6224
騂 6225

371 廌部

廌 6226
[illegible] 6227
薦 6228
灋 6229
[法]
今文省
[㳒]
古文

372 鹿部

鹿 6230
麚 6231
麟 6232
麌 6233
[illegible] 6234
麛 6235
麑 6236
麒 6237
麐 6238
麋 6239
麎 6240
麔 6241
[麂]
或从几
麇 6242
[麕]
籀文不省
麞 6243
96418 麞
[illegible] 6244
麠 6245
[麖]
或从京
麃 6246
麈 6247
[illegible] 6248
麙 6249
麢 6250
[illegible] 6251
[illegible] 6252
麝 6253
麗 6254
[丽]
古文
[𠀅]
篆文麗字
麀 6255
[illegible]
或从幽聲

373 麤部

麤 6256
[illegible] 6257
[illegible]
籀文

374 㲋部

㲋 6258
[illegible]
篆文
[illegible] 6259
[illegible] 6260
[illegible] 6261

375 兔部

兔 6262
兎 6262
逸 6263
冤 6264
娩 6265
[illegible] 6266
[illegible] 6267

376 萈部

萈 6268
萈 6268

377 犬部

犬 6269
狗 6270
獀 6271
尨 6272
狡 6273
獪 6274
[illegible] 6275
猲 6276
獢 6277
獫 6278
狴 6279
猈 6280
猗 6281
狊 6282
猎 6283
默 6284
猝 6285
猩 6286
㺌 6287
獥 6288
猥 6289
獿 6290
[illegible] 6291
[illegible] 6292
[illegible] 6293
獎 6293
[illegible] 6294
[illegible] 6295
狠 6296
[illegible] 6297
狋 6298
[illegible] 6299
獡 6300
獷 6301
狀 6302
奘 6303
獒 6304
64114 獒
獳 6305
狧 6306
狎 6307
狃 6308
犯 6309
猜 6310
猛 6311
犺 6312
81007 犺
[illegible] 6313
[怯]
杜林説[illegible]从心
獜 6314
獧 6315
倏 6316
狟 6317
[illegible] 6318
[illegible] 6319
猌 6320
犮 6321
戾 6322
獨 6323
[illegible] 6324
獮 6325
[illegible]
獮或从豕
獵 6326
獠 6327
狩 6328
臭 6329
嗅 6329
獲 6330
獘 6331
[斃]
獘或从死
獻 6332
[illegible] 6333
獟 6334
[illegible] 6335
狂 6336
[illegible]
古文从心
類 6337
狄 6338
狻 6339
玃 6340

猶 6341
猷 6341
狙 6342
猴 6343
㲉 6344
狼 6345
狛 6346
獌 6347
狐 6348
獺 6349
猵 6350
［獱］
或从賓
猋 6351
狘 6352
獐 6353
狷 6354
猰 6355

378 㹜部

㹜 6356
獄 6357
獄 6358

379 鼠部

鼠 6359
鼶 6360
鼢 6361
鼢 6362
［蚡］
或从虫分
鼫 6363
鼶 6364
鼯 6365
鼫 6366
鼨 6367
［鼢］
籀文省
鼷 6368
［貂］
或从豸
鼷 6369
鼩 6370
鼸 6371
鼢 6372
鼬 6373
鼩 6374
鼧 6375
鼨 6376
鼮 6377
鼯 6378

380 能部

能 6379
90008 能

381 熊部

熊 6380
熊 6380
羆 6381
［䴢］
古文从皮

382 火部

火 6382
炟 6383
焜 6384
22008焜
燬 6385
燹 6386
焌 6387
尞 6388
尞6388
然 6389
今俗别作燃
盖後人增加
［蘸］
或从艸難
艸部有蘸
徐鉉曰此重出
段注曰非也
本作爇或古
本作蘸傳抄
奪火
爇 6390
76320 爇
燔 6391
燒 6392
烈 6393
烈 6393
炪 6394
燀 6395
29411 燀
燹 6396
烝 6397
烰 6398
煦 6399
熯 6400
65415 熯
炥 6401
熮 6402
閃 6403
㷔 6404
熲 6405
爚 6406
熛 6407
熇 6408
烄 6409
炗 6410
燋 6411
炭 6412
羨 6413
敹 6414
烖 6415
灰 6416
炱 6417
煨 6418
熄 6419
烓 6420
煁 6421
90210 煁
燀 6422
炊 6423
烘 6424
67120 䝙
齋 6425
熹 6426
煎 6427
熬 6428
63114 熬
熬 6428
［䵅］
熬或从麥
炮 6429
炮 6430
䰞 6431
爨 6432
穛 6432
爆 6433
24219 爆
煬 6434
熣 6435
爤 6436
［燗］
爤或从閒
爢 6437
14220 靡
靡6437
尉 6438
21209 尉
尉 6438
熨 6438
尉6438
爊 6439
灸 6440
灼 6441
煉 6442
燭 6443
熜 6444
灺 6445
㶳 6446
今俗别作燼
焠 6447
煣 6448
樊 6449
燫 6450
燎 6451
㶾 6452
票 6452
票 6452
熣 6453
㸑 6454
［焦］或省
烖 6455
74311 烖
［灾］
或从宀从火
［扶］
古文从才
［災］
籀文从巛
煙 6456
［烟］
或从因
［㷑］古文
［䕕］
籀文从宀
焆 6457
熅 6458
焜 6459
燂 6460
焞 6461
炳 6462
焯 6463
照 6464
煒 6465
炵 6466
熠 6467
煜 6468
燿 6469
煇 6470
煌 6471
焜 6472
炯 6473
20006 炯
爗 6474
爓 6475
炫 6476
光 6477
［炗］古文
［炗］古文
熱 6478
24316 熱
熱 6478
熾 6479
燠 6480
23116 燠
煖 6481
煗 6482
炅 6483
炕 6484
80007 炕
燥 6485
威 6486
烕6486

焅 6487
燽 6488
燾 6488
爟 6489
[烜]
或从亘
㷯 6490
爝 6491
熭 6492
[㷸]
古文熾
熙 6493
煕 6493
爞 6494
煽 6495
烙 6496
爍 6497
燦 6498
煥 6499

383 炎部

炎 6500
䃼 6501
烼 6502
煔 6503
燅 6504
燮 6505
62316 燮
[㷎]
或从炙
12315 㷎
燮 6506
粦 6507
粦 6507

384 黑部

黑 6508
黸 6509
黯 6510
黭 6511
黶 6512
黳 6513
53121 黳
黚 6514
黵 6515
黝 6516
黲 6517
黤 6518
黝 6519
黗 6520
點 6521
黚 6522
黔 6523
黕 6524
黨 6525
黧 6526
黠 6527
黔 6528
黕 6529
黨 6530
91119 儻
黷 6531
12325 黷
黵 6532
黴 6533
黜 6534
11014 黜
黮 6535
黱 6536
儵 6537
黬 6538
黫 6539
51116 黫
黫 6539
黖 6540
11217 黖
黟 6541
黥 6542
[剠]
黥或从刀
黪 6543
黟 6544

說文解字弟十（上）
部首 15
字頭 439
新附 16
重文 46 其中
古文 11
籀文 10
篆文 25

說文解字弟十

（下）

385 囪部

囪 6545
囱 6545
[窗]
或从穴
[囧]古文
悤 6546
怱 6546
囪 6546

386 焱部

焱 6547
熒 6548
燊 6549

387 炙部

炙 6550
[𤎫]籀文
𤎯 6551
繚 6552

388 赤部

赤 6553
[烾]
古文从炎土
赨 6554
赧 6555
赮 6556
22111 赮
赬 6557
[䞓]
赬或从貞
[赪]
或从丁
赭 6558
[䞍]
赭或从正
赭 6559
䞦 6560
赫 6561
赩 6562
赮 6563

389 大部

大 6564
奎 6565
夾 6566
奄 6567
41208 奄
夸 6568
奯 6569
奈 6570
奯 6571
戴 6572
戴 6572
奅 6573
奈 6574
奃 6575
奔 6576
奅 6577
奪 6578
奄 6579
契 6580
夷 6581
84004 夷

390 亦部

亦 6582
今别作腋
夾 6583

391 夨部

夨 6584
奊 6585
奊 6586
吳 6587
吴 6587
[㚊]
古文如此

392 夭部

夭 6588
喬 6589
幸 6590
幸 6590
奔 6591
奔 6591

393 交部

交 6592
㚄 6593
絞 6594

394 尣部

尣 6595
尢 6595
尣 6595
[尪]
古文从㞷
63309 尪
尳 6596
尲 6597
尲 6597
尴 6598
尴 6598
尵 6599
尶 6600
尶 6600
尬 6601
尬 6601
尥 6602
尥 6602
尳 6603
尷 6604
尷 6604

愯 6738
懼 6739
[愳]古文
怙 6740
恃 6741
慒 6742
悟 6743
[忢]
古文悟
憮 6744
㤅 6745
[𢟪]古文
㥠 6746
慰 6747
21213 慰
𢡆 6748
𢡟 6749
怞 6750
㥌 6751
忞 6752
慔 6753
愐 6754
怈 6755
懋 6756
[𢗭]或省
慕 6757
慕 6757
悛 6758
㥽 6759
懇 6760
慆 6761
懕 6762
憺 6763
怕 6764
恤 6765
忓 6766
懽 6767
㥯 6768
24109 㥯
惄 6769
㦄 6770
憸 6771
愒 6772
今俗别作憩
𢥞 6773
㤺 6774
急 6775
𢤩 6776
㥓 6777
懁 6778
㤚 6779
𢛎 6780
慓 6781
懦 6782
恁 6783
𢘲 6784
怚 6785
悒 6786
悆 6787
忒 6788
憪 6789
愉 6790
懱 6791
愚 6792
04109 愚
戇 6793
44724 戇
㥞 6794
憃 6795
懝 6796
忮 6797
悍 6798
態 6799
[㑞]
或从人
怪 6800
𢤭 6801
慢 6802
怠 6803
懈 6804
憜 6805
[惰]
憜或省𨸏
[媠]古文
㥘 6806
怫 6807
㤉 6808
忽 6809
忘 6810
㥱 6811
恣 6812
愓 6813
憧 6814
悝 6815
憰 6816
㤮 6817
43212 㤮
悅 6818
恑 6819
懏 6820
悖 6821
慠 6822
懖 6823
[𦗨]
古文从耳
忨 6824
惏 6825
懜 6826
愆 6827
[𡩟]
或从寒省
[𠎝]籀文
慊 6828
惑 6829
怋 6830
怓 6831
惷 6832
惛 6833
忥 6834
𢤱 6835
憒 6836
忌 6837
忿 6838
悁 6839
[𢡩]籀文
𢤻 6840
恚 6841
怨 6842
[𢙈]古文
怒 6843
憝 6844
慍 6845
愠 6845
惡 6846
40212 惡
憎 6847
㤽 6848
忍 6849
㥟 6850
恨 6851
懟 6852
悔 6853
㥐 6854
怏 6855
懣 6856
憤 6857
悶 6858
惆 6859
悵 6860
愾 6861
懆 6862
愴 6863
30210 愴
怛 6864
[𢘏]
或从心在旦下
憯 6865
慘 6866
悽 6867
恫 6868
悲 6869
惻 6870
惜 6871
愍 6872
慇 6873
𢟊 6874
𢡅 6875
慅 6876
感 6877
忧 6878
𢙯 6879
愪 6880
怮 6881
忦 6882
恙 6883
惴 6884
㥫 6885
怲 6886
惔 6887
惙 6888
慯 6889
愁 6890
愵 6891
90214 愵
惂 6892
悠 6893
悴 6894
慁 6895
慹 6896
忬 6897
忡 6898
悄 6899
慽 6900
𢝊 6901
𢝊 6901
患 6902
[𢝲]
古文从關省
[𢢘]
亦古文患
恇 6903
91312 恇
𢘡 6904
懾 6905
憚 6906
悼 6907
恐 6908
[𢖶]古文
慴 6909
怵 6910
惕 6911
[悐]
或从狄
㤨 6912
㤥 6913
惶 6914

濾 7068
泒 7069
滱 7070
淶 7071
泥 7072
20008 泥
湳 7073
73313 湳
漹 7074
涶 7075
唾 0821 或从水作[涶]此重出
瀙 7076
洵 7077
涻 7078
汈 7079
溠 7080
湪 7081
涺 7082
51210 涺
濕 7083
沈 7084
洇 7085
淉 7086
湞 7087
瀧 7088
溗 7089
汝 7090
洦 7091
泊 7091
汗 7092
洭 7093
澥 7094
漠 7095
海 7096

溥 7097
濶 7098
洪 7099
洚 7100
衍 7101
90009 衍
淖 7102
[潮]隸書不省
濱 7103
20316 濱
滔 7104
涓 7105
混 7106
潒 7107
漦 7108
汭 7109
潚 7110
演 7111
20314 演
渙 7112
泌 7113
湉 7114
活 7114
[灊]
湉或从聒
湝 7115
泫 7116
滮 7117
減 7118
瀏 7119
瀏 7119
瀸 7120
滂 7121
今俗別作霶霈
汪 7122
漻 7123

泚 7124
況 7125
沖 7126
汎 7127
沄 7128
浩 7129
沆 7130
80008 沆
泬 7131
瀵 7132
潏 7133
滃 7134
滕 7135
潏 7136
洸 7137
波 7138
澐 7139
瀾 7140
[漣]
瀾或从連
淪 7141
漂 7142
浮 7143
濫 7144
氾 7145
泓 7146
湋 7147
測 7148
湍 7149
淙 7150
激 7151
洞 7152
瀋 7153
洶 7154
涌 7155
湁 7156

涳 7157
汋 7158
瀱 7159
渾 7160
洌 7161
冽 7161
淑 7162
溶 7163
瀓 7164
今俗作澄
清 7165
湜 7166
潣 7167
滲 7168
潿 7169
溷 7170
淈 7171
52012 淈
淀 7172
漼 7173
淵 7174
[𣶒]
淵或省水
[𡇒]
古文从囗水
濔 7175
澹 7176
潯 7177
泙 7178
泏 7179
瀳 7180
潷 7181
滿 7182
滑 7183
濇 7184
澤 7185
22216 澤

淫 7186
瀸 7187
泆 7188
潰 7189
沴 7190
淺 7191
洔 7192
渻 7193
淖 7194
瀷 7195
溽 7196
涅 7197
滋 7198
溜 7199
浥 7200
沙 7201
[沚]
沙或从尐
瀨 7202
濆 7203
涘 7204
汻 7205
今作滸
氿 7206
濱 7207
浦 7208
沚 7209
沸 7210
潀 7211
潨 7211
派 7212
汜 7213
湀 7214
濘 7215
滎 7216

洼 7217
漥 7218
潢 7219
沼 7220
湖 7221
汥 7222
洫 7223
溝 7224
瀆 7225
71319 瀆
渠 7226
瀶 7227
湄 7228
洐 7229
90009 洐
澗 7230
澗 7230
澳 7231
23117澳
澳7231
澩 7232
[澩]
澩或不省
灘 7233
25523灘
[灘]
俗灘从隹
28722 灘
汕 7234
決 7235
灓 7236
滴 7237
注 7238
沃 7239
渓 7239
沃 7239

潜 7240
溢 7241
津 7242
滭 7242
[艅]
古文津从舟
从淮
溯 7243
潢 7244
泭 7245
渡 7246
沿 7247
溯 7248
泝 7248
[遡]
溯或从朔
洄 7249
泳 7250
潛 7251
淦 7252
[汵]
淦或从今
泛 7253
汓 7254
[泅]
汓或从囚聲
砅 7255
[濿]
砅或从厲
湊 7256
湛 7257
[湛] 古文
湮 7258
休 7259
沒 7260
没 7260

湜 7261
滃 7262
泱 7263
淒 7264
渰 7265
溟 7266
涑 7267
瀑 7268
24220 瀑
澍 7269
湒 7270
濆 7271
潦 7272
濩 7273
涿 7274
[叱]
奇字涿从乙
瀧 7275
渿 7276
滈 7277
漊 7278
溦 7279
濛 7280
沈 7281
今俗别作沉
冗不成字
洅 7282
淊 7283
涵 7284
澤 7285
瀀 7286
涔 7287
漬 7288
漚 7289
90312 漚
浞 7290

渥 7291
22110 渥
漼 7292
洽 7293
濃 7294
瀌 7295
濂 7296
泐 7297
滯 7298
滞 7298
泜 7299
滮 7300
澌 7301
汽 7302
汔 7302
涸 7303
[澕]
涸亦从水鹵舟
消 7304
潐 7305
渴 7306
漮 7307
94217 漮
溼 7308
湆 7309
31312 湆
洿 7310
浼 7311
汙 7312
湫 7313
潤 7314
準 7315
汀 7316
[㲴]
汀或从平
沑 7317

瀵 7318
濞 7319
瀞 7320
濊 7321
減 7322
泊 7323
湯 7324
渜 7325
洝 7326
洏 7327
涗 7328
涫 7329
涾 7330
汏 7331
灡 7332
淅 7333
滰 7334
61314 滰
浚 7335
浚 7336
瀝 7337
漉 7338
[淥]
漉或从录
潘 7339
灡 7340
泔 7341
滫 7342
澱 7343
21114 澱
淤 7344
滓 7345
淰 7346
瀹 7347
灑 7348
漀 7349

滑 7350
湎 7351
滌 7352
漿 7352
牀 7352
涼 7353
淡 7354
涒 7355
澆 7356
液 7357
汁 7358
滒 7359
灝 7360
溢 7361
洒 7362
滌 7363
濈 7364
瀋 7365
洱 7366
澕 7367
漱 7368
泂 7369
90210 泂
滄 7370
30312 滄
瀨 7371
淬 7372
沐 7373
沬 7374
[湏]
古文沬从頁
浴 7375
澡 7376
洗 7377
汲 7378
淳 7379

淋 7380
渫 7381
澣 7382
[浣]
澣或从完
濯 7383
涑 7384
潎 7385
漥 7386
灑 7387
汛 7388
染 7389
泰 7390
今左氏傳作汏
輔 [夳]
古文泰
潤 7391
濽 7392
74418 濽
潒 7393
湩 7394
洟 7395
84009 洟
潸 7396
74014 潸
汗 7397
泣 7398
涕 7399
湅 7400
讞 7401
渝 7402
減 7403
滅 7404
漕 7405
泮 7406
漏 7407

21513 漏
澒 7408
萍 7409
瀸 7410
汨 7411
瀼 7412
溥 7413
汍 7414
泯 7415
瀣 7416
瀘 7417
瀟 7418
瀛 7419
滁 7420
洺 7421
潺 7422
53012 潺
湲 7423
濤 7424
漎 7425
港 7426
瀦 7427
瀰 7428
淼 7429
［渺］或作渺
潔 7430
浹 7431
溘 7432
潩 7433
涯 7434

說文解字弟十一（上）
部首 1
字頭 487
新附 23
重文 19 其中
古文 9
籀文 0
篆文 10

說文解字弟十一（下）

411 沝部
沝 7435
𣴎 7436
［流］
篆文从水
𣵀 7437
［涉］
篆文从水

412 瀕部
瀕 7438
顭7438
［濱］今俗別
作水賓
顰 7439

413 𡿨部
𡿨 7440
［甽］
古文𡿨从田
从川
［畎］
篆文𡿨从田
犬聲

414 巜部
巜 7441
粼 7442

415 川部
川 7443
巛7443
巠 7444
坙7444
［巠］
古文巠不省
巟 7445
巟 7445
巟 7445
𢦺 7446
㞕 7447
𡿦 7448
邕 7449
［邕］
籀文邕
巛 7450
侃 7451
侃7451
州 7452
［洲］
今別作洲
［𡿧］
古文州

416 泉部
泉 7453
繁 7454
67115繁
繁 7454

417 灥部
灥 7455
𠫐 7456
［原］
篆文从泉
今別作源

418 永部
永 7457
永 7457
羕 7458

419 𠂢部
𠂢 7459
衇 7460
［脈］
衇或从肉
［𧖴］籀文
覛 7461
［覛］籀文

420 谷部
谷 7462
谿 7463
𧮫 7464
豁7464
𧯍 7465
豅 7466
谸 7467
睿 7468
［濬］
睿或从水
［濬］
古文睿
𧮰 7469

421 仌部
仌 7470
冰 7471
冰7471
［凝］
俗冰从疑
凜 7472
凊 7473
凍 7474
𠗋 7475
［凌］
𠗋或从夌
凘 7476
凋 7477
冬 7478
［𣅶］
古文冬从日
冶 7479
凔 7480

30311 滄
冷 7481
涵 7482
滭 7483
29411 滭
冹 7484
凓 7485
瀨 7486
84215瀨

422 雨部
雨 7487
［𠕲］古文
靁 7488
［靁］
古文靁
［靁］
古文靁
［靁］
籀文靁
雷 7488
霣 7489
［霣］
古文霣
霆 7490
霅 7491
62814 霅
電 7492
41712 電
［電］
古文電
震 7493
［震］
籀文震
雪 7494
雪 7494
霄 7495
霰 7496
66620 霰
霰 7496
霰 7496
［霓］
霰或从見
雹 7497
［雹］古文雹
霝 7498
䨍 7499
零 7500
𩅰 7501
霢 7502
霂 7503
䨲 7504
䨹 7505
霋 7506
䨒 7507
䨴 7508
霤 7509
霖 7510
𩃬 7511
𩄤 7512
𩃧 7513
𩂻 7514
霑 7515
𩅌 7516
霤 7517
霤 7517
屚 7518
21108 屚
霏 7519
霽 7520
霎 7521
霩 7522
廓 7522

露 7523
霜 7524
霚 7525
今俗从務[霧]
[雺]
籀文省
霾 7526
霿 7527
霓 7528
䨚 7529
雩 7530
[𦐖]
或从羽
需 7531
䨝 7532
霞 7533
霏 7534
霎 7535
䨴 7536
靄 7537

423 雲部

雲 7538
[云]
古文省雨
[[illegible]]
亦古文雲
霒 7539
[侌]
古文或省
[[illegible]]
亦古文霒

424 魚部

魚 7540
鱣 7541
[鱣]籀文
鮞 7542
魼 7543
魶 7544
鰨 7545
鱒 7546
鰲 7547
鰫 7548
⿰魚胥 7549
鮪 7550
⿰魚亙 7551
鯍 7552
鮥 7553
鯀 7554
鰥 7555
鯉 7556
鱣 7557
[鱣]
籀文鱣
鱄 7558
鮦 7559
⿰魚蠡 7560
⿰魚婁 7561
鰜 7562
鯈 7563
⿰魚豆 7564
鯾 7565
[鯿]
鯾又从扁
魴 7566
[鰟]
魴或从旁
鱮 7567
鰱 7568
鮍 7569
⿰魚幼 7570
鮒 7571
⿰魚巠 7572
⿰魚脊 7573
鱺 7574
鰻 7575
鱯 7576
魾 7577
鱧 7578
⿰魚果 7579
鱨 7580
30322 鱨
鱏 7581
鯢 7582
鰼 7583
鰌 7584
鯇 7585
魠 7586
鮆 7587
鮀 7588
鮎 7589
⿰魚晏 7590
[鰋]
⿰魚晏或从匽
93117 鰋
鮷 7591
⿰魚賴 7592
24222 ⿰魚賴
⿰魚朁 7593
⿰魚翁 7594
⿰魚臽 7595
鱖 7596
鯫 7597
鱓 7598
鮸 7599
魵 7600
⿰魚虜 7601
鰸 7602
90318 鰸
鯜 7603
⿰魚巿 7604
⿰魚匊 7605
魦 7606
鱳 7607
鮮 7608
鰅 7609
24116 鰅
鱅 7610
95423 鱅
鰂 7611
[鯽]
鰂或从即
鮐 7612
鮊 7613
鰒 7614
62117 鰒
鮫 7615
⿰魚畺 7616
[鯨]
⿰魚畺或从京
鯁 7617
鱗 7618
鮏 7619
今俗作鯹
鱢 7620
鮨 7621
鮺 7622
⿰魚今 7623
鮑 7624
魿 7625
鰕 7626
鰝 7627
⿰魚谷 7628
魧 7629
⿰魚丙 7630
鮚 7631
鮅 7632
⿰魚瞿 7633
鯸 7634
鯛 7635
⿰魚卓 7636
鮁 7637
⿰魚夫 7638
鯕 7639
鮡 7640
⿰魚乙 7641
鱻 7642
鰈 7643
魮 7644
鰩 7645

425 𩺰部

𩺰 7646
𤅩 7647
[漁]
篆文𤅩从魚

426 燕部

燕 7648

427 龍部

龍 7649
龗 7650
龕 7651
81518 龕
⿱幵龍 7652
龖 7653

428 飛部

飛 7654
⿱飛異 7655
[翼]
篆文⿱飛異从羽

429 非部

非 7656
𩇦 7657
靡 7658
靠 7659
䧘 7660

430 卂部

卂 7661
⿱𤇾卂 7662

說文解字弟十一(下)
部首 19
字頭 228
新附 8
重文 38 其中
古文 15
籀文 8
篆文 15

說文解字第十二

（上）

431 乚部

乚 7663

乙7663

[鳦]

乙或从鳥

鳦7663

孔 7664

乳 7665

432 不部

不 7666

否 7667

否 0933 此重出

433 至部

至 7668

[垐]

古文至

到 7669

臻 7670

𦤺 7671

臺 7672

73310 臺

臸 7673

434 西部

西 7674

卥7674

[棲]

西或从木妻

[卤]

古文西

[卤]

籀文西

垔 7675

435 鹵部

鹵 7676

𪉕 7677

鹹 7678

436 鹽部

鹽 7679

盬 7680

鹼 7681

437 戶部

戶 7682

[床]

古文户从木

扉 7683

扇 7684

房 7685

戾 7686

戹 7687

肁 7688

扆 7689

扂 7690

扃 7691

10308 扃

438 門部

門 7692

閶 7693

闈 7694

闓 7695

閎 7696

閨 7697

閤 7698

闔 7699

50316 闔

閈 7700

閭 7701

閻 7702

[壛]

閻或从土

闠 7703

50617 闠

闉 7704

闍 7705

闕 7706

閞 7707

閉 7708

闔 7709

闑 7710

閾 7711

[閪]

古文閾从洫

閬 7712

闢 7713

闢 7713

[閞]

从門从𠬞

闖 7714

闡 7715

開 7716

闓 7717

閜 7718

閘 7719

闆 7720

閣 7721

閒 7722

[閖]

古文閒［古文

閖宜作閖］

闁 7723

閒 7724

闟 7725

闒 7726

闢 7727

闌 7728

閑 7729

閉 7730

閡 7731

闇 7732

關 7733

闟 7734

闐 7735

闛 7736

51515 闛

闔 7737

51414 闔

闇 7738

51411 闇

闚 7739

闠 7740

闩 7741

閃 7742

閱 7743

闋 7744

闞 7745

闊 7746

閔 7747

今別作憫

[㥯]

古文閔

闖 7748

闠 7749

51315 闠

闥 7750

52420 闥

閌 7751

閥 7752

闃 7753

439 耳部

耳 7754

耴 7755

耴 7755

聑 7756

耽 7757

聃 7758

聃7758

[聑]

聃或从甘

聸 7759

耿 7760

聯 7761

聊 7762

聖 7763

聰 7764

聦 7764

聽 7765

12517 聽

聆 7766

職 7767

聒 7768

聒7768

聥 7769

聲 7770

聞 7771

[䎽]

古文从昏

聘 7772

聾 7773

聳 7774

聹 7775

聵 7776

00514 聵

[聲]

聵或从𣪠

聉 7777

聮 7778

联 7779

聝 7780

[馘]

聝或从首

明 7781

聲 7782

聆 7783

聑 7784

聶 7785

聲 7786

63213 聲

440 臣部

臣 7787

臣7787

[頤]

篆文臣

[𩠐]

籀文从首

巸 7788

[户巳]

古文巸从户

441 手部

手 7789

[𠦜]

古文手

掌 7790

92109 掌

拇 7791

指 7792

拳 7793

掔 7794

攕 7795

掔 7796

摳 7797

92310 摳

攘 7798

撎 7799

揖 7800

攘 7801

探 7963
撢 7964
捼 7965
今俗別作挼
擎 7966
撼 7967
今別作撼
搦 7968
92213 搦
掎 7969
揮 7970
摩 7971
攪 7972
攪 7973
揖 7974
撞 7975
捆 7976
扔 7977
括 7978
抲 7979
擘 7980
撝 7981
捇 7982
扐 7983
技 7984
摹 7985
拙 7986
揞 7987
摶 7988
掴 7989
捄 7990
拮 7991
搰 7992
掘 7993
54010 掘
掩 7994

83211 掩
摡 7995
揟 7996
播 7997
[㪨]
古文播
挃 7998
掇 7999
扤 8000
抈 8001
摎 8002
撻 8003
[遽]
古文撻
掕 8004
抨 8005
捲 8006
扱 8007
摷 8008
挨 8009
撲 8010
擊 8011
擊 8011
扚 8012
抶 8013
抵 8014
抉 8015
搮 8016
捭 8017
捶 8018
搉 8019
擿 8020
63312 擿
拂 8021
擊 8022
抌 8023

擊 8024
擊 8025
扞 8026
抗 8027
[杭]
抗或从木
捕 8028
籍 8029
撚 8030
挂 8031
拕 8032
捈 8033
抴 8034
揄 8035
撅 8036
攎 8037
挐 8038
搵 8039
搵 8039
搒 8040
挌 8041
拲 8042
[桊]
拲或从木
掫 8043
捐 8044
掤 8045
扜 8046
摩 8047
16219 摩
捷 8048
扣 8049
掍 8050
挍 8051
換 8052
掖 8053

搲 8054
攙 8055
22017 攙
揰 8056
掠 8057
掐 8058
捻 8059
拗 8060
摵 8061
捌 8062
攤 8063
29720 攤
抛 8064
摴 8065
打 8066

442 𠦬部

𠦬 8067
脊 8068
脊 8068

說文解字弟十二（上）
部首 12
字頭 406
新附 19
重文 27 其中
古文 15
籀文 1
篆文 11

說文解字弟十二
（下）

443 女部

女 8069
姓 8070
姜 8071
姬 8072
姞 8073
嬴 8074
姚 8075
嬀 8076
妘 8077
[𡞐]
籀文妘从員
姺 8078
燃 8079
妝 8080
娸 8081
妊 8082
妊 8082
媒 8083
妁 8084
嫁 8085
娶 8086
婚 8087
[𡟓]
籀文婚
婚 8087
姻 8088
[婣]
籀文姻从𣶒
妻 8089
[𡜊]
古文妻从肖女
肖古文貴字
婦 8090

56008 婦
妃 8091
媲 8092
妊 8093
娠 8094
嫣 8095
嬯 8096
嫛 8097
55113 嫛
娩 8098
母 8099
嫗 8100
13310 嫗
媼 8101
姁 8102
姐 8103
姑 8104
威 8105
妣 8106
[𡚱]
籀文妣省
姊 8107
妹 8108
娣 8109
娟 8110
嫂 8111
嫂 8111
姪 8112
姨 8113
17007 姨
妿 8114
娒 8115
媾 8116
姼 8117
[㚶]
姼或从氏

妭 8118
㜎 8119
婢 8120
奴 8121
[伮]
古文奴从人
㚼 8122
媊 8123
媧 8124
[𡢁]
籀文媧从𩰲
婌 8125
娥 8126
嫄 8127
嬿 8128
妸 8129
頦 8130
嬃 8130
婕 8131
嬩 8132
嫮 8133
嫽 8134
㛄 8135
婤 8136
姶 8137
改 8138
妵 8139
㚸 8140
奺 8140
姐 8141
始 8142
媚 8143
媢 8143
嫵 8144
媄 8145
㛔 8146
嫷 8147
妥 8147
今俗省作媠
唐韻作妥
姝 8148
好 8149
嬹 8150
嬮 8151
14113 嬮
㚸 8152
姣 8153
嬽 8154
娧 8155
媌 8156
嫿 8157
婠 8158
娙 8159
嬻 8160
17416 嬻
嬌 8161
15012 嬌
[孌]
籀文嬌
娶 8162
婉 8163
㪇 8164
姛 8164
嫣 8165
㚩 8166
姌 8166
嫋 8167
13213 嫋
孅 8168
嫇 8169
媱 8170
嬛 8171
54112 嬛
姽 8172
委 8173
婐 8174
妮 8175
妮 8175
㚲 8176
𡝐 8177
妗 8178
𡣝 8179
婧 8180
姘 8181
姂 8182
嫙 8183
齌 8184
姡 8185
嬥 8186
嫢 8187
媞 8188
婺 8189
嫺 8190
婜 8191
娶 8192
娛 8193
娭 8194
媅 8195
13209 媅
娓 8196
55007 娓
嫡 8197
孎 8198
05013 孎
嬔 8199
婥 8200
𡠗 8201
嫥 8202
如 8203
嫧 8204
婡 8205
嬐 8206
嬪 8207
𡣈 8208
27215 𡣈
婚 8209
妟 8210
嬗 8211
媁 8212
媻 8213
今俗作婆
娑 8214
姷 8215
[侑]
姷或从人
姰 8216
𡛓 8217
妓 8218
嬰 8219
放 8220
媛 8221
娉 8222
娽 8223
妝 8224
孌 8225
戀 8225
媟 8226
嬻 8227
14317 嬻
㜷 8228
嬖 8229
嫳 8230
妎 8231
妒 8232
媢 8233
媄 8234
佞 8235
嫈 8236
嫪 8237
婟 8238
姿 8239
嫭 8240
妨 8241
妄 8242
媮 8243
𡞖 8244
娋 8245
媣 8246
妯 8247
嫌 8248
媎 8249
婼 8250
婞 8251
嫳 8252
𡢡 8253
娺 8254
媘 8255
㜏 8256
妍 8257
娃 8258
𡡉 8259
𡡉 8259
妜 8260
孈 8261
𡞫 8262
嫼 8263
娍 8264
嫖 8265
娷 8266
妷 8267
婞 8268
婎 8269
嬨 8270
媥 8271
嫚 8272
嬏 8273
嬬 8274
婄 8275
嬯 8276
16212 嬯
嫜 8277
𡡓 8278
婪 8279
嬾 8280
57214 嬾
婁 8281
婁 8281
[婁]古文
娎 8282
㛟 8283
嬈 8284
嫛 8285
姍 8286
姍 8286
𢾀 8287
嫫 8288
嫫 8288
婓 8289
孃 8290
嬒 8291
娞 8292
今俗作嫩
媕 8293
14211 媕
嬚 8294
嫯 8295

瓿 8424
21410 瓿
㼣 8425
甓 8426
甃 8427
甈 8428
[𤮿]
甈或从埶
04415 𤮿
甐 8429
甀 8430
瓴 8431
瓬 8432
瓪 8433
瓷 8434
瓻 8435

463 弓部

弓 8436
弴 8437
弭 8438
[㢪]
弭或从兒
弲 8439
弧 8440
弨 8441
彏 8442
彄 8443
60409 彄
彌 8444
張 8445
彏 8446
弸 8447
彊 8448
彎 8449
引 8450
弙 8451
弘 8452
𢐗 8453
弛 8454
[𢑕]
弛或从虒
弢 8455
弩 8456
彀 8457
彉 8458
彃 8459
29509 彃
彈 8460
[𢎵]
彈或从弓持丸
發 8461
𢎗 8462

464 弜部

弜 8463
60204 弜
弼 8464
弼 8464
[𢐀]
弼或如此
[㢸𢏏]
並古文弼

465 弦部

弦 8465
今別作絃
盭 8466
13521 盭
玅 8467
㝅 8468

466 系部

系 8469
[𣫿]
系或从毄處
[𦃇]
籒文系从爪絲
孫 8470
緜 8471
繇 8472
[䌛]今俗从䍃

說文解字弟十二（下）
部首 24
字頭 404
新附 11
重文 39 其中
古文 14
籒文 11
篆文 14

說文解字弟十三
（上）

467 糸部

糸 8473
[𢆯]
古文糸
繭 8474
[絸]
古文繭从糸見
繅 8475
13416 繅
繹 8476
53215 繹
緒 8477
緬 8478
純 8479
綃 8480
緒 8481
䌰 8482
紇 8483
紇 8483
紙 8484
絓 8485
纅 8486
維 8487
經 8488
織 8489
14415 織
紙 8490
紝 8491
[絍]
紝或从任
綜 8492
綹 8493
緯 8494
緷 8495
繢 8496
統 8497
紀 8498
繈 8499
纇 8500
紿 8501
納 8502
紡 8503
絕 8504
絶 8504
[㡭]
古文絕象不
連体絕二絲
繼 8505
一曰反㡭爲繼
續 8506
[賡]
古文續从庚貝
纘 8507
紹 8508
[𦁵]
古文紹从邵
縒 8509
縊 8510
[綎]
縊或从呈
縱 8511
紓 8512
繎 8513
紆 8514
緈 8515
纖 8516
細 8517
緢 8518
縒 8519
繙 8520
縮 8521
紊 8522
級 8523
總 8524
緫 8524
今俗作摠
䋣 8525
約 8526
繚 8527
纏 8528
繞 8529
紾 8530
繯 8531
52113 繯
繯 8531
辮 8532
結 8533
縎 8534
締 8535
縛 8536
繃 8537
綠 8538
絅 8539
51107 絅
紙 8540
纑 8541
給 8542
綝 8543
縪 8544
59411 縪
紈 8545
終 8546
[𠀅]古文終
繅 8547
繒 8548
[綷]

籒文繒从宰省
緭 8549
絩 8550
綺 8551
縠 8552
縳 8553
縑 8554
綈 8555
練 8556
縞 8557
11110 縞
纏 8558
今俗別作絁
紬 8559
綮 8560
綾 8561
14112 綾
縵 8562
繡 8563
絢 8564
繪 8565
緀 8566
⿰糹米 8567
絹 8568
綠 8569
緑 8569
縹 8570
緰 8571
絑 8572
纁 8573
絀 8574
絳 8575
綰 8576
縉 8577
綪 8578
緹 8579

[衹]
緹或从氏
縓 8580
紫 8581
紅 8582
繱 8583
紺 8584
綥 8585
綥 8585
[綦]
綥或从其
繰 8586
緇 8587
04312 緇
纔 8588
⿰糹剡 8589
今俗別作毯
綟 8590
紑 8591
緂 8592
繻 8593
縟 8594
纚 8595
紘 8596
[紭]
紘或从弘
紞 8597
今俗別作髧
纓 8598
紻 8599
緌 8600
緄 8601
紳 8602
繟 8603
綬 8604
組 8605

緺 8606
縌 8607
纂 8608
紐 8609
綸 8610
綎 8611
52210 綎
絙 8612
繐 8613
⿱暴糸 8614
55113 ⿱暴糸
紟 8615
[⿰糹金]
籒文从金
緣 8616
纀 8617
絝 8618
繑 8619
緥 8620
53009 緥
今俗作褓
繜 8621
紴 8622
絛 8623
⿰糹戉 8624
縱 8625
紃 8626
緟 8627
纕 8628
纗 8629
綱 8630
[棡]
古文綱
縜 8631
綅 8632
55011 綅

縷 8633
綫 8634
[線]
古文綫
絘 8635
縫 8636
緁 8637
[⿰糹習]
緁或从習
紩 8638
緛 8639
⿰糹旦 8640
繕 8641
絬 8642
纍 8643
縭 8644
緱 8645
緱 8645
緊 8646
53114 緊
縿 8647
徽 8648
62214 徽
[illegible] 8649
23212 [illegible]
紉 8650
繩 8651
⿰糹爭 8652
縈 8653
絇 8654
縋 8655
絭 8656
緘 8657
縢 8658
編 8659
維 8660

絥 8661
[茯]
絥或从艸
[鞴]
絥或从革葡聲
⿰糹正 8662
綊 8663
緐 8664
緐 8664
[⿰糹卑]
緐或从卑
纍 8665
紛 8666
紂 8667
緧 8668
絆 8669
⿰糸頁 8670
紖 8671
縼 8672
縻 8673
[⿰糹多]
縻或从多
紲 8674
[緤]
紲或从枼
纆 8675
縆 8676
繘 8677
[illegible]
古文从絲
[illegible]
籒文繘
綆 8678
絠 8679
⿱敫糸 8680
繳 8680

繴 8681
緍 8682
緡 8682
絮 8683
絡 8684
纊 8685
[絖]
纊或从光
紙 8686
⿰糹咅 8687
絜 8688
繫 8689
⿰糹虒 8690
緝 8691
⿱次糸 8692
⿰糸欠 8692
績 8693
纑 8694
紨 8695
⿰糹替 8696
絺 8697
綌 8698
[帢]
綌或从巾
縐 8699
絟 8700
紵 8701
[⿰糹孝]
紵或从緒省
緦 8702
[⿱宀糸]
古文緦从糸省
緆 8703
[⿰麻易]
緆或从麻
緰 8704

縗 8705
絰 8706
緶 8707
[illegible] 8708
紨 8709
54413 紨
緉 8710
絜 8711
繆 8712
綢 8713
縕 8714
緼 8714
紼 8715
絣 8716
55412 絣
紕 8717
纗 8718
縊 8719
綏 8720
彝 8721
彞 8721
緻 8722
緗 8723
[𢑚𢑟] 皆古文彝
緋 8724
緅 8725
繖 8726
綀 8727
綷 8728
繾 8729
01421 繾
綣 8730

468 素部

素 8731
縤 8731
𥿢 8732
[illegible] 8732
䋤 8733
繂 8734
繛 8735
[綽] 繛或省
𦆨 8736
[緩] 𦆨或省

469 絲部

絲 8737
轡 8738
𦀚 8739

470 率部

率 8740

471 虫部

虫 8741
蝮 8742
52311 蝮
螣 8743
蚦 8744
蚺 8744
螼 8745
55413 螼
蠙 8746
00311 蠙
[蚓] 蠙或从引
螉 8747
蟌 8748
蠁 8749
[蚼] 司馬相如蠁从向
00106 蚼
蛁 8750
䖬 8751
蛹 8752
螝 8753
蛕 8754
蟯 8755
雖 8756
虺 8757
蜥 8758
蝘 8759
53108 蝘
[䗡] 蝘或从䖵
03110 䗡
蜓 8760
01208 蜓
蚖 8761
蠸 8762
螟 8763
蟘 8764
𧈪今俗作𧈪
蟣 8765
蛭 8766
蝚 8767
蛣 8768
蚰 8769
蟫 8770
蛵 8771
蜭 8772
蟜 8773
蛓 8774
蚩 8775
蚳 8776
蠆 8777
蠆 8777
[蠆] 蠆或从䖵
蝤 8778
蠐 8779
蠐 8779
蝎 8780
強 8781
强 8781
[𧔃] 籀文强从䖵从彊
蚚 8782
蜀 8783
蠲 8784
蜫 8785
蠖 8786
蝝 8787
螻 8788
蛄 8789
蠪 8790
蛾 8791
螘 8792
蚳 8793
[𧖅] 籀文蚳从䖵
[𧓾] 古文蚳从辰土
𧓾 8793
蠜 8794
[illegible] 8795
今俗別作蟀
蝒 8796
蟷 8797
91211 蟷
蠰 8798
蜋 8799
蛸 8800
蛢 8801
蟜 8802
蟥 8803
蝥 8804
蛅 8805
蜆 8806
蠠 8807
蝍 8808
蝍 8808
蠇 8809
[蜾] 蠇或从果
蠃 8810
蠕 8811
蛺 8812
蜨 8813
今俗作蝶
蚩 8814
螌 8815
蝥 8816
今俗作蟊
蟠 8817
蛜 8818
蜙 8819
[蚣] 蜙或省
蝑 8820
蟅 8821
蝗 8822
蜩 8823
[蚒] 蜩或从舟
蟬 8824
蜺 8825
螇 8826
蚗 8827
蚻 8828
蛚 8829
蜻 8830
蛉 8831
蠓 8832
蝏 8833
蛃 8834
蟰 8835
蜎 8836
蛶 8837
蜡 8838
蝡 8839
蚑 8840
蠉 8841
蚩 8842
螸 8843
蝙 8844
蛻 8845
蛬 8846
螫 8847
蛩 8848
50210 蛩
蛘 8849
蝕 8850
蛟 8851
螭 8852
虯 8853
蜦 8854
[蜧] 蜦或从戾
蠊 8855
蜃 8856
10209 蜃
蛤 8857
蠯 8858
[魶蠯] 今俗作魶或作蠯

蝸 8859
蚌 8860
蠇 8861
蝓 8862
蜎 8863
蟺 8864
蚴 8865
蟉 8866
蟄 8867
04214 蟄
蛈 8868
蜭 8869
蝦 8870
蟆 8871
蟇 8871
蠵 8872
[蠳]
蠵从夐
蟖 8873
蠏 8874
蟹 8874
[蠏]
蟹或从魚
蛫 8875
蜮 8876
[蟈]
蜮或从國
蝉 8877
蜩 8878
今俗別作魍魎
蛃 8879
今俗別作魍魎
蝯 8880
今俗別作猨
蠗 8881
蜼 8882
蚼 8883
蛩 8884
蟨 8885
蝙 8886
蝠 8887
蠻 8888
閩 8889
虹 8890
[蛪]
籀文虹从申
螮 8891
蝀 8892
蠥 8893
蝁 8894
90008 蝁
蟪 8895
蠛 8896
虴 8897
蜢 8898
蟋 8899
蝗 8900
51311 蝗

說文解字弟十三(上)
部首 5
字頭 428
新附 15
重文 46 其中
古文 12
籀文 6
篆文 28

說文解字弟十三

(下)

472 䖵部

䖵 8901
蠶 8902
蝨 8903
[蟸]
蝨或从虫
蚤 8904
[蚤]
蚤或从虫
蝨 8905
蜑 8906
[蝶]
蜑或从虫眾聲
蠠 8907
蠿 8908
蠽 8909
蠹 8910
蠭 8911
蠤 8912
蠢 8913
蟊 8914
[蟊]
蟊或从虫
蠭 8915
蜂 8915
[螽]
古文省
蠠 8916
[蜜]
蠠或从宓
蟁 8917
蟁 8918
[蚊]
蟁或从昏
[蚊]
俗蟁从文从虫
蝱 8919
蠹 8920
蠧 8920
[螙]
蠹或从木
蠡 8921
[蠡]古文
蟊 8922
[蟊]
蟊或从虫
蠹 8923
[蜉]
蠹或从虫从孚
蠱 8924
蠢 8925
[𢧵]
古文蠢从𢦏
𧑅 8925

473 蟲部

蟲 8926
蠹 8927
[𧍞]
或从敄
[蝆]
古文蠢从虫
从牟
蠽 8928
[蚍]
蠽或从虫比聲
蠿 8929
蠭 8930
[蜚]
蠭或从虫
蠱 8931

474 風部

風 8932
[凬]
古文風
飆 8933
51210 飆
颭 8934
飄 8935
[颮]
飄或从包
飆 8936
颯 8937
颮 8938
颲 8939
颶 8940
颭 8941
颸 8942
颿 8943
颼 8944
颸 8945
颲 8946
颼 8946
颭 8947

475 它部

它 8948
[蛇]
它或从虫

476 龜部

龜 8949
[龜]
古文龜
𪚧 8950
𪚴 8951
𪚴 8951

477 黽部

黽 8952
黽 8952
[黽]
籀文黽
鼈 8953
黿 8954
鼃 8955
鼄 8956
41313 鼄
[鼅]
鼄或从酋
鼂 8957
鼉 8958
鼅 8959
鼆 8960
蠅 8961
鼊 8962
[蠡]
或从虫
鼀 8963
[蛛]
鼀或从虫
鼂 8964
今俗作晁
[鼂]
篆文从皀
鼇 8965
43318 鼇

478 卵部

卵 8966
毈 8967

479 二部

二 8968
[弍]古文
亟 8969
恆 8970
恒 8970

[亙]
古文恒从
月[當作亙]
亘 8971
亘 8971
竺 8972
凡 8973

480 土部

土 8974
地 8975
[墬]
籀文地从隊
坤 8976
垓 8977
墺 8978
[垮]
古文墺
堣 8979
25308 堣
坶 8980
坡 8981
坪 8982
均 8983
壤 8984
塙 8985
61309 塙
墽 8986
壚 8987
垟 8988
埴 8989
坴 8990
𡎺 8991
墣 8992
[圤]
墣或从卜
凷 8993
[塊]
凷或从鬼
堛 8994
㙍 8995
塍 8996
坺 8997
坄 8998
基 8999
垣 9000
[𩫷]
籀文垣从𩫖
圪 9001
圪 9001
堵 9002
[𩫨]
籀文从𩫖
壁 9003
𡑌 9004
堨 9005
埒 9006
埒 9006
堪 9007
61409 堪
堀 9008
51207 堀
堀 9008
堂 9009
91309 堂
[坣]
古文堂
[臺]
籀文堂从高省
垛 9010
坫 9011
塗 9012
塗 7386 此重出
垷 9013
墐 9014
66614 墐
墍 9015
垩 9016
61411 垩
墀 9017
25310 墀
墼 9018
垒 9019
埽 9020
24208 埽
在 9021
堊 9022
垩 9022
[坐]
古文坐
坁 9023
填 9024
坦 9025
坒 9026
堤 9027
㙛 9028
封 9029
[㘽]
古文封省
[𡊔]
籀文从半
璽 9030
[璽]
籀文从玉
墨 9031
垸 9032
型 9033
埻 9034
塒 9035
城 9036
[𩫧]
籀文城从𩫖
墉 9037
66615 墉
[𩫖]
古文墉
堞 9038
坎 9039
墊 9040
25415 墊
坻 9041
[汷]
坻或从水从夊
[渚]
坻或从水从者
塥 9042
垎 9043
垐 9044
[堲]
古文垐从土即
增 9045
埤 9046
坿 9047
塞 9048
圣 9049
垍 9050
埱 9051
埵 9052
埐 9053
25210 埐
堅 9054
壔 9055
培 9056
埩 9057
墇 9058
63612 墇
𡍏 9059
垠 9060
[圻]
垠或从斤
墠 9061
垑 9062
壘 9063
垝 9064
[陒]
垝或从𨸏
圮 9065
[𢵦]
圮或从手从非
配省聲
54514 𢵦
垔 9066
[𡋽]
古文垔
塹 9067
埂 9068
壙 9069
塏 9070
毀 9071
毁 9071
[毀]
古文毀从壬
壓 9072
12313 壓
壞 9073
[𡊁]
古文壞省
[𣀔]
籀文壞徐鉉按
支部有壞此重
出
坷 9074
墟 9075
[陓]
墟或从𨸏
坼 9076
坼 9076
坱 9077
塺 9078
塿 9079
坋 9080
𡌏 9081
埃 9082
𡐿 9083
53313 𡐿
垽 9084
垢 9085
壒 9086
坏 9087
垤 9088
坥 9089
埍 9090
𡑴 9091
𡑳 9092
堋 9093
垗 9094
塋 9095
墓 9096
墳 9097
壟 9098
壠 9098
壇 9099
場 9100
圭 9101
[珪]
古文圭从玉
圯 9102

垂 9103
埀 9103
堀 9104
53210 堀
塗 9105
塓 9106
埏 9107
61209 埏
場 9108
境 9109
62512 境
塾 9110
㙐 9111
塘 9112
64412 塘
坳 9113
壒 9114
墜 9115
塔 9116
坊 9117

481 垚部

垚 9118
堯 9119
[兟]
古文堯

482 堇部

堇 9120
[墓蕈莣]
皆古文堇
艱 9121
25616 艱
[囏]
籀文艱从喜

483 裏部

里 9122
釐 9123
野 9124
[壄]
古文野从里
省从林

484 田部

田 9125
町 9126
畮 9127
疇 9128
𤱔 9128
[𢏚]
𤱔或省
𢏚 9128
畷 9129
畬 9130
𤰈 9131
畸 9132
𤳳 9133
晦 9134
[畝]
晦或从田十久
畝 9134
畆 9134
畒 9134
甸 9135
畿 9136
畦 9137
畹 9138
畔 9139
畍 9140
㽘 9141
畷 9142
畛 9143
畤 9144
略 9145
當 9146
91209 當
畯 9147
甿 9148
疄 9149
畱 9150
留 9150
畜 9151
[蓄]
魯郊禮畜
从田从兹
疃 9152
畼 9153
借为通暢之暢
今俗别作暢

485 畕部

畕 9154
畺 9155
[疆]
畺或从彊土

486 黃部

黃 9156
[𡕛]
古文黃
黊 9157
䵄 9158
䵍 9159
黇 9160
黈 9161

487 男部

男 9162
舅 9163
甥 9163
甥 9164

488 力部

力 9165
勳 9166
勛 9166
[勛]
古文勳从員
功 9167
助 9168
勴 9169
勑 9170
劼 9171
務 9172
勥 9173
[彊]
古文从彊
勱 9174
勢 9175
勍 9176
勁 9177
勉 9178
劭 9179
勖 9180
勸 9181
勝 9182
勶 9183
今俗作撤
勠 9184
勨 9185
動 9186
[連]
古文動从辵
勯 9187
劣 9188
勞 9189
[𢠸]
古文勞从悉
劇 9190
劾 9191
勘 9192
勦 9193
93314 勦
券 9194
今俗作倦意同
勤 9195
66515 勤
加 9196
勢 9197
64214 勢
勈 9198
勇 9198
[戜]
勇或从戈用
[恿]
古文勇从心
勃 9199
勡 9200
劫 9201
飭 9202
21313 飭
劾 9203
募 9204
劬 9205
勢 9206
勘 9207
41310 勘
辦 9208

489 劦部

劦 9209
㔓 9210
勰 9211
協 9212
[旪]
古文協从曰
[叶]
或从口

說文解字弟十三(下)
部首 18
字頭 312
新附 20
重文 72 其中
古文 29
籀文 8
篆文 35

說文解字第十四

（上）

490 金部

金 9213
［𨤾］
古文金
銀 9214
鐐 9215
鋈 9216
鉛 9217
錫 9218
鈏 9219
銅 9220
鏈 9221
鐵 9222
鐵 9222
［鐡］
鐵或省
［銕］
古文鐵从夷
鍇 9223
鋚 9224
鏤 9225
鐼 9226
銑 9227
62412 銑
鋻 9228
鏐 9229
錄 9230
録 9230
鑄 9231
銷 9232
鑠 9233
鍊 9234
釘 9235
錮 9236

鑲 9237
鎔 9238
鋏 9239
鍛 9240
鋌 9241
22515 鋌
鐃 9242
鏡 9243
62617 鏡
鉹 9244
銒 9245
鍾 9246
鑑 9247
鐈 9248
62415 鐈
鐆 9249
鋞 9250
鑴 9251
鑊 9252
鍑 9253
63414 鍑
鍪 9254
錪 9255
銼 9256
鑹 9257
鉶 9258
鉶 9258
鎬 9259
61414 鎬
鑣 9260
爊 9260
鏖 9260
銚 9261
鍔 9262
［咢］
鍔或省

鐎 9263
鋗 9264
鏏 9265
鍵 9266
27415 鍵
鉉 9267
鋊 9268
鎣 9269
鑯 9270
今俗作尖
錠 9271
鐙 9272
今俗別作燈
鏶 9273
［鍓］
鏶或从咠
鍱 9274
鏟 9275
鑪 9276
今俗別作爐
鏇 9277
鐪 9278
鑥 9279
釦 9280
錯 9281
䥏 9282
23417 䥏
［鋙］
䥏或从吾
錡 9283
鍤 9284
鉥 9285
鍼 9286
今俗作針
鈹 9287
鎩 9288

鈕 9289
［㺲］
古文鈕从玉
銎 9290
鈭 9291
錍 9292
鏨 9293
鐫 9294
鑿 9295
23825 鑿
銛 9296
鈂 9297
鉇 9298
鏊 9299
錢 9300
鑺 9301
鈐 9302
鏅 9303
鏺 9304
鉵 9305
鉏 9306
鑼 9307
鎌 9308
鍥 9309
鉊 9310
銍 9311
鎭 9312
鎮 9312
鉆 9313
鈲 9314
鉗 9315
鈌 9316
鋸 9317
鐕 9318
錐 9319
鑱 9320

銳 9321
銳 9321
［㓹］
籀文銳从厂剡
鏝 9322
22716 鏝
［槾］
鏝或从木
23411 槾
槾3642此重出
鑽 9323
65721 鑽
鑢 9324
銓 9325
銖 9326
鋝 9327
鍰 9328
錙 9329
錘 9330
鈞 9331
［𨥁］
古文鈞从旬
鈀 9332
鐲 9333
鈴 9334
鉦 9335
鐃 9336
鐸 9337
23518 鐸
鑮 9338
鏞 9339
66720 鏞
鐘 9340
［銿］
鐘或从甬
鈁 9341

鎛 9342
鍠 9343
鎗 9344
31615 鎗
鏓 9345
鍯 9345
錚 9346
鏜 9347
62617 鏜
鏧 9348
鐔 9349
鏌 9350
鋣 9351
鏢 9352
鈒 9353
鋋 9354
鈗 9355
鉈 9356
鏦 9357
［錄］
鏦或从彖
錟 9358
鏠 9359
鐓 9360
錞 9360
鐏 9361
鏐 9362
鏃 9363
鏃 9363
鏑 9364
鎧 9365
釬 9366
錏 9367
61516 錏
鍜 9368
鐗 9369

鐗 9369
釭 9370
銴 9371
釳 9372
鈂 9372
鑾 9373
鉞 9374
今俗作鐵以鉞
作斧戉之戉
鍚 9375
今經典作錫
銜 9376
91312 銜
鑣 9377
[臕]
鑣或从角
鉣 9378
鈇 9379
釣 9380
鏊 9381
鋃 9382
鐺 9383
62517 鐺
鋂 9384
鍡 9385
鏝 9386
鏉 9387
鋪 9388
鏶 9389
23413 鏶
鈔 9390
今俗別作抄
錔 9391
鋙 9392
鋊 9393
鐘 9394
鏃 9395
鈌 9396
鏦 9397
鐳 9398
鐳 9398
鍎 9399
鉅 9400
鎕 9401
64517 鎕
銻 9402
錕 9403
鏨 9404
鍒 9405
錭 9406
鈍 9407
鈽 9408
錗 9409
钂 9410
銘 9411
鎖 9412
鈿 9413
釧 9414
釵 9415
釽 9416
491 幵部
幵 9417
492 勺部
勺 9418
与 9419
493 幾部
几 9420
凭 9421
凥 9422
20002 凥
処 9423
[處]
処或从虍聲
494 且部
且 9424
俎 9425
䖒 9426
495 斤部
斤 9427
斧 9428
斨 9429
斫 9430
50105 斫
斪 9431
斸 9432
20414 斸
斲 9433
[斵]
斲或从畫
从丮
釿 9434
所 9435
斯 9436
斮 9437
斷 9438
斷 9438
[㓹]
古文斷从㠯
[剆]
亦古文斷
斻 9439
新 9440
所 9441
496 斗部
斗 9442
斛 9443
斝 9444
斝 9444
料 9445
斞 9446
15108 斞
斞 9446
斡 9447
魁 9448
斠 9449
斟 9450
42210 斟
斜 9451
斞 9452
料 9453
斛 9454
䜌 9455
斣 9456
斣 9456
斲 9457
今俗別作鍪
升 9458
497 矛部
矛 9459
[戝]
古文矛从戈
矝 9460
穑 9461
矠 9462
矜 9463
矞 9464
498 車部
車 9465
[轂]
籒文車
軒 9466
輜 9467
37412 輜
軿 9468
29713 軿
輼 9469
輬 9470
軺 9471
輕 9472
輶 9473
輣 9474
軘 9475
幢 9476
轈 9477
輿 9478
輯 9479
幔 9480
26713 幔
軓 9481
軾 9482
輅 9483
較 9484
輒 9485
轛 9486
輢 9487
輒 9488
軕 9489
轄 9490
軨 9491
[轜]
軨或从霝
輻 9492
軫 9493
轐 9494
轗 9495
27318轗
軸 9496
輹 9497
67411 輹
軔 9498
輮 9499
輦 9500
轂 9501
輥 9502
軝 9503
[軝]
軝或从革
軹 9504
軎 9505
[轊]
軎或从彗
輻 9506
36410 輻
轑 9507
軑 9508
輨 9509
轅 9510
輈 9511
[轐]
籒文輈
暈 9512
軏 9513
輗 9514
輗 9514
輝 9515
軥 9516
轙 9517
[钀]轙
或从金从獻
軜 9518
衛 9519
95309 衛
肁 9520
載 9521
軍 9522
軷 9523

範 9524
轙 9525
轄 9526
轉 9527
輸 9528
輖 9529
輩 9530
軋 9531
輾 9532
26308 輾
輾 9532
轢 9533
軌 9534
𨋅 9535
今俗別作蹤
軼 9536
𨍉 9537
𨏥 9538
29617 𨏥
軭 9539
輟 9540
罬 4810 或从
車此重出
軫 9541
轚 9542
29716 轚
𨏭 9543
軻 9544
𨏔 9545
軵 9546
輪 9547
輇 9548
輗 9549
[𨋃]
輗或从宐
[棿]
輗或从木
軝 9550
轃 9551
79315 轃
轒 9552
輐 9553
輂 9554
輦 9555
䡘 9556
79713 䡘
輓 9557
軖 9558
68610 軖
轘 9559
斬 9560
輀 9561
輭 9561
輔 9562
轟 9563
轏 9564
58312 轏
轔 9565
轍 9566

499 𠂤部

𠂤 9567
今俗作堆
𡴎 9568
官 9569

說文解字第十四（上）
部首 10
字頭 357
新附 10
重文 22 其中
古文 7
籀文 2
篆文 13

說文解字第十四

（下）

500 𨸏部

𨸏 9570
[𨸐] 古文
陵 9571
13415 陵
𨼻 9572
阞 9573
陰 9574
陽 9575
陸 9576
12615 陸
[𨻸]
籀文陸
阿 9577
陂 9578
阪 9579
陬 9580
隅 9581
險 9582
限 9583
阻 9584
陮 9585
隗 9586
阭 9587
阯或从土
䧌 9588
陗 9589
陖 9590
隥 9591
陋 9592
11412 陋
陜 9593
今俗从山
陟 9594
[𨸕]
古文陟
陷 9595
隰 9596
䧢 9597
10614 䧢
今俗作崎嶇
隫 9598
隊 9599
降 9600
隕 9601
隉 9602
隉 9602
阤 9603
隓 9604
今俗作隳
[墮] 篆文
墮 9604
隕 9605
陊 9606
今俗作墮
阬 9607
10310 阬
今俗作坑
隤 9608
11621 隤
[𧯈]
籀文隤从谷
防 9609
[埅]
防或从土
隄 9610
阯 9611
[址]
阯或从土
陘 9612
附 9613
阺 9614
阢 9615
隒 9616
阸 9617
阨 9617
隔 9618
11717 隔
障 9619
12716 障
隱 9620
隩 9621
隈 9622
𨸹 9623
00513 𨸹
𨸹 9623
𨽐 9624
隴 9625
𨹗 9626
陜 9627
𨼰 9628
𨼀 9629
陭 9630
隃 9631
阮 9632
𨹧 9633
陚 9634
䧍 9635
阣 9636
隝 9637
陼 9638
陳 9639
12514 陳
[𨸋]
古文陳
陶 9640
䧑 9641
阽 9642
除 9643
階 9644
阼 9645
陛 9646
陔 9647
際 9648
隙 9649
陪 9650
11614 陪
䧘 9651
陾 9652
陴 9653
[𩫶]
籀文陴从𩫏
隍 9654
阹 9655
陲 9656
隖 9657
院 9658
陯 9659
陙 9660
𨻰 9661
阠 9662
阡 9663

501 𨺅部

𨺅 9664
𨽸 9665
𨾛 9666
[隘]
籀文𨾛从𨸏益
𨿭 9667
[𨽻]
篆文省

502 厽部

酴 9764
釃 9765
䣼 9766
䤄 9767
醴 9768
醪 9769
醇 9770
醹 9771
酎 9772
醠 9773
醲 9774
䤃 9775
酤 9776
醫 9777
醶 9778
醷 9779
66620 醷
酷 9780
醰 9781
䣭 9782
配 9783
酟 9784
醆 9785
酌 9786
醮 9787
[醮]
醮或从示
醂 9788
酳 9789
醻 9790
02614 醻
[酬]
醻或从州
醋 9791
醓 9792
釂 9793

酣 9794
酖 9795
醧 9796
42412 醧
醵 9797
[䣐]
醵或从巨
酺 9798
醅 9799
醉 9800
醺 9801
醟 9802
䣱 9803
酲 9804
醫 9805
04215 醫
茜 9806
醨 9807
𨣧 9808
酸 9809
[䤘] 籀文
酸从畯
酨 9810
醶 9811
今俗作釅
酢 9812
酏 9813
醬 9814
醬 9814
𤖨 9814
[𤖨] 古文
[𤖹] 籀文
醢 9815
[醢] 籀文
𨢊 9816
𨡉 9817

酹 9818
醳 9819
09512醳
𨡦 9820
𨠰 9821
𨣋 9822
𨠂 9823
酪 9824
醐 9825
酩 9826
酊 9827
醒 9828
醍 9829

538 酋部

酋 9830
尊 9831
[尊]
尊或从寸
今俗以尊作尊
卑之尊別作罇

539 戌部

戌 9832

540 亥部

亥 9833
[帀] 古文
亥爲豕

說文解字第十四(下)
部首 41
字頭 264
新附 8
重文 44 其中
古文 19
籀文 14
篆文 11

說文解字十四卷
部首 540
字頭 9833 其中
新附 406
重文 1231
常熟王培林編校并篆

楷體筆畫檢字

說明：

1. 楷體字右側的號碼是篆體五碼，據此五碼可從本書《小篆五碼檢字》中檢索相應篆字。

2. 凡本書所收楷體字，按首筆“一丨丿丶乛”分爲五部，部内諸字按筆畫數爲序編排。

3. 凡一個篆體字對應多個楷體釋文者，多個楷體字並錄。例：汏 81008、汰 81008 汏。

4. 凡一個楷體字對應多個篆文者，多個篆文編碼並錄，例：大 80004；大 81003。

5. 凡本書所收《説文》新附篆文，其釋文一併收錄。

6. 凡假借字、通假字、簡體字、異體字及譌字等，以五號小字收列，並附上與篆體相應的五碼和釋文。例：马 14206 馬，其中“馬”是的釋文，簡化爲“马”。

7. 凡古文、籀文之隸定字，列於釋文之下五碼之後。例：“明 00007 朙”之下列“［古］00005 明”，表示在本書《古文五碼檢字》中，根據“00005 明”可檢索到“朙”的古文。其中“朙”是小篆釋文；是古文，隸定爲“明”。［籀］與［古］同理。

8. 應用本《檢字》，見楷檢篆，遇疑難問題，請參閱本書附錄《疑難字探索》等。

［一］

一～二畫

一 60101
［古］61204 一弌
二 60202
二 60102 丄
二 60203 上
二 60202
二 60202二
［古］61305 二弍
二60202
二60102 丅
二60203 下
丁 60102
丁 60202 二
丁 60203 下
丁 80003
十 71102
ナ 11002
厂 10001
［籀］11104 厂厈
厂 11212 廠
丂 60102
［古］60102 丂亐
［古］60102 丂巧
㔾 60102
匕 10002
匚 40102
匸 50001
［籀］00106 匚匚
七 71102

三畫

三 60303
［古］61406 三弎
亍 90003
干 91103
干 71209 乾
干 72311 幹
干 73211 榦
亏 60203
亐 60203 亏
于 60203 亏
［古］60102 丂亏
亏 65513 虧
亏 95414 虧
士 61203
士 71205
土 61203
工 60203
［古］60206 工㢒
才 72103
才 51017 纔
寸 21103
下 60203
下 60202 二
下 60102 丅
丌 60103
廾 52004収
丈 72104
大 80004 亣
大 81003
［古］81003 大亣
兀 60103
尢 81003
［古］63309 尢尪
尢 21003 尤
与 60203
与 92613 與
屮 42103
丩 00002
丮 91003
万 57008 萬
夨 91003
弋 91003
厺 81002
上 60203
上 60202 二
上 60102 丄

四畫

丰 73204
丰 66616 豐
王 61304
［古］51204 王𠙻
井 74205
开 52612 開
天 60105
天 61104
夫 71105
元 60204
元 00207 圓
无 61204
无 89112 無
无 89115 無
专 65207 專
弌 66412 壹
韦 44207 韋
云 50203
云 51710 雲
扎 22004
丏 00005 匃
廿 52102
艺 24212 埶
艺 66216 藝
朩 71004朩
木 72003
朩 71004
五 61204
［古］81002 五㐅
帀 60104
市 46212 韍
市 71004宋
市 72103
协 72206
支 82004
［古］83006 支㩻
丏 40104
卅 73306卅
不 61104

拍 32208 拍
抱 33008 捊
抱 52006
拆 33309 坼
拥 25315 擁
抵 63207
抵 91211 觝
拘 22107
势 25316 勢
势 25416 勢
抛 94110 抛
拄 63208 柱
拉 62108
拦 54212 闌
抗 22007
抗 00008 舀
拕 22007
拕 92107
拂 58006
拙 32006
招 32107
披 23007
披 72009 旇
拨 93115 撥
择 25213 擇
拚 84009
拇 97008
拗 93109
顶 80210 頂
亞 60204
址 90006 癶
苷 52207
苦 53208
苿 73109
昔 50110
苛 72208

茜 53108
若 43108
茂 74109
茏 73317 蘢
茇 74009
苹 72209
苜 52207
苴 62308
苫 52208
苗 53107
苖 54107
苒 23010 染
英 73111
苣 52005
芺 73109
英 74008
茌 65310
苻 73109
苽 72007
茶 73008
苓 42109
苟 52108
茆 52210 茆
苳 74111
茑 72111 蔦
苑 72008
苞 52007
范 72011
范 87311 範
苧 72010
苧 34007 芧
茔 91212 塋
苾 53009
茕 91111 煢
苊 72108
苐 76008 苐

茀 76109 蕢
茀 58007
茁 42007
[籀] 30013 昔箵
茄 33210
苕 52108
茎 72311
茎 62311 莖
苔 32112 菭
苾 73009
茅 74007
邯 00206
取 01105
耶 20107 邪
耵 50105
直 41306
直 41306 直
迣 43312
其 73207
芈 92207 羋
枉 64309
枅 64409
枎 73108
杬 62207
林 74006
𣏟 72008
柿 73007
枝 74007
杯 33209 桮
枢 62411 樞
枥 76013 櫪
柜 62207
柜 50614 匱
柜 72617 櫃
枒 62107
杶 74106

[古] 24006 杶杻
杶 75015 櫄
枇 72007
枇 64614 琵
枑 62207
杫 72006
杫 72012 榹
杪 72007
枏 26008
枘 23006
杵 74106
杼 34006
杚 72006
枚 63107
枖 73006
枖 91003 夭
枨 74109 棖
析 22005
板 73006
枞 22013
枌 72007
松 32006
松 52111 寀
枪 32210 槍
柹 74108 柿
杴 72008
枫 52107 楓
柳 22007
杸 23007
构 79407 冓
构 79410 構
杭 72108
枋 73006
枕 73108
科 74007
杻 34006 杼

杷 44713 琶
杷 22106 爬
杼 54006
杳 72105
杰 72007
杰 96009 傑
杰 96211 傑
來 82007
述 01111
[籀]03114 述遾
丧 41211 喪
東 75105
叀 54104
[古]51004 叀𠀐
[古]40205 叀𠄞
臥 00006
卧 00006 臥
臤 01006
画 27412 畫
画 91307
[古]73109 直稟
協 41204 叶
協 74414
卥 51104 西
廼 50001 乃
兩 61107
兩 50006 网
雨 61507
[古] 50017 雨𠕲
或 62206
事 77106
[古] 43208 事𠭥
軋 25306
卖 92213 賣
刺 75112 莿
刺 93106 朿

刺 93108
枣 96212 棗
㮚62314 栖
奈 71208
奈 72208 柰
㓷 81208
奔 94009 奔
奇 81207
奄 41410
奋 35412 奮
奃 81006
奃 62207
奓 51209
奓 51310 奓
卒 82106
卒 83207
态 00013 態
奃 57006
犮 92008
叐 62108
瓯 00511 甌
殴 01412 毆
欧 40413 歐
靣 00206 面
厓 12407
厓 62410 崖
厔 12106 庢
厕 10209 廁
矸 11105
矻 10005
矿 15210 礦
矿 66518 鑛
砀 50209 碭
郁 21008
郁 77123 鬱
郁 93523 鬱

殀 11207
殀 50207 殉
殁 50208
殁 51207 㱟
殁 50208 殁
殁 50208 殁
殁 51207 㱟
殁 51207 㱟
虒 22007
虍 62208
豖 62106
垄 62516 壟
否 61206
郕 22111
或 92208
郏 21010 郟
叜 62108
匩 52307
转 79512 轉
轭 75409 軛
斩 25307 斬
轮 79415 輪
软 75310 軟
轰 79915 轟
顷 10209 頃
疌 45006
妻 78006
[古] 93108 妻娄
郅 22107
到 62106
叵 41106
砼 40207
忑 52109
[古] 50013 忑悹
炁 74208
鸢 92211 鳶

戋 94208
诚 42111

九畫

珏 62608 玨
珂 61508
珑 62617 瓏
玷 40206 㓠
珇 21608
珅 51408
珅 31711
珃 25309
珀 51407
珍 21309
珎 21309 珍
玲 61409
珣 21408
珊 67311
珋 61611 珋
珌 62309
珉 23407
珈 32510
玻 22308
贰 91510 貳
春 44209 萅
帮 23514 幫
拔 62212
拔 46212 戟
拔 72103 市
[古] 51207 㘸坐
契 94009
契 95009 栔
奏 75111
[古] 22111 奏屛
[古] 82111 奏敄
毒 79307
[古] 43211 毒䈀

䒤 32508
匧 43012 篋
匧 51008
项 91310 項
型 65409
武 51312 蟦
贰 91510
赳 01008
赻 41009
赵 41012 趙
赴 41108
赴 20018 龘
赴 50106 卧
封 22410
[籀] 64407 封𡉖
垣 61406
[籀] 40211 垣䡛
垚 63609
哉 44309
政 41208
赍 73211 賫
城 63311
[籀] 43217 城𩫖
垤 63307
垲 61411
垍 31408
埏 61210
垢 31407
垗 61208
垛 23208 垛
垝 21208
垝 50312 陒
垎 62308
垫 26414 墊
垑 51207
垓 61410

垠 21408
垛 23208
壴 61207
䒤 81010
䒤 61314 䋄
䒤 61314 䭭
郝 21010
耇 42108
者 42208
项 60410 項
䍘 60211
拭 93309
挂 64409
挂 54411 罣
持 93210
拮 33308
拷 92106
拱 74106 共
拱 76109
拱 94006 拜
拒 92007
拓 32208
挞 85218 撻
挟 83010 挾
挠 75715 撓
拏 64107
挑 92008
挡 93019 擋
拽 91408 曳
挏 22207
捆 53007
挺 23209
括 33208 括
挢 93009 撟
挺 92010
拴 63309

珣 21307
珩 61310
珧 61309
珮 21106 佩
珣 51408
珞 62409
珓 63307
班 62610
琉 61512 瑱
琅 21509
珕 64616
珝 21312
鬥 54008
敖 62110
勣 94415
素 81013
匿 43210
冓 79407
沶 60410
畐 60408
栞 64409
栞 64411琹
蚕 54315 蠶
顽 60411 頑
盏 64314 盞
髟 12109
馬 14206
[古]11009 馬影
[籀]10109 馬影
匪 50209
赶 42109
赵 43109
起 01007
[古]00007 起迡
㱿 22209
㱿22209 㱿

垷 21408
埍 21207
垸 21409
埌 40208 良
埃 22309
埐 25312
恚 42410
盐 51322 鹽
埣 65512 埲
埋 65315 薶
埂 63411
埘 62512
埙 64215 壎
埒 62309
埒 62309 埒
袁 71006
故 41310
埕 43411 酲
埆 50009 确
壶 65107 壺
貢 60408
㚏 72308
臾 73409
烖 50006 灾
烖 74211
[古]72107 烖扻
[籀]92108 烖災
载 79512 載
恐 22211
[古] 40207 恐志
挈 24210
都 21112
耆 42209
耊 64108
耄 74014薹
盍 61210 盇

捇 83010
捓 22106
捞 93116 撈
捄 23009
捄 62110 救
捕 25310
捂 82105
振 92209
挾 83010
捎 92009
捍 23208
捍 12309 敔
捍 93106 扞
捉 22007
捆 54007 稛
捐 22007
损 22209 損
挹 22006
捌 92008
捙 33111 插
捓 94007
捓33413 擂
捓54106 抽
菲 90008
捈 83110
捡 82314 撿
挫 63513
捊 33008
捊 52006 抱
捋 93109
挼 95009
挼 97009 捼
捅 25315 攤
换 24012 換
挽 25310 輓
捂33208

捀 96210
捣 22108 擣
捝 92109
捖 22209
捃 98015 攈
挪 22109
捣 92208
挨 23109
挨 24009
哲 02009 悊
哲 02108
哲 52107
[古]73918 哲嚞
栽 76210 栽
娶 25008
挚 27214 摯
紥 22004 扎
热 24216 熱
贽 27214 摯
逝 02011
垩 61510
耾 51207
聄 01106
耻 00107 恥
耼 00306 聃
聃 04108
耗 52106
聆 50207
耵 00106
耿 50107
耻 00107
耶 01108 鄹
聂 50309 聶
恭 74110
桊 76109
桊 76109 桊

桊 76109
桊 76109 拳
栱 76109 桊
郗 03111
華 80212 雩
药 33411
苣 42007
莟 72010
莟 72010 荇
莟 74109
莱 73010
莆 75311
莤 54109
莦 53310
荳 62209
荳 60205 豆
荚 73011
莽 75012
莱 74011 萊
莲 47315 蓮
茢 72111
莖 72311
莖 62310
莎 32010
莻 72010
莳 43313 蒔
堇 65309
莫 74110
莧 72209
莔 52008
莔 92017 榮
莪 76111
莠 74008
菘 34008
莓 76006
莓 76006 每

荷 72210
荷 60206 何
莜 73111
苲 72110
莅 24112 逮
莚 42012
莈 73011
荼 73111
莃 75010
荃 72315 荾
莝 63514
莩 33009
莆 32312 莆
获 95316 獲
获 96315 穫
莸 35115 蕕
莐 73010
莰 73012
莥 75011
莘 74310
莣 42011
莌 72110
茀 76008
茀 76109 萬
莎 72013
莰 73012
莰 73012 渓
莞 72210
莹 91313 瑩
莺 90116 鶯
莨 42212
莙 75109
莫 76011
莦 52210
莊 63412
莣 42011
[古] 60512 莊牂
莈 74010
莓 77009
莼 67211 蓴
鸪 01311 鴣
匝 00004
[古] 00104 匝卮
恶 40208 惡
晋 54310 晉
畞 42208
畞 57109 畮
軏 71208
尅 80006 剋
真 90208
[古] 90105 眞帛
框 52307 匡
梆 25210
栻 73309
桂 64409
桔 33308
栳 74009
栲 73107 椃
栱 76109 栞
栱 76109
梆 24009
桓 62206
梧 33309
楝 75109
栖 79009 棲
桷 23008
栫 35108
栭 62107
栢 52106 柏
栵 72110 栵
梜 76108
梜 76007
桡 75715 橈
桎 64107
桢 62310 楨
梢 72009
梩 25308
梩 52004 相
栧 75309 枻
梠 52006
桐 22207
桤 62211 榿
栘 25112
栘 72110
栘 25112 樗
株 75107
栝 33107
栖 33107 栝
栝 33208
栝 33208 梧
桥 73009 橋
栴 72310
梴 72010 梴
栰 73115 橃
桦 32215 樺
桁 90017
桁 90017 衡
桧 32213 檜
桍 32208
桃 72008
桅 22008
格 73108
挌 94109
格 94109 挌
栘 22007
桻 74109
桩 76115 樁
校 74006
校 94006
核 62210
样 74214 樣
栟 24413 栟
栚 74011
梡 22209
桉 55008 案
根 22208
栩 22011
栘 72210 栘
勑 83111
勑 65108 敕
逑 01012
索 92008
逋 03313
[籀] 45316 逋逋
尃 24410
栗 12110 㮚
覂 62207
贾 62308 賈
逗 40211
速 44010
[籀] 44015 速遬
[古] 75317 速警
[古] 75317 速警
哥 60408
[古] 60408 哥謌歌
敕 64210
豇 60408
鬲 61207
鬲 14110 歷
鬲 21310 甂
剚 77208
軒 76408
軑 76308
軏 65509 軏
軔 75308
軓 25407
軔 75308
連 45311
軎 55306
軎 79715 轊
彧 92209 戫
彧 93214 䃸
戛 82007 戛
酎 03208
酖 43108
酌 02208
配 02106
酏 44108
逌 52111
逌 52113 逌
逦 44421 邐
翅 82012 翍
翅 91111 翄
启 00205 启
砢 10206
砰 10207
砺 17011 礪
砧 00206
砠 00307 岨
砤 50006 砣
砥 11206
砾 52112 礫
砲 16211 礮
硅 63208 柱
砣 50006
砨 10106
础 14011 礎
破 51006
硁 22111 磬
硁 01008 硻

啓 11309 啟
脣 10308
厝 00111
屇 05006
屇17009 厲
厞 10209
厜 11212
屍 10008
原 10105
原 10313 驫
原 44321 邍
屖 11309
厎 11206 砥
顾 13716 顧
唇 10209 脣
辱 11309
奙50311 帘
奙51310
殉 50207
殊 13308
殈 10411
殉 00308
殔 56309
裂 90111
烈 90111 裂
盍 21210
砻 31315 礱
恧 40108
逐 41111
匿 50204
匽 62108
盉 62111
夏 12616
[古] 40109 夏㝤
威 92210
翃 01011

尮81003尣
尯81003尣
剞 81209
轼 76611 軾
轾 29517 輊
轿 76311 轎
轻 66611 輇
轫 75410 軔
辂 76410 輅
较 77309 較
柴 11110
柴 91110 棐
致 15111 緻
鄹 28009
晉 54310 晉
逕 60310 徑
致 64107
毙 62316 斃
毙 63114 獘
剗 64517 鏟
顿 72310 頓
柬74005柬
貢 91208
剗 94210

十一畫

彗 75410
彗 87414 篲
[古] 50116 彗簹
鄹 24012
耜 25308 梩
耜 52004 相
耜 52106 枱
舂 84112
焘 42113 燽
琊61611
嵃64109

彭 72512
栽 76210
責 93311
麸 27317 麱
麸 75115 麩
琎 24616 璡
琬 61307
球 22310
球 21317 璆
琊61611
琏 77314 槤
琐 61512 瑣
理 24609
琨 61410
現 50205 見
琄 21308
琁 61309
琁 22616 瓊
琁 66717 瓗
琈 62309
琀 31510
琂 32611
琉 61611琊
琅 61512
規 21310
晉 52609
扈 91409
堵 62312
[籀]41117 堵䵣
埴 62509
域 63409
埼 11209 碕
埱 23410
埸 21309
埵 62414
堆 00205𠂤

埚 21210
埤 22309
埩 65209
埩 65209 埩
堋 27213
埻 63514
培 62410
埭 25210
埽 24310
埽 25008 掃
堀 31308
堀 33311堀
趌 43010
赿 01008
赽 43111
趆 01210
赹 44111
焉 60207
垩 61407
砦 22209
堆20310 鳿
堆23509
恚 02213 慤
殼 22209 殸
壶 53008壼
壷 65107
赦 62109 赦
赦 62111
赧 22111
赦 81012
執 25211
教 64110
[古] 83008 教效
[古]93012 教𤕝
耆 42108 者
逵 42214

逵 31210 馗
達 43215
晳 52107
悊 02009
悊 02108 哲
悊 52107 哲
晢 02108
鸷 25318 鷙
捧 77211 奉
振 94109
掛 64409 挂
掕 75011
掫 93108
挪 12012 㪷
措 32113
掎 83210
掩 83413
捷 77009
捷 45006 疌
排 92211
掉 32211
掍 22109
掴 54210 摑
捫 22209
掐 32111
捶 63214
掱 97009
掱 95009 掱
捭 23109
推 25309
掀 92010
捨 33109
捨 51106 舍
捡 63311
捡 76214 捺
掄 88113

採 12006 采
授 93009
捻 82111
掤 28013
捪 33208
掏 32011 搯
掐 52010
掬 01108 匊
掬 25212 鞠
掬 25715 擢
掠 83008
掖 83009
捽 83008
掊 93210
接 66210
揶 24216 擲
揶 34419 擿
捲 95115
揓 12319 髢
掸 95411 撣
掞 90010 剡
掯 22210
控 22210
捥 53410擥
探 23012
掃 25008
据 33309
据 95113 據
掘 34111
摻 22011 摻
掇 96009
掼 25311 摜
萚 79215
菁 74513
萇 74110
著 73113

著 83113
著 83113 箸
菱 46024 遴
菱 75017 淩
菴 00004 勺
萚 77217 蘀
萁 75211
菆 43109
菻 76010
萊 74011
菉 43115
菣 43010
菣 64213墜
萤 43008
菴 41410 奄
菴 11412 庵
莆 32312 莆
菫 47010
萋 79010
菩 44209
萄 64110
萂 75112
菲 72212
菽 61205 尗
菓 76109
萗 45110
莧 90210莧
萞 76016藈
菖 00205 昌
菖 52209
萌 42011
萌 52011
菎 43012
菌 53209
萝 68319 蘿
菡 54008

萎 77010
萸 72412
萑 65310
萆 73110
莶 63312
菜 74010
華 76010
菜 73009 楙
萉 72009
萉 15221 籟
菔 73113
萠 32312
菟 20006 兔
萄 54110
菰 73011
莒 72217莒
菊 53112
萋 76211
萋 24215 婁
萃 73009
菩 73211
菸 62211
菁 73009
葵 72012
葵 72014蘭
菏 72213
萍 72214
菏 72213 菏
菹 62313
菹 62419 菹
菹 62520菹
菹 64518 菹
菧 73213
菧 61315菧
菹 32113
落 32112

菪 72008
营 72211
菀 72010
萉 42215
萉 92211 萉
萤 90011
营 90012 營
萧 78115 蕭
菉 74213
菌 34112
菘 32109
菰 72007 苽
菇 72007 苽
菡 53212 菡
萤 90011 螢
萦 91013 縈
菑 51106 甾
菑 53110
剳 22004 札
遣 50116
菡 73108
黄 75208 黃
[古]23109 黃灸
勒 76410
聑 00306
聐 00307
聃 04108 聃
职 53615 職
联 51208
聆 50208
聊 50309
聉 00106
堅 12308
娶 54108
基 74410
斟 41409

勘 41411
勔 74615 勔
剿 75311
堇 65310
[古] 73107 堇菳
[古]76413 堇墐
靪 75309
乾 71209
[籀] 71111 乾乾
枩 72009
匏 52012
梵 74108
埜 05308 野
婪 77009
婪 74010 惏
梦 50319 夢
紮 22004 扎
梼 22108 檮
梈 65311
械 76111
梆 62310
彬 90006 份
棣 23009
梗 64211
梀 76007
梪 62208
棖 72209
梧 33209
[籀] 01210 梧匧
[籀] 01312 梧匧
梜 73010
梿 77314 槤
梐 63210
桯 62310
桯 63309
梈 24208

梱 54007
梱 02004 困
梋 21312 鋗
椺 73009
梏 34208
梅 78009
梅 92206 某
梅 74209 楳
梔 72107 梔
椴 23010
检 72314 檢
梼 73109
桴 33008
桵 75009
梧 33208
桷 22010
梓 64309
梳 73008
棁 72109
梯 76007
桹 72211
梖 33816 檽
梫 26010
梫 26112
桺 24014
梮 22107
桶 24310
梭 24009
楞 72210
觋 20412 覡
啬 52011 嗇
救 62110
毬 74009
軖 67611
軏 65509
軛 75409 軶

軘 77408
軜 26308
斬 25307
軷 76308
較 77309
較 77309 較
較 77309 較
軝 76409
軝 76409 軝
軥 79915 轟
軟 75310
軟 60108 耎
軟 60110 偄
軟 65513 轜
酾 43109
酟 42309
酟 45214 醵
酗 02209 酌
酌 02309
酖 43210
堲 24411
鄄 23211
票 91514 㶾
票 91514 㶾
署 93413 舁
署 93415 礜
副 41207
［籒］52619 副疈
區 40408
匱 50614 匱
匬 50211
堅 52209
畢 53109
婜 54009
敔 42410
曹 59313

專 65207
豉 62209
豉 83209 敊
欨 60210
豉 21209
敕 65108
欶 74009
敕 83111 勑
桼 75111
頂 80210
［籒］10416 頂顛
頂 80213 頲
頂 30211
頂 30211 頂
赉 82212 賚
麥 84010
麪 84014
戚 92209
或 93410 戭
馬 15207
帶 76107
硏 12408 研
硈 01307
硕 10209 碩
硗 13714 磽
硐 50206
硙 10210 磑
碰 10008
碰 10009
硎 40310 陘
硉 56107
硍 50207
唇 10209
［古］10413 唇頋
唇 10308 唇
廂 02208 廂

厠 10209 廁
原 10105
原 10313 驫
厩 11212 廄
欹 10211
殹 02110
殹 02211
殍 11005 受
殓 10515 殮
殒 50513 隕
殺 22109
豝 21208
盍 21111
戛 12309
勔 30210 愐
勔 51310
硲 41109
戚 43310
戚 92311
盛 62214
聋 61416 聾
敎 63210
豣 63511
龚 65420 龔
觅 61206 舀
袭 61317 襲
瓠 81209
梨 92110
郁 01413
悉 41011
匏 51209
奢 82112
［籒］81007 奢奓
奞 64309
爽 85011
爽 85013 爽

逩 94009 奔
雩 20211 咢
雩 61710
霹 62410
雪 66917 雪
堑 26510 塹
辄 25408 輒
辅 23309 俌
辅 28612 輔
辆 61107 兩
㘴 01008
頃 10209
堆 24409

十二畫

耝 67412
耪 91113
絜 94010
貳 91510
琹 64610 珡
琴 64610 珡
琵 64614
琶 44713
琶 22106 杷
琫 68515
琪 64511
琪 65714 璂
瑛 64415
琳 65310
琦 62511
琢 63410
琖 65512
琖 64314 盞
琲 61512
琡 23511
琥 63310
琨 21410

散 63115 散
黄 75208
葑 64414
萁 42311
葉 77313
葉 75309 枼
葉 88313 箕
萺 53110
萺 73211 蕾
葽 74412
葴 74312
葳 77213
葸 43112
萸 72112
葳 74314 葳
葬 74315
葢 63214
韮 60109 韭
蔽 75212
葚 42210
萴 72211
募 75214
葛 72211
萈 90210
萛 90211
葛 52112
葺 42209
萺 72410
萬 57008
萯 72617 蕒
葸 02315 諰
葦 46211
葡 59119 虈
菌 53011
萩 74011
董 78312

董 78514 蕫
葆 73010
葰 74012
葟 63513
葟 16321 黊
葸 75109
葠 76013
葩 42210
葎 78112
葅 62313 菹
葼 75012
葅 72211
萬 74009
葴 72108
葱 44012 蔥
蒋 73315 蔣
蒂 78111 蔕
葹 75012
萎 79212 蔞
葥 72112
蒹 79012
葕 72015
葕 74109 荅
落 73114
落 42612 霉
葓 74419
葎 77118
萱 72209
萱 75017 藼
葦 74312
葷 57311
萹 78114
葖 73111
葙 62513
葭 73210
葴 72113

蒢 73418
蒣 79013
葵 77010
萩 75111
葯 73110
蘖 53008
蘖 33008 孽
蘖 33008 孽
葡 75316 蒲
萑 63310
靬 76409
靬 65509
靮 25408
靸 35409 靷
靸 26310
靭 44210 靭
靱 44210 靭
靭 75309
靭 75309 靭
聒 01308 聒
联 02111 聯
聑 50206
斯 23209
期 23210
[古]60205 期𣅀
欺 73212
棊 75210
朞 75210 稘
惎 73211
戡 42411
鄗 04313
葘 50006 灾
葘 54211
葘 52207 甾
悳 41310
悳 41310 悳

悳 41310 悳
悳 71313 德
[古]40010 悳悳悳
喪 41211
韩 75415 韓
朝 71313 韓
戟 73312 戟
貰 73511
辜 73510
[古]71210 辜𦙶
辜 01408 殆
棒 33210 棓
棖 74109
楮 73112
楮 72009 柠
棱 75011
棋 75210 棊
椒 23108
椰 62107 枒
楛 35211
植 73309 植
植 25314 樴
棫 63112
楝 77108
棫 74209
楱 73217 櫝
椅 73210
椓 64109
棲 79009
棧 76211
椒 73209 茮
棹 25317 櫂
椇 22107 枸
棍 22109
椢 54210
椢 53208

椆 22108
梃 23210
棅 63107 柄
棅 78008
椇 72411
棿 22010
棿 25312 輗
椎 25309
棉 23108
椑 23109
栟 24413
棽 76010
棆 78113
棥 78014 樊
棔 23110
棚 28013
椆 74411
椋 73008
椁 32011
棓 33210
棱 66210
棬 75115
椫 75411 樿
棪 72011
棕 75011 椶
棺 22210
椌 22210
椀 50107 盌
椀 50110 盌
梛 22214
椮 22011 槮
楗 28111
棣 26010
椐 53208
椭 73518 橢
極 63311

酬 02210 醻
詈 51008
詈 01208
竪 51112
賈 62308
甄 23311
剽 91516
剽 92618 勡
勡 92618
勡 91516 剽
歎 63213
匯 53211
畺 62509
畺 63814 疆
歌 41715 謌
斛 63310
鬲 63411
斛 63411鬲
賴 74212 賴
嗇 52011
[古] 53212 嗇嗇
蚩 01008
裘 81010
裘 81010
裘 81010裘
[古] 21006 裘求
頍 82211
蜃 10208
厭 11310
厪 15412
慼 42312
碱 12109
碛 13313 磧
碐 13110
碏 00112
碕 11209
碍 52214 礙
碮 50108
碴 00110
硾 11213
碓 53308
碑 51108
硂 11310
碉 25714 雕
碈 23407 珉
硋 50009
碎 11007
碎 81108
碰 12319 髮
碗 50110 盌
碌 12211 碌
碌 12211
肇 04411
靦 00411 靦
㥯 00211
甄 20211
碩 61311
鹌 05515 雒
奭 81409
殜 73311 泄
殟 50313 殟
殞 51413
殞 20209 奞
殙 52409 殙
豤 21310
豥 61312
㜕 89011
尴 89011 㜕
頫 91210
頫 61309 疣
雷 54816 靁
雹 41914
[古] 01813 雹雹
零 41612
雺 64614 霚
雹 51510
雹 61510
[古] 51513 雹靁
鄠 21713
匯 53312
辏 75116 湊
辐 36510 輻
辑 41307 斗
辒 25414 轀
辑 75510 輯
输 75515 輸
豧 02118 豧
豧 22109
頓 72310
盞 64314
盞 65512 琖

十四畫

耤 35116
䅘 96213
璈 64414
瑪 35312
瑹 64415
瑱 61512
璉 77314 槤
瑮 63414
瑣 61512
瑦 21310
瑲 31511
瑤 53411
瑷 74111夒
瑤 53411
璃 27314 離
瑭 64513
瑣 20311
瑣 20513 奞
瑸 21612 璸
碧 51409
赘 62315 贅
摰 04213摰
熬 62114
獒66120 鏊
熬 66120 鏊
静 76515 靜
艴 22513
韬 54215 韜
觐 29612 覲
嫠 67112
覝 21312
覝 22413䚩
斠 79411
髮 24313
髡 12212 髡
髡 12313
髤 14118 髼
髵 94215 顴
髦 14112
髤 12113
髤 12112 髭
髭 12112
髣 91005 仿
駁 16210
駏 14410
駔 04308
馲 13522 鼫
馲 43416 馲
駘 54210
駁 16210
駖 14210
駉 54210
駮 15210
駝 18214 驝
駃 17311
駃 93109
駤 54209
㬇 19207 昬
戩 62512
趚 44112
趕 42109 赶
趕 04311
趙 41012
趖 42516
趕 20018龜
趙 03313
趁 03012
墐 66513
墻 32216 牆
塼 66410
塼 25410 甎
塼 65207 專
墉 12416 隫
墉 63312
隫63312 墉
墁 22411
墡 69411
堋 27213 堋
塲 21410 場
墖 33412
墉 69613
[古]50008 墉亯
墇 63612
墇 63713
境 62613
境 61410 竟
彀 23513
穀 24212

𣪊 23213
愨 02213
鞫25212 鞫
墊 26414
婺 28214
䞓 61314
赫 82014
鼓 63211
截 95412截
瑦 20310
瑦 23509琟
鋈 23515
幇 26213幇
婺 28214 婺
嘉 32413
壽 42109
堨 51112
橐 74008 橐
壼 75108
翥 91117
臺 00103 台
臺 92210
摏 84112 春
搸94108拜
撍 67313
摲 57310
摶 77210
摳 62411
摽 82516慓
摼 24212
摽 93518
摵 95313
摕 78110
擨 93212
擨 81006 奈
搹 63713

擥 02216 擥
摟 99211
摑 54210
撩 73114 撩
摧 65312
攖 25416 攖
撾 22114
摠 53013 總
摐 22012
摬 63413
摘 34413
摭 94111
摭 32005 拓
摝 96012
撇 64113 撆
摍 23111
摒 62411
摺 52115
摎 22016
摻 22011
摜 25311
摷 94213
誓 03312
蚤 50206
聊 00410
綦 74211
綦 15012 綼
綦 55111 綼
靼 25509
[古]63418 靼韇
軸 52306 胄
軸 57409 辠
鞅 76413
軝 76409
鞄 55309
靬 77411

䩛 76311
鞑 25310
鞃 35409
鞀 35410
[籀]22114 鞀磬
鞀 73216 鼗
鞀 75311 鞉
鞁 26310
靿 76412
勤 74615
蔫 72211
蓷 67313
蓺 66216
蓺 24212 埶
蓺 26215 埶
蓻 77215
蓳 67314
蒢78011 蒢
蒢78011
蔪 77311
蔪 79314 蘄
蓴 67211
蓸 59317
蒴 95219 鸑
蘆 42412
蔈 73518
蔕 78111
萑 65314
蓾 53113
蕢 92017 縈
萬 05007
萬 05009 蠆
暮 74110 莫
慕 44114
慕 44114慕
摹 76113

募 74112
蘡 79212
蔓 73212
蘔 75214
蔂 26316 櫐
蓶 45412
蔇 50112
鄿52521 譚
蔑 92113
蔑 62320 巇
邁 42115
蒘 74011
蒨 44009 茜
蕈 74211 蕈
蔦 72111
蔦 22110 樢
蔥 44012
蓰 72012
蔽 73419 蔽
蔔 73113 菔
藸 74218 藸
蔡 73214
蔎 44315
蔗 74112
蔴 12010 麻
薪 24310 新
蔁 74514
蔟 74114
蔺 75516 藺
蔽 74114
薄 79316
蔆 75017
蔆 46024遴
蕍 72119
蔻 73314
蔻 73314 蔻

黃 72515
蔤 53014
蔼 53419 藹
蔚 73314
蓨 73519
蔣 73315
蓼 72017
蔘 76118 薓
蔞78114
薌 72114
蒥 53109
遭 59319
勱 18112
鄗 02115
戩 46414 戩
榦 73211
戟 73312
翰 31411
翰32206 看
乾 73211
斡 73212
樊 96214
兢 96216兢
𦔺 02410
聚 51111
聝 42414 馘
聝 52309
榛 78113
構 79410
框 72212
榰 74212
榼 63213
樺 32215
槢 36313 槢
模 76113
槙 72211

槤 77314
槫 26413
槅 63210
樌 64310 樌
槭 75313
槈 73312
槢 36313
槛 22216 檻
槔 29411
榥 77213 橫
槝 22214
樱 25111
樃 53109
榿 62211
榫 52108 筍
槜 25310 檇
槲 74213
槵 72212
槔 24211
榥 23010
槬 74010
樧 25114 樧
榣 54110
槍 32210
槬 52211
榴 51410 留
槩 96007 桀
樃 76012
槁 82008 槀
槨 32011 椁
樆 27314 離
榜 63210
様 74214 樣
槏 79011
榨 40110
槟 22314 檳

梓 24311
梓 64309 梓
榕 22111
榍 72110榍
榷 66412
榅 63114
郄 22012
对 76113
对 85013
𣪠 84013
覞 20412
爾 86013
爾 81004 尒
輒 25408
輔 28612
輔 23309 俌
輕 65612
輌 79915 轟
輓 25310
輊 25410
輊 25312 輗
輑 28410
塹 26510
鄟 01217
穀 06310
酽 42416 醶
酾 46520 釃
酺 05412
鬲瓦 21310
鬲瓦 61207 鬲
酲 43411
酮 02109
酷 54310
酴 43212
酹 43211
酿 44521 釀

酸 04111
[籀]05214 酸酸
酭 02210
匰 53409
匱 50614
匽 53113
朢 51211
熙 50008 熙
監 50213
[古]51314 監䀋
堅 23414
嫛 25214
緊 52010
疐 53008
歌 60413
朢 21210 望
[古]11208 朢𦣠
敲 63211
䡓 66310
軸 34413
贋 30211 䞣
贋 80210 頂
贋 80213
歷 14010 歷
厮 13210
厲 17009
厲 05006 厲
厲 05008 厲
厲 17011 厲
厬 11210
厫 13211
厭 11211
厭 91210 猒
厰 11212 廠
愿 10109
愿 10312 願

厲 13214
剻 12112
磚 11216 碃
碱 41420 鹼
碁 32207 枯
碩 10209
碶 10110
碣 00110
碭 50209
碫 52310
磈 53107
磋 11216
碌 11109
磁 42010
碫 51208
碬 52310 碫
匣 00409
匏 51007 匏
奪 85311
奪 61210 敓
匳 83419 籢
奩 83419 籢
翰 25212
遰 46113
瓡 50212
戴 64413
臧 92313
[籀] 92515 臧𦣞
鹹 93214 鹹
豧 24412
豩 62210
豨 64111
殞 50513 隕
殟 50313
殪 10412
殡 11413

殡 50515 殯
需 61611
霆 62713
霂 61513
霁 61721 霽
霑 42612
霸 61515
辕 76311 轅
辖 28413 轄
辖 76212 韏
辗 60916 展
鳶 92211 鳶
戩 46414

十五畫

慧 45414
㥁 75414
穎 95213
耦 29111
憃 84116
瑾 65714
瑾 64511 琪
瑾 66614
璜 66512
璊 64412
璊 21307 玧
璉 67913
瑦 62914
璀 64613
璡 24616
璁 23312
瑽 21314
璋 63814
璟 62613
璇 61309 琁
璇 61715 璿
璆 21317

鞙 25311
鞔 25311
鞔75412
鞔 25312
蕆 74216
燕 72212
點 35412
黈 66413
肆 78117 肆
薳 43016
藒 34115
蕀 78013
薔 54015
蕙 44108 惠
薑 64615 薑
甄 65315
薤 51520 韰
蒙 75113
髦13522 髦
髦43416 毦
蕞 23311 撮
蕞 73012 絕
墓 54112 蟆
薯 75118
薯 44420 藷
蓍 42314
薨 50214
藴 62118
薙 66415
萸 74617
薛 63513 辪
薛 75517 薛
薇 73217
[籀]73114 薇薇
薟 72315
薟 73419 蘞

薈 52214
薊 74116
蔆 76115
薢 74116
薹 74014
蕘 72214
薕 79014
薋 72416
薦 76013
薦 75109 荐
薏 55413 菩
薪 75313
薮 79316 藪
蕷 72215
蕿 74216
蕿 75017 藼
薄 76419
薓 76118
蕭 78115
薜 74414
蔌 73214
蕟 64217
蕟 22009 叠
嫥 76316
嫥 74009 莯
[籀]75213 嫥嫇
蕡 74214
檠 63215 檄
憖 41216
擎 62412 鈙
擎 63215
顢 73315 顢
鴣 01311
盬 63414
頤 50210
噩 52308 咢

噩 61712
賴 74212 賴
賴 74212
整 45212
翰 71216
韓 71313
顚 41214 趙
顚 90415 顛
橕 73211 樘
樲 73513
橈 75715
樾 75113
樾 43111 越
樹 24313
[籀] 63311 樹尌
㯷 25212
櫢 78219
檄 63215
橞 76111
橝 33217
檿 14113 檿
橑 73114
樸 76216
橌 22212
橌 22212 橌
檝 72208 楫
樻 72616
樿 75411
檣 74115
樢 78012
橋 73009
椅 34111
椅 74111
檇 25310
樵 25313
槹 24211 槔

橎 34212
檎 75113
櫓 14316 艣
櫓 33112 樐
櫓 52118 櫓
橡 74214 樣
橪 73014
橦 68513
樴 75515
橏 35412
樽 75213
樽 94111
樽 63210 尊
檖 73110 椓
橧 30214 竲
橇 22108
橨 28211
橙 62214
橃 73115
橘 25111
橘 33308 桔
機 24113
樊 74010 焚
蝨 52007
蝨 54012
藂 43314 叢
散 63115
樊 76014
樊 74010 焚
壄 05308 野
翻 24314
敹 24014
麩 35014
憖 43015
憗 43015 憖
螓 75116 湊

輻 36410
輻 36510
輜 37412 輜
輜 37509 輜
輭 65409 輀
輭 65513 輭
輯 75510
輯 41307 卙
輼 25414 轀
輹 77312
輴 33309 楯
輸 75515
輚 25312
輷 79915 轟
輶 37412
輝 59612
輮 29311
暫 55309
輮 79210
䤑 63613
融 51209
[籀]51213 融䘋
融 51213 䘋
翮 21215
頭 60412
鬴 43313 誖
豎 52314
橐 74008
櫜 75111
橐 76110
瓢 91517
醓 42412
醋 44212
醋 42208 酣
醐 03312
醍 02311

醞 02214 醖
醒 04411
醜 05210
醽 42315
醨 43417
醇 44416 醇
酸 03113
醢 11315 監
醑 02111
醫 02414
毉 02112
鷖 22318 鷖
匱 54212
匲05006皕
匳05008
匲17009 厲
覗 00411
醐 03513
磥 00006 磊
磧 13313
磺 15210
[古] 60204 磺卝
磚 14209
磚 65207 專
磚 25410 甎
礝 01008 磬
磩 12313
磢 15013
硋 52214 礙
魘 14316 魘
壓 14214
歷 14110
歷 61207 鬲
歷 14010
曆 04109
贋 13309 雁

贋 13313 贋
贗 13313
鴈 10110
鴈 13313 贗
槼 14113
勵 18113
飆 53116 飆
奮 35412
奯 83215
頰 81214
[籀] 81217 頰𩕸
[籀] 80216 頰𩕸
殪 16616
[古]65213 殪壹
殨 10817
殫 13612
殯 12215
鴐 94313
駉 94313鴐
豶 64316
豭 22311
彝 14015
[古]21214 彝𢑱
霒 41814
黔 41814霒
霖 65513
霙 64618
霍42917
霎 69513
霏 61715
霓 61514
霰 63615
霤 63512
霑 30209 沾
霎 65714
霜 31716

齧 50208
蹔 26615 蹔
鬠 54310
轍 63216
轍 67414 轍
轔 79319 轔
臻 68214
頸 60514
觱 94419 觱
虩 96214

十七畫

豐66814
糠 19210 康
璱 66919
璨 23616
璩 64413
璯63514
璫 62412
璐 62413
璪 63613
環 22313
璩 63316
璵 63917
璬 63513
璦 74111愛
麓 66415
鞴 27518
贅 62315
螯 62110 敖
謷 53417
鳿 21413
覯 29612
匵 51215
黿 40412
鬙 12115
鬘 13619

鬃 16113
鬆 12118
駴 14413 駭
駬 05512
騹 54309
騏 65714 琪
騂16212
騋 18211
騁 04513
駹 15213
騜 55411
騆 54210
騁 56411
騀 18313
駼 15313
騂 18515
駾 14312
騉 14414
駸 58315駸
騃 55312
駿 56212
趨42520
趚 44014
趕 09414
趯 42215
趧 43013
趨 03014
趨 01010 趍
壔 21308
壖 62814
壎 64215
壕 62315
壙 66413
鼀 02315鼁
鄿 02112
鴣 01412

賫 71214 賫
幫 23514
蟄 05213
蟄 14520 蟄
罄 24213
[古] 22009 罄殸
聲 22212
縠 23216
豰 23314
觳 22216
轂 27514
摯 27417
褻 25215
縶 25216
縶19207 畢
縶 19207 昏
鼇 64518
盩 42113
蔂 61208 祊
蔂 71415
戴 77417
[籀]95314 戴戴
巀 95415 巀
擣 22108
擥 02216 擥
擩 63614
擩 62111 揳
拽 75309 抴
擤 04411 醒
擬 24215
擴 97213
擿 34419
擠 82217
擲 24216
擲 34419 擿
擯 22314

鶇 24212
鶇 24111 鶇

十八畫

類 94215
稭35116 秸
覩 84317
競 96216
璹 21409
璂 65714 璂
瑪 10110 碝
璿 61309 琁
璿 61715
[古]61515 璿琁
[籀]51413 璿叡
[籀] 52717 璿叡
瓊 22616
瓊 66717 璚
瓊 61309 琁
璸 21612
璶 27518
璾 67516
鞡 31217
鞡 01212 綽
鼇 42318 鼈
贅 62317
鼇 64418
鼇 67414
鼇 65113 婺
鬻 22517 鬻
蕉 63417
鬆 32006
鬚 90210 須
鬄 12215
鬄 14112 髢
鬘 17115
鬛 14517

鬐 13316
鬈 15221
鬌 12319 鬌
鬃 16116
騃16514
騏 17413
騋 16213
騎 15413
騑 14414
騉 54312
騍 58311
騂 15313
騧 54311
[籀] 14418 騧騙
騞 15417
[籀] 14215 騞騄
騀 54213
騅 57512
騇 05413
騐 14517 驗
騊 06312
騆 16614
騌 17214 騣
騝 59313
騤 18212
翹 23720
藪 66217
藪 78517 藾
趙 41214
趣 06313
趨 02214
趣43116
趩 04216
趩 04224
壇 61822
鼟 22413

聲 53414
馨 75316
遺 41220
鵓 21114
奄 41213
贄 27214 摯
謷 06518
楚 05215
謦 23416
謷 01007
謷 41209
燾 42113 燽
擷 93515
擷 81516 襭
擽 79017
擽 92004 丮
擾 94217 擾
擄 95015
擽 25218
擽 26218
擽 27218
擂 55312
擺 24018
攝 93416
鞢 77413
鞲 79318 韝
鞰 35512
鞮 75511
鞮 25512
鞦 92007 秋
鞭 67516
[古] 81207 鞭夋
鞞 77515
鞫 55215 竆
鞫 86520 簕
鞭25511

鞾 59613
鞾 09514 鞾
鞳36310
鞣 29312
職 00514
職 50716
職 53311 聲
職 53514 矇
職 53615
聶 50309
鶾 75414
鶻 50010 鳥
鄰 22215
覲 25515
覲 25616
蘛 26213
蕨 76215
藕 77114 蕅
藝 76220
蕢 73218
藝 24212 埶
蘄 79314
蘄77311 蘄
藷 74218
蕩 72315
薑 57010
薑 05007 薑
薑 05009 薑
藪 79316
藟 55313
藟 77316 藟
蕺 44416
蘢 74018
繭 92011
[古]00208 繭絸
藜 74017

藥 74114
舊 52119
藷 44420
藷 75118 薯
蘐 73118
蔍 76017
遳 46024
遳75017 淩
濊 73120
濊75118 蘜
藩 34218
蘬 33116
藤 13117 縢
藤 84122
藤 84122 籐
鳷 23114
韙 64514
翻 71412
賾 43413 嘖
檮 22108 檮
檋 26215 槷
檋 26215 槷
櫃 72617
櫃 50614 匱
檻 22216
檽 62111 楔
檷 78016
檔 22212
檦 75015
檣 75116
樺75113
樸 76218
檃 73215
櫅 72217
櫎 77213
檹 74215

檳 22314
櫂 25317
檫 23010
欈 22013
轊 79715
轊 55306 軎
轉 79512
轗 26713
轀 25414
轇 25318
轢 77515
皾 46315
礬 56312
醪 02118
醧 42513
麵 27317
麵 75115 麩
覼 21719
覆 64113
甈00316
鹽 51417
擊 02216
醫 04316
毉 04316 醫
礚 11212 磕
礎 14011
礆 41420 鹼
飆 92515
歡 93317
蹙 43314
靈 17011
靈17009 厲
壓 03214
壢 13214
壓 11215
麼 02112
顛 10414
豵 21115
豩 62214
飡 20212 餕
殯 50515
賣 61715
賣 61713
[古] 51616 賣霸
[籀] 50617 賣霸
霢 61515
霤 52917霤
霏 41518
霤 52715
霚 64614 霚
鵓 93110 勃
鬻 75415
[籀]95417 鬻鬻
緣26215 隸
十九畫
瓃 54613
瓅 23414
瓆 21513
瓌 64413
瓌 23107 傀
鶡 55112 鶡
鶄 72616 鯖
頫 62317 贅
鬆 83221
鬆13212 緩
鬃 66116
[古]12008 鬃厥
鬆 89112
鬊 16318
鬍 12217
鬌 13317
鬘 13323
鬃 15216
鬆14112 髮
鬈 13318
鬈 13319
騎 16411
驖16514
騞 04314
騠 54412
騕 92408 要
騜 15715
騩 57311
騟 14416
騣 17214
颿 54310
騧 19316
騢 55412
騬 54215
騤 15317
騞 54209
騷 55412
騥 58212
趬 44718
趫 42012
趫 04114
趬 03116
壚 65517
壜 22916
壛 21416
壠 62516
壞 61215
[古]11211 壞𢾍
[籀]81018 壞敷
黿 42614
𪓕 42614 黿
嶭 66217
嚭 52515
聲 53416
[古]57416 聲聆
聲55315
蟄 25520
鵲 62315 鵲
賣71214
鞏 29517
聲 27414
攎 66317
擱 53013
攢 92420 攢
擇 26019 攘
攈 98015
攏 63316
攘 26019
鵖 23410 雅
聰 01415
聰 51208 耽
誓 04413 斷
鄿 23517
難 25417 鷬
難 28616
韡 77522
韛 77618
韛 12010 紱
韗 29716
鞨25515
鞊 36310鞊
鞭 75315
鞻 75315
鞻 76314
鞹 25317
韈 25313
鶅 00217
鶘 03416 鵲
鶒 77314
蕼 78117
蘀 77217
蘒 36319
蘒 35213 蓻
蘒 75213 蓻
蘖 75118
藾 76215
藿 69923 蘿
蘄 75414
蘋 72222
蘋 72209 苹
蘧 45119
蘆 76318
蘭 75516
藺 72217
藴 64518
藴62313 菹
蘇 74018 蘇
蘇 92014 穌
孽 34515 孽
衡 90017 衡
蕁 76418
蘋 72217
蘇 74018
藹 53419
蘢 73317
蘺 77018
藻 74318
藻 74219 薻
蕙 75017
蕙 72209 萱
蕙 74216 蕿
蘂 00012惢
蘦 64615
勸 94618
警 52519

二十一畫

二十二畫

蘸 11011 然
虁 79318
虆 55313 藟
虆 77316
[籒]06416 虆櫑
蘸 47419
蘼 76419
蘿 68319
蘗 64619 櫱
蘼 74222
蘱 74321
蘹 72020
驚 65418
鸛 63514 鸛
鸛 63621 驩
鼴 01619
欟 28219
欂 66321
櫾 74318
饕 78017
欝 93523 鬱
齌 87017 齹
鷉 36420
鱇 48316
鬡 66920
轢 27415
鶇 25314
鷗 60515 軀
齰 31316
囊 76418
虋 96416
鑒 21521 鑑
鬖 54010 螭
邐 44421
鷖 22318
顣 92515 顣
礹 12216
贗 13309 雁
贗 13313 赝
穄 89115
鶆 25118
貜 62518
貜 13522 鬣
巘 85220
霰 45618
霸 65921
霓 61917
霽 61721
鶚 13409 雇
鶚 21817
鷫 25118 鶆
魑 21617
雞 16321 雞

二十三畫

瓔 63518
瓛 65519
瓚 61721
龕 63719
鬟 13118
驖 18619 驖
驜 18214
驕 54209 驍
驕 54311 驕
驟 55317
驛 57416
驗 14517
驢 14413
驞 54517
驌 59317
魏 41209
鶘 66519 鶘
鑿 22413 鐩
趨 41318
趨 43023
趨 02318 趨
趦 04319
攩 93019
攫 26717
攪 94619
携 77415 攜
韉 46320
韉 46320 韉
轠 17623 犨
饕 28619
饕 10111 腴
虆 69620 蘸
虆 69620 蘸
虋 08620
虆 79318
鷊 73318
蘱 75623
顴 93722 顴
欐 63215 欕
欑 72420
鷟 83022
蠹 59317
鸁 39419 糟
醾 62217
醼 53107
醶 44322
鶝 01321
鞲 65315 鞹
鹼 65519
齱 41218
齰 50223
齰 40217 齚
齮 41320
齭 02523
齗 00218
齻 41118
齹 62321
贊 94217
鸞 94419
靨 01316
靨 01417
魘 14316
鷹 12217
殲 12421
殱 14421
黳 23222
鷯 21218
臢 34921
籠 62318
韡 85520
纘 86418
靈 54816
[古]04414 靈靈
[古]51408 靈霝
[籒]05820 靈靈
隸 05723
魏 24715
魏 25716
雞 16321
雞 63513 堇

二十四畫

鬛 12322
鬣 18122
鬢 12420
驖 18619
攬 02216 擥
鸜 00212
蠹 74419
趲 44520
雞 25417 鶵
韆 21003 千
韆 78721
韇 76520
觀 23719
[古] 37517 觀雚
顬 52619
虆 55313 藟
蘳 59119
鸏 73318 艨
欛 76218
欛 65515 櫱
[古]74212 欛梓
[古]91003 欛不
鬛 78221
轞 36918
轞 75410 軨
蠱 52007 螽
蠹 54012 蠹
鹽 51322
釀 49223
釁 49122
醸 44521
礹 11516
礱 12220
礱 14218
靄 64622
靂 14010 歷
靈 61920
靈 62917 霝
靃 67919
靄 52922
讚 07918
蠶 54315
匶 42322 籚
[籒]00418 籚籚匶

二十五畫

二十六畫

二十七畫

二十八畫

二十九畫

三十畫以上

［丨］

一～三畫

四畫

五畫

只 61208
只 90104
只 54308 隻
只 81107 祇
央 91107
史 93105
兄 90104
叱 41204
叽 02212 嘰
目 00001
目 00003 以
叫 00104
叩 61208 敂
叩 00105
叨 40104
叨 92418 饕
另 91206
叹 45412 嘆
叹 65315 歎
叼 92411 彫
凹 00001
囚 00003
四 00003
[古]50003 四咒
[籀]60404 四亖
回 01004 因
図 01003
冂 52005 网
皿 60106
冊 96007
[古] 86011 冊篇
丰73204 丰
尸 90004
宂 90005
叽 00004
帆 81004
同 90104
卯 00005
邮 00006
冉 50003

六畫

虮 02112 蟣
赤 61205
北 60105
[古]61308 北坐
此 40005
贞 10307 貞
延 90006
虍 92004
师 10309 師
尘 69230 䴥
尖 63525 鑯
邠 20007
劣 91108
光 90006
[古]72105 光炗
[古]92113 光羙
当 91108 當
早 00206
吁 40305 吇
吁 88627 籲
吇 40305
吐 41305
吓 42108 唬
巳 50104
邦 54008
曳 91408
虫 00002
虫 00006 蟲
曲 00205
[古] 00002 曲 𠃉
曲 59318 鞠
曲 86319 䈏
团 05208 團
同 50204
同 60205 仝
吕 00003 呂
吅 50204
吊 23003
吊 23104 弔
叓 93105 史
吃 40105
吃 44111 喫
吒 01204
因 01004
吔 50204
吔 73008 施
丰73204 丰
屿 42616 嶼
屾 50006
帆 54310 颿
岌 91007
帊 22006
岁 92212 歲
辿 90006 延
回 00002
[古]00001 回回
屺 00004
岂 10208 豈
帆 81005
刚 12010 剛
则 10207 則
肉 50003
网 52005
[古] 50004 网囚
[籀]52106 网网
网 52008 罔

七畫

辻 40009
辻90006 征
[古]61212 辻屎
步 50010 踄
刣 40206
卤 01109 鹵
卣 00107
国 02207 國
叔 51206
邺 23213 鄴
坚 52209 堅
肖 90006
旰 51205
旱 91205
里 53305
里 83309 裏
呈 61306
时 51309 時
吴 91105
吴 91105 吳
[古]73107 吳𡗕
貝 50205
見 50205
盷 00205
盷61310 昝
助 11408
昆 50205
县 91212 縣
呓 52516 寱
呆 55312 騃
呆 61212 獃
昰 00105
吠 41106
呕 40413 歐
的 00204
园 01007 園
呟 01105
呃 40206 呝
旷 55312 曠
围 04208 圍
旱 00105
旸 00309 暘
囩 00204
呀 40206
旻 53105
郢 20207
昃 90106
町 51106
邮 21214 郵
男 52207
甹 52205
甹 02105
甹 02105 甹
邮 02106
足 00004
虬 00004 虯
困 02004
[古]92006 困朱
肙 50004
呗 00307 唄
员 50206 員
呙 50105 咼
邑 00003
串 50108 穿
吡 40106
吕 00003
吕 71012 膂
听 00104
听 12417 聽
吟 40206
吟 41411 訡

贬 10309 貶
购 19612 購
贮 90006
贮 10211 貯
帔 83007
帖 31206
帜 44819 識
帜 84514 幟
帙 83006
帙 82008 袠
帔 22006
蚓 00004
罕 53108 罕
罗 56315 羅
忠 42107
迪 02109
迥 40110
迟 40110
咼 50105
叟 51003
刪 96009 删
典 96110
[古]86114 典籅
沓 50108
沓 00014 遝
楙 90010

九畫

韭 60109
尌 22308
尌22207 叔
背 90007
呰 50107
妻 93008
貞 10307
[籀] 10307 貞鼎
点 01215 點

卣 00107
[籀]00321卣𠧢
觇 00409 覘
卤 41106鹵
彪 92009
虐 92009
[古]62207 虐𧆩
战 95512 戰
临 00312 臨
览 50418 覽
竖 51211 豎
省 31206
[古]30008 省𡌬
覍 82006弁
[籀]56010 覍𢍏
覍 90107
削 90008
尝 90210 嘗
肖 90208
眄 50307
眍 62411 摳
眇 50207
眊 52206
眅 51206
昤 50307
盼 50207
眨 50307
眡 51306
眆 00207
䀹 01407
耽 51208
眈 51308
昳 53308
昃 51207
昱 51307
県 20207

則 10207
[古]16212 則𠟭
[古]10412 則𠟬
[籀]20211 則鼎
昧 53106
昽 51415 曨
昒 50307
映 51209
昳 52106
昨 50206
昫 00206
昵 50206
昵 53312 暱
昲 06105
昢 00105
昭 00206
是 00206
[籀]00207 是昰
易 50207
昜 51206
昦 51107
昚 00207
显 12317 顯
晶 50109晶
星 52306
星 52510 曐
曷 50108
昴 50308
昱 50207
昪 52108 忭
冒 50406
[古]51110 冒𡇒
冕 50307
思 01007
畊 79211 耕
畋 52107

畎 90001 く
毗 51007𣬈
畋 52207
畈 52106
畇 01107
畇 01307
畇 51407
畈 51208
畏 02209
[古]52106 畏𤰞
胃 51010
界 01107 畍
禺 55105
胄 52106
胄 52306
胄 57409 𦙍
哇 42508
哇 42508
哄 58114
哄 54312 鬨
哄 58114 鬨
哑 40306 啞
咺 40305
咺 40305
哂 02107
哂 60107
咵 81208 侉
咦 44207
哓 43814 嘵
咥 42206
呲 40118 齜
盅 27616 鍾
咽 01106
哕 42314 噦
咮 43206
咻 72005 休

哐 40109
哗 43523 譁
咱 50307
响 01519 響
哏 50306
哙 50312 噲
咷 40107
哆 00106
咬 42105
咬 42116 齩
咳 40309
[古]11209 咳孩
咳 60212 欬
咤 01204 吒
咠 40205
虽 03410 雖
品 50306
郧 50209 鄖
勋 74116 勳
贵 90613 貴
削 10006
郢 21309
剐 50003 冎
咢 52308 咢
骂 56211 罵
韋 44207
[古] 94008 韋𡈼
䟤 50007
趴 50106
虹 50205
[籀]00005 虹蜎
[籀]00409 虹蜎
虾 21217 鰕
虼 01104
虻 50007 蝱
蚁 50210 螘

蚁 54109 蛾
蚁 56315 蟻
虵 00004 它
虵 00006 蛇
敂 13207
迴 00210
迴 00002 回
囿 01006
[籀]09115 囿圞
盅 62209
衮 41210
衮 61213 盎
峙 41210 峙
峡 11314 陜
峣 43715 嶢
峤 41009 嶠
峋 00107
峥 42512 崝
幽 50007
耑 12106
炭 90008
帧 61309 幀
帢 31108
帕 51106
帡 23412
罘 53211罟
罚 53314罰
思 46011
贱 14413 賤
贴 00409 貼
贶 10309 貺
贻 00308 貽
恩 01008 恩
罜 53108
罝 52209
罔 52005 网

罔 52008
骨 50006

十畫

峙 41210
敊 62209 豉
敊 62209 豉
敊 83209
敊 83209敊
癹 90110 豋
茾 90108
柴 92008
𡜐 13207敚
鸬 64321驢
监 50213 監
紧 52010 緊
芈 92209
宗 90108
鄁 20008郶
鄁 20009
逍 40012
党 90108
党 91016
眛 53207
眜 53307
眜 92113 蔑
眎 20410 視
眓 52308
眀 00406
眣 52207
眕 00208
眡 20410 視
眩 01206
眝 50209
䀝 51208
眠 00310 瞑
眙 00306

畢 58408
畢 19512 斁
財 12308
貤 12208
尋 51308
郢 53308
尋 00508
時 51309
[古] 50206 時旹
[古]50106 時旹
晅 50305
晒 54516 曬
晟 52210
晓 53814 曉
晊 52206
晄 50108
晛 00307
晔 50314 曅
晔 52319 曄
晌 50206
晌 50212 曏
晞 53108
晚 00107
逷 21006衲
晾 81010 涼
晐 50309
晖 05409 暉
晙 02108
晃 50108 晄
晁 00312鼂
晁 00411 鼂
晏 53107
晕 05409 暈
𦐇 50211
剔 10108
豈 50103

豈21411鎧
畕 02206
畛 01108
畔 53208
畟 53108
逞 41312
逞 61309 徎
哮 43108
唠 41215 嘮
哺 03409
哽 42310
咙 41109
唊 41109
哨 40108
唄 00307
哯 00307
哦 44209
哦 45414
唏 43108
唤 02111 喚
唤 50618 囂
唁 51409
咲 42310
唧 00208
唉 01208
員 50206
[籀] 90210 員鼎
鸮 20311 鴞
哭 91208
盎 41210 衮
盎 61213
鸯 91214 鴦
圃 03308
圄 01307
圂 01106
圓 00005

圆 00207 圓
圁 01308
欧 51009
恩 01008
蚌 53206
蚨 51107
蚖 50206
螈 50206 蚖
蚑 52006
蚵 50106
趴 50107
趴00007 朗
蚍 50006
蚍 01013 蠶
蚦 04007
蚋 53009 蜹
蚬 00207 蜆
蚚 00004
蚧 00006
蚡 50006
蚡 50416 鼢
蚣 00005
蚣 02008 蜙
蚳 51105
趿 01008
趵 00106
蚊 51006
蚊 02107 蟁
蚊 01209蟁
蚜 03005
蚗 53107
蚓 00311
蚓 50105
蚓 00513 螾
蚩 50106
罢 52013 罷

十一畫

啚 00005
[古]04308 啚㫑
㓄 42310
[籀] 24111 㓄䥣
鄙 02311 鄙
圊 72514 清
圉 02209
圛 03208
國 02207
圈 03113
㘿 00007
趼 52410
趹 51109
跂 52008
距 50208
趾 40003 止
䟽 01007
趯 03318 躍
跄 00211 蹌
跀 00007
跀 50107 䟓
跜 51107
趽 51007
趹 53109
戥 93410
鼾 41307
鼾 51307
䀤 00513
䀤30715睿
蚶 00205
蛄 01206
蚸 07010 蟵
蚑 51207
蛅 00206
蛆 00205
蛆 50307 胆
蚺 04007 蚦
蚰 02105
蛈 52006
蚷 00104
蚹 01107
蛉 50107
蚳 51206
[古]51411 蚳䗼
[籀]01208 蚳蝩
蚼 00106
蛇 00006
蚍 00005
蛁 00106
蛊 50112 蠱
患 44209
[古]00413 患悥
[古]50214 患闖
罣 54411
眾 50009
罙 53111粟
逻 06321 邏
崝 42512
崕 62410 崖
崎 11514
崐 90109 崑
崾 02312啓
崟 61311
崯 61311 崟
崘 96113 崙
崤 23011 殽
崢 42512 崝
崩 06013
[古]26317 崩䧳
崡 02312啓
崒 91008 崒
崞 50011
崛 02010
崛 52111
崧 90008 嵩
崖 62410
崭 95310 嶄
崑 90109
崔 63309
崙 96113
崩 06013崩
崒 91008
崇 90210
嵗 92312
粜 24423 糶
粜 25423 糶
崵 12108
窋02106 岫
帻 84313 幘
帳 83108
帐 33008
帐23010 幒
帴 85210
帼 53209 幗
帷 24308
[古]54210 帷匱
帪 51107
赇 51211 賕
赈 10411 賑
赊 11312 賒
婴 53413 嬰
鵥 50005
[古]50003鵥兕
剮 50003 冎
過 00111
貫 53308

十二畫

棐 92211
辈 95513 輩
辈 92311
甏 46217 甕
斐 91212
悲 40212
惄 02211
惄 20012 㥛
兜 50107 兜
断 00115 斷
龄 40218 齡
棠 93111
呰 50209
觜 10008朓
觜 10011 觽
辈 92211
紫 91009
㟻 02210
萠 90110
萠 90110萠
卤 01109
覘 00409
虞64417 鐻
虞 94111
虞95214虡
虚 62109
容 10310
容 60315溶
[古]30417 容濬
虘 52108
㛪 51207
㛪 50208 歿
棻 91111
棻 81115 褙
業 94213
凿 24526 鑿
辉 55311 煇
辉 94211 輝
敞 61109
棠 92008
掌 90109
掌 92213 撑
掌 73211 樘
掌 90008堂
棠 40108
堂 90008
堂 90109 掌
堂 92213 撑
赏 90210 賞
掌 92008
睞 51210
睐 52210 睞
睅 01408
睍 00408
睊 00207
睏 02004 困
睎 53209
睑 50514 瞼
睉 51713
晚 00208
睇 54207
睆 00409
睘 50411
睃 02209
暴 54210
鼎 90209
貼 00409
贮 90006 宁
貾 50208
貱 51209
貽 00308
貯 10211
貺 15209

罦 53010
罦 52008 罶
罯 53312
罙11310 罙
罙11310罙
罧 53111
盄 50211
盄 50214 盟
［古］50212 盄盟
［古］50111盄盟
睗 50312 賜
賙 92408 周
賧 90010 倓
㬎 50615 㬎
淼 90015
黑 51011
骫 50009
骭 11109
骪 20110
骪 20310 禍

十三畫

眥 50411
閟 56112
鬩 54008 鬥
督 02410
甇 90110甇
頻 90218 瀕
觜 90012
歲 92212
貲 90210
訾 51312
嵳 06311
稟 12110
［古］24222 稟亶
粲 52312
虘 22311
虧 22112
虜 23011
虘 23310
虘 62209
虞 93109
虡64417 鐻
虡 94111虡
虞 95214虞
虞 92009 虞
虜 96211
虞 92009
鉴 21521 鑑
業 93210
［古］64416 業㸁
翶20014
鄲 21214鄲
嘼 32011
甞 90309
當 91108
睛 73615 精
睹 51312
［古］21314 睹覩
睦 52511
［古］51009 睦睿
［古］ 51010 睦睿
睞 52210
睚 52610
睫 51210 睞
睗 00309
睨 00210
睡 51414
睢 03509
睥 21108
睔 56313
睜 54209
睟 52514
睟 51208
睠 93313 眷
睒 50211
睩 52412
睯 01610
睪51411睪
賢 52711
擊 53410
睢 50411 鴡
賊 12311
賏 00408
賄 51210
賍 10309
賉 60211 恤
賂 11310
賅 10412
閜 50410
閛 50411
閘 50310
閔 52210
閙 56114 鬧
閟 51211
鬩52616 鬩
開 52212
暘 00309
暍 00210
暖 52310
暖 60112 煖
暗 01510
暆 53110
暄 00307
暉 05409
暉 55311 煇
暇 01308
暌 51213
盟 50214盟
盟 50211盄
煦 50210
照 00210
趌 54413 趌
尟 50210
歇 22210 揚
歇 40113
鵖 05414 鵖
遢 00217
黽 00411 黽
黽 00312黽
黽 00312黽
黽 00411 黽
暈 05409
豊 66814豊
農 91615 農
畸 52310
畹 01109
畷 55109
愚 05109
䝟 12309
嗷 42212
嗜 42311
嗑 41312
嗼 44212
嗔 40310
嗔 41515 謓
嗉 04512
剾40209 刻
嗢 00211
嗅 91209 臭
嗅 92620 鼻
嗥 02310
嗥 22212
嗥 23211 獆
嗁 42109
嗂 02209
嗚 20006 烏
嗃 40107
嗙 41309
嗌 40213
［籀］76108 嗌蒜
嗛 49110
嗞 52110
嗤 50208
嗤 50106 蚩
號 92210
鄙 00008
嗣 26313
［古］21207 嗣孠
喿 92309
園 01007
圓 00207
跰 52410 趼
跬 43412 趌
跡 41011 迹
跨 51210
跷 53716 蹺
跸 09414 趕
跦 53108
跣 50110
跹 53420 躧
跧 51310
跲 00209
跳 50009
跳 41011 趒
跪 00009
路 51109
跡 51009
跡 41011 迹
跻 50218 躋
跰 02414

瞗 50411
䁋 50611
暈 57512
縣 91212
䟦 00411
曇 01812
䫉 10412
㬥 54214
曉 53814
曀 56514
曒 53517
曈 56612
鴡 50310
㬎 53112
㬎頁 90313
鴨 00211
蕑 50209 間
閵 51315
閾 52412
[古]50319 閾閪
51616
閶 50411
閿 51513 闅
閹 53512
[籀] 63715 閹䆷
閻 50213
閿 51513 闅
闇 51411
閼 50413
𥈮 01116
噏 41314 歙
噤 44313
噦 42314
嘴 90012
噱 43211
噴 42212

噹 91108 當
嚃 51313 嚃
噣 00108
噬 42313
噬 84521 簭
噭 42312
噞 40413
噲 50312
噫 41514
噭 54112 竅
斲 28315 斲
斲 50105
器 51412
罵 56211 罵
戰 95512
噪 92309 喿
噪 43616 譟
鴞 20311
踳 54213
踳 94006 舛
踸 50311
蹀 55313
跨 53214
踏 02213
踶 00210
踼 00211
踵 06312
踽 02009
踰 50214
蹄 52011 蹏
蹉 51217
蹁 56114
蹋 01210
踴 02311 踊
蹂 04010
蹂 22003 内

圜 01010
圛 03211
螟 54112
蟒 55014
螎 51209 融
螌 00111
螾 51210
螾 51312 螾
螗 50110
螘 50210
螕 01009
螇 50011
螉 50013
螭 54010
螊 59010
螉 50113
螟 00108
幪 22209 㯖
幧 83311
幨 52314
嶩 53010 猱
嶧 03213
嶵 92514 辠
嶵 92514 辠
嶼 42616
嶮 10618 險
嶰 92112 解
辠 92514
業 93213
辥 93516 辥
㬜 10011
羿 55214
䍜 53415 罶
罾 59213
罷 56013
罹 55315

罻 53315
罽 53313
還 01015
鴦 91214
贈 00314 贈
鷃 53520 鷃
頮 73009 沬
默 12015
黗 13114
黔 11115
黕 12116
骾 12214
餔 53313

十七畫

養 90415
鵓 21312
鵓 92114 鶩
齲 02118 齲
齲 22109 猉
齷 42319 齷
齔 41215
齵 05218
鴬 90112
鴬 90016
覰 00313
䦱 01214
[古]11211 䦱覃
虧 60203
虧 65513
虞 94111 虞
虞 95214
戲 94313
虧 95414
彪 96013
鼇 52614
鼇 52515

叡 51312 叡
叢 43314
叢 45318 藂
黻 93116
黺 82116
燼 95214 燼
瞦 01512
瞫 01417
瞭 51314
瞤 01713
瞷 00412 瞷
瞷 00412
瞶 50816
瞶 02413
瞴 59315
瞧 03513
瞬 54418
瞬 00714 瞚
瞳 66510 童
瞵 54417
矚 00215 矚
瞪 00306
瞲 03311
購 19612
賻 54615
賺 19215 賺
嬰 53413
雖 51314 鷕
雖 54513
顆 14312
譽 53416
黽 00312 黽
黽 00411
矇 53313
曙 03216
曙 51211 睹

乏 30104
仓 30207 倉
丛 43314 叢
丛 45318 藂
公 50003
凶 51003
仌 80004
从 80004
今 80104
允 81003 兂
爻 82004
仑 86110 侖
分 90004
穴 90004
兮 90104
刈 91004
凶 91005 兇
勼 00004
勾 00104 句
匀 00204
匀 00204 勻
勽 01004
勿 20004
勿 71009 旃
乌 20006 烏
殳 21004
厹 21104 㕣
厹 22003 内
冈 22003 内
风 00104 風
凤 26010 鳳
凤 50209 鳳
卯 50004
月 50003
乇 11104
卬 50004

卬 50004 卬
卬 50106 昂
氐 51103
収 52004
収 94006 拜
欠 90004
欠 90005
丹 90305
[古] 50103 丹日
[古] 74208 丹彤
朮 92105
户 20003
[古] 12106 戶床
[籒] 12106 戶床

五畫

生 62204
矢 81105
失 92004
乍 40104
禾 92003
禾 92003
由 52204 甾
刉 90005 刉
丘 60105 北
白 00102
白 50204
白(自)50104
仜 60205
仕 61205
付 21105
仗 74107 杖
仉 62106 扤
代 91005
仙 00005 仚
仙 93418 僊
仟 21103 千

仡 90005
仡 91007 犵
仢 20104
们 20208 們
仪 96315 儀
仔 51004
他 00004 它
他 20006 佗
仞 90005
伋 21006
而 81003 大
卮 10104
瓜 10003
仚 00005
㐱 20005
㐱 12317 鬒
凬 20005
㐱 20005 凬
个 90004
仝 60205
[古] 81308 仝全侖
介 81004
乎 90105
令 40105
印 50005
句 00104
匆 02008 悤
匈 00005
匃 00005 匈
包 00003
肊 50004
肊 11415 臆
鸟 20107 鳥
刍 02008 芻
外 10104
[古] 20005 外夘

处 21004 處
处 93008 處
处 21004 処
処 21004
処 21004 处
処 93008 處
犯 21006
㕣 21104
氐 11204
卯 50206 丣
卯 50004 戼
冬 52107
[古] 52105 冬舁
饥 20208 飢
饥 22317 饑
乐 52110 樂
务 64211 務
冬 75316 鼕
尔 81004 尒
尒尔 86013 爾
用 92306
[古] 92407 用用
册 96007 冊

六畫

年 93106 秊
朱 73104
缶 52104
刏 90005
牝 72105
廷 21207
迁 43421 遷
舌 51205
舌 01205 昏
竹 82004
先 90106
乔 91006 喬

迄 40009
伟 94209 偉
传 75209 傳
休 12007 庥
休 72005
伍 61206
伎 82006
伏 91006
伛 60410 傴
优 92216 優
伢 60104 牙
仳 90006
伐 92106
仲 32105
𠇹 00007
伣 20207 俔
件 72105
仵 32410 铻
仵 81106
仵 82105
仡 90005 仡
任 61306
伤 21312 𥏫
伤 80211 傷
伤 80213 慯
伥 92108 倀
仸 20006
侩 03308 魂
价 20006
价 62310 價
伦 86112 倫
份 90006
[籒] 74009 份彬
伀 30005
伧 30208 傖
伇 21007 役

佁 50105
兵 22006
[古] 93110 兵㑊
[籀] 22107 兵𢍮
邱 20108
囟 02004
囟02004 囟
囱 52009 窗
皃 50105
皃 10213 貌
[籀]20112 皃貌
兎 20006 免
身 21105
皀 50105
皂 52210 草
皁 52210 草
臼 50406
卮 10104 巵
彻 62112 徹
彽 90006
徃 40009㞷
彶 91006
衲 21006
衲22108 復
彴 50207
役 21007
[古] 21005 役𠈔
彷 91005 仿
辵 40006
近 00008
[古] 90005 近岓
返 41009
返 91006彶
佘 80207
余 81107
佥 80311 僉
含 50206
邻 24217 鄰
希 83006
希 85009 稀
希 53209 睎
谷 50106
谷13112 臄
谷 90106
谷 24212 㝅
釆 91106
[古]61104 釆乎
寽 11106
妥 13006
爰11006㬪
孚 01005
[古]11007 孚采
乳 51006
豸 20006
坐 61510㘸
㐌 21105 尥
侹 63309
夆 33006
肴 91006
岐 41107
肝 11106
肚 11206
肛 10206
肥50005 肥
肘 51106
肫 51105
肑 50105
肑 82109筋
肒 50006
肠 50210 腸
甸 00207
旬 00205
旬 00307 眴
甸 01105
旬 90106
邭 00107
劬 91208
狂 63310
[古]62310 狂㞷
狒 72008
狀 92008 状
犹 33111 猶
狈 21209 狽
犷 21006
狌 62209
犺 81109
狃 23007
犽 92007
狁 21007
岛 00110 島
卵 00206
刨 51311 鉋
刨 93210 掊
迎 00010
饬 21313 飭
饮 42214 歆
饪 61511
饨 72311 飩
饩 81317 餼
饫 73214飫
饭 81210 飯
鸠 21109 鳩
角 20007
龟 57009 龜
免 20005
奂 22009 奐
姓 12206
舛 52006
[古] 31106 舛㐬
[古]31108 舛㒨
灸 90007
刵 22007
彤 90308
昏01205
[古] 01306 昏昬
昏 12107 紙
邸 51207
系 21005
[籀]14011 系𦃃
系 27314 繫
系 29319 䌇
系 91007 係
条 63110 條
夆94007
夆 94207 逢
刪 96009 删

八畫

钏 61307
钏 61307 玔
钏 61311 釧
钑 22312 鈒
钓 21410 釣
钖 21822 鍚
并 22410
钗 22411
垂 61211
制 73006
制 73010 製
[古]72010 制㓟
拜 94006
拜 52004 収
郝 23107
刽 42106
知 31207
迭 42010
氙 40007
氛 90007
钦 90008
牨 73107
牦 66112
牦 66112 氂
牦 66212 犛
牧 66208 坶
牫 72207
物 22107
牬 72107
牥 72106
秆 93106
秆 23208 稈
和 42105 咊
和 88419 龢
秈 99011 䅌
秔 92006
秅 23105
杓 22105
秄 53005
季 93106
季 33005
委 95006
迮 40110
乖 90008菲
刮 51207剮
刮 93110 劀
丢 41006 走
竺 52109 管
竺 62206
迤 42009 池
秉 96005
侄 63309 尪
佸 91208

佳 62408
侍 91209
佶 31307
佴 90105
供 74108
使 74208
佰 30207
侑 21007
侑 54008 姷
侉 31208
例 90109
侠 81009 俠
侇 84105 夷
侇 84108 徲
侥 62213 徼
侥 62214 僥
侥 73714 僥
侔 92007
岱 31008
侏 22209 俶
侦 60309 偵
佌 51005佨
侊 90008
侗 20206
侗 01511 詷
侗 21208 狪
侣 50005 侶
侃 90107
侃 90107 侃
侧 90209 側
侏 73106
侁 90108
侹 21208
佸 31207
侨 91008 僑
侐 60209

佨 51005
俯 90107
佺 61308
侩 30212 儈
佮 30207
佚 92010 佾
佾 90005 佾
佻 90007
佩 21106
佹 01312 詭
佹 20007
佹 20009 恑
货 90209 貨
佫 73108 格
侈 20006
佳 53306
侂 91106
侪 80216 儕
佼 82005
依 80006
佽 90209
侅 60209
佯 92208
佯 43513 詳
佯 50514 陽
併 22412
佚 92010 佾
侎 91108
侎 62210 敉
侘 21106
侘 91106 侂
侒 23007
侔 22106
侬 91617 儂
侭 26214 盡
的 00204 旳

郎 00208
迫 00109
凭 61307
凭 84210 凴
郷 20010
版 91006
岳 93318 嶽
兒 50007
卑 51106
臭 50107
帛 51105
卹 20209
卹 60211 恤
粤 90309
臾 90408
所 20004
欣 90007
郈 50207
所 50105
质 20209 質
征 60107
征 40110 延
征 62415 徵
徂 20307
㣞 52106
往 62309
徃 62309 往
[古]43311 往迋
往 63308
彼 21007
径 60310 徑
慫 00014慫
爬 22106
爮 50105
舧 10107 舠
舠 10107

舠 10002 刀
尬 21007 尬
舍 51106
舍 33109 捨
金 61308
[古]61210 金金
剑 40212 劍
郐 00213 鄶
侖 86110
[籀] 86114 侖龠
侖 96113 崙
命 40207
忩 00008
忩 43010 揔
念 40108
伞 82208
伞 83209 傘
贪 80309 貪
忿 40008
郃 00208
敆 61108
兆 60107
兆90005 兆
[古]90005兆兆
欲 80109
贫 90209
瓮 40106
瓮 05416甕
尫63309 尪
斧 21004
㸒 11207
采 12006
爭 14006
臽 61206 舀
觅 61206 舀
籴 24422 糴

肴 82007
刹 82109
爻 84008
冰 22216 凝
冰80009 凝
肖 01005 匈
肖 91006
戈 92108
肤 14317 膚
肺 11007
肢 12007
肢 10107 胑
胚 11107
肽 11007
[古] 91010 肽脉
[古]94012 肽腩
肮 51006
[籀]52014 肮默
肮 61309 疣
肱 51006
肱 01003 厷
肫 12106
肶 10007
肶 51010 膍
肿 56311 腫
肭 51006
胀 62208 張
朋 26010
[古] 26010 鳳朋鵬
朋 26012 倗
肸 11107
肣 10107
肣 10107 圅
肣 01208 圅
肺 51208 奩
肳 00106

股 51007
肪 11006
肮 80312 頏
肬 11108
肷 13108
肕 10106
肚 52006
肥 50005
服 51109
[古]20107 服𠬝
胁 13315 脅
昏 01205
逅 41210
周 92408
[古]92307 周𠂤
𠂤 00307
[古] 50307𠂤𡴯
阜 00307𠂤
兔 20006
鱼 20011 魚
鱼 20210 魚
备 32312 葡
备32314 備
郇 00107
郇 00006
粥 01108
匋 02106
匋 02413 陶
匔 00207
匊 00107
忽 00008
曶 00103
曶 00104
曶 00106 昒
[籀]00102 曶𡆧
狖 50010 貁
狋 61209
狜 32008
狜 31008 怯
狉 62209
狘 93109
狙 21308
狎 51108
狛 51107
狐 91007
狑 81109
狝 68321 獮
狗 21108
狞 51218 獰
狖 03308
狖 21008
狒 53415𩰐
咎 01107
剢 62413 銘
炙 20007
[籀] 76014 炙𤏞
[籀] 16012 炙𤏞
逃 40011 逃
匊 50006
帑 51006
娶 53007
枭 22108 梟
迩 46019 邇
飏 00311 颺
臽 00007
邹 02011 鄒
饯 84415 餞
饰 21212 飾
饱 50211 飽
饲 20209 飤
饴 50311 飴

九畫

钘 63714 鈃
钜 61512 鉅
钝 63411 鈍
钞 61312 鈔
钟 27616 鍾
钟 67818 鐘
钣 62311 鈑
钤 61412 鈐
钥 67724 鑰
钦 61313 欽
钧 51512 鈞
钩 21412
钫 62311 鈁
钮 23311 鈕
钯 21411 鈀
毡 62210 氈
看 31411 翰
看 32206
缸 42307
拜 95107
拜 77114 㨃
拜94108 𢫦
乘 86009 椉
矩 60204 巨
矩 63312 榘
矧 61207 弞
郜 02208
选 00113 選
牸62308
牭 52106
[籀] 73613 牭𤛓
牲 64307
牴 73307
牴 91211 觝
牧 74107
重 26308
秬 62207
秕 92007
秒 92007
种 28311 種
种 68513 穜
秏 94006
秖 61409 祇
秖 90104 只
秭 94108
秔 64211 稉
秔 82108
秋 92007
[籀] 29015 秋𪛁
科 94007
科 95007
香 92212
笃 52109 篤
竿 83107
竽 82207
笈 83008
笆 84011 篪
笃 86210 篤
毎 66108
甜 43208
甜 01311 䑛
复 82010
复 02009夐
复 02012復
复 82011 複
舌 51108
适 51211
适 52415 適
奔94009
俦 92111 儔
倩 72511
俱 73209
俨 91516 儼
値 71308
值 71308 値
偌 73110
侼 71008 怖
俅 21008
俌 23309
便 62210
俉 60207
俪 64417 儷
俍 90208
侠 81009
修 61110 脩
俏 90008
俏 90006 肖
俚 23307
俔 20207
俣 90108
俜 22207
保 21006
[古]91004 保𤓽
[古]91009 保𠈃
促 20006
侣 50005
俈 94616 嚳
俄 94109
侮 76008
[古] 24007 侮㑄
俜 21107
徐 81109
俙 83008
俭 80313 儉
侳 61512
俗 90108
俘 31007

饶 73919 饒
蚀 20211 蝕
饷 20210 餉
饷 82623 饟
饼 22617 餅
勉 91109
贸 90411 貿
胤 90007
[古]52009 胤䏍

十畫

钱 65516 錢
钲 61412 鉦
钳 31511 鉗
钴 32512 鈷
钵 62111 盋
钵 64412 鉢
钹 63312 鈸
钺 63413 鉞
钻 61725 鑽
铲65622 鑪
钿 52411 鈿
铁 64718 鐵
铁 65721 鐵
铄 23418 鑠
铅 31412 鉛
铃 61413 鈴
铉 32312 鉉
铊 21312 鉈
铍 22312 鈹
钹62420 鏺
铎 24518 鐸
眚 52407
牲 64408
郵 21214
毨 42109
掱 94108

缺 45209
缻 42208
缷 42210 䜣
瓴 52104 缶
氤 53008 茵
氣 91109
氣 11215 槩
氣 90003 气
特 73310
牺 78620 犧
牺53107
牷 63409
造 52211
[古]72311 造艁
敌 43514 敵
舐 01311 䑛
舐 43208 䑕
聆72207 㸿
秣 75107
秫 23108
秫 21105 朮
秠 63208
秳 32005
秤 98210 稱
租 22307
秧 93110
积 95314 積
秩 94007
秨 92107
秖 23209
秝 94006
称 98210 稱
称 96209 偁
称 95010 偁
秘 93008
秘 61210 祕

秜 92107
盉 62109
梨 94009 棃
透 42010
乘 86009 椉
奞 53107
㭒 91209
笄 84410 笄
笔 44107
笠 62208
笠 60204 互
笍 83007
笕 82209 筧
笔 88109 筆
笑 83007
笑 83007
笑 83008
笊 82007
笫 84109
笏 82008
笇 85312 笇
笐 82109
笋 52108 筍
俫 65108 敕
俸 77211 奉
俐 65409 型
倩 72511
债 93311 責
债 93313 債
俵 82007 表
倀 92108
倖 06110 婞
倖 83209
倛 73209
借 30112
偌 73110

值 71308
値 71308
傳 77208 剸
倚 81209
倚 73210 椅
俺 81412
倈 83111 勑
倢 75008
倾 90211 傾
倒 92108
倿 94210
俳 90210
俶 22209
倬 30210
條 63110
倏 62111
倏 62111 儵
倄 61110
候 21110 矦
倘 90007
倘 90108 儻
俱 22209
倮 82015 羸
們 20208
倡 00307
倡 50207
倨 20108
個 53209 箇
個 81002 个
倕 61211 垂
紧 12308 紝
緊 62310
倭 95008 婑
倪 20009
倠 23308
俾 21108

俽 90007 欣
倫 86112
倄 82009
倄 21007 侑
倄 54008 娟
倗 26012
倜 92410
倃 21109
俻 32314 備
倞 81007
倿 63207 佞
俯 20007 俛
俯 90212 頫
倅 81007
俲 63107 效
倍 91209
倣 91005 仿
倦 93114
倦 94214 券
倧 20209
倌 20209
倥 20209
倓 90010
倓 90012 倒
倇 92009
倞 63309
恁 41310
恁 61307 凭
赁 61511 賃
隼 54407
隼 23413 鵻
隻 54308
隻 90104 只
𠂤 52408
健 26110
烏 20006

皎 52106
皐 52208 皋
皋52208 皋
皀 50109
郿 52008
鄋 51011郯
皀 51207
躯 61513 軀
躭 51208 耽
皀 50010
皀82006 卉
皀90107 皃
皀 92720 釁
皀93110皀
徠 82009
徠 83111
徠 83111 勑
術 91111
徛 81210
後 94211
徘 80212 裴
徙 40009 辻
徙 90006 征
得 21311
得 51308 㝵
[古] 51308 得㝵
[古]51510 得㝵
復 22108
衔 91314 銜
從 00010
從 20004 从
衙 91009
衙 91313 衙
舸 10309
舻 14419 艫
舳 02208

舶 00208
船 00209 舩
舷 50105 弦
鵃 50212 鵃
舵 73006 杕
盘 53112 槃
瓻 12006
扈 10106
启 11309 啟
釪 62411
釪 61511 釫
釫 61511
釭 61511
鈦 62311
鈦 62311
釦 31410
釳 61311釳
釧 61307 玔
釧 61311
鈒 22312
鈞 21410
釵 22411
敘 62211
敘 02005 序
悆 41111
盒 60311
龛 81518 龕
貪 80309
畲 52209
龛12108 胏
龛 51208
敛 61415 斂
郐 20213
瓿 23109
翎 00113
瓴 02110

悉 81110
敢 02209
[古] 82311敢敢敢
[籀] 21309 敢敢
彩 12006 采
彩 12009
貀 10010
貀 51013 貔
覓 61206 香
悉 41110
[古]02010 悉恖
领 40312 領
餂 51104 丙
谺 60210
欿 61210
餎 81311
餎 91316 鬻
斜 83111
欷 83011
貧 90209
[古]50006 貧穷
欲 90111
塍12113 朕
脚 50111 腳
脙 51009
脖 12009
脯 53310
脯 23514 餔
脰 10208
脤 60411 祳
脜 00208
豚 11108
豚 62110 豘
脛 10310
脢 16009
脪 13009

脸 10314 臉
脫 10109
脞 51713 脞
脬 01008
脟 11109
脳 52208 腦
脱 10109 脫
脘 50209
脤 10211
脜 10010
脧 52009
脧 52009 朘
匐 01207
匔 01212匔
匔 02009
觊 02308 覞
夅 01310
猪 32209 狧
猛 43314
猜 73513
猪 62214 豬
猪 92113
猎 92417 獵
猫 03113 貓
猗 82211
猣 95212
猖 51209
猖 92108 倀
猲 21110
猧 21109
猘 23009 狾
猚 24310
猈 22110
猙 95010
猛 22112
猝 82009

猹 32312
狩 54210 獸
猸23011
猸93112
猕 87119 獼
猌 41012
猌 20110 惕
象 21007
逸 00012
魚 20011
魚 20210
鄚 21111
翎 20112
颭 20108
馗 31210
馗 42214 逵
覜 22310 覜
舩 30010
兜 50107
夠 50108
够 50108 夠
祭 51210
啟 52309
発 52209
覡 51409
凰 51510
凰 61509 皇
欸 71213
欸 72213 款
觝 91110
觝 90213觗
觝 93415 觶
斛 92011
觖 93112
欸 90213 款
彫 92411

猵 21315 獱
猱 12214 夒
飔 02311 颸
舥 60211
舶 20210
觞 80216 觴
觚 90010
觝 91211
觕 20011
颍 10214 穎
颎 10213 熲
鄒 02011
惫 01111
䢜 62413 鋊
然 11011
然 69620 蘸
飧 20209 飱
馈 23312 餽
馈 80820 饋
馊 21215 餿
馋 20221 饞
馆 01313 舘
飲 40012
歆 41112
覜 52316 覿
豋 50209
惫 92316 憊
詧 01311 詑
貿 90411

十三畫

错 31418 錯
锚 34415 錨
锡 21414 錫
锢 52513 錮
锤 62519 鍾
锥 24614 錐
锦 22413 錦
锧 21517 鑕
锧 22212 櫍
锬 61316 錟
锭 21414 錠
键 27416 鍵
锯 32614 鋸
锱 33512 錙
榘 60204 巨
榘 63312
雉 24411
[古]18412 雉鮷
鍼 44310
氳 66110 壼
矮 86111
頜 90210
毷 03010
蝨 54109
蝨 54111 蝨
辞 13312 辤
辞 14417 辭
稑 64211
稑 22016 穋
穋 64211 稑
稜 75011 棱
稛 62211
稘 75210
稙 73309 稙
稑 84010
稑 83210
稞 26108
稛 54007
稚 25309
稚 94411 稺
稗 23109
稔 82111
稠 94411
稖 96213
稖 96213 稖
稕 84314
黎 42110
愁 42011
颓 22415 穨
颓 92617 穨
歃 41113
筈 33208 桰
筐 44311 筐
筹 44113 籌
筭 85312
筠 33411
筐 42007
策 85110 策
筮 84419 簭
筴 85110 策
筋 63412
筯 83113 箸
筧 82209
筲 82010
筲 84013 籍
筼 82210 篔
筱 83109
筰 82110
筡 83111
签 64221 籤
箏 33009
筋 50105 肑
箛 82109
简 82213 簡
筞 82011
筦 82210
筤 42212
箣 84311
鲦 27010
牒 75312
牖 31208
犛 08623 氂
犛 26824 氂
犛 34010 犛
犛 34010
牐 31111
腧 80213
牕 52009 窗
牑 96113
債 93313
债 93311 責
傿 60209
傼 75210
僅 65312
傳 75209
僂 99210
傮 39315
傴 60410
僄 91516
傶 43310 戚
傾 90211
傀 23109
傻 54211 嫚
僳 24315 儽
催 63311
傷 80211
傷 80213 慯
傯 22010
僁 91112
像 21009
傓 51312
傭 98412
僥 61410 竟
僥 62511 僵
偋 92514
僇 20015
傪 20010
傢 21009
舍 33411
賃 61511
舅 02212
鼠 00412
毀 52212
毁 52212 毀
[古]52213 毀毀
斞 92412
鳧 20109
鼂 00110
鄡 22111
敫 12210
魃 15109
魁 15109
歇 11111
奧 53112
粵 51311
峻 52009
艄 51108
辠 52213 罪
艇 53107
躳 91207 躬
䠷 91110
躲 85520 軃
皋 92511
晨 90612
與 92613
[古] 62207 與舁
頎 90209
衙 95311
衕 91312
微 61213

徹 62113
徽 62113 徹
徻 20110
徭 42315 繇
徯 90012
衙 91313
衙 91009 衙
徬 61210
衞 92313
徯 24009
愆 40015
[籀]61414 愆𠎿
[籀]31414 愆𠎿
徲 94211 徲
遞 42013
覛 20210
[籀]10210 覛𧢼
艅 11212
艄 92009 稍
幋 52111
鞶 54112
鉦 61412
鉣 31313
鉗 31511
鈷 32512
鉢 62111
鉢 64412
鉥 22413
鈹 63312
鉞 63413
鉆 31512
鉏 21612
鈿 52411
鉄 64718 鐵
鉄 65721 鐵
鉄 65721 鐵

鈴 61413
鉇 21312 鉈
鉜 22413
鉛 31412
鉤 21412
鉋 51311
鉉 32312
鉈 21312
鉊 31412
鈹 22312
鉛 51411
鉛 52106 枱
龕 51113
會 50210
[古]80209 會㣛
僉 80311
僉見 20415 覷
愈 40214
愈 60516 瘉
毹 82213
歈 80215
歈 60516 瘉
絿 83413
覞 20210
愛 52109 炁
愛 74111 夒
遥 02113
貆 10209
貆 61207 狟
貑 10111
貉 11111
貊 14116 貘
貊 00211
貄 54013 肆
䢼 74212
餗 73311

亂 52112
亂 13215 敵
餀 73213
飵 80311
飾 21212
飻 20212
餀 81412
飲 42214 歙
飲 42214 歙
飽 50211
[古]81214 飽餜
[古]90411 飽䬪
餇 80311
飶 81212
飼 20209 飤
飴 50311
[籀]82214 飴𩚃
頟 40413 頟
頟 41415 顟
領 80311
頌 40210
[籀]10316 頌額
頒 90211
腠 75111 奏
膩 11513 膩
腜 12209
腜 15312
腰 51408 㬰
腰 92408 要
腼 00411 靦
腴 10111
腴 28619 臀
腊 00111
腥 52309
腥 12207 胜
腸 50210

腸 52211
腮 01007 思
腨 12109
腫 56311
腹 12010
腗 54410
腗 60206 屍
腯 01309
腧 80210 俞
腳 50111
腠 13011
鵬 26116 鵬
塍 13316
勝 13115
滕 92010 倂
騰 16319 騰
盬 11315
腤 52208
腤 00106 吻
腤 01208 脗
腬 54009
腦 01008 匘
鍧 01212
詹 51312
䧢 54510
[籀]51311 䧢鴟
鮁 92016 鮁
鮎 30215 鮎
鮓 80115 鮓
鮓 81022 鮺
穌 92014 穌
鮒 21116 鮒
鮑 50014 鮑
鮍 21015 鮍
鮐 50114 鮐
剸 90013

魮 90013
魰 21013
魰 21013 䲙
觟 62413
觛 60210
觥 90013
觥 75215 觵
觥 90008 侊
触 20013 觸
觤 20012
觤 22211 羫
觡 91112
解 92112
颼 01112 颾
颸 01111 颸
颰 10208
颶 00206
颮 00207
颭 53209
臂 11210
臂 12113 膟
肄 26212
肄 26212 𦘔
颖 12212 穎
猿 52210 蝯
猿 93212 猨
獂 91109
獋 23211
獋 02310 嘷
獅 61313
獅 10309 師
猺 53111
獈 93214
獮 99012
猻 93011
鴝 00114 鴝

稻 32011
稿 82008 稾
稿 76011
稖 63210
稵 94212
穖 99011
稼 23110
稺 24310
稺 94411
稽 42009
黎 92012
黏92012 黎
黐 52111 黏
黐 92012
覣 25211
篥 88313
箱 34210
範 87311
箴 84312
箴 63616 鍼
篋 51008 匧
箾 82012
篎 42211
篔 42210
篡 82211
篢 82617 簣
篅 84110
篍 84011
篌 84214
篁 63513
篦 83012
篭 52109
篪 75011 榹
箭 82214
篓 89212 簍
篊 86115
箲 82110 筅
篚 82209
篇 88114
篠 83418
篙 42111
篆 84211
篛 83110
僔 30015 僔
㑎 40015 㥄
僵 62511
價 62310
價 62308 賈
儂 91617
儇 21011
儆 92013
儆 73714
儉 80313
儈 30212
𢓗 61214
[籀] 61213𢓗𢓗
臂 81113
儍 74113
儋 51314
儋 53315 擔
儃 60209
億 63415
億 43413 意
儀 96315
僿 52822 塞
僻 62412
鋆 62415
儌 66413
牗 93413
皛 00309
皣 52319
皚 50311
皜 02308 皓
皠 54512
皦 12110
皝 61515
皞 50212
嫛 55215
髲 60211
鼤 91110
躶 82015羸
躶 24109 裸
鮎 32211
鼻 90312鼻
嚳 93413 學
鄭 23418
慫 00014
䡅 13712
質 20209
潯 22413
德 71113
德 71313
德 41310 悳
衛 96315 衛
徵 62415
[古]74213 徵㣽
衝 96516 衝
徹 62112
[古]82214 徹𢕟
徲 94211
頦 93213
嫛 93213頦
㣗91212
艘 23011 梭
艎 11614
艘 13113
磐 53112 槃
盤 53112 槃
磐 01312
鉦 21411
銶 22314
銶 23009
鋪 24615
鋙 23418 鋤
鋙 32614
鋏 62315
鋑 62108爱
鋞 61515
銷 61314
鋤 21612 鉏
鋥 62614
鋌 21314 鐲
鋗 21312
銹 63313
鋂 67314
鋝 62414
銳 61414
銳 61414 銳
[籀] 10011 𠛱
銼 62818
鋊 61414
鋯 62513
鋒 65521 鏠
銻 65312
鋃 61516
鋪 23615
鋪 67818 鏜
鋟 25315
頜 40412
鄣 20216
鄱 00213
劍 80314 劒
慾 90111 欲
鴿 20111
䶢 21012
歃 42214
[古] 20110 歃余
[古] 20311 歃食
鴱 60211 髲
鴛 90111
鴝 90111鴛
頫 90212
餞94314
貓 03113
號 13112
鴗 02214 鴗
辤 13312
[籀]62410 辤辝
辤 14417 辭
貄54013
餕 73215
餗 73214
餌 80311
餌 91312鬻
餔 23514
[籀] 23418 餔𩟗
餗 74212
餗 95219 鬻
餖 60413
餇 20211
餓 84314
餘 81314
餒 83213
餒 85213 餧
餛 80313
餅 84211
餕 22213
滕 12118
膝 22011 厀
膊 15210

駥 92112
駚 92111
駞 50110
駞 51211 鸵
駗 20111
邀 62213
邀 92408 要
繇 52112
膊 15312
衞 96315
徼 62213
衡 90015
［古］15110 衡奧
頹 94215
盤 01111
艎 50313
縏 56415 鞶
錯 31418
錏 61512
錨 34415
錡 62515
錢 65516
錫 21414
錪 67418
錮 52513
錔 31416
鍋 63513
錘 62519
錗 66314
錐 24614
錦 22413
錍 22414
錉 32513
錀 67724 錀
錭 63716
錚 65314

錞 63619 鐓
錟 61316
錠 21414
鍵 27416
録 62209 录
録 63517 錄
鋸 32214
錄 62209 录
錙 33512
錙 33515
錖 01516
錧 01313
覦 20415
歙 20216
歙 80218
劒 80314
［籀］20314 劒劍
毇 24116
糉 23111 殺
覬 52413
罍 00213
斂 13215
豱 10213
貒 11113
貐 10216
墾 22514 墾
餉 52314
餦 82314
餞 84415
餳 20313
餧 85213
餧 83213 餒
餚 82007 肴
餘 20211
餡 50215
餢 81415

館 20414
館 01313 舘
餞 26316
鍵 91316 鬻
餟 84213
頷 40413
頷 41415 顧
盦 62315
瘽 66816 瘽
餕 75215
鴒 40105 令
膩 11513
膮 13715
膭 13214
膫 11114
膫 90012 膋
膴 19115
臑 16012
膡 53310
膡 20111 爗
膰 02216 膰
膧 16513
膱 11510 殖
膳 03516
膡 12115
膝 13117
膴 52113
雕 25714
［籀］22516 雕鵰
雕 92411 彫
瞥 00413
鴿 00312
顛 90311
穎 12212
穎 10214
獺 25215 獺

獧 22013
獨 21010
獪 31214
獬 23116
艉 20213
艆 22215
艒 21014
艑 92113
艏 32114
邂 92118
鯖 72520 鯖
鯪 73018 鯪
鮨 73218 鯕
鱖 91116 鱖
鯛 92419 鯛
鯨 62520 鱷
鯨 81016 鯨
鮇 73015
鮭 31015
鮦 60215
鮞 61115
鮌 61216
鮍 92016
鮎 30215 鮎
鮋 61118 鯈
鮍 91118
鮭 62215
鮏 22317 鯹
鮓 80115
鮓 81022 鮺
鮇 92014
鮒 21116
鮸 20018 鯢
鮊 50114
鮌 91016 鯀
鮗 80116

鮅 91016
鮀 20015
鮍 21015
鮐 50114
鮑 50014
鮂 91117
獲 95316
獮 98013
獳 92619
獫 81315
獬 92112 解
鴡 54510 雎
餤 40015
餤 50011 焰
鴝 20211
鴐 50111
魯 01313
頯 12214
頴 12212 穎
錴 12215
錴 11114 錴
錴 62216 錟
繇 11011
豭 02514

十七畫

鐔 32522 鐔
鐐 62419 鐐
鏷 65521 鏷
鐲 21314 鐲
鑹 21324 鑹
鏹 01109 繈
鏹 31413 鏹
鐙 61519 鐙
鐪 44213
矯 82111
矰 31214

二十一畫

二十二畫

鑵 45618 罐
鑰 67724
鑯 63525
鑱 21321
鑲 63724
饞 20221
饟 20210 餉
鑄 20116
鑐 61622
鱛 30221
鱉 10024 歠
鸕 75419
鸞 93422

二十六畫

鑷 53917
籭 86419
纂 85222
籰 86316 篗
籯 83518
籫 82421
籥 88420
籯 84220
爨 92720
驫 24321
驫 24321 驫
驥 84419
鸜 84419 驥
籊 98425
鑼 24920
鑾 25820
鑷 61619
钂 66721
钀 21324
龤 36524
饟 82623
鱳 22121

二十七畫

鸏 85320
鞫56414 鞠
鞽 89519
鱻 50312
犨 59922
犨 58715 犨
驊 63620
龥 88423
玃 54720
饡 80624
鑽 61725
鑹 65525
鱷 02106 蚌
鱲 24222
鱲 94222

二十八畫以上

鸛25417 鸛
籱 42322
籱 42322 籱
籲69923
爨96625
[籀]56015 爨㸑
鱺64426
驫59925
鱻20033
籲 40305 吁
籲88627
籲 88627籲
鬱 93523
雧 59921
雧 55309 集
驪 63621
齾 51731
齾 11418 燹
蠶 01013

蠶 50006 蚍
钀 65523
钁 25922
钃 63619 鐘
钃 64723
鱹 63525
鱹 23723
鱻 31223

[丶]

一～三畫

丶 90001
乀 00001
冫 80004 仌
冖 50001
广 15210 廣
亡 40003 亾
门 50206 門
义 96417 義
宀 50002
辶 40006 辵
之 60104 㞢

四畫

卞 82006弁
亣 80004
[籀]80004 亣大𠆭
卞 90107 覍
六 50004
文 81004
亢 80105
亢 80312 頏
方 91003
方 91008 汸
闩 50307 閂
火 90004
为 11012 爲

忆 41412 意
斗 21103
斗 92004
斗 54008 鬥
斗 54113 鬭
计 42409 計
订 41309 訂
户 00103
讣 41108 赴
认 41310 訒
认 90005 仞
讥 03417 譏
冗 50004 宂
冘 91105
心 00004

五畫

主 61205
弁 82006
弁 90107 覍
市 92106
庂 10003 仄
疒 60306
邝 55213 鄺
庀 10004
立 60105
冯 84210 馮
玄 51003
[古] 00007 玄𢆯
闪 50208 閃
兰 76216 蘭
半 92105
羊 92204
汁 71107
汀 80008
汀 60208 穵
汇 53312匯
汇 62217 彙

头 60412 頭
汃 90007
氿 21007
氿 91007
汉 65315 漢
氾 20007
忉 90006
宁 90006
宁 50112 盜
宁 50215 寧
宁 52312 甯
氷 80009 仌
穴 50004
宂 50004
宄 51004
[古] 22004 宄㚣
[古] 51007 宄𢗰
它 00004
它 00006 蛇
戹 10104
讦 42410 訐
讧 41510 訌
讨 02410 討
让 43723 讓
讪 51310 訕
讫 41310 訖
训 41310 訓
议 47620 議
记 01308 記
讯 02409 訊
讱 41310 訒
礼 66919 禮
写 50011 寫
永 90005
必 91005

六畫

庠 02106 庰
沍 60208

闶 50311 閌
闷 50210 悶
羌 92207
[古]71010 羌𡬶
判 92107
兑 90106
兑 23416 僘
尚 91006
灶 50212 竈
灶 51217 竈
灿 22316 燦
炨 21106
灼 20106
炧 92007
炀 20211 煬
弅 92008
弟 94007 悌
弟 94004
[古]93004 弟半丰
沣 66616 豐
汪 62311
汧 62411
沅 60209
沄 30208
沐 72008
沛 71009
汥 82009
沔 60109
沤 60413 漚
沥 94015 瀝
沋 21008
沌 72108
沘 90009
沍 60208 冱
沚 90008
沙 90009 沙

沙 90009
沙 90009 沙
汨 30108
汩 50107
冲 32108
汭 21008
汽 90008
汻 81109
沃 73012 茙
沃 73012 洪
汝 61109
沂 20007
汳 91008
沦 86115 淪
汵 80109
汵 61313 淦
汹 51010 洶
汾 90009
泛 60109
泛 20107 汎
沧 30211 滄
汦 91108
沸 72110
沨 20109 渢
次 90010
[古]60113 次保
[籀]90015 次㰦
沟 79412 溝
汲 21008
没 21008 沒
汴 91008 汳
汶 81009
沆 80110
汸 91003 方
汸 91008
沩 91017 潙

沪 90111 滬
沉 91110
沈 52216 瀋
沈 90312 湛
沉 90312 湛
沈 91110 沉
沁 20009
泱 93110
泱 44412 詇
沺 22008
泐 91416
沇 20008
[古] 90111 沇沿
[古]50104 沇沿
忨 60208
怃 89116 憮
怖 71008
忮 82008
怀 80012 褱
怀 80016 懷
忕 71309
忧 21007
忧 00211 㥑
忧 12214 憂
忳 72107
忡 32107
忾 62417 鎎
忾 91113 愾
怅 92110 悵
忻 20006
忺 20008
怆 30211 愴
忯 91107
忣 90009
忭 52108
忭 82010

忼 80109
忱 91109
快 93109
快 17311 駃
忸 22007
完 50206
宋 52005
宏 51005
穹 50106
牢 55206
究 51006
穷 51112 窮
灾 50006
灾 74207 𢦏
灾 74211 烖
灾 91104 𡿧
宐 50105
[古]50109 宐多
[古]50212 宐𡩨
良 40208
[古]00304 良目
[古]40009 良值
[古]50103 良亘
戾 11106
启 00205
启 11309 啟
证 41411 証
证 41518 證
诂 52511 詁
诃 41511 訶
评 60205 平
评 41309 評
诅 01611 詛
识 44819 識
诇 41411 詗
诈 41411 詐

诉 02111 訴
诉 03414 謭
诉 42411 訴
诉 53413 謗
诊 01312 診
诋 42511 詆
诌 03315 謅
词 01511 詞
诎 53415 詘
诎 51310 詘
诏 51411 詔
诐 02311 詖
译 04517 譯
诒 01410 詒
社 61408
[古] 63411 社𥙰
礿 20307
祀 50206
祀 23415 禩
祃 64411 禡
邲 21008
冰 21007
补 23311
初 80006
罕 53108 罕

八畫

变 54419 變
废 12107
庞 11315 龐
店 31407 坫
庖 10306
庙 11315 廟
府 11107
底 11206
庖 00005
庚 93107

庚 96105
庞 11114 龐
郊 22006
兖 20008 沇
刻 60209
郊 20210
劾 61311
瓬 91106
放 62107
斻 71006
斻 71006斻
斻 81108
斻 81108斻
於 60207
享 50105 亯
亩 50004
亩 12009 廩
京 81005
卮 50106
欨 91207 音
音 91207
忞 41008
妾 64207
剂 80216 劑
卒 81005
夜 81006
疛 61409
疠 67314 癘
疟 62515 瘧
疝 30309
疲 61310
疚 50005 疚
疡 60513 瘍
冽 80111
净 96520 瀞
盲 50206

育 81005
育 77011 毓
氓 02106
闸 50310 閘
闹 56114 鬧
炜 94211 煒
炖 72107
炒 93217 鬻
炌 20008
炕 80109
炊 90009
炉 65622 鑪
炔 93109
炎 90008
关 92207
邦 22413
郑 22213 鄭
券 93112
券 94214
卷 93112
並 60210 竝
关 92007
单 93408 單
沫 73009
[古]90213 沫湏
沫 73109
浅 94213 淺
法 31009
法 55018 灋
沚 60109
沚 81012 洓
泔 30208
泄 73311
沽 31209
沭 21110
河 60209

泷 61318 瀧
泙 60210
泧 92110
沾 30209
沾 31716 霑
泸 64319 瀘
泪 94009 涕
沮 20309
油 52108
泱 91112
况 90109
泂 90109
泗 50008
泗 51007 汓
泗 50008
泆 92009
涐 20009
泭 21110
泊 50108
泝 32111 溯
沿 50104 㕣
沴 20010
泠 80110
泜 61209
沵 86018 瀰
泃 20109
沿 30109
泡 50008
注 61210
泣 60110
泫 31008
泮 92110
泞 50218 濘
泬 20009
沱 20009
泻 50011 寫

泻 20016 瀉
泌 91010
泳 90010
泥 90109
泯 22108
泯 30211 湎
沸 56008
沸 27215 鬻
泓 90108
泏 30008
沼 30109
波 21009
泼 73007 柿
泼 91117 潑
泽 23215 澤
泾 60312 涇
治 50108
泑 91111
怔 60108
怯 31008
怯 32008 狯
怙 31208
怵 21109
怲 61108
怖 22008
怖 23311
怦 60209
怛 00207
怛 20207
怚 20308
怞 52107
怏 91111
怳 90108
性 62208
怍 80108
怕 50106

怜 94018 憐
怟 22107
怪 22209
怿 23214 懌
怓 24009
怊 30108
怡 50107
怩 90108
怫 56007
怮 91110
宝 53615 寶
宝 51006 宗
宗 50207
定 50106
宕 50004
宠 51315 寵
宜 50105 宜
审 51108 宷
审 52211 審
宙 52105
官 50207
宛 50006
惌 50006 宛
宔 51207
实 53310 實
宓 51007
弦 50105
空 50207
帘 51006
帘 89014 簾
穸 50006
穹 50106
峃 92414 嶨
学 93413 學
郎 00211 郎
肩 10106

九畫

羑 81015
羕 58209
羕 92211
羑 92210
羑 43311 誘
羑 52613 誧
[古]92209 羑美
羚 95822 𪊨
羝 63410
羜 92212
羛 22210
羥 62513 羥
着 73113 著
眷 93313
剪 90110 剃
剪 90110葥
剪 90116 翦
粖 74210
粖 94428 鬻
粘 32310
粘 33213 黏
粝 28114 糲
粘 32213 黏
粗 21410
粗 99027 麤
粬 53209
粦 22211
粦 33008 稃
粕 51209
粣 97113
粒 61211
[古]60312 粒飧
桊 91210
断 50012斷
兽 03206 嘼
兽 54210 獸

敚 61210 敓
敝 62110
烜 60207
焐 01408 晤
焇 90010
焆 20008
烔 20006
烔 90108
烔 90108 烔
焅 32209
焍 20109
烰 31009
焕 22013 煥
烽 94217 𤏡
焍 94008
烺 90212
焜 92109
焌 22010
清 72514
渍 93316 漬
添 30209 沾
渚 91114
淩 73013
鸿 20310 㶹
鸿 20315 鴻
淇 73212
淔 30115
淌 72213
淢 71311
淖 71211
淋 64312 痳
淋 74011
淅 22010
淶 82012
涷 75110
減 92211

渎 41220 遺
渎 71219 瀆
涯 62412
渏 81212
淹 81415
涿 62111
[古] 00103 涿𠃔
淒 78011
淒 78010 淒
渐 25312 漸
洟 94009
淺 94213
淑 22212
涉 90011 涉
涉 90016 𣻕
淳 30213
淲 92011
淌 91021 灙
淏 21112
淉 24110
混 20111
淠 22211
淟 96115
涸 51210
涸 91219 瀚
渑 20211 澠
涾 30113
涡 20110
淮 61216
淛 22010 浙
淮 23311
淴 31111
淦 61313
淦 80109 汵
淪 86115
淆 82012

渊 90107 㴊
渊 90112 淵
淫 61212
淫 14210 婬
淨 96520
淨 96520 瀞
淢 21011
淰 80113
淜 26015
淜 96015
淝 20010
渔 20016
渔 20027
淘 52111
淊 50012
溜 50108
溜 50111
淴 20013
涼 81010
涼 51109 飆
淳 82316
液 81010
淬 81010
涪 91212
淒 64212
淤 60212
淯 81010
淡 90013
淙 20212
淀 20111
淀 21215 澱
渖 52216 瀋
涫 20212
涳 20212
涴 20011
涴 60208 汙

淚 94009 涕
深 21014
深 51009 罙
渌 62214
渌 62214 渌
渌 94014 漉
涺 31311
淈 32113
涵 51213 涵
渗 20013 滲
渠 62212
婆 63212
梁 92012
[古]74113 梁㴾
婆 54112 媻
情 72513
悵 92110
悻 83111
惜 30114
惏 74010
悽 78010
惭 05311 慙
悱 90212
悼 30212
惝 90009
惝 90110
惧 23716 懼
惕 20110
惕 41012 悐
惧 96114
惘 22012
悸 33009
惟 23310
惀 86114
悷 92010
惆 92412

十二畫

十四畫

潔 94010 絜
裴 80212
銮 54623 鑾
裹 84109
稾 82008
敲 61109
敲 21009 設
敨 61109 敲
敨 63415 敦
歊 80010
辜 82210
辠82311辠
膏 80008
豪 63214勢
豪 81110
豪 81213豪
塾 25518
廑 15312
廑 65312 僅
廣 15210
麼 13213
麽 02012 麼
麼 02012
廧 32216 牆
廎 10211
廎 80006 高
廔 19210
廙 13212
腐 11110
廏 11212
廏11212 廄
[古]21107 廏奮
廅 12010
廖 10015
廛 69230 廬
遮 42114

瘈 23009 狾
瘌 64312
瘗 62516 瘞
瘍 60513
瘧 62515
瘟 60415
瘦 62514
瘉 60516
瘣 63411
瘓 62315
瘖 31714
瘥 61520
瘘 69514 瘻
瘦 61314
瘺 66416
瘕 61512
瘥64922 瘥
旗 74212
旖 72212
膂 71012
膂 00003 呂
竭 30213
端 62211
颯 50209
竮 62617
彰 62513
韶 51512
辣 66310 辢
辡 64612
豪 62308 豕
豪 63411
適 52415
誩 50312
誩 50313
斜 63211
褎 82010 褎

齊 80214
羸 82015羸
達 42115
竭 00111
翩 50010
闇 51513 闇
闞 51515 闞
鄯 04823
辣 77311
羧 97212
羰 92110 泮
精 73615
粻 93212
粺 22212
粺 23109 稗
粹 82111
粽 94218
粽 94114 稷
糁 91413 糂
鄰 24217
鄰 94016
剸 94113
鄭 22213
歉 99013
槊 24110
愬 02111
愬 42411 訴
愬 53413 譢
鹟 02113 鶩
鄫 00112
弊 64114
弊 62316 斃
弊 63114 獘
幣 63112
彆 62212
嫳 65113

熚 20318爆
熣 79411
熚 28412
熉 20210
熜 80008衮
熄 90213
熅 20113
熇 93217 鬻
熇 80009
煻 96211
熑 99012
熠 31112
熠 31213
熠31112熠
犖 94214
榮 92012
罃 02514 罌
膋 11114 膫
膋 90012
熒 90013
荧 90013 熒
滎 90014
犖 92112
煽 90115
煽 10111 扇
熣 64413
漬 93316
潙 60212
漢 65315
[古]92216 漢滅
潢 75213
滿 73113
潆 91018 瀠
潇 78120 瀟
漆 72014
漸 25312

溥 75212
漕 39318
漱 94014
漱 94014 漱
漚 60413
漂 91519
漘 90214
滯 76112
滷 01109 鹵
滬 62313
滹 92114
滹 92109 虖
滤 92011 淲
漊 99213
漫 51208 曼
潩 23215
漯 22115 濕
漯 24318 濼
滮 94214
漯 20015 滌
灌 63314
漰 96018
滴 20116
澂 61116
潃 61115
滜 22212
漖 62216
潋 61420 瀲
漁 20016
漁 20027 瀲
潒 21012
潴 92219 瀦
漪 81212 猗
漈 21215
滸 81109 汻
溓 97215

滮 94014
滮 62214 淥
漳 62515
滰 61415
漄 63214
滴 32415
漩 80010
滅 91015
滅 91010 流
漾 92216
漖 62115
滱 21315
演 20516
漥 22415
［古］92319 漾瀁
滬 90111
漵 61414
漏 91614
漲 92213 涨
漻 20018
潍 24315 濰
慲 73112
慚 05311 慙
慱 75211
慳 53009 掔
慒 39317
慓 91518
慽 93314
慢 21212
慯 80213
慟 97416
慫 00014
慘 21011
慵 98414
慷 80109 忼
慨 90113
憜 91519
［古］14211 憜媠
憜 91212 惰
慴 50116
慘 20017
慘 20012
慣 25311 攢
寨 92008 柴
赛 52923 賽
寢 54113 寑
寢 53424 癮
寢 54113 寑
搴 56015
搴 26019 攓
蹇 54016
蹇 40015 愆
蹇 52822 謇
竅 55213竅
寬 50212
賓 50311
［古］50411 賓賔
竅 55213
寡 50213
寠 59210
嗀 51009
察 51212
康 57212
寧 50112 寍
寧 50215
蜜 51009
蜜 00214䖹
寥 10018 廖
寤 51615
寤 51614
［籀］51825 寤寣
實 53310
窦 54013
窬 50214
窠 32006 松
窯 52111
窻 52013 窗
窨 51412
窶 59210 窶
窪 22415 漥
窳 50211
谭 52521 譚
谯 04617 譙
谰 01516 讕
谰 05519 讕
谱 51619 譜
谲 04415 譎
鞁 06313
肇 18312
綮 12211
禱 79311
褋 75313
褋 77317褋
褪 63211
褙 81212
褆 20210
褐 30112
褘 84211
褍 82110
複 82011
複 02009复
複 82007夏
褓 52010 緥
褫 82011
褕 80214
褅 32414禘
褛 89212 褸
褌 55311
褌 56309 幝
褊 86114
褛 81115
禡 64411
禛 60413
禪 09413
褫 62212
褋 62415
禢 20208
［籀］62519禢鬤
禣 24314

十五畫

請 43816
諸 42416
諲 41511
諆 44514
諏 42412
諎 51417
諎 50212 唶
諾 44415
諳 14413 媕
諑 43413
諓 45515
誹 41515
諕 43313
課 05412
諮 51415
諣 01412
諈 42518
諉 46313
諛 41715
說 01314
誰 04613
論 47418
諗 41415
調43715
詾 03413
詾 01310 詾
諂 01314
諍 45313
諒 42312
諄 43618
誶 42312
談 41315
誼 01412誼
誳 51310 詘
誳 53415
誳 52613
敲 21009
亭 50007
稾 82008
膏 50310
臺 82311
臺82210臺
墪 64618 墩
熟 24315 飘
裹 83109
袬 52107 袖
褎 82010
褒 81011 褎
夒 86211夒
鴂 21111
齑 62421 㰕
齑 80323 齏
廚 12312
廝 13210 厮
廟 11315
［古］03109 廟庿
摩 04013
廠 11212
廛 14512
廡 19114

憐 94018
憎 30113
憕 60215
憰 23112
憒 03314 遺
賓 50412
寮 51113
寮 51115 寮
寫 50011
審 52211
審 51108 宷
寯 51014
竅 51212
寝 54113
[籀]54008 寑𡪢
寗 58311
頦 13212
頦 31519 鬫
额 41312 頟
戭 12615
賓 50212
竅 51212 竅
寮 53114
窮 51112 竆
窮 51112 竆
窳 50010
窨 52213 窯
窯 52213
谳 94220 瀷
谮 55618 譖
谴 51928 譴
谵 51312 詹
鳹13409 雇
翩 56118
冪 50001 冖
鼏 50210

褠 79411
襤 20217 襤
禠 74012
禵 20013
禮 39518
禩 23415
禩 50206 祀
鴂 21212
鹤 24516 鶴

十六畫

諶 41614
諜 46616
謀 43513
[古] 24011 謀謈
[古]25107 謀昬
諱 46613
諺 44517
諺 42917 謣
謊 41313 詤
諲 04515
諫 45313
諴 43615
諧 51415
謔 43516
諟 01513
諹 01414
謁 51415
諝 02317
諰 02315
謣 52308 㽷
諱 45514
諯 43413
諛 02315 諛
諞 52613
諞 92210 夎
諞 43311 誘

諭 41517
謚 41517
謚 41418 謚
諼 43515
諼 75017 蘐
諷 01411
諦 02111 訴
諦 42411 訴
諳 52715
諺 42315
諮 40309 咨
諦 43615
諦 42109 嗁
謎 32517
謎 42419
諠 01512
諠 43515 諼
諺 02315
諞 47417
諝 01313
瑪 21312
憑 61307 凭
憑 84210 馮
裹 84210
憑 84210
雜 25617
憨 63419 懃
辦 85520 辭
亭 50008
褢 80012
稟 83410
亶 86211
磨 14218
磨 12220 礳
麾 04221 䴢
麾 14013

麾 14013
麋 14013
麋 74724 蘪
曆 04210 曆
膚 16213
廥 00212
廨 12114
廩 12009
廩 12009 廩
廩 50004 亩
廩 50004 亩
廦 12412
麇 96012
[籀] 38016 麇麕
麆 94013 鹿
麈 65214
鄜 55213
鹧 52215 鷓
瘷 64315
瘽 65616
癈 62517
瘞 62516
瘱 61317
瘻 69514
瘰 61313
瘰 64619 瘰
瘿 63719 癭
瘲 60316
瘳 60319
瘵 61516
瘴 62715
瘯 62416
瘺 69514 瘻
癃 64922
[籀] 63614 癃痊
褎 81011

褻 82117
褻92118 辭
凝 22216
斓 25216 爛
親 23512
親 24513
盏 14520 盞
辨 64614 辧
辩 65919 辯
辦 65716
辨 64614
辨 64614 辧
辯 66616
竱 65312
鴗 20212
毹 68513
龍 61313
憲 43413
[籀]41412憲㥷
壅 13314 廱
羸 85014
羱 26616
羱 90210莧
羱 92311
鄰 26316
羲 93413
羲 96417
遂 42222
覭 22413
糒 33418
精 33418糒
糗 92314
糲 75113
糖 97313
糕 82417 餻
甑 24117

瓣 64615
羸 82013
羸 84217
羸 82015
鷌 19316 騙
䨻 05416讐
甕 40106 瓮
甕 40106
旝 31215
旝 61212
旝 71210 旃
旟 73618
羶 62413
羶 96618 羴
羷 82517
類 92417
羹 93416 鬻
羹 93418鬻
羹 95417
糬 24316
類 91313 粨
顭 99215
鼈 42318 鼈
爆 23219
爍 22114
爓 20217
爕 92317 燮
瀸 74221
瀳 76018
瀟 78120
瀟 26116 潚
瀘 20317
瀨 94216
瀨 94216 瀨
瀜 51214
瀝 94015
瀕 90218 頻
瀣 21320
瀘 64319
瀾 24217
瀾 75316 漣
瀾 20218
瀏 22021
瀕 92217
瀤 84217
澩 93418
澩 92416 泉
瀺 20018
瀙 24518
瀧 61318
瀠 91018
瀷 23223
瀯 20124
懶 24215
懶 17214 嬾
寶 53615 寶
寶 51006宗
寵 52818
寵 51315
竂 53514
鵷 50006 宛
竅 55215
竅 55217 竅
竈 51112
襪 46320 韈
襦 61615
襤 20217
顆 10314
讖 43724 讖

二十畫

護 45619
譏 43519
譔 01717
譝 01515
譴 51928
譟 43616
譯 03518
譯 04517
譞 02316
譣 41618
譫 51312 詹
議 47620
鄿 22419
齣 43113
韠 85520 韠
鼙 64723
魔 15115
麐 13415
麏 34921 麏
龐 11315
麙 96317
麢 94116
麚 95215
鹻 54016
麛 94214
龔 63316
競 62618
贏 66619
辮 66616
類 63618 類
類 91314 類
療 61417 療
羸 82216
齌 80216
齍 80218
顏 81215 顏
鬻 93416
鬻 93418鬻
鬻 95417 羹
譱 53513善
譱 54820
糴 24420
糯 93219
糲 28114 糲
糯 62111 稬
醴 02315
醴 41213 奄
鶼 99008 兼
鶿 02113
鷀 02113 鶿
鷀 02113
鼈 63418
爐 65622 鑪
爆 20318
爐 57013
爔 55518 曦
瀰 20116
瀏 91622
灌 63519
瀚 82220
瀚 20211 浣
瀞 91219
瀞 51210 洄
瀾 21619
灑 55320
瀹 86421
瀲 61420
瀸 92222
瀼 82421
瀵 99420
瀱 87022
瀰 86018 瀰
懽 63518
懺 92221
寶 53615
[古]54408 寶寚
騫 58218
寢 53320
竇 51218
鶉 51115
竈 51018甗
鷱 05414
禰 81516
禰 93515 攝
禮 71218
禮 61317 襱
襰 81417
襮 23219 襮
襮 25219

二十一畫

譸 43416
譳 02619
譺 03519
讁 53717 讁
譶 53921
廱 13314
劘 12220
爛 25216
礱 31315
癲 60514 瘨
癩 64312 瘌
癩 64517
癘 67314 癘
癧 64316
麝 96219 麝
旟 71624
旟 72118 旞
灋 62416
贛 64821 贛
辯 65919

二十二畫

二十三畫

二十四畫

二十五畫

二十六畫

二十七畫

二十八畫以上

［乛］

一畫

二畫

三畫

四畫

五畫

八畫

九畫

臬 21107
[籀]64418 臬𨍰
臭 20107
息 00107
勇 93411
[古]02311 勇恿
勈 93411 勇
蚤 01206 蚤
蚤 01208 蝨
柔 24006
柔 02007
柔 46013 懋
矛 24006
垒 54512 壘
垒 61206
敄 63107
矜 82107
癸 91010
癸 95006
※ 95006 癸
[籀]91111 癸癸
彔 13108 彪
骁 17918 驍
骃 05210 駰
骄 15212 驕
骅 14519 驊
骆 15311 駱
骇 14413 駭
骈 56616 駢
绒 42107 茸
结 02309 結
绔 12210 絝
绕 14716 繞
绖 13108 絰
绘 01214 繪
给 01209 給

绚 01108 絢
绛 13110 絳
络 12109 絡
绝 11008 絕
绞 13007 絞
统 12008 統
紆 11207
紅 11207
紂 52107
紇 11007紇
紃 11007
約 51106
紈 51007
級 52008
紀 51005
紉 11007
欶 51111
彖 62207
孨 03006
逊 42013 遜
沓 22009
沓 64217 薔
甾 52207
甾 54211 菑

十畫

恳 01314 懇
帬 24107
帬 23109 裠
屖 20005
屖 60106
屓 60717 屭
屑 60108
將 21311
將 32208 牂
奘 71412 奘
奘 72412 奘

牂 92411
妝 93208 妝
靳 22006
靳 22005 折
[籀]22208 靳靳
[籀]22008 靳靳
敳 63410
嵩 90112
崇 90208
[籀] 63519 祟𩕳
陚 12414
陼 11416
陸 12515
[籀] 13319 陸𨺅
陵 13315
陬 51412
陭 11514
陳 12716
陵 14515
陙 02413
陲 11518
[古]00305 陳阵
陮 53613
陴 51413
[籀]01114 陴𩏨
险 16417
陰 00614
陶 02413
陶 02106 匋
陷 00314
陪 11514
陪 11614
陵 13419
陻 11614
娶 13514
娭 16010

娱91003 夭
姬 13006
姨 17007
娠 13209
娙 14209
娭 14010
娙 13310
娋 13009
娌 56308
娱 13109 娛
娉 55208
娟 53007
娲 53108 媧
娱 13109
娥 17110
娒 19009
娃 14513
娩 51007 娩
娴 53212 嫺
娧 13109
娣 17007
娘 15419 孃
娓 15108
娭 54109
砮 04007
挐 05108
恕 53109
[古]02007 恕忞
脅 13315
哿 11410
叕 90110 叕
畚 52208
畚 84210
翀 32108 沖
瓶 82012
瓶82012 瓶

瓴 91111
瓬 91111瓴
翌 21312
翟 02011
通 02313
能 20008
函 01208
函 10107 肣
难 28616 難
难 25417 鷬
逡 02012
蚤 01208 蝨
预 12210 預
矜 82108
矜 82107 矜
務 64211
桑 25009
脊80214 齊
剟 94008
绠 13212 綆
绡 11010 綃
绢 51008 絹
绣 57115
绣 13008 綉
绣 57115 繡
绤 01110
绤 31108 㣈
绥 14010 綏
绦 62111 絛
绨 15008 綈
继 00010 繼
继 01014 繼
骊 18621 驪
骋 56411 騁
验 14517 驗
骍 18515 騂

縛 55414
繳 15111
縟 12313
縓 11109
繟 59411
縜 51210
縕 51113
緿 62111 絛
縪 57012
縨 13011
縱 51014 縱
縚 54215 韜
縫 15217
縐 03012
縗 15013
縞 11009
縭 15012
縊 11115
縑 19012
縐 11014
縡 53312
䭾 47210
餅 04614

十七畫

斁 66415
歗 96116
蟞 01314 鼈
鬏 21314 鬏
辟 66614
璧 63714 璧
檗 64413
甓 42513
甓 42413
甓 52414 躃
擘 34413
臀 20105

臋 21213
臋 21216
臂 62413
臋 54410 脾
臋 60206 㞙
屨 69313
蠡 02107
蠡 01209 蠡
蠡 51006 蚊
彌 18119 彌
彍 65310 彍
彝 91013
孺 12613
隮 11521
[古]71421 隮隮
隳 12717 陸
韔 46313
牆 32216
[籒] 34417 牆牆
[籒] 34425 牆牆
嬛 61317 瘱
嬻 41220 遺
嬗 15213
嬗 16212
嬚 53216
嬬 14614
嬪 53314
嬣 53218
嬥 56317
駕 13212
駕 54112 駑
駕 57311 翟
翼 23218
翼 93219 糞
隸 25114
穜 68513

鷸 23215 鷸
螫 64415
蠡 02007
蠡 04008 蠹
驟 55317 驟
蠻 50113
嚮 50114
蠻 00005 蚼
顛 41415 顛
畿 52317
繕 18414
績 14315
縛 16211
縹 12518
縵 52212
縷 19212
縲 51007 絫
縲 54313 纍
縱 14313
繃 17017
縵 13214
總 53013
縰 15419 纚
縱 51014
緃 12012
繽 51515
縮 02112
繡 13008 綉
縴 01109
縿 01116
縿 16010 緁
縿 51012
繆 51017
繅 13214

十八畫

鵬 80105

鵬 81113 胥
屩 61111
璧 63714
韘 49516
韘 65411 韘
韞 04316
韝 06515
韝 53312 緞
韗 09514
韗 59613 韗
醬 52313 牆
蹩 01315
隸 24215
隸 26215 隸
鬆 51212
彝 63515
隳 02822
隴 11620
嬻 41220
鵝 21113
鵝 22113 駿
隸 26212 隸
彝 64318
[古]00012 彝䋣
[古]65620 彝彝
綿 62416
[古]24010 綿䋣
斷 50012 斷
繞 14716
繖 14119
繐 15113
繚 12115
繢 11617
繟 14412
緦 52015
繑 12010

繅 56313
繙 03213
繎 12115
織 14415
織 14516
繕 04517
綫 13220 綫
繜 15115
繒 01113
[籒] 14310 繒綷
繣 57315
繈 01109 繈
繘 54111
[古]55116 繘䋣
[籒]97523 繘繘
邋 41019
邋 41419
雝 03312

十九畫

䕶 66722 韄
鷗 22215
臋 20105
臋 21213 臋
臋 21216 臋
臋 60206 㞙
臋 54410 脾
蠡 30918
鬟 62414
檗 63516
繫 63414
疆 62509 畺
疆 63814
韝 49614
韝 44419 韝
韝 08617
韝 49214

韠 09614
韍 53312
韜 54215
孽 34515
鷩 14519
嬬 06716
嬿 15215
嬾 17214
嬾 24215 懶
嬾 57214
嬛 13014
嬹 15617
龔 93219
雡 23319
聽 73116
顛 41415
鶩 67313
顡 95216
歠 46116
歠 43207 吷
鶵 24113
驥 17420 驥
驤 16622 驤
繐 15016 繐
縣 57313
縣 57314 轡
繮 13513
繾 01725
繰 13313
繩 51212
繹 54214
繯 52013
纘 11421 纘
繳 13213 繫
繳 62213 徼
繪 01214
繲 13118
繶 12416
縴 84107 牽
䌖13220
繡 57115
繡 13008 綉

二十畫

躄 42413
譬 53717
𢐗 63616
鬻 91312
鬻 80311 餌
糱 65515
糱 76218 櫱
𣟧 13518隰
隰 11323
䧿 15923
墜 11523
孃 15419
孅 15220
鶩 63214
鶬 21315
饗 50317
響 01519
繼 01014
繼 00010 𢇍
［古］00010 繼𢇍
斷50012
［古］90108 斷刨
［古］90311 斷卲
盭 14520
繐 15016
繻 12615
纀 15219
纁 14016
纊 11010 絖
纊 16214
繽 51315
繼 50010
繼 51014
𢇍 50010 繼
䍥 50109

二十一畫

賷 26313
屬 60113
屭 66720
聽 78315
𢑆 62417
鬻 92413
鷽 20315
孁 18416
蠡 51212
［古］64311 蠡𧈫
饞 55215
纈 12518
續 12218
［古］93312 續賡
纆 52015 纆
纏 15516
纅 53114

二十二畫

臋20105
臋 21213 臀
臋 21216
臋 60206屍
歷64115
贊 60519
璽 67419
鬻 92315
蟲 04008
［古］53106 蟲蚌
蟲 02007 蟊
櫱 64619
韣 04213
韄 44419
𡢻 13420
鷚 20120 鷚
纑 15318
轡 57314
奱 55319
䜌 53417
㘘 03318
孌 56318
彎 03417
孿 04317

二十三畫

彏 24816
鬻93215
鬻 93416 鬻
鬻 93418 鬻
鬻 95417 羹
鬻 95419
蠱 01314
鷳 50316
鷳 50316 鷳
闢 52521 闢
闤 51215
闢 53318
孄 15219
鷸 23215
鷄 20318
纓 54417
纚 53020
纖 13221
纔 51017
繳 13320
纕 13420
欒 55318
轡 53318 轡
欒 53320
攣 05318
變 54419
䜌 55319
戀 03319
戀 56318 變
劙 41214
劙 74008 務

二十四畫

蠹 26722
鷫 26218
鷫 51115 鶔
屭 20616
屭 60717
屭 30307 眉
鸊 62517 鷿
鬻 92318
鬻 92323鬻
鬻 91113 羹
鬻 91316
鬻 26316 健
鬻 80219 餰
鬻 81311 飦
鬻93217
鬻 93416 鬻
鬻93418
鬻 95417 羹
孎 05013
孎 15114
穳 92420
纚 15419
纏 18321
纗 16417
䜌 03518
讋 05416

楷體音序檢字

説明：

1. 楷體字右旁的號碼是篆字五碼，依據五碼可從本書《小篆五碼檢字》中檢索相應篆字。

2. 凡標記［古］和［籀］的，可從本書《古文五碼檢字》和《籀文五碼檢字》中檢索古文或籀文。

3.《説文》新附字和典籍中常見之俗篆，其釋文一併收錄於本《檢字》。

4. 凡一篆對應多楷者，多个楷字並錄。例：81008 汱、汰 81008 汱。

5. 凡一楷對應多篆者，多个篆文並錄，例：81003 大；80004 亣大。

6. 凡假借字、通假字、簡體字和異體字及訛字等，以五號小字列於相關篆字釋文之下，並省略注音。

7. 楷體字注音參照現代漢語拼音注音，與篆文古音或有出入。有明顯出入的常用字，依據反切補正。如杭、稉和粳今讀 jīng，本與“更、庚”等同音（古行切），故補注 gēng。

8. 凡古文、籀文，標注［古］或［籀］，列於篆文之後。例：［古］00005 朙明，表示“朙”古文作“明”，在本書《古文五碼檢字》中，據“00005 朙明”可檢索到古文，其中“明”是古文的隸定字，“朙”是小篆的隸定字。［籀］與［古］同理。

9. 應用本《檢字》，見楷檢篆；遇疑難問題，請參閱本書附録《疑難字探索》等。

秅 23105
察 51212
詧 51212 察
槎 63217
茬 65310
茶 73111

chà

詫 02411
诧 02411 詫
汊 21108
恔 21108
奼 54105
姹 54105 奼
䂓 61214
差 61214䂓
[籀] 61213䂓䂓
刹 82109

chāi

釵 22411
钗 22411 釵
拆 33309 坼
䂓 61214
差 61214䂓
[籀] 61213䂓䂓

chái

豺 12109
儕 80216
侪 80216 儕
茈 86316
祡 90210
[古] 61413 祡禘
柴 92008
偨 92008 柴

chǎi

茝 42007

chài

蠆 05007
蠤05007 蠆
薑 05007蠆
虿 05007蠆
蠇 05009
蠆05009蠇
薑 05009蠇
虿 05009蠇
蠤05007蠆
蠆 57010
虿 57010 蠆
瘥 61520

chān

覘 00409
觇 00409 覘
佔 00409 覘
姑 03207
掺 22011
掺 22011 掺
攙 22016
搀 22016 攙
鉆 31512
襜 51316
幨 52314
婆 63212
痔 64311
[籀] 61511痔痕
梴 72009
梃 72010梴
延 90006
辿 90006 延

chán

巉 00016
嚵 00115
讒 01320
谗 01320 讒
蟖 05309
蟖 05309 螹
廛 14512
纏 15516
缠 15516 纏
嬋 16411
婵 16411 嬋
毚 20013
儳 20015
鄽 20016
瀺 20018
饞 20221
馋 20221 饞
鑱 21321
镵 21321 鑱
欃 22016
孱 33108
潺 33113
蟬 53410
蝉 53410 蟬
躔 54516
蹔 55309
儃 60209
澶 60212
鋋 61315
禪 63613
禅 63613 禪
瀍 64517
劖 90015
夭 91106
羌 92207
天　92207羌
單 93408
单 93408 單
嶄 95310
崭 95310 嶄

chǎn

昆 00105
諂 01314
谄 01314 諂
讇 01520
繟 13220
缠13220繟
繟 14412
鞊 36310
鞊　36310鞊
嘽 43510
啴 43510 嘽
醆 44322
嵃 51004
闡 53614
阐 53614 闡
產 63209
产 63209 產
滻 63214
浐 63214 滻
鏟 64517
剗 64517 鏟
铲 64517 鏟
犍 65312
斺 71006
蒇 74314
蒇 74314
燀 84410
燀 93412
䵐 93614
䵐 93614 䵐
剗 94210
划 94210 剗
𤞓 95212

chàn

硟 10009
儳 20015
幨 52314
韂 56618
摲 57310
顫 60414
颤 60414 顫
羼 66720
懺 92221
忏 92221 懺
剗 94210
划 94210 剗

chāng

昌 00205
菖 00205 昌
[籀]50105 昌昌
菖 52209
娼 03208
倡 50207
閶 50411
阊 50411 閶
猖 51209
閶 51515
饕 75317
倀 92108
伥 92108 倀
猖 92108 倀

cháng

長 12106
长 12106 長
場 21410
场 21410 場
塲 21410 場
鱨 30221
鲿 30221 鱨

鄧 20214
邓 20214 鄧
蹬 50215
憕 60215
鐙 61519
镫 61519 鐙
燈 61519 鐙
灯 61519 鐙
瀓 62417
澄 62417 瀓
dī
氐 11204
低 11204 氐
紙 12208
磾 13410
堤 21409
提 22209
鞮 25512
滴 32415
趆 42210
隄 50513
堤 50513 隄
低 61206
袛 61208
衼 62207
羝 63410
𧇍 81212
dí
迪 02109
踧 02211
蹢 02414
鸍 02517
嫡 05413
髢 14112
鬄 14112 髢
焍 20108
焍 20108焍
覿 21419
觌 21419 覿
扚 22105
翟 23314
糴 24420
糴 24422
籴 24422 糴
靮 25408
鏑 33718
镝 33718 鏑
樀 34413
敵 43514
敌 43514 敵
𢓊 52106
頔 52310
苖 54107
笛 54107
篴 54107 笛
馰 54308
滴 61520
滌 63115
涤 63115 滌
荻 73012
蔋 74213
dǐ
氐 11204
厎 11205
砥 11205 厎
阺 11511
底 11206
砥 11206
厎 11206 砥
骶 11210
坻 41210
呧 41306
詆 42511
诋 42511 詆
邸 51207
弤 61306
坻 62407
抵 63207
柢 63207
軧 66509
牴 73307
觝 91211
牴 91211 觝
抵 91211 觝
dì
旳 00204
的 00204 旳
蝭 00208
踶 00210
諟 01513
逓 03110
鬄 12215
髢 12215 鬄
締 13312
缔 13312 締
娣 17007
玓 21406
摕 22210
摕 22210摕
摕 78110
摕78110 摕
棣 26010
遞 42013
递 42013 遞
諦 43615
谛 43615 諦
蔕 46111
遰 46113
睇 54207
螮 56109
䗖 56109 螮
蝃 56109 螮
帝 62308
[古]62106 帝帝
釱 62311
禘 62513
地 63206
[籀] 62718 地墬
[籀] 12819 地墬
揥 64311
杕 73006
苐76008
苐 76008苐
荑 76008苐
摕 78110
摕78110 摕
蔕 78111
蒂 78111 蔕
第 85007
第 86008
弟 94004
[古]93004 弟弟弟
焍 94008
diān
貼 00307
趙 41214
顛 41214趙
颠 41214趙
蹎 50212
窴 50212
瘨 60514
癲 60514 瘨
癫 60514 瘨
槙 72211
滇 90213
顛 90415
颠 90415 顛
巔 90415 顛
巅 90415 顛
傎 90415 顛
巔 90418
diǎn
點 01215
点 01215 點
奌 42208
鉆 52308
敟 67214
蕇 75412
典 96110
籅96110 典
[古]86114 典籅
diàn
阽 00511
甸 01105
蜓 01209
磹 01216
驔 05420
黗11217
黗11217黗
淀 20111
殿 21210
澱 21215
淀 21215 澱
壂 22312
靛 22614
墊 26414
垫 26414 墊
坫 31407
店 31407 坫
刮 40206

玷 40206 㓣
電 41914
电 41914 電
[古] 01813 電霅
寙 55213
寙 55213寙
佃 51105
鈿 52411
钿 52411 鈿
簟 53218
㡘 62312
䨴 66718
奠 92210

diāo

刁 10002 刀
蛁 00106
貂 00110
鵰 00310
貂 00516
雕 25714
鵰 25714 雕
碉 25714 雕
[籀] 22516 雕鵰
袇 53108
弴 62413
琱 63712
椆 74411
凋 82412
彫 92411
雕 92411 彫
叼 92411 彫
鯛 92419
鲷 92419 鯛

diǎo

鳥 20107
鸟 20107 鳥

禢 20111
扚 22105
杓 22105

diào

弔 23104
吊 23104 弔
釣 21410
钓 21410 釣
掉 32211
誂 41312
調 43715
调 43715 調
寫 50111
窎 50111 寫
瓟 51108
銚 61313
铫 61313 銚
藋 65318
莜 73111
蓧 73111 莜

diē

褺 25215
亵 25215 褺
跌 52008

dié

蹓 00116
墊 05215
胅 12007
瓞 06006
瓞 06006瓞
瓞 12007
瓞 12007 瓞
絰 13108
绖 13108 絰
跌 13208
昳 14110
䨳 15417
迭 42010
咥 42206
詄 43311
諜 46616
谍 46616 諜
喋 46616 諜
疊 50411
叠 50411 疊
疊 50411 疊
昳 52106
眣 52207
閱 52210
闉 52310
蜨 55008
蝶 55008 蜨
蹀 55313
垤 63307
耋 64108
耊 64108 耋
堞 68516
堞 68516堞
苵 74008
牒 75312
褋 75313
褋 75313 褋
襟 77317
褋 77317襟
鰈 75320
鲽 75320 鰈
鴃 92111
鴃 92111 鴃
戜 93410
或 93410戜

dīng

酊 42108
町 51106
玎 61307
釘 61311
钉 61311 釘
靪 75309
丁 80003
钉 80003 丁
釘 80003 丁

dǐng

酊 42108
顶 30211
顶 30211顶
頂 30211顶
頂 80210
頂80210 頂
顶 80210 頂
[籀] 10416 頂䫱
頂 80213
頂 80213頂
鼎 90209

dìng

錠 21414
锭 21414 錠
鋌 22515
铤 22515 鋌
訂 41309
订 41309 訂
定 50106
釘 61311
钉 61311 釘

dōng

冬 52107
[古] 52105 冬𠔁
蝀 55107
苳 74111
東 75105
东 75105 東
涷 75110
鼕 75316
冬 75316 鼕
㖦 77311

dǒng

董 78312
蕫 78312 董
蕫 78514
董 78514 蕫

迵 00210
敟 13207
娴 13207敟

dòng

恫 20208
洞 20209
狪 21208
侗 21208 狪
挏 22207
湩 26313
硐 50206
徊 50207
駧 54410
熥 66514
炯 66514 熥
涷 75109
冻 75109 涷
棟 77108
栋 77108 棟
動 97412
动 97412 動
[古]06314 動運

dōu

鴠 00310
吺 01106
都 21112

[籀] 22618贛贛
倝 71208
[illegible] 71412
[illegible] 72215
幹 72311
干 72311 幹
榦 73211
幹 73211 榦
干 73211 榦
𣛎 75215
贛 76825
干 91103
灨 94826

gāng

肛 10206
剛 12010
刚 12010 剛
[古] 60307 剛㓻
犅 24111
舡 30010
缸 42307
岡 52008
冈 52008 岡
綱 53012
綱 53012 綱
纲 53012 綱
[古]52006 綱㭃
釭 61511
杠 62206
扛 62206
杭 72106
亢 80105
頏 80105 亢
吭 80105 亢

gǎng

[illegible] 51208
港 74114

gàng

戇 44824
戆 44824 戇
杠 62206

gāo

滜 22212
槔 24211
槹 24211 槔
鼛 44318
皋 52208
皐 52208 皋
臯 52208 皋
睾52208 皋
菒 74211
藁 74211 菒
櫜 75113
高 80005
高 80107
膏 80008
篙 82009
餻 82417
糕 82417 餻
美 92210
羔 92210 美

gǎo

縞 11009
缟 11009 縞
稾 24113
臭 50107
暠 50107
杲 52105
鎬 61313
镐 61313 鎬
夰 81005
稾 82008
槁 82008 稾
藁 82008 稾
犒 82008 稾
稾 82008
稿 82008 稾

gào

郜 02208
祰 32410
告 52205
吿 52205 告
峼 52208
誥 53512
诰 53512 誥
[古] 51009 誥[illegible]詧
膏 80008

gē

鴿 00312
鸽 00312 鴿
紇11007
紇 11007紇
纥 11007紇
胳 11108
袼 11108 胳
割 13110
謌 41715
歌 41715 謌
[illegible] 60311
哥 60408
[古]60408 哥謌歌
歌 60413
謌 60413 歌
滒 60413
圪 61206
戨 62512
仡 90005
犵 91007
戈 92104

gé

匌 00207
鄗02115
駱 04211
胳 11108
骼 11111
骼 11111 骼
胳 11111 骼
隔 11514
岋 22006
翮 25314
佮 30207
㭘 32208
袷 32308
鞈 35511
頜 40412
颌 40412 頜
諽 46613
觡 48316
盒 50207
蛤 50207 盒
閤 50411
閣 51311
阁 51311 閣
葛 52112
駱 54211
韐 54412
鞈 54412 韐
鬲 61207
[illegible] 61207 鬲
[illegible] 61207 鬲
槅 63210
䨣 66813
格 73108
佫 73108 格
革 75205
革 75306
[古] 73210 革革
佫91108
觡 91112
挌 93108
挌94109
格 94109挌

gě

舸 10309
哿 11410
合 50205
葛 52112
葢 63214
蓋 63214 葢
盖 63214 葢

gè

各 41105
茖 43109
箇 53209
个 53209 箇
個 53209 箇
个 81002
箇 81002 个
個 81002 个

gěi

給 01209
给 01209 給

gēn

[illegible]00208
跟 00209
根 22208

gěn

[illegible]10412
艮 50205
[illegible]50205 艮

gèn

艮 50205

艮 50205艮

亘 60203

亙 60203 亘

亘60203 亘

栕 62314

亙62314 栕

亙 62314 栕

[古]60207 栕亙亙

搄 62314

揯 62314 搄

gēng

緪 11315

縆 11315 緪

賡 12218 續

賡 12218 續

鶊 26212

鹒 26212 鶊

更 62208

粳 63314

稉 64211

秔 64211 稉

秔 64211 稉

耕 79211

畊 79211 耕

秔 82108

稉 82108 秔

粇 82108 秔

粳 82108 秔

羹 93416

鬻 93416 羹

鬻 93416 羹

羹 93416 羹

鬻 93418

羹93418鬻

鬻93418鬻

羹 93418鬻

羹 95417

鬻95417 羹

羹95417 羹

鬻95417 羹

羹 95417 羹

鬻 95419

庚 96105

gěng

骾 12214

鯁 12214 骾

鯁 12214 骾

綆 13212

绠 13212 綆

郠 22211

哽 42310

耿 50107

頸 60514

颈 60514 頸

鯁 62219

鲠 62219 鯁

埂 63411

梗 64211

gèng

䱍 60322

更 62208

gián

赶 42109

趕 42109 赶

gōng

蚣 00005

蜙 02008 蚣

蜙 02008

蚣 00005 蜙

厷 01003

肱 01003 厷

[古]50001 厷𠃋

紅 11207

红 11207 紅

弓 30102

公 50003

宮 50005

宫 50005 宮

肱 51006

厷 51006 肱

躳 51108

躬 51108 躳

工 60203

[古] 60206 工𢒄

功 61307

攻 61307

龏 63317

龔 65420

龚 65420 龔

共 74106

[古]74007 共𢀜

供 74108

恭 74110

觵 75215

觥 75215 觵

觥 90013

觵 90013 觥

躬 91207

躳 91207 躬

gǒng

巩 22207

巩 22207 巩

䂬 22209

拲 24210

巩 24210 拲

鞏 27513

巩 27513 鞏

収 52004

廾 52004 収

𢪃52004 収

珙 65410

共 74106

拱 74106 共

恭 74110

拱 76109

拲 76109

拲 76109 拲

拲 76109

拲 76109 拲

栱 76109 拲

栱 76109

輁 79411

𢪒 94006

収94006 𢪒

拱 94006 𢪒

gòng

𥬂 45110

贑 54822

贛 54822 贑

𢀜 60211

玒 60211𢀜

貢 60408

贡 60408 貢

贛 64821

贑 64821贛

灨 64821贛

贑 64821贛

共 74106

供 74108

贑 74314

贑 74314 贑

gōu

句 00104

勾 00104 句

佝 20106

鉤 21412

鈎 21412 鉤

钩 21412 鉤

枸 22107

韝 49614

緱 52112

緱 52112緱

缑 52112緱

痀 60410

褠 79411

溝 79412

沟 79412 溝

篝 89411

𠛎 90106

gǒu

蚼 00106

𧍢 00106 蚼

岣 00107

狗 21108

玽 21408

枸 22107

耇 42108

耉 42108 耇

苟 52108

笱 42108

笱 52108

gòu

詬 01411

诟 01411 詬

姤 03207

媾 19410

購 19612

扞 23208 捍
頷 40413
颔 40413 頷
顑41415
顑 41415顑
頷 41415顑
颔 41415顑
諗41314
譀 41314 諗
感 42312
憾 42312 感
含 50206
旰 51205
閈 51309
闬 51309 閈
菡 53212
菡 53212 菡
駻 55411
暵 55412
蘫 62222
藍62222 蘫
釬 62411
鞾 64514
熯 65314
漢 65315
汉 65315 漢
[古]92216 漢㵄
蘺 67421
翰 71216
鶾 71315
乾 73211
東 74005
東 74005東
韓 75414
東 76007
瀚 81221

汗 91108
旱 91205
涆 91210
扞 93106
捍 93106 扞
揻94311
撼 94311 揻
háng
邟 20107
远 40111
迒 40111 远
蚢 52212
远 52212蚢
珩 61310
斻 71006
斻 71006斻
杭 72108
亢 80105
頏 80105 亢
吭 80105 亢
航 80116
頏 80312
亢 80312 頏
肮 80312 頏
吭 80312 頏
颃 80312 頏
斻81108
斻 81108斻
航 81108斻
笐 82109
行 90006
hàng
䟘 22111
𨖿22111䟘
䢼54112
巷 54112䢼

巷 54112䢼
衖74109
䢼74109 衖
巷 74109 衖
沆 80110
hāo
蒿 72009
藃 72214
茠 74009
薅 74009 茠
薅 76316
茠 76316 薅
[籀]75213 薅蒘
háo
嘷 02310
獋 02310 嘷
嗥 02310 嘷
鄂20207
滜 22212
嘷 22212 滜
嗥 22212 滜
獋 23211
嗥 23211 獋
嘷 23211 獋
諕 43313
皋 52208
皐 52208 皋
臯 52208 皋
睾52208 皋
𠢕 63214
豪 63214𠢕
壕 62315
豪 81110
濠 81110 豪
𧰽 81213
豪 81213𧰽

毫 81213𧰽
[古]81213 𧰽豪豪
[籀] 81316 豪𧰽
毫 82007
号 90204
號 92210
号 92210 號
虠 94111
hǎo
好 04005
郝 21010
hào
晧 02307
皓 02307 晧
皓 02308
皜 02308 皓
暤 02310
好 04005
顥 11314
颢 11314 顥
鄗 20008
昊 21105
淏 21112
浩 32210
暠 50107
昦 51107
昊 51107 昦
鎬 61313
镐 61313 鎬
虠 62413
琥 63514
滈 80010
鰝 80016
灝 91319
灏 91319 灝
號 92210

秏 94006
耗 94006 秏
玻 95006
hē
欱 40210
訶 41511
诃 41511 訶
呵 41511 訶
喝 50210
乛 60102
抲 62207
hé
蝎 00110
蠍 00110 蝎
郃 00208
鶡 00214
鹖 00214 鶡
貈 10111
紇11007
紇 11007紇
纥 11007紇
貉 11111
礉 11209
驩 18615
郃 21213
翮 21215
槅 22112
椰 22112 槅
餄 30412
饸 30412 餄
䶎 40116
龁 40116 䶎
頜 40412
颌 40412 頜
敆 41309
合 41309 敆

咊 42105
和 42105 咊
曷 50108
合 50205
迨 50211
閤 50411
闔 50413
阖 50413 闔
涸 51210
灂51210 涸
闔 51416
阖 51416 闔
詥 51512
齕 51517
害 53108
皬 54512
皠 54512 皬
何 60206
河 60209
鉌 60215
盒 60311
盇 61210
盍 61210 盇
劾 61311
刻61311 劾
盉 62109
核 62210
覈 63717
覆 63717覈
覈 64313
覈64313 覈
荷 72210
菏 72213
渮 72213 菏
敆 84013
龢 88419

和 88419 龢
灂 91219
涸 91219灂
禾 92003
秅 92006
hè
賀 11411
贺 11411 賀
翮 11517
鬲 20013
鶴 24516
鹤 24516 鶴
褐 30112
嗃 40107
蒿 43008
叡 51312
壑 51312 叡
壑 52515
叡 52515 壑
何 60206
荷 60206 何
垎 62308
隺 64409
鹤 64409 隺
荷 72210
熇 80009
褐81415
赫 82014
hēi
黑 51011
hén
鞎 25511
痕 60511
hěn
詪 01512
很 20208

狠 21209
hèn
恨 20209
hēng
亨 50105
héng
胻 10009
骱10012
姮 13310
恆 60311
恒 60311 恆
死 60311 恆
[古]60207 恆死
珩 61310
桁 72007
橫 77211
潢 77216
衡 90017
蘅 90017 衡
桁 90017 衡
[古]15110 衡奧
hèng
橫 77211
hōng
訇 01309
[籀]01512 訇訇
儚 30217
薨 50214
砿51005
渹 51314
烘 74110
轟 79915
輷 79915 轟
軥 79915 轟
軥 79915 轟
轰 79915 轟

hóng
翃 01011
呟 01105
玹 01106
紘 01107
紭 01107 紘
紅 11207
红 11207 紅
玒 20306
鳿 20310
琟20310 鳿
鴻 20310 鳿
鸿 20310 鳿
鴻 20315
鸿 20315 鴻
竑 21108
琟 23509
鳿 23509琟
弘 30103
玜 31307
玒 31307 玜
鞃 35409
靮 35409 鞃
鞃35409 鞃
谹 41109
宏 50105
虹 50205
[籀]00005 虹蜎
[籀]00409 虹蜎
宏 51005
閎 51209
闳 51209 閎
紘 52007
紭 52007 紘
纮 52007 紘
仜 60205

翃 60211
玒 60211翃
魟 60214
粠 61309
玒 61507
鉷 65414
洪 74111
袦 74212
篊 86115
泓 90108
hòng
訌 41510
讧 41510 訌
閧 54312
哄 54312 閧
鬨 58114
閧 58114 鬨
哄 58114 鬨
澒 90415
hōu
齁 21515
喉 01210
喉 01210 喉
郈 21111
猴 21116
鯸 21119
餱 21316
餱 21316餱
猴 22112
鍭 22416
鍭 22416鍭
呴 50306
吼 50306 呴
呴 50306 呴
犼 92007
垕 00105

鯇 92219 鰀
豢 94214
漶 94214
[illegible] 96415

huāng

巟 11010
駹 14212
𠟃50010
𦱤 50010 𠟃
衁 60210
荒 72010
稀 74013
荒 74013 稀
肓 80006
巟 80006
𡿩 80006 巟
𡿪80006 巟
荒80006 巟
幌 81008

huáng

艎 11614
隍 11816
磺 15210
[古] 60204 磺卝
騜 15715
鷬 16321
𪀔16321鷬
葟 16321鷬
鷬16321鷬
翌 21312
鄓21512
遑 41515
徨 41515 遑
偟 41515 遑
喤 41611
蝗 51511
蟥 55110
凰 51510
皇 61509
凰 61509 皇
偟 61511
惶 61513
偟 61513 惶
煌 61513
湟 61514
餭 61716
㞷 62306
[古]61308 㞷皇

段補字

𤞣62412
獚 62412 𤞣
獚 76212
瑝 62813
鍠 62817
锽 62817 鍠
䅣 63512
葟 63513
鷬63513 葟
𪀔63513 葟
篁 63513
璜 66512
黃 75208
黄 75208 黃
[古]23109 黃灸
潢 75213
簧 87212

huǎng

詤 41313
謊 41313 詤
谎 41313 詤
晄 50108
晃 50108 晄
櫎 77213
榥 77213 櫎
幌 77213 櫎
恍 90010
怳 90108
爌 95214
熿 95214 爌

huàng

晄 50108
晃 50108 晄
皝 61515
潢 75213
滉 75213 潢

huī

詼 02313
诙 02313 詼
[illegible] 02822
麾 04221
麾 04221麾
麾 14013
翬 05315
翚 05315 翬
暉 05409
晖 05409 暉
隓 12717
隳 12717 隓
灰 21006
灰 21006 灰
恢 21010
虺 50105
煇 55311
輝 55311 煇
暉 55311 煇
辉 55311 煇
婎 56309
獋 56311
揮 57310
挥 57310 揮
楎 57310
𢕟 62108
徽 62113
徽 62113 徽
徽 62215
蘳 69618
褘 84211
袆 84211 褘
撝 93015
戲 94313
戏 94313 戲

huí

回 00002
囬 00002 回
廻 00002 回
迴 00002 回
[古]00001 回回
迴 00008
蛕 01007
蛔 01007 蛕
洄 50007

huǐ

虫 00002
燬 22216
虺 50105
毇 52115
毀 52212
毁 52212 毀
[古]52213 毀毀
[illegible] 54215
[illegible] 55215
悔 76010
焜 92109

huì

繪 01214
绘 01214 繪
嬒 03213
繢 11617
缋 11617 繢
瘣 13107
媁 15413
嬇 18416
翽 22220
翙 22220 翽
澮 30215
浍 30215 澮
檜 32213
桧 32213 檜
譓 41920
噦 42314
哕 42314 噦
恚 42410
喙 42309
譿 43519
惠 44108
蕙 44108 惠
[古]46113 惠憓
慧 45414
嘒 45512
嘒 45512 嘒
嚖 45516
嘒 45516 嚖
諱 45514
讳 45514 諱
䢈 46218
誨 47313
诲 47313 誨
會 50210
会 50210 會
㑹 50210 會
闠 50819
阓 50819 闠
賄 51210
贿 51210 賄
詯 51512

[籀] 80216 頰𩓨
jiǎ
甲 00104
[古]80007 甲㑅
㗘 02410
叚 21206
[古]51008 叚𠬐
叚 52408
叚 52408 叚
假 21208
叚 21208 假
假 21209
椵 23209
玾 51408
瘕 61512
賈 62308
贾 62308 賈
檟 64310
槚 64310 檟
斝 92209
斚 92209 斝
jià
架 13209
价 20006
假 21208
叚 21208 假
㝥 22109
稼 23110
嫁 54110
賈 62308
價 62308 賈
贾 62308 賈
價 62310
价 62310 價
駕 15412
驾 15412 駕
[籀]73209 駕㹢
jiān
瞷 00416
逮 06114
肩 10106
肩 10106肩
肩 10106
肩10106 肩
殲 12421
歼 12421 殲
緘 13312
缄 13312 緘
奸 14106
韉 15323
姦 19009
奸 19009 姦
姧 19009 姦
[古]41109 姦㤅
縑 19012
缣 19012 縑
鳽 22513
漸 25312
渐 25312 漸
艱 25616
艰 25616 艱
[籀] 36520 艱囏
鳱 25712
犍 26316
鬋26316 犍
犍 28211
鞬 29414
鹼 42421
閒 50209
閑50209 閒
間 50209 閒
[古]50310 閒閈
间 50209 閒
監 50213
监 50213 監
[古]51314 監𥃩
堅 52209
坚 52209 堅
玪 61408
霰 61818
幵 62406
豜 63511
鑯 63525
尖 63525 鑯
霙 63615
蘢 63719
麓 66415
菅 72211
蔄 72213
蕳 72213 蔄
櫼 74220
椷 74311
靬 76409
蒹 79012
菚 79013
蕑 79314
葥 79314 蕑
虃 79318
䕯 79318 虃
鬋 80219
鬋80219 鬋
櫼 83219
箋 86212
笺 86212 箋
牋 86212 箋
煎 90114
湔 90115
瀳90115 湔
㡍 91112
鬋 91316
鬋 91316 鬋
鍵 91316 鬋
鬋 91316 鬋
戔 92108
瀸 92222
歁 93317
戔 94208
戋 94208 戔
牋 94211
濺 94418
溅 94418 濺
豋 96819
兼 99008
鶼 99008 兼
鹣 99008 兼
jiǎn
鬋 12217
襇 20213
裥 20213 襇
襉 20213 襇
鐧 21517
鐗 21517 鐧
锏 21517 鐧
鹼 41420
碱 41420 鹼
鹻 41420 鹼
堿 41420 鹼
礆 41420 鹼
戩 46414
戬 46414 戩
瞼 50514
睑 50514 瞼
趼 52410
趼 52410 趼
蹇 54016
謇 54016 蹇
謇 55319
鹸 59117
藆 63417
棄 66410
蕑 72119
檢 72314
检 72314 檢
柬 74006
揀 74006 柬
拣 74006 柬
簡 82214
儉 80313
俭 80313 儉
襺 82016
筧 82209
笕 82209 筧
簡 82213
簡 82213 簡
简 82213 簡
瀽 82218
撿 82314
捡 82314 撿
笏 83110
籛 87520
笺 87520 籛
葥 90110
前90110葥
剃 90110葥
前 90110葥
翦 90110葥
剪 90110葥
翦 90116
剪 90116 翦

繭 92011
蠒 92011 繭
襺 92011 繭
絸 92011 繭
茧 92011 繭
[古]00208 繭絸
揃 92113
減 92313
减 92313 減

jiàn

瞯 00412
瞷 00412 瞯
螹 05309
䟅 06313
𪗇 07417
賤 14413
贱 14413 賤
𨹧 14515
鐧 21517
鐗 21517 鐧
锏 21517 鐧
㵎 20214
澗 20214 㵎
涧 20214 㵎
𧥐 20216
籆 20216𧥐
篗 20216𧥐
鑑 21521
鑒 21521 鑑
鍳 21521 鑑
鉴 21521 鑑
檻 22216
槛 22216 檻
漸 25312
渐 25312 漸
建 26108
健 26110
鍵 27416
键 27416 鍵
楗 28111
僭 34313
栫 35108
榗 36313
榗 36313 榗
諫 45313
谏 45313 諫
諓 45515
見 50205
见 50205 見
閒 50209
閒 50209 閒
間 50209 閒
间 50209 閒
監 50213
监 50213 監
艦 50318
舰 50318 艦
鋻 52314
𡩧 54014
踐 54212
践 54212 踐
腱 56111
件 72105
葥 72112
荐 75109
薦 75109 荐
洊 75109 荐
薦 76013
瀳 76018
蔪 77311
𧁋 77311 蔪
劒 80314
劍 80314 劒
剑 80314 劒
[籀]20314 劒劍
箭 82214
腱 83110
餞 84415
饯 84415 餞
俴 94210
𢓜 94211
𧗮 94214
濺 94418
溅 94418 濺

jiāng

畕 02206
繮 13513
韁 13513 繮
缰 13513 繮
𤖱 20213
浆 20213𤖱
漿 20213𤖱
[古]90413𤖱𣲐
將 21311
将 21311 將
𤖅 32208
將 32208𤖅
将 32208𤖅
江 60208
茳 60208 江
豇 60408
畺 62509
疆 62509 畺
僵 62511
殭 62511 僵
傹 62511 僵
殭 62713
疆 63814
畺 63814 疆
橿 64512
㹔 64612
𧂭 64615
薑 64615 𧂭
姜 64615 𧂭
姜 95209

jiǎng

𤖠 21212
奬 21212𤖠
獎 21212𤖠
奖 21212𤖠
奨 21212𤖠
講 49714
讲 49714 講
蔣 73315
蒋 73315 蔣
耩 79413
𥬾 83315
槳 83315 𥬾
桨 83315 𥬾

jiàng

降 12413
絳 13110
绛 13110 絳
𤖱 20213
漿 20213𤖱
浆 20213𤖱
糨 20213𤖱
糡 20213𤖱
將 21311
将 21311 將
𧺼 41009
匠 50003
𤖉 52313
醬 52313𤖉
醬 52313𤖉
酱 52313𤖉
𤖕 52313𤖉
𤖞 52313𤖉
[古] 30713醬𤖕
[籀] 12216醬𤖞
強 30105
强 30105 強
弜 60204
𤖅 32208
將 32208𤖅
将 32208𤖅
弶 61208
𢏷 61209
[古]63715 𢏷彊
犟 61209 𢏷
滰 61415
彊 62611
洚 93111

jiāo

嘐 00115
嘄 02210
嘄 02210 嘄
嶕 03313
礁 03313 嶕
嬌 14009
娇 14009 嬌
姣 15006
驕 15212
骄 15212 驕
県 20207
鵁 21113
郊 22006
僬 23312
燋 23314
鷦 23417

稭 32111
羯 32314
桔 33308
拮 33308
頡 41512
颉 41512 頡
刦 41006
劫 42108
刼 42108 劫
刧 42108 劫
劼 42409
訐 42410
讦 42410 訐
蘔 43023
疌 45006
捷 45006 疌
趨 51114
睞 51210
睫 51210 睞
詰 52612
诘 52612 詰
鱶 55417
緳 56313
尾 30206
杰 72007
臭 72308
榕 72312
桀 72312 榕
倢 75008
捷 77009
節 82110
节 82110 節
劍 90013
絜 94010
潔 94010 絜
潔 94010 絜
洁 94010 絜
潔 94015
洁 94015 潔
截 95412
截 95412截
巀 95415
巀 95415 巀
桀 96007
榤 96007 桀
傑 96009
杰 96009 傑
傑 96211
杰 96211 傑
jiě
姐 53307
解 92112
jiè
蚧 00006
畍 01107
界 01107 畍
髤 12113
介 20004
价 20006
衸 20008
鴧 20111
玠 21308
尬21007 尬
犗 25211
借 30112
屆 31306
届 31306 屆
藉 37120
誡 45415
诫 45415 誡
魪 50010
蚧 51108
馻 54210
疥 60310
價 62310
价 62310 價
芥 72008
夰 81007
解 92112
丯 93004
戒 94108
悈 94112
jīn
黔 12319
紟 11108
[籀] 13415 紟絵
[籀] 13312 紟絵
斤 20002
埐 25312
聿 26108
津 26113
[古]23417 津𦐇
盡 26315
金 61308
[古]61210 金金
衿 61312
衿 61312 衿
殑 74208
禁 74211
襟 74215
黔 75312
今 80104
巾 81002
矜 82107
矜 82107 矜
矜 82108
筋 83111
jǐn
廑 15312
厪 15412
巹 22009
巹 22009 巹
巹 22009 巹
錦 22413
锦 22413 錦
盡 26214
儘 26214 盡
侭 26214 盡
尽 26214 盡
謹 46617
谨 46617 謹
緊 52010
紧 52010 緊
醰 56416
巹 64217
巹 64217巹
堇 65310
堇 65312 僅
[古] 73107 堇菳
僅 65312
廑 65312 僅
仅 65312 僅
饉 65517
馑 65517 饉
瑾 66614
菫 67314
槿 67414
jìn
近 00008
[古]90005 近岸
進 03312
进 03312 進
縉 05314
缙 05314 縉
紟 11108
[籀] 13415 紟絵
[籀] 13312 紟絵
妗 13107
殣 15514
濅 24116
浸 24116 濅
寖 24116 濅
祲 24314
祲 24314祲
琎 24616
琎 24616 琎
靳 25308
覲 25616
覲 25515
觐 25515 覲
夷 26109
烬 26109 夷
燼 26109 夷
盡 26214
尽 26214 盡
儘 26214 盡
侭 26214 盡
賮 26313
赆 26313 賮
赆 26313 賮
摯 27417
璶 27518
搢 36313
唫 41410
噤 44313
晉 54310
晋 54310 晉
晋 54310 晉
勁 61411
劲 61411 勁
殑 64208
僅 65312
仅 65312 僅
墐 66513
搢 67313

韭 60109 韭
玖 61307
久 90003
灸 90007
氿 91007
汝 93006
奺 93006汝

jiù

臼 00005
齨 00118
咎 01107
匓01212
匓 01212匓
邀01216
舅 02212
廄 11212
廏11212 廄
厩 11212 廄
廐 11212 廄
[古]21107 廄㲃
倃 21109
鮥 21118
玔 21306
就 22008
[籀] 22012 就就
僦 22010
鷲22115
鷲 22115 鷲
鹫 22115 鷲
捄 23009
桕 23110
舊 33315
旧 33315 舊
匛 50004
柩 50004 匛
宄 50005
疚 50005 宄
臼 51111
殷 51210
救 62110
捄 62110 救
柩 72007
[籀]03421匶
麔 95116

jū

跔 00108
岨 00307
砠 00307 岨
匊 01108
掬 01108 匊
踘 01112
腒 01309
趄 01310
駒 04310
驹 04310 駒
窭 05213
鞠 05213 窭
宜 10306
娵 14108
泃 20109
沮 20309
狙 21308
梮 22107
拘 22107
捄 23009
鞫 25212
鞫25212 鞫
掬 25212鞫
居 31306
踞 31306 居
裾 31310
涺 31311
琚 32610
据 33309
椐 33309
鴡 50411
雎 50411 鴡
且 50304
𠀃50304 且
郥 50307
胆 50307
蛆 50307 胆
罝 52309
[籀]54413 罝䍗
罝 53313
罝 53313罝
窾 55215
窾 55215窾
鞫 55215窾
窾 55217
窾55217窾
鞠 56414
鞠56414 鞠
屄 60103
屈 20005
屈60106
居 60106屈
踞 60106屈
疽 60610
苴 62308
滤 62313
車 75305
车 75305 車
爽 81409
斞 83413
簕 85213
鞫85213簕
鞫 86520
鞫 86520鞫
簕 86520鞫
鞫 86520鞫
鞫 89519
鞠 89519鞫
掮 92208
據 95113
据 95113 據

jú

蝌 01110
鵴 01215
䀹 01619
屈 02004
趜 02114
趥 02318
趫 04114
醹 05213
驧 09620
跼 00108
局 60205
跼 60205 局
侷 20106
淏 21212
橘 25111
擢 25715
掬 25715 擢
桔 33308
橘 33308 桔
鞫35213
鞫 35213 鞫
鞫 75213
鞫 75213 鞫
鞫 76319
鞫76319 鞫
鞫 38418
臼 50406
鮈 51119
昊 51207
鄓 51210
鶪 51314
䳘51314 鶪
鵙51314 鶪
菊 53112
纍 53211
[古]55116 繘繘
[籀]97523 繘繘
橐 54210
雎 54513
鵙 54513雎
鵙 54513雎
暈 57512
輂 79411
輁 79411 輂
纍 83017
纍83017纍
籟 85320
鶪 90513

jǔ

岨 00307
咀 00406
踽 02009
偊 02009 踽
聥 02108
沮 20309
枸 22107
椇 22107 枸
椈 23109
簹 45119
莒 52007
筥 52007
柜 62207
榉 62207 柜

K

慨 90113
kài
炌 20008
䅘 25111
欯 41310
欬 60212
鎎 62417
愾 62417 鎎
忾 62417 鎎
愾 91113
忾 91113 愾
kān
𥈠 31411
看 31411𥈠
看 32206
𥈠32206 看
勘 41411
戡 42411
堪 61510
栞 64409
栞 64409 栞
栞 64411
栞 64411栞
鉆 61515
頜80311
鉆 80311頜
龕 81417
龕 81417龕
龕 81518
龛 81518 龕
刊 91105
𢦏 92208
kǎn
檻 22216
槛 22216 檻
欿 40012
歁 40312
㦔 43010
凵 50001
惂 50011
坎 61208
竷 66619
轗 77617
侃 90107
偘 90107 侃
顑 92515
𩕦 92515 顑
kàn
𥈠 31411
看 31411𥈠
看 32206
𥈠32206 看
嵁 50214
𪆫 50214 嵁
闞 51515
阚 51515 闞
瞰 51515 闞
矙 51515 闞
闞 55417
闞 55417 闞
𪆫 64928
嵁 64928 𪆫
衎 91109
kāng
㡩 57212
扛 62206
忼 80109
慷 80109 忼
康 97210
穅 97210 康
漮 97215
㱂 97215
穅 99213
康 99213 穅
糠 99213 穅
粇 99213 穅
kàng
邟 20107
閌 50311
闶 50311 閌
伉 80107
炕 80109
匟 80109 炕
犺 81109
抗 82108
kāo
尻 61104
kǎo
丂 60102
巧 60102 丂
栲 73107
栳 73107栲
顜 80212
攷 61206
考 61206 攷
考 92106
孝92106 考
攷 92106 考
拷 92106 考
kào
犒 72108
靠 72413
kē
磕 11212
礚 11212 磕
砢 10206
顆 14312
颗 14312 顆
稞 26108
薖 42115
窠 54109
髁 54111
牁 60409
頦 60414
颏 60414 頦
疴 60510
痾 60510 疴
坷 61407
珂 61508
柯 62207
牱 62207 柯
榼 63213
軻 65509
轲 65509 軻
苛 72208
科 94007
ké
㱿 22209
殼 22209 㱿
殻 22209 㱿
𣪊 22209 㱿
壳 22209 㱿
㲉 22415
咳 40309
[古]11209 咳孩
欬 60212
咳 60212 欬
頦 60414
颏 60414 頦
kě
敤 15209
敤 15209 敤
渴 30113
可 60204
坷 61407
㵣 90118
渴 90118 㵣
kè
課 05412
课 05412 課
艐 13113
克 30004
剋 30004 克
克 30004 克
[古]30004 克𠅍
[古]60209 克㝗
刻 40209
剻40209 刻
歁 40312
嗑 41312
窸 51111
恪 51111 窸
客 52107
礊 56312
騍 58311
骒 58311 騍
可 60204
刻 60209
溘 61215
𩐏 62217
剋 80006
克 80006 剋
尅 80006 剋
勊 81108
剋 81108 勊
克 81108 勊
kēi
剋 80006
尅 80006 剋
克 80006 剋
kěn
齗 00115

齗 00115 齗
齦 00318
龈 00318 齦
懇 01314
恳 01314 懇
貇 21310
啃 21310 貇
墾 22514
墾 22514墾
垦 22514墾
肎 50004
肯 50004 肎
[古]50105
肎肯肎肎
kèn
硍 50207
kēng
硻 01008
硜 01008 硻
磬 01008 硻
硜 01008 硻
鏗 01008 硻
硁 01008 硻
铿 01008 硻
鏗 23517
铿 23517 鏗
阬 10412
坑 10412 阬
坑 61206
摼 24212
轚 27414
硜 40310
硎 40310 硜
輷 75513
kōng
倥 20209
涳 20212
椌 22210
空 50207
悾 50207 空
鼜 73418
箜 82211
恐 22211
[古] 40207 恐忎
kǒng
空 50207
孔 51003
控 22210
鞚 22210 控
kòng
空 50207
kōu
彄 60510
摳 62411
瞘 62411 摳
眍 62411 摳
抠 62411 摳
扤 73007
kǒu
叩 00105
口 50102
kòu
滱 21315
鷇 22316
彀 24313
釦 31410
扣 32105
寇 51310
訌 51409
敂 61208
叩 61208 敂
蔻 73314
蔻 73314 蔻
kū
朏 00006
殆 01408
陪 02512
矻 10005
顝 10213
圣 22205
鑿 26219
堀 31308
堀 31308 堀
窟 31308 堀
枯 33207
堀33311
堀 33311堀
窟 33311堀
窋 50007
骷 52614
刳 81208
頜 90210
颌90210頜
哭 91208
kǔ
苦 53208
kù
絝 12210
绔 12210 絝
庫 15307
库 15307 庫
䘻 24018
焅 32209
酷 54310
醋 55313
嚳 94616
喾 94616 嚳
俈 94616 嚳
kuā
誇 42513
夸 42513 誇
咼 50105
呙 50105 咼
夸 81206
誇 81206 夸
kuǎ
楇 22108
䠸 76512
銙 76512䠸
侉 81208
咵 81208 侉
kuà
胯 11209
跨 51210
跨 53214
干 91003
kuǎi
蒯 75212
kuài
廥 00212
鄶 00213
郐 00213 鄶
膾 00213
鱠 00213 膾
脍 00213 膾
䯤 00216
駃 17311
快 17311 駃
塊 24308
凷 24308 塊
块 24308 塊
凷 51204
塊 51204 凷
块 51204 凷
儈 30212
澮 30215
浍 30215 澮
儈 30212
侩 30212 儈
獪 31214
狯 31214 獪
旝 31215
穭 32213
會 50210
会 50210 會
[古]80209 會佮
噲 50312
哙 50312 噲
郮 52209
蕢 72617
蒉 72617 蕢
[古]53104 蕢臾
巜 90002
澮 90002 巜
浍 90002 巜
快 93109
kuān
寬 50212
宽 50212 寬
髖 50218
髋 50218 髖
kuǎn
款 72213
款 72213 款
欵 72213 款
款 90213
欵 90213 款
欵 90213 款
kuāng
邼 02310

骩 10012
筐 44311
筺 44311 筐
匡 44311 筐
匞 44311 筐
匩 52307
筐 52307 匩
匞 52307 匩
框 52307 匩
眶 52307 匩
軭 77612
恇 92311
洭 92312

kuáng

誆 44617
诓 44617 誆
誑 44617 誆
狂 63310
[古]62310 狂㞷
軖 67611

kuàng

貺 10309
贶 10309 貺
絖 11010
纊 11010 絖
礦 15210
礦 15210 磺
鑛 15210 磺
矿 15210 磺
[古] 60204 磺卝
廣 15214
纊 16214
絖 16214 纊
纩 16214 纊
鄺 55213
邝 55213 鄺
曠 55312
旷 55312 曠
壙 66413
圹 66413 壙
鑛 66518
矿 66518 鑛
況 90109
况 90109 況
爌 95214
爌 95214 爌
穬 97213

kuī

虧 13712
悝 23309
盍 42408
睽 51214
窺 51314
窥 51314 窺
闚 51516
窺 51516 闚
窥 51516 闚
巋 53520
刲 62408
虧 65513
亏 65513 虧
亏 65513 虧
虧 95414
虧 95414 虧
亏 95414 虧
巋 98114 巍

kuí

躨 02011
頯 12214
魁 15109
騤 15317
骙 15317 騤
鄈 21114
奎 22007
馗 31210
逵 31210 馗
逵 42214
馗 42214 逵
暌 51213
睽 51314
躨 52220
隗 53412
奎 63409
楑 73114
葵 77010
倓 91113
夔 92216
揆 93114
戣 93215

kuǐ

魌 13312
跬 43412
跬 43412 跬
磈 53107
頍 82211

kuì

聵 00514
聩 00514 聵
聵 50716
聲 50716 聵
瞶 50716 聵
聩 50716 聵
聲 53311
瞶 53311 聲
聵 53311 聲
聩 53311 聲
歸 03213
归 03315 歸
喟 01112
喟 01112 喟
聭 03208
媿 03208 聭
愧 03208 聭
髖 10619
殨 10817
潰 10817 殨
骫 12412
鬢 12722
愧 23109
餽 23312
饋 23312 餽
馈 23312 餽
嘳 40715
匱 50614
匮 50614 匱
櫃 50614 匱
柜 50614 匱
瞶 53514
聵 53514 瞶
媿 56108
愧 56108 媿
樻 72616
蕢 72617
蒉 72617 蕢
饋 80820
馈 80820 饋
褉 81115
簣 82617
篑 82617 簣
憒 90617
愦 90617 憒
潰 90618
溃 90618 潰

kūn

蚰 00004
昆 00004 蚰
鶤 05414
鹍 05414 鶤
鹍 05414 鶤
歶 10024
鶤 10024 歶
髡 12212
髡 12212 髡
髡 12212 髡
髡 12313
髡 12313 髡
焜 20110
琨 21410
瑻 21410 琨
瑻 24612
琨 24612 瑻
坤 31610
堃 31610 坤
昆 50106
顐 52211
罤 54012
昆 54012 罤
騉 54312
褌 55311
裈 55311 褌
裩 55311 褌
幝 56309
褌 56309 幝
裩 56309 幝
蘽 76016
菎 76016 蘽
崑 90109
崐 90109 崑

kǔn

踂 02008
綑 03008
悃 52008
壼 53008
壸 53008 壼
壸 53008 壼

𡢃 53216
爤 76220
爛 76220 爤
熌 76220 爤
烂 76220 爤
燗 20213
爤 20213 燗
烂 20213 燗
糷 77322

láng

郎 00211
郎 00211 郎
硠 10210
廊 10213
駺 14414
榔 22214
莨 42212
筤 42212
蓈 42215
稂 42215 蓈
稂 92211
蓈 92211 稂
㝗 50210
蜋 50210
螂 50210 蜋
琅 61512
瑯 61512 琅
鋃 61516
锒 61516 鋃
桹 72211
狼 91212
豤 92211

lǎng

朖 10211
朗 10211 朖
烺 90212

làng

埌 40208 良
莨 42212
筤 42212
閬 50414
阆 50414 閬
浪 90213

lāo

撈 93116
捞 93116 撈
醪 02118
嘮 41215
唠 41215 嘮
牢 55206
癆 61419
痨 61419 癆
簩 82117
䕊 90214
勞 91113
劳 91113 勞
耢 91113 勞
[古]41119 勞𢘝
澇 91118
涝 91118 澇

lǎo

老 42006
潦 71116
橑 73114
蓼 73120
蓘 73120潦
栳 74009
蕃 75118
潦75118 蕃
轑 76416
狫 93010

lào

絡 12109
络 12109 絡
嘮 41215
唠 41215 嘮
酪 43210
嫪 53016
落 73114
烙 91109
澇 91118
涝 91118 澇

lè

阞 11411
樂 52110
乐 52110 樂
墊 67714
玏 67714 墊
忇 72206
仂 72206 忇
勒 76410
仂 91106
泐 91416
扐 93107

lēi

勒 76410

léi

罍 05413
櫑 05413 罍
傫 21009
𣡝 23010
欙 26316
樏 26316 欙
蔂 26316 欙
絫 51007
累 51007 絫
嫘 51007 絫

儡 53311
𡾋 53312
𥂥 53415
櫑 53415𥂥
罍 53415𥂥
纍 54313
纝 54313 纍
縲 54313 纍
缧 54313 纍
累 54313 纍
𠠐 54413
瓃 54613
靁 54816
雷 54816 靁
[古]04414 靁𤳳
[古]51408 靁䨓
[籀]05820 靁𩆫
櫑 55312
檑 55312 櫑
[籀]06517 櫑𦉪
攂 55312
擂 55312 攂
羸 84217
𧇊 85220

lěi

厽 00003
磊 00006
礧 00006 磊
礌 00006 磊
磥 00006 磊
㠥 03312
𡾋 03312㠥
讄 04616
𧭤04616 讄
𧬤 05620
讄 05620𧬤

𨼲 10316
樏 23010 𣡝
儽 24315
㒍 24315 儽
灅 24318
漯 24318 灅
㶟 24517
𨛉 25009
耒 25009 𨛉
洡 25009 𨛉
鑸 25820
誄 46313
诔 46313 誄
儡 53311
𡾋 53312
𪇰 53416
鸓 53416 𪇰
[籀]04520 𪇰𪈿
壘 54512
垒 54512 壘
藟 55313
櫐 55313 藟
蘽 55313 藟
虆 55313 藟
垒 61206
壘 61206 垒
藟 77316 蘽
蘽 77316
櫐 77316 蘽
[籀]06416 蘽𤳳
絫 91007
累 91007 絫
𡫯 91010
𡬫 91010𡫯
𡫭 91010𡫯
耒 95006

厲17009 厲
厲17009 厲
屆17009 厲
厉17009 厲
厲 17011
厲 17011厲
礪 17011
砺 17011 礪
勵 18113
励 18113 勵
沴 20010
鴗 20212
鬲瓦 21310
鬲 21310 鬲瓦
扐 22105
觻 22117
觻 22121
瓅 23414
隶 24007
逮 24112
莅 24112 逮
涖 24112 逮
蒞 24112 逮
櫟 24113
栎 24113 櫟
隸 24215
隷 24215隸
隶 24215隸
隸 24215隸
酈 24418
郦 24418 酈
覼 24620
隸 26215
隸 26215 隸
隷 26215 隸
隸 26215 隸

隸 26215 隸
隸 26215 隸
隶 26215 隸
欞 26218
轢 27415
轹 27415 轢
盭 27614
糲 28114
糲 28114 糲
粝 28114 糲
唳 41209
䣞 43312
蜧 51109
颲 52109
礫 52112
砾 52112 礫
詈 53312
立 60105
鬲 61207
鬲瓦 61207 鬲
歷 61207 鬲
粒 61211
[古]60312 粒𥩆
笠 62109
溧 62113
溧 62114
瑮 63414
瓈 63414 瑮
曆 64115
癧 64316
疬 64316 癧
麗 64415
丽 64415 麗
儷 64417
俪 64417 儷
瑚 64616

癘 64721
攦 66418
癘 67314
疠 67314 癘
疬 67314 癘
朸 73107
戾 73111
鬲 73211
吏 74206
吏 74206 吏
荔 75316
荔 75316 荔
櫪 76013
枥 76013 櫪
蘺 76419
蓠 76419 蘺
丽 76419 蘺
蠣 79112
例 90109
鬲 91209
利 92005
痢 92005 利
[古]92008 利𥝢
秝 94006
瀝 94015
沥 94015 瀝
濿 97014
砅 97014 濿

lián

聯 02111
聮 02111 聯
聫 02111 聯
聨 02111 聯
聅 02111 聯
联 02111 聯
鬑 02224

廉 19010
廉 19010 廉
磏 19010
鬑 19117
濂 20116
覝 21312
覝 22413
覝 22413 覝
連 45311
连 45311 連
謰 45315
謰 46618
蓮 47315
莲 47315 蓮
蠊 59010
鐮 69316
鎌 69316 鐮
镰 69316 鐮
霝 69515
漣 75316
瀾 75316 漣
涟 75316 漣
褳 75319
鰱 75320
鲢 75320 鰱
槤 77314
梿 77314 槤
蘞 79014
簽 83419
匳 83419 簽
奩 83419 簽
匲 83419 簽
奁 83419 簽
嫌 89010
簾 89014
帘 89014 簾

帘 51006
簾 51006 帘
鎌 89215
憐 94018
怜 94018 憐
熑 99012
濂 99015
溓 99015 濂
鎌 99017

liǎn

僆 04317 孿
臉 10314
脸 10314 臉
鄻 27518
醶 42416
斂 61415
敛 61415 斂
蘞 72315
蔹 72315 蘞
莶 72315 蘞
蘝 73419
蔹 73419 蘝
蘞 73419 蘝
薟 73419 蘝
槤 77314
梿 77314 槤
琏 77314 槤
琏 77314 槤
歛 80315
獫 82517
溓 99013
濂 99013 溓

liàn

殮 10515
殓 10515 殮
練 15010

练 15010 練
戀 03319
孌 56318
戀 56318 孌
恋 56318 孌
瀲 61420
潋 61420 瀲
漱 65115
煉 65115漱
炼 65115漱
鍊 65314
煉 65314 鍊
炼 65314 鍊
鏈 65314 鍊
链 65314 鍊
鏈 66619
链 66619 鏈
煉 74010
炼 74010 煉
鍊 74010 煉
湅 74011
楝 26215 欄
楝 76009

liáng

良 40208
[古]00304 良目
[古]40009 良筤
[古]50103 良昷
莨 42212
䣼 43110
踉 50212
𩗬 51109
涼 51109 𩗬
凉 51109 𩗬
椋 73008
惊 73108
輬 76310
辌 76310 輬
涼 81010
粱 91115
梁 92012
樑 92012 梁
[古]74113 梁㳍
量 95409
[古]66410 量量
糧 97515
粮 97515 糧
粮 91314

liǎng

脼 11110
緉 12111
㒳 50006
兩 50006 㒳
蜽 51109
魎 51109 蜽
兩 61107
㒳 61107 兩
两 61107 兩
輛 61107 兩
辆 61107 兩
从 80004

liàng

靚 22714
諒 42312
谅 42312 諒
踉 50212
眼 50411
亮 80006
倞 81007
晾 81010
亮 81010晾
涼 81010
晾 81010 涼
悢 90212
量 95409

liāo

撩 73114

liáo

廫 10018
寥 10018 廫
膫 11114
膋 11114 膫
膋 90012
膫 90012 膋
繚 12115
缭 12115 繚
敹 12414
嫽 14114
憀 20017
漻 20018
繆 20119
鷯 21218
鹩 21218 鷯
遼 41117
辽 41117 遼
聊 00309
寮 51113
蟟 51113
竂 51115
寮 51115 竂
療 61417
癳61417 療
疗 61417 療
墽62314
璙 62415
癳62416
療 62416癳
疗 62416癳
僚 71113
燎 71115
潦 71116
獠 72115
撩 73114
簝 83115
了 00001
繚 11118

liǎo

鄝 20016
瞭 51314
了 51314 瞭
僚 71113
憭 71115
了 71115 憭
燎 71115
蓼 72017

liào

廖 10015
髎 21424
尥 21105
尦 21105 尥
瞭 51314
鐐 62419
镣 62419 鐐
尞 71111
尞71111 尞
撂 73114
撂 73114 撩
料 93110

liě

裂 90111

liè

叓 11006
妟11006叓
脟 11109
劦 13312
鬣 13522
𣰓 13522 鬣
獵 13522 鬣
𩡧 13522 鬣
髦13522 鬣
𣰓 43416
鬣 43416 𣰓
鬛 43416 𣰓
𩡧 43416 𣰓
髦43416 𣰓
甄 20211
迾 40113
巤 41413
蛚 50109
颲 50211
埒 62309
埒 62309 埒
獵 62518
鬣 62518 獵
栵 72110
栵 72110栵
茢 72111
捋 73109
捋 73209
洌 80111
冽 80111 洌
劣 90105
列 90107
削 90107列
列 90107列
烈 90111
烈 90111 烈
裂 90111
洌90112
冽 90112洌

騮 04513 駵
驑 05616
騮 05616 驑
骝 05616 驑
䱖 20020
鏐 21321
镠 21321 鏐
䉧31618
䉧 31618䉧
瘤 31716
瘤 31716 瘤
鐂 32718
鎦 32718 鐂
镏 32718 鐂
劉 32718 鐂
䮁 50719
畱 51410
留 51410 畱
榴 51410 畱
遛 51416
䨨 54021
珋 61611
琊 61611珋
琉 61611珋
鎦 61617
劉 61617 鎦
劉 61617
刘 61617 劉
瑬 62314
旒 62314 瑬
斿 62314 瑬
鎏 62323
鐂 63621
旈 72010
茆 52311
流 81010
㳅 81010 流
㳅 91015
流 91015㳅
瀏 91622
瀏 91622 瀏
浏 91622 瀏

liǔ

熮 20017
奔 51310
奔 51310 奔
綹 52111
绺 52111 綹
罶 53415
罶53415 罶
罶 53415 罶
罶 59213
罶 59213 罶
栁 62310
柳 62310 栁
桺 62310 栁

liù

廇 01412
廇 01412廇
磟 12211
磟 12211 磟
陸 12515
陆 12515 陸
翏 20013
鷚 20120
鷚 20120鷚
鹨 20120鷚
雡 23319
溜 31415
溜 31415 溜
䨨 31615
鎦 32718
镏 32718 鎦
六 50004
飂 50117
窌 50210
窌50210 窌
窲 50311
窲50311窲
遛 51416
霤 52917
霤 52917霤

lóng

朧 11316
胧 11316 朧
隆 14617
隆 14617 隆
窿 14617 隆
䮾17827
礱 31315
砻 31315 礱
嚨 41415
咙 41415 嚨
曨 51415
昽 51415 曨
龍 61313
龙 61313 龍
聾 61315
襱 61317
瀧 61318
泷 61318 瀧
聾 61416
聋 61416 聾
䆍 61419
瓏 62617
珑 62617 瓏
龔 63316
櫳 63316
栊 63316 櫳
癃 64922
癃64922 癃
瘙64922 癃
[籀] 63614 癃瘙
蘢 73317
茏 73317 蘢
籠 83317
笼 83317 籠
龓 91316
巃 91316 龓
隆 94620

lǒng

隴 11620
陇 11620 隴
龍 61313
龙 61313 龍
礲 62318
壠 62516
壟 62516 壠
垅 62516 壠
垄 62516 壠
攏 63316
拢 63316 攏
籠 83317
笼 83317 籠
滝 92215
泷 92215 滝

lòng

弄 63308
弄 94110 衖
梇 65311

lōu

摟 99211
搂 99211 摟

lóu

婁 19208
娄 19208 婁
[古]52008 婁嬰
[籀]55311 婁嬰
廔 19210
樓 19210 廔
貗 19214
髏 19214
髅 19214 髏
漊 49214
謱 49515
螻 59210
蝼 59210 螻
寠 59210
鄋 59211
鷜 59315
樓 79211
楼 79211 樓
蔞 79212
蒌 79212 蔞
僂 99210
偻 99210 僂
漊 99213
溇 99213 漊
艛 99219

lǒu

嶁 49211
嵝 49211 嶁
塿 69411
簍 89212
篓 89212 簍
摟 99211
搂 99211 摟

lòu

陋 11513

䕸 83123
慮 93011
虑 93011 慮
濾 93016
滤 93016 濾
𢕟 96110
lüè
蟟 50110
略 52208
畧 52208 略
鋝 62414
锊 62414 鋝
掠 83008

M
mā
摩 04013
má
麻 12010
麻 12010 麻
蔴 12010 麻
蟆 54112
蟇 54112 蟆
痳 64312
mǎ
馬 14206
马 14206 馬
[古]11009 馬影
[籀]10109 馬影
溤 26015
馮 26015 溤
鄢 54209
瑪 65510
玛 65510 瑪
mà
髍 12119

䰈 16219
罵 56211
駡 56211 罵
傌 56211 罵
骂 56211 罵
禡 64411
祃 64411 禡
瘍 64512
mái
霾 64818
薶 65315
埋 65315 薶
䁲 02413
mǎi
買 52210
买 52210 買
mài
邁 07014
迈 07014 邁
蘁 07016
邁 07016蘁
迈 07016蘁
譪 08315
脈 10008
衇 10008 脈
脉 10008 脈
血10008 脈
勱 18112
劢 18112 勱
衂 60212
衇 60212衂
脉 60212衂
脈 60212衂
[籀]60212衂脈
霢 61515
麥 84010

麦 84010 麥
賣 92213
卖 92213 賣
mān
嫚 54211
顢 73315
颟 73315 顢
mán
趧 02214
謾 02515
谩 02515 謾
蠻 03317
蛮 53317 蠻
鬘 13317
鬗 15217
鰻 21219
鳗 21219 鰻
鞔 25311
瞞 53311
瞒 53311 瞞
䓢 73108
𢡟 73112
蔓 73212
樠 75111
mǎn
䜱 03518
滿 73113
满 73113 滿
màn
慢 21212
幔 22210
獌 22212
墁 22411
鏝 22516
镘 22516 鏝
槾 22516 鏝

槾 23211
槾 23411
輓 26513
曼 51208
鬘 51208 曼
漫 51208 曼
嫚 54211
僈 54211 嫚
縵 52212
缦 52212 縵
蔓 73212
máng
邙 00006
谾 02106
庬 11008
駹 15213
哤 41109
芒 42007
芒 42007芒
茫 42007芒
鋩 42007芒
铓 42007芒
𥄗50010
萠 50010𥄗
忙 50010𥄗
茫 50010𥄗
盲 50206
牻 73110
宋 82006
尨 91007
浝 91012
mǎng
蟒 55014
蠎 55014 蟒
茻 74008
莽 75012

漭 75017
māo
貓 03113
猫 03113 貓
máo
蝥 02007
蟊02007 蝥
貓 03113
猫 03113 貓
蟊 04008
蝥 04008蟊
[古]53106蟊蛑
髦 14112
髳 14112
髮14112 髳
鬏 15216
髳 15216鬏
矛 22003
[古]93110 矛戕
錨 34415
锚 34415 錨
毛 42003
茆 52210
茒 52210茆
蝥 63109
堥 64310
楙 65110
氂 66112
牦 66112 氂
犛 66212
牦 66212 犛
旄 73008
茅 74007
mǎo
冃 50102
丣 50206

騄 55414
霿 64817
蒙 73211
懞 73211 蒙
濛 73216
蒙 73216 濛
艨 73318
鸏 73318 艨
饛 73418
氋 75215
䲛 80017

měng

黽 00208
黾 00208 黽
[籀] 52210 黽䵹
蜢 01110
猛 22112
懜 30015
懵 30015 懜
䵆 50314
蠓 53214
蒙 73211
懞 73211 蒙

mèng

懜 30015
夢 50011
寢 50319
夢 50319 寢
梦 50319 寢
孟 51108
[古]91004 孟𠀋
薎 72014

mī

眯 51309
瞇 51309 眯

mí

覭 02308
覛 02308 覭
覔 02308 覭
麛 12113
縻 12218
麋 12222
爢 12222 麋
縻 13014
縻13014 縻
縻 51008
縻 51008縻
麊 13116
镾 18119
彌 18119 镾
弥 18119 镾
迷 41112
謎 42419
谜 42419 謎
眯 51309
覛 51409
寐 51414
寢 51423
寐 51423 寢
宷 11310
罙 11310 宷
罙 11310 宷
罙 53111
宷53111罙
罙 53111罙
禰 66218
禰 66218 禰
祢 66218 禰
禮 67522
蘼 74222
篡 82316
篡 82316篡
獼 87119
猕 87119 獼
糜 93324
麛 94214
麋 95115
蘪 95115

mǐ

絑 12110
靡 12218
弭 20109
弭 20109弭
弭 60205
弭60205 弭
眯 51309
瀰 86018
沵 86018 瀰
瀰 86018 瀰
弥 86018 瀰
瀰 88124
㳽 90209
渳 90210
米 91106
氺 91106 米
侎 62210 敉
敉 62210
侎 91108
敉 91108 侎
芈 92207
芈 92207 芈
䊳 92217

mì

鼏 00214
醾 09513
覛 20210
[籀]10210 覛𧢝
溢 21118
幎 21109
幂 21109 幎
冪21109 幎
塓 21310
濵 22215
謐 42418
谧 42418 謐
醯 43216
冖 50001
冂 50001 冖
冪 50001 冖
幂 50001 冖
汨 50107
鼏 50210
糸 51004
[古] 00003 糸𢆯
宓 51007
蜜 51009
鼏51009 蜜
密 51010 蜜
峾51010 密
蜜 00214鼏
虙 52108
蔤 53014
监 61111
滥 61116
沓 61206
冐 61206 沓
覓 61206 沓
觅 61206 沓
覔 61206 沓
祕 61210
秘 61210 祕
榓 63114
幦 63412
蓂 72111
泌 91010
秘 93008

mián

蝒 00208
瞑 00310
眠 00310 瞑
緜 12110
綿 12110 緜
绵 12110 緜
鬗 12421
棉 23108
宀 50002
蚵 50106
寡 50212
寡 50212 寡
矏 50515
矈 50515 矏
櫋 72315
臱 90312
臱 90312 臱
芇 91005

miǎn

晚 00208
靦 00411
腼 00411 靦
靦 00411 靦
緬 01210
缅 01210 緬
免 20005
俛 20007
鮸 20016
澠 20211
渑 20211 澠
偭 30208
愐 30210

勔 30210 愐
勔 51310
湎 30211
䩄 35512
丏 40104
眄 50307
冕 50208
絻 50208 冕
絻 51009
冕 51009 絻
㝃 51007
娩 51007 㝃
勔 51310
沔 60109
勉 91109
miàn
面 00206
靣 00206 面
𡧍 50106
麪 64114
麵 64114 麪
面 64114 麪
miáo
緢 04111
媌 06110
苗 53107
miǎo
⿺辶䫉 40219
邈 40219 ⿺辶䫉
藐 40219 ⿺辶䫉
篎 42211
眇 50207
妙 50207 眇
⿱䫉心 50217
杪 72007
⿱艹䫉 72217
藐 72217 ⿱艹䫉
淼 90015
渺 90015 淼
渺 90212
魦 90314
秒 92007
miào
廟 11315
庙 11315 廟
[古]03109 廟庿
玅 50007
妙 50007 玅
繆 51017
缪 51017 繆
miē
乜 01002
𥄎 42314
蠛 52115
⿰山蔑 62320
蔑 62320 ⿰山蔑
粖 74210
鬻 74210 粖
幭 83115
篾 83115 幭
篾 84113
莧 90211
蔑 92113
⿰山蔑 92113 蔑
眜 92113 蔑
懱 92117
烕 92210
烕 92210 烕
滅 92210 烕
灭 92210 烕
滅 92215
灭 92215 滅
⿰禾蔑 94116
搣 94213
鬻 94428
粖 94428 鬻
鬻 94428 鬻
miè
覕 21210
mín
⿰貝勺 00409
鴖 01312
暋 02312
岷 02312 暋
崏 02312 暋
岐 02312 暋
㟩 02312 暋
暋 02312 暋
民 02103
[古]23004 民𠬠
[古]23004 民𡴆
緍 12209
緡 12209 緍
缗 12209 緍
怋 22107
珉 23407
瑉 23407 珉
碈 23407 珉
鍲 32513
錉 32513 鍲
捪 33208
抆 33208 捪
忞 41008
旻 51106
罠 53108
玟 62308
玫 62308 玟
⿸疒民 62409
痻 62409 ⿸疒民
黽 00208
黾 00208 黽
mǐn
黽 00214
僶 20208
潣 21215
泯 22108
泯 30211 湎
冺 22108 泯
笢 44107
閩 50208
闽 50208 閩
閔 51210
憫 51210 閔
闵 51210 閔
悯 51210 閔
[古] 06011 閔[illegible]
敃 52309
敃 52309 敃
⿰民欠 53207
愍 53211
敯 53309
暋 53309 敯
皿 60106
敏 67110
⿰車敏 67419
míng
朙 00007
明 00007 朙
[古] 00005 朙明
螟 00108
暝 00209
鳴 00209
鸣 00209 鳴
瞑 00310
眠 00310 瞑
䫤 10314
溟 20112
茗 32108
名 50104
冥 50107
洺 50109
鄍 50110
覭 50312
銘 51412
铭 51412 銘
嫇 53110
眷 91210
mǐng
酩 02209
⿱宀皿 50110
mìng
命 40207
miù
謬 01320
谬 01320 謬
繆 51017
缪 51017 繆
mó
麼 02012
摩 04013
髍 12016
劘 12220
礳 12220
磨 12220 礳
膜 14113
魔 15115
謨 45417
谟 45417 謨
[古]74213 謨暮
无 61204

谝 47417 諞

piàn

騗 19316

䮁 19316 騗

骗 19316 騗

片 90003

piāo

縹 12518

缥 12518 縹

翲 21623

嘌 41616

𧽶 42520

飄 51618

飘 51618 飄

飃 51618 飄

旚 72519

犥 76116

剽 91516

勡 91516 剽

勡 92618

剽 92618 勡

漂 91519

摽 93517

piáo

嫖 14517

朴 62105

薸 73623

瓢 91517

piǎo

殍 11005 受

縹 12518

缥 12518 縹

䚀 21719

莩 33009

瞟 51717

漂 91519

顠 91822

piào

嫖 14517

驃 15721

骠 15721 驃

嘌 41616

票 91515

僄 91516

慓 91518

漂 91519

piē

瞥 52313

覕 52313 瞥

撆 64113

撇 64113 撆

piě

鐅 63418

撇 64113 撆

撆 64113

撇 64113 撆

丿 00001

piè

嫳 65113

pīn

穦 22923

𨷉 54317

驞 54517

姘 55413

矉 00514

顰 00514 矉

pín

嬪 53314

嫔 53314 嬪

䚐 53416

玭 61308

蠙 61308 玭

櫇 72221

蘋 72222

薲 72315

頻 90218

瀕 90218頻

濒 90218頻

頻 90218頻

频 90218頻

貧 90209

贫 90209 貧

[古]50006 貧穷

顰 91324

颦 91324顰

顰 91324顰

䫥 91525

pǐn

品 50306

pìn

聘 02308

娉 55208

朩 71004

木 71004朩

牝 72105

pīng

俜 22207

涄 22210

𢓍 23515

得23515𢓍

艵 22414

頩 22414

甹 52205

娉 55208

娦 62617

頩 92617

píng

蛢 02412

鉼 04514

瓶 04514 鉼

缾 04614

庰 12412

郱 22413

洴 22415

鉼 22513

瓶 22513 鉼

帡 23412

淜 26015

淜 96015

軿 27715

鮃 50617

平 60205

評 60205 平

评 60205 平

[古]60206 平乎

評 41310 訂

泙 60210

凭 61307

恁 61307 凭

憑 61307 凭

凴 61307 凭

坪 61408

枰 62208

屏 62512

苹 72209

蘋 72209 苹

萍 72214

蘋 72222

荓 74414

蓱 74419

馮 84210

憑 84210 馮

凭 84210 馮

pō

坡 22207

鏺 62420

钹62420 鏺

泊 50108

抪 73007

潑 73007 抪

泼 73007 抪

潑 91117

泼 91117 潑

頗 91211

颇 91211 頗

pó

鄱 02212

皤 02312

䪙02312 皤

䪙 42416

皤 42416䪙

䰉 53416

婆 54112 媻

pǒ

駊 55210

叵 60204

咄 00105

pò

迫 00109

魄 03208

䪖 08617

洦 30210

霸 36816

覇 36816 霸

[古]51110 霸𩃬

酦 43109

破 51006

敀 51207

粕 51209

珀 51407
䪗 52109
髆 53313
朴 62105
朩 71004
市 71004朩

pōu

婄 14209
剖 91209

póu

䯽 13316
捊 33008
抱 33008 捊
箁 83211
掊 93210

pǒu

咅 91207
杏 91207 咅
欧 91207 咅
掊 93210

pū

鋪 24615
铺 24615 鋪
仆 60104
攴 61104
攵 61104 攴
扑 61104 攴
痡 63613
撲 96216
扑 96216 撲

pú

匍 03309
酺 05412
纀 15219
脯 53310
圤 61305
墣 61305 圤
尾 62107
墣 65416
圤 65416 墣
璞 65517
鏷 65521
镤 65521 鏷
菩 73211
莆 75311
蒲 75316
蒱 75316 蒲
樸 76218
蒱 77314
菐 92107
尾 92107菐
業 94213
僕 94215
仆 94215 僕
[古]54217 僕蹼
濮 94220

pǔ

圃 03308
浦 23312
溥 24415
普 50312
普 50312 普
譜 51619
谱 51619 譜
蹼 54217
朴 62105
樸 76216
朴 76216 樸
㯷 76316

pù

堡 22209
瀑 23220
瀑 23220瀑
鋪 24615
铺 24615 鋪
㬥 53215
暴 53215 㬥
曝 53215 㬥
㬥53215 㬥
[古]94119 㬥曓

Q

qī

踦 11411
碱 12313
娸 16210
緀 19010
郪 22012
鶈 22116
𩕳 22413
期 23210
[古]60205 期䂂
槭 24014
郪 28009
吃 40105
戚 43310
傶 43310 戚
螇 50011
蹊 50013
徯 50013 蹊
踦 51211
榿 62211
桤 62211 榿
霋 69513
七 71102
桼 72009
漆 72014
倛 73209
欺 73212
䫏 73414
妻 78006
[古] 93108 妻㚶
悽 78010
恓 78010 悽
凄 78010
凄 78011 淒
淒 78011
凄 78011 淒
棲 79009
栖 79009 棲
萋 79010
攲 81212
敧 81212 攲
猗 81311
㱦 82009
攲 82009 㱦
崎 82009 㱦
敧 82009 㱦
攲 82009 㱦
敧 83211
敧 83211 敧
僛 93214
慼 93314

qí

蚚 00004
碕 11209
埼 11209 碕
陭 11514
崎 11514
鬐 14318
綦 15012
綦 15012綥
綥 15012綥
騎 15413
骑 15413 騎
騏 17413
骐 17413 騏
祈 20207
祁 20208
俟 21108
圻 21205
鵸 21314
郊 22007
[古]74010 郊岐㭶
岐 42007
郊42007 岐
歧 42007 岐
耆 42209
鬐 42209 耆
鰭 42209 耆
鳍 42209 耆
跂 43010
芪 43107
蚔 51105
蚑 52006
蜞 52006 蚑
蜞 53209
跂 52008
蘄 52318
魌 53107
畦 53509
畁 54107
畁54107畁
畀54107畁
畀 54107畁
畁 54107畁
綦 55111
綥 55111綦
綦 55111綦
蘄 55215

鉛 31412
铅 31412 鉛
鈆 31412 鉛
愆 40015
寒 40015 愆
諐 40015 愆
[籀]61414 愆諐
[籀]31414 愆諐
⿺辶侃 40113
遷 43421
迁 43421 遷
[古]04008 遷搧
𧽺 44014
謙 49315
谦 49315 謙
覸 50516
阡 51410
阡 21103 千
寒 54016
𡫸 54016 寒
掔 53009
慳 53009 掔
悭 53009 掔
竪 54009
褰 54016
蹇 55018
搴 56015
攓 56015 搴
騫 58218
骞 58218 騫
䇂 61305
汧 62411
岍 62411 汧
羥 62513
羟 62513 羥
籤 64221
簽 64221 籤
签 64221 籤
芊 73107
韆 78721
韆 21003 千
欦 80109
僉 80311
佥 80311 僉
牽 84107
牵 84107 牽
豜 91209
芊 91209 豜
舁 93413
譽 93413舁
䙴 93413舁
[古] 94824舁䙴
䙴 93415
舁 93415 䙴
䙴 93415 䙴

qián

黚 01214
黔 11115
媊 13113
虔 23011
鉗 31511
钳 31511 鉗
拑 32206
箝 32213
箝 34210
潛 34316
潜 34316 潛
騝 59313
玪 61408
鈐 61412
钤 61412 鈐
蕁 64414
荨 64414 蕁
錢 65516
钱 65516 錢
乾 71209
[籀] 71111 乾𠦝
濳 75420
靬 76409
歬 90108
前 90108 歬
虔 93008
鰬 93019
掮 95011

qiǎn

繾 01725
缱 01725 繾
膁 19011
遣 30715
遣 30715 遣
遣 30715 遣
嗛 41109
凵 50001
遣 50721
譴 51928
谴 51928 譴
𨿽 53109
槏 79011
淺 94213
浅 94213 淺

qiàn

俔 20207
伣 20207 俔
塹 26510
堑 26510 塹
槧 27310
椠 27310 槧
嵌 40211
茜 44009
蒨 44009 茜
蒨 74515
芡 72009
倩 72511
輤 77814
牽 84107
牵 84107 牽
縴 84107 牽
纤 84107 牽
篟 84515
欠 90004
欠 90005
傔 99010
慊 99012
歉 99013
鰜 99019
鳒 99019 鰜

qiāng

𨃟 01315
蹡 01315𨃟
斨 20207
鶬 20110
鸧 20110鶬
椌 22210
牄 30412
瑲 31510
玱 31510 瑲
鎗 31515
鏘 31515 鎗
锵 31515 鎗
槍 32210
鎗 32210 槍
搶 32210 槍
枪 32210 槍
抢 32210 槍
腔 50210
羌 92207
羗 92207 羌
[古]71010 羌𢼒
戕 92309

qiáng

嬙 05014
嫱 05014 嬙
強 30105
强30105 強
[籀]52617 強𤲵
漒 30110
牆 32216
墙 32216 牆
廧 32216 牆
墻 32216 牆
[籀] 34417 牆𤖢
[籀] 34425 牆𤖨
樯 34014
檣 34014 樯
艢 34014 樯
蘠 34220
蔷 54015
彊 62611
戕 92312

qiǎng

繈 01109
繦 01109 繈
鏹 01109 繈
镪 01109 繈
襁 01109 繈
強 30105
强30105 強
襁 30109
鏹 31413
镪 31413 鏹

嘐 61209
𨿅 61209 嘐
[籀] 63715 嘐𠷒
彊 62611
qiàng
蹌 00211
蹡 00211 蹌
跄 00211 蹌
蹩 01315
蹡 01315蹩
蹌 01315蹩
唴 42310
qiāo
骹 12009
㪣 12010
𨭖 12010 㪣
繑 12010
磝 13112
繰 13313
缲 13313 繰
磽 13714
墝 13714 磽
硗 13714 磽
敲 21009
敲 21009 敲
鄡 22111
趬 44715
蹻 51010
蹺 53716
跷 53716 蹺
彍 61108
敲 61109
敲 61109 敲
𨭖 63315
鍬 63315 𨭖
锹 63315 𨭖

墽 63413
㪣 64816
橾 74312
橇 78012
幧 83311
悄 90010
喿 92309
噪 92309 喿
顥 92417
qiáo
瞧 03513
醮 03516
嫶 03516 醮
憔 03516 醮
譙 04617
谯 04617 譙
[古] 61314 譙誚
[古] 61414 譙誚
顦 13517
憔 13517 顦
癄 13517 顦
燋 23314
憔 23314
顦 23314 憔
癄 23314 憔
翹 23720
翘 23720 翹
樵 25313
菬 32113
嶠 41009
峤 41009 嶠
趫 42012
墧 62209
鐈 62314
橋 73009
桥 73009 橋

荍 73110
蕎 73110 荍
荞 73110 荍
喬 91006
乔 91006 喬
僑 91008
侨 91008 僑
qiǎo
丂 60102
巧 60102 丂
[古] 60102 丂巧
巧 60305
悄 90010
愀 92011
湫 92012
愀 92012 湫
qiào
擎 04213
撆 04213擎
撽 04213擎
譙 04617
谯 04617 譙
陗 10313
峭 10313 陗
殸 22209
殼 22209 殸
殻 22209 殸
㱿 22209 殸
壳 22209 殸
觳 22415
翹 23720
翘 23720 翹
噭 42312
竅 52214
窍 52214 竅
鞘 75312

俏 90008
削 90008
qiē
𡜊 14513
切 41104
qié
茄 33210
qiě
且 50304
qiè
緁 16010
緝 16010 緁
緝 01116
緁 01116 緝
趄 01310
砌 11106
婡 14010
齘 30220
怯 31008
狜 31008 怯
猤 32008
怯 32008 猤
藒34115
藒 34115
挈 35009
悏 41011
切 41104
篋 43012
匧 43012 篋
箧 43012 篋
匧 51008
篋 51008 匧
箧 51008 匧
㥦 51012
愜 51012 㥦
朅 51112

竊56320
竊 56320竊
窃 56320竊
痖 61313
妾 64207
淁 64212
鯜 64218
鍥 65317
锲 65317 鍥
锲 65317 鍥
椄 66210
栔 95009
鍥 95009 栔
锲 95009 栔
慊 99012
qīn
㰰11315
嶔 11315 㰰
嵚 11315 㰰
侵 24111
侵 24111 侵
親 24513
亲 24513 親
𡪈 53514
綅 55113
駸 58315
駸 58315駸
骎 58315駸
欽 61313
钦 61313 欽
衾 80108
qín
𦍒 01213
覃 01213𦍒
𩫖 01214
覃 01214𩫖

[古]11211亹亶
肣 10107
㢳 11309
雂 23410
埐 25312
菦 42012
芹 42012 菦
聆 50207
鈙 62412
擎 62412 鈙
擒 62412 鈙
捦 63311
搇 63311 捦
荼 63312
芖 64610
栞 64610 芖
琴 64610 芖
[古]62221 芖䥾
瘽 65616
勤 66414
芹 72006
芩 72108
檎 75113
靲 75410
鬵 75415
[籀]95417 鬵鬻
搇 76214
捦 76214 搇
魿 80115
矜 82107
矝 82107 矜
矜 82108
禽 83110
秦 86110
[籀]88113 秦𥡆
溱 86115

qǐn
赾 01008
趣 02012
鋟 25315
锓 25315 鋟
梫 26010
梫 36112
寢 53424
寑 53424 寢
寝 53424 寢
寑54113
寑 54113寑
寑 54113 寑
[籀]54008 寑㝲
螼 55312
蔓 76113

qìn
沁 20009
瀙 24518
菣 43010
𦺗43010 菣
𦺗 64213
菣 64213𦺗

qīng
頃 10209
顷 10209 頃
𨺗 10516
綪 13513
𠨍 50004
卯 50004𠨍
蜻 52511
輕 65612
轻 65612 輕
鑋 66920
青 72509
[古] 71006 青岑
清 72514
圊 72514 清
卿 90109
倾 90211 傾
傾 90211

qíng
𪐄 11013
黥 11013 𪐄
剠 11013 𪐄
黥 12016
𪐄 12016 黥
剠 12016 黥
𡖅 12206
晴 12206 𡖅
鯨 60318
㯳 63215
檠 63215 㯳
擎 63215
情 72513
勍 82109

qǐng
頃 10209
顷 10209 頃
廎 10211
高 10211 廎
庼 10211 廎
殸 22114
謦 23416
請 43816
请 43816 請
高 80006
廎 80006 高
檾 92017
苘 92017 檾
顈 92017 檾
茴 92017 檾

qìng
磬 22111
硜 22111 磬
硁 22111 磬
[古]11513 磬硜
[籀]22009 磬殸
靘 22513
濪 22719
罄 24213
[古] 22009 罄殸
親 24513
亲 24513 親
窒 50311
磬 50311窒
倩 72511
凊 72513
慶 96012
庆 96012 慶

qiōng
銎 23515

qióng
赹 01210
憌 01516
蛩 02209
跫 02211
邛 20206
筇 20206 邛
桏 22209
瓊 22616
璚 22616 瓊
瓗 22616 瓊
琁 22616 瓊
琼 22616 瓊
璚 24412
藭 33116
穹 50106
罠 51009
竆 51112
窮 51112竆
竆 51112
𥨐 51112 竆
穷 51112 竆
嬛 54012
琁 61309
瓊 61309 琁
璇 61309 琁
璿 61309 琁
瓗 66717
琼 66717 瓗
瓊 66717 瓗
璚 66717 瓗
琁 66717 瓗
藑 73316
䓖 74016
㷀 91111
茕 91111 㷀
闀 91715
䈃 95314

qiū
蚯 00104
緧 03111
邱 20108
鶖 21312
鶖 21312鶖
鶖 21312鶖
鰌 32118
鰍 32118 鰌
鳅 32118 鰌
蓲 42412
趥 53113
龜 57009
龟 57009 龜

少 40004
shào
卲 00106
邵 00107
紹 01108
绍 01108 紹
[古]00008 紹繫
娋 13009
𨛍 20009
袑 30108
少 40004
哨 40108
𠧞 50206
劭 51208
shē
賒 11312
赊 11312 賒
賖 11312 賒
畬 52210
畲 52210 畬
奢 82112
[籀] 81007 奢奓
shé
蛇 00006
虵 00006 蛇
它 00006 蛇
它 00004
蛇 00004 它
虵 00004 它
折 22005
𣂔 22005 折
𣂔 22006
折 22006 𣂔
[籀]22208 𣂔𣂔
[籀]22008 𣂔𣂔
舌 51205
闍 51315
阇 51315 闍
揲 77312
佘 80207
shě
捨 33109
舍 33109 捨
舍 51106
捨 51106 舍
shè
設 02311
设 02311 設
騇 05413
厙 15306
厍 15306 厙
𨛬 20216
射 22208
䠶 22208 射
䠶 82210
射 82210 䠶
涻 31111
蔎 44315
韘 49516
弽 49516 韘
慴 50116
舍 51106
社 61408
[古]63411 社𥘸
赦 62109
赦 62109 赦
赦 62111
弽 65411
韘 65411 弽
歙 80218
涉 90011
𤅊90011 涉
涉 90011 涉
𤅊 90016
涉 90016 𤅊
涉 90016 𤅊
懾 90313
慑 90313 懾
灄 90314
滠 90314 灄
攝 92312
摄 92312 攝
摵 95313
麝 96219
麝 96219 麝
shéi
誰 04613
谁 04613 誰
shēn
紳 01411
绅 01411 紳
姺 13109
娠 13209
駪 14312
驫 19621
深 21014
身 21105
㑗 21107
扟 23105
伸 30409
珅 31711
詵 41413
诜 41413 詵
申 50407
[古] 00007 申𢆯
[古]00003 申𠃟
[籀]30407 申昌
屾 50006
參 50008
曑 50008 參
曑 50008 參
参 50008 參
曑 50311
参 50311 曑
曑 50311 曑
参 50311 曑
呻 50509
突 51009
宷 51009 突
罙 51009 突
深 51009 突
宷 52007
罙 52007 宷
哂 60107
㑗 61513
甡 64408
蔘 73018
莘 74310
葠 76115
蓡 76118
蓡 76118 蓡
蔘 76118 蓡
参 76118 蓡
参 76118 蓡
侁 90108
兟 90212
屒 91409
燊 92015
shén
䰠 03512
神 30612
甚 40307
[古]40207 甚昆
什 71104
shěn
瞫 01417
哂 02107
邥 21108
瀋 52216
渖 52216 瀋
沈 52216 瀋
諗 41415
谂 41415 諗
頣 50211
宷 51108
審 51108 宷
审 51108 宷
審 52211
宷 52211 審
审 52211 審
弞 60107
矤 61207
矧 61207 矤
𤵸 62612
㰮 90006
弞 90006㰮
沈 91110
瀋 91110 沈
shèn
胂 00410
蜃 10208
蜄 10208 蜃
㰮 10211
滲 20013
渗 20013 滲
甚 40307
葚 42311
椹 42311 葚
腎 51009
肾 51009 腎

罧 56011
祳 60411
脤 60411 祳
愼 90212
慎 90212 愼
[古]71007 愼慎昚

shēng

聲 22212
声 22212 聲
甥 24411
鉎 23614
昇 54107
陞 54107 昇
升 54107 昇
生 62204
笙 64208
牲 64307
升 93005
昇 93005 升
陞 93005 升
阩 93005 升
𠦃93005 升

shéng

譝 01515
繩 51212
绳 51212 繩

shěng

蛸 01208
媘 04209
省 31206
[古]30008 省𡮐
渻 31211
㮐 33209
眚 52407

shèng

甸 01105
聖 11409
圣 11409 聖
胜 12207
賸 12318
剩 12318 賸
勝 13217
胜 13217 勝
媵 14116
圣 22205
晟 52210
盛 62214
椉 86009
乘 86009 椉
乗 86009 椉

shī

䚡 00209
蝨 01106
虱 01106 蝨
師 10309
师 10309 師
獅 10309 師
[古]94311 師䢑
纚 18321
絁 18321 纚
邿 21210
鉈 21312
铊 21312 鉈
鍦 21312 鉈
鉇 21312 鉈
濕 22115
溼 22115 濕
湿 22115 濕
尸 30102
嘘 42211
噓 42211 嘘
詩 42514
诗 42514 詩
[古] 41108 詩訨
𢼊 43107
施 43107𢼊
䴓 46221
釃 46520
酾 46520 釃
蓍 53010
鳲 60209
鸤 60209 鳲
屍 60308
尸 60308 屍
獅 61313
狮 61313 獅
溼 63317
濕 63317 溼
湿 63317 溼
襹 64419
施 73008
旇 73008 施
蓍 74213
葹 75012
褷 80013
失 92004

shí

石 00002
鼫 00414
㚰 03007
姼 03007 㚰
娂 14106
㚰 14106 娂
碩 10209
硕 10209 碩
蝕 20211
蚀 20211蝕
蝕 20211蝕
湜 20211
祏 30207
䄷 32005
拾 32208
箟 42210
蒔 43313
莳 43313 蒔
識 44819
识 44819 識
寔 50208
時 51309
时 51309 時
鰣 51309 時
鲥 51309 鰣
[古]50206 時旹
[古]50106 時旹
實 53310
实 53310 實
塒 62512
十 71102
什 71104
食 80208
食 80208食

shǐ

始 03106
駛 18412
駛 18412駛
驶 18412駛
菡 53011
屎 53011菡
豕 61105
[古]61104 豕𠂢
屎 21107
矢 73109
使 74208
䮠 75215
矢 81105
史 93105
叓 93105 史

shì

是 00206
[籀]00207 是昰
睗 00309
舓 01311
䑛 01311 舓
舐 01311 舓
狧 01311 舓
諟 01513
逝 02011
誓 03312
徥 20209
偍 20209 徥
視 20410
视 20410 視
眎 20410 視
眡 20410 視
[古]50307 視𥄎
[古]51407 視眡
飾 21212
饰 21212 飾
䀹 23313
埶 24212
釋 24316
釋 24316
释 24316 釋
勢 25316
势 25316 勢
勢 25416
势 25416 勢
狧 32209
猪 32209 狧
舓 32209 狧

謚 41418
谥 41418 謚
諡 41418 謚
諡 41517
谥 41517 諡
螫 42113
耆 42209
嗜 42311
試 42613
试 42613 試
䑛 43208
舐 43208䑛
舓 43208䑛
狧 43208䑛
世 43306
丗 43306 世
卋 43306 世
蒔 43313
莳 43313 蒔
佀 50003
似 50003 佀
亘 50106
氏 51103
𧿹 51107
眂 51306
室 52106
適 52415
适 52415 適
媞 53209
示 60205
[古] 60104 示𠀘
士 61203
士 71205
仕 61205
式 61306
澨 62216

柹 74108
柿 74108 柹
枾 74108 柹
貰 73511
贳 73511 貰
栻 73309
軾 76611
轼 76611 軾
事 77106
[古] 43208 事𠭥
忕 81007
奭 81413
[古] 81615 奭奭
襫 81417
弒 83413
弑 83413 弒
𥳑 84419
筮 84419 𥳑
噬 42313
簭 84521
噬 84521 簭
侍 91209
恃 91211
市 92106
䩦 93013
拭 93309
shōu
收 61106
収 61106 收
shǒu
百 00205
𩠐 50208
首 50208 𩠐
守 51105
手 39203
[古] 31010 手𠂿

shòu
嘼 03206
獸 03206 嘼
兽 03206 嘼
售 03408
受 11006
綬 12010
绶 12010 綬
狩 22109
壽 42109
寿 42109 壽
獸 54210
狩 54210 獸
兽 54210 獸
瘦 61314
瘦 61314 瘦
鏉 65317
授 93009
shū
疋 00003
鄃 01109
䟽 02007
紓 03007
纾 03007 紓
舒 03109
殊 13308
綀 15008
姝 16107
㚴16107 姝
几 20002
鄃 20213
殳 21004
𣨼 22007
疏 22007𣨼
俶 22209
俆22209 俶

淑 22212
叔 22207
村22207 叔
村 22308
叔 22308村
杸 23007
書 27213
书 27213 書
悆 41111
蔬 43012
抒 54006
𡛷 54007
姝 54007𡛷
疏 51008
踈 51008 疏
䟽 51008 疏
踈 54008
𥬑 61111
儵 62118
倏 62111
倐 62111 倏
樞 62411
枢 62411 樞
瑹 64415
梳 73008
荼 73111
橾 74312
輸 75515
输 75515 輸
褕 81212
毹 82213
攄 95015
摅 95015 攄
shú
贖 11419
赎 11419 贖

朮 21105
术 21105 朮
秫 21105 朮
朮 23108 秫
璹 21409
秫 23108
𩙪 24315
孰 24315𩙪
熟 24315𩙪
塾 25518
尗 61205
菽 61205 尗
𦬷 73109
蜀 00006
蠋 00006 蜀
shǔ
鼠 00412
曙 03216
數 19312
數19312 數
数 19312 數
襡 20010
藷 44420
薯 44420 藷
䝂 50208
暏 51211
曙 51211 暏
暑 51211
署 53114
屬 60113
属 60113 屬
癙 60718
襩 71218
襩 61317 襹
襹 71218 襩
薯 75118

[古]90005 死𣦸

sì

巳 00001

四 00003

[古]50003 四兕

[籀]60404 四亖

姒 03004

駟 04209

驷 04209 駟

𩬓 16116

隶 16116 𩬓

肆 16116 𩬓

伺 20206

飤 20209

飼 20209 飤

饲 20209 飤

俟 21108

竢 21109

涘 21111

竢 21211

迎 21211 竢

糇 23113

俟23113糇

禩 23415

祀 23415 禩

梩 25308

相 25308 梩

耜 25308 梩

梠 52004

梩 52004 梠

耜 52004 梠

嗣 26313

[古]21207 嗣孠

笥 42208

佀 50003

似 50003 佀

𠒋 50005

兕 50005𠒋

[古]50003𠒋兕

汜 50006

泗 50008

竢 50106

竢 50106 迎

祀 50206

禩 50206 祀

飴 50311

饴 50311 飴

[籀] 82214 飴𩚘

鈶 51411

枱 51411 鈶

枱 52106

耜 52106 枱

鈶 52106 枱

[籀] 64512 枱辝

[籀]14412 枱辝

柶 52006

牭 52106

[籀] 73613 牭𤛓

𧳿54013

貄 54013𧳿

丗 54103

肆 56113

殔 56309

寺 61207

𢑱 62416

[古]24010 𢑱𦃇

杫 72006

𣚏 72012

杫 72012𣚏

蕮 72315

蕼 78117

䔽 78117蕼

𩚁 80207

食 80207𩚁

洍 90008

汜 90008 洍

sōng

蚣 00005

蜙 00005 蚣

蜙 02008

蚣 02008 蜙

鬆12112

髪 12112鬆

娀 15211

松 32006

𥦗 32006 松

𥦗 52111

松 52111 𥦗

嵩 90008

崧 90008 嵩

sǒng

𢡪 00014

慫 00014 𢡪

怂 00014 慫

駷 18211

𢕟 20110

聳 20110𢕟

耸 20110𢕟

愯 24312

悚 24312 愯

竦 64109

sòng

誦 03614

诵 03614 誦

頌 40210

颂 40210 頌

[籀]10316 頌額

送 42014

[籀]42016 送䢥

吅 50204

訟 51310

讼 51310 訟

[古]41112 訟䛦

宋 52005

sōu

颾 01112

颼 01112 颾

飕 01112 颾

醙 03113

𣸬 21013

溲 21013𣸬

獀 22012

𣘍 23011

榎 23011𣘍

艘 23011𣘍

挖 23011

搜 23011挖

餿 21215

馊 21215 餿

叜 51008

叟 51008 叜

傁 51008 叜

傻 51008 叜

[籀]51109 叜𡨀

鄋 51011

郰 51011 鄋

膞 56114

蒐 75109

sǒu

瞍 01211

瞍 01211瞍

傁 21010

嗾 42212

叟 51008

叜 51008 叟

藪 79316

薮 79316 藪

籔 89316

sòu

瘶 64315

嗽 64315 瘶

欶 74009

嗽 74009 欶

sū

甦 10413

窣 51009

甦 64412

蘇 74018

蘓 74018 蘇

苏 74018 蘇

穌 92014

稣 92014 穌

蘓 92014 穌

苏 92014 穌

sú

俗 90108

sù

踧 01112

縮 02112

踧 02112 縮

缩 02112 縮

謖 04415

谡 04415 謖

㮚 11213

粟 11213 㮚

[籀] 11427 㮚𣡌

肅 26111

肃 26111 肅

[古]05010 肅𦘔

tǎn
緂 11014
毯 11014 緂
肬 11108
監 11315
醓 11315監
坦 21406
噆 40411
菼 72012
菿72012 菼
菿 72014
菼 72014菿
倓 90010
賧 90010 倓
赕 90010 倓

tàn
探 23012
撢 33217
嘆 45412
叹 45412 嘆
歎 45412 嘆
歎 65315
叹 65315 歎
[籀] 65322 歎歎
炭 90008

tāng
湯 20212
汤 20212 湯
鍚 21520
钖 21520 鍚
闛 51414
鏜 62516
镗 62516 鏜
募 72211
鼞 74419

táng
踼 00211
愓 20211
鄌 21214
郯 21214 鄌
螳 51210
闛 51414
瑭 64513
塘 67410
鎕 67515
樘 73211
堂 91208
[古] 91207 堂坐
[籀] 81413 堂臺
棠 92008
唐 96207
[古] 20210 唐啺
煻 96211
糖 97313
搪 98210

tǎng
矘 51219
帑 55007
儻 91018
倘 90007
倘 90108 儻
傥 91018 儻
爣 91020
灢 91021
淌 91021 灢

tàng
湯 20212
汤 20212 湯
燙 20212 湯
烫 20212 湯
鍚 21520
钖 21520 鍚

tāo
韜 00213
韜 04214
幍 22208
慆 30012
謟 30012 慆
滔 30013
搯 32011
掏 32011 搯
叨 40104
饕 40104 叨
韜 54215
韬 54215 韜
縚 54215 韜
弢 62106
絛 62111
縧62111 絛
绦 62111 絛
夂 72004
牧 74107
夲 82105
夲82105 夲
濤 71211淖
濤 92114
涛 92114 濤
饕 92418
叨 92418 饕
[籀] 92613 饕號

táo
颵 00209
鷏 00212
詾 01310
訩 01310 詾
詾 03413
詾 03413 詾
匋 02106
陶 02106 匋
陶 02413
匋 02413 陶
綯 03110
绹 03110 綯
騊 06312
駣 14211
檮 22108
檮 22108檮
梼 22108檮
鞀 35410
鞉 35410 鞀
鼗 35410 鞀
[籀] 22114 鞀磬
鞉 75311
鞀 75311 鞉
鼗 73216
鞀 73216 鼗
逃 40011
迯 40011 逃
咷 40107
淘 52111
匋 52314
萄 54110
桃 72008
洮 90010

tǎo
討 02410
讨 02410 討

tè
忒 41007
蟘 51210
螣 51312
蟘 51312 螣
忒 51312 螣
慝 53113
特 73310
忒 91009
貣 91208

téng
膯 12115
滕 12118
縢 13115
縢 13117
藤 13117 縢
謄 13420
誊 13420 謄
騰 16319
腾 16319 騰
疼 30308
疼 30308 疼
藤 84122
籐 84122
藤 84122 籐
鰧 98325

tī
踼 00110
剔 10108
虒16213
體 16820
体 16820 體
軆 16820 體
擿 34419
銻 65312
锑 65312 銻
梯 76007
鷉 92114
鹈 92114 鷉

tí
題 00313
題 00411

蚼52410 蜩
迢 50110
苕 52108
笤 52108
鯈 61118
鰷 61118 鯈
鲦 61118 鯈
鯈 61118 鯈
鮋 61118 鯈
鋚 62415
條 63110
条 63110 條
鞗 66413
芀 72006
蓧 73111
蓨 73114
tiǎo
朓 10008
誂 41312
窕 50009
窱 53114
嬥 56317
䠷 91110
挑 92008
tiào
朓 10008
祧 10008
絩 11009
覜 20210
糶 24423
粜 24423 糶
糶 25423
粜 25423 糶
趒 41011
跳 41011 趒
啁 42510
眺 50208
跳 50009
tiē
跕 00208
貼 00409
贴 00409 貼
帖 31206
聑 50206
tiě
驖18619
驖 18619 驖
帖 31206
蛈 52006
鐡 64718
鐵 64718鐡
鐵 64718鐡
銕 64718鐡
鉄 64718鐡
铁 64718鐡
鐵 65721
鐡 65721鐵
鐵 65721鐵
銕 65721鐵
鉄 65721鐵
铁 65721鐵
[古]65312 鐵銕
tiè
飻 20212
餮 20212 飻
帖 31206
鞊 35510
tīng
𨸝 10310
綎12310
縕 12310綎
縕 52114
綎52114 縕
听 00104
聽 11417
聽 12417
听 12417 聽
町 51106
綎 52211
𥦎 60208
汀 60208𥦎
桯 63309
艼 72007
汀 80008
tíng
蜓 01209
鼮01618
庭 11209
婷 13010
廷 21207
䱓 21217
霆 62713
莛 73211
亭 80007
停 80007 亭
停 80009
筳 83211
甹 90309
tǐng
壬 21204
侹 21208
珽 22511
鋌 22515
铤 22515 鋌
挺 23210
梃 23210
脡 23210 梃
𥟍 23209
艇 51312
娗 54210
頲 91415
颋 91415 頲
tìng
梃 23210
脡 23210 梃
tōng
侗 20206
通 02313
tóng
眮 00407
詷 01511
侗 20206
侗 01511 詷
膧 16513
烔 20208
鮦 20215
狪 21208
侗 21208 狪
銅 21512
铜 21512 銅
桐 22207
同 50204
㣚 50207
𣪍 51009
𣪘 51009 𣪍
佟 52107 冬
赨 51009
鉵 51310
瞳 56612
仝 60205
同 60205 仝
童 66510
瞳 66510 童
[籀]69614 童童
僮 66512
偅 66512 僮
燑 66514
烔 66514 燑
潼 66515
氃 68513
犝 68613
䍶 68716
浵 90213
彤 90308
tǒng
統 12008
统 12008 統
桶 24310
㣚 50207
筒 82208
筩 84311
筒 84311 筩
tòng
通 02313
同 50204
痛 62613
衕 90210
慟 97416
恸 97416 慟
tōu
婾 13213
媮 13213 婾
偷 13213 婾
偷 80212
愉 80214
偷 80214 愉
tóu
緰 11214
毁 21209
投 23007

楃 64209
幄 64209 楃
握 64209
[古]97110 握𡓝
渓 73012
沃 73012渓
斡 73212
臒 94617
擭 96315
鸑 96617

wū

烏 20006
[古] 22011 烏𥿮
鳴 20006 烏
乌 20006 烏
呜 20006 烏
鄔 20009
邬 20009 鄔
槝 22009
惡 40208
恶 40208 惡
噁 40208 惡
誣 41514
诬 41514 誣
於 60207
烏 60207 於
巫 60207
[古]62417 巫𢍉
汙 60208
污 60208 汙
汚 60208 汙
歽 60306
屋 62206
[古] 95109 屋𡉼
[籀] 22106 屋屋
圬 62206

杇 62206
洿 81211
歍 90011

wú

郚 01309
鼯 01718
毋 16104
陚 19417
鼯 05512
浯 31311
梧 33309
亾 40003
亡 40003 亾
吾 51306
䓊 53310
无 61204
珸 61410
璑 69416
蕪 79117
芜 79117 蕪
橆 89112
無 89112橆
蕪 89112橆
芜 89112橆
无 89112橆
𣞤 89115
無 89115𣞤
无 89115𣞤
[古]61204 無无
吳 91105
吴 91105 吳
[古]73107 吳𡗿
蜈 91105 吳

wǔ

䟼 01012
碔 12109

娒 19009
廡 19114
庑 19114 廡
[籀] 19121 廡𢋊
膴 19115
嫵 19115
娬 19115 嫵
妩 19115 嫵
瑦 21310
牾 32410
牾 32410 牾
仵 32410 牾
武 42107
鵡 55112
䳇 55112 鵡
鹉 55112 鵡
舞 59423
五 61204
[古]81002 五㐅
伍 61206
玝 62408
斔 64310
旿 71009
忽 71009旿
侮 76008
[古] 24007 侮㑄
午 81104
仵 81106
仵 82105
牾 82105 仵
憮 89116
怃 89116 憮
潕 89117
舞 89118
儛 89118 舞
[古] 00013 舞翌

娒 92210

wù

晤 01408
焐 01408 晤
舠 10107
舡 10107 舠
阢 10410
勿 20004
芴 20004 勿
塢 21209
坞 21209 塢
物 22107
痦 30309
悟 31310
[古] 42311 悟𢘊
杌 32006
杌 32006 杌
惡 40208
恶 40208 惡
噁 40208 惡
誤 41413
误 41413 誤
誈 41515
隖 50313
塢 50313 隖
坞 50313 隖
寤 51308
寤 51614
[籀]51825 寤𥧑
務 64109
鋈 65313
兀 60103
扤 62106
仉 62106 扤
鋈 62316
敄 63107

敄 63110
騖 63214
骛 63214 騖
務 64211
务 64211 務
霚 64614
霧 64614 霚
雾 64614 霚
[籀]63511 霚雺
婺 66110
鶩 67313
鹜 67313 鶩
芴 72008
戊 92105
譽 92414

X

xī

西 02005
[古]02106 西卤
[籀]01105 西卤
郎 00212
吸 01106
蟋 01114
嘻 01512
蜥 02007
晳 02107
晰 02107 晳
晳 02108
誒 02413
诶 02413 誒
㪿 04413
誓 04413㪿
嘶 04413㪿
奚 10009
傒 10009 奚

谿 10115
磎 10115 谿
溪 10115 谿
肸 11107
媐 13012
夕 20002
汐 20002 夕
汐 20007
裼 20110
錫 21414
锡 21414 錫
析 22005
淅 22010
厀 22011
膝 22011 厀
鬩22415
扱 23007
郗 23009
鵗 23113
壐 24411
櫯 25212
酅 25416
惜 30114
僖 31311
嬉 31311 僖
饎 31517
饂31517 饎
餼31517 饎
糦 31517 饎
糦 32415
饎 32415 糦
息 40209
悉 41110
[古]02010 悉恖
歖 41314
欯 41314 歖

嘻 41314 歖
歖 61112 欯
咥 42206
唏 43108
悕 43108 唏
茜 44009
歖 46315
郄 50006
熙 50008
熈 50008 熙
熙 50008 熙
螇 50011
蹊 50013
昔 50110
[籀]30013 昔䀙
卟 50204
饂 50212
餼 50212 饂
饎 50212 饂
鼷 50217
鼷 50421
緆 51110
蟋 51112
廝 52116
緆 52116廝
譆 52616
嘻 51512
嘻 52616 譆
晞 53108
晞 53209
希 53209 晞
娭 54109
嬉 54109 娭
蠵 55414
曦 55518
爔 55518 曦

爔 55518 曦
欯 60109
瘜 60515
貕 61114
虘 62209
醯 63216
凘 63515
𧹞 64109
豨 64111
狶 64111 豨
犀 64208
犀 62408 犀
鑴 66721
𧹞 67414
熹 71313
㮩 72212
莃 75010
巂 75412
觿 75419
觹 75419 觿
犧 78620
牺 78620 犧
翕 80213
歙 80218
潝 80218
赥 81012
希 83006
俙 83008
欷 83011
稀 85009
希 85009 稀
徯 90012
傒 90012 徯
兮 90104
熄 90213
溪 91013

羲 95416
xí
習 00112
习 00112 習
郋 00208
謵 01419
騽 04317
鰼 12217
席 13106
蓆 13106 席
騱 14215
驨 19618
覡 20412
觋 20412 覡
椵 23010
褶 50116
鰼 50123
鳛 50123 鰼
霫 51619
槢 52115
隰 52417
襲 61317
袭 61317 襲
[籀] 62632 襲𧟌
檄 64212
蓆 75110
xǐ
諰 02315
葸 02315 諰
廙 13211
纚 15419
縰 15419 纚
枲 21107
[籀]64418 枲𦃃
禧 31514
辿 40009

征 40009辿
徙 40009辿
[古] 61212辿屣
憙 41313
喜 41313 憙
謑 41316
謑 43717
謑 43717 謑
蹝 50013
喜 51309
[古]71215 喜歖欯
[古]61212 喜欯
躧 54419
韃54419 躧
屣 60110
歖 61112
銑 61414
铣 61414 銑
壐 67216
璽 67216 壐
玺 67216 壐
[籀]67317 壐璽
𧹞 67414
璽 67419
韆 69721
躧 69721韆
屣 69721韆
蓰 72012
韆 75315
屣 75315韆
征 90006
辿90006征
徙 90006征
洗 90111
xì
呬 00105

郤 00109
綌 01110
細 02007
细 02007 細
綌 01110
隙 10415
槩 11215
餼 11215 槩
氣 11215 槩
郤 20216
潟 20014
系 21005
䌛21005 系
係 21005 系
[籀]14011 系䌛
繫 27314
系 27314 繫
䌛29319
系 29319䌛
帢 31108
綌 31108 帢
绤 31108 帢
僁 31413
佮 30207
儈 30207 佮
忥 40007
匸 40102
歙 42016
舄 50010
舃 50010 舄
盻 50307
汹 51008
鬩 54015
阋 54015 鬩
闟 54221
屭 20616

屓 30307
屭 30307 屓
屃 30307 屓
屭 60717
屓 60717 屭
釳 61311
釳 61311釳
霼 61917
禊 64214
餼 81317
饩 81317 餼
䑋 90108
鎎 62417
愾 62417 鎎
忾 62417 鎎
愾 91113
忾 91113 愾
係 91007
系 91007 係
虩 92114
戲 94313
戏 94313 戲
xiā
呷 00206
蝦 01208
蝦 01210
瞎 03311
鰕 05413
颬 10208
鰕 21217
虾 21217 鰕
谺 60210
xiá
遐 01212
暇 01308
黠 02316

陜 11008
陜 11314
峡 11314 陜
陿 11314 陜
狹 11314 陜
峽 11314 陜
狭 11314 陜
叚 21206
假 21208
叚 21208 假
赮 22213
瑕 22510
鍜 22514
轄 28413
舝 28413 轄
鎋 28413 轄
辖 28413 轄
祫 30410
齣 41120
匣 50105
狎 51108
碬 51208
碬 52310 碬
齬 51418
柙 52107
[古]51003 柙𠕒匣
騢 55412
蠚 56216
㬜 61208
霞 62713
瓘 67516
葭 73210
遐 73210 葭
萏 75112
舝 76212

辖 76212 舝
俠 81009
侠 81009 俠
xiǎ
閜 50410
xià
罅 12416
𡊤 12416罅
夏 12616
[古]40109 夏㝞
廈 12618
厦 12618 廈
唬 42108
吓 42108 唬
諕 43313
罅 44214
丅 60102
下 60102 丅
二 60102 丅
二 60202
丅 60202 二
下 60202 二
下 60203
丅 60203 下
二 60203 下
墉 63312
罅 63312 墉
xiān
佡 00005
仙 00005 佡
遷 03515
纖 13221
纤 13221 纖
孅 13314
孅 15220
鱻 20033

鲜 20033 鱻
鮮 20033 鱻
䎬 20215
杴 32207
銛 32412
銛 32412 銛
銛 32513
铦 32513 銛
醶 42416
思 46011
躚 53420
跹 53420 躚
鶱 54119
祆 61309
韱 62217
杴 72008
蘞 72315
莶 72315 蘞
歖 76215
憸 80315
襳 83419
籤 84221
忺 90009
先 90106
掀 92010
鮮 92217
鲜 92217 鮮
僊 93418
仙 93418 僊
殲 94220
攕 94220
䊹 99619
xián
胘 00006
弦 00109
臤 01006

⿺走兹 01111
⿰女兹 03108
⿰馬咸 16514
嫌 19011
弖 20004
憪 20213
⿱艹弦 32109
⿰口延 40109
鹹 43417
咸 43417 鹹
諴 43615
嗛 49110
弦 50105
絃 50105 弦
舷 50105 弦
閒 50209
閒 50209 閒
閑 50209 閒
闲 50209 閒
鷳 50316
鷴 50316 鷳
鹇 50316 鷳
⿰巾弦 51107
賢 51211
贤 51211 賢
[古]01006 賢臤
閑 52209
闲 52209 閑
嫺 53212
嫻 53212 嫺
娴 53212 嫺
⿰馬閒 54415
癇 60515
痫 60515 癇
㳄 90010
涎 90010 㳄

[古]60113 㳄保
[籀]90015 㳄𣵀
銜 91314
衔 91314 銜
咸 92308
麙 96317
稴 99011
秈 99011 稴
籼 99011 稴
慊 99012

xiǎn

蜆 00207
蚬 00207 蜆
險 10618
嶮 10618 險
险 10618 險
顯 12317
显 12317 顯
韅 17623
⿰革㬎 17623韅
鱻 20033
鲜 20033 鱻
鮮 20033 鱻
幰 24015
譣 41618
毨 42109
跣 50110
尟 50210
㬎 52110
禒 61310
⿰犭璽 61310禒
銑 61414
铣 61414 銑
燹 62214
⿰衤彌 62216
⿰犭彌 62216⿰衤彌
⿰犭璽 68321
獮 68321⿰犭璽
禒 68321⿰犭璽
狝 68321⿰犭璽
蘚 73222
藓 73222 蘚
獫 81315
玁 81315 獫
猃 81315 獫
筅 82110
箲 82110 筅
洗 90111
鮮 92217
鲜 92217 鮮
玁 92518
⿰犭彌 93015

xiàn

臽 00007
⿰月臽 00010
⿰齒臽 00120
旬 00205
哯 00307
睍 00307
陷 00314
⿰臽瓦 00316
晛 00408
⿱臤目 01209
⿺走憲 04319
綫 15212
線 15212 綫
线 15212 綫
[古]00107 綫線
僩 20211
僴 20211 僩
憪 20213
垷 21408
峴 21408 垷
岘 21408 垷
橺 22212
⿰木間 22212 橺
伭 50005
⿰角臽 50018
見 50205
現 50205 見
见 50205 見
现 50205 見
餡 50215
馅 50215 餡
限 50513
憲 53013
宪 53013 憲
鼸 59420
⿱雨見 61712
霰 64622
⿱雨散 64622 霰
⿰足兼 69213
莧 72209
苋 72209 莧
縣 91212
县 91212 縣
羨 92216
羡 92216 羨
[illegible] 92219
獻 94215
献 94215 獻
㺌 99012

xiāng

廂 02208
厢 02208 廂
緗 03210
缃 03210 緗
驤 16622
骧 16622 驤
箱 34210
皀 50105
鄕 50110
鄉 50110鄕
乡 50110鄕
相 52206
湘 52211
鑲 63724
镶 63724 鑲
薌 72114
芗 72114 薌
襄 82416
[古] 93220 襄⿱𤕦女
香 92212

xiáng

降 12413
瓨 20306
翔 22214
夅 42106
詳 43513
详 43513 詳
祥 62411
栙 74109

xiǎng

⿰虫向 00005
蠁 00005 ⿰虫向
響 01519
响 01519 響
想 02210
餉 20210
饷 20210 餉
饟 20210 餉
亯 50006
享 50006亯
亯 50105

鞵 76314
懏 75416
憯 75416懏
攜 77415
擕 77415 攜
儶 77415 攜
携 77415 攜
衺 80108
邪 80108 衺
襭 81516
擷 81516 襭
撷 81516 襭
挾 83010
斜 83111
𦈡 86418
獺92516
恊 93316
协 93316 恊
擷 93515
襭 93515 擷
撷 93515 擷
㙝 95315
xiě
𥎖 01313
寫 50011
瀉 50011 寫
写 50011 寫
泻 50011 寫
血 60207
xiè
忦 00008
蹓 00116
齘 00117
蠏 02114
蟹 02114 蠏
鮭 02114 蠏

絬 02209
𧽨 04314
𢳎 05313
噧 07110
廨 12114
隦12419
繲 13118
紲 14310
絏 14310 紲
绁 14310 紲
緤 16313
紲 16313 緤
绁 16313 緤
媟 18312
瀉 20016
泻 20016 瀉
祄 20209
瀣 21320
幓 22212
獬 23116
㩉 25114
㩉 25114 㩉
齂 25418
屓 30307
㚔 41008
齛 43419
謝 43517
谢 43517 謝
𨓎 45315
寫 50011
瀉 50011 寫
写 50011 寫
泻 50011 寫
閉 50210
䀻 51207
眇51207 䀻

韰 51520
薤 51520 韰
㒠 51520 韰
屑 60107
屑 60107 屑
禼 63108
[古] 93009 禼禹
䪷63515
瓕63621
屟 65411
屧 65411 屟
榍 72110
榍 72110榍
栧 72110榍
泄 73311
洩 73311 泄
渫 73311 泄
薢 74116
榭 74213
渫 75314
械 76111
褻 84216
亵 84216 褻
偞 91112
洩 91413
炧 92007
炨 92007 炧
解 92112
獬 92112 解
嶰 92112 解
懈 92116
澥 92117
邂 92118
鮭 92123
蟹 92123 鮭
蠏 92123 鮭

㩉 92216
燮 92317
爕 92317 燮
[籀] 93214 燮燮燮
偰 93012
爕 93316
契 94009
偰 94011
xīn
心 00004
昕 00104
訢 01309
廞 11315
𦧝 12309
㛛 12310
忻 20006
新 24310
𣂺 24310 新
馨 24321
歆 41413
辛 62306
莘 74310
薪 75313
欣 90007
俽 90007 欣
xín
𥙁 22414
鐔 32522
镡 32522 鐔
𦟝 13009
信 31309
[古] 90010 信訫
[古]90105 信㐰
阠 51409
xìn
囟 01003

囟 01003囟
囟 01003脖
[古] 51103囟𡴞
脖 52311
囟 52311脖
焮 90011
釁 92720
衅 92720 釁
xīng
騂 18515
騂 18515騂
骍 18515騂
胜 12207
腥 12207 胜
煋 22310
鯹 22317
鮏 22317 鯹
郥 22617
猩 23310
星 52306
曐 52306 星
曐 52510
星 52510 曐
[古]52207 曐星
腥 52309
鮏 62215
鯹 62215 鮏
垶 65512
騂 65512 垶
埲 65512 垶
興 92614
兴 92614 興
觲 94316
xíng
陘 10614
陉 10614 陘

须 60315 頚
忓 60207
頊 61511
顼 61511 頊
需 61611
虗 62109
虛 62109 虗
墟 62109 虗
虚 62109 虗
歔 62114
稟 83410
欻 90013
歘 90109
須 90210
湏 90210 須
鬚 90210 須
顉 90210 須
须 90210 須
䙒 91212
繻 91214
戌 92206
頚 93213
嬃 93213 頚
媭 93213 頚

xú

㝣 00508
俆 81109
徐 81109 俆
徐 81110
䍱 83313

xǔ

詡 01315
诩 01315 詡
醑 02111
湑 20011
禑 20211
䣱 21012
糈 21112
珝 21312
稰 22009
栩 22011
許 43410
许 43410 許
滸 81109 汻
浒 81109 汻
姁 53107
盨 60316
鄦 89115
䣿 89115 鄦
𪏢 89115 鄦

xù

序 02005
敍 02005 序
叙 02005 序
昫 00206
酗 02209
酗 02209 酗
訹 02412
嫿 05110
殈 10411
緒 12113
绪 12113 緒
續 12218
续 12218 續
[古] 93312 續賡
絮 14109
卹 20209
鸓 20315
壻 21209
婿 21209 壻
獝 24112
屖 32108
慉 32111
朐 50107
煦 50210
旭 51104
勖 51510
勗 51510 勖
畜 52106
𥨎 52210
婿 53009
壻 53009 婿
蓄 54110
侐 60209
恤 60211
卹 60211 恤
賉 60211 恤
洫 60212
敘 62211
叙 62211 敘
激 62216
溆 62216 激
瘯 62512
鉞 63413
珬 63510
蕢 73218
藚 74617
鱮 92624

xuān

暄 00307
蠉 01011
諠 01512
趧 02015
譞 02316
弲 20106
煊 20209
愃 20209
儇 21011
懁 21013
鋗 21312
瑄 21509
揎 22208
咺 40305
諼 43515
諠 43515 諼
谖 43515 諼
吅 50204
喧 50204 吅
宣 50205
晅 50305
翾 51017
玆 52006
兹 52006 玆
暖 52411
駽 54210
亘 60203
亙 60203 亘
亘 60203 亘
軒 60210
讙 63521
軒 76408
轩 76408 軒
萱 72209
藼 72209 萱
蕿 74216
藼 74216 蕿
藼 75017
蕿 75017 藼
萱 75017 藼
諼 75017 藼
萲 82209
煖 92212
愋 92212

xuán

圓 00005
嫙 14011
檈 23012
欓 23018
伭 50005
玄 51003
[古] 00007 玄⺓
琁 61309
璇 61309 琁
璿 61715
璇 61715 璿
[古] 61515 璿瑢
[籀] 51413 璿叡
[籀] 52717 璿叡
旋 71008
淀 80010
漩 80010 淀
縣 91212
懸 91212 縣
县 91212 縣

xuǎn

蹎 00111
巽 00111 蹎
選 00113
选 00113 選
咺 40305
晅 50305
巽 52112
巽 54110
烜 60207
炬 60207 烜
爟 60207 烜
癬 62523
癣 62523 癬

仰 50004 卬
坱 62310
痒 62512
癢 62512 痒
柍 73110
養 92413
养 92413 養
[古]83210 養羖

yàng

煬 20211
炀 20211 煬
恙 42210
詇 42414
鰑 51218
樣 74214
様 74214 樣
样 74214 樣
怏 91111
羕 92211
漾 92216
[古] 92319 漾瀁
羕 93214

yāo

幺 00002
么 00002 幺
殀 11207
媄 16010
妖 16010媄
訬 50007
約 51106
约 51106 約
袄 63212
妖 63212 袄
袄 63212 袄
枖 73006
葽 74412
芺 91003
枖 91003 芺
媄 91003 芺
㫐51408
要 51408 㫐
腰 51408 㫐
嬰51408 㫐
要 92408
腰 92408 要
騕 92408 要
邀 92408 要
[古] 94413 要嬰

yáo

䍃 01310
謡 01310 䍃
谣 01310 䍃
匋 02106
窑 02106 匋
蹓02111
遥 02113
遙 02113 遥
喓 02209
飖 02211
飒 02211 飖
謠 03414
谣 03414 謠
媱 05110
繇 11011
脩 21007 侑
姚 13008
殽 23011
崤 23011 殽
軺 35409
轺 35409 軺
歊 42112
繇 42315
繇 42315 繇
謡 42315 繇
徭 42315 繇
谣 42315 繇
遙 42321
嶢 43715
峣 43715 嶢
蘨 44319
繇 44319蘨
傜 51312
傜 51312 傜
繇 52103 由
鰩 52118
鳐 52118 鰩
窯 52213
窰 52213 窯
窑 52213 窯
猺 53111
瑤 53411
榣 54110
搖 54110
摇 54110 搖
蓔 54111
珧 61309
銚 61313
铫 61313 銚
䍃 62417
垚 63609
堯 63609 垚
尧 63609 垚
[古]74408 堯㹾
堯 73712
尧 73712 堯
僥 73714
侥 73714 僥
顤 73919
爻 82004
肴 82007
餚 82007 肴
倄 82009

yǎo

舀 00008
抌 00008 舀
眈 00008 舀
眈 00009
舀 00009 眈
鷕 03515
鷕 03515鷕
抗 22007
舀 22007 抗
咬 42105
齩 42105 咬
齩 42116
咬 42116 齩
㫐 50104
官 50106
突 50106官
窅 50108
窅 50207
窈 51110
杳 72105
旐 73413

yào

鷂 02214
鹞 02214 鷂
曜 03416
曜 50116 熠
旭 21208
燿 23318
耀 23318 燿
覞 26621
覞 50410
㫐 51408
要 51408㫐
腰 51408㫐
[古] 94413㫐嬰
窔 52006
纅 53114
葯 73110
药 73110 葯
藥 74114
药 74114 藥
獟 74716
靿 76412
要 92408

yē

暍 00210
蠮 02120
噎 46414
枒 62107
椰 62107 枒
掖 83009

yé

歋 12012
揶 12012 歋
邪 20107
耶 20107 邪
釾 61412
鋣 61412 釾
茒 72111

yě

也 42003
乜42003 也
乜42103
也 42103乜
冶 50107
野 05308
壄 05308 野

穎 12212
頴 12212 穎
颖 12212 穎
廮 13415
邛 21207
郢 21309
邛 21309 郢
楧 24208
浧 61311
擿 63413
癭 63719
瘿 63719 癭
螢 90011
萤 90011 螢
𢍉 94214
yìng
䗲 20217
膺 34921
膺 34921膺
應 34921膺
应 34921膺
映 51209
暎 51209 映
癕 63618
應 63618癕
应 63618癕
瞀 90212
倂 92010
佚 92010 倂
佚 92010 倂
媵 92010 倂
yōng
雝 03312
雍 03312 雝
廱 13314
壅 13314 廱

䝿 18416
猵 18416䝿
犏18416䝿
灉 23317
饔 23519
饔 23519饔
擁 25315
擁 25315擁
拥 25315擁
鄘 28413
邕 40006
[籀] 50005 邕邕
邕 40107
𩫖 50310
癰 63718
痈 63718 癰
墉 69613
[古]50008 墉𩫖
鏞 69718
镛 69718 鏞
庸 98410
傭 98412
佣 98412 傭
慵 98414
鱅 98421
鳙 98421 鱅
yóng
趯 03313
喁 04207
顒 15312
颙 15312 顒
鰫 20119
鷛 98517
鷫 98517鷛
yǒng
嵱 00111

蛹 02309
踊 02311
踴 02311 踊
甬 22307
俑 22309
涌 22312
湧 22312 涌
咏 40107
詠 40107 咏
詠 41312
咏 41312 詠
永 90005
泳 90010
禜 90214
衕 92313
勇 93411
勈 93411 勇
恿 93411 勇
[古]02311 勇恿
戚 94410
yòng
奣 92114
用 92306
[古]92407 用用
yōu
幺 00004
蠿 00009
憂 00211
𢝊 00211憂
忧 00211憂
憂 12214
憂12214 憂忧
忧 12214 憂
忧 21007
呦 41208
㰶41208 呦

嚘 42316
幽 50007
㰶 51111
呦 51111 㰶
鄾 52217
麀 54016
攸 61107
滺 61107 攸
汝 61109
悠 61111
滺 61116
櫌 74217
耰 74217 櫌
怮 91110
泑 91111
穮 92214
優 92216
优 92216 優
瀀 92219
麀 94011
耰 97220
yóu
覰 00313
蝣 02009
由 02103
由 52103
甹 02105
甹 02105 甹
蚰 02105
邮 02106
䍃 02107
蝤 02109
訧 02310
尤 21003
尢 21003 尤
沋 21008

郵 21214
邮 21214 郵
猶 33111
猷 33111 猶
犹 33111 猶
楢 34110
蕕 35115
莸 35115 蕕
輶 37412
卣 40108
逌 40108卣
鹵 42112
繇 44319
肬 51006
疣 51006 肬
[籀]52014 肬默
油 52108
繇 42315
柚 54106
疣 61309
頄61309 疣
肬 61309 疣
旃 72112
斿 72112 旃
莜 73111
櫾74318
櫾 74318櫾
櫾 75115
游 82012
遊 82012 游
斿 82012 游
旃 82012 游
[古]41011 游逕
頄 91210
疣 91210頄

閲 50312
阅 50312 閲
甈 51018
瓾 51018甈
𥨍 51018甈
粵 51311
粤 51311 粵
䟠 52109
樂 52110
乐 52110 樂
宊 53109
𥨐 55112
闟 56622
鉞 63413
钺 63413 鉞
軏 65509
𫐄 65509 軏
㸧 66512
鑰 67724
錀 67724 鑰
鈅 67724 鑰
钥 67724 鑰
屵 71003
樾 75113
蘥 78420
籰 86316
籆 86316 籰
篗 86316 籰
龠 86416
爚 86420
瀹 86421
籥 88420
兑 90106
嶽 93318
岳 93318 嶽
[古] 00004 嶽㞽

鸑 93422
鸑 94523

yūn

蝹 00111
蝹 00111 蝹
暈 05409
晕 05409 暈
熅 20113
煴 20113 熅
馧 22321
緼 51113
缊 51113 緼
壺 66110
氲 66110 壺
頵 93312

yún

勻 00204
匀 00204 勻
囩 00204
䞫 00409
紜 00409䞫
纭 00409䞫
昀 01307
妘 03206
[籀]52213 妘嬶鼏
溳 20211
涢 20211 溳
愪 20210
熉 20210
𦓔 25212
𦔍25212𦓔
耘 25212𦓔
沄 30208
澐 31715
筠 33411
𦔍 36212

𦓔36212𦔍
耘 36212𦔍
云 50203
員 50206
员 50206 員
鄖 50209
郧 50209 鄖
昀 51407
雲 51710
云 51710 雲
[古]50203 雲云
[古]00001 雲𠄘
雲 61710
縜 51210
芸 52207
篔 82210
筼 82210 篔

yǔn

䞁 03010
喗 05409
齳 05420
允 20003
狁 21007
鈗 21311
𩎟 23109
抎 32206
荺 33411
磒 50208
阭 50310
隕 50513
殞 50513 隕
陨 50513 隕
殒 50513 隕
馻 54209
夽 51206
霣 61713

[古]51616 霣𩂯
[籀]50617 霣𩂯
䫷 75415
䪳 93210

yùn

韻 01614
韵 01614 韻
醞 02214
酝 02214 醞
䤞 02214 醞
韞 04316
韫 04316 韞
鄆 05310
郓 05310 鄆
運 05313
运 05313 運
暈 05409
晕 05409 暈
緷 06311
韗 09514
韗 09514 韗
慍 20113
愠 20113 慍
熅 20113
熨 20113 熅
熨 21310 尉
孕 21004
員 50206
员 50206 員
䚋 50411
緼 51113
缊 51113 緼
惲 55311
恽 55311 惲
餫 55514
韗 59613

韗 59613 韗
𤸫 60512
蕰 62118
蘊 63116
藴 63116 蘊
蕴 63116 蘊

Z

zā

扎 22004
紮 22004 扎
紥 22004 扎
帀 60104
匝 60104 帀
拶 92108

zá

雜 25313
襍 25313 雜
杂 25313 雜
雥 59918
歪 60312

zāi

哉 44309
灾 50006
災 50006 灾
菑 50006 灾
烖 50006 灾
甾 52207
菑 52207甾
菑 54211
甾54211 菑
𢦏 74207
灾 74207𢦏
𢦏74207𢦏
𢦏74207𢦏
栽 74211

責 93311
賷 93311 責
责 93311 責
䐶 93516
zè
昃 00105
仄 10003
庂 10003 仄
仄 10003 仄
[籀] 11004 仄庂
昃 21105 昊
側 90209
侧 90209 側
夨 91003
zéi
賊 12311
贼 12311 賊
鰂 20118
鲗 20118 鰂
鱡 20118 鰂
鰿 90218
鲫 90218 鰿
zēn
璔 35615
zèn
譖 55618
谮 55618 譖
zēng
鄫 00112
䎖 00117
繒 01113
缯 01113 繒
[籀] 14310 繒綷
憎 30113
橧 30214 矰
矰 31214
增 31312
曾 50109
譄 51416
罾 52114
竇 90113
zèng
甑 00212
[籀] 91419 甑鬵
贈 00314
赠 00314 贈
鬸 31316
綜 51211
综 51211 綜
鋥 62614
锃 62614 鋥
zhā
吒 01204
扎 22004
紮 22004 扎
紥 22004 扎
札 22004
抯 22307
柤 22307
叡 23310
皻 23312
䶥 23312 皻
齄 23312 皻
渣 23312 皻
齇 42421
譇 43419
樝 74311
楂 74311 樝
查 74311 樝
䜗 90009
觰 91116
zhá
扎 22004
紮 22004 扎
紥 22004 扎
札 22004
劄 22004 札
劄 22004 札
軋 25306
轧 25306 軋
牐 31111
閘 50310
闸 50310 閘
煠 75313
炸 75313 煠
zhǎ
鲊 80115
鮓 80115 鲊
羨 81015
鮺 81022
鮓 81022 鮺
鲊 81022 鮺
zhà
蜡 00112
吒 01204
咤 01204 吒
詫 01204 吒
诧 01204 吒
醡 02313
乍 40104
亾 40104 乍
詐 41411
诈 41411 詐
詐 41413
窄 51208
溠 61219
雪 62814
槎 63217
柞 72107
柵 78010
栅 78010 柵
炸 21106
眨 50307
zhāi
摘 34413
擿 34413 摘
啇 40316
齋 80217
亝 80217 齋
斋 80217 齋
斎 80217 齋
[籀] 62530 齋䶒
側 90209
侧 90209 側
zhái
翟 23314
擇 25213
择 25213 擇
宅 51104
[古] 11104 宅庑
[古] 52306 宅㡯
zhài
祭 51210
鄒 51213
瘵 61516
柴 92008
寨 92008 柴
砦 92008 柴
責 93311
賷 93311 責
債 93311 責
责 93311 責
债 93311 責
債 93313
债 93313 債
zhān
蛅 00206
瞻 01515
驙 14413
邅 14413 驙
鸇 20314
鹯 20314 鸇
[籀] 54617 鸇鸕
鳽 22513
沾 30209
霑 30209 沾
霑 31716
沾 31716 霑
澹 40213
趲 41213
占 50204
詹 51312
蟾 51312 詹
譫 51312 詹
谵 51312 詹
詀 51511
鱣 60218
[籀] 30220 鱣鱏
饘 60414
旜 61212
旃 61212 旜
氈 62210
氊 62210 氈
毡 62210 氈
旃 71210
旜 71210 旃
栴 72310
飦 81311
鬻 81311 飦

颭 00308
飐 00308 颭
zhǎn
嫸 06516
斬 25307
斩 25307 斬
𡾊 30918
𩕧 43720
醆 46313
䁪 50410
琖 60812
展 60916
輾 60916 展
辗 60916 展
鑇 61515
盞 64314
醆 64314 盞
琖 64314 盞
盏 64314 盞
琖 65512
盞 65512 琖
䱼 90927
嶄 95310
嶃 95310 嶄
崭 95310 嶄
zhàn
袒 20207
襢 20207 袒
綻 20207 袒
䘺 20207 袒
䡀 38413
蘸 47419
占 50204
組 51207
綻 51207 組
绽 51207 組

驏 14922
驏 54921
驏 57213
骣 57213 驏
顫 60414
颤 60414 顫
棧 76211
栈 76211 棧
襄 80816
湛 90312
沈 90312 湛
沉 90312 湛
湛 90312 湛
[古] 90016 湛湛
䗃 94314
戰 95512
战 95512 戰
棧 96214
虦 96214
zhāng
鄣 22513
張 62208
张 62208 張
章 62510
嫜 62510 章
彰 62513
漳 62515
獐 63413
麞 63413 獐
璋 63814
樟 64412
蔁 74514
餦 82314
粻 93212
麞 96519
獐 96519 麞

長 12106
长 12106 長
[古] 60205 長尢
[古] 10106 長兵
zhǎng
爪 20003
仉 20003 爪
長 52208
长 52208 長
掌 92008
漲 92213
涨 92213 漲
zhàng
障 12817
嶂 12817 障
張 62208
脹 62208 張
漲 62208 張
胀 62208 張
涨 62208 張
瘴 62715
墇 63713
丈 72104
杖 74107
仗 74107 杖
帳 83108
賬 83108 帳
帐 83108 帳
账 83108 帳
漲 92213
涨 92213 漲
zhāo
昭 00206
鼂 00312
鼌 00312 鼂
鼂 00312 鼂

晁 00312 鼂
鼂 00411
鼌 00411 鼂
晁 00411 鼂
駋 04310
皽 21211
盄 23210
佋 30106
炤 30108
鉊 31412
招 32107
嘲 41415
啁 42510
嘲 42510 啁
釗 61310
钊 61310 釗
釽 61311
䩆 71313
朝 71313 䩆
zhǎo
爪 10003
叉 21204
瑵 22510
沼 30109
找 94107
zhào
照 00210
隉 11614
肁 16208
肇 17312
肈 18312
櫂 25317
棹 25317 櫂
炤 30108
趙 41012
赵 41012 趙

赵 41012 趙
詔 51411
诏 51411 詔
罩 52213
罹 55311
兆 60107
兆 60107 兆
垗 61208
旐 71010
笊 82007
兆 90005
兆 90005 兆
[古] 90005 兆兆
鮡 90015
翄 92211
zhē
折 22005
㪿 22005 折
㪿 22006
折 22006 㪿
[籀] 22208 㪿㪿
[籀] 22008 㪿㪿
螫 42113
遮 42114
嗻 42210
zhé
耴 00103
耴 00103 耴
蚝 01104
悊 02010
哲 02010 悊
悊 02009
哲 02009 悊
哲 02108
悊 02108 哲
哲 52107

[古]40206 正疋
延 40110
征 40110延
崝 42512
崢 42512 崝
峥 42512 崝
睜 54209
睁 54209 睜
延 60107
征 60107
怔 60108
鉦 61412
钲 61412 鉦
徵 62415
徵 62415 徵
征 62415 徵
[古]74213 徵𢻹
癥 62720
症 62720 癥
埩 65209
埩 65209 埩
錚 65314
錚 65314 錚
铮 65314 錚
鯖 72520
鯖 72520 鯖
荿 74012
蒸 74012 荿
蒸 74016
荿 74016 蒸
烝 74016 蒸
箏 76010
丁 80003
釘 80003 丁
钉 80003 丁
箏 86010
筝 86010 箏
猙 95010
狰 95010 猙
zhěng
拯 24011
撜 24011 拯
耋 27313
整 45212
撜 62214
抍 62214 撜
拯 62214 撜
抍 95008
撜 95008 抍
zhèng
䳌 00211
爭 14006
争 14006 爭
鄭 22213
郑 22213 鄭
正 40104
政 41208
証 41411
证 41411 証
證 41518
证 41518 證
諍 45313
诤 45313 諍
怔 60108
憕 60215
錚 65314
錚 65314 錚
铮 65314 錚
zhī
脂 00208
鴲 00312
卮 10104
巵 10104 卮
胑 10107
肢 10107 胑
肢 12007
胑 12007 肢
胝 11207
䟡 12008
織 14516
织 14516 織
鼅 16210
禔 20411
雄 25310
鳷 25310 雄
知 31207
氏 51103
坻 51103 氏
坻 51103 氏
阺 51103 氏
鼅 41618
鼅 41618 鼅
蜘 41618 鼅
蟹 41618 鼅
蜘 51412
鼅 51412蜘
蜘 51412蜘
鼄 51412蜘
隻 54308
只 54308 隻
㞢 60104
之 60104㞢
㞢 60104㞢
泜 61209
滍 61315
溠 61315 滍
祗 61409
芝 62108
䦛 63515
䡋 64208
汁 71107
栀 72107
栀 72107 栀
枝 74007
榰 74212
支 82004
[古]83006 支㩼
汥 82009
只 90104
隻 90104 只
zhí
跖 00006
蹢 02414
躑 02414 蹢
踯 02414 蹢
慹 05215
殖 11510
膱 11510 殖
職 11510 殖
姪 15107
侄 15107 姪
㚤 19207
𦉼 19207㚤
縶 19207 𦉼
絷 19207㚤
墌 21313
執 25211
执 25211 執
縶 26215
𦉼 26215 縶
絷 26215 縶
拓 32005
摭 32005 拓
蟄 36420
𪗉 40116
直 41306
直 41306 直
[古]73109 直㯠
戠 43512
𧾷 45419
蹠 52112
職 53615
职 53615 職
埴 62509
値 71308
值 71308 値
淔 71311
稙 73309
稙 73309 稙
植 73309
樴 73309 植
植 73309 植
樴 75515
擿 78110
摭 94111
拓 94111 摭
zhǐ
旨 00205
[古]01306 旨𣅀
詆 01311
阯 10310
址 10310 阯
紙 12107
帋 12107 紙
纸 12107 紙
輊 29517
軽 29517輊
轾 29517輊
恉 30209
旨 30209 恉

稺 94411
穉 94411 稺
稚 94411 稺
㨖 96110

zhōng

蟓 00011
螽00011蟓
螽 02107
螽 02107螽
鼨 02519
[籀]02115 鼨𪕈
汷 22108
幒 23010
幒23010 幒
𢃇23010 幒
銿 23615
鐘 23615 銿
鍾 27616
锺 27616 鍾
钟 27616 鍾
盅 27616 鍾
伀 30005
𢃇 33008
幒 33008 𢃇
忠 42107
中 52103
[古]52103 中𠁧
[籀] 42507 中𠁧
終 53111
终 53111 終
[古]52103 終𠔇𠬞
𦬕 54107
𪚦59112
𩂐 61516
盅 62209
鐘 67818
銿 67818 鐘
钟 67818 鐘
籦 69620
衷 82107
夂 91003

zhǒng

冢 02108
塚 02108 冢
塚 23411
冢 23411 塚
歱 06311
踵 06312
傯 22010
徸 26311
腫 56311
肿 56311 腫
瘇 66816
尰66816瘇
[籀]69717瘇尰
穜 68513
种 68513 穜

zhòng

重 26308
偅 26312
種 28311
种 28311 種
仲 32105
眾 50009
衆 50009 眾
众 50009 眾
中 52103
穜 68513
种 68513 穜

zhōu

𠣘 00107
譸 03315
诌 03315 譸
舟 10105
𦨮12513
賙 12613
赒 12613 賙
婤 15411
騆 16614
啁 42510
譸 43416
诪 43416 譸
調 43715
调 43715 調
鵃 50212
鸼 50212 鵃
盩 64518
輈 75410
辀 75410 輈
[籀] 79922 輈𨐚
輖 77713
州 90006
洲 90006 州
𡿧90006 州
侜 90107
𠷎 90210
鬻 92315
粥 92315 鬻
周 92408
週 92408 周
賙 92408 周
赒 92408 周
[古]92307 周𠕁

zhóu

妯 05106
軸 57408
轴 57408 軸

zhǒu

𢂖 23016
帚 23107
箒 23107 帚
肘 51106
疛 61409

zhòu

噣 00108
舳 02208
縐 03012
皺 03012 縐
皱 03012 縐
绉 03012 縐
皺 03012
皱 03012 皺
酎 03208
䛆 03410
晝 26310
晝 26411
昼 26411 晝
[籀] 26109 晝𦘠
籀 35417
籒 35417 籀
呪 40206
咒 40206 呪
詶 41313
甃 42110
繇 42315
䌛 42315 繇
咮 43206
宙 52105
胄 52106
紂 52107
纣 52107 紂
冑 52306
䩜52306冑
𩊱52306冑
粙 53209
驟 55317
骤 55317 驟
軸 57408
轴 57408 軸
䩜 57409
冑 57409 䩜
𩊱 57409 䩜
椆 74411
㑳 92013

zhū

絑 14108
邾 23107
諸 42416
诸 42416 諸
鼄 43312
蛛 43312 鼄
蛛 53106
鼄 53106 蛛
誅 44411
诛 44411 誅
跦 53108
豬 62214
猪 62214 豬
猪 92113
珠 64408
銖 64412
铢 64412 銖
朱 73104
侏 73106
袾 73108
洙 73109
株 75107
茱 75108
𥬲 85108
瀦 92219
潴 92219 瀦

zhú

躅 00010
𧼫 01012
孎 05013

輜 37509
輺 37509 輜
辎 37509 輜
歭 40010
齜 40118
龇 40118 齜
呲 40118 齜
頿 40215
髭 40215 頿
咨 40309
諮 40309 咨
谘 40309 咨
鼒 40417
趑 41213
仔 51004
甾 51106
菑 51106 甾
甾 53110 菑
訾 51312
訿 51312 訾
茲 52008
兹 52008 茲
嵫 52011
嗞 52110
甾 52204
甾 52204 甾
甶 52204 甾
[古] 53005 甾甶
甾 52207
菑 52207 甾
菑 53110
甾 53110 菑
菑 54211
甾 54211 菑
齍 60320
資 60412
资 60412 資
鮆 61313
貲 61715
粢 62210
齋 62210 粢
姿 63210
鼒 72312
鎡 72312 鼒
镃 72312 鼒
贇 72416
齎 80218
齏 82217
粢 82217 齏
觜 90012
貲 90210
赀 90210 貲
澬 90417
積 92415
柴 93008

zǐ

子 01002
[古] 91005 子孚
[籀] 91013 子巤
胏 12108
𦙶 12108 胏
胏 12108 胏
姊 15108
姉 15108 姊
滓 22313
梓 24311
芓 33006
茈 42009
呰 50107
呰 50209
仔 51004
𦙶 51208
胏 51208 𦙶
胏 51208 𦙶
訾 51312
脖 52311
肉 52311 脖
秄 53005
疵 62411
梓 64309
梓 64309 梓
莘 74312
笫 84109
紫 91009
批 92008
朿 92105
秭 94108

zì

胔 10008
胔 10008 胔
胔 10011 骴
歹欠 10413
眥 32008
芓 33006
茡 33006 芓
恣 40211
白(自) 50104
自 50205
[古] 51306 自囟
眥 50208
眦 50208 眥
字 51004
胾 74210
剚 77208
倳 77208 剚
漬 93316
渍 93316 漬
羵 95517

zōng

從 00010
蹤 00010 從
踪 00010 從
蹤 00012
朡 13011
騣 17214
騌 17214 騣
倧 20209
豵 21115
樅 22013
鬷 25312
蹤 25312 鬷
踪 25312 鬷
宗 50207
縱 51011
綜 51211
综 51211 綜
堫 64211
鬷 64215
椶 75011
棕 75011 椶
葼 75012
嵸 90013
嵷 90013 嵸
嵕 93008
嵏 93011
嵕 93011 嵏
猣 93016
鯼 93019
猣 94012
稯 95011
稯 95011
糉 95011 稯
[籀] 93009 稯稅

zǒng

熜 22013
縱 51014
縦 51014 縱
纵 51014 縱
總 53013
总 53013 總
総 53013 總
摠 53013 總
揔 53013 總
緫 53013 總
稯 95011
糉 95011 稯

zòng

潨 20015
淙 20015 潨
縱 51014
縦 51014 縱
纵 51014 縱
瘲 60316
疭 60316 瘲
糉 94114
粽 94114 糉

zōu

郰 01108
郰 01108 郰
鄒 02011
邹 02011 鄒
齺 02121
騶 06214
驺 06214 騶
緅 12109
廄 13115
棷 23108
鯫 41218
諏 42412

诹 42412 諏
菆 43109
陬 51412
棷 73108
鯫 91116
鲰 91116 鯫
掫 93108
zǒu
走 41006
赱41006 走
zòu
丅 00002
奏 75111
[古]22111 奏屛
[古] 82111 奏敄
zū
租 22307
菹 62313
葅 62313 菹
蕰 62313 菹
蘁 62313 菹
蕰 62419
蘁 62419 蕰
菹 62419蕰
䔃 64311
蘁 64518
菹 64518蘁
蘁 64619
蕰 64619蘁
zú
足 00004
殚 11209
齰 41118
噈 02110
歗02110 噈
歗 41218
噈 41218歗
踤 51009
蕰 62520
菹 62520蕰
鏃 63418
镞 63418 鏃
族 72110
卒 81005
崒 91008
崪 91008 崒
欶 91210
zǔ
詛 01611
诅 01611 詛
俎 20308
祖 20509
珇 21608
阻 50611
組 51308
组 51308 組
蒩 62513
zù
䖸 23413
zuān
鑽 61725
鑚 61725 鑽
钻 61725 鑽
鋑 62516
鋜 62516 鋑
𩏄 75723
韊75723𩏄
轒75723𩏄
韊 79931
𩏄79931韊
纘 11421
缵 11421 纘
zuǎn
籫 82421
纂 85215
zuàn
鑽 61725
鑚 61725 鑽
钻 61725 鑽
欑 72420
䂎 92420
zuī
騹 15417
𩣑15417 騹
[籀]14215 騹䮟
厜 11212
纗 16417
朘 52009
脧 52009 朘
zuǐ
濢 21018
嘴 90012
觜 93111
zuì
檇 25310
槜 25310 檇
醉 43110
晬 51107
睟 51208
最 51308
嘬 51308 最
冣 51308 最
罪 52213
辠 52213 罪
祽 61210
粹 82116
辠 92511
罪 92511 辠
嶵 92514
嶊 92514 嶵
㠑 92514 嶵
zūn
繜 15115
遵 44117
尊 63210
𢍜 63210 尊
樽 63210 尊
鐏 63210 尊
壿 65314
鐏 65419
樽 75213
鐏 75213 樽
𢍜 94111
尊 94111𢍜
樽 94111𢍜
鐏 94111𢍜
鱒 94122
鳟 94122 鱒
zǔn
噂 44213
䔿 76115
剸 94113
僔 94113
撙 95213
zùn
捘 24009
zuō
嘬 01410
zuó
柮 32006
笮 42108
昨 50206
琢 63410
莋 72110
捽 83008
筰 82110
秨 92107
zuǒ
ナ 11002
𠂇11002ナ
左 11002ナ
左 11205
佐 11205 左
𣃤 62208
zuò
胙 10107
阼 10411
糳 24324
酢 42209
醋 42209 酢
醋 52215
酢 52215 醋
祚 60309
㘴 61510
坐 61510㘴
座 61510㘴
[古]51207㘴坐
侳 61512
做 62310
柞 72107
椊 72210
梭 72210 椊
捘 72210 椊
作 80106
怍 80108
飵 80311

附 1

段改篆檢索

說明：

1. 本《檢索》所收篆文 1260 字，均出自段玉裁《說文解字注》。段氏力矯時弊，對《說文》（鉉本）中的篆字構形作了大量修改。但有些改動，不無出入，歷有爭議。今收錄於此，供研究參考。

2. 篆字左邊的五位數是小篆五碼，右邊的四位數是《說文》字頭序號。

《說文》字頭序號是指此篆及楷體釋文在《說文》（中華本）中所屬字頭的序號。讀者可以根據序號、借助《說文分部檢字》查考和研究。

注：在《說文解字注》中，字頭有增刪和移動，可按照本書《前言》中的方法校注其字序。

00104 7755耴	01411 1592 詑	04513 6116駬	01817 1471 罍
00410 7762聑	01411 1613誃	01511 1487 諷	01818 1646讀
00411 8417甌	01411 1678詎	01511 1599 詒	01824 1672讕
00918 8907曡	01411 1695詉	01511 1712詬詢	02010 0837哲悊
01009 3904園	01412 1523 誋	01512 1648詷	02012 1104逝
01014 8505繼繼	01412 1692詭	01518 2459鷗	02108 0837哲
01104 9196加	01412 1702診	01519 1669謵	02108 6614圉
01309 2683腒	01412 1957毆	01610 4205暗	02112 5824嶧
01314 6747慰	01413 1532 諝	01611 1557 詷	02113 2423鷀
01314 8925蝨	01414 1588 讇諂	01612 1644詪	02211 1960殹
01408 1517 訒	01414 1634説	01613 1511 諟	02212 0852 鳴嗚
01408 1564 記	01415 1554 詡	01615 2149瞻	02215 2367鷗
01409 1541 訢	01415 1600 謬	01616 1701讕調	02308 5475睍
01409 1630訇	01415 2599膽	01620 1588 讇	02419 1001趨趨
01409 1651訆	01420 1659謬	01618 1732響	02312 5827磬
01410 1539 訾	01420 1682讒	01711 1611詛	02410 1704訧
01410 1624詾訩	01421 1626謕	01816 1603譔	02410 1580 訥

02411 1498 詖
02411 1558 設
02412 1673 詾
02414 1562 諰
02417 1475 謂
02418 1560 譞
02509 1514 訊
02509 1563 託
02510 1706 討
02510 9163 舅甥
02512 1506 諏
02512 1591 詠
02513 1618 誒
02615 1593 謾
02619 1691 謹
02716 1639 譀
02719 1697 讀
02922 1671 謷
03005 8232 姤
03210 4059 郾
03314 2398 鷗

03315 1072 歸
03413 1527 誓
03418 5843 戀
03510 1612 詘
03512 1493 譔
03513 1624 詾
03514 1680 謗謝
03516 1715 譯
03517 1605 譏
03517 4203 變
03614 1488 誦
03616 1583 謷
03616 2661 膳
03618 2103 響
03619 1602 譺
03714 1699 誰
04007 6902 患
04105 0917 咿
04112 5772 窨
04112 8867 蟄
04114 1363 蟄

04114 6916 慹
04314 4233 譖
04513 1703 齗
04514 3276 鉼
04515 1664 譎
04614 1561 誧
04716 1708 謳
04718 1687 譙
04825 6793 戇
04923 3998 鄯
05006 5955 厲
05008 5955 厲厲
05010 5850 巏
05110 8146 媎
05412 1625 詌
05512 1536 課
05517 1596 謷
05619 1701 讕
05720 1708 謳譭
07819 1649 讙
08415 1642 講

09414 1058 趕
10007 2658 朓
10008 6013 砋砋
10109 7689 䃰
10113 5254 聚
10310 5601 碩
10313 5627 顧
10715 9597 區
11002 9165 力
11005 8469 系
11005 2611 肋
11108 2746 制
11108 8539 絅
11109 6014 碎
11109 2631 腨
11111 5516 歂喘
11112 6093 貒
11205 8327 乎
11217 6539 顥
11306 9168 助
11309 3929 賀

11311 2525殌
11318 6540黮
11413 2706醃
11513 9592陋
11514 9618隔
11515 2606臆肊
12004 9699戊
12007 9700成
12010 9457斛
12015 6519黝
12108 9700成戚
12109 2621腹
12215 2546殱
12220 6018礷
12222 6437爦
12412 5912屏
12414 9072壓
12817 9619 障
13006 9209劦
13007 8075姚
13009 8135妶

13009 2608脅脇
13112 9181勞
13115 9182勝
13213 2024斆
13214 3516麼
13310 8195媅
13411 8100嫗
13419 8466盭
13420 5499繳
14107 8114娶
14411 6208駉
14614 6178驅
15012 8585綼
15018 4445糜
15108 8196娓
15114 8198孎
15413 5934廑
15522 3366雞
16316 6137 駭
16411 6126駓
18010 9174勩

20005 1971夙
20006 4297朒
20010 5268衸
20010 5270袉
20010 5285袳
20011 5235袗
20012 5292襡
20108 6459烜
20112 5321裼
20113 5289褟
20208 3244飢
20209 3207飤
20209 3210飧飱
20209 5315袒
20209 5488覞
20211 3228餶
20211 8850鉼
20212 3236餕
20212 5282褆
20219 5257襤
20310 5306袓

20311 3216餉
20314 3203饔饌
20315 2381鴸
20414 3195餳
20414 3234館
20414 4096鄮
20513 4312貟
20516 7111演
20518 7103潰
21106 4893幁
21010 5299被
21013 4950儇
21013 5301褖
21110 8432瓶
21112 5307裨
21115 2238翠
21120 7195澤
21210 1915叡
21210 1959殿
21210 8424瓴
21211 9202餝

21214 2464 鷊
21214 6748 慗
21216 5384 屍臀
21307 0095 珣
21310 6438 尉
21314 7297 泐
21315 3200 餱
21316 5309 褧
21412 9314 鉪
21414 3224 餬
21507 0120 瑁玥
22011 6957 浙
22107 7842 搋
22110 3495 楊
22110 3815 梟梟
22113 4053 鄡
22113 9432 斸
22114 7185 澤
22115 5272 襗
22210 3206 餌
22211 3473 櫅
22213 5284 裻
22214 3209 餘
22317 3240 饑
22318 2415 鷖
22219 2265 翳
22410 5204 幷
22412 5019 併
22413 4149 郱
22413 3276 缾瓶
22414 5765 艵
22418 7177 潯
22419 5276 襑
22613 4122 鄗
22617 3197 餅
23012 8649 綤
23010 6335 狾
23107 4879 帚
23110 6616 報
23111 4847 褁帬
23115 4446 稗
23209 1952 殸
23215 0723 釋
23215 4466 釋
23215 8646 緊
23220 7268 瀑
23221 5240 襮
23222 6513 黳
23308 2075 甫
23309 2307 雋
23312 1964 毅
23312 3246 餽
23313 5316 補
23314 9371 銴
23322 2401 鷃
23322 2401 鷃
23520 3193 饔
23414 9083 堅
23416 1472 磬
23417 9337 鐸
23514 3211 餔
24009 7874 承
24011 7922 拯
24110 6613 執
24111 5054 侵
24111 5319 裸臝
24111 7869 鞠鞫
24112 7859 擇
24115 0760 穃
24116 5290 褻
24215 1940 隸隸
24217 2451 鷙
24219 2371 鶲
24309 9164 堺
24310 9020 埽
24314 0066 祲祲
24315 2266 翜
24518 7016 溾
24613 5486 親
24717 9294 鐫
25009 8282 娎
25112 3430 棥棹
25114 6200 唇槷
24511 3010 巽巺

25314 4835 幇
25214 8097 毉
25220 4453 馨
25312 9053 埐
25313 9040 墪
25316 5309 雑
25319 2294 䳺
25409 9488 軓
25825 3381 虪虪
26021 7798 攘
26112 3413 梫
26113 7822 摯
26215 3515 欄
26308 9532 報
26316 2339 摯
26411 1937 晝
26412 1936 畫
27114 7454 贇繁
27213 8208 褺褻
27316 9559 轘
27518 4024 鄿
28413 4082 鄜
27917 1483 饍
28415 9433 䳺斴
28418 6195 鷔
29924 0749 犨
30008 5267 祏
30102 5376 尸
30111 5238 䙴
30110 5275 袑
30114 5332 褐
30206 5388 层
30207 3262 倉
30210 5691 弱
30211 5296 袷
30211 5398 層
30211 5580 頂頂
30216 5253 襘
30220 1305 齘
30307 5379 眉
30307 5385 眉
30309 4687 疷
30411 3221 鉆
30412 3263 牄
31010 5260 袪
31112 6502 㮇
31305 9000 垣
31306 5378 居
31306 5382 屆
31308 4979 倨
31311 5324 袺
31311 7082 涺
31312 5271 裾
31409 1519 信
31410 4723 痂
31515 9344 鎗
31516 3202 饎
31610 5387 屇
31617 3191 鐳
31814 4702 瘖
32005 0657 芀
32108 5404 屈
32011 7198 滋
32108 5409 屖
32113 7171 淈
32210 3648 槍
32223 7560 鱶
32409 1716 馆
32410 9751 铻
32416 5278 禧
32415 3202 糦饎
32416 9383 鐺
32610 0160 琚
32621 1667 譳
33107 3681 枷
32213 4447 黏
32412 銛銛
33213 4448 黏
33107 3740 栝
33309 3458 椐
33309 7897 据
33311 9008 堀堀窟
33316 4348 鎡鎡
34111 7993 掘

34112 0416 軟蘜	41208 0824 喘	41512 1495 謜	41716 1676 讘
34115 0298 藒	41209 0910 啐	41512 1553 詑	41718 1528 譣
34117 6232 麀鑣	41220 1302 齭	41512 1616 誤	41815 1568 謳
34214 4451 黿	41410 1491 訓	41513 1477 詵	41815 1587 諛
34921 5117 僐	47413 1492 誨	41513 1542 說	41815 5515 謌歌
35218 0416 蘜	41410 1509 訂	41513 1595 誂	41914 7492 電
35313 4725 癘	41410 1573 訖	41513 5561 歆	42006 9201 劫刦
36510 9506 輻	41410 1579 訒	41514 0819 噫	42013 1132 遞
46713 1700 諱	41410 1674 訟	41515 1535 諗	42110 2739 劚
37512 9467 輜輜	41411 1635 誂	41518 1709 謚	42114 1163 逯
39319 5325 禮	41411 1662 訬	41610 1645 訌	42010 9673 䦃䦃
40012 6874 悉	41412 1569 詠	41611 1677 訶	42208 9775 酣醋
40009 1206 迒	41412 6675 意	41612 1696 詷	42213 1051 趦
40104 3235 叨饕	41413 1610 訓	41614 1606 誣	42307 9171 劼
40106 0797 咷	41413 1660 訛	41614 1714 該	42311 0481 甚
40010 1175 逃	41414 1639 諗譀	41615 1607 誹	42311 9450 斟
40211 1199 迥	41414 1641 誕	41615 1670 誣	42314 1004 趦
40310 1147 迟遲	41415 1474 談	41615 1675 謓	42410 1505 訪
40414 5582 題	41416 1711 謑	41617 1497 論	42411 8349 戥
41014 1197 遠	41511 1533 証	41618 1693 證	42412 0344 蒮
41112 1119 遄	41511 1665 詐	41714 1518 諟	42412 1476 諒

42412 1673說詾
42415 1574 諺
42419 1656譌
42509 1543 計
42510 1679訐
42512 1501 詻
42512 1520 訦
42513 1685諯
42513 1689誶
42513 9796醞
42514 1496 訣
42518 1551 謚
42611 1698詆
42612 4561詠宋
42614 1608謗
42614 1485 詩
42616 1484 諸
42618 1548 諈
42621 1489 讀
42713 1537 試
42713 1540 詮

43010 3105虓
43109 9782酟
43112 1052趆
43210 9800醉
43411 1637詄
43413 1614誖
43413 1652諕
43510 1480 許
43515 1521 詠
43516 1609譸
43613 1503 謀
43613 1510 詳
43615 1589 諼
43616 1643謔
43617 1567 謝
43619 1594 譇
43619 1647譈
43624 1486 識
43715 1512 諦
43715 1538 誠
43715 1546 調

43715 1581 謯
43716 1650譟
43718 1499 諄
43718 1601誑
43813 1617詿
43813 1628訮
43816 1478 請
43825 1686讓
43915 1500 謘
44214 1147遲
44321 9169勸
44511 1705誅
44513 1688諫
44515 1481 諾
44614 1663諆
44713 1622詍
44816 1711謨謑
44919 1513 識
44919 1584 譊
44922 1653讙
45217 6240 譽

45411 1531 諫
45413 1534 諫
45413 1570 諍
45415 1621謫
45514 1556 誐
45515 1522 誠
45517 1504 謨
45614 1710諱
45615 1555 諓
45720 1559 護
46214 1192遻
46312 3369韎
46413 1549 諉
46413 1710誄
46716 1713諜
46718 1597 謰
46818 1516 謹
46821 1629譪
47517 1507 論
47517 1631諞
47720 1508 議

48212 4330[illegible]
48316 3103[illegible]
49415 1552 謙
49615 1598 謱
49814 1577 講
50003 5025仍
50003 4539向
50004 8399医
50007 2707胞脆
50009 5249袍
50013 5293䙵
50103 9692甲
50104 8397匣
50105 8393匫
50108 5302祖
50109 7199溜
50110 2602腸
50110 4307盈
50111 2452駴
50115 2282鶏雞
50113 4307盟盈

50205 8890虹
50206 4232昵暱
50207 2179眺
50208 8390匳
50210 3227飽
50210 5234袧
50211 3202饇饎
50309 9744寅
50310 3194飴
50311 4635帘
50314 3239餲
50317 3218饗
50414 9575陽
50614 8395匱
50716 7776瞶
50718 9598隫
50819 7703闠
51009 1040趉
51009 5555欻
51019 2251翾
51106 9179劭

51106 9141䀏
51109 8773蟜
51111 1367踤
51111 4647窣
51210 8764蠙蠙
51211 1390踣
51212 8751蝨
51212 4598竅
51307 3032䛡
51310 6573奔奔
51313 8921蠡
51315 1371躍
51407 1470 言
51408 1777㕼
51408 9180勛
51410 1604詘
51410 1694詘
51412 1623訾
51412 5121僭
51412 9653陴
51413 3212餐

51414 5002儋
51415 4576寵
51418 5266襜
51508 1731音
51509 1633訆
51512 1571評
51512 4204晻
51512 4614窨
51513 1582詈
51515 1479 謁
51515 1544 諧
51515 1627諸
51516 1636譖
51517 1586 譜
51610 1666訏
51611 1712詬
51612 1545 詥
51612 1576 詣
51612 1620詌
51612 1734韶
51613 1502 闇

51625 1632 讋
51714 4672 寤
51928 1683 譫
52003 0231 中
52004 4944 仲
52005 3598 杲
52006 6898 忡
52007 7126 沖
52008 2498 兹
52108 3142 盅
52105 9162 男
52108 3104 虘
52108 8742 蝮
52109 5261 袖褎
52109 6612 睪
52110 0921 嗞
52111 4449 䅟
52111 5849 崛
52113 5837 嶅
52214 5280 禮
52307 8385 匡

52308 2136 眛
52309 2050 敵
52309 6627 皋
52310 5988 碫
52311 2101 瞞
52313 2545 殬
52408 4574 宰
52410 1673 訩詾
52410 4778 詫
52412 1515 詧
52416 2564 骿
52521 7725 䦨闢
52611 1529 詁
52612 1525 誥
52612 1547 話
52613 1640 誇
52619 1550 警
52712 1690 詰
52713 1473 語
52716 1619 譆
52717 1655 譸

52814 1727 諳
52820 1668 讋
52915 1707 諳
52917 1655 譸譸
53004 1925 史
53008 9727 孶
53109 9151 蓄畜
53110 5341 祎
53113 1193 迦
53113 8614 纍
53113 8476 繹
53209 0369 菑
53209 8759 蝘䗂
53211 8759 䗂蝘
53215 4227 纍
53312 2702 膴
53312 4232 曙
53412 4822 詈
53414 2786 劉
53414 8709 紂
53415 1615 絲

53418 2644 彎彎
53224 4664 竊
53509 1490 音
53513 4821 詈
53513 1680 訴訴
53515 1694 詘詘
53516 1572 謣
53516 1661 譽
53520 5469 覺
53623 1654 譁
53517 1530 譪
53517 1590 謷
53522 2361 鸞
53614 1728 譱善
53616 1566 譒
53623 1654 譁
53717 1733 諂
51612 1734 韶
53817 1684 譎
53822 8388 匱櫃
53917 1494 譬

53921 1718譆
53928 1730讟
54006 0351芇
54011 5314裻
54013 9211驈
54018 5273褰
54111 6241䴥麃
54112 4601竊
54113 4582寑寑
54114 4596竅
54115 3120䴘
54116 4596竅竅
54311 9187勸
54315 6241䴥
54519 2012變
54615 4563寴
54617 1655謣謣
54921 1728譱
55113 8632緮
55114 6229瀸
55213 6624暴暴
55419 1767孌
55514 3233餺
55718 1681譖
55923 6250黶
56110 8090婦
56315 6204驛
57313 8738䜌譽
58615 4811罿
59418 4473㬪㬪
60103 9422尻
60104 5386尼
60106 5378凥居
60107 4789兩
60107 5380屑
60112 6782㦒
60202 0006二上
60202 0009二下
60205 0957局
60206 5384屍
60209 5211㞕
60211 5330褔
60308 5390屒
60308 5393屍
60310 5392屝
60414 5331福
60315 6659逯
60410 5145傴
60413 7289漚
60414 3198餈
60414 3199饘
60415 3223饐
60510 8443彄
60515 2429驅
60918 5381展
61104 5383尻
61104 5389屐
61107 9173甥
61205 9167功
61207 垗9094
61209 9203劾
61210 5255衹
61210 5394層
61212 6647端
61212 5410屩
61304 0102王
61309 6076彖
61309 8985 墧
61309 9181勁
61310 1228往
61310 5241衽
61312 5320裎
61312 7122汪
61312 9261銚
61313 3198粢餈
61313 6850憐
61314 5245裣
61319 5274襱
61408 0080 皇
61510 1736竟
61513 5227軀
61417 3214鎑
61417 7602鰸
61419 5248襲

61510 9007堪
61511 3192 飪
62515 6990漳
61609 7518扁
61617 5294襦
61617 9398鍔
62105 3732尿
62105 5402尾
62109 5411屐
62110 2504敖
62110 5405屎
62111 5403屬
62111 7929擩擩
62112 4977傲
62114 6428熬
62115 7015澂
62206 5396屋
62207 6078彖
62208 5009偓
62211 7291渥
62213 5406屨

62219 5350髍
62222 0594藍
62308 6067豕豢
62310 1850鬲融鍋
62312 5377屢
62315 3953贅
62317 5608贅
62411 3633樞
62411 7797摳
62410 0120 瑞
62411 2047敱
62411 3633樞
62411 6336狂
61414 9259 鎬
62415 9248 鐈
62418 4303龖
62508 5391犀
62512 2764劈
62512 3960賁商
62512 5105僻
62512 5397屏

62513 2617臂
62513 5687彰
62516 5311髮
62517 4760癖
62520 0591蘁菹
62610 1735章
62617 2420髆
62712 4692瘁
62718 9243鏡
62818 1729競
63112 9197勢
63114 6304爇
63209 5131偃
63210 8040捞
63213 5240褄
63217 4886幔
63320 9229鏐
63322 3196饊
63413 8020撓
63417 1762龔
63417 6615盩

63515 5075億
63615 0121 璥
63413 2750劈
63713 9058墇
63720 2417髒
64109 3710椱
64109 9172務
64113 3753檄
64115 5408靡
64208 0768犀
64209 3656楃
64209 7835握
64218 7590鰋鰋
64307 1740妾
64310 0193 瑒
64317 4771瘰
64408 3411亲
64415 4957瓌傀
64417 0342蕁
64516 6254麗
64719 4464蘗

64814 2756 辧
64815 4530 瓣
64816 6776 辮
64823 9360 钀鐓
64915 2138 辦
65113 8295 嫠
65210 7958 揠
65313 0161 瑪
65315 6247 塵
65411 5395 屎
65411 9017 墀
65419 1769 龔
65413 5058 僅
65513 9561 轜輭
65617 7529 靰
65618 3241 饉
65717 4680 瘽
65816 5697 辯
65921 3940 贛
66120 6428 鏊熬
66413 9195 勤

66516 6236 麓
66516 6251 塵
66610 1739 童
66612 4927 僮
66612 9558 軖
66619 3238 饐
66619 6245 廬
66719 3354 饑
66720 2350 屚
66726 2313 蘉蔓
66916 4736 瘡瘇
67721 9779 醬
68312 5407 屨
68613 4357 穜
68714 4733 瘴
69333 6257 麤
69613 9037 墉
71005 0238 屰
71008 5288 袁
71009 4262 旒
71009 4282 旅

71111 5247 袂
71220 5274 襀襱
71313 1223 德
71414 5326 裝
72005 3599 杳
72006 8027 抗杭
72008 6318 狒
72009 3582 梃
72015 0462 蓉荇苻
72104 1465 協
72105 3544 本
72107 3732 屎柅
72108 4790 滿
72108 0560 茀
72110 3646 椢
72116 3675 欄
72210 0486 莫
72413 4272 旞
73005 3594 杤
73008 9199 勃
73012 5338 製

73014 3621 橑
73107 3452 椕
73110 5305 袾
73111 0541 萃
73111 3603 榦
73115 3434 櫩
73210 3725 棓棒
73211 0324 菩
73213 3231 飲
73214 0395 藪
73214 3226 餘
73215 3249 餕
73412 0476 蔞
73418 3190 饋餼
73418 3219 饃
74513 9192 勩
73919 3229 饒
74005 4329 東柬
74009 0252 莠
74010 6449 焚
74010 3689 榹

74014 9166勳
74016 0672 藜
74107 5076使
74108 9212協
74112 0651 菉
74313 5231裁
74414 0358 莽
74614 1638 萅
74620 3208饡
75012 5244禮
75114 3188餕
75112 9204募
75315 5251襍
75318 3190饆
76008 0321茅
76113 0609莨
76114 0521 蓺
76114 6228 薦
76115 0627 蓡
76116 0552 擇
76118 0315 薓蔆

76218 5239襋
76308 1829勒
76313 9510 轅
76314 9158黼
76613 9539輕
77005 1926事
77317 6237麒
77515 9556輦
79014 0669蘇
79307 0236 毒
79313 5259禱
79413 3812樓
80005 4942伉
80006 5230衣
80008 2742初
80008 5024依
80008 7130沆
80009 5264褭
80010 5287衯
80010 6430衮
80009 5328褱

80013 5344裖
80014 5265褎
80019 7066瀤
80107 3303高
80108 0935哀
80110 5232衮
80110 5300衾
80111 5522歊
80112 5310裕
80112 5342裞
80207 3189食
80209 5272衭
80110 5322衺
80211 5235裖衫
80212 3212飡餐
81212 3225飶
80214 5287衰
80216 5234褕
80218 1860銜
80220 5329齎
80311 3220飵

80311 3242餘
80313 3248餗
80416 3209餳餯
80421 3198饐饛
80818 5233襄
80820 3217饋
81006 9191勍
81012 5349裘
81013 5277褻
81014 7629航
81006 5429抗
81104 9750午
81107 5336卒
81109 5312衦
81109 7205汻
81109 8579衹緹
81110 6071 豪
81110 6447焠
81111 5286裔
81111 6894悴
81112 5279褍

81112 7372淬
81117 5317褵
81119 5340襚
81210 3205飯
81214 5258褠
81215 5337褚
81314 3230餘
81315 5657頡
81416 5240裺
81415 6967淹
81419 3222饐
81417 7651龕龕
81518 5323襭擷
81622 5283襛
82006 8027 抗
82007 9181勍
82008 5304衷
82009 5236衺
82009 5252衺
82010 4864袠帙
82012 5261褎
82013 5281複
82013 5318褫
82017 5319羸
82018 5250襺
82106 6611卒
82108 9463矜
82111 5308袢
82111 5339祓
82111 6285猝
82213 4482粹
82218 4924辭
82312 3250餗
82314 5256裯
82418 5298褱
82419 3237餱
82625 3215饟
83008 2730笏
83009 2729筋
83009 9170勑
83010 7831挾
83110 7867捽
83111 5262袂
83111 5263裹
83213 3243餧
83214 2970篋
83414 5297襌
83417 2944籠
84011 5335衰
84111 5327裹
84112 6617籔籀
84212 5345褭
84213 3247餟
84213 5246褘
84216 3190餴饙
84218 5303褻
84311 5237裹
84314 3245餓
84415 3232餞
84418 3203饔
84521 0810嗌
85218 4472籀
85419 6617籀
86311 2943箬篿
86316 2891 籆篗
86316 5295褊
87116 6227鶇
89214 5242褸
89215 3213鎌
89412 2991箄
89418 1802鞠鞫
90005 0711尚
90006 5104佻
90006 5511次
90008 1065堂
90015 5343褮
90109 7072泥
90111 6884惴
90112 7149湍
90113 5313裂
90208 0068 祟
90209 6473炯
90211 5631頫
90213 5512款

90311 6421湛
90415 3201養
91006 9188劣
91007 9178勉
91010 1985甍甍
91011 9189勞
91015 9184勠
91109 4968僑
91110 5842崒
91210 4471巻
91314 9376 銜
91413 4467 糂
91416 1585 營
92005 4354秀禿
92006 3102虎
92007 7892挑
92008 3112虓
92009 3108彪
92009 3110虢
92009 4444黍
92012 4449黎黏
92012 4450 黎
92105 3549末
92107 4381秜
92109 3415棠
92109 6384焜
92110 6960沫
92114 3113虢
92208 2347羌
92208 7896搞
92210 2329翄
92212 4452香
92307 2074甪用
92311 6903恇
92412 9446斛
92413 3204養
92417 3235饕
94218 6233麌
92514 5086僻
92516 9200勦
92614 5855臺
92618 5005儲
93005 7983扐
93008 3109虤
93008 3111虦
93008 9185勬
93010 9210協
93014 9183勶
93109 4389穡
93109 7884揣
93110 7926 撟
93210 7853掊
93211 1866秫鬻
93212 9193勦
93309 9198勇
93520 1578 膌
93522 2362鸞
93414 5830辥
93418 5820嶽
93920 1565 譽
94012 3119虩
94108 7804抙捧
94110 6226鹿
94110 6230鹿
94111 3432虢
94111 9190勵
94112 6232 麀
94112 9194券
94114 6246麃
94116 6231麚
94217 3121贊
94217 7307溓
94312 6958淺
94314 6235麛
94316 6240麠
94428 1866鬻
94511 4361稗
94516 9181勸
94517 6248麗
94521 7801攘
95009 7902協擠
95115 6245麉麖
95216 6238麐
95216 6239麋

961094323虜

96113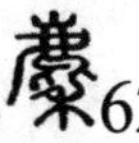6242麇

962143107虩

962165559歋

963206252麇

964186249麔

965196243麞

966206243麞

967236253麢

973109186動

983246232麟

983253116鵩

984124994傭

984142768劃

993306256 麤

附 2

疑難字探索

篆楷通檢，將據篆檢楷與據楷檢篆融會貫通，爲篆楷雙檢互釋提供了便捷的雙向通道。

由小篆演變爲隸楷，由繁體演變爲簡體，經歷了兩千多年發展、變化，漢字的形音義與時俱進，但也出現了不少問題。當今篆楷互釋，特别是據楷釋篆，必須翻越這座兩千年的歷史高山，才能找到真諦。例如，簡化字惠爱字，繁體作“愛”，若徑直釋爲篆體，則此並非篆體真“爱”。字有雙足，訓“行貌”，後人假借作惠爱字，此是假“爱”。據《説文》，惠爱字篆作（㤅）。可見，從簡體“爱”必須越過假“愛”，才能找到真。“忧”“逆” “梦”“阵前”等，同理。

因此，研讀《説文》，熟悉篆體、繁體、簡體、異體、假借字和訛變字等，了解漢字發展、演變的歷史，是學習篆書的必修課。

秦創小篆，統一文字，功莫大焉。但是，由於秦朝短暫，小篆的規範化、系統化工作是由漢代學者完成的，特别是東漢許慎《説文解字》對小篆形體系統有相當嚴密的訓釋。未有《説文》之前，篆法不一，尚屬“自然”，自《説文》問世之後，篆書出入，大多是人爲所致。後人作篆，當受許訓約束，除非所作之篆並非小篆，或者，作者持有否定許説的高見。否則，無視許説，随心所欲，“創作”篆體，實屬自以爲是，“有法不依”。

篆書莊重、典雅，凡異體字、訛變字宜選用篆書本字、正字。遇“缺篆”情况，應當“遵循前賢，假借他篆”，切莫杜撰或誤用篆字。

然而，前人的有些“假借字”亦不可取。如漢代《白石神君碑·篆額》中的“白”字，篆書作（，“自”的省文）；清代吳昌碩《西泠印社記》中“私幸”之“幸”字篆書作（㚔 niè）等等，嚴格説來，均爲杜撰。許慎《説文·敘》曰：“假借者，本無其字，依聲托事。”若本有其篆，《説文》問世之後，後人作篆仍“假借”他篆者，是未讀通《説文》之故。筆者推出《説文篆楷通檢》，就是希望能對解決此類問題有所幫助。

爲矯流弊，試探疑難。

篆體、繁體、簡體、異體、假借字等相互關係相當複雜，筆者才疏學淺，無力窮盡，僅就一孔之見，將易混淆、易寫錯者彙編於此。爲便於檢索，全文依拼音爲序編排，其中的五位數碼是篆字編碼，讀者可從本書中據號索篆。在檢索中遇到“一篆對應多楷”“一楷對應多篆”或篆楷互不對應者，可參閱本文，尋求幫助。處理篆體結構問題，請參閲拙著《檢篆釋疑》（江蘇人民出版社 2010 年 6 月）和《説文檢字》（鳳凰出版社 2013 年 9 月）；處理小學疑難問題，請研讀前賢專著，如段玉裁《説文解字注》、王筠《説文釋例》與《説文句讀》、桂馥《説文解字義證》、朱駿聲《説文通訓定聲》和王同愈《小篆疑難字字典》等。

A

ài 㤅愛爱 52109；ài 愛爱瑷 74111；ài 薆 86115

㤅，篆體作。本義：惠愛。凡仁愛、親愛、恩愛、喜愛、愛情之“愛”，小篆作㤅。隸楷通作“愛”，簡體作爱。段玉裁《説文解字注》（以下簡稱“段注”）曰：“今字假愛爲㤅，而㤅廢矣。”

愛，本義行貌，故从夊。篆體作，隸定作愛，假借爲㤅；

愛，通“薆”。《詩》“愛而不見”之“愛”，篆當作（薆）；

愛，通“瑷”。黑龍江“瑷琿”（地名）簡化作瑷珲，今瑷琿縣（區）名改作爱辉。小篆無瑷字，篆書宜以當之。

ài 䦧隘 56721；ài 隘 10418

隘，隘口。泛指狹隘。

《説文》（鉉本）“隘”字篆文作（䦧），籀文作（隘）。段注改籀文爲篆文，曰：“䦧，籀文也。隘，小篆也。先籀而後篆者，爲其字之从㒳𠂤也。”

ān 雗鵪鹌 05515

鵪，篆体作（雗），簡體作鹌。

áo 敖遨螯 62110

敖，篆作，訓“出游也”。遨游字篆書當作（敖）。《詩·邶風·柏舟》：“微我無酒，以敖以游。”《商君書·墾令》：“民不敖，則業不敗。”

通“螯”。《荀子·勸學》：“蟹六跪而二螯。”王同愈《小篆疑難字字典》曰：“螯篆作敖。”

B

bái 白 50204；bái 白 00102；zì 白（自）50104；bī 皀 50105

楷體字構件“白”，有多種篆體原形：

（1）（白，白色。小篆从入合二。古文作）。皙、皚、皎等皆从（四畫）；

（2）（白，古“伯”字。形如大母指，老大）。伯、迫、怕等皆从（二畫）。今《説文》（中華本）小篆已將和合爲一篆，均作（三畫）。

（3）（白（zì），自字省文）。如（皆）、（魯）、（者）、（百）、（皇）和（書）等皆由構成。其中，（百）古文作［百］、本字作（皇），可佐證（白）與（自），一省一不省，是同一字。

與（）形音義皆異，不可通用。但漢代《白石神君碑·篆額》其“白”字篆書誤作（自）。明明是寫白字，有人卻强釋曰：“此乃借代。”（見《金石大字典·白部》）

（4），（皀）字的首部，是象形符號。象稻穀，穀壳裹着米粒，外有一根芒刺。卽、既和食等篆皆从皀（）。皀（讀 bī ）和皀（yǎo）非同一字，爲防二字混淆，皀字多一筆（芒刺），不可忽略。但歷來篆書，多有忽略。詳見“bī 皀 50105；yǎo 皀 50104；shí 食 80207”。

（5），（泉）字上部，象形。此篆首部隸變作白，原、驫和灥皆从泉（）。

（6），（㒵）中间的“白”，在樂（）字上部，㒵“象鼓鼙（pí）”，鼓大、鼙小，中間“白”象鼓，兩旁“幺”象鼙也。

以上、、、、和，釋爲楷體，均作白。故楷體構件“白”釋爲篆體時當有種種區别。

常見篆書将（白）誤作或。

碑帖中，篆體構件（白）誤作例字：

唐・李陽冰《三墳記》，宋・朱清道《呈如公妙空禪師碑》，宋・《千文殘卷》，元・吳叡《千字文》，明・趙宧光《張卽之金剛經跋》，清・吳昌碩《西泠印社記》，清・徐三庚《篆書册》，清・吳讓之《唐宋詩》，近・王禔《千字文》，近・王禔《千字文》。

碑帖中，篆體構件（白）誤作例字：

唐・顔真卿《千祿字書碑額》，唐・《峿臺銘》，唐・李樞《華山神廟碑題字》，（傳）唐・李陽冰《千字文》，元・趙孟頫《六體千字文》，元・吳叡《千字文》，清・徐三庚《供石聯》，清・何紹基《柳老聯》，清・陳潮《法家言》。

bǎi 捭擺摆 23109

擺，篆作（捭），簡體作摆。俗篆作，不可取。

bàng 棓棒 33210；bēi 桮杯 33209

棓，篆作，讀 bàng，俗作棒；“棓”誤認作“桮”，誤讀爲 bēi；桮，篆體作，形似（棓），今簡化作杯。

bào 㬥暴曝 53215；bào 暴暴 54214

㬥，篆作，从日，从出，从収，从米，訓“晞也”。表示二手把米捧到陽光下照曬。㬥曬字篆作此，俗作曝，非是。隸變後與从夲之“暴”同作暴。《集韻・号韻》：“暴，或作暴，古作㬥。”

暴，篆作，訓“疾有所趣也”。王筠句讀：“暴，本是及時急事之義。自《周易》稱暴客、《周禮》有禁暴氏，遂專爲暴虐。”殘暴字篆作此。段注：

暴“與㬥二篆，形義皆殊，而今隸不別。此篆主謂疾，故爲夲之屬；㬥主謂日晞，故爲日之屬”。若作篆書“暴”，須據文義區分暴與㬥。

bào 勹 菢抱 00004；bào 抱 52006；bào 袌 80007

勹，篆作，篆文象人曲身，懷中抱子。段注曰：“此當爲抱子抱孫之正字。”

菢，孵，鳥伏卵。篆作（勹），今作抱；

抱，篆作，“捊”之或文。《説文》：“捊或从包。”段注曰：“後人用抱爲褱袌字，蓋古今字之不同如此。”

袌，篆作，懷抱二字篆書宜作（褱袌）。

bì 斁 畢毕 19511；bì 畢 58408

斁，篆作，訓“盡也”。後借畢爲斁，畢行而斁廢；

畢，篆作，本義爲田猎之网，罕用。簡體作毕。事畢、畢業、畢恭畢敬之畢，篆書當作（斁）。

bì 辟 62410；pì 闢 辟 52616

辟，篆體作。如复辟、辟召、辟舉、辟除、辟引、辟書、大辟，其義與君主、法、刑相關；闢，本義“開也”，凡开拓之義用此，如開闢。引申義用如精闢，篆體作，簡體作辟。

《説文》：“辟，法也。”段注：引申之爲罪也；又引申之爲辟除；又引申之爲盤辟；又引申爲一邊之義；或借爲“僻”，或借爲“避”，或借爲“譬”，或借爲“闢”，或借爲“壁”，或借爲“襞”，等等。

bī 皀 50105；yǎo 皀 50104；shí 食 80207

皀，篆作，訓“穀之馨香也”。

皀，篆作，訓“望遠合也”。

皀（）與皀（）是形音義不同的兩个字，篆體之區别僅在於首部綫條形狀之不同。

食，篆作，从亼皀。《説文》（中華本）將“从”誤作“从”，食部所有从食之篆，其皀皆誤作皀，無一例外。例如：

（鍵）、（餰）、（餗）、（食）、（饆）、（饆）、（䊩）、（饎）、（飴）、（餳）、（䭝）、（餅）、（餈）、（饙）、（饘）、（餱）、（䬸）、（饎）、（饌）、（餥）、（養）、（飯）、（飷）、（飤）、（饡）、（餘）、（餳）、（飧）、（餔）、（餐）、（湌）、（鎌）、（饁）、（饟）、（饋）、（饗）、（饛）、（飵）、（飦）、（饐）、（饐）、（餬）、（飶）、（䭂）、（飽）、（餇）、（饒）、（餘）、（飫）、（餞）、（餫）、（館）、（饕）、（飻）、（䭑）、（饖）、（餲）、（饑）、（餽）、（餧）、（飢）、（餓）、（餽）、（餟）、（餅）、（餕）、（餗）、（餕）、（餻）、

（飭）。此七十一篆，出自權威的中華版《説文解字》（鉉本），其他典籍和篆體碑帖中从皀誤作从邑者，無須贅述。

biǎo 表 82007；biǎo 錶

表，篆体作，本義指上衣、外衣。簡體作表。外表、表現、表演、表裏如一之表字篆作此。

錶，手錶、鐘錶之錶，後起字，無篆，也簡化作表。

bié 別 10005；biè 彆 62212

別，如告別、差別，篆體作（別）；彆，彆扭，篆體作。簡體皆作別。

bìn 髕臏 50317

臏，篆作（髕）。《四體大字典》所收俗篆，不可取。

bìng 并22410；bìng 併 22412；bìng 竝 60210；bǐng 屏 62512

并（并），篆作。《説文》訓“相从也”， 从从、幵聲，篆作；《説文》：“一曰从持二干爲并。”甲骨文“幷”作，或作，《秦詔權》作。一字二形，自古如此。

併，篆作，訓“竝也”。

竝，許書篆作，从籀文大（80004），訓“併也”。常見篆書作，从古文大（81003），亦合字理，雖非《説文》字形，但可通用。今作並。

“併”與“并”音義同，但與“並”有所別，如“兼并”的意義寫作并、併，不作並；“一起”的意義寫作並，如並排；“依傍”的意義作並；“抛弃”的意義寫作并、併（并棄）。《禮經》注曰：“古文並，今文多作併。”不盡如此。

屏，篆作，訓“蔽也”，引申爲屏除。“并棄”字，經傳用“屏”，如《論語》：“屏四恶。”

姘，篆作，通用爲姘居字；《説文》訓“除也”。依據《説文》，“并棄”“屏棄”字，篆书作（姘）。段注曰：“依許則屏，蔽也；姘，除也。義各有當。經傳皆用‘屏’，屏行而姘廢矣。”

bō 盋鉢缽 62111

鉢，篆作（盋），簡體作钵。俗篆作，不可取。

bǔ 卜 60102；fú 菔 73113；bo 蔔卜

卜，篆作（卜），占卜、前程未卜；

菔，篆作，蘆菔；

蔔，是後起字。蘿蔔二字，依《説文》篆作（蘆菔），今簡化字作萝卜。

蘆菔、蘿蔔、萝卜，所指爲同一物，但古今字形、讀音均不一。

C

cái 才 72103；cái 纔 51017；cái 材 74106

“才能”“才華”之意，篆書用（才）；“剛剛”“方才”之意，篆書用

（纔）。簡體皆作才。

“素材”“材質”“天生我材”之材字篆書用。

cǎi 采採彩綵 12006；cài 寀埰 52008；cǎi 棌

“摘取”之義本作（采），从木、从爪。後“採摘”字寫作採；“采取”字用采；“文彩、五彩、彩色、光彩”字用彩；“綵”，仅用於彩色絲織品。小篆皆作。段注曰：“凡文采之義本此。俗字手采作‘採’，五采作‘彩’，皆非古也。”徐鉉等《説文》新附字，是後起字，並非秦漢小篆，不可用。

“卿大夫受封土地”之義爲寀邑、寀地，字亦作埰，篆體作；

櫟樹（柞樹）義，寫作棌。棌，無篆。

cán 慙慚惭 05311

慚，篆體作（慙），簡體作惭。

cǎo 艸草 72004；zào 草皁皂 52210

艸，篆體作，此爲草木之草的本字；

草，本讀 zào，篆作，訓“草斗，櫟實也”。皂莢之皂字篆作此。俗以草爲艸（讀 cǎo），乃另以皁或皂爲草。即，草斗、草莢之草字篆作，俗作皁，或作皂；青草、草木之草字篆作。

chàng 暘暢 01310

暘，篆作，訓“不生也”。通暢之暢字篆作此。徐鉉注曰：“借爲通暢之暢。今俗别作暢，非。”

chāo 鈔抄 61312；miǎo 杪 72007

鈔和抄，小篆皆作。古竊取他人文字曰鈔，俗作抄，後“鈔票”字專用鈔，“掠夺”“抄寫”之意用抄；末尾、最後之意用杪（鈔），讀 miǎo，篆見 72007 杪（《説文》新附字）。

cháo、zhāo 鼂鼂鼌晁 00411；cháo、zhāo 鼂鼂鼌晁 00313

鼂，篆作，或从皀，篆作。隸變爲鼂，俗作鼌、晁。訓“匽鼂也”，虫名。《漢書》鼂姓又作晁。《水滸》晁蓋之晁，篆書宜作。

cháo 淖潮 71211；cháo 韩朝 71313；cháo、zhāo 嘲謿；zhāo 啁 42510

潮，篆作（淖），凡篆書从“朝”者，誤；

朝，篆作（韩），凡篆書从“月”者，誤；

嘲，如咏風嘲月，亦作謿，俗篆作，篆書宜作（啁）。《説文·新附字》：嘲“漢書通用啁”。段注引《倉頡篇》曰：“‘啁，調也。’謂相戲調也。今人啁作‘嘲’。”

chén 沈湛沉 91110；chén 湛 90312；shěn 瀋渖沈 22216

沈，篆作，訓“陵上滈水也”。古多假借爲湛没之湛，又或借爲瀋字；

湛，篆作。訓“没也”。段注曰：“古書浮沈字多作湛，湛沈古今字，沉又沈之俗也。”湛，今讀zhàn。

瀋，篆作，訓“汁也”。古假借沈爲瀋，俗作渖。今“沈阳”之沈本作瀋。

chén 敶陣 13820；chén 陳陈 12716

敶，篆作，訓“列也”。敶列字，後人假借陳爲之，軍陣，本作軍敶；

陳，古地名、古國名，篆作，从𨸏从木、申聲，右旁並非“東”字；古文作𨻰，从𨸏从申，可佐證；小篆“申”从臼，而“東”从日在木中，見 75105 東。自漢以來，在許多傳世墨迹中，篆書“陳”誤作从東，如漢《開母石闕》、清徐三庚《篆書册》、趙之謙《漢鐃歌》和今人篆書“某某陳列館”等。據許書，小篆“陳”與“東”毫不相干。故篆書“陳”寫作从東者，非。

chēng 偁称 95010；chēng 稱称 98210；chèng 稱秤 98210

偁，本義：揚、舉，稱譽，稱讚，稱謂。《説文》篆作，聲符爯象手提大魚之形，保留了甲骨、金文字形。参照篆文（冓）和（再），“偁”篆可作。後借稱爲偁，簡體作称。小篆（爯）、（偁）、（稱）三字用法有别，凡手舉字當作爯，凡偁揚字當作偁，凡銓衡當作稱。

稱，表示銓衡器，讀 chèng，如稱杆、磅稱。簡體作秤。

chén 䨏塵尘 69230

塵，篆作（䨏），从麤，从土，众鹿奔跑，塵土飛揚。隸書从一鹿，省作塵。簡體作尘。

chī 嗤；xī 欰 60109；chī 蚩嗤 40106

嗤，篆作（欰），義爲譏笑，嘲笑。如“豈多嗤乎”。俗篆作（嗤），不可取；

欰，欰欰，戲笑貌。此卽嗤笑字。嗤亦作蚩；

蚩，篆作，古假借蚩爲欰。

chí 遲 44214，chí 遅，chí 迟 40310

遲，篆作或（迟），籒文作（遅）。段注曰：“唐人經典用遅不用遲。”簡體作迟。

chí 池 92009；tuó 沱（池 chí）20009

《中文大辭典》曰：“穿地畜水，圓者曰池，方者曰塘。”《説文》無“池”“塘”二篆。徐鉉新附篆文有“塘”無“池”，並曰：“池沼之池，通用江沱（）字。”段玉裁以爲《説文》佚此字，遂補篆文（池）。愚通考《説文》全書，許君於邁、弊、褫、觀、䜳、邕、鹽、蛟、隍等字下釋文多處用到“池”字，特别（隍）字下曰：“城池也。有水曰池，無水曰隍。”據此，愚以爲秦漢時必有（池）字，段補篆，可信、可用。

chí 峙（峙跱）41210

峙，篆作，訓“躇也”。《説文》：“躇，峙躇不前也。”峙躇（chí chú），行而不前之狀。亦作躇峙、踟躕。峙亦作峙，峙具、峻峙之峙，亦作跱（zhì）。峙、跱篆書皆作（峙）。段注曰：“峙卽峙，變止爲山，如岐作歧，變山爲止，非真有从山之峙，从止之歧也。”

chì 㡿庈斥斥 12106

充㡿之㡿字，俗作斥、作斥，篆體作，簡體作斥。段注曰：“俗作斥、作斥，幾不成字。”

chì 彳 90003；yǐn 廴 20003

彳，篆作，变形作、、、。《説文》：“彳，小步也。象人脛三屬相連也。”

依照“三屬相連”之説，篆文作（三畫）爲正字，但歷來有多種寫法（如上）。徐鉉曰：“李斯作，筆迹小變。”考《嶧山刻石》，相傳李斯筆迹，其（追）和（遠）二篆皆从辵（辶）；辵，从彳；彳，其篆作。可見李斯篆法並非概作。鉉本亦並非皆作，如玉部（珩）、艸部（荇）、水部（衍）、糸部（徽）、來部（後）、金部（銜）和車部（衛）等，其彳篆作。作爲工具書，宜取正體字形，其中，篆體構件彳，當據許説寫作。

廴，从彳引之，篆作，从廴之篆當从，但常見將多改作。如鉉本手部挺字篆作、广部庭篆作，其中与“三屬相連”之説不合，非正體。

chōng 沖冲 32108；chōng 衝衝冲 96516

沖、衝、衝，簡化皆作冲。

空虛、謙虛、年幼之意用沖，後作冲，篆體作。例詞：大盈若冲、謙冲節儉、方年冲藐；

交通要冲、冲擊、向着、對着之意，篆體作，隸定作衝，異體作衝，簡化作冲。例如：天下之衝、衝撞、首衝南方、要衝、衝水、衝動、衝擊等，篆書只用。

chóng 蟲虫 00006；huǐ虫 00002；huǐ虺虫 20105

蟲，蚰蟲（昆虫）、毛蟲字，篆書用，簡化作虫（讀 chóng）；

虫，本義爲“蝮”，一种毒蛇，讀 huǐ，與“虺”同。虺，《爾雅》以爲虫蝮字。

chóu 仇 21004；chóu 讎讐雠 57919；shòu 讎售

仇，从人、九聲，讀 qiú，篆作。本義：匹偶，同伴。《爾雅·釋詁》：“仇，匹也，合也。”仇與逑古通用，《禮記·緇衣》：“君子好仇。”《周南》：“君子好逑。”用爲姓氏，讀 qiú，非 chóu。

仇，同“讎”（讀 chóu），通“售（讀 shòu）”。

讎，訓“猶譍也”，義爲以言對之，應答。引申爲物价之讎，如《詩》“賈用不讎”，後人改作售（讀 shòu）。故“售”字篆書當作。《説文》新附篆文，不可取；又引申爲讎怨。古“怨仇”“仇恨”字用此。《史記·晉世家》：“仇者，讐也。”讐同讎，篆體作，簡化作仇。

chǒu 醜 05210；chǒu 丑 22003

地支用（丑）字，如子丑寅卯；簡化字美丑、丑恶、丑角等字，篆作（醜），如（醜陋）、（醜惡）。

chū 出 40003

出，篆作。《説文》："出，象艸木益兹，上出達也。"

，隸定作屮。常見篆書以隸法入篆，將變作屮。參與構成的篆文衆多，主要有以下三个系列：

（1）从系列。，从出、从放。楷體作敖。《説文》（中華本）篆體變作；（敖）與水、火、山、耳、亻、言、黽、口、馬、麥、貝、犬、力和女等偏旁組合，分别構成（激）、（熬）、（嶅）、（聱）、（傲）、（謷）、（鼇）、（嗷）、（驁）、（麰）、（贅）、（獒）、（勢）和（嫯）等，篆書結構均有出入。

（2）从系列。（小篆暴字頭，不成字），从日、从出、从収。其中"出"往往以隸體"屮"入篆，寫作；與米、糸、夲和言等分别構成、、和等；又，與水、火和衣（衤）等分别構成、和等；和鳥構成。這些篆體字形皆出自《説文》（中華本），詳見《説文檢字》日部曓（暴）、糸部纍、夲部暴、言部譽和水部瀑、火部爆、衣部襮、鳥部鸔等。

（3）从系列。，訓"神禍也"，謂鬼神作災禍，从示、出，隸作祟。《説文》（中華本）篆作，與又、隶和欠等分别構成、和等；與艹、宀和虫等分别構成、和等；和木構成。詳見示部祟、又部馭、隶部隸、欠部款、艸部藪、宀部寂、虫部蠡和木部欙等 。其中，"祟"篆皆作，非正體。

相傳秦刻石"暴"作（會稽刻石），其中作屮。秦刻石中的類似情形頗多，原因可能有三：一是小篆初創時，有些寫法不够規範；二是吸收了當時"秦隸"的寫法；三是刻石自然風化及後人修補、模仿翻刻所造成的失真。

碑帖中，篆體構件以隸法入篆的例字：

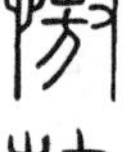
(傳)秦・李斯會稽刻石，
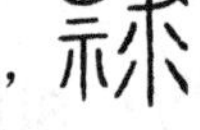
(傳)唐・李陽冰《千字文》，

唐・□禕墓誌，

元・吳叡《千字文》，

元・趙孟頫《六體千字文》，

清・吳讓之《三樂三憂帖》，

清・黃士陵《呂子呻吟語》，

近・黃葆鉞《百家姓》。

chǔ 楚 44009；shū 疋22007；shū 䟽02008；shū 疏䟽踈 51008

楚，篆作，訓"叢木"。从林，疋聲。

疋，篆作，訓"通也"。从爻、疋，疋亦聲。

䟽，篆作，訓"門户疏窗也"。从疋，疋亦聲。囱象䟽形。

疏，篆作，訓"通也"。从㐬，从疋，疋亦聲。古疏、疋、䟽三字通用。以上四字皆从疋。疋，讀shū，與足同源，小篆已分化，篆、隸、楷，形、音、義均不同于“足”。凡小篆作从足者，誤。例，（楚） 漢·袁安碑。

chù、xù 畜蓄 52106；shòu、chù 嘼兽 03206；shòu 獸 54210

畜，篆作，玄田爲畜。本義指種地而得的蓄積。與積蓄之蓄音同義近，讀 xù。後用爲牲畜字，讀 chù。遂造蓄、稸字，即蓄、稸篆書當作（畜）。畜或从兹，段玉裁改爲从艸（蓄）。

牲畜字本作嘼。

嘼，篆作。簡體作兽，讀 chù。嘼即牲畜，飼養時稱畜，亦稱嘼（xù）；用於祭祀時稱牲；野生的一般稱謂野嘼（shòu）。《左傳》疏：“家養謂之畜，野生謂之嘼。”

獸，篆作。義爲狩猎。《説文》：“獸，守備者也。”讀 shòu，後此義通用狩字。狩，篆作，本義火田、冬獵。《釋天》曰：“冬獵爲狩。”狩猎字篆作，亦作。

獸，另一義指禽獸、野獸。《説文》：“一曰，兩足曰禽，四足曰獸。”簡化作兽。野獸字篆作，亦作。

chuǎn 舛踳僢 94006

舛，篆作，从夂牛相背，像兩只方向相反的脚，本義：相違背，顛倒。用例：舛馳、舛午、舛訛。王勃《滕王閣序》：“時運不齊，命途多舛。”其字亦作僢，篆文或作（踳）。

篆文（舛），从（夊）（㐄）相背。（夊）、（㐄）與（夂）、（干）之别，見“suī夊 92003、zhǐ夂 91003”。

舛是《説文》部首，由舛構成的字衆多，如舞、舜、韋等皆从舛，以及从韋之字皆由舛構成。

chuāng 办創创瘡疮 10004

办，訓“傷也”。从刃，从一。《説文》（大徐本）篆作，《説文》（小徐本）作，段改字作（此與許説相符）；

办，或作創（），如創瘍，俗作瘡，簡體作疮；

創，本義同办，後用爲創造、創作、創業字，簡化作创。

chūn 杶椿 74106；chūn 櫄杶椿 75015

椿，小篆無此字。篆書以杶（）爲椿。俗篆作（74208 椿），不可取。

杶，或从熏，篆作（櫄）。

cí 辤辞 13312；cí 辭辞 14417

辤，篆文作，籀文作（辝），訓“不受也”，辭職、辭别字篆作此；

辭，篆文作，籀文作（嗣），訓“説也”“説者，釋也”。“辭典”字篆作此。常見辤、辭不别。簡體皆作辞。

cóng 从 20004；cóng 從从 00010

从，篆作，从二人。訓“相聽也”。以類相與曰从，如鍾、鐘从金，種、穜从禾，嘴、吹从口。通“從”。段注曰：“从者，今之從字，從行而从廢矣。”又，“許書凡云从某，大徐作从，小徐作從”。

從，篆作，从从辵。訓“隨行也”。如隨從、順從、主從。簡體作从。

cū 粗麤 21410；cū 麤麄粗 99027

粗，篆作，本義：糙米。引申之，凡物不精者，皆謂之粗。如《莊子》曰：“可以言論者，物之粗也；可以意致者，物之精也。”後借粗爲麤。如粗壯、粗大、粗暴等，篆當作麤；

麤，篆作，訓“行超遠也”，引申爲魯莽之意。俗作麄。簡體作粗。

cuì顇悴瘁 81212；cuì悴 81009

顇，篆作（），義爲顦顇，古籍也作焦瘁、蕉萃，通作“憔悴”；許書無憔篆，“悴”訓憂也。故“憔悴”篆宜作“醮顇”，另見 qiáo 醮。

cūn 邨村 22106

邨，篆作，訓“地名”。徐鉉注曰：“今俗作村。”

D

dà大 80004；dà大 81003

大，篆作，亦作。

（見下文“liù六 50004；dà大 80004；tiān 天 61104；ér 而 60104”）

dài隸迨 25114；dài 殆 00307

隸，篆作，訓“及也”。此字與殆（）音義皆同。俗作迨。《詩·豳風》“迨天之未陰雨”字，古作隸。

dài 隶逮 24007；lì 隸隸隸隶 24215

隶，篆作，義爲逮住，讀 dài；

逮，篆作。逮與隶音義同；今“隶”用爲“隸”的簡體字，讀 lì。

隸，篆作，或作。段注：《九經字樣》云：“隸字故從又持米，從柰聲，又象人手。經典相承作隸已久，不可改正。”又，《周禮》曰：“奴，男子入於罪隸。”簡體作隶。

dān 儋擔担 51314；hé 何荷 60206

儋，篆作，俗作擔，簡體作担；儋，訓“何也”；

何，篆作，俗作荷，義爲背負、負荷、儋荷。古以背曰負，以肩曰儋。

dàn 澹淡 51317；dàn 淡 90013

澹，篆作，訓“澹澹水搖皃也”。俗借爲淡泊字。

淡，篆作，訓“薄味也”。淡泊字篆作此。

dǎng 黨党 91016

黨，朋黨、黨派字，篆作。簡體作党；

党，姓氏（党項），無篆，楷體不可繁化作黨。

dé 德悳 71113；dé 悳悳德徳 41310

德，《說文》篆作（段注作），从彳（chì），悳（dé）聲。从“彳”，表示與行走有關。訓“升也”。本義：登高，攀登。假借爲悳字；

悳，篆作，从直心，直亦聲（直篆作，从十目乚）。訓“外得於人内得於己也”。道德、仁德之德字本作此。段注曰：“俗字叚‘德’爲之。”

“德”字篆刻、篆書往往省作徳（），右部中間少一横。有人考證曰：“从甲骨文到漢印，德字没有心上加横的寫法，《說文》小篆誤。”（百度學術·徐善飛《近四十年出土秦漢篆文整理和研究》2010.10）許書小篆系統是迄今唯一的最嚴整的漢字系統。德字心上有没有“一横”？如上所示：《說文》德字从悳；悳从直；直从十目乚，此“乚”就是所謂“一横”的來歷。俗書省減，本屬正常，而以俗字“省文”爲據，“考證”正字“原文”爲“誤篆”，這很不正常；更以實例的多少作爲評判的依據。若此風一開，將憑獲票之多少，取捨學術之是非。

dī 低；dī 氐 11204；dǐ 厎 11205；dǐ 砥 11206；dǐ 底 11206

《說文》無“低”字，徐鉉等新附字。《說文》釋解昏字云：“从日从氐省。氐者，下也。”據此，氐爲高低之低。例：低級、低等。“低”，篆書宜作（氐）。

厎，篆作，或作（砥），如砥礪。今砥行而厎廢。

底，篆作。《廣韵》曰：“底，下也，止也。”上爲盖，下爲底。例：無底之谷，深不見底，井底之蛙。

diàn 澱淀 21215

澱與淀是形、義不同的兩个字。

澱，篆體作，義爲沉滓，如沉澱。《廣雅》：“澱謂之滓。”簡體作淀；淀，本義爲淺水湖泊，如荷花淀、白洋淀。無篆，俗作。

diàn 坫店 31407

坫，篆作，《說文》訓“屏也”，俗作店；

店，篆闕，篆書宜借坫爲之。

dié 蜨蝶 55008

蝴蝶二字，篆作（胡蜨）。

dǒu 斗 92004；dòu 鬥鬦 54008；dòu 鬭鬪 54113

斗，篆作，盛酒器、容量單位、星宿名用此字。例詞：北斗、煙斗、斗膽、漏斗、車載斗量；

鬥，篆作，爭鬥、戰鬥、鬥牛、鬥智鬥勇字用此篆。俗作鬦、鬪。

鬭，篆作，訓“遇也”，義爲鬭接。凡鬭接、鬭拱字用此篆。

鬥、鬦、鬪，簡體皆作斗。然从鬥之隸楷字，如鬧、鬮、鬩，簡體多从门，如闹（鬧）、阄、阋等。故凡今从门之字釋爲篆體，當注意从鬥與从門之别。

dú 嬻 14217；dú 瀆渎 71219；dú 遺 41220；dú 黷黩 12225

嬻，訓“媟嬻也”。媟嬻二字篆作。後以溝瀆字爲之，瀆行而嬻廢。古籍多作“褻瀆”。

瀆，篆作，訓“溝也”。簡體作渎。褻瀆、瀆職字篆作嬻，亦作遺、黷；

遺，篆作，訓“媟遺也”。用如“褻遺”；

黷，篆作，訓“握持垢也”。假借爲嬻。如：“媟黷”，“敬而不黷”《汉书·郊祀志》，“以故得媟黷貴幸《漢·枚乘傳》”。

duān 耑 12106；ér 而 60104

（見“ér 而 60104；duān 耑 12106”）

duī 𠂤堆 00205

𠂤，篆作，義爲小𠂤（fù阜），俗作堆。後堆行而𠂤廢；《説文》（小徐本）有篆文“堆”字，大徐删。堆，篆體作。

duó 敓奪夺 61210；duó 奪夺 85311；tuō 脱 10109

敓，篆作，訓“彊取也”。段注曰：“此是爭敓正字，後人假奪爲敓，奪行而敓廢矣。”

奪，篆作，訓“手持隹失之也”。凡失落物，篆作此，今作脱。後“奪”字用为強取（彊取）、爭奪字。今簡化作夺。

脱，篆作，訓“消肉臞也”。臞，少肉也。即今俗語消瘦脱形之義。段注曰：“今俗用爲分散遺失之義。分散之義當用挩。”“遺失之義當用奪。”

duò 陊 12717；duò 墒墮隳堕；duò 陊墮堕 50311

陊，《説文》作，“敗城𠂤曰陊”。小篆陊作（墒），隸變作墮，俗作隳，今作堕。墮字从𠂤，本乃敗城阜之偁。後用爲堕落、崩落之義。

堕落之堕讀duò，小篆本作（陊）。簡體作堕。

E

ē 婀 57108；wǒ 婐 57108

婀，無篆。據《説文》，婀娜，篆作（婐妮 wǒ nuǒ）。

段氏於婐字下注曰：“俗作婀娜。”

é 頟額 41312

頟，篆作。徐鉉注：“今俗别作額。”則额篆當作（頟）。

è 厄戹 10003；è 戹 10104；è 阸阨 10411；è 軶軛 75409

厄（戹）、阨（阸）和軛（軶）三字的基本用法：

厄，困苦意，如厄運。篆作；異體字“戹”是因篆體字符隸變訛作巴而産生。

阨（阸），同厄，讀è。篆作，亦可作。

阨（阸），通“隘”，讀ài。義爲阻塞、狹隘、險要地勢；困厄、困窘。如阨陋、險阨字篆書宜作（隘）、（䶂），亦可作（阸阨）；又如：阨難、阸隱、阸窘字，篆書作。

軛（軶），馬車用具，篆作（軶）。

è 蚅鰐鱷蝁鰐 02106

蚅，篆作，俗作鰐、鱷、蝁。簡體作鳄。

ér 而 60104；duān 耑 12106

篆體“而”與“耑”本不相干，只因隸體“耑”下部作“而”，後人篆書遂將两个不同的構件相混淆，並且涉及由“而”和“耑”構成的一系列篆文。

而，篆作（參見下文“liù六 50004；dà大 80004；tiān 天 61104；ér 而 60104”）。

段注曰：“而，須也。象形。”“蓋而爲口上口下之總名，分之則口上爲䫇，口下爲須。”上下之间隔著“口”，故此篆不可作。

耑，篆作。《説文》：“耑，物初生之題也。上象生形，下象其根也。”段注云：“一，地也”，“一下則象其根也。”地上之“題（芽）”和地下之根系不可斷裂，否則如何生根發芽。故此篆不得以“山”和“而”拼湊成或。總之，耑並非从而，下部不可作。

段注《説文》此篆作，不誤。但是，用作構件時，卻“根系”往往斷裂，寫作（下部構形誤同）。从耑之篆結構大多有出入，如瑞、端、剬、稿、褍、喘、歂、諯、腨、顓、貒、湍和黹等，篆體正字見本書正文：ruì瑞 63410、duān 端 62211、duān 剬 12108、duān稿94109、duān 褍 82110、chuǎn 喘 42208、chuán 歂 12111、zhuān 諯 43413、shuàn 腨 12109、zhuān 顓 12313、tuàn 貒 12112、tuān 湍 92111、tuān 黹 77314。

有些篆書字典將“耑”歸屬“而”部，如：《中國篆書大字典》而部所收耑字：、等。誤導讀者，無過於此。

篆體“而”與“耑”正、異字形對照表：

篆體而字 正　形	篆體而字 異　形	篆體耑字 正　形	篆體耑字 異　形
	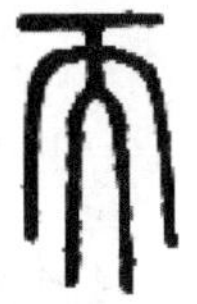		
秦・李斯 碣石頌	唐・碧落碑	清・楊沂孫 説文部首	清・吳大澂 説文部首

漢・開母石闕	宋・夢英 篆書目錄 偏旁字源碑	清・段玉裁 《説文解字注》	元・趙孟頫 六體千字文

唐・李陽冰 三墳記　清・吳讓之 唐宋詩　《說文解字》（鉉本）　漢・開母石闕

清・段玉裁《說文解字注》　清・楊沂孫 蔡邕屏　《說文解字》（鉉本）　（傳）唐 李陽冰千字文

清・段玉裁《說文解字注》　清・楊沂孫 詩經　清・王禔 千字文　清・黃士陵 呂子呻吟語

F

fā 發发 91112；fà 髮发 14114；fà 髲发 32213

發和髮簡化皆作发。“髲”是“髮”的或文。

簡體“发生”“发展”字篆體作（發）；

簡體“头发”“毛发”字篆體作（髮）或（髲）。

fān 颿帆 54310

帆，篆體作（颿）。徐鉉注：“舟船之颿本用此字，今别作帆。”

fàn 范 72011；fàn 笵 82011；fàn 範 87311

范、笵、範，古代是三個字。

范（），作姓氏用范。如范仲淹；

笵（），法具，古法有竹刑；

範（），模具，亦作笵，“規模曰笵”。《通俗文》。“以土曰型，以金曰鎔，以木曰模，以竹曰笵，一物材别也。”《玄應》。簡體模范、范例篆當作（範）。

范、笵皆从氾。楷體氾、犯聲符作“㔾”，篆體从㔾聲嗎？段本説“从㔾聲”，鉉本説氾“从㔾聲”、犯“从巳聲”。今各家所注《説文》大多照抄，而並不詳考篆體聲符隸定當作什麼。今考㔾：5748卩（jié），篆作，用作構件時，變隸作㔾、巳、巴、卪等，如5754厄（戹）è、5756卷（卷）juǎn 、5763色sè等；再考9748巳sì，篆作。（㔾）和（巳）的形、音、義均不當作（氾）的構件。其實，“氾”和“犯”的聲符既非“㔾”，亦非“巳”，而是马（），讀hàn。只有4324，隸定作马，讀hàn，才配作（氾）和（犯）的聲符。

只是，隸定將从㔾變爲从㔾而已，但㔾和从㔾聲之字（如氾、犯、范、笵和範等）其韻母至今相同。

fàn 芝 42108；fàn 氾 20007；fàn 泛 60109；fàn 汎 20107

芝，篆作，訓“艸浮水中皃”，與“氾”音同義近；

氾，篆作，从水、㔾聲，訓“濫也”，泛濫字篆作此；

泛，篆作，訓“浮也”，用同氾；

汎，篆作，訓“浮皃”。《廣雅》曰：“汎汎、氾氾，浮也。”芝、泛、氾和汎四字音同義近，今簡體皆作泛。若作篆書，宜有所區別。

fāng 匚 50001；xì 匸 40102

匚，篆作。《說文》：“匚，受物之器。象形。讀若方。”

匸，篆作。《說文》：“匸，衺徯，有所挾藏也。从乚，上有一覆之。讀若徯。”

匚和匸是兩个形、音、義均不同的字、不同的部首。但在篆書領域，用作構字部件時，歷來多混淆。

1. 匚，作爲《說文》部首，从匚之字主要有：jiàng 匠 50003、qiè 匧 51008、qiè 篋 43012、kuāng 匡 52307、kuāng 筐 44311、fěi 匪 50209、cāng 匨 50207、guì 匱 50614、xiá 匣 50105、huì 匯 53312等。

篆體構件匚訛作匸，例字：

唐·碧落碑，清·黃士陵《呂子呻吟語》，元·趙孟頫《六體千字文》，清·吳大澂《周真人廟碑》，近·王禔《千字文》，元·趙孟頫《六體千字文》，清·王澍《詩經》，近·趙時棡《詩經七月册》清·永瑆《禹貢屏》。

以上篆文（匪）、（匡）、（筐）許説均从匚，無一从匸。

2. 匸是《說文》部首，匸部篆文有：（區qū）、（匿nì）、（㔷lòu）、（匽yǎn）、（医yì）和（匹pǐ），共六字。

匸和匚形似，篆體主要區別在於：匸有兩條綫構成，匚僅一條綫。變隸後，均有二筆構成，其區別模糊了。當今各種字書合併部首，將从匸之字合併於匚部，篆書字典往往沿用此法，客觀上默認了，甚至助長了仿照楷體結構作篆的陋習。歷經傳抄、翻刻的《說文》，其中匸作爲構字符號，除了匸部六个篆文以外，其餘几乎都將匸誤作匚。

由匸參與構成的篆文可分爲以下六個系列：

（1）从區系列。區，从品在匸中，隸作區；區與瓦、欠、言、水、魚、鳥、殳、弓、手（扌）、身、女、馬和阝等分別構成ōu 甌 00511、ōu 歐 40413、ōu 謳 41715、ōu 漚 60413、qū 鰸 60419、ōu 鷗 60515、ōu 毆 01412、kōu 彄 60510、

kōu 摳 62411、qū軀 61513、yǔ嫗 13411、qū驅 14513 和 qū陑 10715 等等，《説文》（中華版）篆文見：瓦部、欠部、言部、水部、魚部、鳥部、殳部、弓部、手部、身部、女部、馬部和阝部等，其中皆誤作。

（2）从系列。，从匚，若聲，隸作匿。《説文》（中華本）日部暱篆作，聲符匿誤从匚。

（3）从系列。，从匚，丙聲，隸作匧。《説文》（中華本）𨸏部陑篆作，聲符匧誤从匚。

（4）从系列。，从匚，妟聲，隸作匽；匽與扌、亻、虫、阝、衤、魚和鳥等構成 yà揠 65210、yǎn 偃 63209、yǎn 蝘 53108、yǎn 郾 03210、yǎn 褗 63211、yǎn 鰋 63218 和 yǎn 鶠 03314 等，《説文》（中華本）篆書見：手（扌）部、人部、虫部、阝部、衤部、魚部和鳥部，其中皆誤作。

（5）从系列。，从匚，从矢，隸變作医。医與殳構成殹，篆作，《説文》（中華本）誤作；殹與酉、女、糸、鳥、羽、土和黑等分別構成醫、嫛、繄、鷖、翳、堅和黳等，篆書結構皆有出入，如：酉部、女部、糸部、鳥部、羽部、土部和黑部，其中“医”由从訛變爲从。

（6）从系列。，从八、匚，隸作匹；匹與甘構成甚，篆作，《説文》（中華本）誤作；甚與土、氵、米、火、欠、力、戈、足、女、言、十、艸、斗和酉等分別構成堪、湛、糂、煁、歁、勘、戡、踸、媅、諶、卙、葚、斟和醰等，《説文》（中華本）篆書見：土部、米部、火部、力部、戈部、足部、女部、言部、十部、艸部、斗部和酉部等，其中“匹”皆訛變爲从。

上述“區匿匧匽医匹”六篆在《説文》匚部時，其中構件尚有兩條綫，但用作構字部件，到了其他部屬，均變作，成了單綫字符。

碑帖中，篆體構件誤作例字：

漢・袁安碑，（傳）唐・李陽冰《千字文》，宋・蘇唐卿《醉翁亭記》，清・吳讓之《唐宋詩》，清・徐三庚《篆書册》，清・徐三庚《篆書册》，清・徐三庚《篆書册》，近・黄葆鉞《百家姓》。

fēng 蠭蜂 44217

蜂，篆作（蠭），从䖵。

fēng 丰 73204；fēng 豐 66616

丰，篆體作，訓“艸盛丰丰也”。一般只用於形容容貌和神態，例詞：丰采、丰姿、丰儀、丰韻。引申爲豐盛、豐滿；

豐，篆體作，訓“豆之豐滿也”。可以用於形容各種事物，如豐産、豐收、豐富，簡體作丰。

fū 夫伕 71105

夫，篆作，《説文》：“丈夫也。从大一。”如丈夫、姐夫、夫人；

伕，舊指出苦力的人，如車伕、火伕、挑伕。簡化作夫，篆書可借用（夫）。

fū 膚肤 14317；lú 臚 14317

皮膚字，籀文作（膚），篆文作（臚）。典籍多用“膚”，簡化作肤。

fǔ 府腑 11107；fǔ 頫俯 90212；fǔ 俛 20007

府，篆作。本義：府庫，府藏。《説文》：“府，文書臧也。”通“腑”；

腑，篆闕。藏腑（脏腑）字篆書作（府）；

府，通“俯”，“俯”篆闕。俯視亦作府視，如“王府而視之”。《列子·周穆王》。“俯”字古作頫，頫本謂低頭，《説文》篆作（頫）或（俛）。《古今字詁》云：“頫，今之俯、俛也。”今俯仰字古籍作頫仰、俛仰。

fù 負 20207；lài 賴 74212

負，篆作，从人守貝。如同“色”字，从人，非从刀。

賴，篆作，从貝，剌聲，並非从負。賴字右上是刀（刂），而負字从人，上部是人，但楷體無異，如同“绝”字右部作“色”，篆體有區别。

fù 夏复 82007；fù 復复 82010；fù 複复 82011；fù 覆 64113

夏，篆作，訓“行故道也”。从夊，富省聲。此爲回复（行故道）之复。變異作、作。往復（往來）之復篆作（復）；複數（重衣、夾衣）之複篆作（複）；重复之复篆作（复）或（復）。簡化皆作复。

覆，篆作，从襾，復聲。訓“覂也。一曰，蓋也”。義爲遮蓋、覆蓋、顛覆、翻轉過來。

fù 䨏趕赴 20018；fù 赴訃 41108；pū 仆 60104

䨏，篆作，从三兔，義爲奔跑迅疾。《玉篇》謂今作趕，亦作赴。赴疾字篆只作。

赴，奔赴，多指奔向危急的地方，如赴考、赴哀（奔喪）、萬里赴戎機，《木蘭詩》。篆作；通“訃”。

訃告之訃字篆作（赴）；通“仆”。

仆（pū），訓“頓也”，前覆曰仆，向前傾跌，頓首。今簡體用爲“佣仆”字。傭僕、公僕、僕人、奴僕等，見 pú僕 94215。

G

gān 甘 50203；yīn 音 51408；yuē 曰 50103

甘、音、曰三字獨立用時，篆書一般不會寫錯，用爲構字部件，則錯誤百出。

（一）甘gān、音yīn

甘，从口含一，篆作。如：猒（yān），从甘从肰，篆作。

音，从言含一，篆作。竟、章、意等字皆从音，篆作、和等。

和的相似構件，變隸後皆作日。受此影響，後世篆書往往將誤作。例如：《説文》（中華本）木部（檿）、面部（靨）、手部（擪）、女部（㱈）和土部（壓）等，其中構件皆訛變作；又，以音爲構件之篆文，如：（暗）、（窨）、（湆）、（織）、（噫）、（肊臆）、（澺）、（滰）、（摬）、（境）、（鏡）、（蘏）、（韸）、（贑）、（贛）、（醷）、（蓸）、（彰）、（麞）、（蘙）、（漳）、（墇）、（鄣）、（障）和（譖），其中皆訛作，下部誤作。

碑帖中，篆體字符訛變作例字：

秦·李斯《會稽刻石》，唐·李陽冰《城隍廟碑》，（傳）唐·李陽冰《千字文》，（傳）唐·李陽冰《千字文》，唐·李陽冰《三墳記》，唐·李陽冰《三墳記》，元·趙孟頫《六體千字文》，元·趙孟頫《六體千字文》，元·吴叡《千字文》，明·李東陽《吴鎮竹亭詩意圖引首》，明·文彭《黄公望溪山雨意圖引首》，近·吴子復《受雨聯》，近·王禔《千字文》，清·吴讓之《庾信詩卷》，清·徐三庚《供石聯》，清·達受臨《漢·畫像銘》，清·鄧琰《弟子職帖》，清·鄧琰《弟子職帖》，清·趙之謙《日登帖》，近·王禔《千字文》。

以上諸篆，下部皆誤作。

（二）曰yuè、日rì

（1）曰，篆作。《説文》："曰，詞也。从口，乙聲。亦象口气出也。"

（曷）、（會）、（曾）、（曹）等篆文皆从（曰）。其中，變隸作曰，與"日"字形近似。仿照隸楷體作篆者，易誤。

碑帖中，篆體構件誤作例字：

漢·開母石闕，唐·碧落碑，清·吴昌碩《棕柏聯》，近·鄧散木《臨石鼓文》。

碑帖中，篆體構件誤作例字：

漢·袁安碑，漢·開母石闕，漢·開母石闕，孫吴天發神讖碑，

孫吳 禪國山碑，唐・李陽冰《三墳記》，宋・章友直《閻立本步輦圖題記》，清・吳讓之《臨天發神讖碑》。

（2）日，篆作⊖，象形。

楷體中的構件“日”是由篆體構件日（⊖）、白（白）、曰（曰）或甘（甘）等隸變而來。如：時，篆體作暳，从⊖（日）；者，篆體作者，从白（白自省）；會，篆體作會，从曰（曰）；猒，篆體作猒，从甘（甘）；意，篆體作意，中間“日”是甘，即从音（音）。故楷體構件“日”釋爲篆，必須還原篆體結構，切不可仿隸楷作篆，概作⊖。

gān 干 91103；gān 乾干 71209；gàn 榦幹 73211

天干地支字用干，篆作干。“冒犯”“干預”用干字，如干戈；

簡體“干湿”字用乾，篆作乾。例詞：乾旱、乾淨、乾燥。

簡體“树干”字用榦，篆作榦。例詞：樹榦 、骨榦、榦流。

今“才干”字用幹。幹，榦之俗。例詞：才幹、幹活、幹練、幹部、骨幹，“幹”字篆書只作榦（榦）。

乾、榦、幹簡化作干。但是，乾坤、乾隆的“乾”讀 qián，不簡化作“干”。

gē 歌 60413；gē 謌 41715；gē 哥 60408

歌，篆作歌，訓“詠也”。歌唱之歌字篆作此。歌或从言，作謌；

謌，篆作謌。“歌”字的或文。

哥，篆作哥。訓“聲也”。《説文》：“古文㠯爲歌字。”段注曰：“《漢書》多用哥爲歌。”此意今篆書宜作歌。

gèn 亙亘栖亘 62314；xuān 亘 60203；

亙，讀 gèn，古文作亙（古文栖）。今字多用亙不用栖。亙，作爲構字部件，隸作亙，亦作亘。如：héng 恆恒 60311、gèn 搄揯 62314、gēng 緪縆 11315、gèn 栖栖 62314、gèng 鮔鮔 60322、héng 姮姮 13310 等，其中亙隸變作亙或亘。

亘，讀 xuān，篆作亘（亘）。从二，从回。回，古文回。用作構件，楷體作亘。如：huán 桓桓 62206、huán 洹洹 60208、huán 狟狟 61207、yuán 垣垣 61406、gēng 絙絙 11207、xuān 䱊䱊 60210、xuān 咺咺 40305、xuǎn 烜烜 60207、xuān 晅晅 50305、xuān 宣宣 50205、xuān 暄暄 00307、xuān 諠諠 01512、xuān 萱萱 74216、xuān 煊煊 20209、xuān 瑄瑄 21509、xuān 愃愃 20209、xuān 揎揎 22208。

如上所示，楷體从亘之字，篆體有从亙（亙）與从亘（亘）之别。

gēng 秔粇 82108；gēng 稉粳 64211；jīng 秔粇稉粳 82108

秔，篆作（），俗作（稉）或粇、粳，訓“稻屬”。如：稉（秔）稻；粳（粇）米。江南方言稱呼稉、粳爲秈、籼（xiān），如秈稻、籼米。此類稻和米亦可統稱稉或秈。稻米有至黏者，謂之糯（稬）；有次黏者，謂之稉（粳）；有不黏者，謂之稴。俗通稱不黏者爲秈米。

秔，从禾，亢聲，古行切，此处“行”當讀 háng，不熟悉水稻者將“古行（háng）切”誤讀爲“古行（xíng）切”，據此給漢字“秔、粇、稉、粳”等注上拼音 jīng。故，外國農學家看到：中國延續几千年的 gēngdào 種植史从此突然“中斷”了。

除“秔粇稉粳”字以外，凡經典注古行切之字今皆讀“更聲”。如：更 gēng，哽gěng；庚 gēng；埂 gěng；梗 gěng 等，各版《說文》注音均爲古行切（讀同更）。此足以佐證稉稻之稉字注音 jīng 是錯誤的。

gēng 庚（）93107；gēng 庚（）96105

庚，篆書歷來有两種寫法：和，哪个是正體？这涉及由“庚”参與構成的一系列篆文。

庚，两周金文作、、等。據許説，篆文象形，象人臍。但鉉本篆文作，取李陽冰之説。段注曰：“小徐駁李陽冰説‘从干，象人兩手把干立’不可從。今各本篆皆從陽冰，非也。中〇者，象人臍。”故，段氏將此篆改爲。

以“庚”爲構件之篆，如康、穅、漮、歑、鏞等，當屬同一字符系統，但在段注《説文》中卻未作統一更正。鉉本中，篆體構件庚，也有寫作的，如“庸”字篆作。總之，古籍中篆體構件庚的綫條交叉關係明顯不一，詳見下表。

篆體構件庚，既作、又誤作例字：

篆書正字	鉉本篆字	段本篆字	碑帖墨迹	楷體釋文
			漢·《袁敞碑》 清·楊沂孫《蔡邕屏》 清·楊沂孫《説文部首》	庚
			唐·李陽冰《城隍廟碑》 唐·李邕《李秀碑額》 清·吳大澂《夏小正帖》	唐
				鏞

楷書	備注
塘	鉉本新附 段本不收
鄘	
康	
康	清・黃葆鉞《百家姓》
穅	
漮	
糖	鉉本新附 段本不收
傭	
慵	鉉本新附 段本不收
鏞	
鷛	
庸	唐・李陽冰《千字文》 元・吳叡《千字文》 元・趙孟頫《六體千字文》
歒	

gū 嫴估 16513

嫴，篆作。保嫴，古籍多作保辜，段玉裁謂："辜皆當作嫴。原許君之義，實不專謂罪人保嫴，謂凡事之估計豫圖耳。"

估，無篆。估計之“估”字，篆書宜假借作嫴。

gǔ 谷 90106；gǔ 穀谷 24212；gǔ 穀 24212

谷，如山谷、進退維谷，篆作。古籍《鬼谷子》，谷字用此篆。

穀，如稻穀、五穀雜糧，篆作，簡化爲谷。

穀，篆作，訓“楮也”。此字从木，與从禾之穀字微異。

guā 颳颳刮 51207；guā 劀刮 93110

搜刮、颳風字篆體作（颳）；劀去膿血、劀惡創肉字，篆體作（劀）。颳、颳、劀，簡化皆作刮。

guǎi 丫 90004；cǎo 艸艹 72004；wàn 萬万 57008

（1），《説文》：“丫，羊角也。象形。凡丫之屬皆从丫。讀若乖。”隸變作丫，亦作丫。用爲漢字構件，隸變後大多作艹。

（2），《説文》：“艸，百芔也。从二屮。凡艸之屬皆从艸。”用爲漢字構件，隸變後大多作艹（个别字除外，如，隸作莫，下部艸變作大；，隸作莽，下部艸變作廾）。

（3），《説文》：“萬，蟲也。从厹（qiú，同𠃌），象形。”隸變後，字形从艹。此艹（）本是象形符號，凡篆書作（艸）字頭者，謬。

由於隸楷構件艹由篆體丫、艸和象形符號（）等演變而來，因此，凡是由艹字頭構成之字，釋爲篆文時，必須還原爲丫、艸或等，切勿概作。

从丫系列篆文主要有：

（1）（羊）从丫。（芈）、（羔）、（美）、（羌）等皆从羊。

（2）（苟）从丫；（敬）从苟；（驚）、（憼）从敬，其中，楷體構件艹，篆體作丫。

（3）（雈）从丫。（雚）从雈，觀、瓘、灌、爟、罐、懽、矔等皆从雚；（蒦）从雈，鑊、穫、獲、蠖、濩、矆等皆从蒦。

（4）（苜）从丫。莧从苜，寬从莧；（萈）、（瞢）、（夢）、（蔑）等皆从苜。蘿，楷體與“瞢夢蔑”同首，但篆體作，上部是艸網，而非苜。

苟、雈和苜三字，與苟、萑、苜三字極易混淆，特别是在其他楷體字中用作構件，前者已合併於後者，但篆體有别：苟和苟是形義不同的兩个字；楷體萑和苜爲後起字，無相應的篆文。

guǎn 館 20414；guǎn 舘；guàn 觀 23720

館，訓“客舍也”。後“飯館”字用館，賓舘、旅舘、圖書舘、博物舘字多用舘。館、舘，篆體只作（館）。

觀，如道觀。段玉裁謂：“自唐以前，六朝時，凡今道觀皆謂之某館，至唐始定謂之觀。”

guàn 慣；guàn 遦 03314；guàn 摜 25311

慣，《説文》無此字，“習慣”之慣字古作遦。慣，古亦假借作貫。

遦，篆作，訓“習也”，此與摜音義同；

摜，篆作，訓“習也”，此與遦同。又，俗語“摜紗帽”、方言“摜稻（脱粒）”字用此。

guàng 俇逛 63312

俇，篆作，訓“遠行也”。《説文》無逛字，今“逛”字篆作此。

gǔn 滚；hún 混 20111

滚，《説文》無滚字。俗篆作，不可取。

混，訓“豐流也”，篆作，俗作滚。段注《説文》引《孟子》“源泉混混”，並注曰：“古音讀如衮，俗字作滚。”據此，“滚”字篆書宜作“混”，如“滚滚長江”字，篆書宜作。

guō 聒 01308；kuò 懖 42517

聒，篆作，訓“驩語也”，義爲吵擾，聲音高響或嘈雜。今借聒爲懖；

懖，篆作，義爲既無知又自以爲是。《書・盘庚》：“今汝懖懖。”今本作聒。篆書當作。

guō、huó 浯活 31210；guō、huó 潪活 31313

活，篆作（浯），或（潪）。隸體“活”从水、舌聲，篆體“活”从水、昏（guā）聲。本義：流水聲，讀 guō。引申爲凡不死之稱，讀 huó。

H

há 蝦蛤 01208；xiā 鰕蝦虾 21217

蝦（há），篆作。訓“蝦蟆也”，今作蛤蟆（“蛤”篆作，訓“蜃屬”）。蛤蟆本作蝦蟆，篆書當用字。變隸後，“蝦”用作魚鰕字，讀 xiā。魚蝦字本作鰕。

鰕，篆作。訓“鰕魚也”，此仍魚蝦之蝦本字，簡體作虾。

hàn 斁捍扞 12309；hàn 扞捍 93106

斁，義爲抵禦、保衛，篆體作。通作捍，如捍衛。古籍亦假借扞爲之；

扞，篆作，本義爲“相互抵觸”。後通用捍，“扞”只用其本義，如“扞格不通”，“斁”字廢。

hàng、xiàng 巷巷衖 74109；hàng、xiàng 䢽巷 74112；lòng 弄 63308

巷，篆作，隸楷通作巷。據段注，里中之道曰巷，古文作（䢽），篆文作，《爾雅》作“衖”。“宫中衖”字，篆書專用（壼壸 kǔn）。

弄（nòng），篆作，訓“玩也”，玩弄之“弄”篆作此。

háo 豪 81213；háo 豪 81110；háo 勢豪 63214

豪，《説文》篆作，豪豬；

豪，篆作。段注認爲，此爲“豪”之小篆正字，《説文》誤將此篆作籒文，而把籒文（）當作小篆。

勢，篆作，訓“健也”。依據《説文》，豪傑字小篆本用此字。

háo 号 30204；hào 號号 92210

号，篆作，訓“痛聲也”。嘑號字篆作此；

號，篆作，从号，从虎。號令字篆作此。簡化作号。

hǎo 好 04005；hào 玫95006

好，篆作。美好之好，篆作此；人情好惡之好，篆書本作，可借作（玫）。段注：“玫本訓人姓，好惡自有真字，而壁中古文假玫爲好，此以見古之假借，不必本無其字，是爲同聲通用之肇耑矣。”

hào 秏耗 94006

消耗之耗，篆作（秏）。

hé 咊和 42105；hé 龢和 88419

咊，篆作，隸作和，訓“相應也”，“唱和”字篆作；

龢，篆作，訓“調也”，“調和”字篆用。咊與龢音同義别，古籍有假和爲龢之例。篆體“龤龢”，楷體作“諧和”，簡體作谐和。

hóng 雁23509；hóng 鳿 20310；hóng 鴻 20315

雁，篆作，訓“鳥肥大雁雁然也”；雁或从鳥，篆作。段注引《玄應》曰：“鳿古文雁。”《聲類》以爲鴻鵠之或字。

鴻，篆作，訓“鵠也”，卽鴻鵠，天鵝，大雁。《詩・小雅・鴻雁》：“鴻雁于飛。”段注曰：“單呼鴻雁之大者曰鴻。字當作鳿，而假借也。”

hòu 後后 22008；hòu 后 00204

後，篆體作（後），訓遲也。如後來、以後、前後字，篆作。簡體作后。

后，篆體作，訓“繼體君也”。皇后、后土字，不可繁化作（後）。今有某女運動員獲首枚亞運九球金牌，有人贈她“九球天後” 書法一幅。其中“天后”字誤作“後”。

hú 鬻92413；hú 餬 21414；hú 黏粘糊 33213

鬻：同煳，火烤物品變黄變黑謂烤煳、烤焦。篆體作（鬻）；

餬，寄食曰餬，篆作。餬口：食粥，勉強維持生活。《莊子・人間世》：“足以餬口。”篆作此。

黏，訓“黏也”，或从米作粘。篆體作或，俗作“糊”。糊紙、糊布、浆糊字篆作此。卽糊，小篆作或。

huā 雩花 30212；huā 荂花 33210；huá、huā 蕚華花 32216

雩，或作荂，篆體作或，義爲艸木華，與蕚音義同，今字作花，雩蕚廢。

蕚，篆作，義爲華榮，隸定作華，簡化作华，讀huá。“中華”字篆作此。

huá劃划 97414

劃，如刻劃、劃傷、劃歸、劃分農地、劃清界綫，篆作，簡化作划；

划，如划船、划得來，不宜繁化作劃。篆書宜借。俗篆不可取。

huáng 皇 61509

皇，《説文》篆作，从自王。

因“自”小篆可省作（白），故“皇”篆亦省作。不明字理者，从考古所得的實物字形中發現多數寫作，从而斷言“《説文》皇當非標準字形”。（百度學術 · 徐善飛《近四十年出土秦漢篆文整理和研究》2010.10）此乃本末倒置也。

huǎng 櫎榥幌 77213

楷體榥、幌字，篆作。段注曰：“櫎之字，一變爲榥，再變爲幌。”

huí 回囬囘廻迴 00002

回，如回頭、回報，篆體作；迴，如迴旋，簡體作回；囬、囘、廻、迴是異體字，篆體皆作。

huì 匯滙汇 53312；wèi 彙汇 62217

匯，如匯合、匯款，篆體作，簡體作汇，異體作滙；

彙，如彙聚、詞彙、彙報，篆書宜作；篆體、或文，本義刺蝟（猬），隸定作彙，或文作蝟。彙、蝟簡體分別作汇、猬。

huó 湉活 31210；huó 濌活 31313

見“guō、huó湉活 31210；guō、huó濌活 31313”。

huǒ 夥夥伙 54109

夥，篆體作，異體爲夥，簡體作伙。簡體伙计、团伙字，篆作此。

伙食、伙房之“伙”爲後起字，無篆，但繁體作夥。

J

jī几 50001；jī、jǐ幾 52110

几，如茶几、玉几、古人坐而凭几，篆作，象形；

幾，如幾乎、幾個，篆體作。簡體作几。

jī飢饥 20208；jī饑饥 22317

飢，从食、几聲，篆體作，簡體作饥，飢餓字篆作此；

饑，訓“穀不孰”，本義爲荒年、五穀無收，篆體作，簡體作饥。饑荒字篆作此。通“飢”。

jī稽 40204；qǐ䭫 00413

稽留字篆作。楷體稽字从禾，篆體則从禾（jī），積、㮷、穧、𥡴皆从禾；借爲䭫字，稽首字篆作（䭫）。今楷書虽通借，然篆書則稽首字須作“䭫”。

jí咠41307；jí輯 75510

咠，篆作，訓“詞之集也”。《詩》曰：“辭之咠矣。”後人以輯代咠。

輯，篆作，本義“車輿也”。車輿之中，無所不載，因引申爲斂義。今“編輯”字即用引申義。

jiā 家 51107；jiā 傢

家，如家庭、家鄉、科學家，篆作；

傢，如傢具、傢什，無篆。篆書可借爲之。

jià 賈價价 62308；jiè 价 20006

價值之價讀 jià，篆可借作“賈”，如“市賈不貳”，《孟子·滕文公上》。篆體作（賈）。“價”簡化作价；

价，本讀 jiè，篆體作，義爲善，如价人、价儐。此价（jiè）與價的簡體价（jià）字形雖無異，字義、字音卻迥異，非同一字。

《説文》新附篆文，無據可查。

jiān 姦悬姧奸 19009；gān、jiān 奸 14106

姦，古文作悬，“姦婬”二字篆作，俗作姧婬，簡體作奸淫。

奸，篆作，訓“犯婬也”，義爲犯姦婬之罪。後借奸代姦。奸宄、漢奸之奸字篆書宜作。

jiān 鑯尖 63525

鑯，篆作（鑯），从金，韱聲。後作尖。

jiàn 閒 50209；jiān 間间 50209；xián 閑闲 52209

閒，篆作。訓“隙也”，本義爲門縫。

閒，隸變作間，簡體作间，用爲空間、時間字。間是後起字，篆書作（閒）。

閒（讀 xián），清閑、空閑字篆作（閒）；

閑，篆作。訓“闌也”；闌，訓“門遮也”。用如“清閑”，篆作。

jiàn 趣趣 06313；jiān 漸 25312；zhè 浙 32005

趣，篆作，从走、斬聲。訓“進也”，漸进、漸變、防微杜漸、衣帶漸寬字篆作此；

漸，篆作。本義：漸江，古水名。“漸江，《山海經》謂之浙江也。”《水經注·漸江水》。前人皆借漸代趣，如趣進寫作漸進，今“漸”行而“趣”廢。

浙，篆作。从水、斳聲。水名，浙江。此字與簡體渐形相似，篆體亦近似。

jiāng 薑畺姜 64615；jiāng 姜 95209

薑，生薑，篆體作（薑），簡體作姜，如生姜；

姜，篆作。用爲姓氏字，篆體或繁體不能誤作薑。

jiàng 強 60105；jiàng 彊 62611；jiàng 弜 60204；jiāng 畺疆 62509

見“qiáng、jiàng 強 60105；jiàng 彊 62611；qiǎng 㝺 61209；jiàng 弜 60204；jiāng 畺疆 62509”。

jiāo 茮椒 73209；shū 尗菽 61205

茮，篆作（茮）。今作椒，如辣椒；

菽，篆作（尗）。篆文“象豆生之形”，上面象豆芽，中橫象土地，下部象根系，故篆書不可寫成上下結構（）。

jiào 孝33006；jiào 教 64110；xué 斅 64517；xué 學 93413

孝，篆作，訓“放也”。義爲仿傚。从子，爻聲。段注曰：“教字、學字皆以孝會意。”

教，篆作，訓“上所施下所效也”。此字楷體左部作“孝”，於是當今多版《説文》字書，如《文白對照説文解字譯本》（中國農民出版社 2000 年出版）、《説文解字全文檢索》（南方日報出版社 2004 年出版）、《文白对照説文解字》等，均解釋説：“教，从孝。”這裏説解的都是楷體字形“教”，篆體，从孝。孝（）和孝（）形音義皆異。只看楷體，不問篆體，違背原文，自以爲是，結果如此。

斅，篆作，訓“覺悟也”。“从教（）冖（）。冖，尚矇也。臼聲。”此爲“學”之古字，段氏謂：“斅，古文也。”

（學），篆文斅省。簡體作学。篆書“學”宜用此。

jiāo 膠胶 50016；jiào 校 74006；jiào 較較校挍 77309

膠，篆作。本義：粘性物質，用動物的皮角或樹脂制成。簡化作胶。胶水字篆作此。膠，古代稱學校爲膠。殷學名序，周學名膠，如膠庠。

校，篆作，訓“木囚也”。何校，犯人帶枷。後用爲學校字，讀 xiào。

較，篆作，隸定作較。計較之較字篆作此，亦作校，俗作挍。

jiè 借 30112；jiè 藉 37120

借，篆作。凡借錢、借書、借東西，篆體用（借）。古多用藉爲借，如藉口、藉題發揮。用作假借義之“藉”，篆體宜用本字（借）。

藉，篆作。凡承藉、狼藉字篆書用（藉）。

jīn 津津 26113；jīn 聿 26108；niè 聿 25004

津，篆作，从水，聿聲，釋文寫作津，隸定省作津。然聿讀 niè，篆作。聿與聿，音義迥別。故“津”字篆書不可从聿。

jīng 秔粇稉粳 64211

見前文“gēng秔粇稉粳 64211”。

jīng 兢兢 96216

兢，篆作，隸定爲兢。“戰戰兢兢”字篆作此。篆書並非从二克。

jìng 競竞 62618

競，篆作，从二人二言，義爲相爭。簡體作竞。此篆上部爲二言，而非二音。

jìng 竫竫 64111；jìng 靜 76515

竫，篆作，訓“亭安也”。亭者，民所安定也。

亭安之亭字後來作“停”、作“渟”。段注曰：“凡安靜字，宜作‘竫’，靜其叚借字也。”

靜，篆作，訓“宷也”。宷，卽審。

jiù臼 00005；jú𦥑50406

臼，篆作。《説文》：“臼，舂也。古者掘地爲臼，其後穿木石。象形。中，米也。”舀字、稻字从此。

𦥑，篆作。《説文》：“𦥑，叉手也。从𠂈、彐。”𠂈、彐卽“𠂇、又”，篆書象左右二手。

臼與𦥑各有本義，且是兩个不同的小篆部首，當今篆書字典大多將从𦥑之篆收編於臼部，“𦥑jú”與“臼 jiù”混淆，誤導後學。

，用作篆體構件，往往訛變作、、口或臼。

以“𦥑”爲構件的篆字衆多，如：

與丨構成申（电），篆作。申與丿、乙、亻、大、口、礻、肉、糸、鬼和自等組合，分别構成曳、臾、伸、奄、呻、神、胂、紳、魌和陳等字，篆作、、、、、（从籀文申）、、、和（古文作阵）等。常見篆書出入有：變作；變作或；和用作構件時，訛變爲从或从等。的訛變主要發生在以下系列：

（1）（奄）變作。

奄，从大、从申（电）；申，从。但《説文》（中華本）篆作、段注本篆作，其中皆變作。，不成字，用作象形符號，如（巢）中間的象鳥窩。

由於訛變作，从奄之篆，多有出入。如中華本中有：俺、郁、掩、淹、婏、晻、腌、罨、裺、閹、黤等訛字。

（2）（陳）訛作或。

陳，从𠂤、从木，申聲，聲符並非東（東，从日在木中）。《説文》（中華版）𠂤部陳作、攴部敶作（中間誤作東）。《四體大字典》《中國篆書大字典》《篆真字典》《説文大字典》《説文解字全文檢索》等篆書工具書一仍其謬。

（3）（曳 yè），用作構件，訛變爲，如，見中華本玉部㻱。

（4）（臾 yú），《説文》：“臾，束縛捽抴爲臾。从申、从乙。”林義光《文源》曰：“臾从人，𦥑象兩手捽抴一人形。”

用爲構件，篆書大多誤从。改爲後，不像两手，與説解不符。《説文》（中華本）下例篆文結構均有出入：

艸部蕢、耳部聵、糸部縃、广部庾、肉部腴、匚部匱、門部闠和𠂤部𩫖等，其中“貴”和“𩫖”篆體當从，从，不宜改从。

此外，𦥑也是盥盥臑晨農農濃與舉舉𢍰（譽譽）遷要等篆文的構件。

碑帖中，篆體構件𦥑（）變異例字：

正體	異體	異體	異體	異體
𦥑作𦥑	𦥑變𦥑	𦥑變日	𦥑變臼	𦥑變口

秦·李斯 泰山刻石	明·祝允明 懷雪記引首	清·吳讓之 三樂三憂帖	清·鄧琰 詩經屏	清·吳讓之 臨天發神讖碑

清·楊沂孫 詩　經	近·黃葆鉞 百家姓	清·趙之謙 漢鐃歌		

清·吳讓之 韓　詩	清·黃士陵 呂子呻吟語	漢 開母石闕		

唐·李陽冰 栖先塋記	清·吳大徵 夏小正帖	清·徐三庚 篆書册		

jū 据 33309；jù 據 95113

据，篆體作𢸁。拮据之据篆作此；

據，篆體作𢿏。古籍據或作据。但占據、據點、憑據之據篆作𢿏。

juàn 卷 93112；juǎn 捲 95115

卷，篆體作𢍏。書卷、試卷、讀書破萬卷之卷字篆作此；

捲，篆體作𢍏。風捲殘雲、捲起千堆雪之捲字篆作此。簡體作卷。

jùn 陖 52313；jùn 㕙92316；jùn 峻 02009

同是高山之稱，有陗高、陖高、危高，巍高、崇高、㕙高之别。

陖，篆作𨹟，訓“陗高也”，指山高而陡；

㕙，篆作𡾊，訓“高也”，義爲山高大；

峻，篆作𡶼，是“㕙”的省文。後通用此。

K

kě 渴 30113；jié 竭 30213；kě 㵣渴 90118

渴，篆作𣸈，訓“水盡也”。本義：水盡，卽水竭，本讀 jié。

竭，篆作，訓“負舉也”。意思是凡手不能舉者，（背）負而舉之。後用竭爲渴、渴爲飢㵣字。渴、竭古今字也。段注曰：“古水竭字多用渴，今則用渴爲㵣字矣。”

㵣，篆作，从欠，渴聲。訓“欲歓歠”。即今飢渴之渴字。

篆釋楷：今用竭爲水渴字，用渴爲飢㵣字，而㵣字廢矣，渴之本義廢矣。

楷釋篆：今飢渴字篆作㵣，今枯竭字篆作渴，而今負舉（竭）字罕用。

kè 克 30004；kè 勊剋 81108

克，篆體作；勊，篆體作。《説文》克與勊音同義不同：克者，肩也。肩者，任也，凡物壓於上謂之克。例詞：克勤克儉。勊，俗訛从刀作剋，而勊乃廢。凡以力制勝謂之剋。例詞：攻剋、剋期、剋敌制勝。篆書當作，簡化作克。

kè 課 05412；kě 敤敤 15209

課，篆作，訓“試也”。本義：考核。後用爲功課字。功課之課篆當作（敤）。

敤，篆作（敤），訓“研治也”。

kuà 干 91003；zhǐ 夂 91003；suī 夊 92003；（音闕）𡕒（篆闕）

干，義爲跨步，篆作，从反夊（）。反夂（）不同於反夊（），前者篆作、隸作干，後者篆作、隸作𡕒。

夂（），訓“從後至也”。

夊（），訓“行遲曳夊夊”。从夊之字與行走有關，如夋、复、愛等。

𡕒（）與夊（）相反，《説文》無𡕒（）字，但説解有之，如舛，由夊（）和𡕒（）構成，舞、舜、舝、韋等字均有此構件；與相反，各自成字，同理，與亦當各自爲字；並且，䶨（鍋）字从𡕒聲。疑逸此字，故本書補篆文，釋文𡕒及注音guō，見正文 42103 𡕒。《漢語大字典》（第二版 · 一部）斷定：“𡕒‘干’的訛字。”並且，引《正字通 · 丨部》：“𡕒，干字之譌。”難道舛及由𡕒構成之字，如舜、舞、舝、韋、偉、䶨、䕯、粦、鄰、嶙、遴和粼等，其中的𡕒都是干之訛？

kuàng 礦鑛 15210；huáng 磺 15210

礦，異體爲鑛，《説文》之“磺”是其本字，篆體作（磺），簡體作矿。磺，又音 huáng，硫磺字，篆作。

kuī 虧亏 65513；kuī 虧亏 95414

“亏”是多音字，讀 yú 時同“于”和“丂”，篆作，見下文“yú于亏 60203”；讀 kuī 時用作虧的簡化字，篆作或。

kūn 䖵 00004；kūn 昆 50106

䖵蟲二字，篆體作；經傳作昆蟲；簡體作昆虫。

昆，篆作，訓“同也”，一義爲兄，如昆弟。用爲昆虫字篆書當作（䖵）。

kǔn 梱閫阃 54007；kùn 困睏 02004

梱，篆體作；閫，梱之異體，簡體作阃。

睏，篆體借用困，作。困、睏用法例詞：困苦、圍困，睏倦、睏覺。

kuò 霩廓 41518；guō 郭 00011；guō 𩫏郭 50008

廓，無篆。空闊、開朗、寥廓之義篆假借霩。

霩，篆作，本義：雨止雲散。俗作廓。徐鉉等曰："今別作廓，非是。"用为城廓字篆作郭，本篆作（𩫏）。

郭，篆作。地名和姓氏用此。後地名之郭用爲城郭字，城郭之郭本作𩫏（今廢）。

𩫏，篆作。城廓字篆作此。

L

lǎn 擥擥擥攬揽 02216

篆體字，隸變爲擥、擥，俗作擥，亦作攬，簡體作揽。

làn 爤爛燗烂 76220

爛，燦爛，篆體作（爤）或作（燗），簡化作烂。

lěi 絫累 51007；léi 纍縲縲 54313

累，篆作（絫）。訓"增也"。凡增益謂之積累。連累、勞累字篆作此；

纍，篆作（纍）。纍贅、纍計、罪行纍纍字篆作此。簡化作累，縲、縲爲異體。

lǐ 里 53305；lǐ 裏裡 83309

里，篆體作。里程字篆作此；

裏，篆體作。簡體作里。今簡體"里外""里面""内里"之里字篆作此。"裡"爲異體字。

lì 歷歷历、靂雳 14010；lì 曆历 04109

歷，篆作，俗作歷。簡體作历，如：历史、经历、阅历、历代、历年、历历在目。引申爲治曆明時之曆；

曆，曆法、曆書、日曆、曆象，通"歷"。《説文》徐鉉新附篆作，注曰："《史記》通用歷。"簡化作历。

歷（歷），通"靂"。靂，簡體作雳。霹靂之靂篆作歷。如"辟歷夜明"。《前漢書》。"辟歷數發"。《後漢書·蔡邕傳》。

lì 戾 11107；lì 盭 䥶 14520

戾，篆作，从犬、从户，謂犬出户下，而身曲戾。本義：彎曲。後借戾爲盭，如乖戾字本作盭。盭，篆作，訓"弼戾也"，此乖戾之正字，䥶爲異體。《漢書》多用盭字。後戾行而盭廢。

lián 帘 51006；lián 簾 89014

帘，俗篆作。本義：酒帘，指酒家作店招的旗子。

簾，篆作。簾，析竹縷爲之，如堂簾、窗簾、垂簾聽政。簡體作帘。

liǎn 臉脸

臉字在魏晉時期才出現，古代表示人的整个面部，篆體只作（面），俗篆字爲後人所造，不可取。又，王同愈《小篆疑難字字典》曰："臉篆作顩。"顩，訓"𪘏皃也"。𪘏者，齒差也。似不宜假顩爲臉。參見80518顩 yǎn。

liǎo 了 50001；liǎo 憭 71115；liǎo 瞭

了，篆作。例詞：來了、去了、了卻、受夠了，借爲憭悟之憭字；

憭，篆體作。用如心憭其故。憭，可假借作"了"；

瞭，俗篆作。如瞭解、瞭望、一目瞭然、不甚瞭瞭。"瞭"讀 liǎo 時，簡作"了"，讀 liào（瞭望）時作"瞭"，不可簡化作"了"。篆書宜借"憭"或"了"爲瞭。

liàn 䜌戀恋 56318；luán 孌娈 15012

䜌，篆作，訓"慕也"。小篆之䜌，爲今戀字，簡體作恋。今簡體恋爱之恋字篆作，俗篆作；䜌童字小篆作，簡體作娈。

孌，篆作，籀文作（䜌），訓"順也"，用如"婉孌"。《詩》曰："婉兮孌兮。"篆文用此。

小篆之"䜌"與籀文之"䜌"，形同而義異。段注曰："此篆在籀文爲孌，順也。在小篆爲今之戀慕也。"䜌、戀爲古今字。

lín 粦粦 94014

粦，篆體作，从炎，楷體作粦，从米。从粦之字衆多，篆體皆从炎。如：lín 鄰（隣）24217；lín 嶙 44017；lín 遴 44220；lín 膦 54417；lín 瞵 55317；lín 轔辚 79319；lín 粼 94016；lín 獜 95018；lín 麟 98023；lín 鱗鳞 94025；lǐn 僯 94016；lìn 賻 14421；lìn 蹸 54218。

liù 六 50004；dà 大 80004；tiān 天 61104；ér 而 60104

六、大、天、而四字，篆體相似，因而多混淆。

（1）六，石鼓文、秦詔版和秦刻石寫作、，《說文》小篆爲何改作，並爲各家普遍接受?《說文》是字書，因分部之需，許君將籀文（大）與古文（大）並立爲小篆部首。爲避免雷同，"六"字篆體改作（用作構件時仍可作或）。若後人篆書"六"單字仍作、，則與《說文》部首、（大）雷同，易生異議。

（2）大，作爲小篆部首，《說文》以古文（81003）和籀文（80004）別爲二部，二者不宜對調或合併，如、、、等从籀文，不宜改从古文。但作爲單字，和爲同一字，二者可通用。

（3）天，从一、大。因小篆"大"有和兩個字形，故"天"字《說文》

篆作，俗又作，亦可通用。

（4）而，篆作，與（天）形似。常見篆書（而）誤作。

（六）、（大）、（天）、（而）四字在篆體字書和碑帖中多有混淆，有的字離開上下文，無法認讀，有的出入非常離譜。

現將碑帖中的“六、大、天、而”篆文與《說文》正字列表對比如下：

楷字	六	大	天	而
說文篆 / 碑帖篆	《說文解字》	《說文解字》	（）《說文解字》	《說文解字》
六與大雷同	秦・李斯 會稽刻石	秦・李斯 泰山刻石	秦・李斯 會稽刻石	清・吳讓之 唐宋詩
而與天雷同	秦・權量銘	唐・李邕 李思訓碑額	（傳）唐・李陽冰 千字文	清・楊沂孫 道可帖
而與天雷同	秦・權量銘	唐・李隆基 石臺孝經碑額	孫吳 天發神讖碑	近・錢厓 臨秦詔版
	秦・李斯 泰山刻石	元・趙孟頫 六體千字文	元・泰不華 王節婦碑	漢・馬王堆帛書
	秦・詔版	唐・峿臺銘	清・趙之謙 潛夫論	清・鄧琰 龍虎軸
	清・楊沂孫 說文部首	清・鄧廷楨 尉律軸	清・鄧琰 萬綠帖	唐・碧落碑

注：

1.表中篆書“而”字無一象形，無一正字，皆未讀《說文》也。

2.《說文》“六”字下曰：“从入从八”，楊沂孫篆書說文部首“六”，不見“入”與“八”，卻象从丌之形。

3.表中左第一列與第二列的對比顯示：篆文“六”與“大”構形雷同；第三列與第四列對比顯示：篆文“天”與“而”多字雷同，特別是第四列第一字（而）與（天）、第二字（而）與（天），毫無區別。第四列六个篆文無一正字。如此篆書，脱離規範，何以傳承?

lǔ 鹵滷卤擄掳 01109；lǔ 魯鲁卤 00115

鹵，篆體作。本義：西北地區的鹽碱地。如“敗狄於大鹵”。《春秋·昭公元年》。字亦作滷，簡體作卤。

鹵，通“擄”，抄掠。《漢書》：“所過勿得鹵掠。”《説文》無“擄”字，篆書可借鹵爲之。

鹵，通“魯”。愚笨，莽撞。如，葛洪《抱朴子》：“鹵鈍者醒悟。”段玉裁於鱻字下注曰：“引申之爲鹵莽。”凡鹵鈍、鹵莽、粗鹵字通作魯，篆書宜作。

lù 圥坴 71005；liù 六 50004；jī、qí丌 60103

圥，篆作（坴）；六，篆作、；丌，篆作。

圥，俗篆作，不可取。《説文》：“圥，菌坴，地蕈。叢生田中。从屮，六聲。”據此，（圥）字上部是（屮 chè），下部是（六），篆書不宜作。中華本作，似是而非，見 0238坴。

小篆（六），爲避與（籀文“大”）雷同而寫作。在坴篆中，下作，不必作，但也不當作（丌 jī）。坴，用爲篆體構件時，凡將“六”寫作从“丌”作者，非正體。中華本中篆體構件變的情形如下：

（1）圥與土，構成坴，篆作，不誤。

坴與禾、辶、目、阝和丸等，分別構成稑、睦、逵、陸和埶等，中華本篆作、、、和。其中的構件當校正作。

（2）圥與囧、貝，構成賣，篆作。賣，讀 yù。中華本隸定作賣。將賣寫作賣，與从出、从買之賣（）混同，見 3849 賣。

凡从賣之字，小篆皆从（賣）、非从（賣）。

賣（賣）與艸、亻、氵、木、片、礻、牜、貝、糸、女、黑、歹、辶、言和𠂤等，分別構成藚、儥、瀆、櫝、牘、禯、犢、贖、續、嬻、黷、殰、遺、讀和隫等，其中賣（賣）篆當作，中華本皆訛作，如、、、、、、、、、、、、、和等。

（3）圥與夂，構成夌，中華本篆作，當作。

夌與木、糸、氵分別構成棱、綾、淩，中華本篆作、、，當作、、；淩與艹，構成菱，中華本篆作，當作。

除、和三字以外，自到，一系列篆文，其中構件坴，中華本皆訛變作从丌。

碑帖中，篆體構件大多誤作，例如：

（傳）唐·李陽冰《千字文》，元·趙孟頫《六體千字文》，元·趙孟頫《六體千字文》，

明·李東陽《陸東之文武引首》，清·黃士陵《呂子呻吟語》，近·黃葆鉞《百家姓》。

luàn 𤔔乿12111；luàn 敿13215；luàn 亂 52112；luán 䜌 53315

𤔔，篆作，訓“治也”。《説文》：“幺子相亂，𠬪治之也。”是説此篆从幺（，所謂幺子），从冂（，分界），从𠬪（，爪又）。

敿，篆作，訓“煩也”。段注曰：“煩，熱頭痛也。引申爲煩亂。”

亂，篆作，本義爲理絲，引申爲治理。典籍中“亂臣”“亂政”字，凡取治理之義的，如《論語》：“予有亂臣十人。”篆書宜作。敿、亂，簡體皆作“乱”。

䜌，篆作，訓：“亂也。一曰，治也。”段注云：“敿與𠬪部𤔔、乙部亂、言部䜌，音義皆同。”

M

má 麻 12010；sàn 㪔椒散散 63112；lì 歷歷历 14010；lín 林 74006

楷體麻、㪔、散、歷四字均有“林”構成，篆體則並非如此。

林，篆作，从二木；

麻，篆作，从𣏟，从广。其中“𣏟”讀 pài，从二朩（pìn），俗語緝麻析其絲曰劈，卽𣏟也；

㪔，篆作（㪔），从𣏟，訓“分離也”，是“散”之本字。分散之散字篆書宜作此；

散，篆作（散），从肉，㪔聲，訓“襍肉也”（襍，同雜，簡體作杂）。今散行而㪔廢。

歷，篆作（歷），訓“過也，傳也”。从止、从厤；厤从秝（lì）；秝从二禾。隸定當作歷，俗作歷。段注曰：“引申爲治曆明時之曆。”

故麻、㪔、散、歷（歷）四字篆體均非从林。

唯（痳）篆从林。痳，本讀 lín，後通“麻”，俗讀 má，如痳痹、痳醉。“痳”篆書从𣏟者，誤。

《説文》（中華本）篆文（爢）、（䃺）、（摩）、（霦）、（潸），其中“𣏟”皆誤作林。

mái 薶埋 65315

瘞薶（yìmái）二字篆作，今作瘞埋。

mài 𠂢衇 60212；mài 脈脉 10008

篆體（衇）或作（脈脉），籀文作（𧖴）；繁體通用脈，如動脈、靜脈、血脈，簡體作脉。

máng 芒鋩鋩 42007；máng 𦣧𦣧茫忙 50010

芒，篆體作，訓“草耑也”，如麥芒、芒刺、鋒芒。鋒芒字亦作鋒鋩。鋩，刀劍的尖鋒，簡體作芒或铓，《説文》無鋩字，此芒（）卽鋒鋩字；

芒，通“茫”。茫（无篆），模糊不清。如“目芒然無見”。《莊子·盜跖》。芒然卽茫然。茫然字小篆宜作㠵。

㠵，篆體作（朚），从朙、亡聲，古讀 huāng。段注本引《玄應書》曰：“茫又作㠵，遽也。㠵人晝夜作，無日用月……或云，㠵人思天曉，故字从明也。”段玉裁謂：“㠵卽今之忙字，亦作茫，俗作忙。”《説文》無“忙”“茫”字，王同愈《小篆疑難字字典》曰：“忙篆作芒。”非是。據段注本，忙篆宜作（㠵）。

mǎo 丣卯 50206；yǒu 丣酉 52105；qīng 卯（卯）50004

“丣、丣、卯（卯）”三字混淆已久。

（1）丣（卯mǎo），篆體作。《説文》：“丣，冒也。二月，萬物冒地而出。象開門之形。”凡mǎo　茆茆72210、mǎo昴50308、mào貿90411，皆从丣聲。丣，中華本隸定作卯，與柳字右部同形。但柳字篆作，从木，丣聲。

（2）丣，古文酉，篆作，从丣（卯），在丣上加一而得，象閉門之形。凡 liú畱 51410、liú劉61617、liǔ桺62310、liǔ珋61611、liú 茆72311，皆从丣。

（3）卯（卯qīng），《説文》（中華本）篆作（當作 卯），釋“从卩、㔾”。卩，篆作；㔾，篆作，《説文》卷首《標目》篆作。羅振玉以爲篆作，象二人相向形。（卿）字从卯，皀聲。

中華本（丣mǎo）隸定作卯，（卯qīng）亦隸定作卯，二字雷同，後者宜校正作卯。

丣，形似丣，易誤作丣。

常見篆書將从丣誤爲从丣。如，吳讓之篆書《唐宋詩》中（桺）誤作。再如，《説文解字全文檢索》將《説文》“桺”字下許君釋文“从木，丣聲。丣，古文酉”誤改爲“从木丣聲。丣，古文酉”。师傅誤認丣爲丣，徒弟居然以此爲據，狂批許書，曰：“柳，《説文》小篆作，釋文曰：‘小楊也，从木丣聲。丣，古文酉。’董蓮池師指出《説文》説解中所謂古文酉實卽‘卯’字，由上揭字形（指所舉甲骨文、漢篆等字形）可知，柳字所从之卯常見字形應爲，不當作丣。”（《近四十年出土秦漢篆文整理和研究》徐善飛 2010.10）确實，“柳”字聲符不當作丣（mǎo），但更不當作（卯 qīng）。師父丣丣不分，著書立説，誤人子弟；弟子青出於藍勝，竟然斷言：“桺”聲符“應爲”。

楷體構件“卯”釋爲篆體時，必須確認該作（卯mǎo），還是（古文酉yǒu），或是［（卯卯qīng）］。否則，難免出錯。

留，从丣（yǒu）聲，上部訛變與貿字上部相同，故从留之字，篆書易誤从丣（卯mǎo）。《説文》竹部，聲符劉當从（丣）聲（卽畱省聲），但中華本誤从（丣mǎo）。

貿，从卯（丣mǎo）聲，篆體聲符當作，中華本誤从，“貿”篆誤作，誤説“从貝，丣聲”。卽丣（mǎo）聲誤作丣（yǒu）聲。

me 麽么 02012；mó 麽 02012；yāo 幺么 00002

麽，篆作，从麻，麻从林（非从林）。

麽，《説文》新附字，讀mó時不簡化，如幺麽小丑。亦作庅。麽，讀me時，簡化作么。如怎么、什么。

幺，篆作，俗作吆，讀yāo。如：幺妹、呼幺喝六。

méi 黴霉 62222

黴，篆作。簡體作霉。

méng 蒙73211；méng 冡51207；méng 濛73216；mēng 矇53414

矇、懞、濛簡體皆作蒙。

蒙，篆作。段注："《釋草》又云：唐蒙，女蘿。女蘿，菟絲。"今以蒙爲冡。

冡，篆作，訓"覆也"。段注曰："今人冡冒皆用蒙字爲之"，"蒙行而冡廢矣。"凡蒙覆、僮蒙、蒙幕之蒙字，篆書皆當作（冡）。

矇，篆作。有眸子而無見曰矇，義爲盲，目失明。

懞，無篆。懞蔽之"懞"字篆作（冡）。

濛，篆作。訓"微雨也"。濛濛細雨字篆作此。簡化作蒙，但用作姓氏人名、地名字除外。

今與"蒙"相關的字組，若釋爲篆文，除了唐蒙（草名），其他均不作，如：蒙騙字篆作；蒙聾字篆作；蒙蒙細雨字篆作。

méng、mèng 夢梦 50011；mèng 㝱 50319

夢（méng），本義爲不明、看不清，篆作。後人假借爲㝱寐字；

㝱，訓"寐而有覺也"，即"作夢、做夢"，篆作。後借"夢"字爲之，今簡化爲梦。故"作夢、夢想"之"夢"或"梦"當對應篆文（㝱），而非（夢）。常見"夢想"字篆書作，非是。

mí 镾彌弥 18119

《説文》無彌字。彌字篆當作（镾）。镾，訓"久長也"，俗作彌，簡化作弥。

mì 䖑00214；mì 蜜 51009

䖑，篆作，訓"蠭甘飴也"，即蜂蜜；䖑或从宓，篆作（蜜）。即蜂蜜字篆作，或作。

mì 冖冪 50001；jiōng 冂 90103

冖，篆作。中華本："冖，覆也。从一下垂也。凡冂之屬皆从冂。"徐鉉曰："今俗作冪，同。"

冂，篆作。中華本："冂，……象遠界也。凡冂之屬皆从冂。"

冖和冂並非同一字，但中華本釋文用字不慎，將和均釋爲"冂"，兩字釋文的末句一字不差——"凡冂之屬皆从冂"。如此説解，冖冂不别，殃及全書。

（1）从（冖）之篆，誤作从冂（）。下列諸字，皆从（冖），中華本説解卻曰从冂（）：

巾，篆作。説解曰：从冂。

冃，篆作。説解曰：从冂、一。

冡，篆作。説解曰：从冃豕。

冄，篆作。説解曰：从冂、二。

丙，篆作。説解曰：从一入冂。

襾，篆作。其中，説解爲冂。

网，篆作。其中，説解爲冂。

㒳，篆作。説解曰：从冂。

雨，篆作。其中，説解曰：冂象雲。

冠，篆作。説解曰：从冂、从元。

冤，篆作。説解曰：从兔、从冂。

冟，篆作。説解曰：从皀，冂聲。

冣，篆作。説解曰：从冂、从取。

勞，篆作。説解曰：从力熒省。熒，火燒冂。

熒，篆作。説解曰：从焱、冂。

詫，篆作。説解曰：从冂，託聲。

罤，篆作。其中，説解曰：冂象形。

爾，篆作。説解曰：从冂、从㸚，从尒聲。

斆，篆作。説解曰：从教、从冂。冂，尚矇也。

鬱，篆作。説解曰：从臼、冂、缶、鬯。

爨，篆作。其中，説解曰：冂为竈口。

以上諸字中的（冖 mì），均被誤認爲（冂 jiōng），若據此作篆，篆書必誤。

（2）説解是从冂（）之篆，往往誤作从冖（）之形，如：中華本巾部帚，説解爲“从又持巾埽冂内”，此“冂”是指，而非，但篆文卻作，不見形。中華本从帚之篆，結構大多有出入。

例如：

楷體	中華本篆體	段注本篆體	楷體	中華本篆體	段注本篆體
侵			寑		
埐			葠		
蔓			寖		
梫			蕅		
祲			棉		

上表中諸篆的出入，表現爲字下部，从巾冂（jiōng）訛變作（从巾冖），與（帶）字下部的（从重巾）雷同。對此，段注本已作更正，但、、三字漏改。

小篆典籍中的此類出入，必然影响到篆書藝術領域。

小篆（帚）、（歸）、（侵）和（英）等，其中（冂）誤作（冖）者，歷代篆書墨迹中並不少見，如：

唐・李陽冰《三墳記》，（傳）唐・李陽冰《千字文》，

宋・夢　英《千字文》，清・吳讓之《唐宋詩》。

相反，將从（冖）之篆誤作从（冂）之形，如：

漢・袁安碑，（傳）唐・李陽冰《千字文》，元・趙孟頫《六體千字文》，元・吳叡《千字文》，清・吳大澂《夏小正帖》，清・趙之謙《漢鏡歌》。

“同”篆从，並非从。小篆正确寫法如：秦・李斯《會稽刻石》。

miǎn 靦腼 00411；tiǎn 靦 00409

靦，篆作，或从旦，作（靦）。訓“面見也”，義爲面目可見的样子。《詩經・小雅・何人斯》：“有靦面目，視人罔極。”其靦字篆作此。

靦䩄二字今簡體字作腼腆，篆體當作。

段注曰：“古文假殄爲腆。”《儀禮》注云：“腆古文作殄。”

miàn 面面 00206；miàn 麪麵面 64114

面，篆體作，象人面形。例詞：當面、表面、反面；

麵，篆體作（麪）。例詞：麵粉、麵条。簡化作面。

miè 蔑 92113；mèi 眛 53207；miè 懱 92117；miè 衊 62320

蔑，篆作，訓“劳目無精也”。通作“眛”。

眛，篆作，訓“目不明也”。通“懱”。

懱，篆作。《説文》：“懱，輕易也。从心，蔑聲。《商書》曰：以相陵懱。”《詩・大雅・桑柔》：“國步蔑資。”凡蔑辱，蔑侮，蔑棄，輕侮、蔑視、輕視、鄙棄之義篆作（懱）。通“衊”。

衊，篆作。訓“污血也”。污衊、誣衊字篆作衊。簡體作蔑。

mín 敯崏㟭峧𡵋岷 02312

𡵋，同岷，卽岷山，篆作。段注曰：“此篆省作崏，隸變作汶，作文，作㟭，作峧，俗作𡵋，作岷。”簡體作岷。

mò 叟夊51003；mò 沒没 21008；mò 歿殁 51207；shū 殳 21004

叟，篆體作（夊），訓“入水有所取也”。沒、玫、殁皆从叟。

沒，从水、从叟，篆體作。“沈沒”字篆作此，今作“沉没”。

歿，篆體作，戰殁字、殁死字篆作此。本字作（殁），訓“終也”。段注曰：“今殁譌㱞。《集韵》傅會之云：‘㱞，埋也。’”

殳，讀 shū，篆作。訓“以杖殊人也”。

今楷體“没、殁”和“設、役”右部均作殳，但篆體有别，前者从（夊），后者从（殳）。

mù 莫暮 74110

莫，篆作，訓“日且冥也”。从日在茻中。暮色、暮年、遲暮字，經典皆作莫，篆體作（莫），不宜加日。今簡體加日，作暮字。“莫”用如“莫須有”“莫不是”。

N

ná 拏拿 56008

拏，篆作，後作拿，如，拏手即拿手，拏到即拿到。

鉉本手部有从手奴聲的拏（ná）字和从手如聲的挐（rú）字，前者訓“牽引也”，後者訓“持也”，段注曰“二篆形體互譌”，遂將二篆對調、更正。今依段氏，拿篆作拏。

nán 鷬難鷬 25417；nán 難难 28616

難，篆作，本字作（鷬）；古文作（鸛）、（䧔）或（鸜）。簡體作难。

nǎo 𡿺腦脑瑙 01008

腦，篆體作（𡿺），簡體作脑；瑙，無篆。瑪瑙字篆書宜假借（𡿺）。

nèn 嫩；ruǎn 媆 13111；ér 輀輭 65409，ruǎn 䎡（輀輭軟）65513

嫩，篆體作（媆），義爲柔美的样子。媆，徐鉉等曰：“今俗作嫩，非是。”王念孫《廣雅疏證》：“媆者，即今嫩字。”段注於媆字下曰：“俗作‘輭’，按，俗音奴困切，又改其字作‘嫩’，於形聲無當。”

輭，柔也（鉉本訓喪車也），中華本篆作（輀），隸定卻作輭，段氏改作（䎡）；輀、輭、䎡，俗作軟，簡體作软。

又，偄字下段注曰：“俗作輭，譌作軟。”

nì 休𣲠 90007；nì 溺 20013

休，篆作，訓“没也”。俗作𣲠。此爲沉溺之“溺”的本字，後借用水名“溺水”字爲之，溺行而休廢。

níng 寍寧寗 50112；nìng 寧 00214；nìng 甯寧寗 52312；zhù 宁 90006

寍，訓“安也”，如安寍字篆體作，古籍多假寧爲寍，寧行而寍廢。寗爲異體，簡體作宁；

寧，訓“願詞也”，如寧愿，篆體作，簡體作宁；

甯，篆作，訓“所願也”，與“寧”音義同。簡體作宁。

宁，本讀 zhù，篆作，是“貯（贮）”的本字。宁與貯爲古今字。簡體作贮。今宁用作寍、寧和甯的簡體字（但姓氏寧和甯是兩個姓）。

niǔ 忸；nǜ 恧 40108

忸，義爲羞慚，俗篆作，不可取。《説文》無忸字，心部恧訓“慙也”（慙，簡體作惭）。故忸忸怩怩之忸字篆宜作（恧）。

nóng 膿脓 11619；nóng 盥61617

膿，本字篆作（盥），《説文》（膿）下曰：“俗盥从肉，農聲。”通用（膿）。簡體作脓。

nuǎn 暖；nuǎn 煗 60112；xuān、nuǎn 煖 92212

暖，篆作（煗）。

煗，訓“溫也”，同煖；

煖，本讀 xuān，篆作（煖），訓“溫也”，與煗義相同，通用煖（讀 nuǎn），俗作暖。

《四體大字典》所收俗篆（暖），不可取。

nuó 娜13006；nuǒ 婀婀13006

婀娜，篆作（婐婀 wǒnuǒ）。段注曰：“婐婀與旖施音義皆同，俗作婀娜。”“婀”右部戹，係戹之誤，篆文从㔾，隸變誤从巴。凡楷體从巴之字，如肥、色、絕、邑、帊、爬、鈀和杷等，釋爲篆體時均須確認當从（巴）還是从（卩卪㔾）。

P

pài 𣏟 72008；lín 林 74006

𣏟，篆作；林，篆作。

麻，楷體从林，篆體从𣏟。从麻之篆，除“麽、痳”等少數字以外，其“林”篆作（𣏟）。如：摩，；靡麾，；纍（縻），。

pèng 䰃掽踫碰；bàng 䰃 12319

䰃，篆體作（䰃），俗作掽，踫爲異體，今作碰。《篇海類編》：“䰃，髮亂貌。䰃的本字。”段注曰：“今俗謂卒然相遇曰掽，如滂去聲字，當作䰃也。”即兩物卒然相遇、相觸或相撞謂之碰，篆作（䰃）。

pì 僻 62412；pì 廦 12411；bì 廦 12412

僻，訓辟，辟之言邊也，屏於一邊也，僻之本義如是，如左僻、僻左、偏僻，篆體作；廦，訓仄，義爲側傾，如偏廦，古籍多借辟（bì），今通作僻；

廦，訓墻，同壁。朱駿聲謂廦乃房屋幽隱之處。

píng 凭凴凭 61307；píng 馮 84210

凭、凴："靠着"義項用凭，其餘義項用凴。例字：凴欄處；簡體"凭借"字用凴。例字：凴据，凴証，文凴。凴，别體作凭。篆體皆作（凭）。

馮，訓"馬行疾也"。段注曰："凡經傳云'馮依'，其字皆當作凭。或叚爲'淜'字，如《易》《詩》《論語》之'馮河'，皆當作淜也。俗作'凴'，非是。"

píng 評；píng 平評 60205；dìng 訂 41309

評，小篆無此字。"評議"字古籍或作"平"。如：《説文》作"平議"。《漢書·瑕丘江公傳》"平《公羊》《穀梁》同異"。《三國志·魏書·杜畿傳》"大事當共平議"。據此，"評"篆書宜作（平）；

又，"評議"字篆亦借（訂）爲之。例如：訂銓（評議衡量）；《説文》"訂，平議也"；《論衡·案書》"两論相訂，是非乃見"。

píng 苹 32209；píng 蓱 74419；píng 萍 72214；píng 蘋苹

苹，篆作。浮苹，同蓱、萍；《説文》苹（）、蓱（）、萍（）三字同物。

今蘋果之"蘋"簡化作苹。俗篆作，不可取。篆書宜借苹爲之。

pó、pán 媻 54112；pó 婆

媻，篆作。訓"奢也"，義爲奢侈。

婆，《説文》無"婆"字，小篆以媻爲之。徐鉉媻下曰："今作婆。非也。"《詩經》中媻娑字亦作婆。在"媻姍"詞中，媻讀pán。

古書中用婆娑字者不少，段注：引《爾雅》及毛傳皆曰："婆娑，舞也。"《詩音義》曰："婆，步波反，《説文》作媻。"

pǒu 音 91207；dì 帝 62308

楷體音字與帝、旁、妾、童等首部結構相同，然篆體迥異。

音，篆作，从丶，从否。上部丶（象燈炷，讀 zhǔ，是"主"的本字。段注曰："丶主古今字，主炷亦古今字。"），演變爲短豎直綫。

帝，篆作，从二，朿聲。首部"二"是古文上。

但歷來篆書不乏音字誤作从二（上）之例。《説文》（中華本）和《康熙字典》𨸏（阝）部篆文（陪）、瓦部（瓿）和艹部（菩）等，其"音"首部的"丶"均訛變作横，寫作，與（帝）、（旁）、（妾）、（童）等从"二"之字雷同，其他版本幾乎都"照抄不誤"，段注本中"陪"也誤作。此類篆書，顯然是受到了楷體相似字形的影響而訛變。所以，學習篆書、研讀《説文》不宜從楷體入手。

碑帖中，篆體構件訛變作的字例：

唐·李陽冰《栖先塋記》，（傳）唐·李陽冰《千字文》，元·趙孟

頻《六體千字文》，清·永瑆《禹貢屏》，清·黃士陵《呂子呻吟語》，清·吳讓之《庾信詩卷》。

pū 仆 60104；pú 僕 94215

仆，篆體作。本義：向前跌倒。朱駿聲曰："前覆曰仆，後仰曰偃。"例詞：前仆後繼，仆然，仆頓，仆旗；

僕，篆體作。本義：供役使的人，即奴隸。例詞：僕人、奴僕、公僕、僕射（古代官名）。簡體作仆。

pǔ 朴 62105；pǔ 樸 76216

朴，篆體作。本義：樹皮。朴（pō）刀、《抱朴子》、秋蜩抱朴字篆作此，切不可繁化作樸。今有一款楷轉篆軟件，輸入簡化字，可以轉爲小篆，確實便捷。但是，輸入朴，卻轉爲（樸），於是，《抱朴子》訛變爲《抱樸子》。

樸，篆體作，簡體作朴。本義爲未加工的木材，引申爲質樸無華。例詞：樸素、樸實、淳樸、古樸、質樸。

Q

qī 攲攲崎敧 82009；qí 陭 11514；qī 欹；qī 敧敧 83211

攲，篆作。攲嶇：傾斜不正皃。俗用"崎嶇"，簡體作"崎岖"。《說文》無"崎嶇"二字，古借"陭嶇"爲之；

欹，無篆。欹邪之"欹"篆作（敧）。

段注曰："敧器、飯敧、崎嶇字皆當作攲。"

qǐ 启 00205；qǐ 啟啓棨 11309

小篆"启"與"啟"形義有别。启，篆作，義爲打開；

啟，篆作。本義：啓發，教育。啓和棨爲異體。今簡體皆作启。

qì 棄弃弃 89314

篆體（棄）由"㐬（逆子）、華（箕）、収（双手）"三字構成；古文作（弃），從倒子，象雙手推出逆子之形。以竦手去屰子會意；籀文作（棄）。簡體字采用古文"弃"。

段注曰："棄，竦（sǒng）手推華（bān）而捐之也。"

qiān 千 21103；qiān 韆

千，數字，如千萬、千秋基業；韆，鞦韆，簡寫作秋千。韆是後起字，無篆，俗篆作，不可取，宜借（千）爲之。

qiàn 牽縴纤 84107；qiān 牽牵 84107；xiān 纖纤 13221

牽，篆體作。牽，讀 qiān 時簡化作牵。如牽牛、牽扯；牽，讀 qiàn 時簡化作纤，如拉纤、纤夫。

縴，無篆，"牽牛繩"字篆作牽，隶作縴，簡寫作纤。

纤，又是"纖"的簡化字，讀 xiān，篆作，訓"細也"。如：纖纖女手、纖雲弄巧字篆作。

qián 歬前 90108；jiǎn 剪剪 90110；jiǎn 翦 90116

歬，篆作。前進、前後字篆作此（楷體从刂，篆體則無刀）；

“前”對應篆體，从刀、歬聲，古隸作剪，訓“齊斷也”，古爲“剪斷”“剪刀”字。段玉裁按：“後人以齊斷之‘前’爲歬後字，又以羽生之翦爲前齊字。”即楷體“前”本是的釋文，但被後人用作前後之“前（歬）”字，（剪）之本義遂借用翦字爲之，又俗作剪。

翦，篆作，訓“羽生也”。

qiáng、jiàng 強 60105；qiáng、jiàng 彊 62611；qiǎng 勥 61209；jiàng 弜 60204；ruò 弱 20008；jiāng 畺疆 62509

強（qiáng），篆文作，訓“蚚也”。段注曰：強“假借爲彊弱之彊”，隸楷借強爲彊，習以爲常；然據許説，小篆則用本字彊。

彊（qiáng），篆作，訓“弓有力也”，强大之强篆作此。如“自强不息”字篆當作彊。假借爲勥迫之勥；

勥（qiǎng），篆作，强迫之强字篆作此；

弜（jiàng），篆作，从二弓，訓“彊也”。《説文大字典》曰：“強弱之強應篆作弜。”

弱（ruò），篆作，許釋曰：“弱物并，故从二彑。”彑，象形符號，不成字，外形曲似弓，但並非从弓，亦非从弜。弜，訓彊也，與弱義相反，故許君不説弱字从弜。段氏將改成，並注曰：“上象橈曲，謂弓也。”將篆文改成从弜之形，與許説不一，與字義不符。

弱與弜楷體皆从弓，但其“弓”篆法微異，五碼迥異：弱 20008，象弱物橈曲之形；弜 60204，象箭在弦上，蓄勢待發之狀。

畺（jiāng），篆作，或作（疆），訓“界也”，通用疆字。邊疆、疆界、萬壽無疆字篆作此。

qiáo 醮憔嫶 03516；qiáo 顦 13517；qiáo 憔癄 23314

醮，篆作，从面，訓“面焦枯小也”，如“顔色醮顇”。醮顇，古籍多用顦顇、憔悴或癄悴字；嫶，即醮字；

顦，《説文》訓“顦顇也”，篆作，段氏以爲此篆後人所增，正字當作醮；

癄，同憔，俗篆作，《説文》無“憔”“癄”篆。

qīn 親亲 24513；zhēn 亲 64308

親，篆作，从見，亲（）聲。訓“至也”。段注曰：“情意懇到曰至。”

親，李斯刻石文作（親 23512），左部本作（亲），斯篆少一筆。後人因之。見《説文》（中華本）第十五下“篆文筆迹相承小異”。今簡化作亲。

亲，篆作，訓“亲實如小栗”。古籍假借榛爲亲，榛行而亲廢。

qiū 秋秌龝 92007；qiū 鞦

秋，篆體作。从禾，𪏮省聲。用如秋天、春秋。異體秌，籒文龝，簡化作秋。鞦，鞦韆，無篆。宜作秋千。

qiú 仇 21004；chóu 讎讐讎 57919

地名、姓氏用仇；仇恨、仇敵字繁體用讎，如報讎、讎人。讐，讎的異體，簡化皆作仇。詳見上文“chóu 仇 21004；chóu 讎讐讎 57919”。

qiú 裘裘求 81010

裘，篆作，古文作（求），小篆从衣，象形，訓“皮衣也”。請求、追求之“求”《說文》無小篆，篆書宜作古文。

qū 𠙴笶 50001；kǎn 凵 50001

𠙴，篆作，飯器。象形。𠙴或从竹，去聲，字作（笶）。此字中華本篆作，隸定字頭作“凵”；

凵，篆作，訓“張口也”。

中華本第 0969 字凵與第 3148 字凵二字的篆體及隸定字頭均一模一樣，甚至說解二字的末句“凡凵之屬皆从凵”也完全相同，毫無差別。究竟哪個字讀 qū、哪個字讀 kǎn？離開《說文》，無法區分。本書參照段注，將 3145（飯器）釋爲𠙴（qū），0969（張口）釋爲凵（kǎn），並校正了相關篆字。

qū 䈮麴麯麯曲 86319；jú 蘜𥹉 36320；jú 𥹉蘜 75213

䈮（qū），義爲釀酒的發酵劑，即酒母，篆作，或作（鞠），俗作麯、麴，如麴酒、大麴，簡化作曲。曲，篆作。本義：彎曲。

䈮字从米，𥹉省聲。𥹉省言即𥹉，則䈮从𥹉聲也。故（䈮）篆右下是（人），鉉篆作，段篆作，均不誤。

䈮或从麥，鞠省聲，篆作（麴）。鞠，从革，匊聲；匊，从米，从勹（）。鉉篆和段篆亦無誤。

但是，蘜（jú）从艸，从䈮省（竹字頭換成艸字頭），篆當作，而鉉篆作、段篆作，右下均訛作匊。

匊篆从（勹），象人曲形有所包裹。、皆从匊，楷體蘜右下部也作匊，鉉、段受此影響，將蘜（）右下从人混同於从勹（）。段氏痛罵製造訛篆者爲淺人，但事實證明，專家、學者也有失誤，他們並非都是淺人。

què 舄舃 50010；què 雔雔 03416；què 鵲鵲 00217

舄（異體作舃），篆作，鵲之古文。本義爲喜鵲。古借“舄”爲履舄（xì）字，本義廢。

雔，小篆作（雔），隸變从鳥，作鵲。簡體作鹊。

鵲，俗篆作，當作（雔）。

què 卻却 00108

卻，篆作。此字楷體左部與欲字類似，篆體則顯然有別。“欲”字从（谷 gǔ）聲，而“卻”篆从（𧮫jué）聲。淺者𧮫（jué）谷（gǔ）不別，中國文字研究與應用中心所編《說文解字全文檢索》卻釋："卻，从卩谷聲。"

R

rǎn 㚩染 64517；rǎn 染 23010

㚩，篆體作，訓"濡也"，簡體作染。霑染、濡染、感染字篆作此；

染，篆體作，訓"目繪染爲色"。染色之染字篆作此。

今"㚩""染"合一，篆書必須分明。

rén 壬 61304；tǐng 𡈼21204；tíng 廷 21207

壬（rén），篆作，象形字。《說文》："壬，象人褢妊之形。"

rèn 妊 14307、rèn 任 61306、rèn 衽袵 61308、rèn 飪饪 61511、rèn 紝絍纴 62310，皆从壬（rén）；

𡈼（tǐng）與壬（rén），楷體相似，唯中橫長短微異，篆體則迥異：

𡈼（tǐng），篆作。徐鉉曰："人在土上，𡈼然而立也。"

廷，篆作，从（𡈼）聲。tíng 庭 11209、tíng 霆 62713、tǐng 侹 21208、tǐng 挺脡 23209、tǐng 梃 23210、tǐng 娗 54210、tǐng 鋌 22515、tǐng 艇 51312 等諸字，其聲符廷，楷體作从"𡈼"（）之形，篆體當作从（𡈼）。

和，變隸爲壬和𡈼。欠細審者，多混淆。如《說文》廴部廷，从廴𡈼聲。中華本卻誤釋从廴壬聲，其他多家注釋的《說文》則照抄不校。只認楷體而不辨篆體，將壬和𡈼視爲同一字，如《中國篆書大字典》士部字下所收篆文：

清·徐三庚《篆書册》，清·楊沂孫《說文部首》，清·楊沂孫《說文部首》，清·吳大澂《說文部首》，清·吳大澂《說文部首》。

共收五个篆文，卻錯了三個，錯將（𡈼）作壬字收錄。顯然，此類出入源自這類字典編審者們的問題。這類失誤，將誤導後學，後人釋篆，若以此爲據，必將以誤傳誤。

rèn 訒認认 41310；rèn 仞認认 90005；rěn 忍 50007

認，簡體作认。《說文》無"認"字。篆書假借訒、仞或忍爲認。

訒，篆作，訓"頓也"，義爲説話謹慎。《論語》："仁者其言也訒。"

仞，篆作。本義：古代長度單位。《說文》："仞，伸臂一尋八尺也。"

忍，篆作。本義：忍耐、容忍。通"認"。《管子·大匡》："夫國之疑，二三子莫忍老臣。"

róng 茸絨戎茙 42107

茸，篆作，訓"草茸茸貌"。鹿茸字篆作此；同"絨"，"絨綫"，刺繡用的絲綫，即茸綫，篆作。

古亦假借戎爲茸，如《詩》"狐裘蒙戎"；亦茙爲茸，如《韓詩》"何彼茙矣”。

róng 容 50108；sòng 頌 40210

容，篆作，訓“盛也”。容器字篆作此。後假借爲容貌字。

今“容貌”字古作頌；今“歌頌”字古作訟，亦假借頌（容）；今“訴訟”字古作訟，亦作吅。詳見下文“sòng頌40210；sòng訟51310；sòng吅50204”。

ròu 肉 50003；yuè 月 50003；zhōu 舟 10105

肉，篆作。用爲構字部件，大多隸變爲月。例如，“胡”篆作，篆書从肉，隸書从月。然隸楷从月之字，其篆體本字並非皆从肉。其中，有的从肉，如胚、胎、肌、唇、肺等；有的从月（），如朔、霸、朗（朖）、朒、期、明等；有的从舟（），如俞、朕、服、朝（翰，从倝，舟聲）等；有的象形，如朋（古文鳳）。故，切勿仿照隸楷字形作篆。

ruǐ 惢蕊橤蘂蕋 00012

惢，篆作，本義爲多心，心疑。花蕊之蕊字篆作此，俗篆不可取。蕊、橤、蘂、蕋篆書皆作。

S

sǎ 洒 22010；sǎ 灑 64420

洒，篆作，訓“滌也”，義爲洗滌，本讀 xǐ。後假借洗爲洒。古洒面謂沬，洒身謂浴，洒手謂澡，洒足謂洗。洒，借作洒掃字，讀 sǎ；

簡體“洒扫”字本作灑掃，篆作（灑埽）。灑，訓“汛也”，義爲打掃時播水。

sāi 思鰓（鰓）顋腮 01008

思，篆作，本讀 sī，如思想；“思”讀 sāi 時通鰓、顋、腮。鰓、顋、腮，篆作。

sǎo 姕嫂 54011

姕，篆作。隸變作嫂。

sè 嗇啬 52011；sè 濇 32016；sè 歰澀澁涩 00012

嗇，篆作。朱駿聲《説文通訓定聲》曰：“此字本訓當爲收穀，即穡之古文也。轉注爲愛濇之義，或曰借爲濇。”

濇，篆作，訓“不滑也”，同“歰”。

歰，篆作，訓“不滑也”，从四止，上部是倒寫的二止，不滑之義躍然紙上。此爲本字。“濇，文歰，今作澀，不滑也。”《一切經音義》。文澀字，異體爲澁，簡體作涩。簡體生涩、苦涩、文涩、涩僻、涩辞、涩噎字，篆當作（歰）。

shāi 簏篩 86419；shāi 簁篩 42013

簏，篆作。《説文》：“簏，竹器也。可目取麤去細。”

簁，篆作。《説文》：“簁箄，竹器也。”段注：“簏、簁古今字也。《漢·賈山傳》作‘篩’。”今簡體作筛。

shān 檆杉 32215

杉，篆作（檆）。檆，《説文》釋“木也”。俗作杉，徐鉉注曰：“今俗作杉，非是。”

shé 舌 51205；guā 昏 01205

舌，篆作。口舌、舌頭字用此。从舌之篆如：（舐狧 shì）或（䑛）、（舚噧 tà）、（舔 tiān）、（銛 xiān；tiǎn）、（恬，段改作恬，tián）、（甛甜 tián）、（栝桥栖tiǎn）、（絬緂yǎn）。但話、活、括等从昏。

昏，篆作，訓“塞口也”，讀guā。用作聲符，隸變作“舌”，與口舌之舌同形，楷釋篆時易出錯。从昏之篆如：（秳 huó；kuò）、（栝栝 guā；kuò）、（骺 guā）、（䲀 guā）、（刮刮颳 guā）、（銽 guā）、（䓤 guā）、（姡 huá；huó）、（語話 huà）、（佸 huó）、（活湉huó）、（祮 huó）、（适 kuò。适，今又作“適”的簡體字，讀 shì）、（筈 kuò）、（闊 kuò）、（頢 kuò）、（䯏kuò）、（括 kuò；guā）、（髺 kuò；yuè）。其中，（栝 guā）與（栝 tiǎn）簡體皆作栝，（銽 guā）與（銛 xiān）簡體皆作銛，篆書易混淆。遇此類情形，必須據字義釋篆。

shè 舍 51106；shě 捨 33109

舍，篆作。房舍（shè），如（宿舍）；

捨，篆作，義爲放下，如捨棄、施捨。經傳多假“舍”爲之，例如：不舍晝夜《論語》、舍得。遂舍、捨二字義相同，今“捨”簡化作舍。“舍得”字正篆宜作。

字下部是象形符號□，凡作从（口 kǒu）者，誤。

shēn 突罙宲深 51009；shēn 深深 21014

依據《説文》，深淺之深字篆作（突）。（深深），訓“深水也”，本是水名（河流名），後借深爲罙，深行而罙廢。

shēn 參曑 50008；shēn 蓡蔘 76118；sēn 槮 22011；cēn 篸 82012

參，篆作，本爲（曑）的省文，訓“商星也”。今簡化作参，用爲人參字、參差字。

蓡，篆作（蓡），訓“人蓡，藥艸”。《本艸》作人參。今簡體字作参，篆書當从艸，作（蓡）；

槮，篆作。本義：槮差，即木有長有短參差不齊。參差字篆，亦作（篸）。

篸，篆作。本義：篸差，即竹子長短不齊。後寫作“參差”。

曑、參、蔘、蓡、槮和篸，簡體皆作参。

shěn 瀋沖沈 22216

見“chén 沈沉 91110”。

shēng 升 93005；shēng 昇 54107；shēng 陞

“容量單位升”篆作；“太陽升起”字作（昇）；“升官、提拔升遷”字在唐以前用昇、升，唐以後用陞。陞，篆體當作或。

shèng 賸剩 12318

剩，義爲剩餘、餘下，篆體作（賸）；

賸，篆體作，簡體作剩（姓氏、人名除外）。

shèng 勝胜 13217；xīng 胜腥 12207；xīng 鮏鯹 62215

勝，篆作，訓“任也”。凡勝任、勝利字篆作此。今簡化作胜。

胜（xīng），篆作。訓“犬膏臭也”。膏腥、肉腥字篆作此。今用作“勝”的簡體字，讀 shèng；

腥，篆作。義爲“小瘜肉”。假借爲膏胜之“胜”字。段注云：“今經典‘膏胜’‘胜肉’字通用腥爲之，而胜廢矣，而腥之本義廢矣。”

鮏，篆作。訓“魚臭也”。魚臭謂之鮏。鮏，俗作鯹；肉膏臭謂之胜。後通作腥。

shī 溼濕湿 22115；shī 濕湿 22115

溼，篆作，訓“幽溼也”，燥濕字篆作此。後以濕爲溼。

濕，篆作，訓“濕水”，古河名。段注曰：“漢隸以濕爲燥溼字。”今“溼”“濕”簡體作湿。

shī 屍 60308；shī 尸 60102

屍，篆作，从尸、死。死者，終也。尸者，主也。故訓“終主也”。簡體作尸。

尸，篆作。《説文》：“尸，陳也。象臥之形。”義爲象卧着代表死者受祭的人（），是臥着的活人，今用作“屍”的簡化字。篆書卧倒爲。故篆書“尸”應當有二條綫構成，不宜寫作。2002 年在湖南里耶古井中發現的秦簡古隸，其中所有“尉”字左部“尸”皆作，可佐證。在《説文》（中華本）中，此篆已局部隸變，寫作，尸部所屬諸文，如居、屆、屋、層、展、尼、屈、尿、屍、屔、屏、屢、屠、履等，以及相关篆文尾、尺、局和尉等，皆被改作从，但人部（僻）、蚰部（蠹）和金部（鋸）仍保留原形，即尸作爲構字部件，篆體既作又作，欠規範。段注本改作。

从尸之篆，碑帖中从之例，如：

清・吳大澂《説文部首》，（傳）唐・李陽冰《千字文》，清・鄧琰《白氏草堂記》，清・鄧琰《萬綠帖》，清・楊沂孫《説文部首》，明・趙宧光《黄金軸》，清・趙之謙《潛夫論》，清・徐三庚《篆書册》，清・鄧琰《白氏草堂記》，清・吳昌碩《小戎詩屏》，清・黄士陵《吕氏呻吟語》，清・吳大澂《周真人廟碑》。

shí食 80207；bī皀 50105；yǎo 皀 50104

見上文“bī皀 50105；yǎo 皀 50104；shí食 80207”。

shì市 92106；fú 市 72103；bèi 朩（市）71004；zǐ 朿72105

（1）市 shì，篆作。城市、市場之“市”篆作此。

（2）市 fú，篆作。訓“韠也”，後作韍，作紱、作芾。古代的一种祭服。簡體亦作韨。

隸楷从市之字，篆體除新附字“鬧”以外，都从朩或从朩而非从市（shì）或市（fú）。如：fèi 柿（）73007、pō 抻（）73007、zhì 迊（）41010、bó迊（）41010、fèi 肺（）11007、pèi 怖（）71008、pèi 沛（）71009和 pò酛（）43109，此類从市之楷字，篆體無一从（市 shì）或（市 fú）。

（3）朩（bèi），篆作，訓“屮木盛朩朩然”，隸變亦作市。如《玉篇》朩作市。

（4）朿，篆作。《説文》：“朿，止也。从朩盛而一横止之也。”

、、、四篆形音義皆異，但一個柹字將这四字混淆糾纏在了一起。

柹，篆作，訓“赤實果”（俗稱柿子），从木，朿聲，隸作柹、亦作柹，俗作柿。柿，古籍刊刻往往訛作柿（與从木、朩聲之柿雷同）。因此，柹字既作柹，亦作柿，訛作柿（與或的釋文雷同），似乎此篆从市（）、从朩（）或从市（）皆可，非也。“柹”从朿（），小篆只作。

如上所示，隸楷从市之字，篆體因字而異。

楷體市與市近似，淺者以爲篆書“市”即是“市”。《中國篆書大字典》巾部“市”下所收二十一个篆（含金文），其中大多是（市）字，而非（市）字。如：

周・大盂鼎，周・頌　鼎，周・麥　尊。新莽・嘉　量，宋・夢英《篆書目錄偏旁字源碑》，宋・夢英《篆書目錄偏旁字源碑》。

以上，前三字金文和後三字篆文都作爲“市”字收錄，大謬。

shì 適适 52415；kuò 适 51211

適，篆作，从辵（chuò），啻（chì）聲。本義：之，往，到。簡體字借用“适”爲之；

适，篆作，从辵，昏（shé）聲。訓“疾也”，與迅同，義爲跑得快。讀與括（kuò）同。今“适”用作“適”的簡體字，讀 shì。然古籍中所用“适”字，如唐德宗李适的“适”字，篆書當作，讀 kuò，切勿誤作，誤讀 shì。

shòu 嘼兽 03206；shòu 獸 54210

見上文“chù畜、xù52106；shòu、chù嘼兽 03206；shòu 獸 54210”。

shú 秫术 23108；zhú 朮 21105；shù 術术 91111

秫，篆作，或作（朮），義爲黏高粱。

朮，篆作，“秫”的省文。《說文》：“朮，秫或省禾。”中草藥名白朮（báizhú）之朮字篆體作。今“技術”字簡體作术，讀 shù，篆書不宜作此。同理，簡體 “极”“离”“邮”等字，篆體不可作、、等。举一反三，請參見《檢篆釋疑》。

術，篆體作，訓“邑中道也”，引申爲技術。簡化作术，如：技术、手术，篆書作（術）。

shuài 䗉蟀 51209

蟀，篆作（䗉），卽蟋蟀。今蟀行而䗉廢。

sī 厶 00001；sī 私 32004

厶，篆作，訓“姦衺也”。《韓非子・五蠹》曰：“古者倉頡工作書也，自環者謂之厶，背厶謂之公。”公私之“私”字本作此；

私，篆作，从禾，厶聲。《說文》：“私，禾也。”後假“私”爲公厶之“厶”字，私之本義廢。

自私、徇私、穩私、私幸字篆本當作（厶），不宜用（私）。

sōng 嵩；sōng 崧㟬；chóng 崇宻 90210

嵩，卽崧、㟬，《說文》新附篆文作，段注曰：“崧、嵩二形，皆卽崇之異體。”韋注《國語》云：“古通用崇字。”宻，異體字。

嵩、崧、㟬、宻，篆書當作。

sōng 松 32006；sōng 宋 52111； sōng 鬆髮

松，松樹，篆體作，或作（宋）；鬆，如鬆散、蓬鬆、放鬆，俗篆作。鬆（髮），簡體作松，篆書宜借松（宋）爲之。

sǒng 愯悚 24312；sǒng 竦 64109

愯，篆作，訓“懼也”。懼，簡體作惧。

悚，小篆無“悚”字。《玉篇》：“悚，懼也。”篆借愯爲之。王同愈曰：“悚，篆作愯。”

竦，篆作，訓“敬也”。《商頌》傳曰：“竦，懼也。”段注曰：“此謂假竦爲‘愯’也。愯者，懼也。”

sòng 頌 40210；sòng 訟 51310；sòng 吅 50204

頌，篆體作（頌）。本義：容貌，儀容。此義後借容爲之。“頌”古假借爲“歌訟”字；

訟，篆作。本義：爭論。“爭罪曰獄，爭財曰訟。”《周禮·地官》注。《說文》：“訟，爭也。从言，公聲。一曰，歌訟。”“訟”的另一義爲“歌訟”。訟、頌古今字。“歌頌”之頌字古作訟，如“深訟莽功德”。《漢書·王莽傳上》。亦假借“頌（容）”爲之，如“从天而頌之，孰與制天命而用之。”《荀子·天論》。古時“頌”爲一種用以歌頌功德的文體，如史岑的《出師頌》、揚雄的《趙充國頌》，古借頌爲訟久矣，今歌頌字篆書不宜作訟。“訟”通用爲訴訟字，訴訟之訟字古亦作吅。

吅，篆作，讀 xuān，用同“喧”；亦讀 sòng，同“訟”，“訴訟”字篆作訟或吅。

sōu 叜寕叟搜傁傻 51008；sōu 挖搜 23011

叜，篆作，意謂手拿火把在室内搜索。簡體字作叟（叟與㝷形相似而音義迥異。㝷（导），讀 biǎn，篆作，訓“傾覆也”）。“叟”本義爲搜索、搜查，後假借爲“傁”，指老年男子，如老叟、童叟無欺。傁（傻），篆作。

挖，篆作，隸作搜。《說文》：“衆意也”“一曰求也。”通用爲“搜索”字。

sū 蘇蕪 74018；sū 甦；zì 2555 殨

蘇，如蘇氏（姓氏）、紫蘇與白蘇（植物名）、江蘇蘇州（地名）。篆體作，異體字蘓，簡體作苏；

甦，本義：逐漸复活，如甦醒。“死而复生”謂之甦醒，今亦作苏醒。俗篆作，非。依據《說文》，當作殨。

殨，篆作。《說文》曰：“死而復生爲殨。”

sù 訴訴诉 53413；sù 謝诉 03414；sù 愬诉 02111

訴，訓“告也”，从言、𢇍聲，篆作，中華本篆作，隸定字頭作訴。段玉裁謂“凡從𢇍之字，（𢇍）隸變爲斥，俗又譌斥。”𢇍，“俗作‘斥’、作‘斥’，幾不成字。”卽訴俗作訴。後訴行而訴廢，今簡化作诉。

訴，或从言朔，篆作（謝）。

訴，或从朔心，篆作（愬）。

訴、謝、愬和訴，簡體作诉。

suī 夊綏 92003；牛（篆缺）；zhǐ 夂夂 91003；kuà 㐄 91003

夊，篆作（），義爲行走遲緩的样子。“夊夊”同“綏綏”，慢慢行走的样子。綏，《說文》無篆，疑漏收。徐鉉等新附字。

从夊之字衆多，如（致）、（夌）、（复）、（夋）、（夓）、

（愛爱）、（夏）等皆从夊。

牛（）與夂（）相反。牛，《説文》無篆。篆文（舛）从（夂）（牛）相背。見前文“chuǎn 舛 94006”。

夂（）與夊（）相似，易混淆。見“zhǐ夂 91003”。

干（）从反夂（）。見“kuà干91003”。

T

tā 它他牠 00004；shé 它蛇 00004；tuó 紽

它，篆作。訓“虫（huǐ）也”。小篆“它”或从虫，作（蛇 shé）。後本義用蛇字，而“它”借爲代詞字，讀 tā：（1）表示第三人稱。王同愈曰：“稱彼之他篆作它。”（2）同“牠”，專指動物用“牠”，篆作。（3）稱人以外的事物，小篆與簡化字皆作它。

借作“紽”，古代量詞，五絲爲一紽。《説文檢疑》：“紽篆作它。”

tái 臺檯颱台 92210 ；yí 台怡 00103

臺、檯、颱篆作（臺），从至，从高省，㞢（之）聲（上部是㞢，而非土或士）。

台，本讀 yí，篆作。訓“説也”。段注曰：“台説者，今之悦字。”“台”又讀 tāi，如天台（山名、地名），此“台”不可繁化作臺；

台，今用作臺、檯、颱的簡體字，如亭台（臺）、舞台（臺）、平台（臺）、写字台（檯）、台风（颱風）。檯、颱，篆書可借爲之。

tái 菭苔 32112；tái 薹

苔，如苔蘚、青苔，古同“菭”，篆作（菭）；薹，如蒜薹、芸薹、抽薹，無篆，不能簡化作“苔”。

tài 態态 00013；tài 能态 20011

態，篆作，或作（能），簡體作态。

tán 壇坛 61410；tán 罎坛

壇，如天壇、花壇、論壇、體壇，篆體作，簡體作坛；

罎，如罎罎罐罐，簡體作坛坛罐罐。《説文》無“罎”字。

tàn 嘆叹 45412；tàn 歎叹 65315

嘆，篆作；歎，篆作。

嘆、歎二字，簡體皆作叹，楷體通用。然篆體依《説文》則義異。歎近於喜，嘆近於哀。段注曰：“古歎與嘆義別，歎與喜樂爲類，嘆與怒哀爲類。”

táo 陶 02413；táo 匋 02106

陶，篆作，訓“再成丘也”，陶丘。《説文》：“《夏書》曰，東至於陶丘，陶丘有堯城，堯嘗所居，故堯號陶唐氏。”姓氏“陶”篆作此。通“窑 yáo”。《集訓》：“陶，燒瓦器土室也。”卽窑。窑，本作匋；

匋，篆作，義爲“瓦器竈”。竈，簡體作灶。陶冶之陶字篆作此。

tǐ 體軆体 16820；bèn 体

體，如身體、體育、體諒，篆體作（體軆），簡體作体；

体（古讀 bèn），如体夫，此“体”無篆，不可繁化作體。

tí 嗁啼諦 42109；dì 諦 43615

嗁，篆作，訓“號也”。段注曰：“嗁俗作‘啼’，《士喪禮》作‘諦’，古多假諦爲嗁。”

諦，篆作。訓“審也”。細察、詳審，探求真諦。

tì 䓜普簮替 50314；pǔ 普普 50312

䓜（tì），篆作，从竝，白聲（注：此“白”是“自”的省文，讀zì，詳見50104白）；䓜，或从兟从曰，篆作，隸作簮，俗作替；䓜，或从曰，篆作，隸變作普（tì），簡體作替。

普（pǔ），从日，从竝，篆作，隸變作普，簡體作普。

以上，楷體䓜和普（从日）極相似，尤其䓜字别體普（从曰）與普（从日）無法區分，而篆體則字形清晰可辨。

tiān 天 61104；tiān 天 60105

天，篆作，亦作。

見上文“liù六 50004；dà大 80004；tiān 天 61104；ér 而 60104”。

tiān 添；tiān 沾 30209

添，篆作（沾）；沾，又讀 zhān，古假借爲霑字，見“zhān 霑 31716”。

tīng 聽听 12417；yǐn、tīng 听 00104；tīng 廳厅

聽，篆作，訓“聆也”。从耳、悳，壬聲。簡體作听；

听（yǐn），篆作。本義“笑貌”，罕用。今用作“聽”的簡化字，讀 tīng。今“耳听”字篆書只能用，不可用；

廳，簡體作厅。廳堂字係後起字，篆書宜借（聽）爲之。

tú 涂塗途 81112；tú 塗涂 62315

涂、塗，古今字。塗，篆體作（涂），《説文》新附，後人所造。簡化作涂。

涂：（1）姓氏；（2）涂月（chú yuè）（農曆十二月）；（3）水名，如涂吾、《山海經北山經》水名。涂水；（4）指道路，與“途”通用。途，篆作。俗篆，不可用；（5）用作“塗”的簡化字，如生靈塗炭、塗改、塗抹、塗鴉、塗擦，其“塗”字簡化作涂。

tuán 團团 05208；tuán 糰团

團，如團結、團體、師團，篆體作，簡體作团；糰，如湯糰、飯糰，簡體作团。小篆無“糰”字，可借“团”爲之。

tuí 穨頹颓 92617

頹，篆體作（穨），簡化作颓。

tuó 佗駝馱馳 20006；tuó 驝駝 18214

駝，駱駝，無篆，篆書借佗爲之。段注云："佗之俗字爲駝、爲馱，隸變佗爲他。"俗駝篆作（驝），無據。

W

wā 挖；yà 空 50005

空，yà，篆作。訓"空也"，从穴，乙聲。"乙"是乙鳥之乙，非甲乙之乙。今作"挖"，讀 wā。段注曰："今俗謂盜賊穴牆曰空是也。"例：挖（空）墻腳。

wà 韈韤襪袜 46320

韈，篆作，从韋，蔑聲。訓"足衣也"。俗作韤、襪，簡體作袜。

wāi 竵歪 63516

竵，篆作，訓"不正也"。俗作歪。

wàn 萬万 57008；mò万

萬，篆體作，簡體作万。

複姓"万俟"（mò qí）之"万"，無篆；其他"万"篆可作（萬）。

wàng 暀旺 52411

旺，篆作（暀）。《廣韻》："同'旺'。"

wǎng 网囚冈网 52005；wǎng 䋄網 53012；wǎng 罔罔冈罒 52008

网，篆作，或加亡，作（罔罔罒冈）；或从糸，作（䋄網）；古文作（囚）；籀文作（冈）；《石經》作冈。䋄、網、囚、冈、冈，簡體通作网。

罔，通"惘"。惘，不得志，惘然若失。《漢書·司馬相如傳》："敞罔靡徙。"此"惘"篆作（罔）。

罔，通輞。輞櫶之輞篆作罔。

罔，隸變亦作罔罒冈，簡體皆作罔。

篆文（网）从冖，㸚象网目。冖（mì），訓"覆也"，篆作。歷代碑帖中篆書"网"从（冖）與从（冂 jiōng）多有混淆。例如：

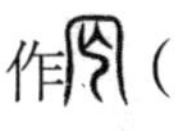漢·開母石闕，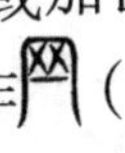宋·夢英《篆書目錄偏旁字源碑》，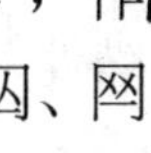近·王禔《千字文》。

以上三字均从（冖），篆法無誤。但以下例字，卻將冖誤作冂：

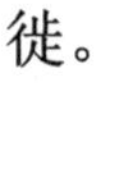元·吳叡《千字文》，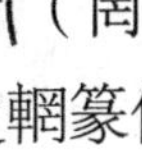唐·碧落碑，（傳）唐·李陽冰《千字文》，元·趙孟頫《六體千字文》，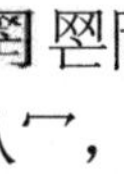清·吳昌碩《西泠印社記》，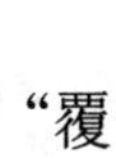清·鄧石如《詩經屏》。

因“网”誤从冂（jiōng），从（网）之篆也訛作从之形，如：

（傳）唐・李陽冰《千字文》，（傳）唐・李陽冰《千字文》，清・趙之謙《潛夫論》，（傳）唐・李陽冰《千字文》，元・趙孟頫《六體千字文》，清・吳讓之《三樂三憂帖》。

wéi、guó 囗 00001；kǒu 口 50102

囗（wéi），篆作。《説文》：“囗，回也。象回帀之形。”

口（kǒu），篆作。《説文》：“口，人所以言食也。象形。”

囗與口是两个字，楷體用作構字部件時，有的毫無區别。

另有〇，象形符號。隸變亦作“口”，如“倉”“舍”“石”等字，其中“口”是構字符號，象形，不成字。

由囗、口、〇構成的字衆多，若將楷體字釋爲篆體字，只有緊扣、和〇的本義，才能有效防止將和〇寫成。如：楷體邑、或、圖、同、舍、倉、高、京和石等字中皆有“口”，此“口”與人出言、進食之口形雖相同，但義迥異，根據字義，邑、圖、倉、舍、京和石之類不可能有出言、進食之口，故篆書不當从。凡有邑、或、圖、亩、舍、倉、高、京和石構件的篆文，其中口寫作者，非正字。例如：

（1）（邑），訓“國也”，从囗、从卩。囗，表示國之疆域，古亦用作國字，隸作邑（用作偏旁，變隸爲右阝）。

邕、邦、邨、邮、郵、都、郭、郝、扈和鄲等皆从邑。其中，鉉本邕篆作；《康熙字典》邑篆作，以邑爲構件之篆文有數百字，結構大多有出入。

碑帖中，篆體構件訛變作的例字：

元・吳叡《千字文》，清・吳昌碩《小戎詩屏》，清・吳讓之《臨天發神讖碑》，漢・袁安碑，漢・孔宙碑額，元・吳叡《千字文》，清・徐三庚《篆書册》，清・趙之謙《金人銘》。

（2）（或），訓“邦也。从囗，从戈，以守一。一，地也”。孫海波《卜辭文字小記》：“囗象城形，从弋以守之，國之義也。”其中，“囗”篆體是而非。以“或”爲構件的字有：域、國、惑、閾、棫、蜮、淢、聝、椢和幗等，篆書作品中常將其中囗誤作。例如：

清・趙之謙《潛夫論》，清・黃士陵《呂子呻吟語》，清・趙之謙《潛夫論》。

（3），訓“穀所振入”。从入，回象屋形，中有户牖。隸作亩（lǐn），篆或作，隸通用廩。亩與禾、旦、口、來等，分别構成（稟）、（亶）、

（啚）、（嗇）等，再分別與广、女、囗和爿等分別構成（廩）、（嬗）、（圖）和（牆）等。其中構件“回”篆體始終應當作。常見將（圖）字中間的“啚”下部改作似“面”形，參見《中國篆書大字典》第二四六頁篆文。

（4），“冂”字的古文寫法，隸作冋，由“冂和口”構成，古文本作，用作的構成部件，小篆作，冂内不可改作（口）。傳世典籍中，用作構字部件，各本字形不一，出入頗多。例如：

中華本：迥、炯、絅、高、墒；

段注本：迥、炯、絅、高、墒。

（5），上部亼、中部屮、下部“囗象築也”。隸變作舍，大多篆書字典將舍字收入舌部，而舌从口（）。常見舍字篆書誤作。如：《四體大字典》舌部舍字小篆作；趙孟頫《六體千字文》、王提《千字文》《詠懷詩》、吳昌碩《西泠印社記》等，篆書皆誤作。今市售篆書字典都廣收此類訛篆，恐編審者也誤認爲篆文舍从舌。

雖然，金文舍字也有从舌的寫法，但只能説明金文欠缺規範化整理。“舍”从舌無字理可言，故金文不足以否定許説。凡舍字篆作者，與許訓不合。

舍與手（扌）、予、水和邑等分別構成捨、舒、涻和郐等。《説文》中華本手部捨篆書訛作；《中國篆書大字典》“舒”字共收錄四个篆字，其中有三个下部誤作。原文如下：

清·戴震《論古聯》，清·黄士陵《急就章屏》，清·徐三庚《篆書册》。

（6）（倉），从食省，口象倉形，隸作倉。段注本相關字：（蒼）、（鶬）、（匼）、（滄）、（滄）、（瑲）、（蹌）、（牄）和（槍）等，字形與説解一致。但在中華本中，有匼、滄、滄、鎗四字，篆文訛作、、、。

碑帖中，篆體構件訛變爲的例字：

唐·碧落碑，清·趙時棡《詩經七月册》，清·趙之謙《漢鐃歌》，清·黄士陵《呂子呻吟語》。

（7），隸作高。《説文》：“高，崇也。象臺觀高之形，段注：謂也。从冂、口，與倉舍同意。”據此，上部象形，下部，冂内“與倉舍同意”，不可作。鉉本虫部蟜，篆作；段本趫、敲、繑、僑、鐈、鎬、縞、驕、熇、撟和墒等，篆作、、、、、、、、、和，皆非正體。

碑帖中，从之篆，其中冂内誤作例字：

（傳）唐·李陽冰《千字文》，唐·李陽冰《三墳記》，元·趙孟頫《六體千字文》，元・吳叡《千字文》，清・黃士陵《呂子呻吟語》，清・吳大澂《說文部首》，清・永珵《禹貢屏》，清・鄧石如《弟子職帖》，清・徐三庚《篆書册》，清・吳大澂《夏小正帖》，近・王禔《詠懷詩》。

（8），从高省（取，省），隸作京。从京之字如：就、倞、景、憬、輬、椋、涼、轅、醇、琼、諒和飄等。凡將其中改作者，皆非正體字。

（9），从壴、从口，隸作喜；其中：壴，从中、从豆，篆作；豆，从口，象形；口，篆作。凡將改作者，誤。《中國篆書大字典》口部錄趙時棡《詩經七月册》篆體，不可取。

（10），《說文》曰："石，在厂之下，口象形。"《康熙字典》石部从之篆大多誤作从；段注本頁部碩字篆書亦訛作；吳昌碩"碩"篆都从。石鼓文中碩字也作，有人以此爲據，認爲後人小篆"石"作从之形有據可查，無可厚非。若此論立，則許君規範文字之功盡廢。

碑帖中，篆體構件訛作、例字：

秦・李斯《碣石頌》，唐・李陽冰《三墳記》，唐・峿臺銘，漢・孔宙碑，清・吳讓之《唐宋詩》，唐・李陽冰《顏家廟碑額》，唐・李邕《麓山寺碑額》，唐・李陽冰《三墳記》，清・永珵《禹貢屏》，清・吳讓之《唐宋詩》，清・王禔《千字文》，清・吳昌碩《小戎詩屏》，清・吳昌碩《西泠印社記》，清・吳昌碩《西泠印社記》。

（11）袁，篆作。从衣，叀省聲。中間並非口。遠、轅、睘、還等篆字均有"袁"構成，其中皆不宜作。

（12）（向），《說文》："向，北出牖也。从宀、从口。《詩》曰：'塞向墐户。'"因對"从口"之説的不同理解而此篆有兩種寫法：和。徐鍇認爲此字从口（kǒu），大徐从小徐之説，鉉本篆作，从。段玉裁改爲从，篆作。但在《説文》大徐本和小徐本中，从向之篆其"向"卻並非皆从。例如：依其訓解，賞从尚；尚从向；向从，但鉉本字中間卻作；而在段注本中，从向之字其"向"亦並非皆从。除了"向""尚"等少數幾個字改从，其余仍从，如：樘、敞、堂、鏜、黨、鼦等篆文。總之，同一字符的構形，各家互相不一，自家前後不一。查考甲骨文和金文，"向"既有从，亦有从▢。因此，从字源上説，“向”从▢還是从，誰是誰非，這個問題其實并不重要，重要的是：小篆應當是統一的字形，該統作“从▢”還是“从”？筆者以爲“向”宜从▢，理由如段氏所云，《説文》“囱”下云“在牆曰牖，在屋曰囱”。宀下云“宀，从入回，象屋形中有户牖”。囱與宀皆非从口（kǒu），徐鍇“牖，所以通人氣，故从口”之説太牽強，與許説不符，段氏因此而改从▢。凡以（向）爲構件的篆文，其中宜从段説，更正爲▢，包括（尚）、（堂）、（賞）和（黨）等，以及由此類部件構成的一系列篆文。

鉉本中以爲構件的篆體例字：

餉、樘、螳、棠、當、璫、鐺、攩、常、裳、鱨、償、嘗。

碑帖中以爲構件的篆書例字：

漢·少室石闕，漢·金堂玉當磚，唐·碧落碑 近·王褆《千字文》

碑帖中以爲構件的篆書例字：

（傳）唐李陽冰《千字文》，（傳）唐·李陽冰《千字文》，宋·夢英《千字文》，元·趙孟頫《六體千字文》，元·趙孟頫《六體千字文》，清·黄士陵《呂子呻吟語》，清·吴讓之《唐宋詩》，清·趙之謙《日登帖》。

▢改作，不合字理。同理，从之篆改作从▢，也不可取。例如，叵（pǒ），“从反可”；可，从口（kǒu）、丂，篆作；反可，當作（鉉本新附字）。《康熙字典》“叵”篆書作，其中，“反丂”作，“”作“▢”，皆誤。

wéi 爲為为 11012

爲，篆體从爪，作，簡體作“为”，“為”是“爲”的異體字。

wèi 畏㮚 02209

畏，篆作，訓“惡也”。从由，虎省。上爲鬼頭“由”，下爲虎爪。古文作（㮚）。凡篆書作从田者，訛。

wèng 罋甕 05416；wèng 瓮 05416

甕，篆作（罋），俗作甕。訓“汲缾也”。簡化作瓮；

瓮，篆作，訓“罌也”。罌（yīng），訓“缶也”。段注：“瓮者，罌之大口者也。”

wú 毋 16104；mǔ 母 15005；guàn 毌 03103

毋、母、毌三字相似，易混淆。

母，篆作，“从女，象裹子形”。

毋，篆作，訓“止之也”，義爲“莫”“勿”，禁止之義。“毋”是小篆部首。（婁）字从毋、中、女，空之意也；（數）从，常見篆書婁、數誤作从母。容庚以爲毋母同字，是指金文。許書明訓小篆毋與母形音義皆異，並非同一字，此後，凡篆書仍將从“毋”寫成从母者，如同楷書將“毋”寫成“母”一样，無視漢字的科學規範。

毌，篆作，从一横貫，古同“貫”，義爲貫穿。後作“貫”。

wú 橆無无89112；wú 𣞤無无89115；wú 无61204

橆，篆作，訓“豐也”。《說文》引《商書》曰：“庶屮緐橆。”此義借蕪或廡爲之。隸楷作無，借爲有𣞤之𣞤（無）；

𣞤，篆作，从亡，橆聲。訓“亡也”。有𣞤字篆作此。隸楷亦作無，簡化作无。

有𣞤之𣞤字俗作（橆），非是。“橆（無）”本義豐，與𣞤字義相反。

无，《說文》曰：“（无），奇字（𣞤）也。”《玉篇》曰：“无，虚无也。”今“无”用作𣞤（無）的簡化字。

X

xī 睎希 53209；xī 稀希 85009；xī 希 83006

睎，篆作，訓“望也”。希望字篆作此。古籍多假借希爲睎。

稀，篆作，訓“疏也”。希少之希字篆作此。經傳皆以希爲之。簡化作希；

希，小篆當作，从巾，从爻。本義：刺繡。《說文》無希字。鄭珍云：（《說文》）“莃、睎、脪、郗、晞、稀、俙、豨、絺，皆从希聲，必有希字。”故補此篆。隸楷“希”字的基本用法：（1）假借爲“稀”。稀少、罕見。《爾雅》：“希，罕也。”《老子》：“知我者希。”（2）同“稀”。《史記·貨殖列傳》：“地廣人希。”（3）觀望。後作“睎”。《商君書》：“希主好惡。”釋爲篆體，當用本字。

xī 皙 02107；xī 晳晰 02107；zhé 哲晰 02108

皙、晳、哲各有本義，俗將三字混淆。

皙，篆作，从白，析聲。訓“人色白也”，指人的皮膚白淨。《漢書·霍光傳》：“白皙疏眉目”之皙字篆作此。段注曰：“今字皆省作晳，非也。”

晳，篆作，同“晰”，从日，與从白之皙非同一字。“晳”曾被誤作晰的異體字而廢除。晰，義爲明晰。

哲，亦作晰，篆作。訓：“昭晳，明也。”引申之爲人之明哲。

xī 溪谿（磎）10115

溪，篆體作（谿）；古“溪”和“谿”互用，“磎”爲異體；今通用“溪”。

xī 䜣嘶 04413

䜣，篆作，訓“悲也”。从言，斯省聲。俗作嘶。

xì 系 11005；xì 係 91007；xì 繫 27314

系，篆作；係，篆作；繫，篆作。

“世系”“系統”的意義篆書宜作系，如農業系統、歷史系；

“關聯”“聯繫”的意義篆當作係。段注曰：“凡相聯屬謂之係”，俗通用“繫”，“蓋古假毄爲係，後人盡改爲繫耳”。

繫，訓“繫縹也。一曰，惡絮”。段注曰：“六朝以後舍系不用，而叚繫爲系，遂使繫之本義薶蘊終古。”

係和繫可以通用。但作“提”、作“栓”、作“綁”講，如繫馬，作“拘禁”講，如繫獄，則不能通用，只能用繫；“係”在書面用語中作“是”講，如“魯迅係浙江人”“確係實情”，也不可與繫通用。

xiá 陜陿峽峡狹狭 11314；xiá 匧 11008；shǎn 陝陕 11314

陜（xiá），篆作，訓“隘”，義爲窄，寬度、廣度小。俗作陿、峽、狹。狹谷字作峽，簡化作峡；狹窄字作狹，簡化作狭，陿字廢；峽和狹及其簡化字峡和狭，篆體皆作（陜）；

匧，訓“辟”。段注曰：“匧，與陜音同意近。”今匧字廢。

陝（shǎn），古地名，今陝西省的簡稱，篆體作，簡體作陕。陜與陝近似，區別在於：“陜”右部“夾”从入，而“陝”右部“夾”从人；

陝不可簡寫作陜，因爲陕是陝的簡體字。

夾（xiá），篆作，簡化作夹；夾（shǎn），篆作，簡體仍作夾。

但是，除了陝字以外，从“夾”之字皆簡化作从夹，如：郏（郟）、侠（俠）、浃（浹）、挟（挾）、荚（莢）、峡（峽）、狭（狹）、惬（愜）、硖（硤）、铗（鋏）、颊（頰）、蛱（蛺）、瘗（瘞）、箧（篋）。而从夾（夹）之陜簡體仍作陜；雖夾（shǎn）簡體仍作夾，但从夾之陝卻簡化作陕。此不合字理，只因陝是地名用字、是常用字，所以“強字奪理”。

xiā 蝦 01208；xiā 鰕虾 21217

見“há、xiā蝦 01208；xiā鰕虾 21217”。

xià 唬 42108；xià 嚇吓

唬，篆作。（1）讀 hǔ，如唬弄、唬嚇；（2）讀 xià，同嚇，如唬殺。

嚇，篆體作（唬），簡體作吓。（1）讀 xià，如驚嚇、嚇人；（2）讀 hè，如恐嚇、恫嚇、威嚇。

xiān 鮮 92217；xiān 鱻鲜 20033；xiǎn 尟 50210

鮮，篆作。鮮魚，魚名，如“治大國若烹小鮮”。《老子》。古籍借爲新鱻之“鱻”字，又借爲尟少之“尟”字；

鱻，篆作。此爲新鮮之“鮮”的本字。有人説解鮮字本義曰“魚羊合一，所以鮮美”，望文生義而已。

尟，篆作。此爲鮮少之“鮮”的本字。

xián 咸 92308；xián 鹹 43417

咸篆作，鹹篆作。古爲兩個字，作“全”“都”講時用“咸”，如少長咸集、老少咸宜、咸受其益。年號（咸亨、咸丰）、地名（咸宁）用“咸”。作姓氏用“咸”；表示咸淡用“鹹”，如鹹菜。今鹹簡化作咸。

xián 伭 50005；xián 弦舷絃弦 50105

伭，篆作。訓“很也”。从人，弦省聲；

弦，篆作。隸作弦，俗作絃。从弓，象絲軫之形，義爲弓弦。船舷之舷字篆書用（弦）。

楷體有“玄”構成之字，篆體有的从（玄），如31008 泫 xuàn、31007 炫 xuàn、32312 鉉 xuàn 等（詳見51003 玄 xuán）；有的从（弦省），如：50005 伭 xián、00006 胘 xián、00111䌽緆 yì、50007 玅紗妙 miào；有的从弦，如：32109蕊xián；13108 娹 xián；51107 㭹 xián；00109 慈 xián。故此類楷體字釋爲篆體時當注意研別其構件“玄”該作還是。

xiàn 見現 50205；jiàn 見 50205

見，篆作，訓“視也”，本讀 jiàn。

現，後起字，小篆無“現”字。《廣韻》：“現，俗見字。”現有、現成之“現”字篆作（見），如：“軍無見粮。”《史記》。

xiǎng 響响 01518

響，篆體作，簡體作响。

xiàng 㐭 向嚮 50003

㐭，訓“北出牖也”。篆作，从宀，从口。據許、段之説，向从口，此口是象形符號，而非口（kǒu）。《説文》（鉉本）篆作，从口，段注本改爲从口。但許多从向之篆，依然作从之形。如 3406 杏，段氏以爲从“向”省，但篆文依舊作。

㐭，隸楷作向，俗作嚮。繁體方向、導向字用向，嚮北、嚮前用嚮。

嚮，篆體、簡體皆作（向）。

xiāo 消 90011；xiè 屑屑 60107；xiào 肖 90006

楷體消與屑皆从肖，篆體卻不然。

消，篆體作，从水，从肖。訓“盡也”，義爲“使之消滅”。

肖，篆作，从肉，小聲。訓“骨肉相似也”，義爲（二人）狀貌略同。

以下諸字皆从肖（）：xiāo 逍 40012；xiāo 宵 50008；xiāo 銷 61314；xiāo 霄 61513；xiāo 削 90008；xiāo 焇 90010；xiāo 萷 72010；xiāo 蛸 50008；xiāo 綃 11010；xiāo 魈 13111；xiāo 痟 60312。

屑（xiè），篆體作（屑），从尸，佾聲（並非从肖）。訓“動作切切也”；

佾，讀 xì。篆體作，从肉，八聲。訓“振肸也”。篆文（榍）从屑。屑、榍，今作屑、榍。可見，今从肖之字釋爲篆體有从肖與从佾之別。

xié 劦 13312；xié 恊 93316；xié 勰 54320；xié 協叶 74414

劦，篆作。本義：合力、同力；

恊，篆作。本義：同心之和；

勰，篆作。本義：同思之龢；

協，篆作。本義：同衆之和，衆人合力。古文（協）从口十，隸定作叶。叶韵之叶（xié）篆作此；

叶，用作“葉”的简體字（讀 yè），篆作。

xié 邪衺 20107；xié 衺 80108；xié 斜邪 83111；yé 邪耶 20107

邪，篆作，从邑，本用於地名，如琅邪郡，讀 yá。因借邪爲衺，讀 xié，今邪行而衺廢。

衺，篆作，義爲不正當，不正派。邪惡之邪字篆作此。

斜，篆作，義爲傾出，偏離正中或正前方。如斜躺、斜影、斜道；通“邪”。例：心斜、歪風斜氣。此“斜”，篆書用，今作邪。

邪（yé），同“耶”。由牙與耳相似而訛變作耶，表疑問的語氣詞，如“莫耶”。韓愈：“其真無馬邪，其真不知馬也？”此耶（邪）用同“也”。耶，後起字，無篆，篆書宜作“也”，不宜借邪爲之。

xié 攜攜携 77416；xié 懏懏 75417；xī 鑴 66721；juān 鐫鎸镌 24615

攜，篆作，訓“提也”。簡體作携；

懏，篆作，訓“有二心也”， 古多假借“攜”爲之。

鑴，篆作，訓“甍也”，義爲大盆。“鑴”與“鐫”易混淆。

鐫，篆作，義爲“破木之器”，用如“鐫刻”。簡體作镌，此與“携”字右部相同，然篆體迥異。

xīng 胜腥 12207；shèng 勝胜 13217；xīng 鮏鯹 62215

見上文“shèng 勝胜 13217；xīng 胜腥 12207；xīng 鮏鯹 62215”。

xìng 㚔幸 93107；niè 㚔幸 83207

楷體“幸”對應兩個篆體字：（㚔幸 xìng）和（㚔幸 niè）。

㚔，篆作。隸定作幸，讀 xìng。今幸福之“幸”字篆作此。《説文》：

“㚔，吉而免凶也。从屰，从夭。夭，死之事。故死謂之不㚔。”

㚔，篆作，訓“所㠯驚人也”。《説文》中華本：“㚔，从大、从羊。”入一爲（干），干者，犯也；入二爲（羊rěn），入二甚於入一。故曰“所以驚人”，中華本此字从羊，不誤。段氏將羊改爲丫，篆作，不可取。此篆，中華本隸定字頭也作幸，與幸福字形相同而音義皆異。

作爲篆體構件，隸變皆作“幸”。如睪（）、圉（）、（執）、（報）、（簕）、（鞫）等均从幸（㚔）。

由於篆體構件和隸定皆作幸，在漢字系統中引發了一些混亂。例如：篆文和，《説文》中華本和段注本分别用了“㚔、幸、㚔”三个字符解釋其聲符。其中，中華本糸部（緈）字誤釋从㚔聲。顯然是由於“㚔”變“幸”，“幸”又同“㚔”，因而將“从㚔（xìng）”誤爲“从㚔（niè）”。

《中國篆書大字典》㊔下收錄篆書“幸”12 字，其中七個是㚔（幸 xìng）字，五個是㚔（niè）字。爲免受其惑，今轉錄如下，以供甄别：

（傳）唐・李陽冰 千字文

宋・ 千文殘卷

元・趙孟頫 六體千字文

宋・吴叡 千字文

清・黄士陵 吕子呻吟語

近・黄葆鉞 百家姓

近・王褆 千字文

唐・瞿令問 庴廎銘

宋・夢英 篆書目錄偏旁字源碑

清・吴昌碩 西泠印社記①

清・吴大徵 説文部首

清・楊沂孫 説文部首②

注：

①表中共有 12 字，前 7 字是“㚔幸 xìng”，後 5 字當是“㚔幸 niè”。

②吴昌碩《西泠印社記》中“私幸”一詞，其“幸”字篆書當作（㚔xìng），原文卻誤作（㚔 niè）。

③楊沂孫《説文部首》中的（㚔 niè）與“段改篆”82106 6611 㚔雷同。

xìng 莕荇荇 74109；xìng 荇荇 72015；xìng 杏 72105；háng 杏

莕，篆作，莕菜。从艸，杏聲。何梗切。莕或从洐，篆作，或从行，字作荇，从艸，行聲。行讀 háng，與“何梗切”相符，故不當注 xìng 音。

杏，篆作。《説文》：“杏果也。从木，向省聲。”今怎么讀？段注云：“莕以杏爲聲，亦作荇、荇，从行聲，則知杏、莕字，古皆在十部也。今何梗切。”今蘇州、無錫、常州等江南方言仍稱呼銀杏樹爲“銀杏（何梗切）樹”。拼音注 xìng者，既不通切音，又不顧漢字音義的歷史傳承。將“行 háng 聲”誤讀爲“行 xíng 聲”。

埂、梗、鯁、骾、綆等諸字皆从更聲，典籍所注，无一不是“古杏（háng）切”，皆讀 gěng，並非“古杏 xìng切”。若“杏”讀 xìng，則此類从更之字豈不都應當皆讀 jīng（睛）？所以，用於注切音之“杏”同“行”字一樣，不宜讀 xìng，當讀何梗切（háng）。

xiōng 匈胷胸 01005；xiōng 胷91006

胷，篆體作（匈）或（胷），簡體作胸。

xiū 修 61110；xiū 脩 61110

“修”篆作，“脩”篆作。二字在修飾、修定、修造、修行、修業、修理等意義上曾經通用。但两者本義不同，修从彡，本義爲修飾；脩从肉，本義爲乾肉。在表示乾肉一義時只能作（脩），除此以外，篆書宜用（修）。

xū 頿䇓竵須 60315；xū 須鬚顅 90210；xū 需 61611

頿，篆作，或作（竵），簡化爲须。義爲站著等待。古假借須爲之，今簡體必须、务须字篆作（頿）。段注曰：“今字多作需，作須，而頿廢矣。”

須，篆作，訓“頤下毛也”。卽鬍鬚，簡體作胡须。古須通頿，假須为“需”，别製鬚（顅）字。《釋名》：“口上曰髭，口下曰承漿，頤下曰鬚，在頰耳旁曰髯。”頾（髭䰅 zī），篆作；髯（頿髯髥䫇rán），篆作。

需，篆作，訓“頿也”。必需、需要、需求字篆作此。

xuān 吅喧 50204；sòng 吅訟 50204

吅，篆作。讀 xuān 時，義爲大聲呼叫。徐鉉等曰：“今俗别作喧。”

喧，篆作（吅）、又作（囂）、又作（咺）；喧譁，篆亦作（讙譁）。

吅，又讀 sòng，同訟，義爲爭訟、訴訟。另見上文“sòng 頌 40210；sòng 訟 51310；sòng 吅 50204”。

xuán 玄𢆯51003；xuàn 炫 31007；xián 弦舷絃弦50105

玄，篆作，訓“幽遠也”。象幽，而入覆之也。《老子》：“玄之又玄，衆妙之門。”其玄字篆作此。（𢆯），古文玄。

炫與弦楷體皆从玄，但篆書有别：

炫，篆作，从火，玄聲。訓“爓燿也”。

弦，篆作，从弓，右部“象絲軫之形”，字形象古文（糸）省。訓“弓弦也”。張於弓和張於琴瑟者，皆曰弦。船舷之舷字篆作此。

xuān 玆玆 52006；zī 茲兹 52008

玆，篆作，訓“黑也”。从二玄。義爲黑、污濁。《左傳·哀公八年》：“何故使我水玆？”卽用此義。俗作兹，艸部“茲”俗亦作兹。故俗字“兹”模糊了玆與茲的區别，由此引發了一系列錯亂。玆加水作“滋”字，篆作。段注區别與，在玆字下注曰：“此俗加水作滋，因誤認爲滋益字。”滋从水茲，義爲“水益也”。又注：“凡水部之滋，子部之孳，鳥部之鷀，皆以茲爲聲，而玆、滋字袛當音懸，不當音孜。”

茲，篆作，訓“艸木多益也”，从艸，絲省聲。俗作兹，遂與玆（兹）混同。今皆作兹。通“滋”，益，愈加。如，《管子·小匡》：“行地兹遠。”《漢書·五行志七》：“賦斂兹重。”

滋，誤以“滋”爲之，滋廢。从茲之字訛作从玆（兹）之形，如嵫 52011、嗞 52110、鎡 33316、zī孳（又訛作孳）33008、嗞 52110、嵫 52011、慈 42012、磁 42010、甆 40310、鷀（鶿鷀）02115，皆从茲（zī），並非从玆（xuān）。

故，楷體从“兹”之字釋爲篆體時，應當研判从玆（xuān）還是从茲（zī）。

xuān 藼蕿萱蘐諼 75017；xuān 蕿 74216；xuān 萱 72209

藼，篆作。訓“令人忘憂艸也”。从艸，憲聲；或从煖，篆作（蕿）；或从宣，篆作（萱）。通蘐、諼。《詩》“焉得諼草”，《說文》引作“安得藼艸”。蘐，篆作藼或萱。藼、萱、蕿、蘐、諼皆互通；

諼，篆體作。訓“詐也”。《漢書·息夫躬傳》：“虚造詐諼之策”之諼字，篆作此。假借爲萱，如《詩·衛風·伯兮》：“焉得諼草。”諼草二字篆書作“萱艸”或“藼艸”。

藼、蕿和蘐，今通用萱。

xuē 薛薛 75517

薛，篆作（薛），从辥。辥，左上有屮（chè），薛省屮。

xún 詢 01411；xún 恂 50108

詢，《說文》無此字，徐鉉新附篆文。王同愈謂：“詢，通作恂。”鄭珍以爲“經典用詢謀者絶無佗字可代，且是漢宣帝名”，漢時必有此字，卽不必借它字爲之。

Y

yā 鴨 00211；wù 鶩 63214

鴨，《説文》新附篆文作。王同愈曰："鴨，篆作鳧。"此假鳧爲鴨，捨近及遠也，不可取。《説文》鶩字卽指鴨，可當之。

鶩，篆作，訓"舒鳧（fú）"，鳧指野鴨，鶩指家鴨。段注引李巡云："鳧，野鴨名。鶩，家鴨名。"

yā 厭 11211；yā 壓押 12414

厭，篆作，訓"笮也"。笮者，迫也。意思是"壓"。古人假厭爲猒足、猒憎字，而"厭"之本義用"壓"，今簡化作压；

壓，篆作，義爲崩壞，一説爲堵塞。今義爲从上往下加重力；同"押"，小篆無"押"字。雷浚云："似可作壓。"

yǎn 沇兖兗沿台 20008

古文沿（段注作台），小篆作（沇），隸變作兖，俗作兗。

yán 巖巗岩 91517；yán 喦 50309；yán 嵒 30308；yán 礹 11516

巖，本義：高峻的山崖。篆體作，隸變作巖，亦作巗；

喦，訓"山巖也"。篆作。隸體"喦"與品部"嵒"（niè）形相似，但非同一字。喦从山（），而嵒下部"山"是連結三口的符號，不成字，見 50308 嵒。漢字簡化後，喦、巖、巗皆作岩。

嵒，从石品，本義：山石高峻，篆作。假借爲僭，義爲僭越，超過本分。

礹，訓"石山也"。从石，篆作。巖與礹的區别在於：巖主謂山，故从山；礹主謂石，故从石。古籍多假"巖"爲礹。

yán 檐簷 53315

屋簷字篆作（檐）。

yàn 猒厭饜餍厌 91210；yàn 猒猒厌 91008；yàn 厭厌 11211

猒，从甘肰，篆作，或从目，篆作，隸作猒。訓"飽也"。厭食、厭憎、討厭字篆作此。後借厭爲猒，俗作饜、餍。猒與厭古今字，猒與饜、餍正俗字。"厭食"字簡體作厌。厭之本義爲笮也，讀 yā。

yáo 窯窰窑 52213

窯，篆作，訓"燒瓦窯竈也"，卽燒瓦的窰竈。簡體作窑。

yī 醫毉 04316；yī 医 41207；yì 翳 22219

醫，篆體作，異體作毉，簡體借医爲之；

医，篆作，从匸矢，矢亦聲。訓"臧弓弩矢器也"。後借"翳"爲之，遂翳行而医之本義廢。今"医"用作"醫"的簡體字。

翳，篆作，訓"華蓋也"。段注曰："翳之言蔽也，引申爲凡蔽之偁。"

yī 壹 66412；hú 壺壷壶 65107；kǔn 壼壸壷壸 53008

壹，篆作。从壺，吉聲，訓“専壹也”；

壺，篆作，象形。如茶壺，酒壺。从大，象其蓋。隸變亦作壷，簡體作壶。

壼，篆作（壼）。訓“宮中道”，宮中巷。此字楷體形似壷、壺，易混淆。

yí 義 96313；qí、yí 羛 98209；yí 儀 96315

義，篆作，訓“己之威儀也”。簡化作义。古威儀之儀字作此。段注引鄭司農注《周禮·肆師》曰：“古者書儀但爲義，今時所謂義爲誼。”“是謂義爲古文威儀字，誼爲古文仁義字。”後“仁誼”之誼假借“義”，簡體作“仁义”；“威義”之義假借儀，簡體作“威仪”。

羛，古地名字。《説文》：“羛，墨翟書‘義’从弗。”然未見“義”與“羛”通用。

儀，篆作，訓“度也”。指法度、準則，引以稱典範、表率。後威儀、儀式字用此。

yí 移 22007；yí 迻 00010

移，篆作。本義：移秧。《説文》：“移，禾相倚移也。”假借爲“遷移”字。

迻，訓“遷徙也”。遷移之移篆書作（迻）。後人假移爲迻。

yǐ 目 00001；yǐ 以 00003；sì 巳 00001；yǐ 已 00002；jǐ 己 00001

目，篆體作，亦作（以）。二字通用。

巳，讀 sì或 yǐ，篆體作，象形字，象頭朝下的胎兒形，表示胎兒已經成熟，即將降生。本義：胎兒。

已，讀 yǐ，篆體同巳（）。本義：止，罷了。“已經”的已字，是“巳”的分化字。古“已”與“巳”“目（以）”同源。金文和篆文中是同一形象，（目）是巳的倒形。

己，“自己”的己字讀 jǐ，篆作。己與已、巳楷體形相近，篆體迥異。

yì 归 00205；yìn 印 50005；yì 抑 32208

归，本義：按壓。篆作，从反印。印，篆作（印）；

归，俗从手，篆作。隸楷作抑。

yì 啻 43413；yì 億亿 63415

億萬之“億”字，據《説文》，篆體作（啻），从心，啻聲。《説文》：“十萬曰啻。”段注曰：“經傳皆作億，無作啻者，叚借字也。”

億，篆作，訓“安也”，假借爲億萬之“億”字，“億”之本義廢。

億萬之“億”字，今簡體从乙，作亿。

《説文》以十万爲啻，今以萬萬爲億，故“啻”與“億”實非同一數量單位，故今億萬之“億”字篆書宜借億爲之。

yì 易蜴 50106；yì 傷 20108

易，篆作，訓“蜥易”，俗書蜥易字多作“蜴”。假借爲交易字；

傷，篆作，《説文》：“輕也。一曰，交傷。”依據《説文》，交易字篆書作此。然段注引《周易·繫辭》曰：“交易而退。”云：“經傳亦止作易。”據此，交易字篆書可作，或作。

yì 槸槷㯶 78219；yì 蓺㯶藝艺 66216

槸（槷），篆作，从木，埶聲。訓“木相摩也”；

蓺，槸或从艸，中華本篆文誤作（㯶），當作（蓺）。原文：……从木埶聲。槸或从艸。槸字本从木，或从艸，是或然選擇，被人誤解爲合併選擇，訛作从木兼从艸。《説文》字頭無“蓺”字，釋文有之，如6390爇“从火，蓺聲”，歷來學界認定《説文》無蓺字，鄭珍《説文逸字》補（蓺）字，均源自認同此誤。但此並非逸字，而是訛字，是蓺誤作㯶。

yīn 音 51408；gān 甘 50203；yuē 曰 50103；zì白（自）50104

見上文“gān 甘 50203；yīn 音 51408；yuē曰 50103；zì白（自）50104”。

yín 吟訡訡 40206

吟，本義：呻吟，嘆息。篆作，或作（訡），俗作訡。

yǐn 㱃飲 42214

飲，篆作（㱃），从酓，非从食。簡體作饮。

yìng 譍譍应 34921；yìng 應應应 63618

譍，“應聲”“回應”，篆作（譍），簡化作应。王同愈云：“譍（譍）篆作應。大徐补譍（譍）字。非。”段注《説文》删此（）篆。

應，訓“當也”。“應當”“應該”字篆作，段注曰：“凡言語應對之字，即用此。”通作應，簡體作应。

yōng 擁擁拥 搴擘雍 25315

擁，篆體作（擁），簡體作拥；搴擘爲異體字；雍爲擁之假借。

yōng 傭佣 98412

傭，如雇傭、傭人，篆體作，簡體作佣。

yōu 𢝊00211；yōu 憂优 12214；yòu 忧 21007；yōu 優优 92216

𢝊，篆作，訓“愁也”。後假憂爲𢝊，如憂（𢝊）愁、憂（𢝊）慮；

憂，篆作，訓“和行也”。如“布政憂憂”，又假優爲憂，如“布政優優”，此優字同憂。

假借憂爲𢝊，今又簡化作忧，如忧愁、忧虑等。

忧，篆作，段本訓“心動也”。此非“忧愁”字。“忧愁”字篆書既不可作（忧），也不可作（憂），必須用小篆本字（恳）。作篆書好比演秦漢古劇，穿唐裝甚至時裝出場，這不是出洋相麼。

優，篆作，《説文》：“饒也。……一曰，倡也。”用如：優渥、優裕、優柔、優秀、優越。簡體作优。

yóu 游遊 82012

遊，游之俗字。凡有關水中的活動，只能用游；而有關陸地上的活動，游、遊可以通用。旅遊字則應當用遊。篆體皆作（游）。

yòu 又右 21002；yòu 右佑 01104；yòu 祐 21309

又，篆作，義爲右手；右，篆作，義爲“手不足以口助之”，今此義用佑字；祐，篆作，義爲“助”，用同佑。今以“左右”爲“𠂇又”字，乃以“佐佑”爲“左右”字。故今“佑”字，篆作或；今“右”字，篆作。

yú 于亏 60203；wū 於 60207

于，古作亏，訓“於也”，篆作；

於，古文烏也。篆作。

作姓氏時只能用“于”；動詞詞頭用“于”，歎詞用“於”；段注曰：《詩經》《尚書》《周易》多用“于”字，《論語》用“於”字。現一般用“於”。例詞：關於、屬於、青出於藍、樂於助人。

yú 余 81107；yú 餘 81314

余，篆作。《説文》：“余，語之舒也。”段注曰：“余之引申訓爲我。”

餘，篆作，訓“饒也”，“饒”訓“飽也”。簡化作余和馀。

表示第一人稱用余，表示剩下的、富饒的，用餘。例詞：業餘愛好、富餘、寬餘。

餘，一般簡化爲余，如业余、富余。但“餘年無多（即荒年多）”不可簡化作“余年无多”，只可簡化爲“馀年无多”。馀，篆作，不作。

yǔ 与 60203；yǔ 與 92613

与，篆作，訓“賜予也”。繁體以“與”代与，與行而与廢；

與，篆作，訓“黨與也”。从舁与，意爲共舉而与之。簡化作与。

yù 郁 21008；yù 鬱 77123

郁，篆作，義爲有文采的樣子，雲汽濃盛的樣子，如濃郁；

鬱，篆作，義爲樹木叢生、茂盛，如鬱鬱葱葱。憂愁、愁悶，如沉鬱、憂鬱。作人名時，用郁而不用鬱，如李郁周；作姓氏時只用郁。

鬱，簡化作郁。

yù 欲慾 90111

表示想要、希望、將要之意用欲，如暢所欲言、從心所欲、摇摇欲墜、山雨欲來；古表示欲望用慾，如食慾、性慾、占有慾、求知慾。欲和慾，篆體皆作（欲）。

yù 御馭驭 22110；yù 禦 22315

御，篆作。訓“使馬也”。古文作，隸體作馭，簡體作驭。後“御”字爲皇帝專用，如御筆親書、御駕親征。於是，抵御之“御”字不得不改用他字；

禦，篆體作，从示，御聲，本義“祀也”。後人用此爲禁禦字，如抵禦。抵禦之“禦”字小篆當作（御），今簡化仍作御。

馭，駕馭，小篆本作，可用古文（馭）。因《説文》小篆大多來自古文和籀文，小篆有所省減變化者，注曰“古文作某”“籀文作某”。故，愚以爲，凡有古文（包括两周金文）而缺篆文者，如“云”“馭”“岳”等，篆書可采用古文補缺。

yù 籲吁 88627；xū 吁 40305

籲，如呼籲、籲請，篆體作，簡體作吁；吁（xū），長吁短歎，篆體作。

yuán 猿猨蝯 52210

猿，篆作（蝯），古籍通作猨。《干祿字書》曰：“猿俗，猨通，蝯正。”

yuán 邍原 44321；yuán 原 90105；yuán 厵厵原源 90110

邍，篆作。高平曰邍，卽高原之“原”的本字，後人以原代之；

原，篆作，本字作（厵、厵）。訓“水泉本也”，卽原泉，水之源，後作源。

源，如水源、源泉、來源、起源，篆作（原）；

原，如原來、原本、原先、原因、原告、本原，篆作（原）；

原，如高原、平原、原野、草原，篆作（邍）。

yuán 園园 01007；yuàn 苑 72008；yòu 囿 01006

園，篆作。本義：有圍欄的種植蔬菜、花果、樹木的地方。簡化作园。《説文》：“園，所㠯樹果也。”

苑，篆作。《説文》：“苑，所㠯養禽獸。”《周禮・地官・囿人》注：“囿，今之苑。”古謂之囿，漢謂之苑也。

囿，篆作。本義：古代帝王養禽獸的園林。泛指四周有欄擋的菜園、果園。

yuàn 愿 10109；yuàn 願 10312

愿，篆作，如心愿、志愿、情愿、愿望，經典借願爲愿；

願，篆作，本義“大頭也”，後本義廢。

yuē 曰 50103；yīn 音 51408；gān 甘 50203；zì 白（自）50104

見上文“gān 甘 50203；yīn 音 51408；yuē曰 50103；zì白（自）50104”。

yuè 月 50003；ròu 肉 50003；zhōu 舟 10105

月，篆作。楷書从月之字，篆書並非皆从月。如：

朋，古作。《説文》：“，古文鳳，象形。鳳飛群鳥從以萬數，故以爲朋黨字”；

胡，篆作，从肉，古聲；

服，篆作，从舟，𠬝（fú）聲；

明，篆作（朙）。从月，从囧。古文作（明），从月，从日。

此四字隸楷皆从月，篆則各異。故，凡欲將从月之字釋爲篆文，首先當确認其“月”篆體是否作月。

yuè 嶽 93318；yuè 岳

嶽，篆體作；簡體作岳，如山岳。姓氏岳和岳父、岳母字，只作岳，不可繁化作嶽。小篆無“岳”字，宜以古文（𡴳岳）補缺。

yún 雲云 51710；yún 云

雲，如雲彩、雲南省，小篆作，簡體作云；

云，如古人云、子曰詩云，此云不可繁化作“雲”， 小篆無“云”字，宜以古文補缺。

yún 蕓；yún 芸 52207

蕓和芸，古爲两字。蕓，如蕓薹，簡化作芸，蕓字無篆；芸，如芸香、芸芸衆生，篆體作。

yún 䡝紜纭 00409

纭，篆體作（䡝），簡體作纭。義爲物品紛紜雜亂。

《説文》:“䡝，物數紛䡝亂也。”

Z

zāi 烖 74211；zāi 灾 50006；zāi 災 91104、zāi 巛 91104；zāi 菑甾（甾）54211；zāi 甾（甾）52204；zāi 𢦏𢦏𢦏 74207

在古漢語中，表示災難的字有：烖、灾、災、巛、菑、𢦏諸字。

烖，或作灾，小篆作或，籀文（災）从火、巛聲。烖、灾、災，从火，主謂火灾；

巛，篆作，从一雝川，義爲川被堵塞而所生的災害，指水災；

菑，篆作，省作甾。田間巛“一”塞之，義爲田地荒災。常見“菑”字混同於菑，將葘的省文甾誤作甾。古籍中甾民、甾害之甾字當作葘（）或省文甾（），當讀 zāi。甾（）與甾（）非同一字，但今字書多有混淆，將“甾（甾）害”字誤作甾，並誤注 zī 音。甾與甾相混淆可追迹到宋時二徐，徐鍇在《説文》（鉉本）0565 葘字下曰：“若从甾，則下有甾缶字相亂。”可見將甾視同甾缶之甾，由來已久，由此可知，只看楷體而忽視篆體的陋習在“説文學界”亦由來已久。今《説文》無菑字及省文甾，疑因“相亂”而被删了。可是，没有菑、甾，哪來葘、甾？今據葘及省文甾補菑及省文甾兩篆，見 53110 菑和 51106 甾。

𢦏，篆作，从戈（兵器），訓“傷也”，刅伤（戰火之災）。後通作災。簡體皆作灾。

zāng、zàng 臧藏 92313；zāng 贓赃；zàng 臟脏；zāng 髒脏

臧，篆作，此爲收藏、藏匿之本字。如：“繁启蕃長於春夏，畜積收臧於秋冬。”《荀子·天論》。“臧于理宫。”《漢書·禮樂志》。師古曰：“古籍懷藏之字本皆作臧。”

藏，《説文》新附（藏）字。然徐鉉按曰：“《漢書》通用臧字，‘从艸’後人所加。”

贓，無篆。贓物字古籍作（臧）。如：“盜有臧者罰。”《鹽鐵論·刑德》。“貪汙坐臧”。《漢書·尹賞傳》。今簡化作赃。

臟，無篆。内臟之“臟”簡化作脏，古籍借“藏”爲臟。如“酒練五藏”。漢·枚乘《七發》。然“藏”字篆作臧。

髒，無篆，肮髒之“髒”簡化作脏。俗篆作。

以上藏、贓、臟、髒四字，篆書宜以（臧）爲之。

zǎo 蚤蚤 01208；zǎo 蚤 01206；zǎo 早 00206

蚤，跳蚤，篆作，从蚰，叉聲；或作，隸變作蚤，經傳多借用“早”字；早，訓“晨也”。从日在甲上，篆作。

zéi 賊贼 12311

賊，从戈、則聲，篆作。隸楷訛變爲从戎。戎（戒róng），从戈甲，篆作。若篆體“賊”字寫作从貝从戎，則大謬。故切勿據今字臆作篆書。

zhá 札劄 22004

札，書信，書寫的小木片；劄，奏札，宋朝中央機構發布指令的文書。“劄”是後起字，篆書宜作（札）。

zhà 榨；zé 迮 40110

榨，壓榨，《説文》無此字，篆書宜借用（迮）。用例：“迮取汁，如飴錫。”《齊民要術》。

zhāi 擿摘 34413；zhì、zhāi 擿 34419

擿，篆作，隸定作摘。訓“拓果樹實也”。

擿，讀 zhì，篆作，訓“搔也”，如“擿髮搔首”。假借爲“摘”，讀 zhāi，如“綠桑擿椹”。擿椹字篆當作（摘）。

zhǎi 窄；zé 笮 42108；zé 迮 40110

窄，《説文》無此字。《小篆疑難字字典》：“窄篆作笮。”笮、窄古今字。

笮，篆作。屋笮，本義爲屋上的箔席。用竹或葦編成，鋪在瓦下椽上。引申爲逼窄字。逼窄、狹窄字篆書以笮或迮當之。

迮，篆作，義爲迫、逼迫。如“鄰舍比里，共相壓迮”。《後漢書·陳忠傳》。引申爲“窄”，如“山道迮狹，前後不得相救”。《三國志·張飛傳》。

zhài 柴寨砦 92008；chái 祡 90210

柴，篆作，訓“小木散材”，本讀 chái。通“寨”。小篆無寨、砦字。徐鉉注：“師行野次，堅散木爲區落，名曰柴籬。後人語譌轉入去聲，又别作寨字。非是。”據此，“柴”通營寨之寨，讀 zhài；

祡，篆作。古“燒柴祭天”曰祡。正月十五“點點祡”（民俗），篆作此。

zhān 霑沾 31716

霑，篆作，訓“雨㲋也”，簡化作沾。霑㲋二字，篆體作，簡體作沾染。（染色之染另見 rǎn 染 23010）

zhàn 組綻 51207；tǎn 袒 20207

綻，《説文》無此字，篆書當作（組），或作（袒）。

zhāng 張 62208；zhǎng 漲、zhàng 張脹 62208

漲、脹二字後起，篆書以（張）字爲之。俗篆（漲）不可取。

zhé 摺折 52115；zhē 𣂚 折 22006

摺，篆體作。奏摺、摺叠、曲摺、存摺字篆作此。簡體作折；

𣂚，篆體作，隸定作折，如折斷。

摺和𣂚，今通作折。

zhēng 徵徵征 62415；zhēng 延征 60107

徵與延、征，簡體皆作征，篆體有别。

徵，篆體作，有感召、追究、證明、應驗、迹象、預兆之義。如徵聘、徵税、徵求、徵詢、象徵、特徵。簡體作征；

延，从辵，正聲。或體作征，从彳，正聲。篆體作或。征爲正行（邁爲遠行），引申爲征伐。如出征、遠征、長征、征伐、征討，篆作此。

zhēng 崝崢峥 42512；róng 嶸嵤嵘 42015

崢，崢嶸，篆作（崝嶸），嶸亦作嵤。簡體作峥嵘。

zhèng 証 41411；zhèng 證证 41518

証，篆作，訓“諫也”。簡化作“证”。

證，篆作，訓“告也”。簡化作“证”。簡體“证明、证验”字篆作（證），不可作（証）。

zhī 隻 54308；zhǐ 衹 81107；zhǐ 祇 61308；zhī 只 90104

隻、衹、祇三字簡化皆作只。

隻，篆體作，訓“鳥一枚也”。用如：一隻鳥、隻言片語。

衹，篆體作，“緹”字的或文。《説文》：“緹或作衹。”用如：衹不過、衹有。衹字訛作衹、秖。段注曰：“衹譌衹，俗又作秖，秖字起於唐初，蓋六朝俗字。唐人詩文用之，讀如支，今則改用只，讀如質，此古今推移之變也。”又，衹与衹二字近似，易誤。

衹，篆體作。訓：“衹裯，短衣。”

祇，篆體作，訓“地祇也”，即地神。此字形似“衹”而被誤爲“衹”用。古籍用同“只”，義爲“仅仅”“唯一”。篆體當用（衹）字，簡體用“只”。

只，篆體作，本爲語止之詞，後用同“衹”。《説文》“只”字下段注曰：“宋人詩用只爲‘衹’字，但也。今人仍之，讀如隻。”宋人詩用“只”字代替“衹”。例如：“不畏浮雲遮望眼，只緣身在最高層。”王安石詩句。其中“只”字，篆書宜用，亦可以代之。

zhī 卮巵 10104

卮，篆作，从（卩），並非从（巳），故隸定當作卮。因誤認爲之故，繁體作巵。

zhǐ 止趾 40003

止，篆體作。《説文》無趾字，止即趾也。

zhǐ 夂 91003；suī 夊 92003

（1）夂，讀zhǐ，篆作，與（㐄kuà）相反。本義：从後至也。（夅）上从，下从反夂（），降服之意也，是“降”之本字。夅、逢、鏠、縫、各、路、洛、処和處等字皆有夂構成。

（2）夊，讀suī，篆作，與牛（）相反。訓“行遲曳夊夊也”。（夋）、（夏复）、（夌）、（致）、（憂）、（愛）、（夏）、（畟）、（夎）、（夒）、（夔）等皆从。

夂與攵用作構字部件時，篆書易混淆。如下所示，因夂和攵混淆，（夂）往往誤作（攵）：

楷字	楷體字符夂 篆書正體		楷體字符攵 篆書訛體	
洛 	清・段玉裁 説文解字注	元・趙孟頫 六體千字文	清・吳讓之 唐宋詩	清・永瑆 禹貢屏
落 	（傳）唐・李陽冰 千字文	元・趙孟頫 六體千字文	清・吳讓之 唐宋詩	近・王　禔 永懷詩
路 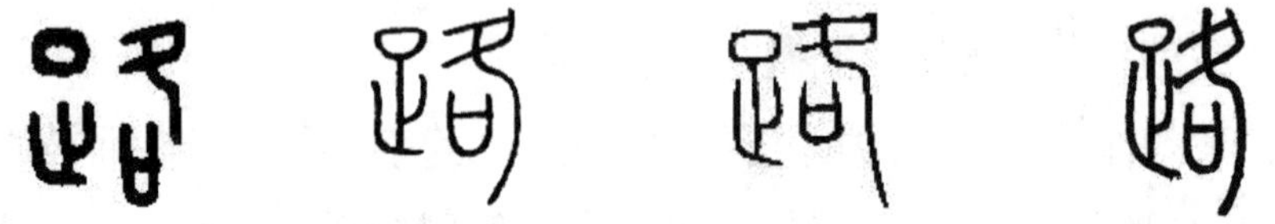	近・王　禔 詠懷詩	（傳）唐・李陽冰 千字文	元・吳　叡 千字文	元・趙孟頫 平江路崑院記引首
露 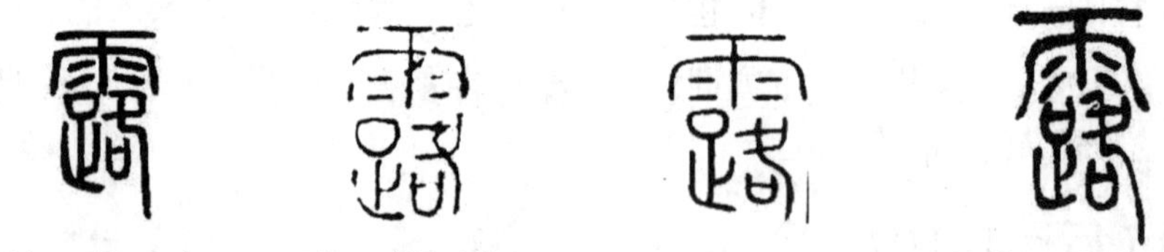	清・鄧　琰 萬綠帖	宋・夢　英 千字文	（傳）唐・李陽冰 千字文	清・吳讓之 唐宋詩
隆 	清・段玉裁 《説文解字注》	清・鄧　琰 詩經屏	清・永瑆 禹貢屏	《金石大字典》 魯隆印

zhī 㞢之 60104；zhì 志 40108；què 青 71205；kè、qiào 㱿殼殼 22209

在小篆系統中“㞢”與“𡳿”並非同一字符，用爲構字符號時，二者常雷同，變隸後二者寫作“土”或“士”。

㞢，篆作（之），訓“出也”。

志氣二字，篆書作。雜誌二字，篆書作。

志字从㞢，臺亦从㞢，上部當作。俗將（㞢）寫成（业），不可取。

青，篆作。《說文》："青，幬帳之象。从冃；业，其飾也。"业，象幬帳頂部的裝飾物，是象形符号，不成字。

㱿，篆體作，从青。隸作㱿、殼，簡體作壳。凡从㱿之篆，其㱿皆从青。其青皆从业，其业篆作，而非（㞢）。如：24212 穀 gǔ、27514 轂 gū、02213 慤 què。

凡㞢作者、业作者，譌。

zhì 制剌73006；zhì 製制 73010

制，篆作（剌），从刀未。訓"裁也"。遏制、制定字，篆作；

製，篆作。訓"裁衣也"。此卽裁製、製作、製造字。簡體作制。

zhì 致 64107；zhì 緻 15111；zhì 撴 96110；zhì 菆66111

致，如致敬、致力，篆體作（致）。篆文从夂，凡作从攵或从支者，誤。以下三篆同理。

緻，篆體作（緻），如細緻、緻密、緻繒，簡體作致。

撴，篆作。

菆，篆作。

zhì 擿擲 34419

擿，篆作，訓"搔也。从手，適聲。一曰，投也"。擿（投），今字作"擲"。

擲，《說文》無此字，《四體大字典》所收俗篆（擲），不可取。凡古籍用投擲字，篆體皆作（擿）。簡體作掷。

zhōng 鍾 27616；zhōng 鐘 67818

鍾，篆作，訓"酒器也"。

（1）酒器，如聚酒千鍾。

（2）集中，專注，如鍾情、鍾愛、鍾靈毓秀、造化鍾神秀。

（3）姓氏、人名用字（簡體作锺），如鍾繇、鍾子期、錢鍾書、張鍾麟、鍾南山。

（4）通"鐘"，如鼓鍾將將，鍾山（南京紫金山）有的古籍亦作鐘山。

鐘，篆作，訓"樂鐘也"。

（1）一種樂器。例詞：黄鐘大吕、鐘聲洪亮、暮鼓晨鐘、鐘乳石、鐘磬。

（2）一種計時器，如鐘錶；計時單位，如九點鐘。

（3）通"鍾"。

段注曰：鐘，"經傳多作'鍾'，假借酒器字"。如"鐘聲"作鍾聲，小篆當用本字。

鍾和鐘，合併簡化作钟。但有鍾和鐘兩個姓氏，不宜合併爲一家。

zhòng 穜种 68513；chóng 種种 28311；chóng 穜种 68513

穜（zhòng）與種（chóng），今簡化皆作种，如种田、种植、种子。依據《説文》，先穜後熟謂之種（），“种植”字當作（穜），“種子”字篆作（種）。

段注曰：隸書互易之，如“鄭司農云：先種後孰謂之穜”。今兩字合一作种。

zhū 朱 73104；běn 本 73104；mò 末 73104；wèi 未 73004；zhì 制 利 73006

本、朱、末、未四字，篆書作、、、，皆由木“加一”構成。區别在於：

本，篆作，“从木，一在其下”，“一”標志其根。古文作（楍），根多，吸收營養，故从三口。段改篆作，“從木，從丅”。似有理而據不足。

朱，篆作。訓“赤心木”。“从木，一在其中”。“一”標志赤心。朱紅色字和姓氏朱篆作此。硃，硃砂，篆書宜借爲之。

末，篆作，“从木，一在其上”。段改篆作：“從木，從丄。”

未，篆作，訓“味也”，象木重枝葉也。篆中畫上曲，與（朱）不同。

制，篆作（利），左部是“未”而非“朱”。

zhú 築 86214；zhù 筑 64211

築，篆體作，簡體作筑。如建築、築巢；

筑，古代樂器，《吳都賦》李注：“似箏，五弦之樂也。”篆體作。樂器字“筑”不可繁化作（築）。

zhǔ 渚 91114；zhǔ 陼 11416

渚、陼二字，本義微異。渚爲小洲，篆作；陼，篆作，訓“如渚者陼丘，水中高者也”。《釋水》曰：“水中可居者曰州，小州曰渚。”

zhù 住；zhù 駐 15411；shù 侸 60207

住，無篆，篆書借用駐或侸。

駐，篆作，訓“馬立也”。段注曰：“人立曰侸，俗作‘住’，馬立曰駐。”但是，侸字下又注曰：“侸讀若樹，與尌豎音義同，不當作住。今俗用住字，乃駐逗二字之俗，非侸字之俗也。”前後似不一。

逮住字篆書宜作（駐）。

侸，篆體作。訓“立也”。讀 shù 時，用同“樹立”之樹字；讀 zhù 時，用同住，“住”篆可作侸。

zhuì 墜坠 12617；zhuì 隊 11414；zhuì 磓 11109

墜，許書無此字，徐鉉增附篆。墜落字篆當作（隊）或（磓）。

隊，篆作，訓“從高隊也”。俗作墜，隊、墜，正俗字。今則墜行而隊廢。

磙，篆作，訓“陊也”。段注曰：“陊者，落也。磙與隊音義同。”

墜，簡體作坠；隊，用爲隊伍、隊列字，讀 duì，簡化作队。

zhǔn 準準准 24412

準，篆作，从水，隼聲。訓“平也”。用如準則、瞄準、标準。後从冫，字作“凖”。《字林》作准。

zì 白（自）50104；yuē 曰 50103；yīn 音 51408；gān 甘 50203

見上文“gān 甘 50203；yīn 音 51408；yuē 曰 50103；zì 白（自）50104”。

zōng 蹤蹤踪 25312；zōng 從 00010

蹤：篆作，本義車迹。（人）踪迹字古作從，俗變爲蹤，再變爲踪。篆體當用（蹤）或（從），簡體作踪。

zūn 尊樽罇 94111；zūn 尊樽罇 63210；zūn 樽罇 75213

尊，篆作。尊或从寸，篆作（尊），訓“酒器也”。引申以爲尊卑字。自專用爲尊卑字後，别製樽、罇爲酒尊字。樽、罇篆當作或。《四體大字典》收録的篆文爲後人所造，不可取。

zuǒ ナ左 11002；zuǒ 左佐 11205

ナ，篆作，義爲左手；左，篆作，義爲“ナ手相左”，今“相左”字用“佐”。故，今“佐”字篆作、“左”字篆作。

後　序

俗明經史，須通訓詁；俗通訓詁，須究文字。惟漢之際，經學古今二派相砥礪。牽強穿鑿，俗說流布。叔重以五經冠群之才，著《說文》十四篇，用矯時弊。此亦六書說風行後，專主字體之重典。建首五四〇部，以統全篇，亦即成檢字之索引也。漢至末季，是出承傳，經生依部索字似應不礙。迄今一千多年中，雖如二徐之博者，時有檢一字往往終篇之歎。但清以前，一仍此法。有若訓詁、音韻之典籍者，多以韻部檢索。此檢索之法，當時書生之常也。雖有其難，尚可索引。今乃專業之具矣。初入手者，如迷雲霧。有清人創以楷字筆順索篆，雖便於人，而見篆者，俗求楷釋，仍無入處。

己卯春，樂泉兄邀予觀此書稿，並囑代爲編校，於時，始識常熟王培林君。王君“訥於言、敏於行”之人也。哲學科班出身。精法學，卻躭篆法。苦於多有不識，每檢字出，似淘沙覓金，茫然難尋。故發奮創舉，傾二十年之力，數易其稿，散家破財，終成《篆楷通檢》一部。其貴處變一千多年來以楷釋篆爲以篆徵楷，爲用篆而不識篆者開一方便法門，爲小篆計算機信息處理系統之建立奠基。

庚辰十月孤禪李強識於愨廬

後　記

秦朝創造小篆，推行“書同文”，統一六國文字，這是漢字發展史上承前啓後的偉大創舉。但是，由於秦朝短暫，小篆的系統化、標準化工作是漢代學者完成的。東漢許慎撰《説文解字》，系統收錄、整理和解釋了小篆文字，不僅使後世漢字的發展、演化有踪可循，而且讓今人能借助《説文》識讀兩周金文和殷商甲骨文。

中華文明源遠流長，古今一脉相承，漢字在其中起著無可替代的作用。而小篆承載著漢字的基因。《説文解字》一柱擎天，是小篆集大成者，是寶貴的漢字基因庫。

歷來研究《説文解字》的著作汗牛充棟，惜如何“見篆素楷”，卻一直没能解決。在計算機信息處理時代，解決這個難題的基本途徑當首選篆字編碼。但篆字如何編碼，卻是一項令人望而卻步的研究課題。

筆者於二十多年前已推出《小篆編碼方案與檢索方法・小篆通檢》，可惜不僅因人微言輕而幾乎無人問津，而且被浮躁之士視爲多此一舉（認爲有“以楷索篆”就夠用了）。古人云：“人君之大患也，莫大乎詳於小事，而略於大道；察於近物，而暗於遠圖。”（《中論》卷四十六）

幸虧學界不乏有識之士。四年前，因修訂再版拙著，經鳳凰出版社老總倪培翔先生推薦，有幸與編審王劍先生建立了聯繫。王劍先生勤奮博學，對篆字編碼情有獨鍾，審改書稿，不分晝夜，如癡如狂，從書稿命名到凡例審定，從編碼方案到檢篆方法，從小篆編碼的推敲、質疑到楷體單字注音、筆畫數的核查，從前言到後記……逐項逐字，反復琢磨，再三審改，精益求精。耗時近四年，終於殺青。

2024 年 5 月我收到了王劍先生寄來的書稿一校樣，本人隨即開始加班加點，作全書的統校。就在此過程中，不幸病倒，住進了蘇州市第九人民醫院，出院診斷爲腦梗。從此，不得不中斷書稿的統校工作。怎麽辦？誰能代勞？可託付給誰呢？承擔此項工作必須具備三個條件：熟悉《説文解字》、熱愛篆書；必須掌握小篆編碼原理；必須具備奉獻精神。環視茫茫人海，唯王劍先生可勝任！6 月 24 日該交稿了，我只能把入院記錄傳給王劍先生。收到此信息，無須我解釋什麽，他義不容辭地表示，未完成的部分，由他來負責，根本没談任何條件。後經王劍先生統校，補正了《説文部首索引》和《説文分部檢字》中的多處遺漏。可見本書若無王劍先生的無私貢獻就不可能圓滿出版。

此前，德高望重的言恭達老師爲拙著題寫了“篆楷通檢”四個莊重的篆書，並修訂了前序。南京書法篆刻家李強先生爲《小篆通檢》所作後序，今再錄於此。

篆字編碼，雖無前人，必有來者。筆者極盡愚駑，難免錯誤，期待方家多多指教。

值此出版之際，敬向各位先生、老師頓首致謝。

作 者

2024 年 5 月 9 日